作者简介

毕可思，英国布里斯托大学历史教授。主要研究方向为中国近代史、殖民史，尤其是英帝国和近代中国的关系。代表作有《帝国造就了我》（*Empire Made Me*）、《驱离中国：中国如何告别西方统治的时代》（*Out of China: How the Chinese Ended the Era of Western Domination*）等。

译者简介

钟逸明，新加坡人，北京大学历史系博士研究生。本科就读于北京大学历史系，硕士就读于牛津大学圣十字学院。研究兴趣包括中国现代史和华人华侨史。代表译作：《被统治的艺术》。

内容简介

19世纪初，中国几乎没有受到英国和其他欧洲列强的影响。政府禁止人们与西方国家在广州一小块区域之外的地方进行贸易，但随着东西方的平衡被打破，外国人如恶狼一般聚集在日渐衰弱的清帝国的周围。中国人会遭受世界其他大部分国家的命运吗？他们是否能保持足够的独立性？本书作者通过一个个戏剧性的故事，将中国那一段特殊的历史时期呈现在读者面前……

1. 穿着中国服饰的郭士立,绘于1832年

2. 仅存的关于休·汉密尔顿·林赛的图像

3. 宁波的天后宫

4. 巴夏礼

5. 描绘叶名琛的讽刺画

6. 在囚禁中的叶名琛，摄于1858年

7. 1860年的上海风光（广隆洋行以及它的鸟舍就在画面的右侧）

8. 恐怖之地：俄国墓园中的英国坟墓，摄于1863年的北京

9. 皇室与毒品：1869 年 11 月 22 日爱丁堡公爵抵达香港，皇家船只两侧尽是运载鸦片的大船

10. 赫德，摄于 1866 年

11. 赫德说："这是我除了工作以外唯一有兴趣的事情。"图为赫德的乐队，摄于 1900 年

12. 金陵机器制造局，摄于 1871 年

13. "为国尽忠，万世瞻仰"：1886 年前后的上海马嘉理纪念碑

14. 描绘了天津教案的扇面

15. 天主教教堂的废墟,摄于1871年的天津

16. 美妙的无用之物：1919—1920 年左右北京颐和园的石雕船

17. 日本海军描绘的 1894 年黄海大海战

18. "看"茶：19世纪90年代约翰·查尔斯·奥斯瓦德（John Charles Oswald）在他的品茶室

19. 海关办事员R.F.C.赫尔格兰德（R.F.C Heldgeland）和他的仆人，摄于海口

20. 十字架上的耶稣："杀猪斩羊"谐音即为"杀主斩洋"

21. "剜目剖心，采生折割"：图中的外国传教士正在剜割中国男子双眼
（插图的前景是已遭剜目的另两名男子双膝跪地）

22. 人为刀俎，我为鱼肉：瓜分中国这块大饼的西方列强

23. 义和团在行军，摄于1900年

24. 英军麾下的中国士兵：第一中国团（威海卫）的小鼓手，摄于1901—1902年左右

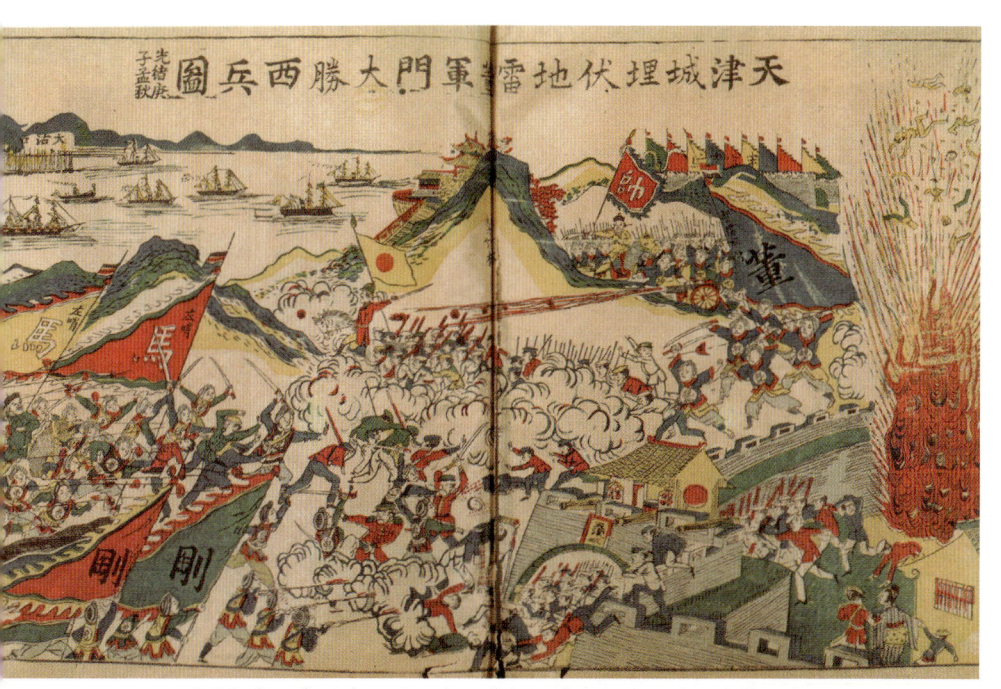

25. 胜利的想象：表现中国军队在天津抵抗外国侵略军的一张著名印刷品

26. 战争之后：英国官员在中国的驱逐舰上，此时他们刚刚占领大沽，摄于1900年6月17日

27. 在南京正襟危坐：海关办事员R.F.C.赫尔格兰德和P.P.P.M.克莱默（P.P.P.M.Kremer），摄于1899—1903年左右

28. 上海会审公廨暴乱期间驻守老闸警察局的警员，摄于1905年12月18日

29. 20世纪初期中国内地传教会在演奏歌曲

30. 曲阜孔庙前的年轻人，
摄于 1913 年 6 月 14 日

31. 沈阳的新军士兵，
摄于 1912 年

The Scramble for China

Foreign Devils in the Qing Empire
1832-1914

帝国的切口

近代中国口岸的冲突与交流

1832-1914

［英］毕可思——著 ［新加坡］钟逸明——译

贵州出版集团
贵州人民出版社

目　录

导　言   1

1   不速之客   19

2   在中国的舞台上   53

3   林赛的战争与和平   77

4   模范租界   113

5   中国——黄金国   151

6   在帝国心脏的中心   189

7   内陆地区的梦想   231

8   沿着海岸   265

9   周年纪念   301

10   灭　绝   341

11   历　史   381

缩写	404
注释	406
未出版材料与档案材料	458
致谢	461
出版后记	464

导　言

李度（Lester Little）一直留到了最后。1949年，这名中国海关的第五任外籍总税务司宣布了自己即将辞职的信息——他将休假6个月，而辞职将在休假结束之后正式生效。随着李度的辞职，中国海关再无外籍雇员。[1] 90多年来，共有1.1万名外国人任职于这个中国国家机关，而今这段历史在中国台湾岛上的难民收容中心里徐徐落下帷幕。美国人李度和与他一同工作的中国高级职员拍了最后一张合影，然后搭乘怡和洋行（Jardine,Matheson & Co.）的轮船前往香港，再从香港乘船渡过太平洋回到美国。李度和与他一起合影的英籍私人秘书埃尔茜·丹森（Elsie Danson）都可以选择辞职回家或者另谋高就，而他们的大多数中国同事就没那么幸运了。1945年之后，中国共产党领导的斗志昂扬的军队日渐壮大，国民政府面临崩溃。国民党军队要么在战场上被击溃，要么就当了逃兵，或转而向他们昔日的敌人投诚。在上海的海关总部里，中国共产党成立了一个正在准备接管海关的秘密组织。与此同时，海关的船只却满载金银前往台湾。1949年4月撤离上海之后，李度南迁广州，之后又于1949年10月被命令随着他的中国上司以及他们的黄金续程前往台湾。几周之后，李度大多数下属的驻地都成了解放区，所有的外籍雇员也都已被解雇，他本人亦再没有心思继续坚守这个岗位了。至此，李度感到自己的存在实属多余，遂提交了辞呈。对于中国舞台上的外国演员来说，谢幕的时刻已经来临。

今天来看，以上这段记述的某些情节或许有些超现实：一个外国人掌控着这个国家政府中最大的财政收入机关，而且，在90年间，他已是第 5 任掌控该职位的外国人了。这段时间里，还有另外 1.1 万名外国人任职于中国海关。这种局面是如何形成的？原因又是什么？本书的目的之一就是要解答这些问题，而解答这些问题的前提就是，我们必须了解外国人在中国打造的世界，并且评估这个世界的影响和遗产（其中当然也包括它给当今中国以及中国的对外关系上带来的种种影响）。此外，这个世界所留下的成千上万的个人遗产也不应被遗忘。距离 1949 年已经过去近 60 年了①，如今，我在康涅狄格州格林尼治镇一个僻静小巷子的民居里，审视着眼前光滑桌面上摆放着的李度在华任职期间使用过的衣物和纪念品。原本摆放在他办公桌上的两面小旗帜被从楼上窗台带了下来，它们分别是"中华民国国旗"和总税务司（Inspector General，简称 IG）旗。这个美国家庭的饭厅里本来就摆满了从中国带回来的各种装饰品和古玩，现在它更是成了纪念李度中国官场生涯的一个小角落。这些摆设品包括照片和嘉奖状、李度的个人信函和他所收藏的书籍，以及他的日记——一份充满个性化表述的私密记录，其内容则有关他为中国政府服务的那 40 年。李度的女儿为我准备了这一切，然后我们一边吃午饭一边聊起外国人在华生活的方方面面，包括海关的工作、她的童年，以及她成年后（20 世纪 40 年代末）在上海的生活，当时她丈夫在一家美国银行里工作，他们生活在宽敞堂皇的总税务司别墅里。她办公室的墙上更是布满了剪贴簿，它们详细地记录了她童年的点点滴滴。剪贴簿里贴满了公交车票、歌剧票根、请柬和各种纪念品，以及她曾就读的上海美国学校的文件。在这些剪贴簿里，记录着一个在抗日战争和解放战争中被摧毁，其后又被大多数人遗忘的世界。李度在接下来的几年里继续担任顾问，然后慢慢地彻底退出了纷纷扰扰的中国事务。到二十世纪六七十年代，他开始致力于对那一时期历史真相的还原，他向人们忠实地阐述自己在华服务的影响和性质，并向媒体投稿，与历史学家交谈，尽力促成有关中国海关及其在中国近现代史地位的相关研究。1981 年，李度去世。

总税务司的别墅保留至今，当年海关的办公室和其他建筑，也依然

---

① 此处应指作者写作此书时的时间。——编者注

散布在早已焕然一新的上海。建于1927年的上海海关大楼富丽堂皇，其上还有耸立的钟楼，如今，它依旧岿然屹立在上海滩的江畔上，却已不再是上海天际线最亮丽的风景。海关大楼顶层还留有当年通过轮船从英国运来的五口大钟，但如今震耳欲聋的现代扬声器代替了它们，飘扬在城市交通的喧嚣之上，徒劳地为现代上海的"城市交响曲"做出贡献。黄浦江沿岸的浦东区的高楼大厦高耸入云，使曾经受万人瞩目的上海滩黯然失色。那些塑造了上海中外形象的老建筑群依然矗立在上海滩。曾经掌握上海命脉的商号——怡和洋行、香港上海汇丰银行（Hong Kong and Shanghai Bank）、太古洋行（Butterfield & Swire Co.）——把它们的总部设在这些老建筑里，而它们的洋人经理也会在工作之余参与上海公共租界工部局（Shanghai Municipal Council）的事务。如今这些老建筑大多成了高档商店和酒楼。[2]然而，曾经的海关大楼依然是现在上海海关的所在地。如今上海海关的工作人员依然会从正门大厅熠熠生辉的马赛克下走过，由马赛克拼成的历代帆船战舰图，足以让今人一窥李度的前任北爱尔兰人梅乐和（F. W. Maze）爵士一大吸引人的个人癖好（他曾请人制作各类中国帆船战舰的大型木质模型，如今，这些模型依然被收藏在欧美各地的博物馆里）。随着几口大钟的退役，曾经响彻上海的威斯敏斯特钟声从此消失。梅乐和的舅舅、最负盛名的总税务司赫德（Robert Hart）的铜像，也于1943年被小心翼翼地从底座上移除了，据传后期侵华日军因为金属短缺而将这座铜像熔化。然而，上海海关依旧在高效率地运作着，今日的工作人员，仍在使用他们的前任用过的办公室，尽管窗外景色早已发生翻天覆地的变化，上海海关的大部分业务也已改在河对岸一栋崭新的大楼里进行。今人可通过李度、梅乐和与赫德三人的历史追溯整个中国海关的历史，同样，从1854年到李度离华，在这期间任职于中国海关的1.1万名外国人也可以提供还原这段历史的线索——由外国人主导的这段岁月完全应该被视为海关历史的一部分。

作为在华洋人的生活遗存，类似的收藏品散布在北美、欧洲、澳大利亚、新西兰等地（包括所有有欧洲人移民并定居的地方）的家家户户中。当时在华工作的成年人，今天大多已经过世，但他们的子女却仍然健在，依旧收藏着他们父辈从那个迥然不同的中华世界里带回的随身物品和纪念品。在1949年之后成立的新中国里，所有旧的糟粕都遭到了唾弃，此时尚未离去的洋人，也缓慢地、一步步地走上了离华之路。大公司上缴了它们的资产、建筑和工厂，并召回了它们的外籍员工。银行成了党员总部，赛马俱乐部被改造成博物馆。新社会对旧时代的贪污腐败、骄奢淫逸进行了彻底改造。于是，淳朴的民歌取代了夜总会的爵士乐，会员包厢的墙上则布满了写实主义的社会主义绘画。[3] 20世纪90年代及其后的城市重建中，中国城市被工人们重新改造。即使被刻在建筑正面石头上和基石上的外国公司名称也常常会被削去，虽然它们仍不时会浮现出来。当然，这些用花岗岩砌成的建筑本身，其实也见证了另一个世界。尽管中国城市里的高楼大厦与日俱增，但我们仍然可以见到一些建筑，这些建筑常常会向我们诉说19世纪中叶之后（即鸦片战争结束后），那些踌躇满志的洋人是如何深入中国并取得可观成就的。这些建筑和中国复兴后兴建的那些钢筋水泥建筑物相比，自然是小巫见大巫，但它们也曾辉煌一时。

  本书重访了那个世界。这并非本书首创，在中国的书店和图书馆的书架上，你可以轻松地找到回顾这段历史的诸如《百年国耻》一类的书。你甚至可以找到一本使用起来十分便利的"国耻一览大全"（书名为《国耻辞典》）[4]。读者随便翻一翻，就能查到某次"大屠杀"、某个"条约"、某个"事件"。虽然某些历史事件的细节有待查证，但说到这段历史的宏观叙述，也许每一个中国人都能倒背如流。无论是在学术著作还是通俗读物里，在博物馆还是学校里，在日常对话还是网络空间里，这类叙述一直被不断地重复。叙述的脉络大体如此：帝国主义侵略者用他们的坚船利炮，将不平等条约强加给中国，这些条约被胆小懦弱的汉奸走狗、腐败封建的清朝君主、军阀以及万恶的官僚资本家所接受。强加的这些不平等条约，使中国的现代化发展偏离了原本的轨道。中国国土沦丧，主权也遭受严重损害。海关总税务司赫德是帝国主义者的代理人，他掌管中国海关，完全是为了实现英国在华的野心。与中国签订不平等条约的国家侨民享有领事裁判权——中国法律对他们毫无约束力，因为他们只需遵守本国法律，服从本国的领事和外交人员——他们因此为所欲为。中国的沿海城市（甚至是深入内陆的地区）遍布着几十个受外国控制的"小国"。帝国主义者或在中国的街道上趾高气扬、顾盼睥睨，或乘坐人力车到处闲逛。他们在事业和日常生活上的一切享受，毫无例外地来自于对中国人民的剥削和侮辱（比如剥削饥寒交迫的人力车夫）。此外，他们还对中国的领导层拉拢腐蚀，使后者趋于堕落。受到外国传教士的蛊惑和煽动，一些中国人开始与自己的文化和社群发生决裂。神州大地上成千上万的人死于战争或外国侵略，以及其可怖的余波所带来的饥荒。中国近代史上的战争非常频繁：先是两次鸦片战争（1840—1842，1856—1860），接着是中法战争（1883—1885）和中日甲午战争（1894—1895），然后是义和团事件和八国联军侵华（1900—1901），当时来自8个国家的军队入侵华北地区，之后俄军强占东三省，而八国联军则发动了旨在"惩罚"中国的血腥的军事行动。国耻还远远不止这些：其后，日本从1931年起侵占东三省，1937年更是发动了全面侵华战争。1904—1905年俄国和日本为了争夺中国领土，在中国领土上进行战争，1939年又在诺门罕兵戎相见。英国、日本和德国于1914年在青岛进行大战。人们惨遭战争荼毒，文化也未能幸免于战争的浩劫。许多无价之宝和历史古迹遭到抢掠或毁坏，许多图书馆被付之一炬。统治中国的皇帝兴建了金碧辉煌的圆明园，英法联军为了"惩罚"战败的清廷，于1860年恶毒地、有计划地将之烧毁。货车承载着从中国掠夺的宝物驶向海岸，继而运往欧美。作为清朝统治权力中心的北京紫禁城，于1900年被外国军队攻占。外国军队耀武扬威地进出紫禁城的各个大门，军官们则争先恐后地坐在皇帝的宝座上留影。近40年后的1937年12月，历史重演，日本军队再一次侵入中国首都——这次，是饱受蹂躏的南京。日本人对中国及其生活在水深火热之中的人民无所不用其极——科技的进步，也给中国带来了灾难：不设防的城市惨遭空袭，细菌战使得中国军民深受其害。中国国力日渐衰弱，在亡国的边缘徘徊。在19世纪与20世纪之交，许多人担心中国会灭亡，随着日本和欧洲掠食者对中国的蚕食和瓜分，他们尤其担心中国将会步波兰后尘，被列强完全瓜分。《国耻辞典》篇幅很长，该书厚度超过3厘米。

然而，在华外国人却有着属于他们自己的，有关这个故事的另一个版本，并在不同的场合诉说着他们的故事，这些故事被呈现在各种纪念活动和仪式上、公共聚会上，以及在给外交人员的措辞严厉的私人信笺里。在华外国人自然没有编纂能与《国耻辞典》相对应的工具书，但是他们对于自己的成就以及在华外国人中的杰出代表大书特书，此外，他们还通过建筑物的设计来凸显他们显赫的地位和巨大的成就。[5]他们这样认识并记录中国社会：这是个封闭且充满敌意的社会，外国人被城墙拦在城市外，被投石于街道中。清政府很不情愿地遵守着条约中的条款，把寸草不生的海滩淤泥地划给了这些不受欢迎的外国人，而后者却努力经营这些"沼泽荒地"，使之繁荣发达。他们兴建了道路、沟渠、码头、现代银行、繁忙的洋行（办公楼）、仓库、教堂、学校以及俱乐部。他们建立了高效、民主的上海工部局，该局既负责疏导交通，也负责监督警察部队、公共卫生官员以及学校的运作，并最终行使了一个负责任的地方政府的大多数职能。他们非常乐于回忆自己是如何兴建优质港口、在水边筑堤、清除港口淤泥、安装照明系统、制定合理手续，从而使人员的进出和货物的吞吐通畅无阻的。他们兴建铁路，绘制地图和图表，使一切井然有序、有条不紊。他们给中国带来了秩序、理性、卫生改善和救赎，更带来了科学和文化，使中国人得到启蒙开化。他们声称，自己发现了一个曾经辉煌的文明正日趋衰弱，成了"亚洲病夫"，于是，他们拯救了这个文明。赫德和他的属下致力于维护中国的利益，但清政府的刁难以及群众的仇外情绪有时还是会酿成排外事件，而这些事件只能由外国的坚船利炮解决。根据外国人的回忆，他们并不想和中国人兵戎相见，但是，一旦遇到不得不诉诸武力的情况，他们则会堂堂正正、全力以赴地作战。他们来华，是为了帮助中国，并使其走向世界。他们对善良朴实的中国人民充满了同情，对腐败无能的中国统治者却充满了鄙视。这些西方人享有条约规定的权利，而为了捍卫这些权利，他们陈情、游说，有时甚至向清政府示威。他们声称自己了解中国并努力在为中国发声，而且他们还十分理解中国人，甚至比中国人对其自身的理解还要透彻。他们包揽了对中国的一切报道，为中国的领导者和各地军阀出谋划策，对中国的货币进行改革，此外，他们还拯救中国人的灵魂，救治中国人的肉体。对于他们所做的一切，他们引以为傲。他们声称自己一手兴建了上海，在发出恶臭的滩涂地上，建立了这座繁荣的大都市，开设了医院和大学，并且创造了许多的工作机会，他们还大力推动中国政治、社会和文化的改革与现代化。令他们感到疑惑不解的是：明明是他们把中国从内忧外患中救了出来，可是为什么没有人感激他们？

中国近代史是如此复杂，要理清这些头绪纷乱的叙述，几乎是不可能的，而且这根本就是一项吃力不讨好的工作！[6] 即使删除《国耻辞典》中最严厉的措辞，该书列出的长长的"国耻"清单中的绝大部分仍然是无可争辩的事实，这足以令哪怕是对中国的立场持有保留态度的观察者都犹豫再三。即使我们不愿意相信那些带有强烈反帝色彩的叙述，关于民国时期外国在华事业的档案和各种文件（甚至包括那些丝毫不起眼的文字材料）读来依然触目惊心。与在华洋人相关的种族主义事件、奸淫案、谋杀案，以及各种残暴行为（包括战争及和平时期）和不公审判的证据堆积如山。盘踞在中国沿海地区的洋人在日常生活中所行使的殖民主义暴力也许危害更大。他们思维模式僵化、言辞刻薄、行为粗暴而又血腥。在华洋人流连于他们所兴建的酒吧、夜总会、澡堂、公园、花园、滨江草坪以及游轮客舱，这些场所往往实行隔离政策。上海滩的公园一度挂有"中国人与狗不准进入"的告示。然而，即使是文盲，也很清楚那些使用公园设施的告示虽然看似无所偏袒，实际上却有所暗示。1933年，位于上海市中心的沙逊大厦洗手间门外的告示上赫然写着"绅士"和"中国人"。[7] 在洋人家里，大小姐或许会和厨师大吵一顿，洋人雇主也动辄会对佣人拳脚相向。他们大部分的交流犹如鸡同鸭讲，因为他们一般都缺乏共同语言。这种情景，就和在非洲或印度上演的一样。我们对于帝国主义在中国所做的一切有个朦胧的印象，对于相关细节，却所知甚少。尽管西方一般大众都熟悉当年鸦片对中国的祸害，但他们却更愿意把中国人本身塑造为毒品危害的源头，而非受害者。[8] 唯有日本侵华战争足以引起外国人对中国的同情，因为二战期间欧美各国也同样深受日本之害，日军在1941—1942年的突袭，以及在太平洋战争中犯下的各种罪行（包括虐囚行为），使洋人与中国人产生了共鸣。战争时期欧美和中国同仇敌忾、并肩作战，掩盖了中国与这些新盟友之间、中国人与西方来客之间的紧张和冲突。

然而，我们今天往往会自我定位为后帝国主义者，认为我们距离那个年代已经足够遥远，旧日的疮疤早已愈合。有人或许会提出建议（也确实有人这么做了），忽略老一代中国通们的溢美之词（老一代中国通们的确言过其实，我们今天也都在这一点上达成了共识），实事求是地看待他们所说的话吧。或许我们还能在另一点上达成共识：考虑到时代背景不同、评价标准迥异，这些老一代中国通们不过是在履行他们的职责，我们不应该用21世纪的标准衡量他们。他们在中国进行了建设性的工作，把新思想和新事物介绍到中国，也带来了新的办事规则和新的机遇，他们为塑造现代中国出了一分力。而关于这一点，我们已经和一些中国人达成了共识。改革开放以来，中国重新融入世界经济，各种机构和企业都重拾自己曾被废止或摧残的外国遗产。"新中国"接管了"旧世界"，而且通过中英两种语言实现了这一点。青岛啤酒——中国最大的啤酒品牌——于2003年举行百年周年纪念，在对国内和全球的宣传中，他们都充满自豪地强调，该公司的历史可追溯到当年的盎格鲁-日耳曼啤酒公司（Anglo-Germania Brauerie Company）。2001年，在上海交响乐团对自己120余年历史的追溯中，他们详细回顾了其乐团名称是如何在60年里从"镇交响乐队""上海公共乐队"演变为"上海工部局乐队"，并成为由外国人控制的上海工部局中最重要的文化机构。由此可见，无论是啤酒还是交响乐团，其起源都具有鲜明的国际色彩。[9]他们丝毫没有谴责外国人，更没有和外国人翻反帝国主义的旧账，只是列出了老一代中国通们本身也可能提及的史实。这时，老一代中国通们或许会感叹，我们做出的贡献终于得到了应有的承认。我们终于盼到了迟来的感谢。

他们或许还会说，除了那些不断翻旧账的、迂腐的历史学家，今天肯定没有人还采用那种早已过时的思维分析这一切了，尤其是在中国以外的国家和地区。1997年香港回归中国，在英国，这或许标志着公共记忆对不平等的对华关系的一种重温高潮，或者说，这至少使人们重温了历史上中英关系的轮廓。然而，香港政权的交接毕竟只是一个瞬间，人们对香港早期历史以及后来历史的了解仍然相当肤浅。最后一任香港总督登上最后一艘皇家游艇，黯然离开香港——这个画面在20世纪90年代的英国仿佛时空错乱，并没有给人留下多深刻的印象。况且总体而言，英国人对其帝国时代的历史印象，大多止于印度、非洲，或者是很多人并不知晓的一些其他的英语世界地区，比如澳大利亚、加拿大和新西兰等前英国领地。欧洲大陆各国的记忆里更是缺乏中国的位置。德国的青岛租借地、上海法租界、比利时和意大利在天津的租借地鲜少在大学校园之外被提及，有的甚至是近年来才引起人们的关注。随着冷战的来临，美国人对中国近现代史的解读被蒙上了浓厚的意识形态色彩，尽管美国基督教传教士及其支持者在华的影响力大于其他西方列强。[10]随着中国恢复其在世界经济中的中心地位，随着全球中国热日渐升温，这一切必将成为纯粹的历史，成为外国人眼中尘封的历史。当今中国和未来中国成为人们真正的关注点，而非过去的中国。我们希望了解中国社会如何运作，中国人如何思考，中国接下来又将会何去何从，以及中国究竟将会带我们走向何方。我们都必须思考的一个问题是一个日渐强盛和富裕的中国将会给全球政治带来哪些变化。那么，关键的问题仍然在当下，而不是那段被淡忘得差不多，并鲜少被回忆起的过去。中国历史上的耻辱无关未来。

实际上，尽管表面看来，中国的过去仅仅是纯粹的历史，但如果我们不了解继第一次鸦片战争之后的那个动荡的世纪，就无法理解今天中国的复兴，更无法理解中国对世界其他国家或冷静或激烈或严厉的态度。这是因为，即使只是纯粹的历史，在当今中国也占有着举足轻重的地位，"过去"远未终结。不仅青岛啤酒厂和上海交响乐团还记得历史，国家更是如此。在官方语境中，中国人民是在"经历了长期的艰难曲折的武装斗争和其他形式的斗争"之后，才推翻了帝国主义者及其盟友，从而拯救了日渐沦为"半殖民地"的中国的。对于这段中国民众的自我定位及其所阐述的自身存在的理由都带有国耻时代的深刻印记。[11]毫无疑问，当年在华洋人留下的遗迹其实无伤大雅，大多数甚至不太起眼，这些建筑物也不过于华丽，建造者并不希望以此来吹嘘自己辉煌的过去，或是回顾那段支离破碎的历史。中国近代史就是一部国难和外国侵略接踵而至的历史，而在其中，洋人扮演的都是负面角色。然而，这些建筑物曾经的主人们——当中包括诸如李度和埃尔茜·丹森一类的人物——却似乎和上述的负面角色扯不上任何关系。确实，对于中国对外开放的这一百年，人们可以进行多种解读。对于这些洋人们来说，他们当中的有些人（甚至很多人），作为理想主义者，参与并介入中国事务，并希望通过各种途径帮助中国及中国人民（尽管他们是根据自己的条件提供这种帮助的）。然而，对于大多数人来说，他们完全是因为被卷入世界历史的洪流，才阴差阳错地来到中国。随着外国在华事业蓬勃发展，这些事业成了19世纪日渐成形的世界网络的有机组成部分和最普遍的求职之处——无论是当护士、教师、打字员、海关官员、警察、推销员还是书记员。早在当时，世界就已经迎来了一阵中国热，大家以为只要能到中国待几年，趁机捞一笔，就能发一笔横财。实际上，等待这些淘金者的通常都会是一个比他们想象中更加有秩序的、可预估的世界。身为一名速记员和私人助理，埃尔茜·丹森怎么可能如那些卷帙浩繁的"国耻实录"所描述的那样对近代中国造成如此巨大的破坏呢？所以，想要理解现代中国的思维模式、掌握中国近代史的脉络，就务必要调和不同版本的有关这段历史的经验——一般的、巧合的和充满创痛的。

本书将从意义深远的1832年开始叙述中西之间充满交流、对峙和混乱的百年历史。这一年，运载传单、布料和鸦片的英国船只从珠江三角洲出发，向北驶入禁止外国船只进入的中国水域，由此掀开了接下来几十年中国社会变化的序幕。其中3艘船属于1950年把李度运离中国的那家公司——怡和洋行。这家公司今天依然活跃于中国，其总部则坐落于伦敦市中心的办公室里。这是一个互相关联的世界，其中的连续性自然很重要，但是其中并不存在什么宏伟计划或阴谋诡计。除非19世纪的欧美历史本身就可以被称为一项宏图伟业，否则，这个故事的核心其实和什么帝国主义的"宏图伟业"没什么关系。故事里的角色确实具有一些明显的倾向性，他们的某些反应也确实遵循着一定规律，这使得我们常常过分注意他们言行举止的重复性，而忽略了随机事件、机遇，甚至是失败，这些元素也同样塑造着这个世界。事实上，列强们很可能并没有一个详细而步骤明晰的瓜分中国的计划，而本书要叙述的，其实也正是这样一个混乱的过程。传教士、商人、雇佣兵都参与了列强瓜分中国的狂潮,英国人、美国人、俄国人、帕西人(Parsee)以及马六甲华人等世界各地人士也蜂拥而至。虽然统治中国的清政府在1832年之前并没有禁止一切对外交流,但是清政府严格监控着这种有限的交流,并且将之限制在沿海边缘地区的其中一隅。1842年之后,随着清政府大幅度放宽这些限制,由洋人及其中国合伙人组成的聚落形成于主要的沿海城市,并往北扩散,甚至远至滨海城市天津。本书试图探讨这些聚落的发展、经历的波折及其对中西关系的影响,从而解释这段时期对中国和世界历史的意义和重要性。举例来说,为什么海关总税务司这样重要的职务,在1943年之前会一直由英国人担任,甚至还通过双边外交协定确立下来?这当中究竟发生了什么?有关这些问题的报告将会是一份来自内部的报告,一份来自一只怪兽肚子里的报告。这里并不属于大英帝国或法兰西帝国的正式领土,而是一片灰色地带。清政府统治着这个独立的国家,但这个国家却又并非完全独立。这个国家疆域之内存在着一个新世界,这个新世界又与越来越多的西方帝国存在着紧密联系,并依托这些西方帝国茁壮成长。列强占领了不少中国领土,并在法文、英文、俄文、日文和其他语言印制的地图上堂而皇之地将之标示为本国领土。与此同时,列强的在华事业却又是多元性的,使用着不同语言的各国都参与其中,但是,当然,英语(毋宁说是不同版本的英语)始终是一枝独秀,其影响力也最大。尽管这个新世界是全球网络的一部分,但通常视野狭隘,着眼于当地。作为一项多国事业,它的影响力和实力在1913年夏达到了顶峰。那时洋人对中国政府财政的控制达到了前所未有的程度,然而,正在演变的地方和全国政治也在有效地挑战着在华洋人之前的种种美好设想,削弱着他们的雄心壮志。我将会带领读者一起重新审视这一系列事件——从1832年那个决定性的一刻,直到西方在华事业达到顶峰的一刻,然而物极必反,这个顶峰也就是中国近代史这个黑暗而复杂的篇章走向结束的开始。

毋庸置疑,李度本人来到中国,也许就纯属机缘巧合,他当初肯定想不到自己会在中国度过四十多年光阴。1914年10月,他加入中国海关时,该机关正处于其权力和影响力的巅峰。就在那个月里,另六名美国人、九名英国人、四名丹麦人、一名芬兰人、一名意大利人、两名挪威人以及一名瑞典人也加入了中国海关，此外，这里还有五名中国人。这是一个相当具有代表性的随机抽样调查，而在这份调查里唯独缺少的是德国人。此前每年都会有不少德国人在青岛的德国海军基地服役结束后不立刻回国，而是选择加入中国海关。但是，随着第一次世界大战日趋激烈，选择留下的德国人减少了。事实上，英国人和德国人一直共事于中国海关，直到1917年中国对德宣战。李度毕业于达特茅斯学院（Dartmouth College），一次偶然的机会，他留意到了中国海关这个机构。他日后戏称："即便如此，在那个年代，去中国还是和登月差不多。"[12] 到中国工作，似乎是个不可思议的选择。同时，作为一个美国人，来到中国海关，更是难以适应该机关浓厚的英国色彩。一开始李度的确感到陌生和不自在，但很快他就习惯了中国海关的工作环境。开头提到的那张在台北的合影，是一条漫漫长路的终点。他先是在南京学习中文，然后被派驻厦门、北京、天津、上海，并于1934年担任了人人都梦寐以求的驻广州专员，最后从1943年开始，他承担起了管理中国海关的棘手任务。在1914年10月加入中国海关的这一批人当中，李度是最后一个离开的。在这批人中，除了一名港口稽查员任职不到一个月之外，其他人的任期都超过三十年。与李度形成对比的是埃尔茜·丹森，她既是海关人员记录簿上屈指可数的外国女性，同时也是生于斯、长于斯的地道上海外侨。她于1931年3月开始在海关担任速记员，两年后，她的妹妹也加入了海关。两姐妹的父亲乔治是矿主之子，他在由洋人掌控的上海工部局做了十五年警察，直到1905年被辞退。其后他又任职于港口管理局，直到1937年在上海逝世。[13] 埃尔茜于1949年离开海关，这标志着她的家族结束了六十年侨居中国的历史。

埃尔茜·丹森是从上海警察部队下层起家的。乔治·丹森（George Danson）娶了一名海员托儿所的保育员，他们的子女把握住了当地环境提供的机会，在上海这个他们唯一了解的地方自力更生。他们极少回到英国。他们是众多侨居海外的英国家庭当中的一个，而英侨是继华侨和印侨之后，人数最多且分布最广的侨民群体。相比之下，李度有一个更明确的家乡定位。大学一毕业,他就选择到一个新的、陌生的地方去碰碰运气。侨居中国的这段时间里,他始终和自己的家人,以及位于罗得岛波塔基特市的老家保持着紧密联系。李度第一任妻子是他老家的邻居,于1917年和他远渡重洋来到中国。二十世纪三四十年代美国在华事业规模日增,这使得在华美国人也越来越有底气,李度也积极参与其中。结果海关把出生于中国的"上海佬"埃尔茜·丹森和受过大学教育、具有全球视野却又恋家的美国人李度安排到了一起。解放战争最终迫使两人离开中国,李度回到了自己的老家,埃尔茜则前往了陌生的英国。1842年之后洋人创立的在华事业,让李度、丹森家族以及和他们一样的数千名洋人来到中国,这里为他们提供了工作;这里的一座座新建成的教堂见证了他们的婚礼和洗礼;这里一片片开拓出的坟地埋葬了他们死后的躯体。

1949年之前,洋人的在华事业所造就的世界以及那个世界所留下的种种遗迹,将会是本书探索的一个重点问题。那个世界仍然存在于那些石头和砖块砌成的建筑物里,也被记录在照片、图纸、地图、油画和水彩画里——尤其是中国画家卖给外国人的千篇一律的画作(这些画作往往绘有展现江畔建筑物风貌的经典场景)。从家庭相簿和林林总总的书籍里,也还能一窥当年那个世界的点点滴滴。在易趣网上可买到当年的文物,包括价格不菲的旧上海纪念币和老照片。中国的富豪都觊觎并热衷于收藏旧中国沿海地区的这些文物。在中国沿海城市的市政府把中国沿海地区和景点商品化的同时,海外的收藏家也用上海的文献资料开拓了一片新的市场。这些年,中国沿海城市里所谓的"老街"犹如雨后春笋般涌现,旅游景点有时就位于崭新的购物中心里,那里有很多摆满古董复制品的复古餐馆和酒吧。于是,在中国这个摩登的国度里处处可见被重塑的过去。[14]然而,那个旧时代也被妥善地保存在档案文件里,这些档案有的像老一代中国通一样散布全球,有的则被收藏在离它们诞生之处不远的中国图书馆里。传教士的笔记、海关文件、庭审记录、领事通信等文件记录着那个时代的精彩片段和日常公事,记录着守法之人和不法之徒,记录着种种相关论证信息和统计数据。我们可以通过日记了解那个时代,无论这些日记是沉闷的还是带有桃色意味的;我们也可以读那个时代的个人自传,包括纪实自传和胡乱吹嘘的所谓自传；我们还可以看纪实小说，看谐趣诗或引人入胜的日志；更可以看流传至今的一些文物——剪贴簿里的戏票、请柬、邀舞卡和菜谱，它们无一不诉说着另一个世界业已逝去的时光。我并不想利用这些资料找出那些与洋人合作的中国人，并发掘他们的罪状，我只是想解释这一切为何发生，又是如何发生的——1832年珠三角一群时而漂泊海上，时而栖居在陆地的商人是如何向内陆挺进，如何软硬兼施地进入中国城市，并在城里修建马路和堤坝，还在路旁和堤边兴建各种设施的。蜂拥而来的人可谓鱼龙混杂，既有基督教的卫道士，也有市井小民；既有理想主义者，又有市侩的淘金者。他们并不只是创建了贸易据点，而是在主权国家之内建立了许多"小国"，这些"小国"各有自己的宪法，人文历史也各不相同。这些"小国"构成的系统贯穿全国，它从沿海港口城市，沿着道路和河流深入内陆地区。

1832年，剧变前夕，洋人沿着中国海岸进行侦察的各种行动意义深远，这也是在本书的开头我将要进行叙述的内容。然后在接下来两个章节里，我会探讨19世纪30年代初外国商人和清帝国这两个对比鲜明却又紧密联系着的世界。接着我会阐述建立在中国沿海地区的新社群以及它们在各方面的发展，同时，我还将讨论催生出这些社群，并且推动这些社群发展的各种反复发生的战争和条约。商人、领事和传教士率先进入中国，其他人紧随而至。主权国家的部分地区被硬生生划为了边疆：在沿海地区，在护城河的城墙外的地区都属于所谓的"边疆"，之后"边疆"的分界线甚至也划到了郊区和农村。混乱随之而来，但洋人也创造出维持秩序的新体制，其中就包括赫德执掌的海关。本书还有一个主题，就是既然存在维护秩序的新体制，那为什么冲突依然一再发生，为什么华洋双方还是始终存在着敌意？相互间的不了解和信息的错误传递，一直严重影响着清帝国和西方世界之间的关系。"荣誉"在这个故事里占有十分重要的地位，而"尊严"也同样至关重要。中西交流的难题部分地源于以下几个问题：第一，无论如何，双方都不可能给对方足够的尊严；第二，当其中一方感到受委屈时，另一方却不愿持理解同情的态度；第三，当其中一方完全没有蔑视和侮辱的意思时，另一方却认为自己已经受到了冒犯。当时，中国在很多方面都迎来了迅速的变化,但是这实际上只不过是世界潮流的一部分,因为整个 19 世纪就是一个迅速变化的世纪。19 世纪全球化的动力推动了清帝国的变化,清帝国的变化又反过来塑造了全球化的动力。新科技扮演了举足轻重的角色:轮船、新式武器、电报技术、新兴的大众传播媒介,这一切都决定了列强瓜分中国的进程。在这个时代,人员和货物的流动、思想和信息的传播既发生在全球,也同样发生在中国。快速演变的国际背景不断地给中国重塑着各种难题,但另一方面,中国的难题也在不断地塑造着整个国际的背景,那么,这一切究竟是如何运作的?这将是本书要讨论的又一个重要话题。同时,本书还将讨论新建立聚落的特性,以及促成这些聚落形成的条约,甚至是中国和欧洲文化的交汇究竟是如何深刻地影响中国的难题的。作为一份多国参与的"事业",1913 年之后,列强瓜分中国的狂潮日益瓦解。就在那一年,有一组外国利益集团——一个外国银行团——给中国政府提供了一笔巨额贷款,外国势力对中国行政控制之严苛,因此达到了前所未有的新高度。与此同时,另一组外国利益集团——管理上海公共租界的外国商人——企图扩大其控制范围的长期努力却遭遇挫折。中国 20 世纪的故事并不是这本书要探讨的主题,除了几个例外:本书仍将阐述人们对漫长的 19 世纪的理解是如何影响到 20 世纪的,又是如何影响到通往 1913 年的那条关乎胜利与失败的道路的。

在华外国侨民一向都十分在乎既有的历史,因此他们力求保持现状,而他们既有的历史也为此提供了依据。同时,在他们看来,这段历史还为各种各样而又永恒不变的那些中国特征提供了极具说服力的证据。19 世纪 30 年代及以前的种种事件经常被作为实行这项或那项政策的依据,又或者是反对这项或那项改革的依据。在洋人看来,中国人的"国民性"是永恒不变的,这种印象更强化了他们来华的使命感。[15] 他们认为自己的任务还远未完成,这种想法促使他们采取行动,也决定了他们具有某种倾向性——他们往往声称:我们上次功亏一篑,我们太容易满足了,我们本来可以争取更多的利益。所以,下次当我们有机会时,我们务必要贯彻始终。一个社群往往会因为对自身历史的认同(或对自身历史的相同叙述)而团结起来——而这种历史,未必是成天泡在档案馆里的那些学者发掘或书写的历史。19世纪30年代之后组织起来的社群塑造了自己的历史。然而，在面对来自其他历史版本的挑战时，他们自身原有的历史版本最终还是被其他叙述取代了。对于一些人来说，某个事件或许值得欢欣鼓舞，而对于另一些人，此事却应当口诛笔伐。历史，向来既是公共行为，也是个人兴趣。当李度于1949—1950年间的冬天离开中国时，他一定会缅怀自己在华的三十五年时光，他或许也会思考这些中国的建筑物和遗迹是如何默默地讲述着他本人的过去的。海关在广州的临时总部位于前租借地沙面岛的海关大楼里，从1934年到1942年，他曾作为税务司住在这栋大楼里。感慨之余，他喟然长叹："回忆啊，都是回忆，快乐的、悲伤的，那些回忆围绕着这栋老房子，这座历史悠久的岛屿，以及这座历史还更加悠久的城市，挥之不去。"他在此成婚，又成了鳏夫，还在此遭到五个月的囚禁——也就是日军偷袭珍珠港之后，他被软禁在家里的那段"寂寞的日子"。[16]伤感之余，他依然十分清楚这座"历史悠久的岛屿"所带给他的一切："位于新教墓地里历史悠久的英国圣公会教堂"以及租借地本身美观的街道——那可是名副其实的林荫大道，道路两旁种了成排的樟树。广州几乎是一切的起点——在19世纪悄然来临之际，急于进入中国的西方人以澳门为根据地，在这里敲开中国的大门。在1949年9月的香港，他发现自己身边尽是那些在中国服务多年的洋人家庭——其中一家有四代人在中国服务，另外还有两家则有五代人在中国服务。在中国服务了五代人的那两家人当中的一家和19世纪60年代"戈登"的"常胜军"有着紧密关系（"常胜军"曾代表清朝统治者，在上海郊区与太平天国的军队展开大战），另一家则与首任海关总税务司李泰国（Horatio Nelson Lay）相识，这家人通过这层关系，认识了整整三代的海关大员。[17]就在故事接近尾声之际，李度开始和人讲述那段历史并随身携带记载着那段历史的手稿中的一部分——他离开上海时，把赫德和赫德在伦敦代理人之间长达四十年的往返书信的完整誊抄稿，安全地藏在了他的行李箱里，这些誊抄稿翔实地记录了海关的历史，以及由此可以窥探的更大范围内的中外关系问题。在旧中国日渐崩溃之际，李度在广州阅读了这些誊抄稿并与赫德其中一名下属的女儿通信，讨论她为父亲的回忆录寻找出版商的事宜。[18]就在李度卸下总税务司职务隔天，偕叡廉博士（George William Mackay）就登门拜访（偕叡廉之父系 1871 年第一位赴台传教的加拿大新教传教士马偕 [George Leslie Mackay]，马偕后娶台湾女子为妻，生下偕叡廉）。偕叡廉告诉李度，他至今还能"清楚回忆起"1895 年日本人到来之前的台湾，自己曾目睹当时的海关专员美国人马士（H. B. Morse）"端坐在轿子上，由 4 个身穿白色制服的轿夫抬着"，一直从家坐到办公室。[19] 就这样，正当旧世界已然消逝之际，两个耄耋老人在下着细雨的元旦，坐着回味早已远去的轿子时代。这一切究竟是怎么发生的，让他们在彼时彼处相聚的那个世界，最初又是怎样被建立的？

1

不速之客

他们粗暴地用膀子把旁人挤开，闯了进去。林赛（Lindsay）一声令下，辛普森（Simpson）和海军见习军官斯蒂芬斯（Stephens）便把膀子靠在了道台衙门紧闭的大门上并使劲地撞了两次。门板应声倒在地上，"叮当"作响。抵达上海的前几名英国人就这样闯入了这名地方行政官的院子，而围观的众人都未能拦住他们。当他们还在前来的途中时，道台的下属便已经得到了消息，于是他急匆匆地赶着去闩上外门，但最终以失败告终。不过门卫们以为，至少他们已经牢牢地守住了通往院内宅的内门，直到门板被硬生生地撞破，他们这种乐观的希望才最终破灭。[1] 历史学家们经常采用"开门"和"闭门"的隐喻探讨中国充满波折的对外开放的过程，面对此情此景，这个隐喻更是显得恰如其分。四周尘埃缓缓升起，休·汉密尔顿·林赛（Hugh Hamilton Lindsay）和他在东印度公司的同事昂首挺立在道台衙门的内宅里，要求衙门予以接待。衙门的差役个个不知所措，给了他们"茶水和烟斗"，然后静候道台回府。

那些英国人肯定知道他们并不受欢迎。他们乘坐的"阿美士德号"（Amherst）帆船从弹丸大小的澳门起航，先是往东，然后往北航行。他们沿途停靠的每个港口，地方当局都向北京朝廷汇报了他们的旅途进展并极尽刁难之能事，竭力阻止他们进入他们所到访的每一座城市。从1757年开始，所有中国港口就都被禁止与外国通商了，同时，也禁止外国人进入,只有一个例外。位于珠江口、距离大海80英里[①]的广州被允许让外国人栖居和通商,但时间仅限于10月到隔年1月的贸易季,还必须受到地方当局(即两广总督和被外国人称为"Hoppo"的粤海关监督)的严格监管。在贸易季以外的其他时候,英国人和其他洋人都居住在澳门。然而,"阿美士德号"不顾阻挠,仍然强行驶入厦门、福州和宁波。他们小心翼翼地避开了那些试图威慑他们的中国战船以及试图向他们展示大清帝国军威、在岸上列队整齐的士兵。地方官员严厉警告这些闯入者并在城墙上贴出告示,严禁当地民众与他们进行贸易。有几个好奇心强的当地居民试图联系那艘外国船只,因此被竹竿鞭打并被关在囚车里游街示众。但另一方面,在每个港口,毫不掩饰地尝试和那些英国人做买卖,以求购得"阿美士德号"运载的大量货物的,其实正是官员们。当官员们发现船上并没有运载鸦片时,他们毫无例外地感到困惑不解。如果不是运载鸦片,英国船只沿着海岸航行,究竟又有何目的?

他们的困惑确实有道理。当时是1832年初夏,29岁的林赛正是于这一年的1月初接到命令。自从1820年起,他便在广州担任东印度公司商业代理人的职务,他的父亲还担任过该公司的董事长和理事。作为巴尔卡雷斯伯爵(Balcarras)之侄,身材高挑、脾气古怪的林赛被命令向北航行"以确定这个帝国的北方港口,如果假以时日,可以在多大程度上对英国商人开放"。[2] 林赛执行的是一项侦察任务。他们负责考察哪些港口最有利于对外贸易,鉴定哪些城市更愿意和外国人打交道,同时,他们还要考察一下市场以及货物价格,此外,还得评估一下直接进行茶叶贸易的潜在可能。他们带着一捆捆的印花布、纱布和印度棉。为了保护自己,他们给自己取了化名,以避免让有关当局追查到他们在广州的身份(因为广州只有不到80名英国侨民,他们很容易被发现)。每到一个港口,他们就会胡编一个故事来解释他们为何不请自来——他们从孟加拉远道而来,本想航行到日本,却被大风吹得偏离了航线,现在帆船因为没有风,不得不滞留当地,而且缺乏饮用水。当局对他们的解释将信将疑,而他们语焉不详、漏

[①] 1英里 ≈ 1.6千米。——编者注

洞百出的言辞也不能不令官员们有所起疑。他们并没有隐瞒自己作为英国人的身份。与此相反，他们还力图解释英国人究竟为何许人，又希望从中国得到什么。为了达到这个目的，他们随身带着一本小册子的复制件。这本小册子题为《大英国人事略说》，其作者马治平（Charles Marjoribanks）曾经主管东印度公司在广州的业务并即将进入英国国会。写成之后，又由传教士罗伯特·马礼逊（Robert Morrison）翻译成中文。马治平首先产生了此次航行的构想，他给林赛下达了指示并与林赛和其他人密谋改变目前的中英贸易状况。他们还带了一个曾经负责过港口勘察的制图员，他们的船长托马斯·里斯（Thomas Rees）曾于1817年和当时的英国使团一起航行到了中国北方并曾参与过19世纪20年代的一些勘察行动。他们将自己侦察的结果与已知的知识（包括马可·波罗的游记）进行对比。同时，兴之所至，他们还用自己的大名为岛屿和沿海通道命名——郭士立（Gützlaff）岛、阿美士德（Amherst）通道、马治平港。就这样，他们重画了英国人的中国地图，让此后的英国人利用起来更为方便。

他们航行了一个多月才抵达厦门，其后又航行了三个月才抵达上海，途中在福州和宁波进行了稍长的停留。林赛在厦门给其母致函，信中写道："如此消磨时光，着实惬意。过这种日子，我真是愉快极了！"[3]尽管有时他们会和当地人闹得不可开交，他们在所到之处也经常成为人们关注的焦点，上至官员，下至乡巴佬，都对他们十分好奇，但这显然并没有影响林赛的好心情。他们携带的小册子本身就十分引人注目（同时也令人疑惑不解），因为其行文相当古怪，一位学者甚至称之为"不伦不类的中文"。[4]但是，真正令人惊异和不解的是，其中一名洋人的中文却极其流利，他就是使团的中文翻译郭士立（Karl Friedrich Gützlaff）。[5]厦门一名不太友善的官员对他吼道："我知道你就是当地人！你不惜乔装打扮，卖国求荣，你是个为洋人服务的当地人！"其他官员对于洋人能说如此流利的中文，还能毫不费劲地阅读中文，也感到不可思议。[6]作为来自波美拉尼亚地区的路德教派传教士，郭士立先到了爪哇，然后又去了曼谷，在亚洲的六年时间里，他不仅深入学习了中文，而且还搭乘中国商船沿着中国海岸线航行。在航行过程中，他有时会很不自在地乔装改扮，特别是在船员们到达港口，嫖妓、酗酒和吸食鸦片之时。那艘中国商船并不大，而郭士立为了自身安全，不得不在船员们饮酒狂欢时，留在这个浮动的"罪恶之地"。[7]郭士立跟随商船北至天津，他"完全"说服了自己，认为自己"并不是为谋求私利或沽名钓誉"才参加这次航行的，尽管大多数后世评论家并不认同这个说法。尽管天津距离帝国首都北京不过70英里，他还是止步于了海河河口的这座港口城市。天津不禁让他想起利物浦，而天津居民的方言则令他联想到瑞士人的口音。[8]郭士立就以这样朴实的笔调为他的读者们描述着充满传奇色彩的中国。直到"阿美士德号"起航的两个月前，郭士立才南下回到澳门，他努力说服使团，并告诉他们，所有人都可以安然无恙地回来，无疑，他的报告给了那些策划航程的人不少鼓励。

"阿美士德号"使团的团长醉心于"上海这个名闻天下的商业中心"。林赛注意到，"确实，上海的声誉并非言过其实，其在商业上的重要性没有被过誉"。[9]现在林赛等人在衙门里啜茶静候上海道台吴其泰归来。没想到他们还没等到道台，就先等来了官衔较低的知县。知县怒形于色，声色俱厉地命令他们即刻返回广州。皇帝圣旨规定，他们无论有什么要求，都只能在广州一地提出。这一点不容置疑。所以，他们必须马上离开。此时，林赛却立刻重新玩起了"礼仪和地位"的游戏，尽管他明知这个问题十分敏感，并且必将引起纠纷。1793年和1816年马戛尔尼勋爵（Lord Macartney）和阿美士德勋爵（Lord Amherst）分别率领使团出使北京并铩羽而归，使这个问题显得更加突出。这个后来被称为"接见问题"的纠纷在其后的几十年里一直使中外关系蒙受阴影。[10]在中国人看来，英国人和中国人之间，英国和大清帝国之间都存在着高低尊卑之分，而这一点，必须体现在双方的所有关系和交流形式之中——洋人没有资格在上海逗留，他们不会得到官方承认，他们甚至没有资格享受正式交往的最基本的礼仪，因此也无从获得任何的名分和地位。因此，知县无法容忍使团在他面前坐下，官员们只是草草写成几张便条，从不写正式的书信，也拒绝接受林赛的书信，他们有意省略所有习惯性的礼仪，并力图避免留下任何有关他们与这群固执的闯入者的正式交流记录（这种交流无疑是令人懊恼的）。因为相关记录很可能将会害他们被罢免，而且和外国人的这种交流也不符合情理。在中国官员看来，英国人不可能和中国人平起平坐，所以万万不能平等地对待他们。

广州的官员拒绝和洋人直接交往，甚至对正式代表英国国家并合法垄断对华茶叶贸易的东印度公司也不例外。所有来往通信都必须通过一群称为公行（cohong）或行商（hong）的人进行（只有他们被允许和洋人通商）。公行必须为洋人的行为负责，他们必然也会为此承担许多风险，但同时，和洋人通商的利润亦十分可观，而英国人本身却无法为自己发声。

林赛很清楚，中方的这些假设将会影响他和官员们的会谈，而且在和官员们的交流中，他也有意识地注意中方一切表示轻蔑的言行和省略的礼仪。林赛主动且咄咄逼人，对于自己认为应得的礼貌和礼仪毫不退让。他坚持要亲自提出条件并要求中方必须予以正视。他还坚持用中文提出自己的要求，以避免中方人员用"广东英语"或洋泾浜英语和他交谈。他知道该如何用中文提出自己的要求。林赛在此前航行至厦门时，曾犯过"几个明显的错误"，过后他总结出以下几点：如果官员坐着，他就不应站着；如果未能和中方达成"英方人员将会得到礼貌接待"的共识，就干脆不和中方人员会面；他不应遵守中方的任何禁忌。他总结道："如果我们没有表现得那么顺从，中方将会更愿意迁就我们。"[11] 纵观整个19世纪及之后的历史，这个苏格兰小伙子对于中方的这种异常敏感的反应还能不断地在外国领事、牧师、传教士和商人的身上有所体现。双方所争的，无非"荣誉"二字——大英帝国的荣誉和林赛个人的荣誉。在道台的办公室里，这场交锋开始了，双方不约而同地玩起了无声的抢座位游戏：知县和林赛一会儿起立，一会儿坐下，一会儿又再次起立，其中一方坚决不肯平等相待，另一方却要求得到平等的待遇。直到知县无话可说，转而阔步而出，这场游戏才宣告结束。

如果当事人的话可以当真，另一位林赛先生也曾在中国用膀子撞倒过整扇门，而且也同样拒绝向清政府表示必要的敬意，更不肯"把额头撞向地板"——这是资深行商对他的请求——也就是向粤海关监督磕个头。这个不肯屈从权威的人就是小伙子的父亲休·林赛（Hugh Lindsay），

1811年时，他担任驻广州东印度公司舰队的分舰队司令官（高级司令官）。据老林赛描述，他学到了和中国人交往之道，那就是：对于自身权利，必须寸步不让、力争到底。他的这种做法或许也影响到了他儿子对中国人的态度。[12] 当时，由于一桩中国男子的命案，清政府不肯让东印度公司的船队起航，因为该案牵扯3名英国海员。所以直到顺利结案，东印度公司的船队才得以起航。在英国人看来，这件事纯属意外，是过失杀人，但他们认为清朝律法所规定的刑罚没有对谋杀和过失杀人做出区分。英国人还认为，允许清政府扣押并审讯肇事海员，就相当于"提前给他判了死刑"，如果让步的话，就意味着他们清楚地承认清政府是相对握有生杀大权的那一方，而把自己置于一个岌岌可危的处境。[13] 之前，"休斯女士号"（Lady Hughes）炮舰的炮手在误杀两名中国船夫之后，被交由清政府审讯，旋即在1785年便被定罪处死，此事他们至今记忆犹新。他们更想起了不久之前的另一起命案：1821年美国商船的水手弗兰西斯·特拉诺瓦（Francis Terranova）与一名中国船妇之死有所牵连。尽管其嫌疑确实很大，但是广州当局对特拉诺瓦的审讯和处死，仍然使外国人感到十分恐慌。除非是蓄意谋杀并且证据确凿，否则，他们都不太愿意和清政府合作。既然行商不肯传达英国人对粤海关的不满（因为他们担心传达如此大逆不道的口信会惹来麻烦），东印度公司广州特别委员会（East India Company's Canton Committee）"采取了开门见山的非常手段"——他们绕过行商，而选择由老林赛和委员会一名资历较浅的委员率领代表团，亲自去向广州当局提出抗议。最后的报告这样写道："代表团并没有发现两广总督衙门前有任何实实在在的障碍物（或阻拦他们的人），于是他们顺利地呈交了抗议信。"时过境迁四十年之后，老林赛回忆道，衙门前没有"障碍物"，他率领着一支由60名东印度公司士兵组成的小分队，在大门即将被关上的一刻，他们高呼"冲向大门！"，接着"我们一起向前冲，最终，在大门关上的那一刻，我们冲到了门前……我们一致行动，把膀子靠在门前，再把大门撞开，最终，我们把门内的众人撞得东倒西歪"。他坚定地认为：要想得到公平对待，就必须坚决抵制中方的要求并且进行适度的抗争，这种方法屡试不爽。[14] 或许老林赛的叙述方式受到了儿子的影响,但是林赛家族明显倾向于用强硬手段表达自身意愿。

在小林赛之前,曾经也有一位使者出使中国并且铩羽而归,而小林赛的这艘帆船正是以这位使者的名字命名的。这就给中方提出了一个清晰的挑战,这个挑战既准确地反映了时代的变迁,也反映出了小林赛的心态:他坚决要求和中方人员平起平坐,因为他认为中英两国是平等的。当1816年7月清朝侍臣清楚地意识到,阿美士德勋爵就像之前的马戛尔尼勋爵一样,不肯遵行觐见天子(皇帝)的必要礼节,不肯遵照中国礼仪时,他们不许他和随从人员觐见皇帝,并且毫不客气地把英国使团轰出了北京西郊的颐和园。英国使团甚至未能在颐和园留宿。清廷派来下逐客令的使者宣布:"尔国王笃于恭顺,但其使节却不能敬恭将事。"[15]阿美士德不肯磕头,也就是跪下并以额头触碰地面三次。根据阿美士德的其中一名随员记载,其实他"天天吃中餐",以致腹泻不止,几乎难以站立。但是,任凭清朝官员屡次请求,他就是不愿意磕头,甚至连练习磕头都不愿意。所以,清廷只好把他遣送出境,于是他一路向南回到他的故乡,回到那远隔重洋的蛮荒之地。现在小林赛未经邀请就擅自航行北上,而且他甚至比阿美士德大使还"不谙天朝礼仪"。可是,事实上,小林赛乘坐这艘"阿美士德号"帆船,纯属巧合。

从另一个层面来说,小林赛乘坐"阿美士德号"帆船,标志着意义更为深远的一种改变。小林赛是奉东印度公司设于广州的商船货物监管人特别委员会主席之命北上的。正在他北上之时,广州的英国人、东印度公司的职员以及小商人们都被前所未有的怒火所灼烧着。之前的几年他们一直在斗争,希望自己的愤怒之音可以被听到,希望自己在中国沿海地区的危险处境可以被他们在印度和英国的上司、在伦敦的政府,甚至是广州人民所听到。他们写信并发出请愿书,他们将创刊不久的《广州纪事报》(*Canton Register*)和《广州信使报》(*Canton Courier*)传往海外,而英国媒体也一字不差地转载了那些报章文章。他们使用了这些能将驻粤英国侨民的声音传播至全球的全新利器。由于感觉自己受到威胁,他们甚至比之前更加愤怒。11个月前,正当贸易淡季(也是他们的办公处人手不足之际),广东巡抚下令拆除东印度公司"洋行"的一些建筑;重新对外国商人施加各种令人讨厌的限制；不分青红皂白地——至少在他们看来如此——处罚了他们的中国合伙人；还关闭了挂着英国国王全身像——该画作由托马斯·劳伦斯爵士（Sir Thomas Lawrence）所绘——的公司饭厅，并借此有意地（至少在他们看来如此）侮辱英国国王。[16]广东巡抚粗暴地拉开保护着英国国王画像的帘子，故意背对着画像坐下。英国人得知此事后，愤怒抗议。他们中止贸易，要求从加尔各答派遣战舰来华，并于5月31日在广州各处墙上和商店里张贴了一则引人注目的、致广州市民的中文通告。通告开头写道："英人来华，只求通商。广州洋行遭到袭击，其财产亦遭损毁。"其结尾写道："英人不畏压迫。"[17]但是，他们即使不畏压迫，最终还是不得不服从于巡抚——至少他们必须承认自己在皇帝的圣旨前是无能为力的。而这一点，常常使他们感到愈加愤怒。小林赛此番北上的任务就是去把抵制通告和洋行的钥匙亲自交给巡抚。这几年来，尽管有些出人意料，但事实上，他已经习惯了洋行的生活。可是巡抚却当面拒绝了他，不接受他的通告和钥匙，并且命令他返回澳门。林赛北上时，本已是满腹牢骚，现在又于私人场合和公共场所皆遭此羞辱，更是愤懑不已。

通过海岸城市"开辟贸易"，派遣船只"北上传达我们的信息"，这些话林赛在三年前就已经写过了。与广州当局的一系列冲突促使东印度公司在1829—1830年贸易季的初期，就命令其舰队避免驶入广州水域。根据命令，林赛被安排登上了金星门（Cumsingmoon）停泊处的舰队（该舰队停泊在澳门以北的金星门）。他的任务是和进行沿海贸易的中国帆船取得联系，并劝说他们直接和舰队进行贸易，他还要尝试和当地村民"改善关系"，并说服他们为舰队提供补给。为此，他到处奔走。他在村民集会上演讲（尽管他"竭尽所能"，但毕竟，把自己定位为一个语言学家，完全是他个人的自说自话），并且还准备了一份解释公司立场的中文文件，这份文件在公众中广为传播。如之前多次一样，东印度公司最终屈服了，并于2月份恢复贸易。然而加尔各答并没有声援他们的立场，遑论伦敦。在广州的英国人也未能达成共识：时任公司总裁的威廉·部楼顿（William Plowden）坚决反对他那些年轻同事的更具有对抗性的计划。其后东印度公司在华员工之间的关系也变得持续紧张,随着公司以外的英国商人日渐增加(他们与那些充满抱怨的在华员工一起密谋协商),情况变得更加糟糕。[18] 这起事件使林赛憎恶这种对中方妥协的倾向,反对普通中国人如果更熟悉"我们的个性"——亦即英国人的国民性——将会更愿意合作的想法,而主张"我们必须好好教训那些中国官老爷",才能建立起一套正常关系。[19]

1831年,加尔各答终于听从了他们的建议,派遣战舰来华。它们当中的一艘巡洋舰"克莱夫号"(Clive)还带来了印度总督的抗议信。广州的东印度公司特别委员会因获得了动用战舰的权力而大喜过望,哪怕这只是暂时的。他们决定派遣"克莱夫号"沿着海岸航行,此举正好给了林赛向北航行的第一次机会。他们希望跳过对他们百般压抑的广州当局,力图向其他沿海城市的有关当局表达他们的不满,并借此向北京朝廷传话。他们还希望进一步了解更广大市场的潜力。1832年,广州的英国侨民本来就感到无比愤懑,如今他们又得知,自己的处境在不久的将来将会迎来更加糟糕的变化——垄断贸易的日子,已经走到了尽头。三年前,伦敦的东印度公司董事们已经被告知,到1833年,该公司将无法继续享有对华茶叶贸易的垄断权。东印度公司的没落意味着该公司将会失去之前在广州享有的权利和地位。同时,这也意味着该公司的竞争者将迎来新的机遇,对于林赛一类的人也是如此,他们开始展望公司之外的未来,也希望在中国的其他地方大展拳脚。如今机不可失,他们必须捷足先登。但是,当"克莱夫号"船长得知他们打算把大批货物装到他的船上时,顿时就犹豫不决起来。他坚持认为,"克莱夫号"是一艘巡洋舰,不是商船,因此不肯起航。最终,该舰转而开往孟买。[20]

但是很快,就有来自其他各方的人员和众多的志愿者向东印度公司毛遂自荐,因为侦察中国海岸既符合该公司的利益,又满足"小商人们"的利益。后者指的就是那些从事私人贸易的英国商人,他们牢牢地掌握着亚洲内部贸易的航线,并期待着未来贸易垄断的终结。"阿美士德号"这艘服役6年、载重量达350吨的柚木帆船属于克鲁滕登公司(Cruttenden & Co.)。它已于这一年的8月下旬从孟加拉抵达广州,此前,它刚刚结束一趟新加坡之行。8年前，新加坡正式建立了殖民地性质的英国贸易据点。"克莱夫号"运载的商品样品被转移到"阿美士德号"。"阿美士德号"船长还找到了几名欧洲海员从旁协助该船的34名印度海员（"因为中国人一般不太看得起印度人"），同时为了加强安全保障，他还临时配备了4门黄铜炮。[21] 苏格兰自由商人威廉·渣甸（Dr. William Jardine）密切地参与了这次航行。他于1月份写道："我已决定让郭士立先生参与这次航行……他可以为未来的计划搜集有用信息。"——所谓"有用"，自然是从渣甸的角度而言。[22] 林赛接到了指示，收到了2000银元的备用经费，同时指示还提醒他，此次航行"并无政治目的，纯粹是为了了解中国人的性格和中国政府的作风，以及他们进行商业贸易的意愿"。他还被告知，对于"此项任务的缘起及其目标"，务必"严守秘密"。[23] 然而这项任务却远远没有那么机密。众人对这项任务议论纷纷，《广州纪事报》和《中国丛报》（Chinese Repository）甚至对"阿美士德号"的出航及其目的地进行了报道。《广州纪事报》于2月27日报道"阿美士德号"离港的消息，船上的乘客包括林赛先生和郭士立牧师，他们在东海岸进行"试验性航行"。[24] 一方面，英国官员们在学习中文并出版中文刊物，另一方面，即使英方已经将己方感想和行动公之于世，中国官方依然无从获取这些信息。对于那些徘徊在海岸边的神秘英国船只，中国官方屡次焦急地打听着关于它们的消息。但实际上，只须阅读广州的英文报刊，他们的这些疑问即可得到更快、更准确的解答。

实际上这并不仅仅是一项侦察任务，东印度公司还急于再次试验他们的新型武器——他们印制的中文刊物。他们于1831年11月向伦敦报告，他们已经印刷了马治平所撰写的小册子的中译本。他们声称："这可以被认为是开创了对华关系的新纪元。"保留至今的唯一一本小册子留存在英国——它是从宁波被发出去的，大概和一份报告一起被送到了广东当局，7月份广东当局为了澄清事实，又把它发给了澳门的东印度公司特别委员会。它看起来没什么杀伤力，不过是一本只有7页纸的薄薄的小册子罢了。但此时，承担宣传作用的印刷物已经成为推动历史发展的催化剂。他们声称："有志者事竟成——我们有信心在几小时之内，印刷任何文件的中译本，无论印刷多少份都没问题。"他们甚至有信心通过这种办法将自己的诉求转达给北京的朝廷："如果印刷了这么多本小册子，紫禁城的城墙内却连一本都没有的话，那才是天大的怪事。"[25] 就在同一个月里，《广州纪事报》的记者看到了小册子的誊抄本（据说这本小册子从宁波出发，途经苏州，最终被送到了这个中国记者手中），他用幽默讽刺的口吻刊登了这本"辞藻相当华丽""令人惊异"的小册子的"翻译件"。在刊登的文章中声称：这本小册子起先是由企图在宁波进行贸易的"3艘外国船只"分发给群众的，而那3艘外国船只又由20艘英国军舰护送。[26] 就在"阿美士德号"独自沿着海岸线北上的时候，惊慌的媒体无限地放大和渲染了这件事，最终竟然把一艘帆船说成了一支怀有敌意的舰队。

那本小册子声称英国人不求开疆拓土，只求进行贸易，实际上他们也已经在长达两个世纪的时间里，与中国进行了互惠互利的贸易。但同时，它也抱怨广州当局腐败无能、反复无常并且残酷无情。他们的行为阻碍了"充满善意的通商贸易"，有违"怀柔远人之至意"——浩荡之皇恩——当初正是承蒙皇帝之恩泽，英国人才得以来华通商。此前不久大英帝国在亚洲扩张领土，那本小册子对此却只字不提，并声称英国人对中国毫无领土野心。当年马戛尔尼使团向清廷提出的要求就包括设立英国据点，以便规避澳门当局的各种限制。这本小册子的确非同寻常，虽然刊登在《京报》（定期誊抄官方公告的刊物）的中国官方记载提到，书中多处"所陈敝端，多在黑阴匿偶而作矣。不然何得上志宏大者，依允下吏之妄为乎"。[27] 但是，分发给中国人的小册子仍然被一抢而空，尽管当时在现场给人留下更深刻印象的，恐怕还是熟谙中文的普鲁士人郭士立以及蛮横霸道的东印度公司职员。清廷拥有一个高效的情报网络，它搜集到了那本小册子并送到了北京（正如分发小册子的英国人所希望的）。清政府还接到了关于英国使团北上的许多报告，这些报告被大范围传播并且被远在广州的东印度公司高级职员们整理汇编，他们强调，它们与英国人胡夏米（即小林赛，他化名为"胡夏米"）和中文说得非常流利的甲利（郭士立）有着很大的关系。[28] 林赛在日后关于此次航行的叙述中极力为小册子辩护，尽管小册子不伦不类的中文使人读起来着实费劲，但不管怎么说,如预想的那样,它毕竟使英国人的抗议得到了皇帝的注意。也有很多人并不相信分发小册子能够实现英国人的目标。因为,即便是用英文写成的宣传刊物都常常可能让英国人自己下不了台,更何况是翻译成中文的宣传刊物呢?当时在英国也只有一些学者能够勉强掌握一些中文。但是,关于英国人国民性的叙述,且不论它是偏狭的,还是夸夸其谈的(如渣甸所认为的)——在此以英国人代指英格兰人,因为中文一般不区分这两个概念——它都得到了出版并且广为流传。其实,英国国民性还得到了更生动的反映,比如林赛魁梧的身材,以及他大摇大摆地带着同事们推倒大门,这些都给中国人留下了十分深刻的印象。[29]

上海道台衙门里中方人员给林赛斟茶,自然属于日常礼仪,而一开始促使英国人来华的,正是茶叶。自从1660年9月塞缪尔·佩皮斯(Samuel Pepys)尝过新奇的"中国饮料"之后,英国消费者对中国茶叶的需求量与日俱增,再加上英国财政部对增加收入的渴求,促使东印度公司来到广州。一名学者提出,英国政府收入的十分之一来自茶叶税,东印度公司百分之百的利润来自茶叶贸易。[30] 为了购买从印度往西运输的茶叶,英国人尝试用他们的棉布和毛织品打入中国市场。然而,几十年来,中国人愿意接受的唯一英国货物就是白银。在中国,并没有对曼彻斯特棉布、英格兰钟表或毛织品的持续的、可观的需求,以平衡英国人日益增加的茶叶购买量。于是,英国人在广州用白银购买茶叶,很快白银源源不断地流向中国,这种情况一直持续到1808年。[31] 但是,当1757年孟加拉落入东印度公司之手后,鸦片这个新商品渐渐被他们加入了销往中国市场的商品清单。鸦片在中国找到了市场。此前鸦片在中国精英消闲文化中的地位已经根深蒂固——有了这个现成的市场,英国人根本无须另外开辟市场,只要货源充足,中国人便会争先恐后购买鸦片——如今,吸食鸦片的习惯迅速传播到社会各阶层,中国人对鸦片的需求量进而越来越大。[32] 因此,1808年之后,白银开始转而流向英国。虽然东印度公司垄断了在其印度领地制造的鸦片的销售权,但该公司并未将鸦片运往东方,因为清政府已于1729年禁止了鸦片进口,在其后颁布的圣旨中,更是明令禁止从海上进口鸦片。[33] 东印度公司转而把这个任务交给了印度和英国的小商人——

他们与东印度公司之间一直有着密切合作——同时，在1813年东印度公司失去对华贸易垄断权之后，这些商人便逐渐独霸了亚洲内部的贸易。简言之，一种十分经典的三角贸易模式在这个时期迅速发展，印度的财富通过中国流向不列颠群岛。贸易的基本要素是两种商品：鸦片和茶叶。东印度公司将鸦片卖给小商人，再由他们从海上将鸦片运往东方。售卖鸦片所得现金一部分被兑换成能够在伦敦或加尔各答流通的东印度公司钞票，一部分则被用来购买茶叶，然后由该公司通过海路将所买的茶叶运回英国（事实上，也只有该公司才被允许从中国购买茶叶）。

但是，和孟买帕西商人杰其博（Jamsetjee Jejeebhoy）紧密合作的威廉·渣甸及其合伙人詹姆斯·马地臣（James Matheson）却对广州和澳门当局对贸易实行的各种限制手段很是恼火。他们不顾这些限制措施，直接进入市场做起了买卖。1823年，麦尼克洋行（Magniac & Co.）的苏格兰商人首次在厦门和中国买家进行贸易，他们先是派一艘船和潜在买家取得联系，然后这些潜在买家便用所谓的"走私船"把一箱箱货物运到了岸上。其他商人也效仿了麦尼克洋行的做法，但是来自地方当局的阻力使得所有人的生意都大受影响。因此，他们之所以如此密切关注"阿美士德号"使团以及郭士立本人，归根结蒂还是因为他们急于继续发展对华贸易，而且，他们在这方面确实已经取得了不小的成就。贸易垄断权结束的一天即将来临，这促使有志于发展对华贸易的商人聚到一起，并制定对策。这意味着日后的对华贸易将面临更加激烈的竞争，当然，秘密的鸦片贸易自然也包括其中。早在一年前，渣甸就已经意识到了创新的必要性，他开始思考如何搜集情报，开始考虑如何使用自己的船只将货物带到市场，他感叹道："旧的计划已经不合时宜了。"[34]这将是商业上的一步妙招，会大大增加各方的利益，而"阿美士德号"的航行将会是这项新计划的关键部分。之后不久，渣甸的船只"西尔芙号"（*Sylph*）和"詹姆西娜号"（*Jamesina*）先后被派往中国沿海，于是，才刚刚回到广州的郭士立，很快就又登上了"西尔芙号"。1832年秋天，另外两艘船只也将起航。郭士立扮演的角色至关重要，独立商人詹姆斯·英尼斯（James Innes）写道："我愿意付1000墨西哥银元换取郭士立3天的服务。"（广州特别委员会付了1500银元作为郭士立参与"阿美士德号"此次航行的酬劳。）郭士立将自己随渣甸和马地臣航行的所见所闻写成游记出版并广为流传，却对鸦片只字不提。郭士立对林赛声称，渣甸"允许我避免和罪恶的毒品沾上任何关系"，但人们对此却将信将疑。[35]他在运载鸦片北上的走私船上担任翻译，赚取了不少酬劳，一路上，他对官员软硬兼施，以确保后者不能干涉他们的通商贸易。到了1838年，该公司旗下有了12艘船只：从孟买运来鸦片的快速帆船，以及运载他们的货物北上进入隐蔽港湾的沿岸贸易船。在这些港湾，中国商人能直接和他们做买卖。这样一来，这些中国商人售卖的货物价格就低于从广州辗转运来的货物价格，同时，渣甸还能防止在港湾的中国买家进行价格垄断。[36]这种新兴贸易增长迅速，渣甸和马地臣的船队也就得以迅速扩充。同时，岸上一个复杂的当地走私网络也应运而生，这个网络在僻静的锚地约见船队、购买货物，并沿着河道和乡间小路将这些货物运往内地。[37]所谓"走私"，往往只是相对而言，经常指的是在中英当局眼皮子底下断断续续进行的一种贸易。当然，渣甸的怡和洋行并不是活动于中国海岸的唯一一家洋行，他们在广州最主要的竞争对手宝顺洋行（Dent & Co.）的业务也有所扩张，他们甚至还获得了"阿美士德号"帆船。1836年，托马斯·里斯把船停泊在厦门以北的泉州湾，然后和怡和洋行进行协商，约定双方互不妨碍对方在当地的贸易。根据我们看到的文献，一年后，里斯的帆船炮击了一艘"小帆船"。[38]而事实上，这艘船会一直在这段海岸线服务，直到退役。

1832年，林赛终于得以迈开双腿在外面广阔的天地游荡了。打破珠江三角洲实体空间和社交空间的樊笼，对他来说肯定是一种真正的解放。一名和林赛有些交往的朋友声称："我至今还从未见过比他更有流浪和冒险精神的人。"[39]在华洋人的生活确实十分封闭。他们被困在澳门这个小岛，寄宿在一块信奉天主教的土地上，不时"无缘无故地"遭到主人"骚扰"，过着朝不保夕、惶恐不安的日子。在广州，他们被幽禁在更狭小的空间里，寄居在拥挤不堪的洋行里（也就是广州岸边布满货仓和住宅的弹丸之地），或者被禁锢在自己的船上。[40]除了必须遵守贸易方面的严格限制之外，他们还被禁止进入广州城，被禁止在贸易季以外的时间里在洋行里留宿，被禁止带着女人入城。事实上，他们甚至还被禁止学习中文，而这仅仅是因为，教洋人学中文的中国人可能会因此被判处死刑。一名评论者注意到："洋行里没有多少可以走动的空间，他们好比生活在一个'针孔大小'的空间里"[41]，每个月，他们会有6次到花地花园沿河散步的机会，他们可以沿着河堤散步几千米之远。[42] 这至少为常年生活在洋行里的洋人提供一点慰藉，因为洋行内只有2个小花园，其中一个宽仅60步。洋行内的人用脚步衡量距离，就足以反映出洋行内的世界多么封闭。一个人从洋行的一端到另一端一共得走270步，而且每一步都举步维艰。但他们从来都不会觉得孤独。中国小贩和游手好闲之徒聚集在洋行前的空地，好奇地打量着洋人，为他们提供日用品，敲他们竹杠，为他们理发，或帮他们算命。尽管如此，洋行内的居民还是照旧吃喝玩乐，并且常常喝得酩酊大醉。然而，即使是向来懂得寻欢作乐的威廉·希基（William Hickey）也都感到洋行里的世界实在过于压抑，很快他就对"周而复始的平淡日子"感到厌倦。[43] 1832年3月洋行里的洋人包括大约70名英国居民（当中一半是东印度公司职员），另外还有20名美国人，以及荷兰、西班牙、法国、瑞典、丹麦商人各数名，此外还有葡萄牙商人和帕西商人。

广州一共有13家洋行，由洋人向行商租赁，坐落在河边15英亩①的荒地上，其中大部分是新开垦出的土地。洋行是一座长方形的、狭窄的两层楼建筑，坐落在一小片空地的北面（那片空地面积很小，甚至不能称之为广场）。洋行的一楼是商铺，后面是厨房和仆人卧室，二楼则是商人卧室和活动室，还有正对着广场的饭厅和正对着小河的露台，这里微风阵阵，使人感到清凉。洋行被3条街分成4个街区，这3条街分别是：同文街、靖远街（近4米宽，"因为特别宽，所以格外引人注意"）以及新豆栏街（"猪巷"，以肮脏而著称）。这些街道两旁都是售卖小装饰品和小件古玩的店铺和摊位（一名买家称其"为欧洲市场量身打造"）[44]，在猪巷还能买到最廉价的"烧酒"，这是卖给在黄埔上岸的洋人水手的劣质米酒。卖酒小贩有"老杰米阿普""老好人汤姆"和"卖各色酒类的小汤

---

① 1英亩≈4047平方米。——编者注

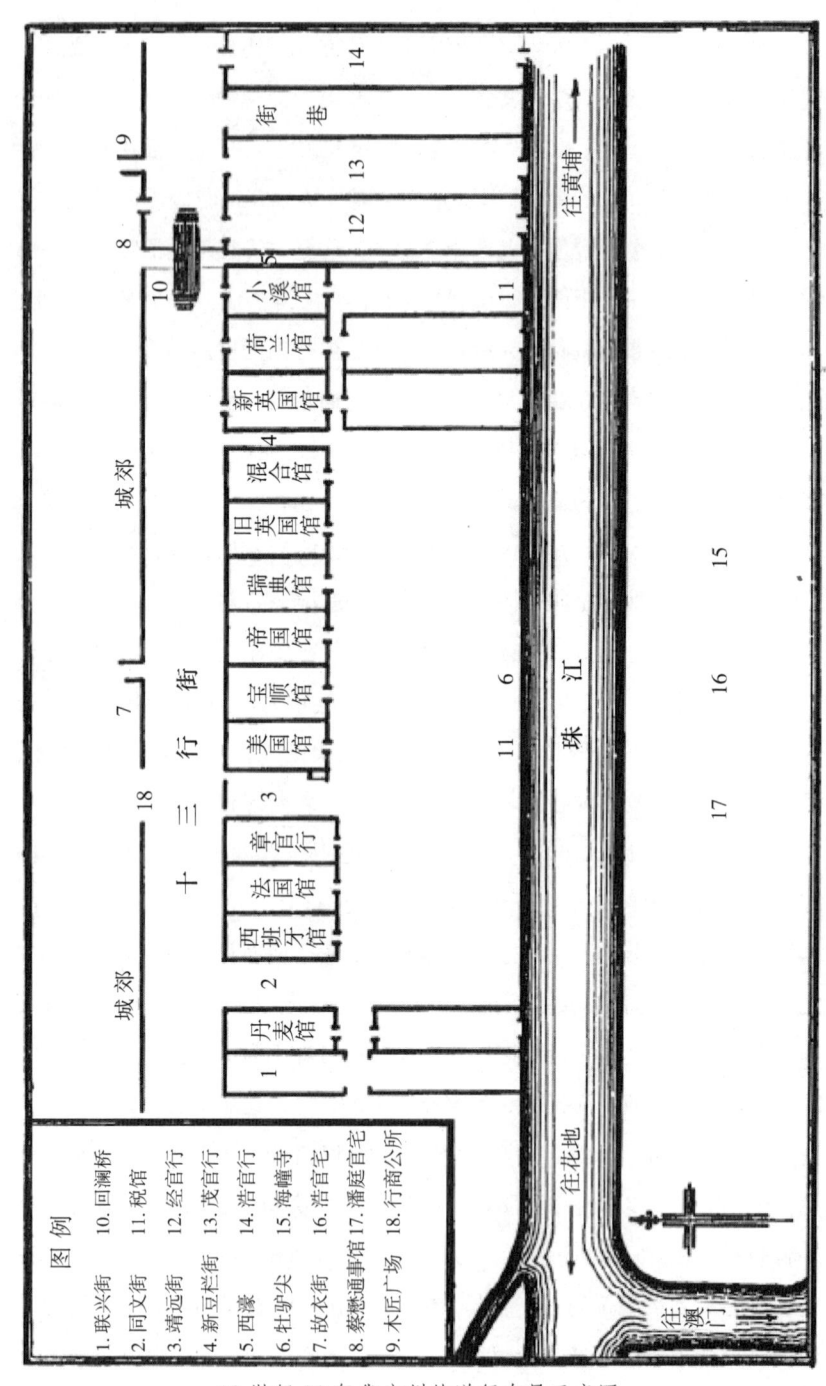

19世纪30年代广州的洋行布局示意图

图例
1. 联兴街　10. 回澜桥
2. 同文街　11. 税馆
3. 靖远街　12. 经官行
4. 新豆栏街　13. 茂官行
5. 西濠　14. 诰官行
6. 杜驴尖　15. 海幢寺
7. 故衣街　16. 诰庭官宅
8. 蔡懋通事馆　17. 潘庭官宅
9. 木匠广场　18. 行商公所

*书中地图系原文插附地图

姆"。[45]摊贩们招徕生意,高呼:"杰克,今天可好?""好小子,今天可好?"巴不得那些好酒的海员向自己买点酒。[46]美国人奥古斯丁·赫德(Augustine Heard)看到每个座位旁都摆着一瓶酒,当即说道:"他们的上级则端坐在洋行饭桌上,获得了更好的膳食和酒水,而且分量很足,令人满意。"[47]东印度公司的职员们活得尤其滋润,该公司宽敞的饭厅里挂着乔治四世的全身画像。[48]乔治四世画像的对面则是阿美士德勋爵画像。1817年1月阿美士德离开中国前夕,他曾怀着一颗感激之心,在这里大快朵颐。东印度公司的洋行比其他洋行足足宽两倍。其中一间房间被建成小教堂,另一间则被建成图书馆,1832年其藏书量就达到了4000册,因此即使在贸易季,这里也有可以静静看书的地方。[49]东印度公司洋行门口是美轮美奂的柱廊,建筑前的旗杆上飘扬着英国米字旗。

通常,在工作时间以外,洋行居民会将闲暇时间用于水上活动。他们有时休息,有时运动,偶尔还会进行赛马和划船比赛。当地船夫也渐渐学会了能够满足洋行居民制船需求的技术。将印度和欧洲货物运来的商船船员不得随处停泊船只,他们向行商购买茶叶和丝绸之后,其活动范围便被局限在设防的江口(亦即虎门)以南十一英里的黄埔一带的水域。当地居民和水上蛋民为他们提供补给,这些补给包括食物、燃料、饮料,甚至还包括性爱(具体地点是希基等人称之为"磨碟沙涌"[Lob Lob Creek]的水域,那一带的娼妓被希基称为"磨碟沙涌女郎")。当地人还在他们丢弃的垃圾中捡拾有用的东西。[50]于1836年留驻黄埔数月的外科医生杜哥德·唐宁(Toogood Downing)认为当地的男洗衣工的"性格的某些方面经不起严格的审视",船只入港时,他们招徕生意的呼声此起彼伏:"啊,大副,近日可好?好久不见,您上次到黄埔是什么时候?"[51]男洗衣工和船员们起初假装相识,到后来,在码头的这种寒暄倒给人们一种熟悉感。船员和船只都得到了很好的服务。后来有人这样写道,那里经营多年的供应商常常备有"一艘船所需的任何物品,从备用桅杆到印度淡啤酒"。[52]商人们把前来迎接的船只停泊在由此往南的伶仃岛近海,这些船只实际上就是浮动的鸦片仓库,至少在名义上,它们处于遮风避雨的港湾之外,而且,它们全副武装。这些船只的船长们大多把家属带在船上,同

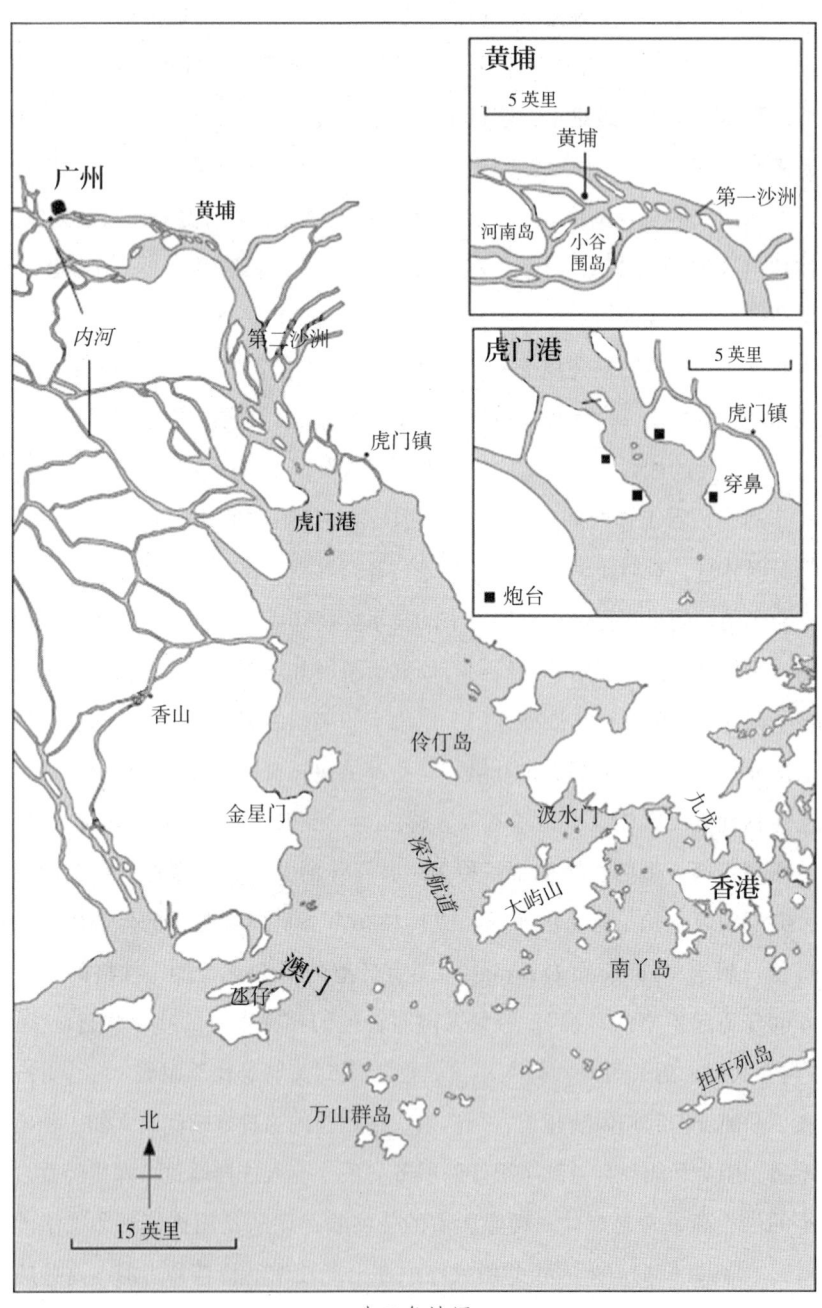

珠三角地区

时也和这座小岛的居民长期维持着某种关系。这座小岛看起来或许"相当荒凉",但岛上至少有足够多的常住人口,这足以使一名年轻的美国人哈丽雅特·洛(Harriet Low)感到满足。此前,她和从商的叔叔一起居住在澳门,1832年10月她来到伶仃岛上居住了一个月,其间,她和船长们的太太聊天,在岛上野餐、跳舞,她觉得这里就像一个陆上小镇一样。伶仃岛近海停泊着大约20艘船,中国走私船在伶仃岛取货之后,便会迅速地将货物运到岸上,然后让这些货物进入内陆的货运路线。[53]

洋行空间狭小,又受到有关当局的各种刁难,这固然会导致种种不便,也常常会令人觉得厌烦。但是,它其实是个有条不紊、秩序井然的世界。它遵照着长期以来的办事流程,从而使得人们容易理解其运作模式。这也能够确保从广州出口的中国茶得以顺利交货,并且直接由东印度公司以及欧洲和美国商船完成取货。在1831—1832年贸易季期间,共有93艘英国船只、41艘美国船只、34艘西班牙船只、19艘葡萄牙船只以及24艘荷兰、丹麦、法国和普鲁士船只来到洋行进行贸易。它们带来纺织品、铁、铅、手表、锁头、珍珠、象牙、鱼翅、动物牙齿制品以及20,580件动物皮毛。他们还带来了鸦片,单是1831—1832年贸易季期间,三分之一的英美商船航行至伶仃岛即抛锚停泊,他们带来了14,225箱鸦片。林赛乘船北上期间,港湾里的中国走私船接收了5578箱鸦片。[54]如同任何一座港口城市一样,这个国际化的贸易世界虽也有着有章可循的规律,但也不时遭到打破,打破的原因可能是人为疏忽或意外,比如某个喝醉或失意的水手,比如发射错误的礼炮,或是各种各样的突发事件。在这种时候,清朝律法和西方律法之间看似不可逾越的鸿沟就会浮出台面。虽然这种情况并不常见,但即使大家在广州过着太平日子,也仍然会时不时地想起这些事情。不过至少,茶叶被运走了,交易被完成了,商场上,依然有人欢喜有人愁。

对于广州这片洋人的小天地,以及在广州生活种种不尽如人意的地方,当时的游记以及后来的回忆录里都有着详细的介绍。它们为了解中国打开了一扇窗,这扇窗尽管不算大,但仍然足以让读者了解中国。这片小天地并不封闭,无论是外国访客还是常住的洋人,只要感兴趣,他们都可以进一步了解他们现在所身处的国家以及发生在这里的种种事件。《广州纪事报》《广州信使报》，以及由首个赴华的美国传教士裨治文（Elijah Coleman Bridgman）编辑的、报道面更广且更富有学术性的《中国丛报》都把关于中国的最新消息、对中国情况的介绍以及观点感想带给了海外读者。[55] 中国不再是一个未知的世界。早在明清两朝，耶稣会和天主教圣方济各会传教士就已经活跃于北京朝廷。继其先驱利玛窦（Matteo Ricci）之后，耶稣会传教士们纷纷成为御用天文学家和数学家。[56] 他们把欧洲音乐带进北京朝廷，甚至还参与设计了夏宫圆明园里的不少建筑。他们发回欧洲的信件广为流传，并使欧洲人对中国文化充满向往倾慕之情，这使得18世纪欧洲文化积极地吸收中国元素。启蒙时代的政治思想、室内设计、视觉艺术以及园艺设计等各个方面都受到了这股中国热的影响。莱布尼茨和伏尔泰将他们所理解的儒家思想与实践中的合理性以及理性相融合，并以此与他们所看到的基督教的迷信和非理性进行对比。[57] 18世纪是中国风的全盛时代，中国风使得英国、欧洲大陆以及美国各地区都对瓷器、墙纸、茶叶以及药用大黄等中国进口货物趋之若鹜。英国德比郡（Derbyshire）发出的餐具订单被送到广州，两年后下单人才收到按照其设计要求制作的货物。在不久前，赴华使团铩羽而归，使团成员们纷纷出版了有关他们在华经历的游记和回忆录，此外，在广州的英国侨民对于中国的人文风情及自然历史也有了更为广泛的了解。[58]

所有这类的热潮都会逐渐消退，而具有讽刺意味的是，英国人对中国的日趋熟悉却直接导致了他们对中国越来越蔑视。英国大众和熟悉中国事务的决策者对于中国的观念和印象，已渐渐失去了原先的亲中国倾向，并转而被一种"中国恐惧症"所取代，这一点，在两个英国使团成员出版的带有权威性的报告中得到了确定。同时，不幸的是，信仰新教的英国和罗马天主教之间尴尬的关系以及英法冲突等外部因素，也和英国人对中国的观感有着千丝万缕的关系。耶稣会传教士信件里的中国形象一度被启蒙时代的作家们发扬光大甚至理想化，相比之下更加冷静的英国使团报告里的中国形象，却与之大相径庭。马戛尔尼爵士在他的一段名言里这样总结道："中华帝国只是一艘破败不堪的旧战舰……或许它不会立刻沉没，它会像一具残骸那样到处漂流，最终，它会被海浪打得四分五裂，散落在一片滩涂之上。"[59]马戛尔尼及其伙伴们近距离观察过中国，并发现了这个国度中的种种漏洞。现在看来，耶稣会的报告是别有用心的。曾经完全通过天主教传教士，特别是法国天主教传教士的报告了解中国的英国人，在与法国漫长的战争中塑造出了更鲜明的"英国"身份，这使他们对中国更加缺乏信任并且充满鄙夷。中国的宗教看起来和罗马天主教颇有相似之处，都进行偶像崇拜，都有修士和修女（在中国他们被称为和尚和尼姑），都充斥着各种虚无缥缈、玄之又玄的神话。身在广州的英国侨民不仅表面上极其愤怒——他们对清政府的行为极为厌烦，他们认定反复无常的清政府制定的一些具有侮辱意味的限制性措施是在有意针对他们——而且，他们也在更广泛的意义上失去了对中国文化的同情心。但是，他们毕竟身在中国，因此他们还是想尽量通过广州这扇窗户了解中国。

如今，我们很清楚那个时代的真实面貌。我们不仅能读到许多内容丰富的游记——在那样一个微小、静谧的文字世界里，或许最不起眼的细节也会让人们有所留意——我们还能看到那个时代留下的许许多多的画面：人物画像以及描绘十三行与停泊在近海和港湾里的船只的绘画。访客和常住居民都喜欢雇用中国画师，让他们采用欧洲的艺术手法进行创作。乔治·钦纳里（George Chinnery）是一名破产的英国画家，他相貌丑陋但性格和蔼，从1825年开始，他就一直住在澳门，一直到他1852年去世为止，因为这样可以使他远离他的债主和妻子。他的竞争对手，也曾做过他学生的关乔昌（Lam Qua，又称林呱）在同文街的画廊里作画，该画廊位于制帽匠波莉（Polly）的店铺隔壁。他的画作和钦纳里的绘画相辅相成，完整地勾勒出了他们工作其中的那个贸易世界的面貌。他们所画的行商、外国商人、郭士立肖像——1835年春天，英国皇家艺术学院展出了钦纳里所绘的郭士立像（1832年，钦纳里就开始为林赛亲手绘制郭士立像的素描了）[60]以及珠三角的日常风景，这一切构成了在广州的洋人生活的真实写照。名气较小的画家和业余画家也在辛勤工作着，比如威廉·普林塞普（William Prinsep）。他画过一张素描，在画中，林赛正乘坐着往返澳门的舒适的"快艇"。事实上，尽管之后在东部和北部沿海地区建立了据点，也有画家以这些据点建立初期的面貌为题材，但是，我们能看到的以广州洋行和澳门为题材的画作还是远远超过了后来的那些画作。此外，我们还能看到许多其他的记录，包括关乔昌为美国医疗传教士、外交官伯驾（Peter Parker）所画的许多肿瘤病患的画像。[61] 除了令人不安的肿瘤外，外国人对广州一带的植物也了如指掌：博物学者罗伯特·福特尼（Robert Fortune）日后写道，华南地区已被植物学家们"彻底翻了一遍"。[62] 每当船长们将新的植物品种带回国时，都会声名鹊起。英国皇家学会会长、植物学家约瑟夫·班克斯（Joseph Banks）清楚地意识到，科学研究和大英帝国的利益之间是可以互相促进，实现完美结合的，因此他不时和东印度公司的职员通函交流意见。船长们把从中国联系人那里得来的植物种子、标本以及相关知识带回英国，同时，他们也给被班克斯（及其继任者）派到广州收集标本的人提供帮助。[63]

他们还必须学习许多新知识，培养许多新技能，这样他们才能进一步了解这个新兴的、不断扩大的市场及其商品，并更好地进行这种商品的贸易。外国商人的活动范围被限制在广州一隅，清朝法律禁止他们亲自考察所采购货物的货源地，再加上受到语言和文化上的限制，他们无法很好地了解所采购商品及其品质，所以只能尽可能自己学习相关知识。他们必须学习评估中方所提供的商品的色泽、味道以及质地。他们必须重新磨炼自己的嗅觉。随着他们对茶的了解日趋深入，品茶人这个职业应运而生：品茶人负责闻茶、品茶，再决定是否应该采购某批茶叶。此外，外国商人还买卖其他产品。1830年12月威廉·渣甸从广州致函伦敦，介绍自己辨识优质麝香（麝香是取自麝科动物腺体的极其昂贵的香料）的尝试。[64] 很多批货都被掺了假或者已经腐烂变质。香囊里被掺入了有色黏土，甚至还被掺入了铅，以增加重量。如果能避免掺假行为，保证麝香品质，买卖麝香便可以带来"可观的利润"。渣甸必须维护自己作为发货人以及买主的名誉，因此他必须采取行动。他取得了各种样本并自学了如何通过视觉、味觉和嗅觉来辨识优质香囊。他最终自信地宣称自己辨识优质香囊的本领比中国商人还强。此后洋人还将屡次宣称，自己比中国人更加了解中国。渣甸执着于细节、勤勉、认真，一直都力图掌握尽可能多的知识和讯息，这些体现在他公司业务的方方面面。因为，他想避免在与中国卖家的交易中吃亏。后来，外国公司和被称为买办的中国中间人建立了合作关系，外国公司便得以让买办们给自己提供这些基本的市场信息。但是，在1830年，这位加尔文教派的苏格兰人别无选择，他只能训练自己，使自己能够欣赏自然界最浓郁的香料之一麝香所散发出的让人窒息的刺鼻气味。

洋人们还学到了其他东西。1816年阿美士德使团北上，最终无功而返，铩羽而归，同行的还有第一位赴华的英国新教传教士罗伯特·马礼逊，这是他第一次走出封闭的珠三角世界。马治平的小册子里不伦不类的中文没能为学习中文的洋人提供一个值得学习的范本，学中文的洋人人数虽然很少，但也在缓慢增长。对于希望学习中文的洋人而言，形势十分不利，中国人对于他们的严苛，使他们的学习之路更加困难重重。然而，他们还是找到了马礼逊这位先驱和导师。这位25岁的英国诺森伯兰郡（Northumbrian）人来到广州之前，就已经请一位旅居英国的广东人教过自己中文，因此中文水平很高。一般洋人除了平时口头上使用的粗陋的中文之外，对中文一窍不通，因此中国人"经常当面对他们极尽污蔑嘲笑之能事，而他们却对自己受到的侮辱浑然不知"，林赛对此哀叹不已。[65] 郭士立不仅能与中国的高官对话，还能和平民沟通交流，这一点使林赛大为赞赏，而那些欣赏郭士立的商人，更是在19世纪30年代中后期聘请他担任了和中方人员交涉的中介。马礼逊花了数年时间和无数心血编纂了一本大部头的字典，东印度公司最终赞助了该字典的出版，并从1808年开始聘用他为官方翻译员。东印度公司的赞助使这位新教传教士得以在广州长期居留，因此对他而言，这笔赞助是至关重要的。同样，渣甸的赞助（以及现金）对郭士立来说也是至关重要的。他们这些开拓性的工作得到马六甲一所英华书院的支持，该书院于1818年由马礼逊倡议创建，由米怜（William Milne）主持校务。该书院训练那些被送到这里受洗的中国人，其中就包括曾在广州和马礼逊合作过的印刷工人梁发，后来，他于1821年被任命为牧师并开始为广州的伦敦传道会（London Missionary Society，简称LMS）服务。该书院以训练传教士为宗旨，就是为中国有朝一日对他们开放做准备。[66] 这些早期传教士和郭士立一样，他们自认为自己"和那些罪恶的毒品没有一点关系",殊不知这往往不过是掩耳盗铃——实际上,他们深度参与着对华贸易,而对华贸易又在越来越高的程度上围绕着鸦片贸易展开。

但是,1832年6月21日的中国仍然几乎是完全封闭的。传教士们在马六甲苦苦等待,而在上海,林赛、辛普森、辛克莱(Sinclair)和郭士立一边等候,一边啜茗。外面下着雨。还在气头上的知县终于回来了,宣布吴道台还是决定会见他们,但是因为他们擅自闯入衙门,使这里受到玷污,所以现在他们只能在他处进行会谈。会谈的地点是城墙外的天后宫,距离他们的登陆地点并不远。他们向知县道别,知县对他们"例常的中式敬礼"视而不见。林赛驳斥道:"在我的国家,政府官员对陌生人都很礼貌。"知县最终"很不情愿地"给洋人回礼。在天后宫,双方强行压抑愠怒,进行着充满火药味的对话。林赛最终告退了,道台甚至不肯收下他的请愿书。这份请愿书在天后宫几间厢房之间往返传递数次之后,道台终于颁布了命令——他不会在请愿书上盖上正式的印章。随后,他充满鄙夷地把请愿书扔回给林赛,并命令"夷"船速速离去。林赛再次拒绝收回请愿书,写道:"英国人并非蛮夷,(对于中国人而言)我们不过是外国人罢了。而且世界上没有哪个国家的国力胜过英国,比英国威风,或者拥有的殖民地比英国还多。"[67] 就像今天的学者一样,双方为了"夷"字的含义争论不休:英国人将之理解为"蛮夷"或"化外之民",而道台及其随从人员在书面上和口头上一再向他们保证,"夷"字并不带有任何贬义。[68]

接下来的两周,英国使团把船停泊在靠近黄浦江口的吴淞,并上岸在近郊走动。林赛指出,当地商店里的上等货都打上了"公司"的醒目招牌。他们驶到长江口宽处的崇明岛。使团几乎每天都和上海当局代表交涉,但外国人既然清楚表明自己不会轻易离开,上级官员们只好安排他们回到城里当面交涉。林赛于7月5日回到上海并与知县交谈甚欢。之后,使团被允许私下从城里商铺采购苏州的丝绸和绉绸,林赛写道:"这应该能算是欧洲人第一次逛上海。"[69] 但是,逆向贸易也十分常见,洋货在上海很畅销。根据林赛的报告,上海许多店铺都在售卖欧洲货物。隔天,他们再次回到天后宫,然后正式会见了巡抚幕僚,也就是官品更高的一位包姓官员。[70] 他"很有礼貌地"和英国人谈判。他坚持认为，虽然谈判双方都了解法律并希望建立友善且有效的关系模式，但是，无论人们在实践中多么轻视法律，中方都只能通过正规的程序改变法律。他告诉林赛，如果英国国王请求大清皇帝扩大贸易，并且又获得批准的话，那"我们将非常乐意在上海迎接你们"。但是，在那天到来之前，他们必须马上回到广州，不得延宕。直到中方的官员们答应会在隔天给英国使团一个礼貌的正式回复之后，他们才在当天下午离开。中方的官员们是在看到宁波传来的于早些时候被签署的盖满了朝廷正式印章的类似文件时，才敢在这份请愿书上盖章的。尽管经历不少波折，但至少他们完成了这件大事，捍卫了个人和国家的荣誉。这篇文章"严格禁止使用所有具有侮辱性的词汇，尤其是'夷'字"，同时，使团也意识到自己"就是多留一段时间，也于事无补"。于是，他们起锚离开。[71]

根据《广州纪事报》报道，这次航行暴露了清政府军力的薄弱，彰显了中国人民的友善，以及中国商人对于英国货物的渴求。它带回了有用的情报。[72] 但是该报毕竟是渣甸主办的报纸。不出林赛的几个朋友所料，当在伦敦的东印度公司董事会成员读到这篇新闻稿时，他们显然都不为所动。[73] 董事会认为使团的表现太差劲，为此他们训斥了广州特别委员会和林赛本人，并对使团的处事方式表示"痛心和遗憾"。使团所使用的手段很不光彩，也和他们的身份不符——这种有违既定政策的行为，日后必将遭到曝光，从而导致公司蒙羞。他们或许还会注意到，充满讽刺意味的是，郭士立虽一路招摇撞骗，却还到处分发戒谎言的小册子。[74] "阿美士德号"所到之处，都发生了小规模的暴力冲突：在福州发生了一起"无聊的争吵"，结果林赛的四名手下登上了中国战船并切断其缆绳，迫使它远离己方船只；在宁波，两名官员看到"阿美士德号"附载的大艇正在勘察，尝试登船时却被英方人员用木棍打中落海。[75] 林赛不断对那些愿意以非正式方式听他说话的官员复述马治平的小册子里对于广州当局的批评，实际上那些批评根本就是无稽之谈。林赛当时自作主张，其行为远远超出了上级的指示——实际上，马治平的继任者约翰·戴维斯（John Francis Davis）命令林赛不要带上小册子，而他在假意向上级上缴了一箱小册子之后，仍然偷偷地将500份小册子带上了船。他们问道，既然林赛采用了这种见不得光的手段，在中国沿海一路招摇撞骗，怎么还有资格向人申诉中国人不可信赖？既然中国船只永远不可能在英国水域里得到那些特权，林赛又凭什么认为自己应当享有这些特权？林赛以胜利者的口吻记载道：随着"阿美士德号"的到来，中国官民出于恐惧才开始对英方人员以礼相待。而他又是凭什么这么说呢？

马治平意识到林赛的急躁冒进以及倔强顽固可能会危及其自身事业，甚至会损害公司和国家的利益，因此他曾私下告诫他的这位下属和门徒："少安毋躁，稳步前进。"就在林赛沿着中国海岸航行时，马治平于1832年5月抵达伦敦，他想要为此次航行争取舆论支持。他写道："印度总部以外的人都十分支持这次航行"——"印度总部"指的是东印度公司总部——其言外之意就是，公司总部谴责了这次航行。然而，这次航行的结果其实才更加重要，这个结果就是：林赛完成了此次航行，而"印度总部"则即将失去处理中国事务的权力。[76] 在往后的日子里，在历史现场的主角们还将继续自作主张，擅自进行超出上级命令的行动。天高皇帝远，这就意味着公司代表们以及英国的军方和外交的代表们都享有着很大的行动自由。之后，他们可能会遭到谴责，但是他们行动的直接后果确实有助于目标的实现，以至人们常常忘记了他们的急躁冒进、擅自行动。而且他们都坚信，自己能把握住最好的时机，发表最为正确的言论，采取最合适的行动。广州的英国侨民所见，以及使团在"阿美士德号"甲板上的所见，与伦敦决策者的所见并不相同。公司的职员们生活在广州和澳门的由英国侨民组成的狭小世界里，他们和这些英国侨民一起经历着这个世界的一切。平日里，他们也只和这些人交谈，他们整日向这些人喋喋不休地抱怨自己所遭遇的问题：广州当局对他们如何百般刁难，英国国内的决策者如何不理解他们的处境，他们的荣誉和自尊如何遭到打击，为什么必须采取行动，等等。除此之外，他们几乎从不谈论其他的事情。他们也常常被人游说。马治平和戴维斯利用自己的自主权，擅自命令"阿美士德号"向北航行。但是，他们也受制于受命北上的林赛和郭士立，此行，他们所花的时间比预计还多出了3个月。戴维斯发表文章对使团进行了严厉批评，指责他们不仅使用了暴力手段,还对于所造成的"恐慌"扬扬自得。[77]但是在现场的主角们——无论是在"阿美士德号"的甲板上,还是道台衙门里——也都极其讨厌英国国内以及中国沿海那些纸上谈兵的决策者。他们认为自己最熟悉所在地情况,并懂得便宜行事。他们或许会表现出"些许的匹夫之勇,其行为或许也缺乏合理性"——林赛承认里斯在宁波的行为就是如此——但他们亦应该享有不时进行"小试验"的自由——林赛这样概括自己在福州的挑衅行为。所谓的"小试验"当然是指充满暴力的"小试验"。[78]在伦敦、澳门和广州的任何一个人都无法阻止林赛,也没有人能够消除他的行动所造成的影响。林赛等人辩称,这些轻度暴力行为可以为自己带来尊严,可以维护和争取自身权利。于是,他们"不顾一切,坚持己见",希望以此"使中方对我们刮目相看"。[79]林赛写道:"唯有实际经验,才能让一个人相信一句话的真谛。"[80]休·汉密尔顿·林赛将个人荣誉与国家荣誉混杂在一起。中方对他个人表现出的轻蔑都被他上升为有辱英国国体的行为。这种带有倾向性的理解将可能会引发许多冲突。每一位在华洋人似乎都披着本国国旗;每一次和中国官员的接触都可能使洋人觉得自己受到了无礼的对待;每一个小小的障碍都被上升为原则问题。无论是在与中方人员面对面的交流中,还是进行口头和文字上的沟通时,林赛都充满戒心。他的反应十分迅速,时刻准备着训斥对方。而且他还准备采取进一步的行动。他随时准备诉诸武力,比如用膀子撞倒大门,或者通过口头恫吓不断重复自己的粗鄙行为。他肯定会对各种批评不屑一顾,因为他对东印度公司垄断对华贸易的事情不感兴趣,因为那些旧时光都已经远去了,未来更为开放的对华贸易才是他所期待的。林赛在厦门对他的母亲写道:"我认为我们在此地备受屈辱的日子不可能持续太久。"[81]

　　林赛认为,50 名英国士兵就能轻易打败云集在吴淞的中国战舰。只要有 6 艘英国战舰,他就能拿下福州。他夸口,只要 4 名英国人拿着 2 柄斧子,就能拿下一艘中国战舰。这是又一个不断浮现的说法,也是洋人们根深蒂固的观念:英军武器精良、军纪森严、训练有素、士气高昂,因此可以打败具备数量优势的中国军队。中方的炮台年久失修、破旧不堪,战舰很小且火力不足,士兵胆小如鼠且都是撑着伞的老弱残兵。英国人勘测了每一个港口，侦察了每一个炮台以及其他的防御工事，在这个过程中，尽管中方企图以展示武力来阻遏他们的前进，但英国人依然不断逼近他们的侦察目标。

无论是在上海、福州还是厦门，又或者是后来的威海卫，冲突的现场其实都是十分平静的，这或许也是最值得关注的一点。无论洋人们遭到了怎样的无礼对待，中方人员对他们如何地恶言相向（当然，这些都是他们自己的看法），但是，他们并未遭到逮捕、囚禁或攻击。而且，这些言行粗鄙的外国无名小卒甚至依然得到了官衔最高的地方官——吴道台（在两江总督之下管理省政的五名官员之一）以及上海知县——的接见。他们获得了一位来自苏州的比这两名官员官品更高的官员接见，该官员的官品仅仅低于巡抚。这些粗鄙无礼的闯入者本来没有资格在上海逗留，中方却只是说服而非强迫他们离开。双方对话的状态紧绷且火药味浓郁，场面通常也是十分紧张。中方人员经常是开门见山、单刀直入地命令英国人离开，但是，在一阵言辞尖锐的对话后，他们的态度也会转趋温和，因为对于英国人所来自的那个世界，他们也常常觉得好奇。中方人员对英国人表现出了超乎寻常的容忍和耐心。中方人员并没有向英国人发出诉诸武力的直接威胁，反而是英国人做出了这些恐吓，并使用枪炮、斧子、木棍和石头予以实践。

1833年，东印度公司对华贸易的垄断权被废除了，而英国政府则着手在澳门和广州建立某个体制以取代该公司的特别委员会及其主席。律劳卑勋爵（Lord Napier）被任命为商务总监，他在日记中自吹自擂，"中华帝国已是我囊中之物"，同时他还声称，几艘英国战舰就足以迫使中国开放通商口岸（他的这种言论和此前林赛的说法如出一辙——或许他阅读了林赛留下的文字记录，并进而由此引发了共鸣）。他还写道："我愿推动这一变化。"[82]"律劳卑事件"就此拉开序幕：在林赛现身上海两年之后的1834年7月25日，这名曾参与特拉法加海战（Battle of Trafalgar）并在对法战争中进行过近距离搏斗的苏格兰海军老兵来到广州。他肩负着以下职责：代表英国政府，维护英国商业利益；如有机会，便向中方施压，使之放松贸易方面的限制；勘察中国海岸。尽管被命令"克制自己，切勿惹是生非",律劳卑依然极尽挑衅之能事,肆意违反所有规则。和之前与清政府打交道的那些人一样,他也认为,只要坚持自己的立场,中国人就会让步。他认为,自己必须登上并驾驭马戛尔尼所说的这艘"旧战舰"。[83] 律劳卑并未提前在澳门征求清政府的同意就来到广州,之后他寄宿在广州的洋行里,并直接向两广总督呈交了自己的个人履历,而这些其实都是违禁行为。律劳卑遵循东印度公司和清政府打交道的先例,在广州城墙上张贴告示,叙述了真实的历史以及中英关系的现状,并指责两广总督撒谎。他在致外交大臣巴麦尊(Lord Palmerston)的信中写道,只要给我"三四艘护卫舰或双桅船和一小支训练有素的英军",我就能"在难以想象的极短时间内"解决问题。他在发往英印当局的多份急件中要求对方派遣一小支部队来华。而随着他处境的日益恶化,他发出的急件越来越多。[84] 大多数的外国商人为他的行为感到欢欣鼓舞,忧心忡忡的中国商人则对他发出了警告,而地方当局也在口头上和行动上捍卫着自己的权威。清政府索性中断了贸易,命令中国工作人员搬离洋行并封锁了这些洋行。清政府还软禁了律劳卑,派兵包围其住所,撤走其中国仆人并中断一切新鲜的补给品(当然,仍然有人偷偷将补给品送至律劳卑手中)。清政府对律劳卑置之不理,并在公开告示中侮辱他。

恼羞成怒的律劳卑病倒了。他命令两艘护卫舰开到广州,但是它们却未能突破中方的封锁线。英国人曾以为动用几艘军舰就能迫使中方屈服,如今他们总算认清了现实。护卫舰刚进入珠江口就遭到炮台齐射——据军舰上的英方人员描述,该河道非常狭窄,就像"第二道达达尼尔海峡"(Dardanelles Strait)——随即,英方军舰进行了反击,这是他们首次作为敌方在中国水域里开炮。[85] 两名英国人在交火中丧命。英国人为此事怒不可遏,似乎要拉开架势大干一场,但最终却什么也没有发生。对于律劳卑本人来说,其后果更为严重,因为他为此付出了生命的代价。遭受软禁、饱受骚扰而且重病缠身的律劳卑在两个月后撤离广州,在之后的两周内他发烧了,并最终在澳门一病不起。没有中方书面上的同意,律劳卑就无法离开广州,而中方在律劳卑命令英国军舰离开珠江之后才允许他离开。这是律劳卑"最后一次握笔书写"。[86] 万念俱灰、重病缠身的律劳卑未被允许沿珠江离开广州。最终，在中方庞大兵力的护送下，他们沿着内陆河道缓慢前进。载送律劳卑等人的船只沿途停留了 36 个小时，其间"周围敲锣打鼓，异常嘈杂，使勋爵备受煎熬"。[87] 在律劳卑几名医生的要求下，澳门当局停止敲钟，但这一切努力已经无济于事。和其他人一样，詹姆斯·马地臣非常失望，但他也总结道："我认为，相比于一开始就向中方屈服，对中国炮台的炮击使我们占据了更有利的地位。"[88] 尽管律劳卑死去了，但经过这起事件，在华英国侨民及其支持者都清楚地意识到了枪炮的威力，当然，他们也一直没有忘记律劳卑垂头丧气离开去澳门途中那喧天的锣鼓声。

第一场在华英国侨民的丧礼自律劳卑开始。当然，律劳卑自然不是第一个死在中国的外国人，因为已有不少外国人长眠于澳门的新教墓地，罗伯特·马礼逊就刚刚在两个月前被安葬于此。但是律劳卑的丧礼是在华外国侨民的第一场政治丧礼，它反映出在华英国侨民共同的悲伤和政治愤怒。此后在华外国侨民还将举行更多场的政治丧礼。最近曾向虎门炮台开炮的"安德洛玛刻号"（Andromache）战舰以及一些英国商船发射了礼炮。律劳卑的灵柩按照英国国王代表之礼，被护送至墓穴安葬并由葡萄牙军队鸣枪 3 次致敬。律劳卑活着的时候，在广州的中国人对他欠缺的那些礼数，都在他死后，由在澳门的欧洲人补齐了。"律劳卑事件"一夜之间闹得满城风雨，甚至成了神话：这位不幸的使节马上成了烈士，他"被中国官员的野蛮行为迫害致死"[89]，"就像一名犯人一样"被押送到澳门，"一路上敲锣打鼓，几乎没有中断"，使他备受折磨。[90] 律劳卑在广州的支持者（只有少数人反对其行为）立刻在报刊、小册子以及私人书信里为律劳卑的行为正名。在后来的日子里，大家都清楚意识到，律劳卑的好斗导致了他的失败，他忽视了来自伦敦的指示的背后用意，不顾伦敦对其宗旨的重申——威灵顿公爵曾在书面上强调，"不得通过武力和暴力"推进己方政策——其实，只要软化对中方的立场，问题就能够得到解决。但是，那些支持律劳卑的政策并赞同其看法的人，却屡次强调以下几点，以此为律劳卑喊冤：律劳卑被中国人出卖并受到了残忍对待，最终导致他在家人的陪伴下，在澳门溘然长逝（他们和律劳卑的传记作者一样，往往不提律劳卑当时已经在发烧的事情）。律劳卑曾经敦促巴麦尊放弃马戛尔尼和阿美士德"铺张浪费"的对华外交模式，"无须携带礼品、乐师和粗通文理知识的绅士。""对于计划完成的事情，就要下定决心，贯彻始终。"[91] 护送灵柩的队伍中包括律劳卑的一位参谋查理·义律（Charles Elliot）上校——他当时资历尚浅，但却在 1836 年成为驻华商务总监，并在 1839 年主导了引发中英战争的一系列事件。

在威廉·渣甸和詹姆斯·马地臣的号召下，在华英国侨民当中支持律劳卑的人为竖立律劳卑纪念碑展开募捐活动，而"由在华英国侨民竖立起来的"纪念碑也于 1839 年如期落成。[92] 马地臣一再延迟在澳门墓地里竖立纪念碑的日期，因为如他向律劳卑夫人汇报的那样，"不久后我们或将在世界的这个角落拥有一个殖民地，纪念碑将被竖立在更好的地点"。[93] 碑文写道："律劳卑不畏艰险，鞠躬尽瘁，最后牺牲了他宝贵的生命。"碑文慎重冷静的语调和当时种种充满敌意的话语（这种话语在当时已经开始变得司空见惯）形成鲜明对比。事实上，在律劳卑自己的报告中，就充斥着尖锐刻薄的文字。

在"律劳卑事件"发生之前，林赛就已经回到英国了。林赛"时时刻刻都准备着从事任何一项冒险活动"，他从孟买乘坐轮船到埃及，再骑着骆驼沿陆路到达金字塔。他对日后的旅者提出了如下劝告：在帐篷下方铺好地毯；雇用足够数量的骆驼骑师；随身携带至少 18 瓶每瓶 1 升左右的矿泉水。[94] 此时，从印度出发的客运轮船服务才刚刚诞生，并且这项服务与林赛家族紧密相关——于 1830 年开辟红海航线的第一艘，也是最有名的轮船，就是以老林赛命名的（具有讽刺意味的是，老林赛担任东印度公司董事长期间，公司曾反对这个创举），而他正是乘坐这艘轮船往西到达苏伊士运河的。[95] 他于 1836 年准备以私人商户的身份回到中国进行贸易，但在回到中国之前，他先是展开了许许多多的公共辩论——在往后的日子里，他还将进行更多的公共辩论，起初是通过出版小册子，后来，在 1840 年进入议会后，则是通过议会演讲。一名学者宣称，林赛将会成为"鹰派"的领军人物。[96] 1832 年 12 月在澳门狩猎途中遭受暴力（以及侮辱性）攻击并险些丧命的经历，或许使得林赛更趋强硬。"阿美士德号"

的报告显示,他看法的基调已经定形了,而且他认为马治平的顾虑也完全有道理。[97] 林赛于 1836 年宣称:"对于侮辱律劳卑,中国人早有预谋",他们的行为"背信弃义",律劳卑的经历"屈辱至极","中国人的这种行为,给了我们最充分的理由对他们心生怨恨"。他写道:"英国人有两种选择,一是完全退出对华贸易,二是直接通过武力干涉……为过去遭受的伤害讨回公道并且保障未来。"林赛排除了前一种选择,根据他在"阿美士德号"上的观察,他提交了一份战争蓝图:12 艘战舰(包括 3 艘蒸汽战舰)加上 3000 兵力,就足以封锁主要港口,扣留中国沿海帆船并迫使清政府做出让步。战争的目标是签订"平等的贸易协定"——包括语言和地位上的平等,从而洗刷被称为"蛮夷"的耻辱——终止垄断贸易和各种烦琐的限制,以及解除只在广州一地进行贸易的限制。但是,这还将是一场文字战争:英国舰队的旗舰将会携带一台中文印刷机。英国人将会在中国港口分发小册子,阐述英方愤怒的原因、英方的战争目标,以及英国人与中国人和平交往的愿望。[98]

林赛并没有孤军作战。其他人也参与了文字战争(以及围绕文字的战争)。威廉·渣甸的伙伴詹姆斯·马地臣也以印刷机为武器,在英国出版小册子,以此与他们在广州发行的报纸遥相呼应。但是,在英国,读者的回应更为温和,"诉诸武力,使中国人学会礼节"的观点遭到了一些反对,而水平比林赛更高的翻译员更是提出,中方对英国以"蛮夷"相称其实是中国人的习惯。[99] 当乔治·斯当东勋爵(George Thomas Staunton)还是个男孩时,他曾随马戛尔尼使团赴华并在途中学习中文,如今他已成为一名知名学者。此时,他奋笔疾书,力图避免这场无缘无故的战争。[100] 林赛踌躇满志地在这场文字战争中开了第一炮,他给巴麦尊写了一封公开信,并于 1836 年春末航行返回东方。抵达广州之后,他带头组织了一个国际总商会并担任其董事长和官方发言人,并做好了"痛陈冤情"的准备,同时,他还希望借此得到蒸汽战舰。[101] 对于对华关系的现状,没有什么英国人是满意的,也没有英国人乐意看到在华的英国侨民处于危如累卵、人为刀俎的处境。但是另一方面,在华的英国侨民却依然留下来了,对华的贸易额也是稳步增长。当然,其中既包括合法的贸易,也包括非法贸易，两种贸易模式相互交织、难以分离。

即使法律明文禁止，人们仍然互相交往——尽管在华英国商人急躁不安、愤懑难耐，甚至不时还会对中国人恶言相向，但双方还是存在着友谊并且保持着一定的亲密关系的。林赛于1832年航行北上之后不久，詹姆斯·马地臣就写信给在加尔各答的约翰·怀特（John White），在信中，马地臣对约翰·怀特的兄弟威廉·怀特（William White）之死，这一从印度传来的噩耗做出回应。马地臣在信中简述了威廉·怀特在广州财物的善后事宜。[102] 威廉·怀特于三年前离开澳门，此前他在澳门拥有一栋房子。离开澳门之初，他以为自己之后还会返回澳门，但后来，他接到指示，要求他放弃那栋房子。根据马地臣的报告，他留下了一张桌子和一个五斗柜（柜子里有些旧账目和信件）。此外，还有他的"退休金受益人"——一位中国情妇。当怀特返回孟加拉时，他把房子、财产和仆人都交给了这位能够识文断字并熟谙葡萄牙语的"高等"女人掌管。她来自广州，如今却已和那个家庭"断绝关系"。当怀特决定延后回到澳门，或者干脆不回澳门时，他嘱咐马地臣租下一栋合适的房子，给她一个栖身之所。现在，约翰·怀特却对这个女人只字未提，这引起了马地臣的注意：根据其兄遗嘱，这个女人是否获得过任何的养老金？如果没有，他就会"诚意"地询问约翰·怀特，看看他能否做出某种安排。如果这位女人真要陷入赤贫的境地，那么，"至今怀念着逝者的友人，将会感到万分悲痛"。马地臣在结尾处写道："自从接到噩耗，我一直没见到那位女人，而我相信，她至今对此毫不知情。"这绝非一种敷衍的、充满铜臭味的安排。这名提出上述请求的苏格兰人表明，真实的感情纽带已经成功逾越了语言文化的表层鸿沟，开始把不同的人及社群紧紧地连接起来。在这段历史叙述中，憎恨当然存在，但是，与此同时，关爱、友情和爱情也杂糅其中。

2

在中国的舞台上

眼前所见，似梦似真。根据记载，为了看清眼前的那些陌生人，他在人海中艰难地挤上前，然后"马上开始揉眼睛"。但是，当他再次睁大眼睛时，眼前的人依旧存在。任凭他怎么揉眼睛，他们都并没有因此消失。被他盯着的那两个人当中的一位觉得他有些滑稽，也认为周围数百人的反应莫名其妙——不知是谁突然惊呼上海滨江步道出现了洋人，这才导致数百人为了先睹为快，或涌出路旁的房子，或把头伸出窗外。[1]这和三年前林赛与郭士立初来上海时的情景一模一样。当传教士沃尔特·麦都思（Walter Medhurst）和埃德温·史蒂文斯（Edwin Stevens）这两位不速之客冒着雨在上海登陆后（其登陆地点亦和三年前林赛与郭士立的登陆地点相同），他们很快就也被蜂拥而至的群众紧紧包围了，当然，这些群众中也包括故事开头的男主角。和三年前一样，这些群众不仅好奇心强烈，而且热情友善。但是，百姓的热情友善并未获得官员们的首肯——他们好奇心太强，过于喧闹，太急着拿那些洋人分发的册子（这次分发的是新教的宣传册，与上次不同，这些小册子里没有关于英国人性格特征的相关叙述）。官员们认为百姓应该被集结起来，从而避免他们和洋人的接触。很快，船只抛锚的地点，甚至包括洋人所到之处，都被贴满了告示，严禁百姓与洋人进行贸易，违者严惩不贷。一旦洋人离去，那些小册子就都会被强行没收，并在洋人分发册子的堤岸上付之一炬。

两位传教士艰难地爬上岸，他们同一位闷闷不乐的美国水手一起，朝对面的天后宫走去。他们记起郭士立和林赛都曾谈及过这座天后娘娘的庙宇。两人提着一袋小册子，准备分发给群众。他们乘着一艘小型双桅船"休伦号"（Huron）北上，这艘船是从在广州从事贸易的美国商人大卫·奥立芬（David Olyphant）那里借来的，他期待着上帝福音沿海岸线北上的好消息，而不希望听到当局禁止鸦片走私的告诫。传教士们带着20,000本书籍、小册子，停靠在山东沿岸的威海卫。在接下来3周里，他们访遍了山东半岛的南北岸，并到处分发那些小册子。现在，那艘船停在吴淞，传教士们则转移到一艘小艇上，5名水手划着船，完成了最后一段路程。天气越来越恶劣，水手们说话也越来越不堪入耳，这一切都使得传教士们颇感恐惧。传教士们和美国水手一行一靠岸，就很快听到了一阵竹棍敲击石板路的声音，他们还看到挡路的旁观者被竹棍抽打——他们这时才惊觉，当地官员还有他们的侍从已经赶到现场了。麦都思来自伦敦，此前他代表伦敦传道会，在东南亚华侨当中开展传教工作，已达18年之久，所以他顺利地和官员们进行了交流并接受了他们的邀请——在天后宫里找一间私密性好的屋子安静地进行协商（可享用茶水、糕点）。于是，上海的天后宫又一次充当了谈判的地点并见证了高度戏剧化的私人外交。麦都思立而不跪，甚至想要坐下，执意维护自己的尊严，当海关监督（麦都思注意到，此人身披长衫）和地方行政长官等级别更高的官员纷纷来到现场解决纠纷事件时，他们发觉这些不速之客狂妄自大，完全无视大清官场觐见官员的礼仪。麦都思宣称，如果知县要坐下，那么他"坚决不肯站着"。官员们反驳道："他是全上海地位最高的中国人。你必须和我们一样，站着觐见知县。"麦都思则回答，那么，你们眼前的就是"全上海地位最高的英国人，他坚决不侮辱祖国的荣誉"。[2]

当所有这一切向着某个方向艰难、缓慢，却又合乎预期地发展时，我认为我们可以假定，台上的表演已经又重新开始了。而在洋人来华并不算长的时间里，他们再一次打断了一出戏。此刻，天后宫里正在演戏，在这里，演出是一种特别的活动。而当表演继续时，大家似乎都变得有些心不在焉：观众、乐师和表演者都在议论着新来的人，气氛有些躁动不安。或许已有一部分群众在慢慢散去，他们都在等着再看这些奇怪的人一眼,或跟着史蒂文斯回到大街上。趁着麦都思与中国官员争论之际,史蒂文斯又开始分发册子。水手们呆坐着,一言不发,旁观着这场注定毫无结果的交涉。就如三年前林赛和郭士立一样,麦都思和史蒂文斯在这部戏演到一半时突然步入剧场,和官员们一道进入这个私密的空间,并立马吸引了全场观众的眼球。林赛曾经写道,"大家的注意力都集中到我们身上",而"我们的出现立即中断了"台上的演出(当然,至少在林赛对于那天事件的记述中,他们是站到了舞台中央的,而郭士立则没有提及这件事)。[3] 此时,也许我们会愤愤地回应道,这些洋人都爱把自己放到戏台的中央!但同时,我们也应该明白,其实这一直都是记录者的特权,来自欧洲的这群不速之客也不例外,他们也有着妄自尊大的习性。洋人的入场是多么令人震撼,他们吸引了所有人的眼球,现场顿时变得鸦雀无声。值得注意的是,和郭士立一样,麦都思并不在意自己打断了什么——而至于他究竟打断了什么这一问题,我们随后就能发现答案——他只是对中国(以及上海这座城市)感到非常好奇,毕竟他就要在这里开始新的生活了。后来我们知道,当那三位洋人走向天后宫时,庙里正在演一部戏,现场人山人海。而我们之所以会知道得这么清楚,完全得益于史蒂文斯的记载,他来自美国康涅狄格州,此时已在亚洲生活了近三年之久。

民众为何会在1835年10月这个阴沉的日子聚集起来?在1832年6月这个雨天的早晨,他们又在看什么戏?这一切又为何会在天后宫里上演?只有了解这些,才能有助于我们更全面地了解中国,那个林赛和郭士立,麦都思和史蒂文斯都执意要闯入的中国。实际上,了解天后宫本身对我们大有裨益。这座庙宇坐落在海关衙门附近,位于城墙最高点的正下方,因此,它不仅在上海的滨江路上处于显眼的位置,也在外国人的游记中被频频提及。那些第一时间赶到现场,与这两批好斗的洋人对峙的究竟是什么人?那些随后赶到,并断然拒绝洋人要求的更高级别的官员又是哪些人?他们又是利用了什么样的组织来对付这些"蛮夷"商人的?这些问题都是我们需要了解的,因为唯有如此,我们才能更好地了解19世纪30年代初洋行、街道和澳门以外的那个更广大的中国,而前者,那个处于珠江三角洲、半洋化的弹丸之地,往往占据了早期中西交流中过多的篇幅。

这一章试图探寻19世纪30年代初期的清王朝，并勾勒出其中的轮廓，从天后宫戏台到北京朝廷，这个帝国长期被这些烦人的客人，以及他们的要求和小册子所纠缠着，尽管这些洋人其实并没有引起帝国统治者过多的注意。我们即将看到的，与此事同时发生的另一些事对清代统治者和帝国臣民而言似乎更为重要。但是，即便如此，即使这个过程会很慢，上海天后宫及那附近发生的小规模骚乱事件还是已经在开始预示着新问题的出现，而远在北京的清廷也将不得不开始正视这些新问题。

十五年后，麦都思将一部上海正史的部分篇章翻译成英文出版，他将这本书命名为《上海及其周围地区之简述》(General Description of Shanghai and Its Environs, 1850)，实际上，该书可以说是一部天后宫的简史。然而，到了本书出版的时候，当洋人航行经过黄浦江的最后一弯，望着前方坐落在西岸、黄浦江与更小的吴淞江汇流处南部的这座城市时，天后宫或许就已经不再那么吸引他们了，他们也许更容易注意到这里（上海）刚刚建立起来的另一些地标。[4] 天后宫建于13世纪末的南宋末年，它坐落在海关衙门以北、市区与黄浦江之间，供奉着"上天的皇后"（这是当时的叫法，今天更确切的说法应该是"天后"）。如其他许多神明一样，天后的原型是一位历史人物，是中国东南沿海地区、中国台湾地区（在中国台湾地区，人们更多地使用"妈祖"这一不那么正式的名称）以及原籍上述地区的侨居群体中，盛行的宗教活动对象与信仰崇拜的神明，此外，她同时也是官方认可的宗教的中心人物。[5] 天后保佑往来于海岸线和远赴东南的船员、渔人、水手及富商，所以麦都思和郭士立对她肯定不陌生。1832年，带着郭士立自曼谷北上天津的水手们"令人生厌地""顶礼膜拜"的对象就是"天后"，这是郭士立的原话，也是他内心深处最真实的反应。所有船只都供奉着天后，天后也日复一日地倾听着水手们的祷告。长期旅居上海的福建移民把天后从南方带到上海，尽管从象征意义上而言，天后宫从未被建在城内（天后始终守护着她法力所及的水域）。而身为上海主神的城隍（其原型为上海贤臣秦裕伯，被明代开国皇帝敕封为神明，是为"城隍"），则负责管理城墙内的种种事务，并在自身的庙宇中开庭审判。天后宫坐落在海关衙门旁，这里非常方便，水手们一次可以办理海上航行的两件例行公事——给现世的海关衙门缴税,以及给彼岸法力无边的天后上香。1737年乾隆皇帝的一纸敕令,使得这种宗教及其庙宇(包括沿海各处许许多多的天后宫)都得到了官方的认可。[6]官方的支持措施中还包括正式将女神妈祖升格为"天后",这显然是出于笼络人心的需要——清军入关,并于1644年推翻明朝后,长期对中国沿海剿抚并施才最终得以平定这些地区。为了满足皇帝的这项命令,位于北京的礼部(也就是"礼仪部门",亦即清王朝的中央六部之一)开始监督天后崇拜。于是,这种宗教得到了正式认可和批准。正因如此,上海地方官需要定期参与天后宫的正式仪式。在某些城市,天后宫可能是举行官方仪式的地点,在其他一些城市,天后宫又可能是百姓常年上香祷告的地方。而上海的天后宫则兼具这两种功能。此外,在上海城里还遍布着数不胜数的天后牌位。

这并不是天后宫分布的最北端,但它有力地证明了上海与洋人北上的沿海贸易路线之间的密切关系。同时,它也表明了国家力量是如何深入中国人的日常生活的。学者们注意到,这种官方的认可——将妈祖封为天后——并未使其宗教教义在法律上获得明文批准。在这里,没有类似《三十九条信纲》或《特兰托会议信纲》的文件颁布,人们只是通过规范其外部形式,使之得到官方认可。国家包容并记录了这一切。而对于并未受到官方认可的旁门左道,一旦统治者看到了机会或认为有必要,同时统治者自身具备足够力量时,他们就会对其进行无情的镇压。这些官方行为成为近来关于"文化整合过程"的学术辩论的主题——这些辩论旨在回答一个问题:不胜枚举、数不胜数的各种地方语言和文化(以及数千个村庄中众多的神明)是如何被整合成一种明显同质同源的"中国"文化的——而且无论是在新加坡的华人移民当中,还是在清帝国中心,甚至是在连接两地的船上,这种文化都是如此地清晰可识?[7]庙宇得到了信众团体香火钱的资助,得到了官方认可,也被记载到了正史中。水手和长途跋涉的商人们都会在平安抵达时,答谢神明保佑,并在出发前夕满怀期待地奉上供品,焚香祈祷。尤其值得一提的是,城里富裕的福建商人更是经常来到天后宫——天后宫是属于旅沪闽商的固定空间,而他们也承担定期修缮庙宇的费用。他们通过这种方式展现自己的财富和地位，同时寄望因此得到神明青睐。他们还在天后宫附近设立了一间会馆，进而从此在这个陌生的北方城市里开辟出了属于自己的狭小空间。

庙宇并不是教堂，庙里也没有神父。就空间布局而言，它由许多厅堂和院落组成，这些厅堂和院落通常散布在进门的大道两旁。此外，这些庙宇中还摆设着神坛，有一些庙宇甚至还会设有常用的戏台和画廊。在大庙里，则还会有钟楼和鼓楼，以及铭刻文字的大石块（石碑），碑文记载着历史上有关该庙的重大事件（或者类似的文本）。庙宇门口的中轴线两旁或许会设有院落和厅堂，院落和厅堂之旁则还会设有更小的厅堂和其他建筑，但是当然，这种布局也不会遵循什么固定不变的规律。庙宇或是金碧辉煌、气势磅礴，或是狭小简陋、年久失修，这完全可以反映出该庙香火旺盛的程度。庙宇的宏伟程度，完全视乎建立时或者最近一次修葺时资金的多寡，以及香客愿意掏出的香火钱。最大的庙宇通常也会是某个社群内最大的一座建筑。庙宇包括佛堂和道观（部分庙宇集两者于一身），当中有和尚或尼姑。但是，大多数的庙宇既不是佛堂，也不是道观，而是中国人日常宗教和群体生活的反映。不同庙宇里供奉的不同神明，抑或是在同一间庙宇里的不同神台上供奉的各路神明，甚至庙宇外神台上供奉的神明，都是各司其职的，他们的职责包括：守护社群安全；维护道德秩序；保佑身体健康、多生子嗣、生意兴隆、财源广进等。上海的庙宇还供奉着瘟神、驱虫之神、旱灾之神、神农、文墨之神、火神、水神等，其中最重要的，还有土地神、战争之神以及城隍神。（供奉孔子的文庙似乎不属于这个分类系统，因为它不是举行任何大众宗教仪式的场所，而仅仅是举行国家仪式的场所。）庙宇香火旺盛与否，取决于以下几个因素：香客想象中的神明是否认真地对待了自己提出的愿望；香客的祷告、上香、敬神、发誓，究竟是否灵验；神明法力的强弱。法力弱的神明自然遭到香客冷落。欧洲人经常把庙宇称为"香屋"，巨大的香炉以及无数支香散发出来的袅袅烟气往往会让他们难忘，进而使他们难以注意和思考周围发生的其他事情，他们感到喘不过气，感到难以忍受。所以，他们通常都讨厌庙宇，并把这些建筑物和腐败、迷信以及守旧联系起来。中国人给神明烧香，供奉食物和茶水，还请神明看戏：神明往往被置于面对戏台的位置，从而使他们对台上发生的一切都一览无遗。为了庆祝神明的诞辰，人们会把神明打扫一新，然后抚摸神明祈福，有时，他们甚至也会惩罚神明。人们为供奉神明而忙碌不堪，神明也为庇佑众生而劳心劳力。一间香火旺盛的庙宇也是一个商贸和经济场所，这里通常会售卖与宗教相关的物品，或在逢年过节时，在其场地内或门口举行集市。庙宇成了城市日常公共空间的重要组成部分，除了其宗教功能以外，也满足着同样重要的娱乐功能。庙宇塑造了乡村和城市里的生活，也塑造了城市本身。

庙宇还决定了一年中最重要的节日活动，也左右着人们的群体生活。在天后宫，福建商人经常参加定期举行的、仪式性的戏剧演出——而之前提到的那两组不速之客，则先后打断了这些演出。[8] 一年中最隆重的节日就是农历三月二十三日的妈祖圣诞日。在这一天，天后宫以及供奉天后的各会馆（福建会馆并不止一个）都会举办游行和庆祝活动。天后宫被笼罩在香火的烟气之中，一名旁观者称，现场"航海帆樯，远近毕集浦滨，金铙聒耳，彻夜不绝"。[9] 店主们竞相博取行人的注意和光顾。庙里进行的戏剧演出是仪式性的宗教活动，但其性质并不明显，无论是演员还是观众，都并未怀着虔诚肃穆的心参与其中。演出属于群体行为，让旅沪福建人齐聚一堂，以展示福建文化，他们当中比较富裕者也会借此机会接济那些经济条件较差的乡亲。同时，很明显，这些演出也只是纯粹的娱乐，观众包括福建乡亲、戏剧行家以及好奇的围观者。可以肯定的是，通晓闽南语的麦都思（他曾出版过一部闽南语词典）对这类演出并不陌生，他之前曾在东南亚各华人社群里生活和工作过，其间或许曾在会馆或庙宇中观赏过闽剧。尽管麦都思留下的文字记录并未有相关记载，但我们可以想象传教士们一定会在人多的地方设立摊位来布道，而戏剧演出往往是最能吸引人群的。麦都思曾经向人吹嘘，说他自己非常喜欢拨开人群闯入庙里，然后对着庙里信徒们"愚蠢和疯狂"的行为发出呵斥。[10] 我们无法清楚判断，在上述过程中，他究竟看到了什么样的事物，也许他并没有看向戏台。郭士立见过"原汁原味"的中国戏剧，对其"不自然的呈现手法"及其"丝竹之乱耳的音乐风格"嗤之以鼻。[11] 但凡接触过中国戏剧演出的欧洲人一般都对其十分憎恶,进而对此感到困惑不解、无所适从。

这是极其不幸的。作为仪式和娱乐的戏剧表演是清朝文化的突出部分,并受到社会各阶层欢迎,无论是拥有私人戏台的皇亲国戚,还是为了庆祝年度佳节聘请东拼西凑勉强组成的戏班的乡村社群。戏剧的风格、形式和内容随着流动的戏班,从城市剧院走入乡村戏台,由于得到商人和官员们的资助,更是传遍全国。戏剧的蓬勃发展,意味着对其实行某种管制成为必要。戏子本来社会地位极低,但是,到了1800年,他们已经成为现代意义上的明星。18世纪,八旗子弟沉迷于戏剧,这使得清王朝的皇帝们感到忧心忡忡。到了19世纪30年代,全国上下,包括皇亲国戚,都迷上了戏剧。[12]戏剧的剧目数不胜数,其风格和传统各异——既有简陋的临时戏台上水平有限的民间戏曲,也有北京剧院里由专业戏班呈现的精彩炫目的演出。中国戏剧和欧洲戏剧存在着一些重要差异——前者的舞台布景较为简陋并且伴有音乐,因此,它更像欧洲歌剧而非欧洲戏剧,同时,杂技在某些戏剧里占有重要地位。虽然上海拥有包括妓院和茶馆在内的发达的城市娱乐文化,但1842年以前,上海并没有专门的剧院。流动戏班在私人住宅、会馆和庙宇,或者是流动戏台上演出。在更繁华的城市里,一名商人就可能养着一个戏班。到了1832年,剧院在扬州、苏州和北京已经拥有了悠久的历史。但是,在上海,在剧院出现之后的数十年间,会馆和庙宇仍然充当着戏剧演出的场所。[13]

无论是某个节日,还是为了纪念某个神明的特殊日子,又或是个人的庆祝活动(例如庆生、庆功、庆祝某人自远方平安归来)或祈求生意顺利的庆祝活动(例如开张、开张周年纪念、祈求免于灾祸),戏剧演出都会毫无例外地成为一场公共活动。数百人齐聚一堂,看戏、听戏,并沉浸在现场的气氛里。无论富贵贫贱,人人都会到场,他们会从不同的地方得到不一样的乐趣。同时,戏子、杂技人、零食小贩以及扒手和骗子,都会聚集在庙宇场地内外。美食、茶水和聊天也是活动的一部分,场面越热闹越好。无论是在场地内外,还是在活动前后,甚至是在活动期间,到处都会充满着喧闹和闲聊——人们议论着演出的水平,或许也议论着那些穿着奇装异服、呆头呆脑的洋人。总之,这些议论都是没有明确主题的闲聊。

而这一切也都是整个活动的一部分，并使其增色不少。台上的演员会在乐师配合下，表演由脍炙人口的经典小说情节改编的剧目。这些小说包括描写一群侠客如何被逼上梁山的传奇故事《水浒传》，将玄奘及其随行者赴西天取经的历史进行艺术加工的《西游记》（这个故事中还包括身手矫捷、足智多谋的孙悟空）。戏剧演出还包括武打剧、历史剧和爱情故事。大多数观众都熟悉这些剧目的故事情节及其呈现方式。全中国的戏剧种类繁多，而地方戏剧方兴未艾，它们之间彼此借鉴、学习、塑造和演变，而其中最具有影响力的地方戏剧是我们今天称之为京剧的剧种。天后宫的演出或许是闽剧分支下的闽南戏剧的众多剧目中比较受欢迎的一个，演员的服饰和头饰不如日渐受到欢迎的京剧演员那么华丽。庙里的演出很可能还包括杂技表演，比如有许多杂技人希望通过表演翻筋斗来取悦神明。但是，具体表演则视节日而定，同时，也取决于出资方的身份——究竟是庙宇、会馆还是私人赞助。我们自然无从确认此事，但是我们知道，无论是被这些傲慢的外国旅者强行中断的聚会还是这些庙宇本身，其实都是上海生活及文化的重要组成部分，同时，它也和来自远方的、中国贸易世界里的侨商有着密不可分的关系。事实上，侨商的贸易活动为上海的繁华做出了重要贡献，并促使了上海的地位变得愈加重要。上海并不是一座大城市，也不是一个文化中心。它的文化不如与它毗邻的扬州或苏州那样闻名天下。但是，这些演出仍然是上海生活的一部分。

在一年的时间当中，洋人们到访了上海、厦门，以及其他的一些港口，他们看到了各种塑造中国人生活的节日，在这些节日里人们举行各种庆祝活动、仪式以及戏剧演出。[14] 不同的节日主题各异：或侧重家庭，或侧重社群，或两者兼而有之，但它们都给中国人的一年赋予了节奏感。"阿美士德号"在农历新年之后的第三周起航，那是个家家户户庆祝春节、大快朵颐、打牌赌博、偿还旧债、准备新衣、互相拜年的日子。店铺都关门休息了，生意买卖戛然而止，人们拿出麻将桌，整个假日充斥着鞭炮声和麻将声。正月十五，亦即元宵节，家家户户挂起灯笼、提灯游街，这一天标志着庆祝活动结束，人们重新开始做生意。每个地区庆祝这些节日的活动都有细微的差异，地域和地域之间有差别，省份和省份之间有差别，甚至某个小地方也会具有其独特的节庆色彩。这些差异体现在很多细节上，比如：庆祝节日准备的饺子和糕点用料、节日礼仪，以及在家里、庙里或街上举行的仪式。这些细节表面上有所不同，但却具备一个共同点：它们都代表着中国文化。林赛和郭士立抵达厦门时，家家户户正准备过清明节。在这个节日里，人们要去扫墓，并给祖先奉上供品。当他们的船只停泊在宁波时，人们正在纪念武神关帝。当他们往北航行至长江时，上海及其他城市正在庆祝端午。而在福州，和其他沿海城市一样，这里将会举行由庙宇或会馆组织的有三四十艘"龙舟"参与的"龙舟"竞赛，而市民们也会出外野餐，并围观这一盛事。[15]"休伦号"派出的小艇在1835年的深秋抵达上海，当时上海正在举行祭祀仪式。那天是农历八月十八日，也就是中秋节之后的第三天。中秋佳节，阖家团圆，家人们一同品尝香甜美味的月饼，一起抬头赏月。节日庆祝进入尾声之际，人们又开始庆祝另一个当地节日——是的，麦都思和史蒂文斯抵沪当天，正是潮神诞辰，也就是秋季大潮来临之日。游人们会到杭州外围、杭州湾以北的海宁，观赏高达三十英尺[①]高的浪头沿着钱塘江上行，而上海的市民们则会到上海东郊观赏黄浦江上的浪潮。位于天后宫后面城墙上的丹凤楼，是观潮的理想制高点。可以想象，和一年当中的其他仪式性节日一样，这项节日习俗也肯定会吸引很多人来到江岸边凑热闹，在那个阴暗且湿气氤氲的中午观赏大潮。

其中一些宗教节日挑战了官方的底线。就像许多受过教育的精英一样，官员们通常对大众宗教活动不屑一顾。他们以维持秩序、保证地方安宁为己任，所以，他们往往会把包括庙会在内的大型集会视为屡屡导致各群体之间冲突的导火线（例如信仰不同神明的信徒之间、来自不同地区的移民之间都可能会发生冲突）和罪恶的渊薮（例如妓女们会在城隍庙的年度集会中抛头露面），以及吸引扒手和无业游民的磁铁。一座井然有序的城市应该有一定的条件和能量去满足大众的宗教文化需求，同时，又不过度刺激那些敏感的受教育者和具有怀疑精神的知识分子，因此，保持良好

---

① 1英尺 ≈ 0.3米。——编者注

的治安是非常重要的。最可能导致混乱局面的节日发生在农历七月的其中三天，而上海侨商尤其热衷于庆祝这一节日。在此期间，人们抚慰鬼魂。这个节日本来起源于佛教传统，其庆祝方式却远远不限于佛教习俗，人们表演戏剧、上街游行，在街上生起篝火以焚烧纸质衣服和冥纸，安抚在此期间被放出阴曹地府的孤魂野鬼。因为可以行善积德，这个节日受到人们的欢迎，但这也使得这个节日成为犯罪和骚乱的高发时期。因此，官方对此感到十分不安。[16]

城里住着来自福建的商人，这些人足以把天后宫和两间会馆装满，同时，他们的数量也使得这类大众节日和狂欢活动得以开展。此外，还有来自广州以及（离上海相对较近的）宁波这两个地方的侨商群体。他们共同构成了上海势力最大的三个侨商群体，其中宁波侨商的势力与日俱增。货船和商人来自北方的天津和东北，帆船则来自南方的广州、台湾和东南亚。林赛声称，他的船员在短短一周内就目睹了400艘船只经过吴淞，前往上海。他确实有理由夸张地强调上海的港口在商业上的重要性。但是，在大量证据面前，我们必须承认，上海确实是一个繁忙的贸易中心。[17]在地理上，上海接近大运河南端，而大运河又是将物资运输到清王朝北方首都的主干道。上海的西侧则由江南三角洲的大城市——苏州、扬州、南京——及其周边肥沃的农田组成。从海上贸易的角度来看，上海的地理位置不可取代：它位于距离长江口约15英里的黄浦江上游，这里能够躲避风雨。上海的行政地位反映出它在商业上的重要性——该省的5名道台之一就常驻上海。上海并不算大，它拥有20万左右的人口，大约相当于厦门或天津，但若是和福州的50万人口相比，那就是小巫见大巫了。但是，上海是一座贸易城市，吸引着来自中国各地的移民。[18]在可能的情况下，侨居者和移民更偏好自己熟悉的一切，而非适应当地环境，侨居广州的英国人是如此，来自宁波、福建或广州的上海侨商也是如此。他们更习惯说方言，吃家乡菜，如果条件允许，他们也更青睐来自家乡的妓女。因此，他们常常会聚集在会馆里，而事实上，这些会馆也确实充当着乡亲会面的地点。这些会馆建筑的堂皇和精致相应地显示着他们作为一个群体的富裕程度。不仅如此，他们也更愿意在会馆调解乡亲之间的内部矛盾，帮助落魄的乡亲，或者商讨把客死异乡的乡亲送回老家，使其能够在故土安息。地方当局也期望他们通过会馆进行自我管理，就像广州地方当局期望英国侨民管理自身事务一样。作为一个组织，会馆在地方当局和其他群体眼中，就是某个社群的代表。上海城就是由这个复杂的社群和体制网络组成的，而诸如上海这类沿海小城的这种复杂性，或许也能提醒我们关注大清帝国疆域范围内更广泛意义上的复杂性。

近几十年来，学者们渐渐不再片面关注那些贬低商人社会地位的"抑商"言论。实际上，在明朝和于1644年入关的清朝，中国都始终是个繁忙而复杂的贸易世界，而且，它已经和远在疆域之外的贸易网络紧紧联系在了一起。确实，研究晚明史的学者正在把中国放在世界经济的中央位置，而非边缘，这不仅有助于人们更好地了解世界经济史，更有助于人们深入了解具有全球视野的明代中国。[19] 在整个18和19世纪，贸易为国家带来了日渐增加的财政收入。[20] 随着商业的蓬勃发展，商人们开始日渐富裕起来，他们的地位也有所提高，这使他们有了更高远的志向：在条件允许的情况下，他们往往附庸风雅，极力模仿士绅的生活方式，包括资助乡亲求学、出资支持文艺活动、花钱购得功名和艺术品或延请学者进行指导，借以提高其个人地位。[21] 尽管大部分商业活动至多只能算是区域贸易——学术界也基本认同中国内部八大经济区的概念——但是，在远远更大的、横跨整个帝国的经济体之内，也一定存在着一些长途贸易。景德镇的瓷器、江浙的茶叶、苏州的绸缎在全国范围内流通，它们都由一个沿着水道和陆上通道运输商品和旅客的交通网络流向全国。"商业的中心地位"决定了汉口的城市布局；盐商的财富支撑起了扬州活力四射的文化。此外，为了给北京提供补给，每年的粮食税（以实物征收）都需要向北运送到清王朝的首都，而这往往要耗费大量的物力：当局会动用6000艘帆船，沿着大运河运载粮食。[22] 随着商品和商人的流动，思想、书籍、风尚潮流、学生、官员、流放者，甚至神明都在大清帝国的疆域内来回流通。

以上的这一切还流通到帝国疆域以外。贸易的范围显然也是全球性的，而日本、东南亚、欧洲和南美洲（取道马尼拉）都是重要参与地区。当"阿美士德号"在吴淞停泊时，两艘上海帆船正准备顺着东南季风，从英属新加坡回国。来自广州的船只把各种货物带给新加坡的华人移民——庆祝节日所用的鞭炮、各种干货、茶叶和药品——这一切都不可或缺，因为它们能给这里的移民带来家的感觉。来自上海的帆船满载丝绸，它们将在这里换取胡椒、燕窝、鱼翅、樟脑和进口奢侈品带回上海并且转运至厦门和广州。郭士立的帆船满载胡椒、木材、糖和锡，沿着使用过多次的航线，从曼谷回到天津。[23] 帆船从杭州湾乍浦港出发，并在此地与日本之间往返。在明清两朝，日本人购买茶叶、丝绸和瓷器都是以白银付款，这导致白银流入中国。取道马尼拉或欧洲流入中国的西班牙银元成了该地区最受欢迎的白银货币。[24] 从1757年开始，清政府颁布命令，强行把和欧洲人的海上贸易限制在广州，于是欧洲商人只能被迫和一小撮中国商行打交道，这些中国商人也就是"洋行"。这些"洋行"被赋予贸易垄断权，同时他们也必须管理和控制那些外国人。"行商"可能赚取到了巨额的财富，这一点，通过"洋行"制度带给北京朝廷的直接财政收入就可窥见一二。北京朝廷从官吏中任命粤海关监督，而他们每年必须上缴海关收入。[25] 就这样，对外贸易的收入直接流入帝国的心脏——朝廷。除了广州，北京城内还有一个不大的俄国哨站，此外汉口当局也负责协调合法的陆路对俄茶叶贸易。与此同时，人们还沿着两国位于中亚的内陆边界进行着大规模的走私贸易。[26] 因此，就如中国消费者对外来白银并不陌生一样，他们也十分熟悉各种舶来品，尽管他们可能不太熟悉这些商品具体的来源，就像饮茶的英国人并不熟悉诞生杯中茶叶的茶山一样（比如，他们以为红茶和绿茶是来自不同品种的茶树）。同时，如林赛所注意到的，商店老板都标榜自己售卖舶来品，而东印度公司的中文名称就像商标一样，被人们熟识和使用。

　　洋人们从"阿美士德号"或"休伦号"甲板上所见到的中国城市风貌，使他们意识到大清帝国贸易规模之大，这进而勾起了他们打开中国市场的欲望。当代学术研究的发现，更印证了洋人们不断追问商人和水手所得到的信息。[27] "家财万贯而富有事业心"的厦门商人并不少，他们和东南亚关系十分密切——他们每年把40艘帆船派到曼谷，也把船只派往马尼拉、巴达维亚（今雅加达）和新加坡。厦门把大米交易到台湾，并把蔗糖运送到宁波、上海、天津和东北,把大豆运往南方。在贸易方面,福州和毗邻的浙江省关系紧密,福州港挤满了准备运输木材和烟草的近海船只。宁波的店铺装潢之精美,为林赛此前所未见。[28] 在洋人们所了解到的沿海地区之外,我们已经可以开始逐步认识19世纪初的那个贸易世界及其局限,尽管我们拼凑出来的画面仍然十分零碎,但是正日渐清晰。虽然绝大多数人生活在小型家庭农场里(估计农村人口占总人口的93%左右),大部分家庭农场也只能做到自给自足,但是,参与农业以外的其他经济才是农民维持生活的重要手段。[29] 农民大多从事手工艺生产,某些地区专门从事某一道(或几道)生产程序的工作或专门从事某一类(或几类)产品的生产,还有的地区,农民们则当起了挑夫或流动小贩。广大农村布满市集,而绝大多数农民只要步行半天(甚至是更短的时间)就能到达最近的市集。这类市集把家庭经济、地方经济以及更大的经济体紧密地联系到了一起。跨地区粮食市场的存在意味着江苏农民可以为了生产蚕丝而种植桑树。茶叶在帝国内部流通,并流入邻国。来自北方山西省和陕西省的商人到南方买茶,然后用船把茶叶运到北方,再转运到蒙古地区以及俄国。他们也到四川进行买卖,该省具备高度工业化的盐业,其出产的井盐不仅满足了邻近湘鄂两省的市场,也吸引了远至江苏的资金和商人。[30] 尽管国家对这些商业活动的直接参与其实很有限,但是,由于国家行政人员的常规工作确保了文书协定的执行,所以国家在推动复杂的贸易世界运转方面可以说也是功不可没的。此外,国家还保留了对主要产业(也是主要的收入来源)的垄断权,尤其是盐业,以及(对林赛及其随行者造成巨大困扰的)广州对欧洲人的贸易。林赛一行很清楚,是中国皇室的命令,使他们的许多憧憬无法得到实现,因此他们进行了一系列精明的计算和胡乱的推测——中国还有这么多愿意购买英国棉织品的顾客,中国的沿海地区还可能会欢迎更多航速更快的外国船只或者新式轮船。但是,这些"可能"始终都有如水中月、镜中花,这样的局面使这些洋人气愤不已、怀恨在心。

管理这一切的是一位皇帝、一个国家、一部法律、一道皇帝谕旨,以及各种条例和先例,以上这些又构成了整个大清帝国的样貌。1832年是乾隆皇帝之孙、50岁的道光皇帝登基的第12个年头。1820年，他成为中国新继位的皇帝——1644年，清军南下，粉碎了腐朽不堪的明朝，农民起义军攻陷北京城之际，明代末代皇帝自杀殉国。从17世纪末到18世纪，雄才大略的皇帝们巩固了对全国的统治，镇压了叛乱，剿灭了明朝灭亡后盘踞台湾近40年、忠于明朝皇室的势力。安坐在北京皇宫里的皇帝统治着一个幅员辽阔的多种族和多民族帝国。道光皇帝在位期间，并未继续开疆扩土。尽管道光皇帝曾于1825—1828年间派兵镇压过西北地区的叛乱，但是，当他和他的官僚团队面对统治四万万人的难题时（历史上从没有一个国家面对过这个难题），他们不得不放弃其前任扩张和巩固领土的努力。不仅如此，帝国人口仍然在不断增加，这使自然资源面临更大的压力。此外，道光和他的官僚团队还必须想办法对付萌芽中的叛乱，道光的父亲嘉庆在位期间，镇压叛乱就已经耗费了不少国帑，而1824—1826年的大运河淤塞阻碍了京城的粮食运输，并进而导致了严重的补给危机，这使得国库更加空虚。1813年，当道光皇帝还年轻时，叛军曾攻入皇宫，这给了他展示军事能力的机会。进攻皇宫的行动，是华北八卦教起义的一部分。当时好几个教派坚信，新纪元即将到来，而迎接这个新纪元诞生的历史重任则必须由他们承担。他们企图推翻清政府，从而迎接这个新纪元。一伙八卦教教徒进攻皇宫，试图刺杀道光皇帝的父亲，即嘉庆皇帝。双方随即在城门处和城墙上混战，当时道光皇帝亲自用火枪打死两名教徒——皇子接受的教育包括军事训练，而这起事件使得这些相关训练派上用场，进而使得道光大显身手。清军随后剿灭了八卦教残部。[31]被活捉的八卦教教徒遭到了审讯。他们的供词被详细记录了下来，然后他们被凌迟处死。

历史对道光皇帝并不公平。虽然他在位后期的历史，尤其是他在位的最后12年的历史，已经为人们所熟知，但是人们对他的大部分评价还是都集中在以下几个方面：他对广州问题的处理、日渐严重的鸦片危机（及其余波），以及在他驾崩后不久爆发的灾难性叛乱的根源。不可思议的是，用欧洲语言写成并出版的唯一一部道光皇帝的传记为郭士立所写，该书于1852年，也就是这位波美拉尼亚籍作者死后的隔年才最终出版。这部由当时人写成的传记只是简略地记载了几条重要信息，而后世对道光皇帝表现的评价也和传记所写的相去不远，只不过它们不像那本传记，带有对道光皇帝强烈的敌意。[32] 然而，近年来学者对皇室的研究，使我们更清楚地了解了道光皇帝真实的个人世界。我们了解到，道光皇帝偏好清淡的北方膳食；从童年一直到成年，在上书房里学习长达30年之久；他拥有20名嫔妃，生育了19个子女；同时他也是少数由皇后所生的清代皇帝。（多数清代皇帝都只是嫔妃的儿子，有时还是由地位相对卑贱的女人所生。[33]）我们现在也看到了正史之外，审问官员的道光皇帝，并由此进一步地了解了他作为君主的表现。就目前史料所见，道光皇帝十分了解各种议题，他常常会在与官员的谈话中，质疑后者所述细节的可靠性（如我们即将看到的，他有充分的理由这么做）。他是一个"恪尽职守、鞠躬尽瘁的君主"。他不像对中国怀有敌意的欧洲人描述的那样罪恶滔天、荒淫无道。他不是一位东方专制君主。他更不是某些史家眼里食古不化的封建主义者。道光就是清帝国的皇帝，一个勤政爱民的行政管理者。而皇帝的地位举足轻重，所以他们绝不可能是任官员摆布的傀儡。[34]

而且道光皇帝还是一名满族人。我们必须重视满族人的民族认同，我们今天对此的了解已经比之前深入得多。这句话或许略显古怪，但事实上，清代统治者的满族身份被长期遮蔽和忽略，这主要是因为大多数学者都假设他们已被完全"汉化"。这些学者认为，满族人为了统治中国，就必须遵循传统。因此，他们最终被汉文化"征服"。这不仅仅是被征服者一厢情愿的幻想，其实也是在试图解释这样一个问题，即小规模的征服者精英阶层如何能统治中国长达250年之久。但是，维持这种统治的其中一种机制正是保持民族之间森严的壁垒。对清朝统治者而言，其民族身份至关重要：这种身份认同得到了清楚的阐述、严厉的管制、鲜明的展示以及细心的维护，并且代代相传。[35] 在清朝统治中国的漫长岁月里，他们始终不敢忘记自己的满族身份，更不敢忘记他们臣民的汉族身份。他们是征服者，负责统治被征服者。他们得到了汉人毫不保留的依顺和忠诚，而对于汉人无论是有心还是无意显露出的叛变迹象或不敬行为，他们都严惩不贷。他们命令所有男子剃光前额并留下其剩下的头发扎辫子，以示依顺，他们通过这种方式征服了汉人的肉体。毫无疑问，清代皇帝们都面对过真正的叛乱，年轻的道光皇帝也经历过从忠于明朝皇室的地下帮会到部落团体等各种类型的叛乱者。但是，在18世纪80年代早期达到顶峰的、由道光皇帝的祖父乾隆皇帝主导的残酷无情的"文字狱"，其动机与其说是为了扑灭叛乱的星星之火，不如说是立功心切的下级官员们的捕风捉影，他们紧抓具有反满嫌疑的言论大做文章。[36] 反满言论之所以受到批判，正是因为满族人的民族认同仍然十分强烈，其重要组成部分包括满族语言、服饰和饮食（满族人嗜肉，同时也是猎人）。然而，这并非简单的食肉者的专制统治，就像同时期的英国政府——该政府打压激进的媒体、镇压雅各宾派的支持者和聚集在彼得卢的群众——不应当被称为警察国家一样。事实上，清朝统治具有鲜明的意识形态基础。武力征服中国的清朝统治者，并没有仅仅"在马背上"治天下并施行暴政。相反，他们声称自己得到了"天命"，因为被推翻的明朝气数已尽，不得不于1644年将"天命"传给他们。他们坐镇北京，通过一个多民族官僚体制治理天下，而这个体制的运作方式和明代一脉相承。清政府中大多数的行政人员都是汉人。清帝国并不是一个丝毫不受约束的君主专制帝国。这个官僚体制有时会发挥其制约皇帝行动和决策的能力。此外，皇帝们还受到儒家伦常礼仪的制约——他们的权威远远不足以挑战儒家的思想和行为准则。在做决策时，这个官僚体制常常会进行激烈的、多角度的辩论。然而，最终的决定权还是完全掌握在皇帝手中。[37]

清朝的统治者并没有以单一的国家制度来治理他们的帝国。和大英帝国一样，大清帝国也是一个多民族帝国，他们和不同领地、不同臣民群体之间有着不一样的关系。他们主要通过北京的中央官僚体制以及其下的总督和巡抚治理中国本部。但是，在西南地区，人数众多的非汉族群体则是通过世袭的"土司"来进行管理的。清朝统治者授予他们崇高的地位，以回报他们对朝廷的效忠以及对一方稳定的维持。在西部地区，新疆亦被置于军事管理之下。西藏是享有最大自治权的地区，该地区和清帝国的关系也很复杂。和蒙古地区一样，在新疆和西藏地区，管理权掌握在当地精英手中，而非汉族官僚机构中。但更重要的是，清朝统治者常常会把自己嵌入在蒙古和西藏占据统治地位的佛教教派的宗教生活中，比如乾隆皇帝就标榜自己为文殊菩萨转世。就这样，清朝统治者把自己打扮起来，在国家中央选择富有象征意义的地点，主持修建具有重要内涵的寺庙。清朝统治者把自己标榜为五个民族的君主，五族语言（汉、满、藏、蒙、回）在国内被赋予了至少是象征性的平等地位。这个政府能够十分熟练地治理不同的民族，并应对其不同的习俗、信仰和语言。清朝统治者在其资源和能力允许的情况下，采取当时最好或最实际的政策治理各民族。清朝统治者能够游刃有余地和来自其正式疆域之外的洋人侨民（例如旅居广州的英国人）打交道。但是，实行这种实用主义政策的前提是"普天之下，莫非王土"这一统治的基础不能够被动摇。清朝皇帝是天下人共同的君主，所有其他的君主都必须至少象征性地臣服于他。邻近的朝鲜或越南文化在很大程度上被中国的模式和观念所塑造，因此它们的君主往往定期举行隆重的仪式，表示臣服于中国，并派遣所谓的"进贡使团"。而对于在地理上更遥远的国家君主，清朝皇帝并不期望他们如此殷勤地表示臣服，但至少，他们应承认北京皇帝至高无上的宗主地位。

林赛在广州认识的那些官僚，以及他在上海及其他港口遇到的他们的同僚，都构成了全国行政网络的一部分。他们人数虽少，却拥有很大权力，他们掌控清朝体制的核心地区。六部之一的礼部负责管理得到官方认可的寺庙，同时坐镇北京，协调京城及其他地区的官僚体制。此外，他们的成员还构成内阁的一部分，为皇帝提供建议。内地十八省都由巡抚治理，多数情况下，在他们之上还有负责治理两个省的总督。巡抚之下的权力掌握在道台手中，19世纪后半叶，全国共有84名道台，道台之下则是知府和多达1400名的知县。[38] 每个级别的官员都配有一组负责特定事务的从属官员，而每一名官员也都会得到当地师爷、幕僚以及自身随行人员的协助，而除此之外，他们还拥有私人办公室和佣人。在文官体制之外，还存在着平行的武将系统。坐镇上海的苏松太道台负责监督苏州和松江知府、一名知州以及20名知县。虽然上海知县距离坐镇上海城的道台近得多，但上海知县却还是需要向松江知府汇报工作。[39] 在清代社会的行政体制中，知县是中央政府的主要代表。知县为北京的吏部所任命，并被禁止在家乡所在的省份任职，它从属于一个精简高效、由省到中央的汇报和监督体制。从行政的角度来看，知县职位的重要性或大或小。但是，对于所辖县份的数万人口来说，每位知县却是掌管日常行政和司法事务、主持正统宗教活动的中心人物。[40] 知县还负责主持全国考试制度的最低层级的筛选工作，在县级考试中脱颖而出的考生将晋级参加两年一度的省级考试，其中的优秀考生将参加在北京举行的三年一度的国家级考试，3000~4000名来自全国各地的考生会前往首都参加考试。大约 300 名考生将会晋升到金字塔的顶端，参加由皇帝本人主持的殿试（有时由皇帝本人进行测试，也有的时候，仅仅是在名义上如此），并由皇帝从中遴选最高等级的官员。参加最低层级考试的考生多达 200 万，这个庞大而受到严格监督的制度，从众多考生当中遴选出通过省级和国家级考试的几百名考生，授予他们清帝国行政体系中的官衔。[41] 几百年来，英语世界对中华帝国的官僚体制充满反感。对于清帝国的种种失败，20 世纪的中国人也往往会将其归咎于科举制度的失败。他们对考取功名者进行严厉的批判，后者被描述成墨守成规、百无一用的文人，这些文人可以熟练地写出高度程式化的文本，即广为人知的"八股文"，但却无助于治理国家。把官员称为"满大人"并非赞美之词：这个词正起源于对中国制度尖酸刻薄的描述。但是，这个制度却行之有效。它定期遴选出新官员充实其行政体制，把各省人才集中到中央，就这点而论，它比休·汉密尔顿·林赛所处的欧洲的任何官员任选制度都成功得多。

一个全面而有条理的通信系统把这个行政体系中的各部分连接起来。包括总督在内的高级行政长官可以直接上书皇帝，并迅速得到回应——皇帝收到奏折的隔日，就会发出回复。中方人员如此迅速地报告"阿美士德号"沿着中国海岸线航行的进展，而报告的流转也是如此迅速，这正反映出该制度强大的生命力（三年后，上海的中方人员早已知道"休伦号"很可能来自山东）。但是，当我们将中方材料与英方记载以及林赛收藏的与中方官员之间的通信进行对比时，就会发现中方人员对许多细节语焉不详、三缄其口、夸大其词。这也就是说，在具体的实践中，该制度也暴露出了不少的问题。地方官员的报告沿着国家四通八达的官方邮政网络进行传递，传递文书的人员以每日骑行 97 千米的速度，将之逐级传递到北京。[42]（如果他们速度太慢、文书遭到破坏或被人篡改，他们便会遭到处罚。）这些报告还被传递到邻近省份，一方面，这是在警告人们，有一艘船正在海岸边徘徊；另一方面，这也是在与相关人员分享一些从遮遮掩掩的洋人身上搜集到的信息。由于当中许多报告被刊登在官方报刊上，这些官方报刊又流传到广州，所以东印度公司职员和外国商人也就都能够清楚看见官僚体制是如何处理这起事件的——其实，在"阿美士德号"归来之前，这些官方报刊就是他们获取该船只航程进展的唯一信息渠道。

　　书写报告的其中一位官员是江苏巡抚林则徐，他当时坐镇苏州，此地在上海以西，距离上海 80 千米，不久之后，他即将成为中外关系史上的重要人物。林则徐是教师之子，同时也是一名福建人。他早年在科举考试中取得了傲人的成绩——他是 1811 年殿试排名靠前的考生之一。之后，34 岁的林则徐于 1819 年被授予他人生当中的第一个重要官职，负责主持云南全省的乡试。之后他在东海岸的浙江担任道台，然后先后担任江苏和陕西按察使，江宁、湖北、河南布政使等官职，最后于 1832 年担任江苏巡抚，其后他还被授予了一些其他的官职。林则徐在官僚体制中平步青云，而在这个过程中，林则徐的刚正不阿也逐渐为人们所熟知。我们将在之后的故事里再次遇见林则徐，而在 1832 年的故事里，林则徐和他的上司两江总督陶澍共同签署了关于"阿美士德号"的几份奏折。在被允许和陶澍面谈或交流之前，林赛坚决不肯离开上海。起初道台甚至不肯转达这个不合理的要求，因为道台熟悉法律，也清楚自己的工作范围。然而，洋人却一直没有要离开的迹象，所以，他明白，显然需要有人来做出某些安排，从而打破这个奇怪的僵局。林则徐在苏州的幕僚当中一位包姓副将最终过来探问究竟，并在天后宫和洋人会面。他重申了林赛等人已经在沿海各处听过许多遍的说法，并清楚地提出，他们不应期望得到任何其他的回应。[43]在林赛等人看来，那名包姓副将礼貌而优雅地进行了解释。这次会面终于使林赛明白，中方已经给足了自己面子（或许他发现，这已经是最令人满意的结果），自己应该离开上海，前往别处。但是，由文书传递员送到北方的报告对于这次会面却只字未提。事实上，根据包姓副将的上司林则徐和陶澍的回忆，洋人没有和中方人员会面，这根本不可能，因为"阿美士德号"根本没有抵达上海，更没有进入长江口。哪有什么船只？哪有什么洋人？林赛并没有打断那场戏剧演出，没有怒气冲冲地在天后宫里跺着脚来回走动，也没有在上海城内漫步。与此相反，由于接到此前报告的通知，当地武装以逸待劳，成功地阻挠"阿美士德号"靠岸，并命令它离开。该船只只在此地待了一个晚上，天气好转之后，就往南航行了，地方武装甚至还护送了它一程。因此，根据中方记载，清政府成功并有效地避免了上海的正常运转遭受到可能的中断。

　　道光皇帝饶有兴味地阅读并评论这些文件，他写道，既然当前报告显示该船只已到达山东海岸，之前的报告又提到它往南航行，这又怎么可能属实呢？道光皇帝斥责负责撰写报告的官员"语焉不详"，官员们企图躲避这条明显的罪责，于是大惊小怪地提出了不少处置该船只的方案，但是他们玩忽职守的行为仍然引得吏部前来调查此事。[44]无论如何，总督和巡抚本人并不知道地方当局在处理洋人船只时采用了非正规的手段，更不知道他们的下属曾经小心行事，并避免了一场可能会连累他们的冲突（但是，包姓副将来到现场，意味着至少林则徐掌握了真实情况）。官员们都喜欢息事宁人、大事化小。对于第一批接触洋人的中国人来说，他们的首要目标就是让洋人离开。但是，这些闯入者好斗而固执，不肯离开，不仅坚持中方人员必须和他们会面，听取他们的意见，而且还执着于礼节（也就是他们所理解的"礼节"），对语言文字更是异常敏感。这一切使整个问题复杂化，而且经过数日，洋人们仍不肯离开。不仅如此，他们对于围绕着名词和文本的艰涩辩论乐此不疲。据我们所见，上海和苏州的官员都尝试在当地处理此事，并在随后的报告中声称已圆满解决此事。由此可见，纵然清帝国的报告网络十分迅速和有效，每日清晨国家大事都会被呈现在皇帝面前，但是，一旦遇到官员在文字上做手脚，再好的报告网络也是枉然。如我们即将看到的，会这么做的不仅仅是中国人。同时，尽管在报告中撒谎、粉饰或避开某些细节可能会使官员们面临生命危险，但显而易见，全面、坦白地披露事实也并不总是对他们有利。允许"阿美士德号"在上海停泊18天，严重地违背了官员们必须遵守的行为准则。因此，相关人员不得不谎称，那艘外国船只在进入江苏水域之前，就被直接遣送离开了。

奇形怪状的外国船只的各种荒诞航线使得海岸线上事件频发。而除此之外，在1832年的春天和夏天，清帝国行政人员还面临着更大的烦恼。林赛离开澳门的三周以前，广东西北和湘桂两省交界的高原爆发了一场大规模叛乱。汉族和相邻的当地非汉族人口（瑶族）争夺稀有资源时，激起了后者的愤怒，并迫使后者走上了反抗清朝统治的道路。国家无法长期有效地统治这类地区，因此也就无法阻止汉人群体通过地下帮会欺压和他们相邻的土著。愤怒使瑶族人揭竿而起。瑶族起义由赵金龙领导，他自称"金龙王"，身穿黄袍，领导了一场对清王朝统治者来说十分棘手的叛乱。嘉庆年间这类叛乱此起彼伏，1795—1806年爆发了苗民起义，1796—1804年爆发了兼具佛教和千禧年主义色彩的白莲教起义。这些起义都持续长达约十年之久，打破了省内的现状，致使国库空虚，并暴露了清代军事系统的严重问题。现在又爆发了部族叛乱，在很长一段时间内，从南方传来的消息都是令人担忧的。清政府的军队在战场上失利。湖南省的军事长官在一次遭遇叛军埋伏的战斗中战死。令人更加难以接受的是，取得如此辉煌战果的居然是"未开化的野蛮人"，如一名官员日后所说，他们"愚蠢而残暴"，但同时，对于瑶族民众所产生的种种不满情绪，这名官员也充满同情。[45]当湖南叛军被打败、赵金龙被杀之后，省界以南的地区又爆发了类似的叛乱。坐镇广州的两广总督镇压叛乱不力，因而被革职。来自广州的不少军队都吸食鸦片成瘾，因而毫无战斗力。皇室宗亲被命令调查此事并率军剿灭叛军。根据他本人的报告，此次军事行动取得了成功。在清朝当局的利诱之下，瑶族叛军被成功招安。[46]然而此时，台湾也爆发了叛乱，粮食也歉收了。瑶族起义被镇压后，人们对此展开了激烈辩论。在辩论的过程中，广州部分军队的战斗力问题得到了关注。人们发现，这个问题比平定桀骜不驯的部族还严重得多，毕竟，只要集中优势兵力或资源，就能剿灭或招安那些部族。广州的部队因为吸食鸦片而丧失作战能力，因此，他们肯定能轻易获取鸦片。但是，鸦片属于违禁品，鸦片贸易也是非法的，而且仅仅在前一年，两广总督受命取缔鸦片走私，因此他们自己肯定参与了鸦片的流通。负责看守国门的卫兵自己都染上了烟瘾。两广总督既不愿（或无法）监督这些卫兵，也无法取缔鸦片贸易，或者向中央报告自己的失败。其中肯定有问题：广州已经被鸦片侵蚀了。这是1832年清帝国统治者真正的担忧，也是问题的关键：南方行政人员和军队表面上似乎是能力缺乏，实则是遭到了外国毒品对他们的荼毒。

这就是更宽阔的中国舞台。当时的报告和历史记载经常充斥着戏剧性的语言。这并不是书写关于中国事物的特殊现象，而是一个十分常用的修辞手法。历史学家在叙述文本前列出相关人物，然后设计好舞台。演员们徐徐步入舞台——"阿美士德号"和"休伦号"的甲板，以及天后宫。在台下，停泊在伶仃岛的船只把它们运载的违禁品转移到繁忙的鸦片走私船上，广州的士兵因为吸食鸦片，毫无斗志。戏剧性的语言当然可以贬低他人。但是事实上，在某些方面，洋人重视中国；在另一些方面，他们又不重视中国。有时，郭士立十分重视道光皇帝，但是有时他又没有这么重视；麦都思认真看待中国文化，因为那是他成功的关键，但是，当他身在寺庙之中时，却又忍不住中断祭祀活动，并批评这些活动的无用以及相关知识和信仰的虚无缥缈。这些洋人一一报告了他们在中国的见闻，他们将自身冷静地置于风暴之中，任凭负责审问他们的中方人员手法如何粗糙，停泊在每个港口的中国战舰如何进行华而不实的演习，炮台和防御工事如何看似坚不可摧，他们都从容不迫。他们眼中的这一切都是华而不实的，这一点让他们印象深刻。天后宫戏台上的演出与为林赛和麦都思准备的外交和军事奇观似乎并无二致——无论在行动上，还是效果上，它们都高度程式化、中规中矩。他们把这一切看作一场戏剧表演，演员们的一言一行都根据事先准备好的剧本进行（有时演员们也享有一点自由发挥的空间——当某一艘船只不在场的时候，某个演员或许还能做一点买卖）。洋人们总结道，那些炮台都由刷上了一层漆的板条拼凑起来，根本不堪一击。当然，林赛一直都严肃看待这一切，麦都思亦是。但是，那些看了他们报告的读者却从中看出了他们本身一向持有的自相矛盾的偏见和观念：他们认为，应该打开对华贸易并尊重中国法律；洋行和东印度公司的双重垄断是罪恶的，但毫无约束的国家间的贸易更令人难以接受；武力令人厌恶,但只要在对的地方施加一点武力,问题就会迎刃而解。有些读者说:"看吧!中国海岸防御工事远远不足!"林赛清楚写明,我们只不过是"在自己的想象中认为,(中国的)每一段海岸都建好了炮台,驻扎着陆军和海军,并准备好击退每一个侵略者"。我们曾"想象"中国人排斥贸易,"想象"他们拒绝购买洋货,但现在,我们"必须消除这些偏见"。[47] 由此可见,所有的读者都认真地阅读了报告的内容。另一方面,休·汉密尔顿·林赛——也就是中国历史舞台上的"胡夏米"——在从厦门到朝鲜的各个舞台上,在困惑却耐心的官员和无助的百姓面前,都表现出了他暴躁且希望求取关注的英国国民性。整个过程——从稳定走向狂热,其中包括了所有的荣誉、戏剧性的离开和对重新登上舞台的拒绝——既荒唐可笑,又十分严肃。曾在新加坡担任总督并在缅甸担任专员的约翰·克劳福德(John Crawfurd)长期以来对于东印度公司的垄断贸易(尤其是依仗印度进行垄断)都持批评态度,然而他认为林赛的著作是值得认真对待的。但是,他也总结道,如果由出版廉价刊物的商人刻印出版的话,这本书的"娱乐性几乎可以媲美《鲁滨孙漂流记》",而如果"搬到舞台上",这便会是一部不错的童话剧。[48]

3

林赛的战争与和平

这哪是什么童话剧！休·汉密尔顿·林赛如愿以偿地等到了开战的一天——他把战争称为他的"利维坦"。清政府曾经百般阻挠和侮辱英国人，如今英国战舰终于要给予他们应得的惩罚。与之相比，律劳卑此前命令英国战舰炮击广州炮台的行为，不过是"小儿科"。[1] 律劳卑出使中国无功而返之后，沿海非法贸易变本加厉、日益猖獗。因此，清朝当局决定雷厉风行地解决鸦片走私剧增所造成的混乱和贪污问题。官员们知道，贸易失衡，中国白银漏卮日甚一日，地方经济面临危机，国库日益空虚。他们十分清楚，鸦片烟瘾对个人、家庭和社群所造成的影响，也十分清楚走私鸦片所带来的社会失序、官方权威受损，他们更加明白，这些影响所带来的后果将是广泛、长期而深刻的。道德和现实的考量混杂在一起，但对官员们来说，现实考量更加紧迫。[2] 出问题的地方虽在广州一隅，但这个问题的影响却十分深远。严禁鸦片的圣旨形同虚设，清政府必须马上采取行动。此后发生的事件为人们所熟知。[3] 林则徐是如何被任命为钦差大臣的，是如何调查广州问题的，是如何杜绝鸦片走私的，以及他是如何通过陆路来到广州，并雷厉风行地开展行动的——这一切都已经被许多人重复叙述。林则徐确实让人印象深刻，无论是在杜莎夫人蜡像馆、《笨拙》(*Punch*)杂志，还是早期维多利亚时代的英国大众文化中，都能见到他的身影。从来没有第二位中国官僚像他一样享誉国际：1842年，一名为英语观众扮演这位东方人物的演员甚至和"拿破仑""亨利八世""伊丽莎白女王"一起登上伦敦的舞台。[4]

1839年3月10日，林则徐带着涉嫌走私鸦片的中国和外国主要嫌犯名单抵达广州。当然，他当时做梦也不可能想到自己会成为国际知名人物。林则徐于1837年被任命为湖广总督之后，就已经试行了旨在严厉打击中国烟民和烟贩的计划。这项政策的支持者在清帝国官僚体制中逐渐占据上风。他们认为，在广州禁烟将会向洋人展现清政府的决心，认为这项政策将会迫使英国官方控制鸦片走私。[5]一到广州，林则徐就展开雷厉风行的禁烟行动。他颁布命令，要求烟民上缴烟枪，官员们坚守岗位，并警告官员们切勿藐视法律，同时他甚至还命令维多利亚女王也要这么做。他印刷了致维多利亚女王的信件并将之分发给外国船只，其逻辑和之前英国人印刷并分发给中国人的小册子一样——他也希望至少有一封信能通过某种途径落入收信人手中。[6]然后林则徐命令外国人上缴鸦片并派人封锁洋行，以施加压力，迫使他们就范。林则徐封锁了通往洋行的道路，并派遣了1000名士兵把守道路，严禁一切交通，切断一切补给。在交出鸦片之前，所有外国商人都将成为人质，没有任何新鲜食品，没有他们的佣人。这些外国人此时最担心的就是钦差大臣手中的名单——名单上第一个名字赫然写着颠地（Lancelot Dent），紧接着是詹姆斯·马地臣——这份名单预示着这位钦差大臣即将展开行动，他要开始逮捕个别外国人，或许还将对他们施行折磨或者其他中国刑罚。

现在已成为英国贸易专员的查理·义律戴着鸡毛大檐帽、身穿全副军礼服，穿过封锁线，从广州赶到澳门。就这样，他自投罗网，成了中方的人质，也使英国王室加入蒙羞受辱之列。义律迅速地放弃了他最初的强硬立场（他以为，只要"表现出强硬的态度"，林则徐就会妥协）。[7] 3月27日，他正式下令将所有鸦片存货交给林则徐，他答应那些交出鸦片的烟贩子，未来英国政府将予以补偿，然后他将鸦片交给了林则徐手下的官员。这是一个大胆的行动，使广州的每一个商人都目瞪口呆——这主要是因为义律完全是先斩后奏，他的这个行为最终使英国国家背负了200万英镑的债务（按购买力计算，相当于2009年的1.35亿英镑）。在广州那个炎热的春天，鸦片商人们为这笔横财欢欣雀跃，唯一美中不足的是，他们仍然被困在洋行里，忍受着物质的困乏和生活的沉闷。他们从来没有做过这么容易的买卖，其利润这么高，而且毫无风险。女王没检查货物就收购了 20,291 箱上等的巴特那（Patna）和马德拉斯（Madras，现称"金奈"）鸦片。赶往伶仃岛卸货的船只从未见过这么好的一笔买卖，几乎是一本万利。他们也从未像现在这样急于卸货——义律答应林则徐交出 2 万箱鸦片，但他手头上并没有这么多存货，因此他呼吁运载鸦片赴华的船只速速前来。之前，走私鸦片必须耗费不少劳力，偷运鸦片也要面对一定风险，鸦片贩子既要沿着海岸线转运货物，还要花钱把鸦片藏起来，然后再花时间把鸦片带到市场，而今义律却一举免去了以上的这些麻烦。詹姆斯·马地臣的公司上缴了 7000 箱鸦片，他宣称："这样的安排，比我们在一个接近饱和且又遭受官方取缔的市场里售卖这么大一批货物要好多了！"[8] 4 月份和 5 月份，林则徐手下的官员花了 3 周时间来打碎这些鸦片烟球并在伶仃码头附近的虎门引海水冲去鸦片渣滓。然而，当这一切尘埃落定时，剩下的鸦片仍然有着巨大的市场，其价格也仍旧非常的高昂——尽管这些鸦片只能偷偷地，以更加隐秘的方式，卖给那些因为春季鸦片存货的上缴而失望的烟贩们。

必须有人为此买单。在广州的英国人一旦恢复行动自由，就马上派遣代表回国呼吁政府正式采取行动，以避免义律无功而返，他们要确保政府维护他们的利益——这价值 200 万英镑的利益。归心似箭的林赛立刻踏上了回国之路，而且这次，他并没有在埃及停留。马地臣的外甥也选择马上回国，而此时已经退休并在伦敦养老的威廉·渣甸也摩拳擦掌，准备参加大辩论。不仅如此，马地臣还注意到，有必要"取得某家主要报刊的支持，以求大力推动此事"[9]。英国印刷厂不断地印刷小册子。那群呼吁打开对华贸易的人与部长们会面，给他们发去请愿书并提出建议，毕竟他们了解中国，了解广州，也比其他任何人都清楚发动战争所需要的准备。他们带着地图会见巴麦尊，并指出可以发动攻击的地点。林赛在其中一本小册子里问道："对中国的战争是一场正义的战争吗？"他自问自答："是，当然是的。"答案如此显而易见，这还有疑义吗？近年来中国人屡屡侮辱和伤害英国人，包括律劳卑和阿美士德勋爵，年复一年地肆意妄为，骚扰英国侨民，栖居在洋行里的英国侨民惶惶不可终日。现在，必须报仇雪恨。但是，更重要的，是侨民们在广州受到的侮辱——所有外国侨民被林则徐软禁起来，包括英国人、帕西人、美国人，和所有那些参与鸦片贸易的外国人，甚至鸦片贸易的反对者（确实有外国人反对鸦片贸易），还有义律本人。他们被软禁到 5 月 5 日，而他们当中 16 个嫌疑较大的人更是被软禁到 5 月 24 日，直到他们将所有鸦片都交给清政府才最终获释。外国侨民陆续交出了 2 万箱鸦片，每交出一批，清政府就让他们日子好过一些——允许食品补给进入，让他们洗涤衣物，放回他们的佣人——但是他们还是必须报仇雪耻。他们曾经自己洗刷地板、准备三餐、挤牛奶、在广场里打球、喝酒（他们从不缺少葡萄酒或啤酒）、唱歌甚至即兴创作歌曲。在这段受到软禁的日子里，他们痛骂"这个十恶不赦的钦差大臣"，因为这个钦差大臣把他们都软禁起来，无论他们是不是烟贩。[10] 最令人痛恨的是，钦差大臣林则徐还拟定了一份切结书，强迫所有抵达广州的外国人签字。切结要求洋人发誓永不夹带鸦片，违者格杀勿论。但是，切结的行文如此笼统，以致外国人以为，只要某一艘船的某个人触犯法律，就会株连整艘船的全体人员。他们的理解有误，但是，在中国法律面前，他们谁也不敢以身试法。

双方开始了缓慢的行动，这标志了战争的爆发。1839 年 5 月，英国侨民遵守义律的命令，撤离广州，前往澳门。但是，当英国水手和中国村民之间再次发生冲突并引起中方的一系列反应时（这种不光彩的事件已经上演过无数遍）——这次冲突发生在香港岛隔岸的九龙半岛——他们被迫另找栖身之所。一名水手将一名村民打死，清政府要求英方交出凶手，义律拒绝配合。类似事件之前已经上演过无数遍，但是现在钦差大臣林则徐受到春季销烟成功的鼓舞，坚决不肯让步，并斥责在澳门的全体英国人。因此，英国人又转移到香港，那里集中了 70 艘英国船只，整个难民群体亟待行动。尽管比以前隐蔽得多，但沿海的非法贸易已经顺利恢复，而且商人们在马尼拉协调行动、进行补给，使鸦片贸易进一步国际化。就在此时，随着英国侨民的报告陆续送抵英国，随着对华作战的鼓吹者大放厥词，英国内阁投票表决对华宣战的压力越来越大。1839年10月1日，英国内阁通过对华宣战议案。此刻，巴麦尊所领导的部门必须采取行动，任何一个部门都必须采取行动。非法贸易的不道德性、限制对华贸易导致的经济后果和解除广州对外贸易的限制可能带来的潜在贸易增长，都成了议员们反复辩论和讨论的课题。但是，对内阁来说，中国问题只是众多议题之一，而中国议题中最突出的焦点还是围绕着荣誉和耻辱，这也是1832年使愤怒的休·林赛在道台衙门里动粗的原因[11]——这才是真正的焦点。帆船带着一道道命令开往东方。印英殖民当局组织了一支远征军，远征军于1840年6月抵达珠三角，他们摩拳擦掌、求战心切。

接着，中英冲突的序幕徐徐展开。双方在一次次战斗之间，还进行了和谈。英军未能固守所占领的中国岛屿，并且，战争也渐渐引起了中国人的普遍反抗。另一方面，英军士兵和船员们纷纷患病，其战斗力也被严重削弱。落单的英国船只被中方扣留，其船员遭到了囚禁。林赛以及和他抱有类似想法的好战人士曾经提出，只要对中国沿海进行封锁就能轻易地使中国屈服。如今，战争爆发了，他们的如意算盘顿时落空。英军舰队先是向北航行，炮轰厦门的防御工事，占领宁波以东的舟山岛，然后继续向北到白河口，威胁北京。英军舰队希望把一封信交给清政府，那就是巴麦尊于1840年2月20日向"大清宰相"提出的要求。① 信中列举了双方之间的问题，并希望能够为"'中国当局'对在华英国臣民以及英国王室（因为义律是英国王室的代表）所造成的伤害讨个公道"。[12] 在当时的情况下，要把信件送达中方手中确实很难，但是双方终于在白河进行了接触。中方答应在广州和英方进行正式讨论，于是英国人往南返航——在白河，他们几乎看不到海岸线，因为近海太浅，迫使他们在远离陆地的海域抛锚，因此中国人也看不到英军舰队。而且，英军就算在那里登陆，也只会陷入一片泥淖之中。但是另一方面，身在北京的清政府在了解到英军舰队往北航行了这么远的距离之后，他们就笃定地认为，钦差大臣林则徐未能解决或防止英国问题扩大化，因此，林则徐被革职。1841年的前几

---

① 此处指《巴麦尊致中国宰相书》。——编者注

天,远在广州的英军就大显威风,他们炮轰、占领并摧毁了珠江口的第一条防线。义律动用武力,迫使中国人接受了《穿鼻草约》这个城下之盟。同时,正当义律的努力看似即将付诸东流的时候,他的部队却在二月完成了战略任务。而且,即使疾病肆虐使得英军的战斗力有所减弱,但英国海军的战斗力仍然不可小觑,他们新添了几艘战斗力最强的战舰,这些战舰使中方的防御工事形同虚设。林赛在他1836年的小册子里呼吁派遣蒸汽战舰来华,而事实上,此时,蒸汽战舰也的确跟随赴华远征军来到了东方。其中战斗力最强的是"复仇女神号"(Nemesis),该舰从朴次茅斯起航,绕过好望角,同正在集结的部队会合,并于1840年11月抵达澳门。[13] 它大摇大摆地开进珠三角,不畏风雨,逆风航行,它沿着最狭窄的河道,肆无忌惮地炮击中方防御工事。不仅如此,它还拖着满载士兵的船只,在炮击之后抢滩登陆。1793年,当马戛尔尼勋爵及其使团离开中国时,乾隆皇帝曾命令他的官员确保大清帝国的军威能够时刻展现在洋人面前。因此,在使团南下的航程中,他们看见了中方沿途部署的部队。他们这样描述自己眼中的中国军队:虽然身着光鲜的戎装却似乎战斗力低下。但是,毫无疑问,那一年无论英方还是中方都不占有任何军事优势。而现在,"复仇女神号"的到来改变了这个局面,这个改变使英国赢得了战争。

　　早春时节,义律率领部队一路打到广州城下,英军所到之处,中方残存的防御工事皆被摧毁,中国守军均被击溃。义律本可拿下广州,但是他很明智地放弃了这场攻坚战,而是选择让广州通过交钱的方式——6天之内,交出600万银元现金,一分不能少——来避免兵灾。在舟山以及广州近郊,双方进行了激烈的鏖战。英军及印度兵都不愿活捉战俘,而沉没船只"阿恩号"(Ann)和"纳尔不达号"(Nerbudda)上近300名英国和印度生还者(后者占多数)在台湾被俘,后惨遭杀害。1841年夏末,一支英国舰队在得到援兵、进行补给之后再次北上,这次舰队由亨利·璞鼎查(Henry Pottinger)爵士代替义律担任统帅,舰队炮击并攻占了所到之处的沿海港口。义律接受了《穿鼻草约》,但他的这种处理方式却被维多利亚女王称为"难以解释的古怪行为"——尤其是接受寸草不生的香港岛——这让巴麦尊"大惊失色",更使英国舆论哗然。英方在《穿鼻草约》

中获利太少,更何况,义律是在不顾上级指示的情况下就签订了该草约。[14] 义律取得的和平未能为英方争得荣誉,所以,这位专员被传召回国。清政府也拒绝承认其代表琦善所签署的协定,并将他革职流放,同时,清政府还秣马厉兵、积极备战。璞鼎查也接到命令,要把战争进行到底。他执行了这道命令。1842年春天,英军占领上海。英军在城隍庙里留宿,抢劫当铺,并用他们在当铺里找到的华丽衣饰把自己打扮起来,此外,他们还把上海图书馆藏书当作生火做饭的燃料或草纸。接着,被反战的《泰晤士报》称为"罪恶的引擎"的75艘英军船只沿长江逆流而上,他们想要去大运河的南端,从而切断北京获取补给的主干线。[15] 今天,去镇江焦山公园游览的游人们,仍然能看见炮台的遗址。在那个酷热难耐的7月21日,这些炮台并没有能够击退侵略者。焦山炮台的12门大炮早在一周前就已被其中两艘蒸汽战舰打得毫无还手之力——它们在7月17日被占领和摧毁。最终,30多名英军死于镇江战役(其中不少不是被中国守军的长矛刺死,而是中暑而死),但中国守军的失败已成定局。根据其中一名攻城英军描述,"在我见过的最美丽的中国城镇里,中国军队对我们的进攻进行了顽强抵抗,他们宁死不屈,也没有主动撤退。"当战败已经不可避免时,清军统帅自焚而死。他的1000多名士兵则战死沙场。据报道,幸存者们宁愿杀死他们的家人,然后自杀,也不愿落入英军手里。镇江近郊烽火连天,在这座美丽的城市里,"死者相枕,满目疮痍"。屠杀与自杀使在现场的英军感到恶心(远在英国的媒体也纷纷予以抨击)——根据其中一家报纸报道:"数十名妇孺,或悬梁自尽,或割喉倒毙在地,或溺死在深井中。"英军对顽强抵抗的守军刮目相看,他们在上海西南、杭州湾北岸的乍浦也遇到了同样的殊死抵抗。同时,他们也感到很困惑,因为他们的胜利竟然造成了如此大规模的屠杀。[16]

此时,英军已经准备好进攻南京和扬州,他们打算在南京(也就是一名评论者所说的"炮口")与中国人谈判,并由郭士立充当翻译。[17] 镇江的失陷使大运河向英军门户洞开,英军舰队已经牢牢控制住了长江下游。8月29日,双方在舰队的旗舰"康沃利斯号"(*Cornwallis*)上签署了四份和平条约,这些和约被用黄色的丝绸包裹起来并在随后送往伦敦(同时，这也是最早利用摄影技术复制此类文件的一个案例）。巴麦尊的一系列要求被写入新签订的《南京条约》：英国难民曾经栖身的香港岛及其港口，必须"永久"转让给英国；对英国开放5个通商口岸并允许英国人居住（除了福州，这5个港口都曾在战争中被英军攻打或占领）；在这5个港口设立隶属于香港贸易专员的英国领事馆，负责管理英国侨民，而英国侨民不受中国法律制约，只接受英国官员统辖；英国和中国官员之间的沟通交流，无论形式还是使用的名词，都必须反映出双方"绝对平等的地位"；同时，对于官员以外的英国人，和约里也提出了适合的、在英方看起来不具有贬低性语言的交流方式。英国人将不再是"蛮夷"。洋行被废除了，"公平而固定"的海关税即将实施，中国人答应赔款洋银2100万元——其中600万元作为充公鸦片的赔偿金，300万元用来偿还洋行的各种债务，1200万元用来偿还英方进行战争的费用。此前，英军已经从扬州和广州等城市索取的赎金将会作为赔款的一部分，但是在取得所有赔款之前，英军仍将占领舟山以及厦门对岸的鼓浪屿。相关消息在11月22日传到伦敦，当天，阿富汗前线也传来了"好消息"（那时，具有灾难性质的英国阿富汗战争还未结束）。对于这场"令人沮丧的战争"的结束，以及从中得到的"不光彩的战利品"，《泰晤士报》的编辑表示，他们"心情十分复杂"。但是，无论如何，战争结束了，而英国士兵将不再在实力悬殊的战斗中屠杀"一群群扎着辫子的人"。[18]《泰晤士报》并没有被战争鼓吹者说服，它始终反对这场丑陋的战争，但也还是为条约的签订而欢欣鼓舞。

这是一场古怪的战争，它带来了一种古怪的和平。英国人很清楚，自己赢得了战争。英国人纷纷写信呼吁公开庆祝胜利，并感恩上天的保佑。远征军从中国沿海地区打到长江沿岸，一路势如破竹。即使在守军进行顽强抵抗的地方——他们的表现甚至让一向轻视中国人的英国侵略者刮目相看——他们依然赢得了胜利。即使英军并没有采纳林赛和其他战争鼓吹者的建议（即对中国沿海进行有效封锁），但他们肯定也会控制住整个长江下游。他们实现了目标，得到了一份满足他们所有要求的条约，而总的目标——亦即对华自由贸易，也就是进行不再受中方摆布和操纵的

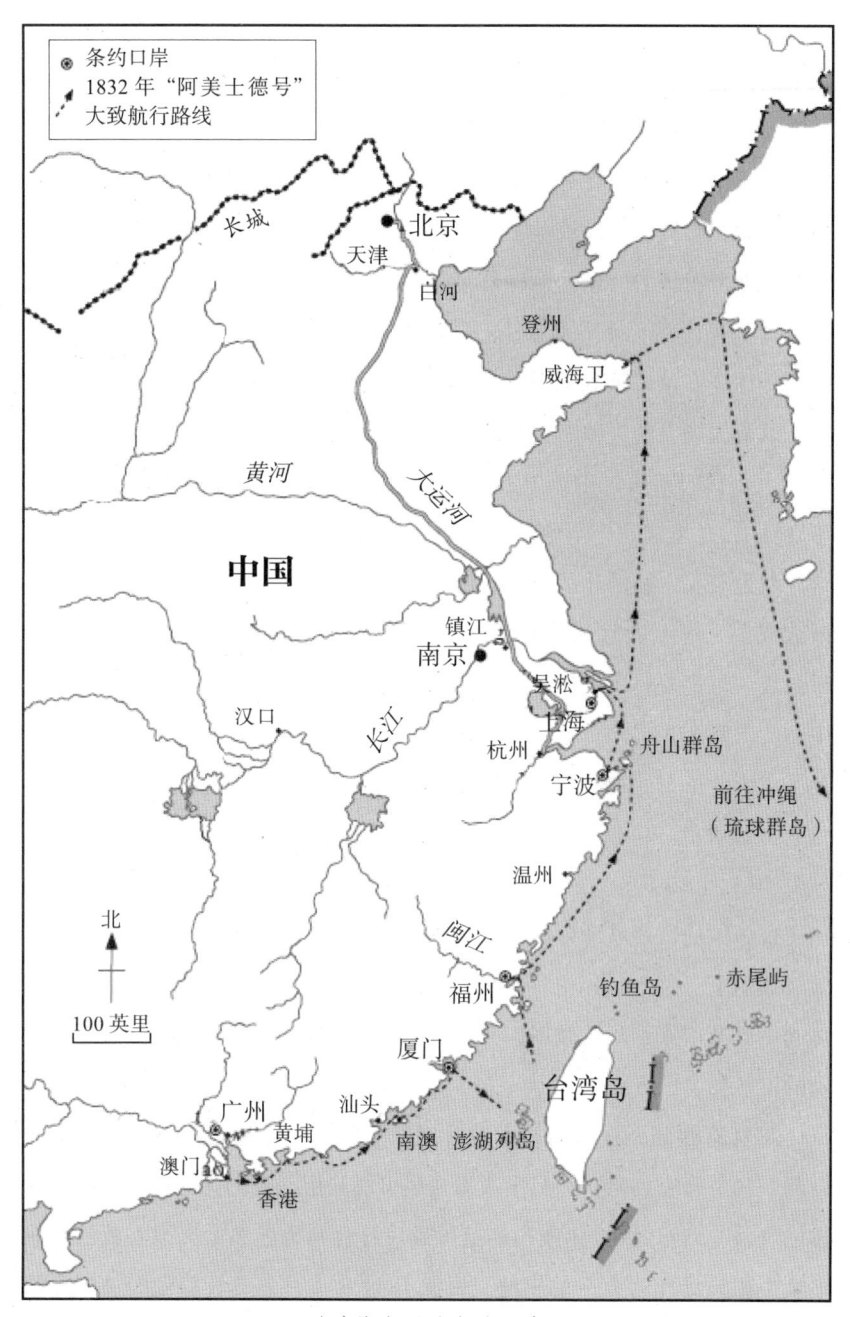

鸦片战争后的条约口岸

贸易——如今似乎也已经得到了保障。但是，即使双方已经在条约上签字画押；即使英国人已经匆忙委任了新领事馆的工作人员；即使麦都思和马六甲的传教士已经准备起航（并携带他们的印刷机）；即使投机者、植物收藏家以及自然科学家们已经准备出发；即使贸易商也已经在计划进军新开辟的港口，并已经在香港购买了土地，可显而易见，此时的中国人似乎并没有意识到自己已经战败了。诚然，公开的武装冲突停止了，但英军的占领和炮击使新的"条约"口岸背负起了沉重的历史包袱，这些港口的大多数新移民生活仍十分艰苦——尤以广州为甚。对战败认识的不足，主要还是体现在清政府及其官僚体制上，他们似乎还没有意识到，《南京条约》以及战场上的失败所包含的意义多么重大，所反映出的问题多么严重和宏大。我们知道，中英双方观念的差异（尤其是关于广州对英国人的重要性），是造成这个滑稽的历史错误的部分原因。林则徐及其盟友们以为广州是英军主要的作战目标，而广州并未失陷的事实被他们视为（也被鼓吹成）一场重大胜利。但是英军却认为，当时广州军民斗志高昂，如果强攻，肯定要付出高昂的生命代价，因而不具有军事价值。因此，看到中方交出赎金，看到广州城再也无法对己方构成任何威胁，英军就已经满足了。因此英军的视线从广州转向北方，他们计划直击北京的朝廷，而不是攻击各省份。可是，在这个过程中，仍然有一些事情为人们津津乐道。1841年5月30日至31日，约1万名乡村民兵被组织了起来，然后，他们在被包围的广州城北郊的三元里遭遇了一支人数很少的英军部队。英军最终撤退了，整个过程中只有几名士兵伤亡。但是，这起事件仍然使官僚体制中的某些派别欢欣鼓舞，并让他们意识到在这场战争中仍然有赢得胜利的可能性。[19]

尽管有些问题还未解决，双方对战争的了解也还十分朦胧，但毫无疑问，和平已经到来，而英国人需要尽可能利用己方的优势地位来换取更多的利益。自从1840年澳门的英国难民迁移到香港岛，英国人就已经在事实上把该岛作为自己的领地。根据1841年1月签订，后随即被废除的《穿鼻草约》，英国正式地占有了香港岛，此时，尽管未经任何规划，岛上已经初步建成了一座名为维多利亚的城市。战争往往带来各种机遇。此时，英国正式夺取了香港的主权，这引发了一轮投机性的土地购买和楼房兴建浪潮。评论家罗伯特·蒙哥马利·马丁（Robert Montgomery Martin）称之为"一种幻觉"——这只是许多轮投机行为当中的第一轮，而这种投机热即将成为这些新领地中的商贸世界的重要部分。他继续写道："他们以为香港会迅速超越新加坡，成为东半球的推罗（Tyre）或迦太基（Carthage）。"[20] 捷足先登的第一家外商就是休·林赛的公司——广隆洋行（Lindsay & Co.），该公司在后来被划为湾仔区的土地上兴建了雅宾利仓库（Albany Godowns）。广隆洋行总部位于伦敦，而林赛曾经是（在广州的）战争鼓吹者当中的一个，他在1840年进入国会，立志为自己发声（渣甸则是另一名鼓吹者，马地臣也于1843年进入国会）。他们不再满足于印刷小册子和各种刊物、会见英国政治家、在三角洲游说义律采取行动，他们现在想在议院里为自己争得一席之地，在英国——大英帝国的中心，提出他们对中国的关心和要求。对于一心追逐名利的商人来说，选择这条路并不算稀奇，但是他们主要还是希望能够借此在关键时刻对当局施加影响力，而非纯粹地追求自身地位。这样一来，广州的英国侨民及其利益就不再处于大英帝国的边缘。表面上林赛代表肯特郡桑威治镇（Sandwich in Kent）的利益发言，但是，对他不友好的选民高喊，林赛为"黄金"发言（指控他通过贿赂选民进入国会，而他矢口否认这个指控），显而易见，他代表广州英国侨民的利益发言并鼓吹自由贸易。[21]

还有一些人则充当了"中国"的发言人。战争结束后，甚至当战争还在进行的时候，它的参与者就出版了他们的回忆录和反思录。早期出使中国的英国使团引起了两股热潮，而现在又有了新书出版。战争贩子以及他们的反对者都出版了新的小册子，国会委员会召开会议并从这些小册子中寻找论据。英国人一下子有了更多的材料，这些材料足以让他们重塑一个带有基督教色彩的强盛开明的中国神话，当然这主要还是因为如今中国已经战败。英国人还通过其他途径满足他们对中国相关知识的渴求，其中最主要的途径是参与具有教育意义的大众娱乐活动。从1818年到1831年，来自费城的教友派教徒内森·邓恩（Nathan Dunn）在其居住广州期间收集了大量的中国物品。他在退休回国后，兴建了一间具有中国艺术风格的"小屋"并迅速成为一位知名的公共慈善家。[22] 他吹嘘自己的收藏是同类收藏中规模最大的。1838 年,他将他的收藏品在费城公开展出并获得好评。展览还附上一本由邓恩印刷的介绍性目录,详细描述了这个"袖珍版中国"所展现出的世界,该目录也为邓恩缺乏主题性和系统性的零散收藏提供了一点轮廓和背景。1841 年 12 月,邓恩携带他的收藏乘船到伦敦。隔年 5 月,邓恩在骑士桥对公众开放展览,指向展览地点的指示牌上写着中文(这或许在伦敦是一个创举),于是,这里当即成了伦敦的焦点。展览杂乱无章地展出了各种中国事物,包括瓷器、中国官员、妇女及工匠的泥塑,帷幔,兵器和水墨画。这次展览非常成功,甚至可以说轰动全城。该展览不仅吸引了王室成员前来参观,还很自然地融入了伦敦大都会的文化之中(创刊不久的《笨拙》杂志也用嘲讽的语气发布了一份展览指南)。该展览引起了人们的嘘声,也引起了别人的盲目模仿,当然,也有人在此基础上筹备着更好的展览。除了展出这些物品,6 年后,一艘中国帆船(航行到伦敦并停泊在东印度码头 3 年之久的"耆英号",英文名为 Keying)加入了正在展出的帆船模型之列,查尔斯·狄更斯认为它只是一个"十分荒唐的笑话"。中国人也被带到英国,其中包括"耆英号"的船员、1851 年被带到英国并面向英国百姓和王室巡游展示的中国家庭等。那年英国王室成员主持万国工业博览会开幕仪式,"耆英号"的船长甚至不请自来,擅自闯入现场。[23] 这些表演(它们确实是表演)远远不只是我们今天所谓的展览会。洋人们甚至会把在他们看来外观古怪的东方人带到伦敦,以陪伴正在展出的东方古董。这一切所造成的影响仍然充满争议,但是,通过这种方式,作为展览的对象和人类学上的奇观,中国正在被知晓、被正常化。给英国人留下更深刻印象的是,越来越多的印刷品和私人报告由这个国度而来,正如一名作家所说的,"我们经常看见的瓷器上的那些古怪人物原来都来自一个实际存在的国家"。[24]

英国人一直在期待中国对外开放,而今中国不仅准备好对他们及其盟友和生意伙伴开放(其中帕西商人尤其迅速地来到中国),还准备好对其他外国人士开放。美国和法国战舰曾尾随英国远征军,而在中英签订和平条约之后不久,他们的代表团也来到了中国——美国代表团由凯莱布·顾盛（Caleb Cushing）率领，法国代表团由拉萼尼（Théodore de Lagrené）率领——他们和中方签订条约，获得了和《南京条约》以及于1843年10月签订的《虎门条约》相同的新权益。清政府从中获得的好处就是，它把可能可以制衡英国的其他列强也带入了这些新计划当中，清政府和它们建立了直接的关系，并确保英国与其他列强相比并不享有任何优势。中英《虎门条约》把英国人在中国居留和贸易的细节，以及中方对最惠国原则的认同写进其中，亦即承认，英国得以享有中国往后给予其他国家的所有权利和特权。新来者也采用了这则关键的限制性条款，因此受到中方承认的"条约国家"国民发现，他们在中国人眼中都享有类似的权利同时承担着类似的限制。洋人们由此奠定了一种共同的精神基础，这种精神基础跨越国籍和语言，而事实上这种精神基础就是一种共同身份。他们是享有"条约权利"的外国人，而他们所享有的共同利益——保障并行使这些"特权"——甚至经常显得比那些发生在他们国家之间的种种竞争更为重要，这使外交家和领事们烦恼不堪。在法国和美国与中方签订的这些条约当中，有一个十分重要的条款，那就是，中方答应法国人将基督教（实际上是天主教）重新合法化。在这里，基督教曾在1724年遭到禁止，而如今法国人肩负起了管理中国天主教徒的重任。因此，从一开始，中国"开放"的意义很快地就不再限于单纯的自由贸易。伦敦传道会迅速地将马六甲英华书院（Anglo-Chinese College at Malacca）及其印刷部转移到刚开始受殖民统治的香港，并在中国的大门口训练中国教徒。

尽管之前搜集了不少情报，也做了实实在在的准备工作，但英国人仍然需要面对如何发挥主动权的问题。在华的英国侨民认为，在广州洋行中的生活过于压抑，但他们又缺乏人手，那些受过训练、经验丰富（又能够讲中文）的工作人员一直是缺乏的，这使得他们很难担负管理五个港口以及香港的重任。[25] 撇开士兵不说，英方人员几乎不足以进行战争：郭士立和约翰·罗伯特·马礼逊等传教士曾被征召担任官方翻译员和文官，尤其不可思议的是，郭士立在英军占领舟山和宁波期间还曾担任知县。战争把人们引到东方来，聚集在新加坡和东南亚其他一些地区（这些地区已经形成了某种程度上的"中英交融"的世界）的商人们，则伺机向北发展。英方急着寻找适合的官员（以及支付这些官员酬劳的资金），急着为商业银行的新支行寻找职员，急着寻找准备为新教献身的男子。伦敦传道会的上海先驱亟待新人加入他们的行列，以代替离去的传教士（马礼逊离开了，而史蒂文斯在另一次航行之后，也于 1837 年去世了）并增加人手，因此他们高呼："新教徒啊！你们的热情何在？"[26] 洋人们要学的太多了——只有和中国人合作，他们才能获得更多的利益，只有与内部人联合，与广州的利益集团合作，他们才能顺利地进行贸易。广州体制——或者至少说，这个体制的参与者——正在沿着海岸线迅速扩展，新体制的"广州化"不可避免，但这也即将会带来各种问题。

洋人们争先恐后地启动各种建筑工程。林赛在香港的雅宾利仓库西侧所修建的建筑，曾在 1847 年被形容成是"用石头砌成的两行大楼"，这些大楼共耗资 1.5 万~2 万银元。事实上，这里便是英国人建起的一座新城，它和遍布大英帝国的十几个维多利亚城同名，在女王路的两旁，大楼拔地而起。[27] 渣甸兴建的建筑物都十分庞大，它们堂皇壮观、自成一体，矗立在新城中心之外。威廉·马克斯韦尔·伍德（William Maxwell Wood）——一名美国旅客——言简意赅地说它"似乎既独立于香港，又和香港共享主权"。这和事实相去不远，至少在怡和洋行看来是如此。[28] 这一切耗费的资金十分庞大。兴建新的基础设施需要资金，新的管理机构也需要聘请员工（包括支付员工工资、提供房屋住宿——仅总督的年薪就高达 7000 英镑），而这一切远远超出了短期的回报，在许多人看来，更超出了对长期回报的最乐观的展望。不仅如此，大多数的土地买家甚至还没为他们被分配到的土地付款——义律早先为了促进当地发展，和买家达成了先买地、后付款的协定（另外，他的一些主要买家的资金已经被林则徐倒入了珠江）。罗伯特·蒙哥马利·马丁曾短暂地管理政府财政，他估计，整个统治机关只有两个人没有参与任何买地或盖楼的活动，其中之一就是他本人。[29] 对于那些在重重挑战面前，仍致力于在香港这个荒芜之地实行殖民统治的新官员，马丁从来都是赞不绝口的。不过，在这里，有关当局似乎和贪腐脱不开关系。至少，政府和投机行为之间存在着不明不白的关系。马丁也于 1847 年对国会特别委员会提出了冗长的投诉意见，他这样强调自己的观点：取得香港"对于我们在华的地位而言，是最为不利的"，因为它太小、过于贫瘠，而且英国人只占有半个港口——因为英国人还未获得对岸的九龙半岛南端——香港岛被中国控制的岛屿所包围，香港距离广州又太远，无助于促进广州贸易，距离海岸线以北的茶叶和丝绸中心也太远。香港岛很快就吸引了数千名新的中国居民，因为英国当局需要中国劳工建设香港（马丁还补充，中国人还能充当欧洲人的仆人）。他们中的大多数都是流浪汉、海盗、走私者和强盗。他们的存在和势力，使中国官员们视香港为罪恶的渊薮，并迫使欧洲人"将上膛的手枪放在枕头下睡觉"。[30] 而且人们哪怕只是暂时居住在那个地方，都很可能因为水土不服而丢命：英军某些作战单位多达三分之一的士兵患病身亡，停泊在香港的船只也有大批船员病死。香港绝对是英国在华领地中最危险的一个。英军浴血奋战，而战利品居然是这个巨大的、昂贵的疗养院。在这里，英军士兵在恶臭、酷热的恶劣环境中死去。但是，也有人看好香港的前景，一些人更是早早地爱上了香港。植物收藏家罗伯特·福特尼就认为香港发展前景光明，同时他还认为1848年月光下的港口是"可以想象的最壮观最美丽的画面之一"。[31]

不仅如此，在马丁和其他人看来，这里已经摇身一变，成为"中华帝国的鸦片馆"。香港当局于1844年准许在持有执照的情况下售卖和吸食鸦片。马丁出于道德上的考量反对售卖和吸食鸦片，但同时，他也知道这必将招致当局的反对，进而妨碍合法贸易。一度担任香港副领事的亨利·瑟尔（Henry Sirr）利用他1849年写成的调查报告《中国和中国人》呼吁人们关注英国在香港从事鸦片贸易的罪恶。其他人提出，鸦片贸易吸引了商人们所有的注意力——其超高的回报率使中国商人不愿意尝试推出其他商品（从而刺激对这些商品的需求）——并降低了中国人的购买力。英国国会接连收到诸如此类的反对鸦片贸易的请愿书，而呈交这些请愿书的人根本不关心鸦片贸易的道德问题（因为英国社会也广泛使用各种形式的鸦片）。[32] 这是一个简单而又现实的问题。马丁还主张，英方应该像对待"法国、美国或俄国"一样对待中国，假设以上这些国家同样严禁鸦片，并假设英国在它们的沿海地区也拥有类似香港的岛屿。当然，《南京条约》最奇怪的地方在于，它几乎没有提及鸦片（关于赔款的条款除外）。璞鼎查曾经尝试讨论鸦片贸易的问题，但由于其非法性质，中方谈判人员并不想就这个问题与他展开谈判。鸦片本身的洪流势不可当，战争结束一年后，马地臣的外甥亚历山大·马地臣（Alexander Matheson）声称："（鸦片）需求十分强劲。"[33] 战争期间，烟贩们仍然进行着大致正常的贸易，尽管他们更加小心并更加注意隐蔽。如今，香港成了英国在华领地的中心地区——根据计划（如果英国人进行过任何计划的话），香港即将成为英国在华事业的总部——并且，英国王室竟然公开承认鸦片贸易并将之合法化，这实际上意味着英国正式地、公开地、毫无保留地把自己和鸦片绑在了一起。更糟糕的是，英国当局建立起的垄断权很快就被卢亚贵（Lo-aqui）买去。卢氏是一名吃喝嫖赌、无恶不作的海盗、流氓，还是英国当局在广州的朋友，他为英国人供货，也贿赂英国当局。[34] 因此，撇开道德问题不谈，鸦片在香港取得合法地位，使这里的治安条件和未来发展的展望都大打折扣。人们在光天化日之下，大摇大摆地把鸦片运到不久前对外开放的港口。到了 1845 年，怡和洋行拥有 14 艘负责接收鸦片的船只，之后该公司一般常备 10 艘船，这些船每两周从香港起航一次。[35] 亚历山大·马地臣注意到，"只要不当面通知亨利·璞鼎查爵士在那 5 个港口正进行着鸦片贸易，他就不会阻止这些贸易"。在 1843 年 2 月的通告中，这位贸易专员（如今他还兼任香港总督）曾警告烟贩，他们在中国不能期望得到英国政府的任何支持和保护。[36] 但是，每个开放的港口都有了自己的"伶仃岛"，也就是接收和转运货物的地点。而且现在，这些地点也更加显眼。一艘艘大船正好停泊在受承认的港口界限之外，因而也正好处于领事馆的管辖范围之外——领事馆人员甚至可以推说自己对鸦片贸易"毫不知情"。沿着海岸线运输的鸦片就存放在这些"伶仃岛"之中，因而，也就有了不少发生冲突和轻微骚乱的新地点，这些冲突和骚乱充斥着领事馆的信件誊录簿。

为了治理新的中国领地，英国人花了不少时间建立起各种机构以及支撑这些机构的管理框架。但是，与此同时，商人们向前推进的速度却很快，这使得他们的行动在法律上的模糊性引起了许多议论和争执。[37] 接收鸦片的贸易站也同时从事合法贸易，并且用它们从前者得来的利润支撑起后者。在条约口岸最终开放之前的几个月里，英国和其他外国船只在尽可能接近口岸的地方进行买卖。各领事于 1843 年底开始到他们的新任所就职。曾在第一次鸦片战争中作战的英国皇家炮兵军官乔治·巴富尔（George Balfour）于 11 月 8 日抵达上海，并呈交了他的任命状。他在城里找到了一间房子，并于 11 月 17 日正式开启了对英贸易。两天后，第一艘船进入上海港。短短一周之内，他就以领事的身份审理了第一起案件：一名男童被持枪打猎的男子打伤。他此前已经要求英国臣民不要携带武器上岸，但"我的努力并没能带来我所期待的合作与配合"。[38] 于是，英国人建立起的新的官方在华机构的一个长期特点被奠定了——英国臣民一直不太尊重这些机构，也不屑遵从其指示（因为即便他们不遵从指示，似乎也无须面对制裁）。几十年来，他们呼吁官方支持，但他们又不希望在摆脱一批官员控制之后，再接受另一批官员对其活动的管制，因为这样会限制他们的机会。罗伯聃（Robert Thom）于 12 月 19 日抵达宁波，并于 1844 年 1 月 1 日开放了宁波的对外贸易。罗伯聃曾在中国逗留十年并熟谙中文（他的情妇教了他不少中文）。[39] 但是，尽管如此，他也费了不少力气才安排好住宿。如他后来所写："（抵达宁波之后的）好几天，我拖着沉重的脚步在宁波的街道上来回走动，费尽心思想租下一栋房子，却徒劳无功。"[40] 巴富尔的经历也大体相似（尽管他并没有花这么长的时间找房子）。除了寻找合适住所（也就是和女王代表身份相称的住宿）的困难之外，两人都发现，在这些英国人新近进驻的中国城市，中国人对英国人有着普遍的消极抵抗。去年的占领者回来了，他们满脸堆笑、和蔼友善，但是战争却已经引起了中国人对英国人的反感。

李太郭（George Tradescant Lay）在福州的经历可谓无比悲惨，甚至几乎把他逼疯。他自小就对博物学感兴趣，之后接受了相关训练，一度担任职业传教士。1825—1828 年英国皇家海军"花丛号"（HMS *Blossom*）横穿太平洋到阿拉斯加西北角，李太郭在船上服务。1836 年，他作为大英圣书公会（British and Foreign Bible Society）代表被派到澳门，并在同一年尝试勘查文莱全境，此外，他还曾在 1837 年和几名澳门传教士一起尝试登陆日本。他在1836年宣称，在抵达澳门短短几个月内他就发现，中国人的动力只来自贪欲和恐惧，因此中国人所有现实的政策都必须以此为基础。此外，中国人"喜欢过有条理的日子"，而且，如果命运允许的话，他们将会跻身"大英帝国最安静、最开心以及最奉公守法的臣民之列"。[41] 和大多数早期在华传教士一样，他于战争期间在英国官方机构谋取官职，其后便把它转变成一份稳定官职，并在1844年7月1日抵达福州。但是，福州并不欢迎他。中国官员们不允许他在城内留宿，他们"对我的翻译和仆人横加干涉，并派出使节，对我虚与委蛇"。同时，中国官员们还告诉他，此处缺乏开放对外贸易的潜力。李太郭花了八个月才在福州立足并开设办公楼。此时，他发给香港当局的报告亦出现了明显歪曲，他在福州的举动更是大有问题。他宣称："数以千计的人们从四处涌来，就为了瞥外国官员一眼，而且得不到满足则坚决不离开。我不得不每天坐在领事馆地势稍高的地方，让蜂拥而来的人群望着我。"为了增添这部童话剧的戏剧性，他还竖起了两根巨大的旗杆，在其中一根升起英国国旗，在另一根升起"一面绣上中国文字的红旗。同时，他还向人们宣告英国作为独立国家的地位以及我们仁厚的英国君主作为一名王者的尊严"。[42] 领事馆翻译员巴夏礼（Harry Parkes）写道："他（李太郭）认为自己受到了别人的拥戴。"[43] 福州当局指出，广州当局没有让英国人进城，因此他们也完全有理由采取同样的政策。这是一个十分合理的论点，因为李太郭本人也曾经于1843年7月基于相同的论点正式把广州建成英国的新据点。李太郭后来被调到厦门，并在一年内去世，但是，在早期的英国对华事业中，他的子孙后代却建立起了一个最显赫的王朝，一百年后，他们仍然在中国工作。

　　对各领事而言，住宿问题不仅造成不便，还把他们逼得几乎发疯，而且这种影响十分深远。尽管上海的英国人屡次请求道台发布告示——这些告示提醒人们，向外国人售卖或租赁房屋完全合法——但是他们仍然无法在城内住宿或开设办公楼。被城墙包围起来的上海对外国人紧闭大门。早在1842年10月，巴富尔在扬子江战役结束归来的途中，就看出了中国人设计的圈套。现在，他正式提出划出一块空间供英国人利用。巴富尔希望"寓实用于美观",他在一块格子状的空间里划出和黄浦江形成直角的七条街道。他还亲自设计了其中的两条街道:一条沿着河畔,一条在第一条以西并与之平行(它日后被命名为"桥街"),在得到道台同意后,他"让大多数中国人"在后一条街道行走,让他们避开河畔街道(1846年,河畔街道还没得到"外滩"这个更广为人知的名字),从而"有效地避免人群拥堵"。44 由此可见,从一开始,种族隔离和排斥政策就是这个新定居点社会文化的一个重要部分。这块"人口密度不算太高"的空间,从城墙沿着黄浦江往东北方向延伸1200码①。随着英国商人开始抵达并在此立足,这块空间被他们买去,而他们每买去一小块土地,就得在英国领事馆登记。怡和洋行买下了编号为1号的土地,那是一块约18亩②的土地,该土地面朝着吴淞江(日后外国人将吴淞江称作苏州湾,因为它实际上是通向苏州城的贸易通道)和黄浦江的交汇处的河岸,当然,河岸上也是宏伟的领事馆的所在地。宝顺洋行购买了编号为8的土地。广隆洋行则购买了编号为24的土地——在桥街上的一块约为12亩的土地——因此,林赛占有了上海的一小角,尽管他不会回来视察这个地方。(林赛的广隆洋行运载鸦片的大船和其他大船一起,停泊在吴淞港范围之外。)既然"普天之下,莫非王土",那么,中国的土地其实就并不能被卖给外国人,所以相关人士便在手续上动了手脚,使外国人得以无限期租赁土地。起初外国人仅仅提出了希望拥有更多空间的合理要求,不过他们的投机心理迅速随之膨胀,促使他们争先恐后地购买土地。领事馆对投机者做出的反驳这样开头:"您的公司一向都受到很好的照顾,所以我们不能容许您购买大量土地。"巴富尔建议英国政府在上海购买大量土地,并提出:"如果我在这个港口买下大量土地,我或许就发大财了。"45 短短几年之内,沿河的土地已有一半被人买下了。在英国商人购买的一块块沿河土地中间,建起了一栋新的海关大楼。有关当局划出了一个坟场,并定下了一所监狱的位置,而规模尚小的英国侨民群体则向政府提出了兴建教堂的要求。

上海初步具备了某些风貌。编号为1号的土地是一块好地方,远离

---

① 1码 ≈ 0.91米。——编者注
② 1亩 ≈ 667平方米。——编者注

城市北郊及其居民（居民们"喜欢过平静日子"，但好奇心仍然很强），也远离广东人和福建人聚居的城市东门。[46] 这是设立领事馆的最理想的地点。怡和洋行把上海的总部也设在这里，直到他们在 110 年之后被迫离开。传教士们则占据西南角的空地并在那里兴建了教堂，他们从巴达维亚迁移过来的印刷厂也在此地落户。最早抵达的英国侨民自力更生、胼手胝足，才最终成功地在上海立足。被英国皇家园艺学会（Royal Horticultural Society）雇用的罗伯特·福特尼于 1843 年底首次来到上海。他栖身的小屋里"既了无生趣，又没有一点炉火"，先是风雨，然后是风雪，它们无情地从窗户刮进来，一日三餐也都是草草准备的粗茶淡饭。不仅如此，"我们每次走出家门，数百人都蜂拥到大街上，跟着我们的脚步"。人们瞪着福特尼等人，"就像我们是月球上的居民"。[47]（伦敦市民同样瞠目结舌地瞪着中国人，这些中国人包括内森·邓恩在伦敦展览上展出的中国孩童、60 尊中国人的泥塑以及林则徐蜡像。）但是，根据福特尼所言，抵达上海带来的兴奋感和新鲜感，以及在广州碰钉子之后终于取得进展带来的成就感"使我们身体健康、士气高昂"。然而这种情况并没有持续多久，实际上外国人也不可能在这种艰苦的环境中长期生活。广州的英国侨民的物质享受及其相应的奢靡生活方式，将会很快扩散到北方。罗伯特·福特尼于 1848 年回到上海时，当他看到港口外国船只云集，当他看到这里出现了"一个规模不小的新市镇"时，他感到十分震惊。那里有一座"美丽的英式教堂"，朴素的坟场（他主张多种一些树木）里已经躺着死人（一名传教士的妻子，22 岁的伊丽莎白·费勃拉柴［Elizabeth Fairbrother］是第一个葬在上海的英国人），而除此之外，上海还有美丽的欧式花园。作为一名植物学家，福特尼十分重视英国当局兴建的花园以及正在进行的园艺试验。在上海种植土豆的试验失败了，但是第一棵苹果树已经在名利洋行（Mackenzie Brothers & Co.）的园地里结果了。一艘艘船满载待售的花草，停泊在河岸，为上海的欧式花园增添风采。[48] 一名于 1851 年初到上海的洋人写道："他们所谓的外滩每到午后时分就成了人们休闲的好去处，同时，它也是一条常用的骑马道。"——洋人把矮种马和其他一些马匹带到上海，马厩就在洋行内。洋人们开辟了赛马场，而春秋赛季期间，商人们都停止买卖——"真的,大家都热衷于赛马"。[49]一位长住上海的老居民日后回忆,上海崭新的风貌、宽敞的布局都流露出一种悠闲的氛围。他认为,上海和伦敦郁郁葱葱、绿树成荫的圣约翰伍德(St John's Wood)颇为相似,在那里"每个院子里矗立着一栋房子,院子周围有围墙,围墙和马路之间种满了乔木和灌木"。[50]如我们从1860年的一幅画中所看到的,以上描述确实适用于广隆洋行的资产"泉龙"(音):那是一栋有门廊的两层楼建筑,富丽堂皇,花园很大,园内还有两个大型鸟舍。[51]仅花园本身,就比林赛在广州时曾徘徊其中的那个狭小而拥挤的所谓"花园"还大。这和占地仅仅约91亩的广州洋行不啻天壤之别:这里有空间、绿意、隐私和自由。福特尼所目睹的植物物种的交流使他感到由衷地兴奋:一方面,英国人和美国人将外国植物带到上海,这或许是出于思乡之情、对熟悉事物的追求或者仅仅是为了解决吃饭的问题;另一方面,他自己则把大量中国灌木船运到伦敦,那是他所收集到的"最好的植物"。[52]

福特尼懂得宣传自己,他写了许多书,介绍自己在中国旅行以及如何成功取得种子和植物幼苗的经历,这使他得到了很多新雇主的赏识。现在,他有了新的主意,他可以解决一个困扰了英国人和其他外国人很长时间的问题,这个问题就是外国人(当然也包括英国人)希望中国人能够真正仰慕西洋文明及成就,而不是简单粗暴地利用蒸汽战舰使中国人对他们刮目相看。他写道:"我相信,要让中国人充分地欣赏我们的文明及其成就,最好的办法就是展示出我们对花卉的热爱。"[53]实际上,引起中国人注意和好奇的,与其说是花卉和灌木,不如说是租界里更宽阔的马路、街灯和由警察维持的良好秩序。托马斯·比尔(Thomas Beale)美轮美奂的两层洋房一侧和广隆洋行隔路相望,另一侧则和教堂隔路相望。早在1848年,许多好奇的访客就已经慕名而来,并要求参观洋房。[54]随着租界的日益发展,来自各地的人们蜂拥而至,尝试接受外国医师的治疗:截至1844年9月,雒魏林(William Lockhart)就已经看了8000名病人,其中不少是建造新租界的房屋时受伤的工人。有些病人甚至来自镇江和南京等地,而除了看病之外,他们也会过来看一看这座和一般中国城市风貌迥异的市镇。[55]租界房屋的早期绘画或照片都展示出同样的画面:这些房屋都被刷上一层白漆，有两层楼，设有阳台，并远离宽阔的马路，这反映出一种极强的异域风情。这些来自"月球"的人们带来了来自"月球"的风貌，并在黄浦江畔、福州、厦门和香港准确无误地予以复制。实际上，这些建筑属于一种从印度流传到中国，又兼具中国东南地区地方特色的建筑风格。但是，在接下来的几十年里，洋人们则修建了具有更加浓厚的本国建筑风格的建筑物。很快，中国的街道上，英、法、德等各国建筑将绽放异彩、争奇斗艳。福特尼曾希望让中国人看到洋人对花卉的热爱，但一个残酷的反讽，使其如意算盘最终破灭。洋人们倾向于将那些充满好奇心的中国群众拒于租界之外，而这种华洋隔离的倾向，又不可避免地导致越来越多空间上的隔离，最终，洋人拟定了禁止中国人进入租界花园的细则。1928 年以前，上海的中国人不能自由进入公共花园。

詹姆斯·道（James Dow）在广州逗留数月之后，于 1851 年 9 月来到上海当品茶人。他任职于和记洋行（Blenkin, Rawson & Co.），直到 1858 年该行倒闭，其后他自立门户，开创了一番事业。[56] 和其他人一样，他留意到花园，以及新建房屋和洋行的规模。他写道，劳动力十分廉价，所以他完全能以轿代步。遇到热天，轿子更是"必不可少"，遇到雨天，轿子也能使他避免衣服被淋湿。和记洋行在毗邻怡和洋行的空地上建起了两栋房子和一栋仓库，这使得该洋行非常得意，但竣工不久的怡和洋行似乎更为"富丽堂皇：一楼的画室兼饭厅就宽达 20 米，它被一根根柱子间隔开，窗前还有一个阳台，可以俯瞰外滩和黄浦江，对着黄浦江和江上船只游目骋怀，令人心旷神怡"。渣甸在那里尝遍珍馐美味、琼浆玉液，"美味的汤和鱼类、两三块猪牛羊肉、家禽或野鸡……各种各样的糕点，还有水果和四五种酒"。这些绅士商人都吃得很好，尽管香港没多少野味，但上海外侨总是会给他们在香港的朋友送去野鸡。广隆洋行和琼记洋行（Augustine Heard & Co.）等则明显更加奢华铺张，但其中的区别都只是程度上的，而不是本质性的。[57] 道加入了一家典型的公司，该公司从事茶叶、鸦片等商品的买卖。该公司大门正对着外滩，他这样描述这家公司：爬了几道阶梯，就进入公司大厅，左边有几间办公室，其中一间放着印刷通告的平版印刷机，另外有几间私人房间，后面则是茶室，楼上是一间大饭厅兼画室和更多的私人房间。后花园的另一边，也就是仓库的后面，是另一栋更大的房子。这种张扬——桌上价值连城的摆设，蔚为大观的建筑——宣告了侨商们的直白和自信（这种张扬既是对其他侨商的，也是对中国商人的），但也处处透出粗鄙和浮夸。当然，对华贸易的利润可能极高：1848年之后的5年里，威廉·梅尔罗斯（William Melrose）在广州从事茶叶贸易，在此期间其个人利润高达5833英镑，这相当于2007年的400万英镑。据报道，1865年，在香港做律师的亨利·金斯米尔（Henry Kingsmill）"在2万英镑到手之后"回归英国。[58]利润是如此丰厚，劳动力是如此廉价，这使得公司可以顺利经营。无论如何，2万英镑很快就能到手，所以为什么不在赚钱的整个过程中尽情享受呢？

巴富尔在选择上海的租界地点时，有意选择了易守难攻的地点。上海租界两侧为河流所掩护，另一侧则隔着小溪和主城区相望。这有利于租界守军必要时获得增援，也使得守军能够凭借地利构筑防御工事。在很长的一段时间里，英国人还将继续考虑租界的防务问题，《虎门条约》的条文禁止英国人到访"非条约口岸"，更强化了他们的警戒心理。另一些条文规定，英国人只能在距离条约口岸不远的范围内走动（具体情况视地方而定）。外交人员和领事们都不希望发生任何冲突事件，他们不希望在其视野范围之外发生任何可能导致中外关系恶化的事件。1843年11月男童被枪打伤并导致永久失明的事件，巴富尔好不容易才勉强平息下去，因此他不希望再发生类似事件。当局一般限定外国旅客要在出城当日返回城里。但是洋人们都有着强烈的好奇心，他们想到处看看、走走、打打猎，因此，他们经常无视这些规定。传教士们也在积极活动。巴富尔的继任者认为1847年8月美国传教士娄理华（Walter Lowrie）遇刺身亡不失为一件好事：或许，在条文和领事馆的权威都无法迫使外侨遵守相关规定时，这类的死亡事件会促使人们重视这些规定。[59]此时，罗伯特·福特尼全神贯注、志在必得；此时，他愉快地忘掉了那些规定。他必须穿越此前从未涉足的地区，而那些规定也肯定无法阻止他前进的脚步。他穿上了中式服装，剃掉头发，并在一名仆人陪同下出城寻找植物标本。这种明目张胆——并在全球范围内广为宣传——的冒险活动使领事馆人员十分无奈。

但是，现实就是如此，许多洋人，甚至是多数洋人，仅仅把新建立的条约视为一个暂时性的安排，在他们看来，中国将进一步对外国企业开放。麦都思于1849年出版了有关这类旅行的一篇游记，游记开头详细介绍了如何乔装打扮成中国人，文中还教导读者如何使用筷子，并提醒淡色眼睛的旅者戴上深色眼镜。他提到，如果要装扮成中国人，就不能吃牛肉、喝啤酒。福特尼的乔装打扮天衣无缝，但他忘了学习如何使用筷子，所以只得一连几天都饿着肚子，直到他学会使用筷子。[60]

《南京条约》第九条清楚地规定了和英国人合作或被英国人雇用的中国人（主要是广州人）的地位。在此之前，他们经常处于十分危险的境地。清政府答应大赦所有和英国人合作的中国人，同时还规定，战争期间及之后生活在英国统治之下的中国人也将免受报复。这不仅保障了战争期间为英国人提供补给和各种帮助的中国人的人身安全，还部分地解决了一个长期问题：即那些"语言学家"的危险境地。洋人们注意到，那些为他们提供太多帮助的中国人（在中国人看来也是如此），都遭受到了清政府看似随机的惩罚（经常是斩首）。洋人们还想起了，"阿美士德号"所到之处，郭士立曾不止一次地被误认为是"卖国贼"。战争期间，尤其是舟山被英军占领期间，"真的"中国卖国贼（至少人们这样称呼他们）曾经成为众矢之的。不仅如此，每当官员们针对洋人采取行动，洋人的仆人们经常首先受到影响，而广州当局曾经三令五申，不是禁止洋人雇用中国仆人，就是严格限制洋人的仆人人数。但是广州地区的贸易——在洋行、伶仃岛和澳门之间——一直都需要许多中国人的参与：洋行商人、所谓的"语言学家"、为商人供货的买办、造船工匠、洗衣女工、保安人员等。[61] 由于战争的需要，这个群体曾大幅度扩张，其后更演变为互惠互利的更大的群体。英国人进行对华贸易，总是离不开他们的中国合伙人——他们所掌握的知识、人脉、信息以及语言。对华贸易需要中国的劳动力以及中国人的技巧。渐渐地，对华贸易仰赖于中国人的投资，也需要中国的市场。对华贸易尤其离不开广州人，尽管广州人始终敌视英国人，并使英国人在之后许多年都龟缩在洋行之内——早在1842年12月，当地人和印度海员发生群殴，进而引发暴乱，并导致新的英国洋行以及另外两家洋行被毁。

根据《广州丛报》(Canton Repository)言简意赅的报道,"黄昏的静谧"使焚烧的建筑物看起来"很美丽",但是这起事件也预示了接下来许多年广州频频发生的暴力事件。[62] 广州始终是一座封闭并且对洋人充满敌意的城市。

即便如此,广州人仍然或和英国人一起沿着海岸线同行,或紧紧跟随着英国人的脚步前行。长期以来,沿海地区都见证着人口的流动,但是现在这种流动的规模增加了许多。同时,其形式也变得有所不同,并开始具备一种新的国际色彩。而且,这种流动基本上也是随机的。那些条约无法解决可能发生的各种情况。或许只有假以时日,领事馆制定的法律才能够解决这些问题。与此同时,所有的一切都是新的,中国地方当局的权威正遭到削弱,英国行政官员们正在四面出击,利用各种事情挑战中方的底线。侨居各地的广州人挑起的每一起事件都可能触犯条约或者上升为国际事件,因为他们的英国雇主或伙伴为他们提供条约的庇护,并援引长期有效的大赦令,赋予他们条约里某些条文的保护;或者他们索性声称自己享有条约的保护(有人贿赂英国人,从而取得这些保护),并利用这种保护狐假虎威,欺凌地方实力派及其他人。他们动辄声称如若有人触犯条约,便必将激起英国人报复,以此恫吓他人。一方面,已经开放的港口存在着新的、合法的贸易网络;另一方面,在港口界限之外,大船上和简陋的村落里也存在着与之紧密交织的非法贸易网络——这两个网络并存,并随时可能引起动乱。北上的广州人充当中间人、翻译、仆人、娼妓(亦即"咸水妹")以及新建立起的合法体制的供应商。他们熟悉商人们需要什么,也知道水手们爱喝哪些酒。他们为了鸦片商人而北上去探索这个充满大风大浪的沿海世界。[63] 毋庸置疑,更多港口以及香港的对外贸易的开放,使广州经济受到打击,而这些都促使了广州人的北上。因此,条约体制既是推力——同时,因为这个体系也为人们提供了一些崭新的机会——也是拉力。

北上的广州移民很快就意识到和英国人打交道能带来更多的好处,也很快地开始着手捍卫他们对外贸易的长期垄断权,尽管此时,贸易地点已经搬离广州。厦门和上海的地方官员曾企图迫使英国人接受新的地方垄断组织，但是领事们不予接受。其他广州移民尝试通过不那么正式的手段取得垄断权或攀附提供有利条件的机构，从而取得优势。1845年李太郭在福州声称："广州的生意代理人为了掌握贸易垄断权，可以不择手段，无所不用其极。"[64] 1847年，有40人"借口自己受英国臣民雇用"，在福州滋事，"对当地人，甚至是那些不和他们一伙的同胞（亦即广州同乡）趾高气扬、飞扬跋扈"。福州领事以为，他们和英国鸦片商人有些联系，并指示所有的英国船长指认岸上的中国雇员，然后让这些雇员到领事馆登记。[65] 英国当局对正规的中国雇员予以非正式的承认，这是针对棘手情况的务实反应，但从另一方面来讲，它也让中国人和英国人都意识到条约覆盖范围之广。事实上，当《南京条约》赦免了英国人的中国伙伴时，就已为此埋下了伏笔。英国人的中国伙伴和仆人都受到了条约的保护。英国领事们非常注意保障他们"作为英国臣民"的仆人和职员的安全，有时还直接援引《南京条约》的条文。[66] 继英国领事的仆人和职员之后，合法商人也受到了条约的保护，而在沿海地区买卖鸦片的非法商人很快也加入受条约保护人士之列。几乎就在英国人为依附于他们的中国人提供条约保护的同时，他们也准备正式对需要这种特权的中国人出租条约保护。就这样，享有英国侨民特权的群体日益增多。

中国人的足迹远不止于本国海岸。大英帝国本来就有来自中国的臣民，现在，他们也开始从新加坡、槟城和马六甲北上。包括宁波道台在内的许多中国官员并不知道该如何处置这些回国的中国侨民。他们都是触犯了清朝法律中"禁止移民"款项的中国人。所以，他们必须受到法律制裁。1844年7月，宁波道台尝试逮捕一名回国的中国商人，但那人出生于马六甲，因此是一名英国臣民，由此他获得了领事馆的保护。领事声称，这不过是道台企图勒索钱财的阴谋，他并不认为这些携带新证件、具有新身份、有着新保护人的华裔来到中国港口，会为中国政府的管理带来多大干扰。确实，和外国人打交道并不难，但要和这群身份模糊的中国人打交道，清政府却始料未及，也令相关人员十分不安。清政府在中国城市的中心，面对着中国人，而这些具有特权的中国人现在可以不再理睬皇权的权威，并使自己免受社会秩序的制约，就因为他们持有的证件以及背后的保护人。[67] 英国领事们发现，他们为了保护臣属大英帝国的中国人花费了不少时间（这些中国人很快就前往领事馆登记身份）。根据档案记载，这些中国人的活动与英国侨民有着千丝万缕的关系，登记簿里记载了他们的土地产权、婚丧嫁娶、抵押，以及在条约口岸生活的日常问题等情况。英国当局为了澄清这些人的身份地位，命令他们在中国穿上洋服，以取得领事馆的保护。但是，单凭服装断定某人身份并不可靠，广州人以及其他不应得到英国人保护的人，都有可能穿上洋服狐假虎威。[68]

随着海外华人回国，中国移民转而涌向世界其他地区。他们离开中国的方式给领事馆带来了另一种麻烦。英国企业家进行"苦力贸易"，组织契约劳工从香港和厦门（后来还包括尚未对外开放的汕头）出国，这不仅引起了地方关系紧张，还构成了外交难题，并成为全球殖民的丑闻。尽管这些中国男子有自愿乘船远赴古巴、秘鲁、澳大利亚和美国加利福尼亚的——在淘金热的时代，多达数千名中国男子自愿出国——但是，由于他们经常在非人的条件下辛苦劳动，甚至客死异乡，所以，这还是引起了外交官员们的注意，也促使人们开始谴责这样一种不人道的行为。璞鼎查的继任者约翰·宝宁博士（Dr. John Bowring）写道："一般人只要目睹正在发生的一切，都无法无动于衷。"在厦门，"享有西班牙、荷兰以及葡萄牙领事给予他的所有好处和影响力"的英国人德滴（James Tait）——这也就意味着他免受本国领事的制约——和新梅（Francis Syme）搭建了好几个棚子，每个棚子里集结数以百计准备出国的移民，"他们个个被剥光衣服，胸前按照目的地被烙印或写上 C（California，加利福尼亚）、P（Peru，秘鲁）或 S（Sandwich Islands，即桑威奇群岛，也就是夏威夷群岛旧称）"。[69] 许多移民声称，自己被骗进或被推入新梅的"棚子"，当他们想离开时却遭到阻拦——当他们要求离开或企图离开时，就会遭到殴打。部分船只上的人员死亡率非常高。1852 年，美国船只"罗伯特包恩号"（*Robert Bowne*）发生虐待华工事件，这使华工群起暴动并导致人员死伤。该船船长指示船员们剪断中国移民的辫子并"使用粗糙的扫帚洗刷他们的身体"。[70] 中国"代理人"——无论是德滴的德记洋行还是新梅的合记洋行——是构成地方冲突的罪魁祸首之一。对于代理人把中国男子强拉上出国船只的指控并不总是无中生有。一名请愿者表示,合记洋行的经纪人卢广宏(音)是个"广州的叛徒";另一名请愿者则声称,他是个人口贩子。[71] 1852年12月卢氏被逮捕,新梅企图强行把他从厦门衙门救出来,而随后的一系列事件最终演变成一场暴动,迫使英军登陆并打死打伤12名中国人。最终,新梅被迫拆掉了他的棚子。尽管上海的英国领事阿礼国(Rutherford Alcock)之前拒绝了搭建棚子的申请,但是新梅在厦门受挫之后,上海也开始谣传,中国的代理人正在绑架孩童,然后用船运到国外给洋人当童工。[72]

条约体制使大规模运输劳工成为可能,也为人们提供了自愿移民的机会,这种新的方式迅速地将中国沿海地区和西属古巴、英属西印度群岛、太平洋地区、南北美洲和澳大利亚连接起来。它迫使英国人首次举行跨帝国对话,以讨论有关中国移民的国际背景问题以及中国移民的管理问题。[73]但是,对英国人来说,和印度之间的连接始终是最有力的连接之一。而且,就如在广州一样,它当然还是一个英国-印度的世界。在许多方面,条约口岸是英殖民统治下的印度的一条(中国)分支——新开放的港口就像散布在印度洋的英国据点一样。东印度公司及其军团和商人、船只、海员、官员、资本、各种产品(特别是鸦片),这一切构成了开放港口郊区里建立起来的新世界。包括林赛在内的东印度公司职员转而以私人身份从事对华贸易。从英国-印度体制中,诞生了一批领事和总督。1848年敦基博伊·拉斯敦基(Dhunjeebhoy Rustomjee)购买了上海编号为19a的空地。从香港开埠之初,帕西人开的公司就和英国公司相互竞争。1843年伊利亚斯·大卫·沙逊(Elias David Sassoon)从孟买乘船驶入香港,他先是在香港,然后在上海建立公司,从而成为现代在华犹太人里的先驱人物。[74]印度士兵在战争中立下汗马功劳,南亚水手们则在许多船只上服务。一个身无分文的南印度人被怀疑是印度逃兵,从而成了被领事馆遣送的前几个"痛苦的英国臣民"之一。[75]南亚水手的死亡,促使巴富尔于1844年开始购置坟地。1844年廷德尔·米尔·巴沙(Tindal Meer Basha)由于在海上被另一名水手普努(Poono)谋杀,因此成了上海第一起英方人员谋杀案的受害者。凶手被送到香港接受审讯。[76]从船上逃离的南亚水手、马尼拉人（菲律宾人）、广州人，甚至包括欧洲水手，在吴淞建立起"名声最差的非正式殖民地"。鸦片卸货的地点事实上在中英两国法律所辖范围之外——尽管大船船长薪金丰厚，大船又"像房子一样，船上的生活也十分舒适"，但同时日子也是枯燥单调的，因而，这里被投机分子和不法分子视为好地方。每当清政府加紧取缔鸦片时，贩卖苦力的贩子就会转移阵地，他们会到海上进行鸦片卸货。[77] 趁着中国对外开放，印度的英国殖民当局也开始尽可能地多占好处，并与寻找茶籽或茶苗的中国领事建立联系。[78] 罗伯特·福特尼第二次去中国时，受到东印度公司董事会的聘请，其目标是掌握在阿萨姆发展茶业所需的一切资源——东印度公司对此一直梦寐以求，此前派代理人赴华也正是为此，包括 1834 年派遣的乔治·戈登（George Gordon）。1851 年 4 月，福特尼带着来自徽州的 13,000 棵茶树（茶树"枝繁叶茂、生机勃勃，就像一直生长在中国的山丘里一样"）以及 8 名中国茶农及其工具抵达萨哈兰普尔（Saharunpur）。他们是"第一流的绿茶工人"，并且他们也愿意把手艺教给印度人（这些茶工打算在将来辞去政府工作，加入蓬勃发展的私人茶业）。[79] 把英国在印度的企业和中国企业连接起来的纽带不少，并被语言所强化——大英帝国的另一种通用语言，即英印俚语，这种语言随着人员的流动不经意间流入了中国。在每个新的条约口岸，人们筑起了堤岸，公司聘请了收账员（他们以 10 万卢比为单位清算硬币），俱乐部提供午餐，会员们在单据上签字，人们在屋子前面建起了阳台。除了以上这些单词（堤岸、收账员、午餐、单据等），还有许多带有中国色彩的英语新词或中国俚语新词，很快都成了英语单词，但英国在华势力的英印色彩还将长期保留下去，直到条约口岸退出历史舞台。

  英国国力强盛，吸引了来自五湖四海的人们。携带英国证件出航既安全又方便。按照常理推测，海盗在对英国臣民下手之前都会犹豫再三，但事实上，英国证件也有可能成为一把双刃剑。娄理华的外国国籍似乎导致了他的死亡：那些登陆并抢劫他所在的中国船只的海盗显然认为留下他这个活口太冒险了。但是，中国官员一旦看到外国人或外国证件，在许多情况下都会犹豫再三，甚至完全放弃行动。领事们很快便报告了滥用外国证件的一系列事件，特别是在 19 世纪 40 年代中期海盗日益猖獗之后。1848 年 1 月，杰克逊（Jackson）记载了葡萄牙的三桅帆船——拥有欧洲船体却配备中国索具的船只——是如何挂着英国国旗，从福州护送中国商船北上宁波、南下厦门的。这和勒索没什么两样——护送人员经常本身就是海盗（有时其行为也和海盗如出一辙），但是他们就是通过这种方式，在某种程度上使其活动合理化。[80] 尽管如此，他们凶狠的行为——不加区分地对其他船只开火，迫使其他船只对他们保持一定距离——使英国的名声更坏了。杰克逊埋怨道，沿海人民遇到的外国人尽是走私贩子，或者这些"半海盗"，譬如"维多利亚号"上的葡萄牙籍船长和海员——该船主人是一名住在香港的印度人，而该船"挂着英国国旗，伪装成英国船只……整个航程中，船长不加区分地、不停地对每一艘本地船只开火"。[81] 此外，挂着丹麦、荷兰和葡萄牙等国国旗的船只也加入了护送中国商船的队伍。

相反，当英国人有能力取得外国证件时，他们都会这么做，就像之前在广州进行贸易时一样。但是，他们现在不仅仅要求通商，还想要取得外国证件，这成了精明的英国人钻法律漏洞的绝妙手段，因为这样一来，他们就不用再受英国当局的管辖，也就不用再受到各种贸易条例的重重限制。林赛派驻上海的下属威廉·霍格（William Hogg）于 1854 年担任汉堡领事，而 D. O. 金（D. O. King）则担任了普鲁士领事。据称许多英国商人都有意担任荷兰或比利时领事。附近澳门的葡萄牙人甚至为上海的托马斯·比尔和广州的约翰·颠地（John Dent）提供证件。德滴在厦门的经历则反映出了国家权力国际化所导致的后果。德滴担任西班牙领事期间掩耳盗铃，他想尽办法并最终证实了自己的生意活动符合西班牙法律。担任领事带来的种种方便，加上围绕拥有权、所有权和人员任免等的各种混乱，在 20 世纪 30 年代以前，一直为欺骗和逃避当局管制提供了有利条件。当条约体制名义上的参与者没能为地方上的相关人员提供有效的代表权时，他们的外国代理人便会自由变通，以获取尽可能大的利益。直到几十年之后，美国才建立起了真正有效的领事馆制度，前几任领事也多由美国商人担任，如上海的约翰·格里斯沃尔德（John Griswold）等。随着各国开始任命官方领事，商人们不再能通过担任领事非法获取这些好处，于是他们便开始寻求别的好处。之后不久，巴拿马和墨西哥也在名义上于中国设立了领事馆。而巴拿马领事馆的活跃程度，无论是和旅居上海的巴拿马侨民人数相比，还是和中国与巴拿马之间的贸易额相比，都完全不成比例。

巴富尔于1846年退休。他的继任者阿礼国于1848年详细地勾画出过去5年上海这座"小镇"的发展，此时的上海"不像洋人在中国的聚居区，而更像是英国殖民地"。一名到访上海的美国人评论道，上海这座"刚诞生的"城市的发展速度，甚至超过了"美国新开发的西部"市镇。[82] 如今，24家公司、5间商店、25间私人房屋和一座坟场、一间教堂、一家酒店、一间俱乐部、一个跑马场均落户上海。巴富尔已经规划了上海的城市布局，但当局期望上海土地的租户自己建设租界不可或缺的那些公共设施。在一次公共会议上，商人们成立了道路与码头委员会：该委员会在缺乏资金的情况下，有些不情愿地着手建设公共设施和桥梁，并制定了简单的监督制度。但是，人们对公共利益的热心，经常远远不及对私利和享受的追逐。人们热心于修筑跑马场，而不是马路，当时上海租界面积还不太大，也确实允许人们这么做。但是，阿礼国展望未来，并"推测上海迟早要成为我们对华贸易的中心"。他不断申请用于购置更多土地的经费，此外，他还要求这些新购置的土地上"不能有"中国人——当时，租界周围已经出现了"人数众多的中国人聚居区"。[83] 即使在现有范围之内，租界里已经居住着许多不同国籍的居民，他们分受不同的司法管辖，这使得冲突和争执常常一触即发。但是，随着租界的日渐扩大，更多的麻烦将接踵而至。

再过两年，上海的外侨社群就创立了能够报道、煽动、评判这些麻烦的第一家报纸。而新开埠的香港从一开始就有了几家报刊。1843年《广州纪事报》随着逃离广州的英国侨民从澳门迁移到香港，从此易名为《香港纪事报》；1842年《华友西报》(*The Friend of China*) 亦在香港开始发行；此外还有其他几家报纸。就当时相对较小的香港外侨群体来说，当时的报章媒体还是十分活跃的，这同时也反映出19世纪40年代那个动荡不安的新世界的真实面貌。现在上海的报章媒体也迎来了一个蓬勃发展的黄金时期。《北华捷报》(North-China Herald)创刊号于1850年8月3日问世,第一份典藏版被印在绢帛上。该报编辑哈里·希尔曼(Harry Shearman)曾在加拿大担任拍卖师,同时还是一个虔诚的新教徒,从一开始他就给予该报另类的色彩(詹姆斯·道及其圈子内的人把该报称为"忧郁的珍妮")。但是,上海已经厌倦了他人为其代言的日子,而《北华捷报》在围绕中国的国际舌战中开辟了另一条战线。希尔曼在创刊号上发表《告大众书》,嘲弄了"郭士立的夸张表述、蒙哥马利·马丁被断章取义的言论和粗鄙言辞、福特尼引人发笑的废话,以及瑟尔的搬弄是非"。现在,上海终于可以为自己发声,这座城市期望为来自英国和其他国家的商人开辟一方"公正而开放的天地",以带来"文明的广泛传播,包括修养、科学、文艺和真正的宗教"。《北华捷报》为了促使英国当局实现这一目标,不惜挑战其权威。而清政府由于阻碍这一目标的实现,也受到了该报攻击。至于该报的英国读者们,则争先恐后地阅读这些自命为中国通的编辑所写的文章。与此同时,《北华捷报》创刊号里列出了所有旅沪外侨的名单,并刊登分类广告,其中包括爱德华·霍尔(Edward Hall)与P. F. 理查兹(P. F. Richards)的面包和饼干;英国领事馆西边的两间小屋,以及上海北门的一座桥附近的一块地,正在等着出租;伦敦传道会出版社提供"收费合理"的书籍装订服务;J. 米勒(J. Miller)打算拍卖一张台球桌。外国教徒群体在6月24日逃过了一劫:经过一夜的大雨,周日清晨5点半,圣三一堂的尖顶因不堪负荷而塌陷,压坏了下面的座椅。[84]英国侨民在中国的新生活中似乎慢慢地有了某种正常性:正常贸易、正常的贸易体制,甚至正常的天灾。但是,这仅仅是转移人们注意力的表象——进入后广州时代,英国人和清政府达成了妥协,然而这种妥协在本质上一直是不正常且混乱的。坐镇上海的《北华捷报》尝试提出并呼吁这样一种观点,即应当进一步推进外国在华事业,为了"人类的真正利益",把上海变成"(中国和)世界所有国家贸易永久的百货中心"。

英国人和清朝朝廷对第一次鸦片战争有着迥异的解读,因而他们对和平也有着不同的理解。在清政府看来,原有的广州制度的基本模式被扩展到其他港口了。在每个社群里的英国人都负责着相应的自我管理事务，而这种安排仅仅是早已建立的允许外侨群体进行自我管理事务制度的一种变通办法。外国人在他们希望的地方得到了他们所要的东西——贸易。因此，他们就应该老老实实地待在那里做生意，并受到各种限制——除了条约里规定的限制，还有在地方层面上商定的一些限制。那个制度更常见于清帝国的亚洲内陆边疆，而非清帝国的海洋世界，因此就其整体面貌和帝国的治理来说，这种模式也并非看起来的那样稀罕。毋庸置疑，它是英国人施加暴力的结果，但它毕竟仍然遵循着清政府的一般性规矩。即使是英国人在香港新建立的据点也有前例可循——自1557年以来，澳门便一直有葡萄牙人定居。另外，广州将仍然是最主要的对外口岸，因为两广总督同时还兼任钦差大臣，负责和最重要的那位英国人——香港总督兼贸易专员——打交道。然而，中方的所有这些理解却与英国人的理解相去甚远。在思想上，自由贸易的理念决定了英国人对于政治经济的理解，同时，它也是政治家、行政人员和生意人的一切行动的宗旨。[85] 他们在中国五个港口兴建了基础设施，并把总部设在香港。此前，他们已经在东南亚的"世界"里取得了不少港口和据点，而现在这些新取得的中国港口也将成为"那个世界"的一部分。不仅如此，对英国人来说，和中方签订的条约，也令他们想起了奥斯曼帝国对于西方世界的俯首称臣以及外国人在奥斯曼帝国长期享受的领事裁判权。因此，在他们看来，这种安排不仅仅是针对清朝采取的特殊做法，而且是在世界范围内的一种通行方式。更何况许多人，包括官员们，都把新的条约港口视为桥头堡——一个个跳板——而非久留之地，并常怀五日京兆之心。他们有意对清政府施加压力（就像他们曾在广州做的那样），并且争取更多的好处。除此之外，清朝当局要求中英双方必须通过一名南方省份的总督进行交流，而英国人则期望直接和中央朝廷对话。在清朝当局来看，对于贸易的限制被修改了，但是外国人来华仍然必须受到限制，贸易也必须遵守规定；而许多英国人却以为，中国既已对外开放，他们当然也就可以在中国进行自由贸易。

到了1852年，他们兴建了环绕上海黄浦江的堤岸和禁闭待贩运华工的棚子，并在厦门禁闭等待出洋的华工。上海圣三一堂的屋顶被重新盖起来，外国人在条约口岸建起了教堂和药房，不少洋人开始定居在那些条约口岸。1852年，一位名为赫尔曼·赫斯本德（Herman Husband）的居无定所的银版照相师自秘鲁取道夏威夷来到中国，他主动为移居中国的外侨照相，并拍下了一些有关上海和香港建筑物及风景的照片。[86] 洋人们不仅为条约口岸带来了新的风景，还带来了新的声音。就在1853年元旦前夕，上海的外侨群体在三一教堂的钟楼里安装了一口钟，以供报时之用。"钟声自远处传来，打破了深夜的寂静"——这个上海之夜，勾起了洋人们的乡愁，奇特的钟声把沉睡中的中国人唤醒，钟面上的分分秒秒开始使中国人日常生活的节奏和内容逐渐发生变化。[87] 教堂里响起了圣歌，古怪的歌词搭配着古怪的音乐，而传教士们则在寺庙里和狭窄的街道上布道（他们用汉语布道，尽管腔调奇怪、结结巴巴），他们口中各种新的抽象概念和名词，为中国听众带来了新的听觉体验和新的想法。每次教堂举行集会，中国信众似乎总是"缺乏敬畏之心"，"言行举止也有欠妥当"，传教士们对此总是感到不快。当然，对于早期前来教堂参加礼拜的信众来说，这些要求或许有些过分，毕竟他们来到教堂的主要目的，还是为了一睹洋人说汉语的奇观。只有在极少数的时候，"牧师才能从头到尾顺利地布道，而不被中国信众打断"。[88] 除了在教堂和城市里的公共空间里传教，洋人传教士还到更远的地方去传播福音，巡回其他市镇和乡村，并在安全的时候分发宣扬教义的短文。到这些地方传教也有一定风险——1848年3月，麦都思、雒魏林和另一名同事外出传教，在青浦险遭杀身之祸。[89]

这些初来乍到者当中的多数人并不满足于他们的城市桥头堡，他们急于向内地挺进。他们对条约和地方规定提出了挑战。他们乔装扮，深入乡村寻找经济利益；他们出于好奇，大摇大摆地前往条约口岸附近尚未开放的城市；他们在有效的法律监管范围之外，于吴淞和南澳岛搭建了临时贸易站。新梅对其手下的人贩子和他本人的暴力行为毫无歉疚之意。德滴把自己的活动迁移到了南澳岛，这使英国官员们担心，那里将会发生"灾难"。[90] 厦门市民对街上的广州人贩子实施攻击，以此伸张正义、替天行道。

随着洋人们落户中国，他们也开始希望纪念并宣传自身的历史。英国人通过论战、发行小册子来达到这种纪念目的，因为他们脑海中对过去两百年和中国人打交道的历史仍然念念不忘。林赛曾在1832年讯问宁波人，试图打听老旧洋人住宅的"遗址或陈迹"，包括1755—1757年的东印度公司洋行。[91] 尽管他们在中国的生活更加自由了，但始终难以卸下沉重的历史包袱，那些有关"特拉诺瓦案"、"休斯女士号"的炮手、马戛尔尼勋爵、阿美士德勋爵和律劳卑勋爵的林林总总，终究使他们难以忘怀。他们立志永远不忘那段充满屈辱和不安的历史，并让他们的同胞和代表们永远铭记中英外交史上的教训。基于战争叙述出版的中国历史和对华贸易历史，形成了某种文本记述的集成。由于外国人兴建的纪念碑和坟场具备合法化的力量，所以它们从一开始就使人肃然起敬。驻守条约口岸的部队当中，有不少士兵患病身亡，这使得坟场很快就布满墓碑，这或许也是令人肃然起敬的另一点原因。早在1843年，福特尼就写道，鼓浪屿的临时英国坟场已经"接近全满"，放眼望去，整个坟场全是"不久前因为埋入遗体而翻动过的红土"。英国人也为死去的同胞立碑——每当发掘到客死中国的英国人的事迹，这些事迹就会成为新故事的一部分。根据福特尼记载，由于刚取得胜利而信心十足的英国士兵，修葺或重新竖立了他们在鼓浪屿发现的18世纪初的墓碑，并在墓碑上重新刻下了死在中国的同胞的姓名。第三十五团的士官们在舟山立碑纪念在那里战死或因非战斗原因死亡的431名士兵（并在1853年对该碑进行了修葺）。[92] 然而，律劳卑勋爵的纪念碑却始终被留在澳门，因为到了能够把他的纪念碑迁移到香港的时候，他的朋友和支持者不是已经去世，就是已经回到英国了。因此，他的纪念碑便一直没有从澳门船运到香港。但是，随着条约口岸铺设了新的马路、兴建了新的建筑物，口岸上也就竖起了新的纪念碑，有了进行纪念和庆祝活动的新地点。人们一面维持着脆弱而令人不满的和平，一面又有了新的值得纪念的事迹和使得中英双方都觉得自己受到了屈辱和冒犯的故事。

4

模范租界

哈里·希尔曼在1850年刊登的《告大众书》中向读者宣告："上海无法代表中国。"对那些期待进行贸易、学习、攫取、布道或赠予的许多人来说，上海租界及其他开放的通商口岸远远无法满足他们对中国的各种期望。希尔曼抱怨，在中国，自由贸易只得到了"极其有限的实践"。他不仅要求取消那些把人们限制在开放港口的条约，还要求取消由领事们新制定的或条约中本就包含的那些"令人沮丧的繁文缛节"。不仅如此，他还承诺，一旦在中国建立起新秩序，就能和地方当局达成许多协议并从中获利。他希望借此论证其观点的正确性，但当然，这只是他的一己之见。此外，还有着其他的一些观点。包令（Bowring）总督相信，他在香港"最大限度地实践了自由贸易的原则"。面对与日俱增的沿海鸦片贸易，（和中国缔结不平等条约的）列强们并没有予以取缔，这显然并不能简单地归咎于"官僚习气"。[1]但是，仍然有许多问题未能在与中国订立的前几个条约中得到解决。领事们和道台们致力于实行条约规定的具体细节，他们分别通知居住在条约口岸的在华外侨和中国人遵守规定，引导人们认识在新条例之下被允许和被禁止的行为，化解人们不可避免地要面对或引发的矛盾冲突。在这个过程中，那些未解决的潜在问题纷纷浮现了。巴富尔上任后面对的第一起事件，就是男童遭打瞎的案件，此后类似的棘手事件还将层出不穷，在厦门的暴乱也算不上最严重的暴力事件。广州城原则上是对外开放的，但是地方当局却声称，必须继续禁止外国人进城，直到一般市民对英国人的怒火平息下来。但是，地方当局并不是无法平息市民的怒火，而是不愿这么做——至少外国人这么认为，而且这种看法并非毫无道理。1847年12月，6名英国人在广州附近被杀。在那一年的4月，戴维斯总督曾对广州发动过一次"突袭"——3艘轮船和900名士兵突破了广州城的防御工事并占领了洋行，以此向清政府施压，要求他们向外国人开放广州城——然而，这一行动却未能缓解一般市民对英国人的愤怒。英方和清政府达成协定，在两年内允许外国人进入广州城，但是中方却无意履行协定。[2]

然而，撇开广州的极端事件不谈，大多数的矛盾其实都是芝麻绿豆般的小事。领事们致力于通过一些更大的议题引导社群正确处理眼前的原则性和实践性问题，与此同时，他们还发现自己经常要过问洋人们对其中国仆人的行为，以免发生虐待事件（或者，领事们甚至还被要求帮忙管教这些仆人），并负责解决邻里纠纷。1848年，一群中国人牵着他们英国邻居的一只羊，来到上海领事馆投诉说这只羊破坏了他们的财产。领事馆人员穷于应付，只好指示英国人看好自己的羊。[3] 但是，当谣言疯传，许多洋人蔑视中国人，当这种蔑视又和无知以及无效沟通混杂在一起的时候，一般的家务事也就不再仅仅是芝麻绿豆般的小事了。一名被殴打的仆人、一名被辞退而未收到工资的厨师、围绕一只吃草的羊或市场买菜的争执——这些普通男女之间小小的纠纷都有可能演变成需要领事馆人员面对的重大问题，甚至，有的时候，也可能会演变成更为严重的事件。

沟通是个长期持续的问题。几乎所有的洋人都只能够或只愿意通过洋泾浜英语与中国人交谈——这种不纯正的英语实际上是用中文句式将英语词汇串起来的一种语言。洋泾浜英语的调子和节奏的奇怪程度，体现了这种语言对纯正中文语调的摒弃程度。詹姆斯·道说："要理解他们那种语法错误百出的英语，简直难如登天。如果要招呼一名男士过来，你得说：'让这个人过来，有人想要和他说话。'然后和他们打交道时，又得说'在我吃完之后，我会和你说话'。"[4] 但是他最终还是和其他人一样，习惯了洋泾浜英语，渐渐地，他也能够更好地理解这种语言的单词和句式了。

还有些人在到了中国之后，甚至会把英文诗翻译成洋泾浜的打油诗，借此打发时间。朗费罗（Longfellow）的《永远向上》（"Excelsior"）一直是这类翻译者的最爱，他们把它翻译成题为《甲板上的加兰》（"Topside Galan!"）的叠句。但是，作为一种沟通方式，洋泾浜英语确实行之有效，也确实被人们广泛使用。（《中国商业指南》[Chinese Commercial Guide]建议，你如果不喜欢洋泾浜英语，就只能学好中文。）在上海和广州，人们出版了供中国人使用的手册，将洋泾浜英语的字词及上海和广州方言的音译对应起来。[5] 但是，这类手册的出版，显然一方面是为了图方便，另一方面也是出于对中国人的蔑视——它们对中国语言的影响，可以和1842年英军在上海烧毁书籍的事件相提并论。《北华捷报》刊登了用上海方言表述的一些常用句子——"你在干吗？把雪茄递给我。马上把报纸递给我"——但洋泾浜英语还是胜出了。[6] 即便如此，在洋人们建设租界的同时，他们当中的一些人——寥寥数人——还是学习了上海方言。他们学会说当地方言，甚至学会阅读中文，有些人还在此基础上更上一层楼。

如果上海无法代表中国，那么，上海究竟是什么呢？它又有什么样的历史？长期以来，英国人都把上海视作一个重要的港口。英国人在东南亚殖民地的港口，也总是迎接来自上海的帆船。林赛使团和参加其他沿海航行的人们总是会带回关于上海繁忙而拥挤的港口和充满舶来品的商店的第一手材料。英国人长期经营广州，这使得他们有机会了解该城市的历史，也有了了解中国的一扇窗——通过《北京公报》（Peking Gazette），通过书籍和对话——但他们了解到的，不过是冰山一角。自从1832年开始，裨治文创办的《中国丛报》就在其文章和评论中记载了外国人在了解中国人生活和文化等各方面所进行的尝试。《中国丛报》强调，人们必须将新的、长期为人们所信赖的西方文字记载和"最受认可的当地权威著作"进行对比，因为当时已经可以轻易找到这些著作，也已经有更多的人有能力阅读和解读这类著作了。[7] 在上海的麦都思采取了类似的做法，于1850年8月在伦敦传道会印刷厂出版了《上海及其周围地区之简述》。那是一些地方历史和集子的翻译或概要。（这些集子现在在英文里一般称作"地方志"，但麦都思以为，外国学者此前并不知道地方志的存在，所以，这里姑且称之为"集子"。)这些资料卷帙浩繁(即使对上海这么一个历史相对较短的城市来说),而他声称,有可能利用这些资料,使中国"像西方世界的任何一个角落一样为人所熟知"。[8]尽管之后不久《北华捷报》刊登了该书的部分内容,但它并不是一般的旅游指南,它填补了外国人眼中有关上海的一些空白,赋予了上海悠久而生动的历史,并详细介绍了上海的社会体制、经济、政府和地形。裨治文曾经把封闭的、难以到达的中国称为"惊人的异常现象",现在人们却没有理由继续对中国一无所知。[9]随着洋人更好地掌握中文,并获取了诸如地方志等各种工具,他们便可以像熟悉"西方世界"一样,熟悉中国的一切。随着欧洲关于中国的藏书越来越丰富——马礼逊的中文藏书在1837年被捐赠给当时刚成立的伦敦大学学院,其子的中文藏书则在1847年被放到大英图书馆——人们即使身处遥远的欧洲和美国也可以进行关于中国的研究。[10]尽管如此,通过专业收藏和学术研究认识中国的外国人还是少数,而通过内森·邓恩的展览和不那么专业的类似展览,或者通过"耆英号"帆船及其船员和文物了解中国的外国人却要多得多。[11]

即使如此,条约口岸大多数的英国侨民和其他新到的外侨对于了解他们现在所居住的地方还是没有太大的兴趣。他们不打算在中国长住,因此只是力图通过复制熟悉的事物使自己过得舒服一些。为了做生意,他们不得不忍受在中国生活的种种不便。在中国的生活很有趣,或许也有着许多的新鲜感,但是毕竟和他们在欧洲或北美的生活相去甚远。为了给自己的生活环境添加一些欧美元素,他们在教堂里安装了大钟,栽种了苹果树,把雪莉酒和波特酒船运到中国(赛克斯施瓦布公司[Sykes, Schwabe & Co.]将酒装箱售卖,每箱装有36瓶酒,每瓶容量约1升),每年向伦敦艺术联盟缴纳1几尼(英国旧金币)会员费,每个月从该联盟收到一幅油画并挂在墙上,其中包括《纳尔逊之死》(The Death of Nelson)。以英国历史为题材的油画,永远是英国人家中最好的点缀品。外侨于1849年设立了只限会员使用的图书馆,为自己提供了丰富的精神食粮——图书馆藏书包括《用餐的艺术》(The Art of Dining)、《漫游南北美洲》(Rambles in North & South America)、《花园》(The Flower Garden)、《内尔·格温的故事》(The Story of Nell Gwyn)、《海军中的英勇事迹》(Deeds of Naval Daring)以及《汤姆叔叔的小屋》(Uncle Tom's Cabin)。早期运抵中国的一批书籍当中，关于埃及的书籍超过了关于中国的书籍。《北华捷报》的办公室甚至还售卖儿童读物。[12] 外侨们周围的事物尽是和中国相关的，这让他们当中的一些人喘不过气来，因此希望通过某些渠道暂时逃离中国。有时，他们通过来自远方的另一种角度来看待世界——他们通过阅读来自远方的文字，逃离中国的尘嚣。英国的臣民或商业移民对于这种感受，一点都不陌生。他们并不是志在环游世界的旅者，并不追求新体验、新文化、新思想。他们对中国古董或装饰艺术不感兴趣，但是偶尔闲来无事，或许会随意购买几件古董，并把它们称作"古玩"。[13] 内森·邓恩始终后继无人——他的全部或一部分收藏一直在伦敦和纽约展出，直到1851年才终于被卖掉。[14] 他们确实雇用画家作画了，或者购买了他们在广州获得的那类画作——描绘他们新建的堤岸和洋行的油画——但总的来说，他们还是希望复制各种熟悉的事物。他们要求中国仆人先拿来雪茄，然后再把报纸奉上。于是他们在黄浦江畔、闽江畔、鼓浪屿岛和香港的山坡上建起了自己的家，过着尽可能舒服滋润的日子，他们吸着来自哈瓦那的上等烟草，在袅袅香烟中阅读几周前大洋彼岸那个真实世界的新闻。

他们主要还是希望在中国短期逗留：只在中国做点生意，等到未来有了保障，就马上离开，另谋发展。因此，他们追求舒适和享乐。他们固然可以在当地满足自己某些方面的要求——当地一直不缺仆人、情妇和妓女——但是要满足所追求的大多数享受（亦即日常生活中能让自己暂时忘记那些中国的事物），那就只能靠进口或仿造了。他们必须教仆人烹调西式料理；他们必须进口家具或训练当地工匠仿造西式家具。即使许多仿造品应运而生，这些外侨还是写信回家要求寄来鞋子、衣服、眼镜、乐谱和纸张。他们在中国逗留的时间并不短，事实上常常会在这里逗留数年之久（而不仅仅是几个月），因此他们肯定不满足于"先驱们"简朴的生活方式。当他们实现了自己的目标，大多会回到英国或美国。唯有回家，他们才有机会获得真正的成就感，真正地登上社会的顶端——对于某些人来说，这意味着进入英国或美国国会，对于另一些人来说，则意味着从事慈善工作、进行房地产买卖、参与当地政治及一些提高自己社会地位的工作。有些人花了更多的时间才实现了这些目标，但是各种登记簿、人名地址录和年鉴都反映出，外侨当中人员的流动十分稳定，而且，这种流动规律一般也可以长期持续。1850 年 8 月发行的《北华捷报》创刊号列出了 168 名外侨姓名及其家属，两年后，其中 30 名外侨从外侨名册上消失了。到了 1861 年，最初的 168 名外侨当中，只有 23 人还留在中国，而他们当中不少人是传教士或领事馆的低级工作人员。其他则包括一名拍卖师、几位食品商人，以及 1850 年担任商业助理，而现在已升任公司管理层的人。有些外侨客死异乡，被埋在坟场里，他们的私人用品则被拍卖，而在被拍卖的物品中，进口物品的成交价都不低；有些人则由于百病缠身，不得不回国；还有的人则迁居到中国的其他港口，其中 5 个人甚至去了当时刚刚对外开放的日本。有一些姓氏在外侨名册上长期反复出现，因为家庭关系网络给了这些人进入中国的机遇，这显得尤其重要，因为当时的生意文化仍然十分看重信用，而中国也依然十分遥远。在 1850 年，从伦敦寄信到上海需要 51 天。传教士孙罗伯（Robert Nelson）及其家人于隔年从波士顿乘船前往上海，花了整整 145 天。[15] 渐渐地，越来越多外侨及其家人在中国逗留的时间也越来越长。从事茶叶和丝绸贸易的商人可以在赚够钱或破产的时候卖掉存货、离开中国，但是更多的提供各种服务的人——烘焙师傅、船用杂货商以及裁缝师——越来越依赖于他们在上海或香港的生计。他们的子女也在这里找到了维持生计的门路，他们的女儿嫁给了其后抵达中国的外侨。更有一些人根本不想迁走。或许，他们感到自己离家已经太遥远，经历又是如此迥异，以致无法轻易回家。又或许，他们已经乐不思蜀。

此时，"耶稣的弟弟"登上了历史舞台，这打乱了所有人的生活，并在足足 14 年的时间里，使中国饱受叛乱和战争之苦。这起突如其来的事件自然非同小可，但是它却和清帝国新出现的外国势力有着直接的因果关系。根据条约规定，传教士们获准宣讲教义并印发小册子。到了 1844 年 10 月，上海的伦敦传道会印刷了各种讲道文章、一本教义问答手册和《圣经》十诫的一本评论，总计 37 万字之多。每逢周日，传教士们就需分发约 200 份讲道文章（他们每周更新讲道文章）。从前在广州的日子简直不堪回首——他们从一个巴达维亚的出版社进口材料，然后偷偷摸摸地分发，分发材料的传教士还经常被清政府追查和骚扰。但是，就如林赛和郭士立所发现的，人们对书籍有一种本能的好奇，一旦把书递给他们，他们都会收下。1836 年，一位名叫洪秀全的 23 岁生员在广州科举考场外，从一名外国传教士（此人很可能是埃德温·史蒂文斯）手中接过一本诸如此类的册子。这本宣扬新教教义的册子题为《劝世良言》，出自中国教徒梁发之手，书中除了收录《旧约》和《新约》摘要，还收录了几篇评论和告诫性质的文章。该书对于中国的腐朽堕落、佛教和道教的失败以及中国人的缺陷都大加挞伐。它宣称，唯有信仰基督教的上帝并严格遵守十诫，才有可能获得解救。[16] 洪秀全最终在科举考试中第五次落了第（也让那些希望通过他的成功得到升迁和庇护的家人与乡亲失望了五次），遂于 1847 年和一名亲戚一起前往广州一间由美国田纳西州传教士罗孝全（Issachar Roberts）开办的浸信会教堂并要求正式接受洗礼，由此，他开始追求梁发提出的复兴中国的愿景。[17] 在此之前的三年时间里，洪秀全其实一直在广州以北的花县组织一个基督教团体，并在招募信徒方面取得了巨大的成功。他招募到了他的家人、邻居、客家人，以及像他一样的边缘群体加入教会。对于洪秀全如此迅速地取得成功，拥有如此多聚精会神、专心听讲的听众，这是连麦都思、施敦力（John Stronach）、罗孝全以及他们的外国同僚们都梦寐以求的。实际上，"做梦"就是问题的关键。收下梁发的小册子一年之后，洪秀全生病了。洪秀全患病期间产生了几个幻觉，之后他又仔细研读了梁发的册子，这使他清楚地意识到自己其实就是上帝的幼子。如今，他要奉其父兄之命承担拯救中国及其人民的重任，清除中国的罪恶、偶像崇拜以及妖魔鬼怪——满族人正是这一切的代表。洪秀全跟随罗孝全学习了两个月，但是在即将接受洗礼的一刻，罗孝全怀疑他是因为找不到工作，无奈之下才要求接受洗礼，而非真心希望得救。[18] 于是，受洗仪式被延后了。洪秀全回到了自己的村子里，然后前往西北方向，越过省界进入广西，跟随一名早期接受洗礼的远亲一起活动，这名远亲在交通不便的山区里成立了"拜上帝会"并吸引了越来越多的信众。洪秀全在梦中接过了一把剑。现在他的剑已然出鞘。面对当局对"拜上帝会"的取缔，洪秀全举起了反抗的旗帜。在起义爆发的 3 年之内，他的跟随者就从云贵高原杀出了一条血路。洪秀全的跟随者达 75 万之众，他们被称为太平军。在一路向东北方向行军了 1600 多千米之后，他们于 1853 年 3 月 19 日，攻下了南京城并屠杀了城里的守军。昔日考场失意的洪秀全如今成了天王，在巨大胜利的鼓舞下，洪秀全率领他那些成分复杂而狂热的跟随者，在南京建立了天国的首都——天京。为了巩固天国政权，洪秀全制定了太平天国科举考试制度。现在他可以亲自出题了。

列强们在香港和上海设立新据点之后，中国产生了新的秩序，也产生了新的混乱，而历时 14 年的太平天国就是这种新秩序和新混乱交融所导致的后果。一方面，条约口岸为中国官方权威、地方上的妥协和中国人的合作所塑造；另一方面，叛乱也根植于初到的外国势力所带来的混乱和不安。这是一场中国人的叛乱，这场叛乱源自从大洋彼岸传到中国城市的新思潮，这些新思潮在这些城市的人员、货物和思想网络之间流通并产生影响，但同时，它也源自当地的一些趋势和潮流。[19] 太平天国的臣民都是梁发那些走火入魔的信徒。他们都是自学者，并自封为基督教徒。他们未经传教士许可，更没有得到美南浸信会（Southern Baptist）的许可，就认为自己受洗了。他们根据自身理解接受了基督福音，并成立了一个基督教的神权政权。不仅如此，他们还将一切财产收归公有，呼吁性别平等，禁止吸食鸦片、卖淫和蓄奴。列强们在中国沿海地区建立起了新的秩序以后，当地经济被扰乱，而这也是造成叛乱发生的原因之一。钦差大臣林则徐对鸦片贸易的取缔和英国人对清朝当局权威的冲击使当地经济结构发生了天翻地覆的变化。战争的结束以及和平的到来造成了新的局面，外国对华贸易的中心从贸易的旧"摇篮"向东、向北移动，使当地经济大受打击，也使受雇于茶叶和鸦片贸易网络的当地人纷纷失业。和平的到来也更让军队显得多余。因此，他们便落草为寇，企图通过暴力手段轻易地捞到好处。此刻，在云贵高原的残酷世界里，缺乏有效的国家组织，人们也根本无从抵御盗贼流寇以及邻近部落的袭击（这些邻近部落往往也处在同样的境地），而逃离珠三角社会经济剧变的新难民以及试图从受到取缔的走私贸易中获利的各种组织却又纷纷拥入当地。此时外国军舰已经成功取缔了收取保护费的非法行为并对海盗实施了严厉打击,这迫使沿海地区的许多海盗逃到内地。[20] 洪秀全主要的支持者始终是客家人——他们是一个有着自己语言的少数族群,和汉族之间存在着一些重要的文化差异,其中最主要的是客家女性并不缠足。客家人和其他族群之间长期围绕土地和水资源发生冲突。当地社会还有许多汉族秘密社团,其中不少还是反满组织。洪秀全及其助手和随从此刻将一种基督教原教旨主义带入了龙蛇混杂的当地社会,并组织起了严格服从命令的军事单位,士兵们每天朗诵十诫,并在战斗中视死如归、骁勇善战。太平天国起义并不是第一场具有宗教背景的反清叛乱,但它却是第一场具有基督教背景的反清叛乱。太平天国将士们的信仰把他们打造成英勇善战的武士,参加起义本身——敢于揭竿而起、敢于拼死作战——也意味着他们已经无所畏惧。他们必须取得胜利。他们脑子里净是仇恨——对清政府的仇恨和对罪恶的仇恨。严密的军事组织给他们带来了一个又一个胜利。就连那些原先对他们有所怀疑的人都不得不承认太平天国所取得的胜利,而不可抗拒的历史潮流也将许多人裹挟其中。穷苦的客家人及其盟友从太平天国的思想、紧密相连的军事组织和战术中获得了巨大的威力,这种威力把他们带到了南京并使他们攻破南京。

长期以来,在外国商人栖身的租界里,一直流传着远方发生叛乱的谣言。当发生叛乱的消息传到广州时,东印度公司的书信和《广州纪事报》都提到了相关消息。外侨首次得知广西发生起义,似乎是在1849年4月,时任广州领事的包令当时留意到了这条消息。从1850年开始,广州领事馆差不多都会定期发出相关报告,其中多数报告出自密迪乐(Thomas Taylor Meadows)之手——密迪乐在领事馆担任翻译,和绝大多数人不一样的是,他之所以来到中国,完全是出于对中文的热爱。[21] 外国人越来越关心"广西叛乱",他们之所以密切留意事态发展,部分原因是,他们担心局面可能会失控,并最终席卷广州,进而影响当地贸易。对于报告中所暗示的这场叛乱具有的基督教背景,洋人们展开了辩论。一旦太平天国定都南京,外侨群体就务必尽早地努力了解它,并与它沟通交流。因此，在太平军占领南京之后的短短一个月内，英国贸易专员兼香港总督文咸爵士（Sir George Bonham）就于1853年4月底前往上海，然后沿着长江到了南京。此时已经被调到上海的密迪乐曾经尝试单枪匹马前往南京，却未能顺利抵达。尽管如此，他带回了令人吃惊的情报，他确认"长毛贼"信奉基督教教义并奉行基督教习俗。[22] 此时这场冲突已经进一步国际化了——上海当局招募了一支由外国船只和西式三桅帆船组成的舰队（后者的部分船员是外国人），协助防守长江下游镇江以东的地区，并尝试收复那座饱受兵燹之祸的城市。停泊在上海的不少外国海军水手贪图丰厚的酬劳，又想趁机抢掠财物，因此纷纷当了逃兵，并加入了临时组成的中外联合舰队。上海领事阿礼国对于帮助清政府镇压叛乱的态度十分积极，他呼吁外国介入这场内战。但是文咸却决定严守中立，他认为外国雇佣兵可能会引起误会，使人们误以为外国正式支持了四面楚歌的清朝当局。因此，文咸发出指示，严禁这类活动。[23]

文咸在"赫米斯号"（Hermes）上的航行（密迪乐再次充当翻译，为使团铺好道路）是英国在华代表比较少见的正式行动之一。1853年12月，法国公使来到了南京。1854年5月底，新上任的美国公使也抵达南京。（他的前任是美国对华专员马沙利［Humphrey Marshall］上校，此人自以为是而又精明狡诈，本想捷足先登，赶在英国公使之前抵达南京，没想到他所乘坐的轮船"萨斯奎汉纳号"［Susquehanna］在距离黄浦江口仅仅几千米的地方搁浅，令他颜面尽失。）[24] 一方面，洋人对太平天国接下来的"国运"越来越悲观；另一方面，他们对清王朝能否长期执政下去更是心存疑问。基于这种考虑，文咸打算摸清太平天国领导层的意图，了解他们的动机并再次强调了英国的中立立场。然而，现实情况和英国使团设想的大不相同，太平天国高低贵贱的各色人等围着他们纠缠不清，热情地和他们讨论神学问题并推荐他们阅读阐述天国神学的各种书籍和册子。于是，英国人终于破天荒地收下了中国人递给他们的神学册子，而不是分发他们自己的册子。负责审讯英国人的太平天国北王和翼王（太平天国的领导人都称王）非常希望知道如下问题的答案：他们的十诫是否和新建立的王国一样？太平天国的上帝，是否也是洋人们的上帝？而对于这些问题，到访的英国人都给出了肯定的答案（是的，当然，上帝是天下人共有的）。太平天国的一名代表告诉到访者：“他们散播关于我们的各种谎言。他们声称我们运用各种法术，但事实上，我们运用的唯一一种法术就是对上帝祷告。”[25] 这一切都令人兴奋万分。关于叛军的消息迅速传遍了整个基督教世界，使各地基督徒惊叹不已。《泰晤士报》重新刊登了有关太平天国法术的记载。该报轻率地宣称：“大气球（亦即清政府）被针扎了一下，马上就要爆裂了。”此前不久的中国还是停滞不前的，"代表着无法改变的、正式的而又奴性十足的一切事物"，如今却在一瞬间经历了一场革新。"古老帝国的最深处终于重见天日，我们进入中国，中国也从此成了世界的一部分。"[26] 基督教和传道会的媒体兴奋地开始讨论，仔细研究逐渐浮现的各种线索。这一切都是郭士立造成的吗？文咸认同了这个假设。虽然从1843开始，直到1851年去世，郭士立担任的一直是香港政府的中文秘书，但他始终不遗余力地从事着传教活动，尽管其作用并不明显（姑且不说他完全没有作用）。一个由宗教专家和皈依者组成的新网络——基督教联盟，开始在那些上帝信徒出现的地方进行传教活动。虽然该联盟工作人员中也存在着不少欺骗和虚饰行为，但是也有一些虔诚的皈依者。[27] 该联盟的两名成员曾经邀请洪秀全到广州和罗孝全碰面。太平天国的子民使用的是郭士立翻译的《圣经》——1853年底，他们甚至把它用作在南京刻印的太平天国《圣经》官方译本的底本。有人认为太平天国具有天主教的背景，但也有人指出，他们并没有和中国天主教徒一样使用"天主"一词。太平天国的子民信仰上帝——新教的上帝。[28] 传教士和其他的一些人就此展开了辩论。文咸此次航行，为他们提供了所需要的所有文件。老麦都思马上做了翻译和摘要的工作，对他所读到和听到的一切感到兴奋、雀跃，他认为这是"一场道德革命——这是这个时代的奇观"。[29] 当然，那些译本和摘要里也确实存在着一些讹误和难解之处，而洪秀全对基督教教义所做的发挥和解读则更让某些人感到担忧——他很快出版了自己对基督教的完整解读——但是，在1853年，人们确实感到，一切都在发生变化。

"中国将成为世界的一部分"——这是中国南方新租界的幻想以及最初的希望。但是，对于这里的英国人，即使他们身处叛军地盘的中心，面对着众多天王以及这股基督教的浪潮，他们依旧守着林赛的怪癖并开始对这些事件感到厌烦。到访的英国人坚持，无论是书信往来，还是双方当面交涉，己方都必须得到适当及平等的对待。[30] 他们既然对清朝官员提出那些要求，当然也要求叛军的天王这么做。他们向太平天国领导层解释了《南京条约》，并把一份条约发给他们，坚持太平天国方面必须给予他们和其外交身份相称的尊重。他们刚到上海，太平天国领导层就给他们送去了一封信，而他们把那封信退回去，并加以严厉的批评。太平天国领导人想讨论解救众生的上帝，而密迪乐却试图教会他们世界通用的外交法则。文咸在发回伦敦的报告中附上太平天国重要文件的译本。很显然，他相信太平天国的许多人都是上帝的虔诚信徒，但他也怀疑天国领导层最主要的目的还是希望在政治上推翻清廷，并且希望能够借此捞一笔油水。[31] 和林赛一样，文咸也是一名东印度公司海员之子，为该公司服务多年，并在1837年到1843年担任英属海峡殖民地（Straits Settlements）总督。相关的记载表明，他为人随和，所做的葡萄干布丁非常有名。虽然他曾管理过海峡殖民地和香港（自1848年以来）的华人社群，但面对太平天国众人的热忱，这名能干的英国公务员仍然感到十分意外。文咸并不觉得他们可笑。撇开太平天国众人的过分热情，他们其实对洋人毫无偏见而且和蔼亲切，这令洋人们印象深刻。他们一旦被允许登上"赫米斯号"，就会好奇地拥上去，仔细研究他们所看到的一切。该舰舰长埃德蒙·费什本（Edmund Fishbourne）本身也热衷于传教，所以，他对这一幕印象非常深刻。他认为，太平天国的众人"几乎是另一个族群"，"和一般中国人差异甚大"。[32] 而且，只要外国人坦白地和他们交流，他们也会毫不掩饰地回答外国人的问题。最具攻击性的一句话出自一名太平军将领之口。他在镇江和密迪乐讨论时，"忽然提起了鸦片问题，并说洋人不应该售卖鸦片"。[33]

沿海各地都发生了骚乱。清朝统治似乎朝不保夕。广州随时可能失陷。反清秘密社团发动叛乱，并于1853年5月占领厦门。接下来，历时6个月的厦门攻坚战十分血腥。厦门先是成了一座围城，城破之日，清军不分青红皂白地屠杀叛军和无辜百姓。叛军的首领甚至还包括归国的新加坡华侨（他们也是具有中国国籍的英国臣民）。此外，还有一位叛军首领受聘于怡和洋行，他于4年前组织了一个团体——该团体也参与了这次叛乱。英国官员们一直保持中立（直到最终的屠杀实在令人难以忍受，他们才插手此事并阻止屠杀），但"苦力"贩子新梅和德滴，以及那些体制外的英国人却给叛军提供弹药，并从中谋取利润。眼见叛军节节胜利，英国领事馆不得不迁到他处，有一段时间，领事馆的档案和金库被移到宝顺洋行派来的船只上（直到文咸提出反对）——那艘船正好是破旧不堪、早已退役的"阿美士德号"。该船此时停泊在港口范围之外，船舱里装满鸦片。出于安全的考量，"阿美士德号"开进港口内。然而，从8月底开始，清军就一直包围着叛军据守的城池。在此期间，"阿美士德号"对清军舰队进行了4次炮击，此时，距离里斯船长在宁波和福州首次进行的暴力"试验"已经过去了整整21年之久。[34] 而一旦叛军被镇压，出于投机目的被英国公司带来的火药被清理掉，厦门就会恢复秩序并照常进行贸易，贸易额甚至还将会出现可观的增长。

叛乱对香港并没有造成太大的影响，尽管许多广州市民担心叛军会进攻广州，拥入看似安全的香港。当然这倒给当地房地产市场带来了发展的契机。内地的混乱，为当地的市场和商铺带来许多商机。此时，居然有叛军分子漫步在香港的街道上，静静地从所见所闻中学习了许多，然后把学习到的新知识带回了南京。天王的亲戚洪仁玕曾和洪秀全一起师从罗孝全，并为清朝当局所知。因此，他于1852年逃到表面上比较安全的香港（亦即他后来所说的"外国"）。[35] 一座由外国控制的中国城市为来自内地的避难者提供庇护，这很可能是有史以来第一次；一个政治难民如此费心地观察和学习，又满怀希望地回去把自己的所学教给别人，这大概也可以算是有史以来的最初几次之一。

这名来自太平天国的反叛者曾经和香港的传教士们一起生活和工作过，他给后者留下十分深刻的印象。在香港主持召开伦敦传道会神学研讨会——亦即旧的英华书院——的理雅各（James Legge）回忆道："他是我见过的最和蔼的，也最多才多艺的中国人。"韩山明（Theodore Hamberg）回忆道："我喜欢听他声情并茂地说话。"洪仁玕带来了太平天国的许多文本，其中最重要的是关于洪秀全这位太平天国先知的精神历程的记述。

很快,韩山明翻译并出版了该书,借此筹措资金。[36] 洪仁玕再次会见了罗孝全和裨治文。1853 年洪仁玕曾尝试途经上海前往南京却未能顺利抵达,他只好又搭乘轮船返沪。之后他在香港居住 4 年,其间学习天文并担任伦敦传道会传教士助理。传教士们尝试塑造他——他正式接受了洗礼,而且,在 1853 年和裨治文一起北上(并和麦都思一起住宿)时,他还携带了各种工具,并准备用这些工具给太平天国的众人上课,这些工具包括:一幅标上中文的世界地图、一幅中国地图、一幅巴勒斯坦地图、一台望远镜、一个指南针、一个温度计以及西方的印刷工具模型。他们希望用基督教和西方两方面的知识塑造与支持太平天国起义。1858 年,洪仁玕携带伦敦传道会提供的资金,从陆路前往天京,为挣扎求存的太平天国政府掌舵,并给这场运动注入活力。洪仁玕似乎总是为了便宜行事而牺牲某些原则,致使包括理雅各在内的赞助人最终感到"非常"失望。但是,他使天国上下更好地了解了正统基督教,和外国人建立起了更加紧密的联系,也使人们更深入地了解了他所切身体验的西方科技的种种好处。[37] 接着,罗孝全前往南京找他。

归国华侨发动政变,于 1853 年 9 月 7 日占领上海。上海道台吴健彰来自广州,他通晓英语,曾经是一个和美国旗昌洋行(Russell & Co.)有着紧密联系的成功商人。1852 年吴氏被任命为上海道台,对外国官员而言,这是一个坏消息:他们把这看作实行一种"回头政策"而刻意采取的举动,意在使"我们按照广州模式发展对华关系"。[38] 领事阿礼国声称,吴健彰企图挑起洋人之间的钩心斗角,他还在自己身边安插了许多同乡,这些人希望成立一个新的洋行,从而垄断贸易。但是,随着太平天国起义爆发,吴健彰有了新的担忧。他雇用了一支临时拼凑而成的舰队,在镇江抵挡叛军,力图确保上海海关源源不断地送来资金,并在同乡的帮助下组织一支民兵部队守住上海。如果吴健彰能按时给组织起来的民兵部队支付饷银,当地广州秘密社团头目也不至于闹事。但是,吴健彰不是无法支付饷银,就是不愿这么做。尽管当局和秘密社团正在进行旨在为后者正名的谈判,之后当局也发表宣言承认了秘密社团的合法性,但是仍然未能阻止秘密社团于两天后发动叛乱。当时整个地区陷入叛乱的烽火之中,而外国当局最不希望自己眼皮子底下出事。此刻来自广东和福建的帮会组成了联盟，并根据其中一个帮会的名称命名（这个联盟被称为"小刀会"），他们兵不血刃地占领了上海，这让洋人恼怒不已。而吴健彰是幸运的，由于他和同乡们之间的亲密关系，所以，尽管他拒绝领导叛军成立的政府，叛军仍然允许他逃到城外，并由其美国联系人提供庇护。[39]

这一切令英国人难以接受。阿礼国抱怨道，这起事件令人"颜面尽失"。一个月后，一支部队前来企图收复上海，这却令他更加恼火。因为在他看来，攻城部队所使用的战术"完全徒劳无功并且极其幼稚"，就像"可怜的骗子"一样，其作用不过是威胁困在城外的中国居民的生命安全。[40] 尽管如此，攻城之役十分壮观。清军花了几个月攻城，而外国人则目睹了整个过程。此时教堂钟楼终于派上用场了。根据一位刚抵达上海的教友派信徒兼丝绸商人托马斯·汉璧礼（Thomas Hanbury）记述，登上钟楼，可以"鸟瞰方圆数千米的郊区"。聚集在钟楼观看战事的人如此之多，以致《北华捷报》不得不呼吁人们停止登楼，以避免发生灾难——根据该报报道，钟楼"不太牢固"。[41] 此时战事距离租界界限仅仅数码之遥，这使外国租界不可侵犯的神话日渐巩固，也助长了外国人关于安全和安全距离的幻觉。接下来的几十年，这将成为租界居民生活和思想方面一个不断浮现的特点：他们可以安全地从钟楼顶层（之后还能从其他更高的制高点）眺望周围所发生的一切（只要挤上摇摇欲坠的楼梯的人不太多）。只要流弹飞过租界的地方，租界当局就会正式提出投诉，并严厉地斥责涉案的中国人。就这样，洋人们历尽艰辛从广州洋行的方寸之地中挣脱了出来，现在，他们重新定义了自己的形象——他们一边躲在对外隔绝的安乐窝里隔岸观火，一边享用着饮料。

但是，上海显然面临着真正的危险，这迫使人们集中精力解决难题。租界当局把优秀的人才引入上海，希望他们能够为这些问题寻找到现实的解决方案。这些问题包括：清政府的逃遁、贸易的停止、中国难民和外国水手拥入租界，以及由小刀会、清军部队（有些洋人学着太平天国半戏谑的口吻，把他们称为"小恶魔"）、逃兵、强盗和败军所带来的危险。外国官员们需要建立起某种暂时性的制度进行贸易，从而让他们能在清朝当局无法维持秩序的情况下，履行他们的条约义务。他们还需要为各租界建立起更加完善的行政体制、组织警察部队并加强防卫。简言之，他们需要发出更大的声音，也需要更强有力的手腕。于是，租界当局和清政府在关税问题上达成了妥协，英、法、美三国领事讨价还价之后，和吴健彰道台达成协议，让他聘请外籍海关税务司，在上海鉴定税额并将税金上缴清政府——这和粤海关监督的时代不啻天壤之别。双方也在行政上达成了妥协——道路与码头委员会变成了一个具有完整职能的租界工部局，能够行使新的权力并满足人们的新期望。工部局刊出招聘启事，打算聘用一名书记员并成立警察部队。塞缪尔·克里夫顿（Samuel Clifton）率领29人从香港前往上海（这支部队从香港当地警察当中招募而来）并从1854年9月开始在上海的租界巡逻。1854年4月4日，不久前由商人组成的上海万国商团（Shanghai Volunteer Corps）行军到租界以西的草地上。奇怪的是——或许，也并不那么稀奇——当局采取这项措施，是为了"严惩闯入租界的人"，然而，他们针对的是清朝军队，而不是叛军。因为租界当局一直怀疑，道台收复上海的同时，还企图收回租界。[42]人们越来越相信，租界当局不只应该在中国国内冲突中保持中立，租界本身也更应该丝毫不容侵犯。正是这个信念，最终促使当局成立武装组织。在中国的英国侨民也越来越相信，他们必须时刻准备着用武力回应中方的暴力手段。1847年，广州的英国侨民已经"逐渐习惯军事操练"。1853年，他们同意在上海成立义勇队。[43]他们早已摩拳擦掌，准备让中国人或其他任何人见识他们的厉害。

清军围困叛军时，由于他们的营寨距离围城太近，叛军的炮火被引向租界，这使租界居民遭受池鱼之殃。不仅如此，包括沃尔特·麦都思在内的居民也遭受了袭击。一名妇人更是险遭炮火击中。于是，在洋人发出最后通牒要求清军撤离却得不到回应的情况下，一支300人的部队——其中包括"绅士志愿军"以及英美水兵和海军陆战队——从教堂出发向西行军，他们一路"敲锣打鼓，旗帜飞扬"，并对清军营寨发动攻击。一场激战之后，他们以4人死亡的代价驱逐了守军，而守军则丢下了50具尸体。随军的英国领事阿礼国对于部队的表现十分满意——他们总算成功地教会中国人如何"尊敬"洋人了。汉璧礼目睹这些洋人士兵烧杀抢掠的情景,以及之后清军营地一片狼藉的惨状,感到万分惊讶。胜利者"带着一串串铜钱以及抢到的其他赃物,满载而归"。其中一位牺牲的"绅士志愿军"是24岁的名为约翰·布赖恩(John Brine)的拍卖师,他被埋在山东路坟场,外国领事、船长以及由水兵、士兵和志愿军组成的仪仗队出席了他的出殡仪式,并在仪式结束时对空鸣枪3次。日后出版的一部志愿军历史著作首页便附上了布赖恩墓碑的照片。[44] 一名参与战斗的美国人日后感叹,布赖恩极有可能是被己方开枪打死的,因为"英国和美国指挥官之间并没有就这次行动进行清楚的沟通和交流"。[45] 但是,人们不会让这些不光彩的事实掩盖胜利传达给人们的最重要的信息:外国人只要使用一点武力,就能让事情圆满结束。

战争造就了上海,这片土地日渐健全。巴富尔铺设街道,购置土地,打造了一个井井有条的空间。如有需要,人们还能筑起栅栏进行防守(人们于1854年底在租界西界筑起了栅栏)。租界的外国居民(上海租界从来就不是专属于英国的)已经接受了为公共设施——道路、码头和处理各种令人厌烦的事务——付钱的必要。虽然他们并没有怀着愉快的心情付钱,但是至少他们已经习惯这么做,同时,他们也习惯以顾问的身份,花时间处理市政杂务。之所以如此,一部分原因在于外侨的公共精神日趋强烈,另一部分原因则在于其保护自身利益的需要,一些公司已经习惯于把自身利益和租界利益视为一体。上海外侨成立了工部局,其存在和职能由该局简章确立下来,而简章的底本则是1845年道台初次公布的土地规定。其后,相关规定几经修改,并附加了不少细则。该局竖立了路牌以"将路名清楚完整地标明",并聘请中文写手在租界所有的中国房屋上写上中英文编号,同时编订房号清单。[46] 另外,租界还有一支警察部队,不仅如此,租界当局还组织了地方武装,而外国战舰也停泊在黄浦江上。香港离上海不远,当局可以从香港守军中抽调部队增援上海,或者送去武器弹药。如今整个地区陷入混乱——之前一直将外国人拒于上海城门之外的中国人,此刻却蜂拥到派驻了警察和军队的秩序井然的外国租界,而这一切一点都不令人感到意外。一方面,许多外国人发出抱怨或刺耳的批评,指出中国

通往罗马天主教教徒的村庄

西门外的花园

桃园

天主教墓地

市郊

本地人（非教徒）墓地

西门

上海内城

南门

美国教堂

同仁堂

美国圣公会教堂

中国阅兵场

罗马天主教教堂

育婴堂

美

本地船只停泊处

黄浦江
（贸易范围达到浙江省省界）

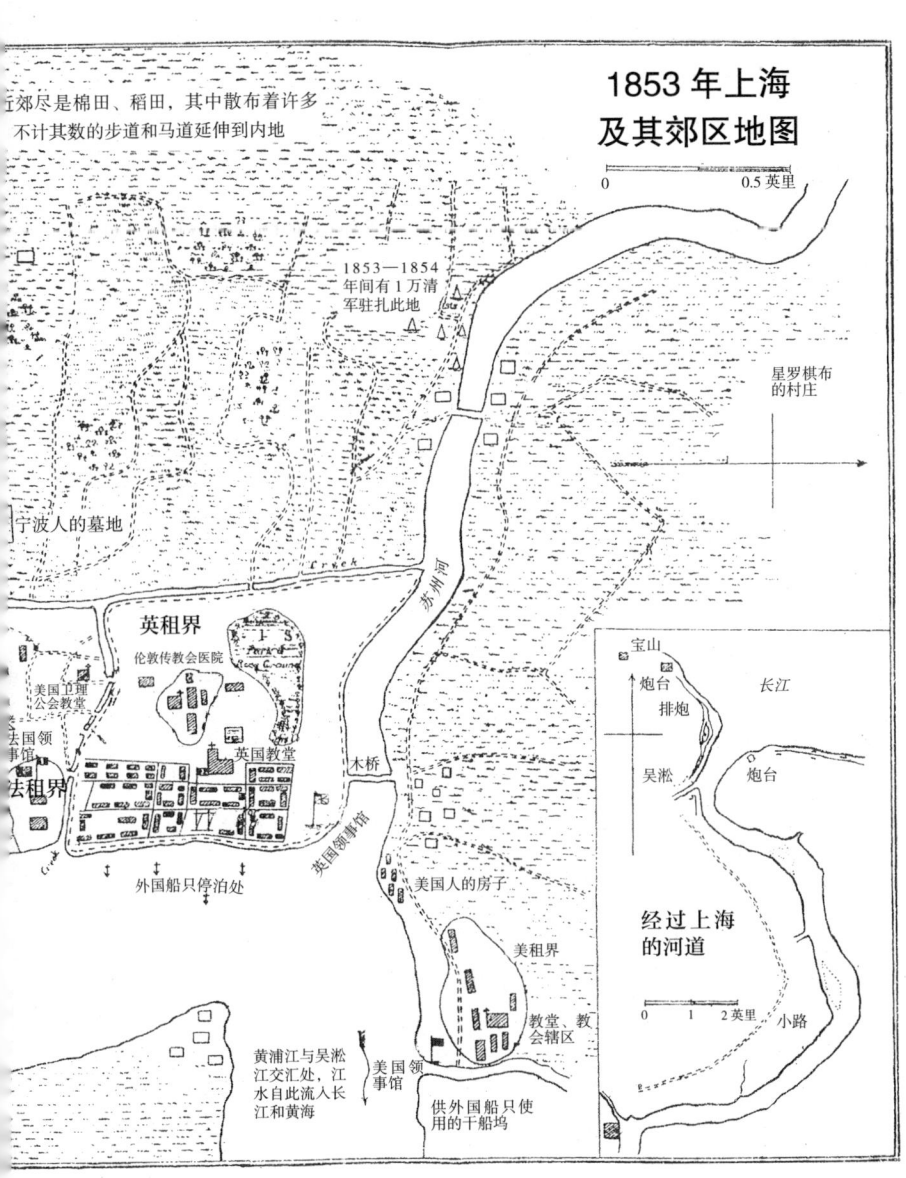

1853年上海及其郊区地图

近郊尽是棉田、稻田，其中散布着许多不计其数的步道和马道延伸到内地

0　　　　0.5 英里

1853—1854年间有1万清军驻扎此地

星罗棋布的村庄

宁波人的墓地

英租界
伦敦传教会医院
美国卫理公会教堂
法国领事馆
法租界
英国教堂
英国领事馆
木桥
外国船只停泊处
美国人的房子
美租界
教堂、教会辖区
美国领事馆
黄浦江与吴淞江交汇处，江水自此流入长江和黄海
供外国船只使用的干船坞

宝山
炮台
排炮
长江
吴淞
炮台

经过上海的河道

0　　1　　2 英里
小路

1853年上海及其郊区地图

人居住在租界内违反了条约规定；另一方面，中国租户却给外国地主们支付了大笔的租金，令他们眉开眼笑。

新房子犹如雨后春笋般涌现。但无论就其品质还是设计而言，这些新房子都显得华而不实。然而，在此紧急时刻，新房子却满足了人们的需求，也让外国人赚了不少钱。一方面，这令人欢迎（当然，前提是如果人们在辩论之后，可以妥善地处理此事的话，那么这才是"令人欢迎"的）；另一方面，它也被人们视为一种威胁和危险。阿礼国于1854年11月宣称，大约1万名"流浪汉"和"最底层"的中国人"把小溪（即洋泾浜）两岸挤得水泄不通"。短短2年，当地人口就从500人暴增到2万人。他们"在整个租界里泛滥成灾，他们的房子、餐厅、赌场和妓院，构成了租界拥挤不堪、又脏又臭的郊区"。更有人蜂拥到停泊在上海滩上的小船上。就当时来看，似乎上海全城的居民都倾巢而出，拥入了租界。新成立的警察部队一旦抓到流动乞丐，就赶紧把他们送到黄浦江对岸的浦东。[47]这个目无王法的群体在外国控制的缝隙中日渐增长。这个缝隙，位于南边狭小的法租界（威廉·马克斯韦尔·伍德［William Maxwell Wood］认为，法租界除了竖立一张告示牌宣告其地位之外，和周围的上海城并无多大不同）[48]和英租界之间。租界当局最终不耐烦了。在知县的支持下，外国领事们批准了强行拆除洋泾浜郊区的行动。当局卖掉了那片土地，用卖地所得赔偿居民。但是，人们现在接受了一条新的原则，那就是"体面的"中国人可以居住在租界里，而他们不那么体面的同胞则必须被赶出租界。[49]市政管理从来就不是一项简单的任务，而在当前管理的进程中，名义上作为英国对华贸易据点而专属于英国的租界，因具有与世隔绝的优点，便成为中国居民的避难所，其价值逐渐上升，（生活）条件日渐完备。上海租界的中国居民人数从来没有回落到小刀会起义之前的水平，并且还在逐年增加。太平天国起义造成的混乱又持续了10年之久，这迫使更多难民拥入上海租界。在上海，英国人发现自己管理着日渐增多的中国居民。同样，香港也得益于战争所导致的混乱。

秩序、妥协、改革——可以肯定，不是所有人都喜欢这一切。新成立的租界变得越来越有教养且高贵，但是潜在的高回报和赤裸裸的钩心斗角、尔虞我诈促使人们不顾当局监督，进行各种勾当（尽管商人之间，互信才是最为重要的）。他们憎恶新的海关制度——质问、攻击和起诉海关工作人员，并在有机会时从事走私活动。时任英国副领事（后来于1855年担任江海关税务司，并从1861年开始被清政府聘请为正式的海关总税务司）的李泰国列出了19世纪50年代后半叶触犯条例的大公司。那些大公司包括：旗昌洋行（走私大米——根据中国法律，大米禁止出口——以及暴力反抗海关官员）、太平洋行（货单造假）、广隆洋行（"巧妙地"将铜钱藏在煤桶内走私出境）、和记洋行（走私硬币）、怡和洋行（在港口范围外转船，借以逃避关税，此外，该洋行还沿着长江进行走私活动）。各公司和商会都指控海关效率低下、实行双重标准，并且在贸易管制方面"蛮横霸道"，但是，正如李泰国所理直气壮地指出的那样，他们其实不过是对自己所受的管制感到气愤。在新制度下，"富有影响力的商人发现，自己和零售店主其实处于同等地位"，而"舰队司令和大使都是大商人的座上宾，这些客人会咨询主人的看法，有时甚至还会按照这些看法行事，所以，一旦要求这些大商人遵循任何规则，他们自然会感到十分恼怒"[50]。就这样，林赛家族的煤炭和现金遭到海关没收，而渣甸家族的船只也遭到了相同的命运。

尽管如此，城内依然混乱不堪，这迫使当局采取更加强硬的行动。叛乱使那些为叛军提供武器和其他必需品的人有利可图。和英国官员不一样，美国领事兼具商人的身份——作为旗昌洋行经理，他为洋行长期的生意伙伴吴道台提供各种服务并从中获利。[51] 尽管清军围困上海造成了各种破坏，但是英国当局仍然严守中立。反倒是法国人最终忍无可忍，首先采取了行动。他们于1854年12月开始攻城。1855年1月，法国人对上海发动攻势却铩羽而归，攻城失败的部分原因在于，为叛军作战的外国雇佣兵参与了战斗——其中包括来自伦敦、时年30岁的乔治·罗伯茨（George Roberts）——这群外国人参与了在租界及其周围地区绑架中国富人和清王朝拥护者的行动。在被英国领事逮捕并监禁之后，罗伯茨直接从监狱中闯出去并重新投入战斗。[52] 2月17日，法军和清军联手攻城并取得成功。城破之日，叛军开始溃逃，而清军恢复了对上海的控制并屠杀了叛军。他们只生擒了 2 名外国雇佣兵——1 名丹麦人和 1 名美国人。罗伯茨在同年再次被生擒,他被送到香港接受审讯,被判 24 个月监禁,其间必须做苦工,但至少,香港的监狱住宿环境要好一些。[53] 上海城内恢复了秩序,但城外依然混乱不堪。1855 年,英国领事注意到,从宁波发出去的信件都提及当地海盗的猖獗。信中人物之一是"阿美士德号"的老船长里斯——这次,他开着新购买的排水量 50 吨的三桅帆船"塞姬号"(*psyche*),从吴淞航行到长江沿岸的常州,船舱里满载大米。一名观察者认为他从雇主宝顺洋行那里买的这艘船实在太贵了,他很可能是在喝醉的情况下才答应购买该船的,而"这种事情,其实也已是司空见惯"。在常州,出生于新加坡的大副被中国船员们抓住并扔到海里。就在他浮出水面,准备游到岸上时,他看到甲板上的人们用刀子刺杀了里斯。他们把他的尸体扔到河里,任其随波逐流,不断流出的鲜血,把河水染成红色。[54]

上海国际势力之间的紧张气氛和互相猜疑反映出,在条约口岸,外国居民的身份逐渐趋同的同时,这种身份也受到(当地和全球范围)诡谲多变的敌对和同盟关系的影响,参加博弈的角色包括在上海这座饱经沧桑的城市和沿海各个开放港口划定势力范围的众多列强。上海租界当局和美国居民之间长期存在矛盾,矛盾主要围绕着"英国"租界司法管辖权和土地注册展开。同时,担任领事的美国商人们并不甘于承认英国人的优势地位。于是,美国居民在苏州河以北的美国圣公会教堂附近建起一个半独立的租界。1854 年 2 月,第一个全职领事抵达上海并在教堂升起美国国旗,此举使美国租界的地位得以明晰化。而早在 1849 年,法国人就标出了他们租界的范围。在广州,领事馆翻译员巴夏礼因为法国人在公共用地竖立旗杆的问题,与法国当局起了冲突。双方为此闹得不可开交,法国人派哨兵守住旗杆,而"好几个愚蠢的年轻(英国)男子则裤兜里揣着手枪,在花园里昂首阔步地巡逻"。巴夏礼要求法国当局为侮辱英国荣誉、挑战领事馆权威道歉,最终他如愿以偿。[55] 但是当罗伯茨和其他英国逃兵于 1855 年 1 月对法国人随意射击时,英国已经和法兰西第二帝国联合对俄作战近一年之久,因此这令双方的行为显得更加尴尬。1853—1856 年的克里米亚战争并不是那么遥远,它在太平洋地区亦有所反映。阿礼国担心英国人在中国沿海的非法鸦片存货将会成为俄国太平洋舰队觊觎的目标。作为领事，他究竟应该如何处理英国人如此诱人的宝藏呢？[56] 由于缺乏海军掩护，无论面对俄军还是海盗，香港都显得十分脆弱。不仅如此，"当地中国居民的特殊构成"亦使局势更加危险。当局要求当地英国居民加入一支仓促组成的志愿军团。[57] 英国领事罗伯逊的话道出了生活在上海的英国和法国居民的心声——"尽管和家乡相隔一万六千英里的山水，但他们对祖国的热爱却丝毫没有改变，他们也许比那些身在祖国的人们更加热爱祖国"——如同在香港的每个外侨群体，在上海，与此相似的情怀也将一次又一次地得到表达。[58]

就这样，中国的外侨群体密切留意着欧洲的战事，每逢捷报传来，他们也会庆祝一番。上海港内的战舰在得到俄军在阿尔马河战役（Battle of Alma）中失利的消息后，曾经鸣炮庆祝；上海的英国侨民也曾为参与欧洲战事的军人眷属筹款；上海的英国侨民还曾设宴庆祝塞瓦斯托波尔（Sebastopol）的陷落。[59] 在上海的英国侨民们看来，毫无疑问，那些参与战争的英国士兵们最终战胜了"一个不负责任的专制君主"（罗伯茨对沙皇的形容）并从中吸取了教训。同时，《北华捷报》编辑所谓的"对自由的热爱"也取得了胜利——他们自己不是也联合起来挑战了一个诸如此类的"庞大的专制政权"吗？[60] 这些帝国也促使太平洋地区发生了转变。尽管"萨斯奎汉纳号"未能顺利抵达太平天国大本营，但是该船本就是为了完成另一项任务才来到上海的，而它出色地完成了那项任务：作为马修·佩里率领的"黑船"舰队的一部分，它于1853年7月抵达江户湾，进而促使美国和日本签订条约，并于同一年推动了英日友好条约的签订。1858年新条约的签订，使这些条约得到保障并更加具体化，进而推动了中国沿海制度在对外开放的日本城市的复制。这种制度的复制既有正式的一面——人们依照上海等现成模式照搬各种制度和做法，也有非正式的一面——中国沿海地区的公司纷纷在日本设立分公司并把工作人员调到日本，而这些人往往会把他们所承担的关于他们和他们名义上的主人之间的关系也一并带到日本。包令被派往暹罗王国进行旨在订立贸易条约的谈判。亚洲正在对外开放。

相比之下，中国看起来仍然不够开放，但是此时一个新的机会出现了，使哈里·希尔曼所谓的自由贸易原则只得到了"极其有限的实践"的问题有了解决的可能。太平天国对现有秩序提出的挑战并没有消失。但是他们的北伐行动都失败了，尽管他们的首次北伐取得了最大的成功——1853年10月，太平军曾到达距离北京不到七十英里以内的地区。因此他们在南京和华中地区建立起来的政权得以站稳脚跟。清政府此刻已经十分衰弱，无力夺回战争的主动权，从而一举剿灭太平军。并且，另一个更加难以应付的叛乱又爆发了，这就是捻军起义，这一切使得清王朝雪上加霜。捻军由根基深厚的农民武装组成，其反对清廷的历史甚至比太平军更为悠久。1851年之前，黄河从鲁南地区入海，而1851年改道之后，改由鲁北地区入海。黄河改道造成灾难性的水灾和旱灾，使捻军登上了历史舞台。水灾和溃堤是这场剧变的某种预兆，它们使大约700万人受到影响。[61] 太平军穿过该地区向北行军，激化了这片饱受蹂躏的农村地区现存的矛盾，也使该地区更趋军事化。到了1855年，清政府开始面对第二个严峻的挑战。捻军并没有受到任何意识形态驱使，但是他们长年落草为寇，作战经验丰富，骁勇善战，这就影响了清政府对太平天国危机的解决。事实上，直到太平天国灭亡之后，捻军叛乱才最终被镇压下去。除此之外，广州问题——那座依旧封闭的城市——以及由此导致的一系列麻烦再次爆发，并带着浓浓的火药味。清政府面对的第三个挑战来自英法——和英国人之间的第二场战争，以及和法国人之间的第一场战争。这些外国军队行军所到之处，正是1842年以来他们的使节被禁止前往的地方：他们进入广州，然后到了北方，并进入天津和北京，进而直捣皇权的中心。在所有这些地方，英法联军都进行了激烈战斗，他们对这些地区的占领也十分血腥，强加给中国人的条件亦更加苛刻。他们在中国留下了不可磨灭的痕迹——确实如此，他们留下的颓垣断壁矗立至今。他们终结了开始于1840年的历史进程，给中国人强加了一系列新的条约，并与日渐衰败的清政府建立了新的交往架构。但同时，他们也明确表达了自己支持清政府的立场。他们要尽力使马戛尔尼所说的"破败不堪的旧船"航行下去。他们曾近距离观察过太平天国。在一段时间里，一段短暂的时间里，他们曾经迟疑，怀疑中国的这场叛乱能否解决他们和清王朝之间的问题。然而，这段时间却早已过去。叛军曲解了基督教教义并且"步入歧途"，甚至对此走火入魔，这使洋人不再对太平天国抱有幻想。到访天京的每一位传教士，甚至包括罗孝全本人（他在天京"掌管外交权力"长达两年之久），都未能使太平天国"回归正途"，并使他们转而信仰一种更能让人接受的正统基督教。但是，参与太平天国运动的人们对洪秀全的愿景及其神性深信不疑，任凭外人如何施加影响，都丝毫没有动摇。洋人们承认，太平天国不乏有识之士，但是兄弟阋墙的内讧，再加上这场运动似乎已丧失初衷的事实——太平天国已经发展到了巅峰阶段，却未能推翻清廷——使他们对太平天国失去信心。因此，洋人们对清朝统治者宣战、打败他们并侮辱他们之后，又开始把希望寄托在清政府身上。

和上次一样，这一切都从广州开始。1856年10月8日清晨，当地警官在港口内逮捕了一艘三桅帆船的船员。这艘船只是那些棘手的、四海为家的船只当中的一艘，名为"亚罗号"（Arrow），在香港注册。这种船本身就代表一种中西之间的妥协，而中西合璧的结果，使它得以乘风破浪——外国船体，配上中国索具，使其航速比一般沿海航行的帆船要快。人们一般会把这种帆船和受葡萄牙殖民统治的澳门联系起来。这艘帆船于1854年建成，于1855年9月27日在香港注册，然后，它从澳门满载大米来到广州并计划在当地停泊5天。"亚罗号"本来计划于事件发生当天起航。注册这些船只从来都不容易，其难度并不亚于在厦门或福州登记来自英国租界的中国人，或者看起来更像英国臣民的人——他们善于钻制度的漏洞，在争取贸易商的利益时往往请外国领事代为交涉，而在符合自身利益时，他们却又会声称自己是英国臣民。包令把香港打造成实行自由贸易的港口，使得问题更加严重。他回忆道："船只从每个角落和国家前来香港。""他们来了，又走了。除了记录他们从何而来，将往何处之外，没有一个官员干涉他们的活动。"[62] 严格来说，这个说法并不准确，因为当局于1855年实行了要求注册本港船只的新条例。向英国当局租赁土地并持有抵押物的中国居民都允许注册船只。英国政府在咨询之后，鉴于"香港的特殊情况"批准了这项条例，因为"在中国居民当中，合法的英国臣民还不足 10 个人"。[63] 注册"亚罗号"的是一个名叫冯阿明（Fong Ahming）的中国居民，而该船船长——实际上只不过是名义上的船长——则是北爱尔兰人托马斯·肯尼迪（Thomas Kennedy）。该船有 12 名中国船员。"亚罗号"可能进行了走私活动，也可能没有。它有可能参与了某种形式的海盗活动，也可能没有。就如"亚罗号"本身的设计、所有权和注册手续都十分复杂一样，它所从事的活动以及船员的活动也十分复杂。肯尼迪在距离"亚罗号"150 码的另一艘船甲板上，和伙伴们共进早餐，看到两艘"中国小艇"靠近"亚罗号"。等他匆忙赶回"亚罗号"的时候，中国人已经夺走了那艘船，船员们被五花大绑并带到小艇上，而他以及其他人都声称，那些认为"亚罗号"仅仅是冒充外国船只的中国官员们扯下了船上的英国国旗。肯尼迪在成功要求中方释放了其中两名船员帮他开船之后，就急忙去找领事，并让后者和中方交涉，要求释放其他船员并和中国人澄清这场误会。

关于肯尼迪求助的这个人，其所扮演的角色及之后所采取的行动，后人都进行了不少讨论。这个人就是郭士立第二任妻子玛丽·万斯托尔（Mary Wanstall）的表弟巴夏礼，他当时 28 岁，并且很早就失去了双亲。1841 年，13 岁的他跟着姐姐们到中国找表姐。（他的其中一名姐姐后来嫁给了雒魏林，并于 1844 年和他一起到刚开放的上海生活。）巴夏礼长大成人的那些年，正是英国在华势力蓬勃发展的那些年。他的成长岁月伴随着冲突，而他也习惯了冲突。他成年以后的生活围绕着中国，甚至可以说，中国代表着他人生中的一切，但当然，这个"中国"必须是他语境中的"中国"——也必须是英国人语境中的"中国"。就当时形势的发展来看，一个年轻英国男子如果精通中文，肯定前途无量。因此，巴夏礼家族在澳门当传教士的朋友们（包括约翰·罗伯特·马礼逊）于 1841 年 10 月便安排巴夏礼学习中文。这些人当中有许多人——甚至多数人——被发动战争的英国当局雇用为翻译员。巴夏礼为马礼逊当书记员，学会了中文，他让前辈们感到愉悦，并受到了前辈们的赏识，因此，他备受关照。在扬子江战役期间，他和这些前辈一同前往了南京。在那里，巴夏礼目睹了镇江在遭到屠杀之后的惨状。他被引荐给南京的中方谈判代表，双方签订《南京条约》时，他也在场。巴夏礼的传记作者十分坦白地写道："他是在战舰甲板上、全权大使的会议室里以及战场上，接受的启蒙教育。"[64] 1855年10月8日，他打算应用所学到的知识，解决托马斯·肯尼迪的小问题。第一次鸦片战争结束后，曾是传教士的郭士立在英军占领下的舟山岛上担任行政长官，其间巴夏礼为他服务了一年时间。1843年，时年15岁的巴夏礼乘坐一艘三桅帆船首次来到广州担任使馆助理。

前几任英国领事背景各异。阿礼国是一名外科医生，巴富尔来自英国皇家炮兵并曾在印度服役，李泰国是一名传教士，包令曾经出任国会议员（正是由于担任领事，他才最终使自己免于破产）。他们都具有丰富的经历，虽然总体看来，他们都缺乏对中国的了解，中文水平也不高，但是他们把关于整个世界的各种知识带到了新设立的驻华机构，光是这一点就足以弥补其他一切。然而，巴夏礼却只了解中国。他深知港口开放之初中外之间的争执，也了解做戏的重要性，更了解外侨群体在封闭的广州一直忍受的物资匮乏的状态——与林赛住在洋行里的那个时代相比，1852年，巴夏礼在广州度过的日子其实也没好到哪里去："（我）拖着脚步环绕'花园'走上1小时"，花园周长"正好1英里左右"，而除了河边，这就是洋行的居民仅有的可以透气的地方。[65] 他遭受过直接的侮辱，也遭受过直接的袭击——1845年，他在福州骑马外出时，被群众扔石头（"这令我怒发冲冠"）。在福州以外的其他港口，他曾不止一次因为遭受到他自认为的侮辱，而坚决要求清政府为他洗清冤屈——而且这种洗清冤屈的举动必须是可见的、受到承认的，此外，他还要求中方必须按照他的意思，做出正式道歉。他曾要求法国人道歉，也曾要求中国人道歉。作为英国驻广州领事，他代表着英国王室，但他显然也代表着自己的家庭。在华英国外侨群体就是这个家庭。而这个家庭也将会做出回应：他们铸造了巴夏礼的铜像，并于1890年在租界最繁华的大街南京路路口对面的外滩举行了这尊铜像的揭幕仪式，铜像下面刻着以下文字："在华外国商人铭感巴夏礼的伟大功勋，遂立此铜像，以资纪念。"同年4月8日，维多利亚女王的第三子干诺公爵（Duke of Connaught）主持铜像揭幕仪式时宣告："他为国家做出了巨大贡献，而且我希望我们能说，他也对世界以及普遍意义上的文明世界做出了巨大贡献。"[66]

1856 年 10 月 8 日，巴夏礼从普遍意义上的文明世界给两广总督叶名琛发去了一张便条（至少在巴夏礼看来是如此），然后前往了肯尼迪的船员被拘留的地方（他们还在小艇上），并要求中方在司法管辖权的问题得到解决之前，先行放人。他声明，叶名琛无权从英国船只上抓人，甚至无权派人登上英国船只。他在一封私人信件里声称，自己试图强行行使在解决司法管辖权问题之前"要回船员"的权利，但卫兵们却"打了他一下"。[67]无论如何，即使这是真的——有些人认为他是个骗子——一个面对一群士兵的男子试图自卫时，都极有可能会受到反击，哪怕仅仅是很轻微的反击。上个月受到海盗攻击的受害者出具证据，控告"亚罗号"船员进行海盗活动，嫌犯包括至少两名船员。除了这两名船员，两广总督释放并交出了全体船员，但拒绝认同巴夏礼提出的原则。因此，双方仅维持着表面的客气。叶名琛还写道，当时该船并未升起任何旗帜，该船为中国人所有，因此并不是外国人的三桅船。继续围绕此事进行辩论和争执显得徒劳。巴夏礼遇上了叶名琛，可谓棋逢对手，在一段时间里，叶名琛在英国的知名度和林则徐不相上下。清政府为了和外国人保持距离，让两广总督兼任负责和外国人打交道的钦差大臣，这使两广总督的地位更加微妙。于是，外国人被迫把注意力集中到他的身上。英国在华的大本营在香港，而香港总督也兼任贸易专员。因此，在表面上，让两广总督兼任钦差大臣的安排似乎很合理。然而，清政府如此安排，也是为了刻意将官方的沟通交流限制在广州。耆英担任两广总督期间，与亨利·璞鼎查爵士的关系还相当友善——他参与了《南京条约》的谈判并注意到了"康沃利斯号"上的男孩巴夏礼。他曾到访香港并享受到隆重的接待。但是，随着尚未解决的问题持续发酵（其中最重要的是外国人进入广州城的问题），香港总督戴维斯的态度也开始变得不那么友好。耆英的继任者们本身也不那么友好，而 1852 年接任两广总督的叶名琛则向来敌视外国人。作为一个"死硬的仇外者"，叶名琛和他的前任徐广缙曾在 1849 年的广州问题上迫使英国人屈服：文咸本来执意要求中方履行 1847 年的协议，后来却又不得不放弃那些要求。徐叶二人的行动令当地精英和民众一致称快——他们对英国人的阴谋怀有戒心,并怀疑英国人将会为了1849年的事件发动第二场战争。他们组织了一支民兵部队,数千男子请缨杀敌,此举促使英美当局派遣军舰和海军陆战队到达广州。此时他们伪造了皇帝圣旨,并提出只要城内的人们反对,他们就禁止外国人入城。面对清政府的拒绝,文咸只好"搁置"此事。他并不准备为了此事发动战争,考虑到中方进行了广泛动员,以逸待劳,进行类似于戴维斯的偷袭行动更是绝无可能。因此,对那些拒绝妥协和谈判的官员来说,英方政策在表面上的失败,实际就代表着他们(中方官员)的一场胜利。叶名琛宣称英国人不过是"外强中干"。[68]

尽管中外双方关系紧张,但是这并未阻止外方与地方当局合作取缔海盗活动。中国地方当局经常和英国皇家海军合作打击海盗,他们有时甚至要求英国海军采取行动。直到叶名琛于1854年面对由秘密社团领导的大规模反清起义(即"陈开起义")时,英国人才停止为他提供帮助,尽管英国人亦明知这可能导致珠三角海盗活动猖獗。有鉴于此,叶名琛便独立负责广东省防务并于1855年1月消灭叛军。叶名琛总督并不甘于对巴夏礼示弱。于是,"亚罗号"事件便不可避免地迅速扩大和激化,演变成可怕的、灾难性的暴力。巴夏礼立刻要求当局派来一艘战舰,作为"在实质上强化"其地位的后盾,从而使他在便条中对叶名琛提出的威胁更有分量。[69]既然中方拒绝在"亚罗号"上,当着他的面交出9名船员,巴夏礼便干脆拒绝了中方交回船员的提议,并呼吁包令采取适当的反击行为——譬如攻击广州港内中国战舰的小规模行动——这种行动将不会导致"危险或偏见",也就是说,其既能表明"英国国旗不容侵犯",又在可控制范围之内。对于巴夏礼提出并强调的原则问题,叶名琛一概置之不理。中国人有资格决定哪些是英国事物,哪些不是吗?绝对不行,巴夏礼写道,中国人必须趁早放弃这种狂妄自大的想法。在这一点上,巴夏礼和包令一拍即合。事实上,包令一直都是巴夏礼的同谋,他也力主对清政府采取暴力行动。在和巴夏礼的私人交流中,包令提出希望利用"亚罗号""作为跳板,妥善处理该事件,从而取得进一步的重大进展",亦即争取广州对英国官员开放,或许再加上其他权益,由此在"我们的史册上写下光辉的一页"。[70]巴夏礼日后写道,有一只神圣的手"明显地主导了这起事件",而且,这原本应该"是西方与东方、基督教与异教的对抗"。但是，很明显，这起事件却是他和包令一手操纵的。[71]

包令允许在符合以下条件的情况下拿下中国战舰：如果中方不打算在近期内做出道歉；如果中方无法保证在将来的日子里尊敬英国国旗。英国人在发出最后通牒之后，中方仍未满足他们的条件，于是他们便扣押了一艘中国帆船（这是一艘无辜的商船，因此纯属意外）。接着他们又发出一次最后通牒，但是他们的条件仍未得到满足，甚至没有得到任何答复，因此，他们就占领了虎门炮台并拆除了防御工事。他们接着再一次发出最后通牒，条件仍然没有得到满足，中方再次拒绝答复，因此他们便占领了广州炮台并拆除了防御工事。一大队海军陆战队士兵在洋行登陆并驻守洋行，巴夏礼夫人注意到，广州外侨已经开始发现自己"正在经历诸多不便"。外侨的仆人们纷纷离开，商店也被命令停止为外国人提供必需品。这仿佛是1839年历史的重演，大多数商人"不愿意自己准备晚餐"，于是他们携带着他们的档案和宝藏前往香港。[72]但是，这是1856年，而巴夏礼更不是义律，皇家海军炮击广州城，致使部分城区陷入一片火海。10月27日当天，在足足4个小时的时间里，每隔10分钟，英国人就向叶名琛的衙门发射一发炮弹。现在，叶名琛终于做出了回应——他在广州各处张贴告示号召群众抗英，每杀死一名英国人就可以获得30元赏金。同时，他还通知美国领事，从现在开始，中国和英国处于战争状态。英国人袭击了叶名琛的衙门并将其抢劫一空，尽管这些行动让他们大受鼓舞，但显然，他们并没有取得任何实质性的进展。他们炮轰了城里的政府建筑。短短3个月，英军将洋行付之一炬，邻近的中国房屋和大片城区被夷为平地，此外，双方还进行了许多小规模的战斗，这一切使得死亡人数不断增加，并远超过了巴夏礼认为的需要"流一点鲜血"。[73]二等兵查尔斯·本内特（Charles Bennett）是当地村民为了领取赏金而斩杀的第一个英国人，而很快，英军便将整个村子夷为平地，以此作为报复。

对于这一切，巴夏礼乐此不疲。他经常身先士卒、奋勇向前。他甚至一度被爆炸烧焦胡须。10月29日，他仔细勘察了饱受蹂躏和劫掠的总督衙门，他穿着靴子在衙门前来回踱步，"志得意满"地看着自己对叶名琛造成的"羞辱"。他向姐姐抒发议论道:"热水已经上升到我脖子的位置了,可我希望用那些热水清洗过去那些年在广州积累起来的许多污垢。"[74] 叶名琛发出的信息不断重复他所理解的"亚罗号"事件,他一直拒绝承认自己在行动上有任何不当之处,并对英国人的好战表示惊讶(他指出英国人甚至在安息日当天作战)。同时,他也命令己方部队避免对英军行动做出回应。而且他还指出,自己很清楚英国人所关注的问题根本不是"亚罗号"事件,而是广州问题,现在他向英国人宣告,自己不准备在这个问题上做出任何妥协。如今双方处于一个充满血腥的僵局之中。英军的实力,足以让他们随意对广州及其居民造成破坏和伤害,但是,他们兵力不足,无法占领广州。将洋行夷为平地之后的一个月里,英军驻守在那些被人走过无数遍的洋行花园,因为那是他们能够进行有效防守的唯一一个地方。巴夏礼描绘了战斗现场——他的"领事馆"如今只是停泊在教堂后面的一艘小艇,环顾四周,"死猫和各种奢侈品"一片狼藉,对面的炮兵掩体只剩下颓垣断壁,领事馆、怡和洋行都成了一片瓦砾。巴夏礼希望那片瓦砾能充当通往"开放的中国"的垫脚石。[75] 既然英军阵地已经危如累卵,随时可能被中国军队攻陷,他们只好选择了撤退。在这场不断激化的冲突中,中国军队炮击了一艘美国战舰,这促使美军开始对中国人采取报复行动。香港和珠三角的太平军徒劳地向洋人提出自己可以从事反清活动的意愿,且愿意贡献从新加坡返航的舰队残部。一名巴伐利亚人惨遭斩首。在黄埔,一个名为威廉·考珀(William Cowper)的老人在他的船上遭到了绑架。一艘英国邮轮的全体船员,加上船上的一位西班牙外交人员,被一群伪装成乘客的男子制伏后,惨遭斩首。人们日后在被烧坏的船壳里找到了他们的无头尸体。1857年2月,香港一家由中国人经营的面包店给顾客送去有毒的面包。如果加在面包里的砒霜再少一点,大约400人可能因此死亡(由于放的砒霜量太大,多数人把面包呕吐出来了),但事实上直接被毒死的人并不多,尽管中毒丧命者包括包令夫人。既然当局未能找到嫌犯,面包师傅及其助手在接受审讯之后便被宣告无罪。但至少,他们还有接受审讯的机会。包括香港辅政司在内的许多人呼吁当局立即将面包师傅及其助手斩首并实行戒严令,好让香港的中国人群体意识到,挑战英国统治得不偿失。与此同时,有些英国人为了以防万一,让中国厨师当着他们的面试吃所有的食物。[76]

新上任的英国特命全权大使额尔金伯爵私下评论道,"亚罗号"注册早已过期,且并未办理新条例规定的各种手续,所以,它实在不该被用来

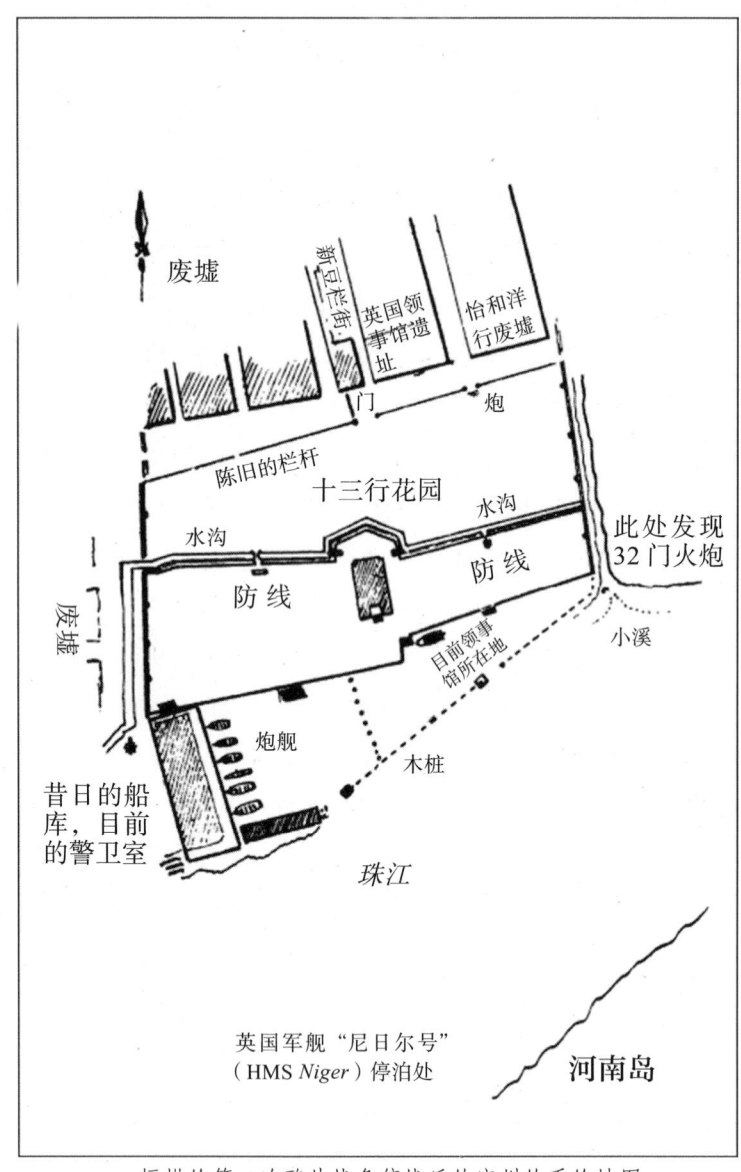

一幅描绘第二次鸦片战争停战后的广州的手绘地图

作为教训中国人的工具,"亚罗号"事件"对我们来说,是一件丑闻"。[77]但是,来自广州的"伟大而振奋人心的新闻"使上海的英国侨民"相当兴奋"——他们只能断断续续地了解事态的发展,因为"玛丽伍德夫人号"(Lady Mary Wood)每两周才会沿着黄浦江进入上海一次,并从南方带来最新的一批报纸。尽管英国侨民对此事件看法不一,但是《北华捷报》的评论很可能代表了多数人的看法:该报宣告,"如果一个人要感受到这件事所应该带来的满足感,他就必须长期侨居中国",并且长期经受广州外侨所忍受的"侮辱和无礼的言行"。[78]但是,在英国,无论是一般群众、国会,还是媒体,都不怎么欢迎"亚罗号"事件所导致的和中国的对抗。由于那艘三桅帆船的事件而产生的报复行为尽管不能算是十分暴力,但是也并不是完全不带"危险或偏见"——至少对二等兵本内特、威廉·考珀、英军炮击广州时被困在城内的数百市民,以及与英法联军作战的士兵和民兵而言,这起事件充满着"危险或偏见"。那些希望并筹划修约的人满意了,这起事件本来可能通过书信来往获得解决,现在却被别有用心地用来创造修约的机会,从政治的角度说,这多少显得有些尴尬,但巴麦尊领导的政府顺利地渡过了"中国问题带来的考验"。在1857年3月一场冗长的国会辩论中,来自广州的书信以及其中见不得光的详情终于被曝光,其中最重要的又是这场纠纷的根源,即威廉·格莱斯顿(W. E. Gladstone)所谓的"摇摆不定的问题"。同时,官方和私人文件中也描述了英国海军的暴力行为,这一切都被用来攻击巴麦尊。格莱斯顿指责道:"你将一位领事变成了一个善于玩弄权术的外交能手,而这个早已改变初心了的领事确实有能力集中英格兰举国之力,杀戮手无寸铁的人们。"[79]在反对者看来,这是一场非正义、不道德的战争。然而,巴麦尊却以人身攻击的方式反击其反对者。他声称,他那些思想偏激的政敌显露出"一种反英格兰的情绪",他们摒弃了"将男人和他们的祖国以及同胞紧紧联系在一起的所有纽带"——我们或许还会注意到,正是这些纽带,将上海的英国侨民和法国侨民与一万六千英里之外的克里米亚战争联系起来。巴麦尊首相指责包令和巴夏礼的批评者,在他看来,这些批评者们认为"代表英格兰的一切都是错误的,而反对英格兰的一切都是正确的"。[80]经过一番唇枪舌剑的辩论之后，巴麦尊还是失去了选票，但他却赢得了紧随其后的选举，而中国的问题从来就不是选举中最突出的问题。印度爆发的印度兵起义，促使决策者对帝国事务采取更为强硬的立场。[81] 在中国发生的一切被视为更大范围内的帝国危机的一部分，而要应对这场危机，就必须毫不含糊地采取暴力手段，既为所受的侮辱采取报复行动，也为惩罚桀骜不驯和冥顽不灵的敌人。英国派代表团到美国和俄国邀请两国加入对华攻击行动，却无功而返。另一方面，法国人同意加入这场行动——1856年2月，天主教传教士马赖（Auguste Chapdelaine）在广西接受审讯后被处死，这成了他们宣战的原因。所有条约里关于最惠国待遇的条文都意味着，即使那些决定暂时不参战的国家，也将自动获得战胜方新获得的利益并从中受益。

而此时，曾经出任牙买加和英属北美总督的詹姆斯·卜鲁斯（James Bruce，即额尔金伯爵八世）却丝毫没有沾染到身边许多人的求战心切的情绪。1857年12月14日，广州洋行的废墟前架起了各种战争机器，它们时刻准备着在总督拒绝最后通牒之后对广州开火。额尔金眼看着这一切，他对妻子写道："我这辈子从未感到如此羞愧。"叶名琛对他总是"虚与委蛇"，而这对于事件本身自然也于事无补。攻击行动开始时，额尔金写道，"我非常厌恶这一切"，但是后来，他又承认"总体来说，这场行动十分顺利"。[82] 和以往一样，英国人同时还通过（中文）文字印刷的方式进行着战争，他们到处张贴告示，不时上岸分发传单（一如既往，巴夏礼再次奋勇向前），并严厉批评叶名琛，解释自身立场，从而表达出他们想要和广州的人民保持和平的意愿。而在做完这一切之后，他们的战舰又开始对着广州城万炮齐发。《泰晤士报》于1859年刊登一则短讯指出，此时，广州"在实战和演习中都遭受了炮击"。《伦敦新闻画报》（Illustrated London News）刊登了查尔斯·威格曼（Charles Wirgman）短时间内完成的许多素描画，这些作品真实地反映出了额尔金"令人厌恶的炮轰"。这些绘画作为伦敦的一大奇观，很快就被搬上舞台。1858年4月，位于伦敦威斯敏斯特桥南端的阿斯特利露天剧场"人满为患"，观众拥入剧场观赏剧作《我军炮轰及攻占广州》（The Bombardment and Capture of

Canton），他们沉浸在"光荣的、无比风光的战争"所带来的愉悦气氛里。而与此同时，就在广州街道上，当地非正规武装正对占领军进行着持续的游击战，遭受伤亡的英军恼羞成怒，纵火焚烧街区并屠杀了数十名旁观者。[83] 坐落在泰晤士河畔的阿斯特利露天剧场长期主打马戏表演，而该剧除了呈现"杂乱无章却又具有画面感"的中国队伍之外，它还不负观众期待地动员了包括正规军人在内的 500 名参与者，并让活生生的马匹参与演出，此外，该剧甚至还动员了装扮不那么真实的中国舞女，并围绕她们编织了一个无聊的中国式爱情故事。之前国际媒体已经将叶名琛彻底妖魔化，并将他描绘成广东屠夫——根据报道，他在镇压陈开起义过程中屠杀过 7 万人。舞台上的叶名琛"正欣赏着一片花海"，而就在此时他却被英国水兵逮个正着，这位总督随即被包围起来。而这样的场面"令观众十分满意，大声喝彩"。紧接着广州城墙出现在观众面前，英法联军炮击并攀登城墙，最终在城楼上升起国旗。就这样，随着这些士兵们在舞台上叫喊着"攻下广州"，演出也就顺利结束了。[84] 英法联军确实攻下了广州。于是，让我们再次回到广州紧闭的城门以及衙门紧闭的大门前吧！（林赛等人曾在上海用膀子撞倒衙门的大门。）在战舰上的巴夏礼等人每隔 1 小时就向广州城发射 6 发炮弹。1858 年 1 月 5 日，在英法联军攻占广州，法国水兵和英国士兵把掠夺来的赃物装入他们的帆布背包之时（他们"看起来极其可笑……挥舞着中国人的旗帜，头上戴着瓜皮帽"），[85] 由巴夏礼率领的 100 名海军陆战队队员正到处搜寻着叶名琛的身影。当月稍晚的时候，巴夏礼写道："他已是我的囊中之物。"他们花了无数个小时穿梭于广州弯弯曲曲的街巷。最终，在获取情报之后，他们强行撞开了一栋不起眼的院落的大门。这里藏着总督的档案，他们刚进门，就瞥见叶名琛往后院冲去。他们能认出叶名琛，因为手里有他的肖像。根据《泰晤士报》通讯员报道，一名英国水兵"把钦差大臣神气的辫子绕在了自己的拳头上"，同时，"绝伦号"（*Sanspareil*）的凯伊船长（Captain Key）一把便将总督制伏。那一刻，海军陆战队队员"把他们的军帽抛到空中，发出三声震耳欲聋的欢呼"。[86] 他们擒住了叶名琛。就这样，巴夏礼终于进入了广州城，并在那里会见了两广总督。

上海、厦门和宁波并没有战事。外国人面对着"一个港口处于战争状态,另一个港口却处于和平状态"的"非常态",这种处境令他们十分尴尬,然而他们却力图保持着这种"中立"。领事之间探讨着从上海为英法联军提供补给的可能性,并讨论这个方案可能给地方关系造成的实际影响。但是,特别是在上海,他们更加担心一些其他的问题——随着中国居民日益增多,涉及中国居民的治安案件也与日俱增,这令租界当局穷于应付(他们于 1857 年放弃处理涉及中国居民的治安案件);围绕司法管辖权的问题也越来越棘手;此外,还有叛乱导致的剧变和混乱。[87] 此时,太平天国依然看似坚不可摧,而长江下游也依然动荡不安。而且,每当在上海的英国侨民想到俄国势力的扩张,他们也会寝食难安。俄国人在舟山岛购买土地,在上海滩对面的浦东购买地产——俄国人来了,他们正在进军中国,看到英国人在中国大有斩获,他们也想分一杯羹。维多利亚时代中期的英国人多少有些草木皆兵,在他们的幻想中,俄国人无处不在。俄国人肯定帮助中国人设计了守护着白河口以及通往京津要道的大沽口炮台。1859 年 6 月 25 日,他们肯定就在炮台里。当天英军进攻炮台遭遇失败,一名参与者写道:"我们的一些弟兄郑重发誓,他们清楚地看见了俄国人。""他们肯定就是俄国人,没有哪个中国人会像昨天那些家伙那样英勇作战。"他们看到的并不是俄国人,但是俄国人确实给中国人提供了武器和顾问,而这些顾问完全可能训练中国士兵和英军作战或者设计防御工事。[88] 无论是通过上海的联系人,还是通过在苏州和高级官员会谈,英法联军都未能实现他们的战争目标,因此,1858 年,他们将战火烧到北方。他们(再次)被清政府告知:回到广州。清政府要和他们在那里谈判。然而他们还是向北进军了,并于 1858 年 5 月攻陷炮台(此时炮台守军早已溃逃),进入天津城。双方在天津签订了条约。自从抵达中国,额尔金便一直在争取英国侨民的支持。在华英国侨民告诉了额尔金他们的要求,而伦敦方面也给他下达了指示,似乎一切都已处理妥当。但是,1859 年 6 月,额尔金的弟弟、新上任的英国公使弗雷德里克·卜鲁斯(Frederick Bruce)却决定再次北上进行《天津条约》换约仪式。在坐镇上海之前,他打算先去天津风光一把。很不幸地,卜鲁斯公使一行这种高调的做派以及他所选择的路线，使中方误以为英国人打算进行战争。因此，这次迎接卜鲁斯舰队的是来自大沽口炮台准确而猛烈的炮火，6月25日当天，狼狈不堪的英国海军陆战队溺毙在炮台高墙下的淤泥中。英方损失了4艘军舰和400多人，这在他们眼中不啻一场屈辱的失败。清政府中反对对外国让步的强硬派听到这场意外的冲突和胜利的消息，大受鼓舞。但很快，英国和法国再次对中国宣战。[89] 英法联军再次前往中国，向白河口进军，这支联军中包括额尔金、巴夏礼、近18,000人的军队、200艘军舰，以及由2000名广东人组成的劳工大队。1860年8月，他们从内陆方向攻占炮台，然后向北京进军，双方一路上时而谈判，时而发生血腥冲突。英军装备的0.577英寸① 口径新式恩菲尔德步枪胜过之前的步枪20倍，而新式陆军训练法，更使其射程和准确度大为提高。[90] 英军射击速度快，杀伤力也很强。英军的新式阿姆斯特朗大炮——"妙不可言"的工具——使中国军队损失惨重。战斗十分惨烈，10月6日，战火终于烧到北京城墙下。随着战争的结束，英法两国和清廷重新签订了条约，他们不仅确认了《天津条约》，还向中方索取了更多的权益。费利斯·比托（Felice Beato）等随军摄影师拍下了停泊在香港的战舰，他们还重新调整大沽口炮台上中国战死者的尸体，以取得最佳的视觉效果，甚至，他们还拍下了条约签订的现场。[91]

在战争导致的混乱之中，挥舞着休战旗的巴夏礼以及随行众人被中方扣押、拘禁，并遭到了恶劣的对待。他们当中一半的人死去了。尽管巴夏礼承认自己并未遵守休战规定，但是英国人和法国人得知此事后，依然暴跳如雷。他们的愤怒，使他们放大了广州的血腥冲突、香港投毒事件、叶名琛悬赏英国人的人头，以及1859年英法联军血溅大沽口炮台的耻辱。10月18日，他们终于发泄了胸中积累已久的闷气。[92] 此时，皇帝已经仓皇出逃到长城外的承德，作为对他个人的惩罚（英国人也在北京各地张贴告示宣告此事），额尔金命令联军毁掉圆明园——作为京城西北富丽堂皇的花园和建筑群，"夏宫"曾经让马戛尔尼勋爵叹为观止。法国

---

① 1英寸≈2.54厘米。——编者注

人提出异议，认为毁掉作为北京皇家宫殿的紫禁城更加合适。但是，额尔金坚持己见，法国人也未加阻止。因为此时，法军已经开始在圆明园烧杀抢掠、胡作非为了。建于18世纪的圆明园由耶稣会传教士设计，在欧洲享有盛名。此时，这个占地850英亩的宫殿群却遭到系统的烧毁和劫掠。"由大风吹动的滚滚浓烟，就像一件大大的黑色柩衣，笼罩着北京。"[93]一名火烧圆明园的参与者回忆道："毫无疑问，在很长的时间里，那些建筑都为人们所赞叹，但今后，将不会再有人看到它们，想到此处，我就不禁黯然神伤。"但转眼他又想起了被中国人折磨致死的外国囚犯的遗物（英法联军在圆明园找到了他们的部分遗物），于是，他转头"望向废墟，内心顿时充满复仇的快感"。[94]他们并没有尝试拍下自己那天的"杰作"，据查理·戈登说，火烧圆明园是一件不折不扣的苦差——对于"满心希望进行抢劫"的英法联军来说，火烧圆明园令他们"十分泄气"，因为这样一来他们便没有多少时间抢劫财物了，而且，在纵火的时候，他们自己也十分清楚自己正在把奇珍异宝烧为灰烬。[95]一周后，额尔金登上紫禁城北的景山，遥望故宫，他感到它是个幽闭恐怖的场所，他若有所思地感叹道："难怪皇帝更爱圆明园。"[96]曾经，在看到集结起来准备炮轰广州的战争机器时，他会感到苦恼不堪，但此时他却坚决认为，他找到了惩罚中国人的合适方法，因为这种方法可以使中国人的生命和生计免受影响。因此，额尔金并没有纵火烧城。也正是这个原因，他没有强迫中国人支付额外的赔款作为惩罚。但是，对于这场冲突所带来的阴沉的暴力，他却早已感到麻木。他渐渐开始信仰可怕的、残酷无情的战争逻辑。就这样，火烧圆明园，"就像一件大大的黑色柩衣"，笼罩在额尔金的声誉和英法的对华关系之上。

5

中国——黄金国

额尔金询问在华英国侨民："你们究竟要什么？"他们答道："您应该问我们不要什么。"这名使节早已接到了正式的指示——索取赔款、使广州以及其他名义上已经开放的港口真正地开放、为物质损失索取赔偿、取得在北京的正式代表权以便和中方直接交流、开放更多港口，以及使中国船只可以自由地开往香港。附在这些指示之后的详细规定强调：英方务必争取英国商人和传教士"毫无限制地"进入内地的权利；使此时已经取得成功的上海租界更上一层楼；使鸦片贸易以及中国人移民规范化和合法化。这次，英国人必须解决第一个条约中的不足之处以及中方的种种规避行为。在伦敦、香港和上海，商人和传教士大力宣讲游说，以便满足他们自己的要求。他们通过商会争取支持，也以个人身份撰文呼吁。他们要求将在上海海关达成的协议扩大到其他港口——小刀会骚乱期间，这个由洋人监督的检查制度使一切得以照常运转。他们要求将秘密贸易规范化，从而使沿海船运贸易以及鸦片贸易不受任何限制。他们要求正式开放汕头港——其实，该港早已成为沿海船运网络的一部分。1857年，有120艘外国船只进出了汕头港。传教士、鸦片商人以及苦力贩子都活跃于汕头港。商人们努力争取天津以及山东北部海岸蓬莱（登州）的对外开放。面对许多问题，领事们忧心忡忡。条约存在着许多灰色地带，不受当局约束的外国冒险家又造成了许多负面影响。那年，上海发生叛乱，令阿礼国难以应付，因此他把这些冒险家称为"欧洲国家的渣滓"。对于投机的英国海盗和自称为洋人打工的中国人，领事们也束手无策，这些人仗着英国当局的保护，在中国沿海地区狐假虎威。阿礼国写道："这既使国家蒙羞，也是一场公共灾难。"除了非法贸易路线末端暴力的恶棍之外，许多中国人并没有遇到其他任何洋人。无论是对个人的侮辱（洋人们认为，自己天天受到中国人侮辱）还是暴力攻击，这一切都使中国人对洋人的印象日渐恶化。1860年1月，宝顺洋行和怡和洋行的4艘鸦片船上的人员为了给附近船沉后被杀的普鲁士海员报仇，联合进攻台湾西海岸高雄附近的盐埕村（据记载，这是"一个小小的警告，希望借此让当地人知道，欧洲人的性命是宝贵的"）。当这些走私鸦片的痞子在附近的镇子里耀武扬威、痛斥"村中首领"时，他们根本没有代表国家，而只是代表自己的利益。这些人使用粗暴手段推行自由贸易，使得所有在中国进行贸易的外国商人遭受池鱼之殃，同样为中国人所憎恶。[1]领事裁判权所导致的"第一个后果"就是允许一些人无法无天，《南京条约》的体制失败了。当额尔金来到中国时，请假在家的阿礼国强调，传教士和中国基督教徒也必须享有领事裁判权。和其他人一样，这些人也并不见得总会遵循现行条约的具体条文和精神，有时他们也会引起冲突，所以额尔金也为上海的传教士请愿者申请到了领事裁判权。[2]

新订立的条约不仅满足了外国人的要求，还给了他们更多的好处。这次，除了英国和法国，美国和俄国也从中获利。五口通商之外，其他沿海城市也对外开放了，洋人也终于可以溯长江进入内地了。条约规定，镇江和另外两个长江上的港口必须对外开放，天津、牛庄、蓬莱和汕头也必须对外通商。随着淡水开埠，台湾也被纳入了对外贸易的体制；随着琼州的开埠，南方的海南也同样成了该体制的一部分。就这样，条约体制从南部和东南沿海地区，开始向东北地区推进，溯长江深入内地，并沿着海岸线往东延伸到台湾。多年之后，英国公使终于获得了长居北京并在那里设立使馆的权利。在英军全副武装进入北京城之后，英国人终于拥有了自由选择回国或留在北京的权利，同时，他们还可以随时传召中方人员，而不是在广州和中方交涉，看地方官员脸色行事。英国人被安置在京城的一栋别墅里，他们着手把它改建为英国公使馆。法国人也依样照办，不仅如此，他们特意选择了另一个地点，该地点的选择意味着他们在实质上和形式上都消除了广州涉外问题的根源——法国公使葛罗（Jean-Baptiste Louis Gros）选择了叶名琛的衙门作为建筑天主教新教堂的地点。总的来说，法国人签订的条约更注重宗教问题，他们要为中国天主教徒提供帮助，并且，他们还要求中方恢复历史上的那些基督教资产。拟定条约的外国人还十分重视条约的象征主义：美国人要求中方将双方签署的条约收在北京朝廷并"严加看守"，而不是像19世纪40年代那样，将条约藏在广州的省档案馆里（取得胜利的英军于1857年在那里找到了那些条约）。英国人禁止中国在官方场合使用令人生厌的"夷"字。1832年，林赛和郭士立为了此事，在上海和中国人争吵不休，由此可见，对洋人来说，礼仪和长江沿岸的通商权益几乎同等重要。

俄国的外交方式则更加直接和粗暴。战争和叛乱导致中国陷入混乱和恐慌之中，这使得俄国派出的使节能够浑水摸鱼，进而获得了大片领土：俄国获得了中国东北黑龙江以北、乌苏里江以东以及新疆的大片土地。除了香港，欧洲各国并没有在条约中要求中国永久割让领土，然而中国北方的邻国却长期觊觎中国东北的领土以及西伯利亚滨海地区。俄国人在开放的港口获得了和他们的竞争者同样的权利，但是他们还攫取了清朝控制下的数万平方英里[①]领土——这片领土是清王朝统治者的龙兴之地，这似乎也预示着清王朝之后还将损失更多的领土。俄国人把新建立的滨海省中的城市命名为"符拉迪沃斯托克"（海参崴），意即"东方之主"。就这样，在该地区的地图上，俄国人的野心昭然若揭。这一切使英国人感到疲于应付。俄国势力节节进逼，令英国人忧心忡忡。评论者焦虑万分地议论道，既然俄国人现在完全有能力从更加衰弱的清政府手中攫取东北地区，那他们究竟会不会得陇望蜀？[3]但事实上，俄国人更希望能够从新订立的条约中获得实质性的利益，因此他们无暇他顾。1861年春天，巴夏礼随同一支英国舰队进入镇江附近地区寻找合适的港口（他在镇江标出了设立英租界的地区并升起了英国国旗），筛选之中（他最后选择了汉口和九江），他惊愕地看到了遭受叛乱战火蹂躏的城镇——其中一些被"夷为平地"，另一些的城郊"只能通过一堆堆瓦砾依稀辨认出来"。一名参与者报告说，目光所及，尽是"一堆堆令人心生悲戚的颓垣断壁"。[4]恢复元

[①] 1平方英里≈2.6平方千米。——编者注

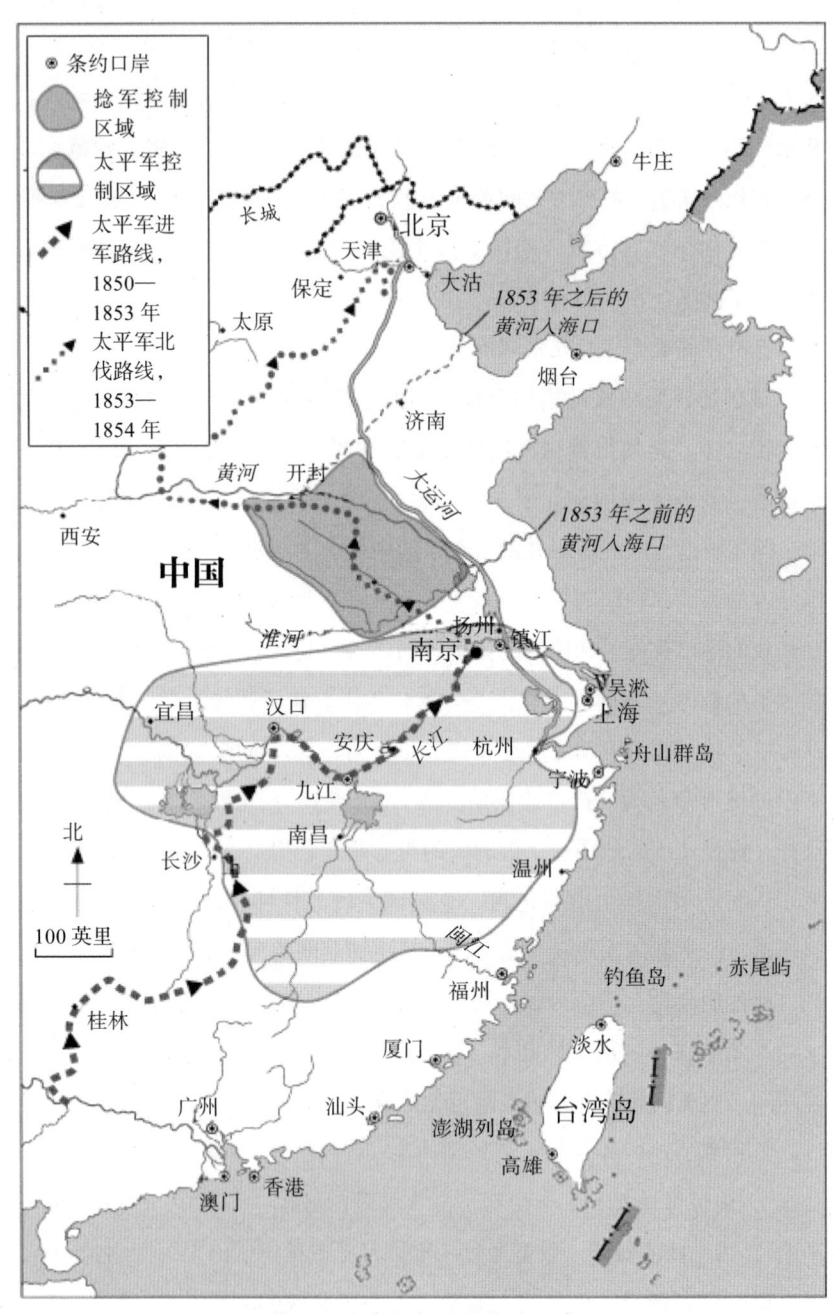

第二次鸦片战争后的条约口岸

气的太平天国依然固守着他们的首都和王国，但是在华英国侨民还是准备挺进内地。

他们不顾一切地进入中国内地。如今他们知道可以从新获取的权益中得到哪些好处，而他们的轮船也已准备好直达华中地区的茶叶市场。他们在条约被正式批准之前就进入内地，一心想捷足先登。（只要碰上好时机，一个季度的买卖就能让人发财致富。）1861年7月，詹姆斯·道派遣一名经纪人到汉口，他自己在得空之后，也紧随经纪人去往汉口。当他抵达时，他的经纪人已经买下了江边一块位置极好的土地作为兴建茶叶公司之用——新上任的英国领事划出了40块类似的土地，这是其中之一。在九江和镇江，尽管没人买下当地的房产，但道发现自己还是来晚了，因为除了这块地，他已无法再购置新的房产了。当时正值飘摇不定的战后岁月，地方上随时可能爆发冲突。外交协议必须转换成实质性的安排，而这经常会涉及人口迁移，进而导致人们的房产被剥夺。官员们把某块土地划给外国人，并强制拥有该土地的中国人在1862年春季之前将土地交给官府，由此引发了暴力冲突。没有人把土地交给官府，汉口当局也就未能把土地交给外国人。于是，在那里的外国商人只好一边不停地纠缠当地官员，一边租赁土地或房产，或在大船上工作。道在提及第一批抵达汉口和镇江的外国人时写道："男人们总是携带着左轮手枪，还有一根大棒。"[5]汉口城墙上贴满了告示，宣告和平已经到来。在北京，缔结和平条约的外交人员将一座座城镇如此轻率地就交给了外国人，他们一点也没有想到，在遥远的、新开放的港口，有些人却要为此承受失去房产、地产的痛苦。另一方面，外国军舰也都已准备就绪，舰上的外国士兵们随时可以登陆这些沿江城镇以确保清政府执行新的条约规定，让尚未领教欧洲人暴力手段的人们见识他们的厉害。事实上，他们也确实这么做了。

很快地，英国人进入了新开埠的城市。他们采用了上海模式，并住进了位于长江沿岸和天津白河口的各个租界。之前在上海设立的各种体制和机构——如今已经成熟的各种地方自治模式与15年来累积的经验、管制条例和细则——被英国人带到这些新的通商口岸，在它们的共同作用下，那里的堤坝、道路、码头等一切进行欧洲化贸易不可或缺的基础设施都变得井井有条。租界当局特地从上海招募职员以填补新设立的机构和洋行分行里的工作岗位。像阿奇博尔德·立德乐（Archibald Little）一样的年轻男子则自己开创了一片天地。立德乐在抵达中国两年后，就辞去了在上海德国公司的工作，然后抓住时机在九江成立了自己的公司——立德乐的中国生意伙伴为他提供了不少资金，他们还设计了新的公司旗帜（据称该旗帜"相当漂亮"）。此外，他还买下了一块土地作为成立公司之用（令人失望的是，这块土地位于租界尾端），并让远在英格兰的弟弟鲍勃·立德乐来到中国同自己会合。[6] 宝顺洋行已经在汉口兴建了一些建筑物，租界正在筑起堤坝，新建成的仓库也"正在迅速地竖立起坚固的围墙"，眼看着这一切，道写道："欧洲人精力之充沛，由此可见一斑。"[7] 其实，是中国人的资金充当了大多数项目的财力后盾：欧洲人精力再充沛，也需要借助中国人的资金，才能有所作为。

长江对外开放，确实令人振奋。这似乎意味着，封闭的中国终于要彻底地屈服于对外贸易，屈服于外国的探险活动，屈服于欧洲人那些所谓的"精力"了。1861年跟随巴夏礼溯长江而上的还有上海商会的代表团，以及希望从陆路进入印度、由第十七枪骑兵团萨雷尔中校（Lt. Col. Sarel）率领的一小支探险队。中国的开放如今意味着人们可以通过其边界的新路线并对这些路线进行勘测。学术期刊里发表的文章叙述了这些早期的探险活动，以及将中国带到地理学想象范围之外的新机会。如今一个人可以从北京出发，途经俄国，一直徒步远足到英国——沿着这条路线经圣彼得堡回到英国的亚历山大·宓吉（Alexander Michie）评论，在此之前，走这条路线几乎和从中国出发"途经月球"回家一样，有如天方夜谭。现在，他还可以从汉口溯长江而上，尝试从缅甸抵达长江，或者通过陆路从帝国首都走到东北，又或者从台湾带回新的知识。[8]

1860年之后，这些新开放的中国口岸之所以会如此迅速地被纳入这些远为更加广阔的网络，其实是有着不少象征含义的。它不仅表明了中国已经紧密地和外界联系在了一起，也表明了中国的敌国如今已经强大得多，它们如饥似渴地想要求取更多知识、想要更广泛地接触中国并通过这些方法获取更多权益。我们或许可以静下来想想，中国其实正在越来越深的程度上和新的国际网络建立联系。在华英国侨民及其盟友可谓鼠目寸光，但是，中国所面对的各种压力，包括席卷中国的各种发展，也并不能简单地归咎于巴夏礼对中国的敌视态度。全球化、国际移民、大英帝国和其他欧洲帝国的发展，以及这些帝国内部和各帝国之间的网络都影响着中国局势的发展。它们都影响了清朝局势的发展，反过来也被这些发展所左右，而现在我们亦应该探讨其中一些局势的发展和影响了。我们可以想一想上一场战争的一些俘虏，想一想他们的出身和他们的经历：叶名琛总督及其随从、巴夏礼和他的停火谈判团队。1860年10月24日，英法联军护送着额尔金和葛罗进入帝国首都的中心，先锋部队的两支乐队大声地宣告着他们已经闯入了北京并即将参与签约仪式。而也许正是此时中国就已经被塑造成了新网络的一部分——这个网络包括通信、人员和各种思想等。这一切都是按照欧美人的意愿进行的。然而，随着新条约的签订，清政府内兴起的充满活力的改革派——他们致力于推行"洋务运动"——的反应变得更加快速，也变得更加多元化。当然，中国从来就不是"封闭的"；尽管裨治文及其他人一向喜欢把中国描述为"惊人的"国际怪相，但这种描述从来就与实际情况不符。数百年来，中国现存的国际贸易网络一直吸引欧洲人、美洲人以及南亚人前来做买卖。很多时候，他们还是循着中国商人开辟的贸易路线来到中国的。随着英国、荷兰、西班牙（以及十几年后的美国）治下的殖民帝国越来越逼近中国的边界，他们甚至先后对中国人进行了半殖民统治并从对华贸易中获利。在1839年之前的广州，对外贸易受到了某种局限，而茶叶和丝绸通过广州，被运往伦敦、波士顿和巴黎。但是，如我们所看到的，这种贸易局限太严格、限制太多，它和正在显现出来的欧洲人的利益和习惯及其对自由贸易的信仰水火不容，在其日常运作中，这些限制也大大有损洋人所看重的个人和国家荣誉，使他们不得不面对着各种挑战。于是，无论在沿海地区还是深入内地，那些大胆而务实的外国和中国鸦片商人就不惜使用暴力，以便从所有方面摧毁广州体制。到了叶名琛以及巴夏礼及其随从人员被俘的时候，中国已经深深地嵌入新式网络，而这些网络则把此书中描述的人员、货物和思想带到广州和华北平原。

英国人把叶名琛带到加尔各答并把他安置在俘虏街（Captives Row）的一栋别墅里，正对着遭到流放的奥德土邦（Oudh）国王瓦吉德·阿里·沙赫（Wajid Ali Shah）的别墅。假以时日，反抗帝国主义的力量将会跨越帝国的战场结盟——但这时英帝国的敌人们已经被囚禁在一起了。这趟旅程十分枯燥。首先，他们再三对叶名琛保证不会杀掉他，然后他们把端坐在椅子上的叶名琛抬到蒸汽军舰"不屈号"（*Inflexible*）上。叶名琛在路上遇见他的死对头额尔金——额尔金其后批准把他从广州转运到香港，希望借此除去这个可能会导致聚众反抗英国人的人物。但事实上，由于叶名琛的固执态度让当地群众吃了不少苦，所以他早就被百姓所唾弃，而他的上司也在他已经离任的情况下将他革职。他确实已经远离历史现场，"不屈号"也已经于 1858 年 2 月 23 日离开香港，驶向加尔各答。英国外交大臣马姆斯伯里勋爵（Lord Malmesbury）相信，这一举措"将能给中国人留下深刻印象，而且对我们有利，因为这将成为外国力量最有力的证据"。确实，这清楚地表示，英国人有能力彻底改写中英交涉的游戏规则，或者说，这至少可以反映出，英国人满怀自信，他们相信自己的实力强大到可以做到这一点，他们可以把国王和总督掳走，并根据自己的意愿改造双边关系。在国家间的这场博弈中，只要英国人希望或者需要这么做，那么他们就可以改变对手的棋子。

其实，这位前总督对除了英国人外的其他人来说，已经无足轻重，也未能给人们留下什么好印象。巴夏礼的大力推动，加上英国当局亟须正视的许多现实考量，促使额尔金将叶名琛转移到外地。英国当局希望，这能说服广州的中国官员同他们合作，一起恢复城里的秩序，而不必担心引起他们前上司的不快。香港距离广州太近且太脆弱，海峡殖民地的中国移民人口又太多，因此叶名琛被转移到加尔各答——在那里，他可以享受和其身份相称的住宿条件。他的助手、两位仆人、一个厨师、一个理发师和通晓中文的领事阿查立（Chaloner Alabaster）与他同行，他们还带了"大量的"中国食品。此外，和他同行的还有《泰晤士报》特派员柯克（George Wingrove Cooke）——作为一名大律师和作家，他曾对克里米亚战争进行过出色的报道，凭借这一成就，他接下了对额尔金使团进行报道的任务,如今他正启程返家。于是,在前往印度的遥远旅途中,一个享有盛名的记者陪同着那位万众瞩目的、晕船的囚犯。柯克监视着叶名琛,并不停地纠缠他,他的报道不仅使《泰晤士报》畅销一时(之后也使他自己的书成为畅销书),还使得引用《泰晤士报》报道的英国媒体在全球范围内的发行量大增。柯克为了增强报道的艺术效果,对自己的所见所闻添油加醋,这使得额尔金十分恼火。但《泰晤士报》一直需要的都是"生动的报道"。所以实事求是、平铺直叙的报道方式显然远远不能满足编辑们的需要。[9] 既然要讲述精彩的故事,就需要塑造坏人,而继林则徐之后,从来没有哪位中国官员像叶名琛一样,成为国际辩论的中心人物,并最终被国际舆论唾弃。同时,也没有哪位中国官员像他一样,被展现在世人面前。叶名琛被逮捕之后,人们马上为他画了肖像,这张像在香港被复制一份,然后又被用平版印刷进行了大量复制,这些复制品被邮寄到英国。叶名琛抵达加尔各答后,英国人为他留影并据此复制了叶名琛的肖像,这张像后来广泛流传。一名英国军官根据他的亲眼所见为叶名琛画了一幅肖像,那幅肖像画工粗糙(显然,这是他在丑化叶名琛),然而,在那段时间里,正是这幅肖像塑造了中国的国际形象。[10]

柯克向叶名琛展示英国势力辐射范围之大,以此嘲讽叶名琛之前夜郎自大的态度(叶名琛之前因听说英国人在印度遭遇危机而感到安慰)。这名记者告诉他,"不屈号"可以一直航行到英国,"而且在这艘船航程中的每个停泊处,他都能找到英国总督、英国士兵以及英国国旗"。[11] 事实上,英国人完全有能力迅速地把叶名琛运往他处,这就足以说明其实力如今已非常强大,强大到使他们可以对中国事务施加巨大的影响。一些诸如"休·林赛号"的早期轮船如今都已陈旧不堪,它们的船舱内满载煤炭、船体布满煤灰,因为年久失修,它们只能慢吞吞地航行。所以,现在它们已经被航速更快、更可靠的轮船取代。同时,英国人还沿着海上贸易要道建立起许多加煤站,从而形成严密的网络。不仅如此,即使印度经历了灾难性的印度民族大起义,尚未完全恢复元气,但它仍然是一个可供英国人利用的据点。1857年春爆发的大起义迫使额尔金投入兵力进行镇压,但印度仍然为在中国的战事提供了所需的兵力,就在叶名琛被运出香港之际，这些军队正好抵达香港。大英帝国控制并主导着人员的流动。"运送"是最恰当的词汇：尽管叶名琛并不是唯一一个被英国人从香港运送到其他地区的中国囚犯，但是他肯定是他们当中最引人注目的一个，而他也是被英国船只运到其他地区的最后几名囚犯之一。

早在 15 年前，英国人就已经凭借自己的实力，把中国人纳入他们惩罚犯人的全球网络。1844 年到 1859 年之间，香港的法庭将 550 多名中国男子送到了塔斯马尼亚（Tasmania）、海峡殖民地、婆罗洲（Borneo）和信德（Sind，今天巴基斯坦的一部分）的囚犯收容所。1844 年 11 月，香港当局派"鹗号"（Osprey）舰船将 6 名犯下抢劫罪并被判刑的男子运送出境，他们于 2 个月后抵达塔斯马尼亚，塔斯马尼亚当局十分不情愿地接收了这 6 名囚犯。尽管香港当局于 1846 年 12 月将 32 名囚犯送到印度，但之后大多数的囚犯还是被送到了诸如槟城、新加坡或纳闽岛（Labuan）的地区。英国人围绕着囚犯应该被送往何处的问题展开了讨论，并且意见纷纭、莫衷一是，但是，在 15 年间，香港都会定期将囚犯推入英国人建立起的全球囚犯网络。[12] 尽管英国人停止了将囚犯运送到异地的做法（在香港，这意味着他们必须兴建一座新的监狱），但他们一直希望在香港外国人居留地和开放的城市市郊中控制中国人的流动和存在，并且这种愿望日趋强烈。随着这些租界和外国人居留地在空间上和这些发展中城市的其他部分混为一体，他们自主的法律体系和执法系统也总是将"驱逐出境"确立为一种合法的处罚方式，或者甚至仅仅作为一种行政手段——举例来说，当租界当局希望清除街上的乞丐和贫民时，他们就会把这些人带到租界的边缘，然后扔到受清政府管辖的地界。直到 20 世纪 20 年代，"被遣送或驱逐出境之后擅自返回"在上海公共租界依然是一项罪行。在 19 世纪 50 年代及其后的时代里，房地产市场繁荣，使得禁止中国人居住在英国租界的政策形同虚文。尽管如此，领事们和市政委员会还是希望和中国人划清界限，至少也要让中国人认识到一个原则：外国人一旦将租界内建筑原有的中国主人驱逐出去，中国人是无法自动获得居住在这些租界的权利的，即使他们获得了居住在租界内的权利，也必须是在外国人的默许之下。在没有闸门、围墙或其他障碍物的情况下（尽管每逢紧急时刻，租界当局都会筑起以上障碍物),一个人随便走过一条街道就可以从清政府辖区走进租界,这使得租界当局很难严格执行遣送中国人的政策。但是,考虑到必须让中国人清楚了解这些租界的性质,让他们知道租界究竟为谁的利益服务,执行遣送政策依然至关重要。

除此之外,大英帝国并没有限制人员的流动。中国人的流动从未停止,而外国当局则从中获利,因此,他们一直鼓励和引导这种人员的流动。在前往美国加利福尼亚和澳大利亚金矿的船只上,那些自愿拥到船上的中国人远远超过被派去做苦工的囚犯,而船运公司——祥生船厂[①]——从船费中亦赚取了不少利润。这些移民或者为形势所迫,或者为沿海地区的动乱所迫,又或者为远方的淘金梦所诱惑而离开中国。大量的中国移民前往他们所说的"旧金山"(三藩市)和"新金山"(墨尔本)。在1849年到1882年(这一年,美国对中国移民关上了大门)之间,到达美国的移民多达30万人。[13]1856年,第二次鸦片战争爆发前,近12,500个中国移民抵达澳大利亚。截至1861年,旅居澳大利亚的中国人多达4万人。他们当中的大多数选择回国——其中有人躺在棺材里回国,因为有些船只把客死异乡的中国移民带回他们的祖居之地——但是,选择留下的中国人也越来越多。1900年之前抵达澳大利亚的10万人当中,有一半的人通过务农、务工或做店务管理,而逐步变成澳大利亚华人群体的核心。[14]人们招募的契约佣工有增无减。中国劳工成为一种全球资源,只要老板有能力驾驭他们。第二次鸦片战争中洋人首次雇用一定数量的中国劳工为英法联军提供后勤服务。考虑到香港的面包投毒事件,以及中国人在叶名琛赏金引诱之下斩杀欧洲人的情况,外侨群体还是常常陷入草木皆兵的状态;特别是考虑到欧洲人普遍怀疑居住在香港的中国人有二心——他们认为,没有一个仆人值得信任——所以,雇用中国人支持英军作战这一做法颇具争议。[15]无风不起浪,欧洲人确实有理由产生怀疑——我们现在知道,叶名琛在香港安插了不少人,为他搜集情报、通风报信,甚至,另外还有一些

[①] 根据上海地方志,英商尼柯逊(A. M. Nicolson)同英国和记洋行的包义德(G. M. Boyd)投资白银10万两,在浦东陆家嘴(现浦东公园部分)创办祥生船厂(Nicolson & Boyd Co.)。——编者注

人对英军进行着游击战。尽管1857年初英国当局顾虑重重，但他们实在太需要劳动力了，现实的需要迫使他们不得不打消疑虑。[16] 于是，在英国人准备进攻广州时，他们还是雇用了一支衣衫褴褛的中国劳工团。查尔斯·威格曼为《伦敦新闻画报》创作了不少素描，其中有不少就是以这支中国劳工团为题材的。为了支援1860年在华北的军事行动，英法联军又雇用了以客家人为主的2000多名劳工（一名军官认为，每个劳工的"价值超过了3头背驮重物的牲畜"）。对于英法联军而言，这支"广东苦力军团"——这次军事行动的一名参与者声称，他们"大多数都是小偷和海盗"——即使不是不可或缺的，也至少可以说是帮了他们不少忙，在攻下北京之后，这支军团和英法联军一样，开始疯狂地掠夺抢劫。[17]

额尔金对于中国劳工在广州的表现感到非常满意，因此他提议将这些人视为大英帝国的资产。在这些中国劳工身上，他看到了一种潜在的价值，那就是，"招募一支可以忍耐热带气候的部队成为可能，甚至，如果有需要，这支部队就可以被派遣到印度作战"。[18] 英国人以及其他欧洲人都在重新思考中国人在他们的殖民帝国中的地位，这些欧洲人一向会采用一种全球性的思维模式。中国人拥有专业技术——例如种茶技术，因此，印度殖民当局从种茶地区招募茶农，就像荷兰人曾经尝试过的那样。英国人大概不可避免地对中国人产生了天真的幻想，他们简单地假定所有中国人都精通种茶技术——因为茶叶来自中国——这导致他们从加尔各答规模极小的唐人街聘请来了鞋匠为他们种茶，或者，他们甚至从新加坡雇用了一些对种茶一窍不通的劳工来从事茶叶种植。英国人的尝试并不成功，但在之后的几十年里，英国人围绕着雇用中国人作为"热带地区"（尤其是澳大利亚）的农业移民的问题争论不休。[19] 英国人主要还是把中国人视为劳工，尽管中国人也被英国人招募为警察——这些中国人先是被临时拼凑成了英国人占领下广州的警察部队（直到1861年，广州才完全被归还给清政府），然后，在之后非常短暂的时间里，他们又在租界和外国人居留地服役。中国人从来都没有像额尔金所提议那样，在其他地区担任警察或雇佣军。印度以及印度人为整个大英帝国提供警力，而英国殖民当局则雇用锡克人，组成香港、上海、天津、厦门、汉口等地由英国人领导的警察部队。但是，在19世纪，中国士兵注定要为英国人作战和战死，并且，他们还要和自己的同胞作战。

英国人自然非常希望把中国进一步纳入印度的网络。当然，印度人也还在中国作战。此时，英华世界正在进一步完善自身方言并发展自身传统。在各条约口岸，英国人用以展现自身实力和身份的中国脚本，以及这部历史戏剧的演员，其实也都是从印度次大陆引进的。英国其他殖民地的情况也大致相同：就如同福利公司（Messrs Hall and Holtz）在《北华捷报》上打广告，为上海英国侨民推荐他们的孟买酸辣酱、腌芒果和咖喱粉一样，英国人无论在公共场合还是私下里其实都更偏爱印度菜肴。一旦出现危机，英国人也往往会选择把印度军团派上战场。[20]英国人蓄意制造各色人等混杂的局面，这既成了一些人的娱乐素材，同时，也表现了英国人的傲慢——在广州的中国理发匠为印度兵剃须的新奇画面，刊登在《伦敦新闻画报》正好合适——但是，别忘了，那些印度兵是为了打仗才来到中国的，而他们也确实打得十分漂亮。[21] 1860年9月18日，在和巴夏礼一起被俘的38人当中，有18名锡克人——他们都是费恩骑兵团（Fane's Horse）或普罗宾骑兵团（Probyn's Horse）的战士，而这两支骑兵团都是专为中国战事而招募的。这些锡克人被紧紧地绑缚起来，他们被戴上铁手铐并遭到粗暴对待，最终，普雷姆·辛格（Prem Singh）、拉姆登·辛格（Ramdem Singh）、杰瓦拉·辛格（Jawalla Singh）以及其他6名锡克人死亡。印度兵也曾在第一次鸦片战争中作战，如今他们再次来到中国，包括旁遮普步兵团、马德拉斯坑道工兵团、第21马德拉斯步兵团、卢迪亚纳锡克团以及非正规的骑兵部队，总计4000多人，他们甚至构成了联军骑兵的主体部分——"英姿飒爽的军人……身着华丽军服，骑着高头大马"。[22]在华外国人在他们私下和公共场合的书写中，往往提及他们对锡克人外貌的深刻印象，对于锡克人带到中国的风情以及他们给英国在华形象增添的"色彩"，还有锡克人的骁勇善战，他们也都充满崇敬之情。但是，和这些正面形象同时存在的，还有一些性质更加模糊和负面的画面，包括"黑人"无所顾忌、疯狂抢掠，以及据称在面对生死考验时的贪生怕死：根据弗兰西斯·多伊尔爵士（Sir Francis Doyle）的成名诗作《东肯特团列兵》("The private of the Buffs",这首诗经常被选入各种诗集)描述,一名英国士兵和一些锡克人被中国人俘获并被命令磕头(这个故事充其量只是一个谣言)——其中一句诗写道"让黝黑的印度人哀叫,让他们跪地求饶",这成了中国战事中最广为人知的画面。根据多伊尔(他在上学时是额尔金的好朋友)的叙述,锡克人磕头了,而那名英国人则宁死不屈,最后,他被中国人处死了。且不论事实如何,它很好地表露出印度民族大起义之后英国当局与印度人之间的暧昧关系。事实与此大相径庭:约翰·莫伊斯(John Moyse,就是那位"东肯特团的士兵",他的死成了这个帝国神话的核心)实际是中国苦力军团中的一员,他自己也承认,他的英国同伴很乐意地磕头了,而莫伊斯本人则很可能死于酗酒。[23]

新闻、谣言、神话——如今这一切的传播都越来越快,传播的范围也越来越广。1860年11月3日,《泰晤士报》对英法联军攻下大沽口炮台进行了报道,这使得莫伊斯的故事得以传播开来。这一切都是汤姆斯·鲍尔比(Thomas Bowlby)的杰作,他是《泰晤士报》派来报道这场战争的第二位特派员,在同年早些时候,他和额尔金一同乘船前往中国(并和他在锡兰遭遇沉船事故)。额尔金对柯克的报道十分不满,因此他希望有个深受好评的记者在自己身边,从而能够使英国公众"正确认识"中国问题和英国的在华利益。[24]很不幸地,鲍尔比的报道,却在很长时间里使英国人对中国产生误解。1860年8月25日,他发出了他的长篇新闻报道。该篇报道经由大海一路往南,然后再往西,最终通过电报被发了出去。11月1日,新闻抵达马赛和莫斯科,并在隔天抵达伦敦。报章编辑和评论者对报道进行了各种评论和讨论,此举使这个故事被大众熟知,之后地方报刊和海外报刊又对它进行了报道。多伊尔很快就写成了《东肯特团列兵》并刊登在1860年12月发行的《麦克米伦的杂志》(Macmillan's Magazine)上——在那期杂志上,以及之后出版的许多诗集里,这首诗都会附上鲍尔比新闻报道的某个片段。但是,新闻抵达伦敦时,这位《泰晤士报》特派员已经和巴夏礼一同被俘,早已死去。这名记者成为英国人热切关注的焦点,很大一部分原因在于鲍尔比之前的知名度就已经很高。和柯克一样,他曾经为该报贡献过出色的报道。使他崭露头角的是关于

1848年欧洲革命的报道。新闻传播和人们对新闻做出回应的速度如此之快，由此可见，新闻（无论作为事实还是神话）已然进入了一个更为宽广的文化领域——在校庆时被人们朗读出来，被编入学术性的文集，进入英国人的集体记忆深处——当然，也包括特派员的来华，这一切都反映出中国事业以及人们对它的回应已经产生了巨大的变化。广州曾经的破旧印刷厂早已不见，在臭气熏天的广州洋行里操作简陋印刷机的日子也已经一去不复返。英国外交大臣马姆斯伯里通过新闻电报得知叶名琛被运往加尔各答的消息，就这样，外交通信现在也进入了"两种速度"的时代，有时，它能跟得上新闻通讯，有时则远远地落后于新闻通讯。从1850年开始，英国和欧洲大陆之间已经开始铺设海底电报电缆，但是在1860年，鲍尔比和额尔金于8月25日分别发出的报告和官方文件，仍然需要69天才能抵达伦敦。巴夏礼于1862年感叹道，对所有相关人员来说，通信是一个"至关重要"的问题。[25] 在这之后，电报电缆被延伸到中国。很快地，人们铺设了跨地中海的电报电缆。1861年，马耳他和亚历山大已经成了转发新闻的前哨——人们用轮船将新闻带到这两座城市，再由它们转发到欧洲大陆。人们于1864年铺设了穿越土耳其的陆上通道，这使通信进一步加速，尽管这种通信十分昂贵，同时还要面对着土耳其员工英文水平的限制。因此，在一段时间里，一种新的不确定性进入了市场。人们于1869年建立了穿越俄国的通信路线。到了1873年，通过这条路线从印度传播新闻到伦敦所需的平均时间缩减到了3小时9分钟。出于战略防守上的考量，英国人铺设了一条从英格兰到亚历山大并完全由英国控制的海底电缆，1870年，电缆从苏伊士延长到了孟买；1871年，新加坡的电缆也连接到了马德拉斯和香港。[26] 1860年的英国经过了15天等待才得知进攻大沽口炮台的结果。10月16日，英国人才得知英法联军进攻大沽口炮台的消息——这则消息是由8月13日离开中国北方的一艘轮船带到的。而到了1873年，来自香港的新闻（以及谣言和传说）在发出去2天后，就可以刊登在伦敦的报纸上了。

信息的流通使整个体制得以更快更好地运转，而信息本身也是一种宝贵的资源。商人们非常关注邮件传递的速度以及邮件抵达后分发到各地的速度（后者也是同等重要的），因为他们如果能提前获得某些消息，就可以横扫当地市场，大赚一笔。他们也十分清楚，自己的竞争者（其中就包括怡和洋行）经常利用他们的快速帆船，沿着中国海岸线免费传递信件，同时扣下别人的信件，并根据所掌握的情报进行贸易。官方信件的发送耗时更长，但是总的来说，官方信件都能准确无误地送达收信人手中，而且邮寄时间也在变得越来越短。1834年律劳卑勋爵抵达广州之后首先做的几件事之一就是设立邮局。[27] 直到这名不幸的勋爵去世，这间邮局依然在运作，但是直到英国人于1842年在香港正式设立邮局，大多数的信件却还是只能通过私人渠道发到收信人手中。开放港口的每个领事馆同时代理邮政——领事馆的职员负责将信件发送到其他港口或香港，再从那里转发到欧洲。到了1845年，香港被正式纳入大英帝国的邮政网络。那年，半岛东方轮船公司（Peninsular Navigation Company，简称P&O）赢得了一个获得巨额补贴的合同，从南安普敦出发，经亚历山大、苏伊士和锡兰运送信件到香港。到了1850年，这条路线被延伸到上海。[28] 传递信件的速度越来越快——1844年，从香港寄信到南安普敦平均需要84天时间；1845年半岛东方轮船公司采用最新的轮船"玛丽伍德夫人号"运送信件，只需57天；1851年更是打破了之前的纪录，只花了48天；到了1860年，传递信件所需要的时间进一步缩短到43~46天。从1853年开始，半岛东方轮船公司增加了航行的频率，达到每个月航行2次。不迟于1847年，该公司的船只开始从印度的孟买起航，承接邮件业务的同时运载着大量鸦片，使公司赚取丰厚利润，也使船上弥漫着鸦片的气味（詹姆斯·道说，"我们很快地习惯了鸦片的味道"，并认为正是船上充斥着鸦片的气味，才使他在最后一段航程睡得这么甜）。[29] 这些蓬勃发展并互相连接的基础设施促使一位在中国做买卖、名叫弗雷德里克·安吉尔（Frederick Angier）的商人于1858年在伦敦创办新报纸——《伦敦和中国电讯报》（London and China Telegraph），该报致力于刊登最新的关于中国的消息，而《伦敦和中国快报》（London and China Express）则在船只满载信件往东航行的当天，为在中国的读者刊登欧洲新闻。中国正在变得越来越清晰，被更多人了解，同时人们也能够更快地对中国做出回应。

正在流传的信息并不限于市场报告或战争故事。随着货物和人员越来越多地出现并相对容易地流通,中国被越来越紧密地纳入知识网络,尤其是地理学和科学知识网络。查尔斯·格兰特(Charles Grant)和宓吉将他们陆上旅行的见闻提交给正在伦敦举行会议的皇家地理学会,并通过该学会出版的期刊(以及新闻报道)进一步传播他们的见闻。那些从中国回来度假的人们也为这些讨论贡献了自己的看法和心得。人们于 1857 年在上海成立了后来的皇家亚洲学会的华北分会。萨雷尔中校率领的探险队带回了地质标本、蕨类植物、新的地图和气象数据。[30] 同时,也有人和权威学会期刊保持联系,发回报告和标本。汉璧礼将种子、蟋蟀和金鱼发回伦敦,此外,他还从上海药店购买了许多资料和材料,并将之发给他的药理学家兄长丹尼尔(Daniel)——丹尼尔的部分工作是探索中药药方的化学特质。伦敦园艺学会和私人苗圃主把更多的收藏家派到中国。[31] 维多利亚外来物种引进学会在上海打广告,表示愿意购买各种动植物新物种,来鉴定这些物种对澳大利亚是否有用——殖民者企图塑造这个殖民地的自然面貌——因此他们瞄准开放不久的中国,希望获取相关资源。[32] 撇开这种实用主义的推动,外国人也正在迅速地深入了解中国的植物学、地质学和药学。更多体制上的改变,特别是 19 世纪 60 年代赫德管理下中国海关网络的演变,使外国人更积极地、更大规模地解剖中国,他们为中国的一切事物编目录,并通过印刷和展览把这些新知识传播到海外。

当然,这些事物的流动是双向的:鸦片往某个方向流动,茶叶和贩卖鸦片的收入则向另一个方向流动。外国人在把其他商品输入中国(从广州运到封闭的重庆的布料、黄铜纽扣、望远镜和手枪)的同时,也出口了其他商品。随着远征军班师,来自圆明园的赃物(其中还有冒牌的赃物——在香港出售的戏服被当作"黄马褂")流落到了拍卖商之手,或者成为各个国家的国家收藏中的一部分[33]。前往汉口的探险队发现,当地市场已经出现了途经广州运来的外国商品。商人们进行各种试验,试探中国市场对新商品的接受程度,希望借此发现更多有利可图的商品。许多商品到了中国,就出乎意料地被中国人赋予新生命。《伦敦新闻画报》特派员毫不意外地写道:"中国人非常喜欢用我们的报纸装饰他们的墙壁和帆船。"其他撰稿人也不经意地写到中国人是如何积极地收藏该报零散的印本，以及他们是如何利用这些报纸的。[34] 照片也十分受中国人欢迎。于勒·埃及尔（Jules Itier）是最早到中国进行摄影并且有传世照片的摄影师，但他还是失去了其中好几个银版照相的底片——他一旦让被拍的中国人浏览那些底片，他们就会把底片抢走。[35] 很快地，拍摄肖像蔚然成风，其他类别的照片也迅速受到中国人欢迎：1863年的《北华捷报》向读者提到，"有伤风化"的欧洲照片到底是如何迅速进入中国的呢？在北京的前门，人们摆放了一台立体镜，让观众欣赏色情照片——这些照片在中国和日本都流传甚广。[36] 接下来的几十年里，对欧洲女人照片的这种尴尬流通也一直吸引着人们的关注，引发人们的辩论。

对于外侨个人来说，在中国的生活仍然是一种痛苦的经历，它意味着离乡背井，并且经常伴随着一种迷茫的感觉。尽管在华外侨群体在很大程度上与世隔绝，但他们还是一直都渴望收到来自家乡的新闻。香港的外侨涌上入港船只，对船上乘客死缠烂打，要求他们分享新闻或报纸。与此同时，满载商务信件和包裹的邮船也准备开往广州。[37] 1860年在上海出版、讲述在华英国侨民生活的写实作品相当沉闷，唯独其中一段十分精彩，生动地表现了旅居中国的外国侨民对新闻的迫切期待，以及收到信件时的兴奋——人们透过望远镜遥望停泊在吴淞港内船只的旗帜。那里是否飘扬着一面绣着黄色船锚的红色旗帜？紧接着，船只送来了信件，现在信件到了"中国的野孩子手里，而这些野孩子还骑着野性十足的小马"，很快，他们就会把信件送到租界：

> 有人把一个包裹扔到我面前。不久之后，我就被急于探听消息的面孔所包围……
>
> 第一个探问消息的人：有没有一份《海峡时报》？
>
> 第二个探问消息的人：丝绸的价格涨了，还是落了？
>
> 第三个探问消息的人：我打赌，落了六便士——不是吗？
>
> 第四个探问消息的人：茶叶价格的走势如何？
>
> 第五个探问消息的人：法国近况如何？[38]

这些人喋喋不休。随着新闻不断传入上海，人们不停地讨论焦点话题、机遇和失败；随着《北华捷报》在距离上海租界越来越远的范围内流通，有关"家乡"和"国外"的新闻跟随该报传遍中国各地，特别是在1860年之后。但是，电报的广泛使用使欧洲人和北美人可以几乎马上得知远方家乡发生的事件，这大大加快了他们接到新闻报道的速度，也大大拉近了他们与家乡的距离。现在，他们可以表现出一副漠不关心的模样——就如1865年鲍勃·立德乐（Bob Little）所说的："至少在邮船抵达的3个星期之前，我们就接到了通过电报传来的新闻，所以每2周才送来的报纸已经无法引起我的兴趣……我旅居中国多年，也懒得关注欧洲新闻了。"[39] 这名旅居者已经在思想上迁移到中国并逐渐融入中国了，以至他已经在慢慢地调整自己真正意义上的归属地了。

当然，在华外国侨民能够如此迅速地接到外地新闻，并一反常态，装出一副漠不关心的样子，其中最关键的原因还是船运业的发达。船运正在变得越来越可靠，轮船的马力正在变得越来越强，航速也正在提高。它们为商人们提供了参与沿海贸易的机会。随之而来的还有为轮船添加燃料的新兴行业——勘探、开采和运输煤矿的生意。休·汉密尔顿·林赛把大量资金投资在东方群岛公司（Eastern Archipelago Company）——他投入了太多资金——该公司于1847年获得特许状，并从此拥有了在婆罗洲、纳闽岛开采煤矿的独家权利，开采的煤矿旨在供应半岛东方轮船公司、皇家海军、新加坡以及中国香港之需。19世纪50年代和60年代是中国快速帆船行业的黄金时期。作为当时航速最高的货运帆船，这些运载茶叶的船只的使命就是：在第一时间内把刚采收的第一批茶叶送到伦敦，然后使其在市场上卖到最高的价格。截至1869年，在开通苏伊士运河以前，中国航线上的蒸汽轮船根本无法和它们竞争（即便论运输价格，蒸汽轮船也处于劣势）。和以往一样，林赛十分积极地从事创新。1849年《航海法案》被废除之后，美国帆船可以把新一季的茶叶直接运到英国，而林赛为了和它们竞争，从伦敦一家造船厂购买了一艘排水量700吨的帆船并投入使用。这艘帆船的设计参考了一艘名为"东方号"（Oriental）的美国快速帆船。1850年，在结束97天的向西航行之后，该船停泊在一座干船坞里。1851年12月下海的"挑战者号"（*Challenger*）首次开往上海时花了111天，由于该船在回程中满载货物，所以花了112天。在接下来的10年里，该船的船速一直都比大多数英国船只要快。1856年，它只花了101天就从上海回到伦敦——也因此收取了更高的航运费。[40]笼罩在罂粟花之下的对华贸易本来毫无光辉可言，但这些快速帆船还是为对华贸易增色不少。根据1853年启程前往香港为广隆洋行打工的宓吉回忆，当岸上的人们看到"挑战者号"航行在马六甲海峡时——"船壳优美的轮廓和白色的船帆反射着早晨的旭日"——都感到兴奋不已。[41]林赛的自尊，以及其他英国制造的船只，最终迫使美国人退出茶叶贸易。英国并非唯一的目的地——1854年从上海出发的船只开往澳大利亚、美国、汉堡和加拿大——但绝大多数的茶叶都被运往英国，在1869年之前，这些茶叶都是通过快速帆船绕过好望角运到英国的。林赛于1840年呼吁对华宣战时，十分强调那个"芳香的草药"以及将英中两国连接起来的英国人"难以戒除"的习惯——饮茶。无论是"皇宫里的君主"还是"村舍里的农民"，他们都热衷于饮茶。不仅如此，英国和印度十分之一的财政收入也都来自茶叶税。[42]运载茶叶的帆船谱写了一个围绕海上贸易的浪漫故事。这个故事在英国经久不衰，并在航海时代的历史中占据着中心的地位，停泊在格林尼治的"卡蒂萨克号"（*Cutty Sark*）就很好地体现出了这种中心地位。但事实上，这个故事的谱写其实是英国人在有意识地混淆是非。许多帆船从事着见不得光的勾当。它们从印度的另一个方向出发，开往东方，船上满载一箱箱香气四溢的罂粟——也正因如此，英国人才有必要谱写这些浪漫的神话，从而使人们忘记这段不光彩的历史。

　　陆续的勘测、绘图项目以及气象数据的采集为这一切流动创造了可能。中国人需要绘图，同时，外国人也需要绘制地图，因为这样，他们才能到中国去。和大多数事物一样，这些活动都是断断续续进行的，因为尽管人们很希望搜集和记录有用的数据并把这些数据整理成完整资料库，但是，他们这方面的渴求却总是受到各种制约，这些制约包括欠缺经费和其他资源不足，而其中最重要的还是专业知识的缺乏。但是，1858年、1859年和1860年的联军舰队还是十分清楚他们将前往何方，对于前方地形的陷阱和挑战他们也有一些大致的认识（尽管他们还是大大地低估了大沽口炮台的威力）。1779年以前的东印度公司每年有大约30艘帆船进出英国，它们能够顺利地在海上航行，主要是依赖各船船长的经验。直到1779年，东印度公司才开始支持威廉·达尔林普尔（William Dalrymple）的海道测量工作，该项目为后来更加系统地从航海日志中搜集数据以及进行新的勘测行动奠定了基础。之后，皇家海军接手了这项工作（并在1844年之后，在香港设立了一个正式的"中国勘测站"）。在1806年到1820年的数次航行中，丹尼尔·罗斯（Daniel Ross）主持了中国海域的一系列官方勘测行动。他利用了1817年阿美士德出使北京的机会，勘测了华北地区的港口和海岸线。皇家海军搜集到的许多资料被詹姆斯·霍斯伯格（James Horsburgh）用来编写《印度指南》（*India Directory*）一书，该书成了从英国前往印度和中国的通用航行指南。新近勘测的结果使该书得到补充。英国人彻底地勘测了珠江三角洲，新设立的广州印刷厂开始出版气象图表。1832年，每当"阿美士德号"闯入某个中国港口，船上的见习军官斯蒂芬斯和里斯船长就会急忙绘制该港口的航海图（并为此获得可观利润）。里斯日后还为霍斯伯格提供与台风相关的数据。律劳卑勋爵于1834年受命探索重新进行更加系统的海岸勘测的可能。皇家海军最终整理了勘测结果并扩大了勘测计划，当然，这也是战争的需要。英国海军水文地理学的重要人物在勘测中国海岸的过程中，开始逐渐涉足这个领域。理查德·哥林森（Richard Collinson）被任命为1841年广州外海英国舰队的"测量员"（这本身就是一项创新）；亨利·开莱特（Henry Kellett）随后也被任命，从而成为第二名"测量员"。军事行动开始之前，勘测队就已经在沿海地区探测并标出了航道。战争一结束，哥林森就率领部下对中国大陆以及台湾海域的海岸、岛屿、岛礁进行了为期3年的勘测行动，最终，他们为海军部绘制并发行了90多幅航海图。勘测行动虽然不能说尽善尽美，但至少使英国人得以顺利地进行了战争。这些勘测结果同英国人在印度洋、红海以及大西洋进行的勘测结果结合起来，大大地加深了商业船只对沿岸及海上航道的了解。皇家工兵部队于1853年在香港设立气象厅。[43] 渐渐地，中国的海岸及河流开始为一般人所熟悉。就这样，日渐增加的水上交通变得更加安全也更容易预知。如今人们可以更轻易地前往这些经过仔细勘测的海峡和海岸，这在很大程度上得益于他们对洋流和盛行风的新认识，而这些新认识反映在各种图表以及美国海军水道测量家马修·莫里（Matthew Maury）于 1851 年编写的一本指南中，这些都使商船得以更安全、更迅速地抵达目的地。[44] 但问题依然存在，特别是人们对台风的了解仍很有限。台风仍然定期肆虐，严重影响航运、破坏港口。外国人借用了中文的"台风"一词（源自中文里"大风"的叫法），为这些热带风暴命名。温暖的太平洋广袤无边，使得台风威力倍增，而台风的不可预测性使得它们更具杀伤力，因为台风即便在即将到来的时候，也仍不会显露出任何可以观察得到的征兆。人们开始逐渐了解到，大气压力的变化可能预示着台风的到来，而科学家们也围绕着"风暴定律"的制定进行了激烈的辩论。与此同时，台风依旧肆虐，令在中国的观察员穷于应付，台风毁坏船只和建筑物，并嘲笑着自以为强大无比的欧洲人。[45]

尽管如此，人员流动还是变得更加迅速，规模也更加大了。乘船远赴外地依然十分昂贵。根据宓吉回忆，一个人从英国乘船到香港，光船费就高达 150 英镑，如果再要为他准备一身正装，那么还需要另外近 150 英镑的费用。一个男子必须准备一身正装，才能在香港这个仍然相对较小的社会里赢得一般社会人士的认同——在这里，想要谈生意，绅士风度是必不可少的。1867 年半岛东方轮船公司一张从伦敦到香港的船票要价 125 英镑，如果续程前往上海，还要额外添补 10 英镑。当詹姆斯·道于 1851 年向东航行时，船上每周提供 2 次香槟酒，每到用餐时间还有一个"还算体面"的 5 人乐队进行演奏，12 名服务员伺候着 32 名乘客，船上为乘客准备了"大量的食物"，这些食物多到"近于奢侈的程度"。前往中国的漫长旅程本身就是很重要的，因为它既是中国沿海世界的某种延伸部分，同时也是把人们引入这个世界的一篇序章。在航程中，人们相熟并建立重要的关系。道的旅伴包括旗昌洋行的威廉·亨特（William Hunter），在整个航程中，亨特总是给他讲述 19 世纪 30 年代时他在广州所经历的动荡岁月。[这些故事大概也收录在他日后出版的《前条约时代在广州的"番鬼",1825—1844》(*The 'Fan Kwae' at Canton Before Treaty Days, 1825—1844*)和《旧中国杂记》(*Bits of Old China*)中。]船上还有另一位"狮鹫"("griffin",另一个被在华英国侨民借用的英印单词,意即"新来的人")——年轻的阿斯皮诺尔(Aspinall),他意图加入中国的仁记洋行(Gibb. Livingston & Co.,后改名为 William Forbes & Co.)并希望可以私下与之进行投机性的茶叶采购。[46] 他们一旦抵达中国,就会正式拜访当地名流并接受他们的回访,他们正是通过这种方式正式地向租界的贵妇们宣告自己的到来。租界的"社会"是如此之小,只要拜访9个人就够了,但是要维护自身名誉、得到别人的承认,这种互访依然是必不可少的。

当地社会在成长,也在变得多元化。外国人在中国建立的租界也开始需要更多的专业人士:律师、医师和工程师。香港已经被完全纳入官方的就业网络。香港的总督开始来自比印度还远的地方,他们把自己治理其他殖民地的经验带来香港。从陆海军以及商船退役的人们,增加了各殖民地和租界的人口,人们也逐渐不再把名片递给领事夫人。沿海城市的叛乱、第二次鸦片战争以及之后1860年的太平军逼近上海,这种种事件使得更多的船只和军队来到沿海地区,而他们当中的许多人留了下来。1863年这一年里,就有91个人直接从英国陆军转入了上海的警察部队。现在成为常设机构的海关总税务司署需要大量的包括海关监察员和海岸观察员在内的外籍"外班"工作人员。随着该机构在新开放的港口开展工作,它在1859年到1865年之间聘请了近1000人,这些新聘请来的人大多是为了填补以上两种职位的空缺。或许不会留下很久,但有些人却一直留了下来,他们或留在原来的工作岗位,或在外面找到有利可图的商机,经营宾馆、酒馆、酿酒厂,或成为码头监工。根据企业目录,我们可以发现,随着公司新分行的设立,越来越多的满怀希望的淘金者来到上海,外侨群体也就变得越来越大,而随着外国在华事业的日益扩大、日趋复杂,又反过来吸引了越来越多的移民。1853年香港人口普查结果显示,当地有近500个欧美居民(而他们聘请的仆人数量是他们人数的近4倍)、350个印度人(其中也包括一些马来人和菲律宾人),以及460个葡萄牙人(其实是澳门人）。另外，香港还住着 200 名退役的外国海员。3 年后，香港外侨人数翻了一番：那里有 1100 名欧美人（包括 200 个小孩）和 74,000 名中国人。1851 年 3 月的上海住着 256 名英国人，大多数为单身成年男子，除了海员，他们中的大多数人是商人或商人的助手。到了 1859 年 12 月，上海外侨人数增加到了 569 人，而在 1865 年租界进行的第一次人口普查当中，当地居住着 2800 名外国居民（这个数字还得加上近 3000 名士兵和海员），其中半数左右为英国人。[47] 1854 年整理的目录收录了上海的 70 家外国企业和商店，到了 1861 年，这个数字增加到了 110 家左右，而 1877 年的数字又是 1861 年数字的 3 倍多。许多外国居民像道或鲍勃·立德乐一样，直接从欧洲或美国过来，但也有人从帝国的其他港口，尤其是东南亚港口，辗转来到上海。尽管对外开放的港口依然属于男性占绝大多数的社会（1865 年上海租界男性人口占总人口的九成左右），但是它们已不像刚开埠时那样荒凉，因为此时已经开始有外国侨民携带家眷来华。

随着开放港口的社会成分发生变化，外侨群体的社会态度以及其他一些观念也发生了改变。与此同时，外侨群体之间建立了另一种关系，这种关系更加冠冕堂皇，后果也更加刻意和明确。有些掠夺者根本没有打任何旗帜，而有些人则随意地打着旗帜（他们并没有固定的旗帜），甚至经常就打着"白人"这面旗帜烧杀抢掠。在阿礼国看来，他们的行为有损"欧洲大家庭"各国政府和臣民奉公守法的形象。这些强盗仗着自己有一身白皮肤，就为非作歹。西方各国那些合法的代理人必须采用类似的思路，才可以协调各自的行为，保障他们的共同利益。1859 年在大沽口炮台所发生的事情也许最能说明这一事实，所以现在，让我们把时间调回到 1859 年的大沽口炮台。在英军被打得毫无抵抗之力的时候，当时正在现场的美国海军观察员、琼斯·达底拿准将（Josiah Tattnall）放弃中立，使用他的轮船将英军军舰上的援兵和伤兵载送到岸上，而他的部下"就像真正的水兵一样，操作起了（英军的）大炮，聊以自娱"：而他们"聊以自娱"的方式，就是屠杀中国人。尽管身为 1812—1813 年对英国战争的老兵，但事后，达底拿却仅轻描淡写地用了一句"血浓于水"来为自己开脱。一名观察员日后评论道："从外交的角度来看，这是一种失策。"但是人们认为,这象征着一向存在于中国的一种事实(对于许多人来说,这还是一贯的现实需求),那就是在中国的英美势力——以及"白人"——之间的团结。一名参与者评论道:"人们只是在不情不愿地守着中立。"[48]英国报纸则将此事和(他们所理解的)美国人在外交上受挫以及美国人对中国人虚与委蛇、百般侮辱感到恼火的整体情况联系起来。前往北京请求批准条约的美国使团是骑着驴子进京的——英国人嘲笑他们,并在日后找到证据,证明中国人曾把他们当作"进贡使团"。在华美国官员和商人当中有不少"仇英派",同时,不少英国人也对美国人嗤之以鼻。[49]但是,随着人们对种族的论述开始发生演变,在华外侨逐渐形成一个拥有共同利益的白人群体,再加上每个条约都附带最惠国待遇的条款,因此与中国签订条约的国家的臣民们享有的优势都是一致的,这使得各国间的矛盾冲突退居次要地位。毋庸置疑,外交人员依旧代表着自己国家和帝国的利益,就像在其他地区一样,各国也在中国进行着激烈的博弈。精明的中国外交人员巧妙利用各国之间的分歧和矛盾以达到某些外交目的,而手段卑鄙的不法之徒也常常以此达到自身目的。档案文件里充斥着人们之间的口角、争吵和侮辱。但是,条约体制的正式架构至少可以使得人们的基本利益实现平行化的保障。因此,不同港口中的"领事机构",或者北京的"外交机构"经常携手合作。在中国,他们都是"外国人",而且必须记住,在条约口岸存在的几十年间,达底拿的行为也被反复谈论。尽管利益群体的形成在很大程度上取决于也受制于国家认同,但是另一方面,来自各国的人们也经常组成同一个利益群体。不仅如此,人们的行为和态度还经常受到作为白人的身份意识的影响,特别是他们针对"非白人"——印度人、日本人、欧亚混血儿以及中国人——的那些行为和态度。

报纸有助于形成并加强这种意识。早期的在华外国媒体致力于代表某些具体的利益(并贴上"英国国家利益"的标签),但是同时,它也塑造出了一个在华英国侨民群体的形象。除此之外,它还有助于外国利益群体的形成,因为即使当各国利益产生冲突的时候,各国人士也可以在公开信或社论里进行唇枪舌剑的辩论(而不必上升为真正的武装斗争)。报纸有助于把这些分散的利益结合起来,而且特别有助于塑造正在演变中的在华英国侨民群体,因为这一阶段的外国媒体实际上都是英国人拥有或编辑的报纸。在华英国侨民群体曾经只是由澳门和广州的英国侨民组成,如今却达数千人之众,并分布在澳门到牛庄的广大区域。即使各地外侨群体逐渐发展出他们的地方特色,但他们仍然清楚地明白,自己其实正在组成一个更大的群体。媒体有助于塑造这个群体,并且还扩大了这个群体认同的范围。《北华捷报》,还有来自香港的《德臣西报》(The China Mail),都开始沿着中国海岸线流传开来。澳大利亚以及其他各地区的报纸重新报道了这两家报纸上的新闻。媒体不仅造就了在华英国侨民群体,还造就了巴夏礼这位在华英国名流,并把他供奉在神坛上。巴夏礼于 1862 年 2 月回到英国(成年以后,他只回过英国一次),得到英国社会垂爱的他平步青云,屡屡率领代表团出国访问并获得各种荣誉和机会。那一年,他成了在华英国侨民群体的发言人。巴夏礼在多佛市受到市长接见;在伦敦和地方筵席上,人们交相称赞他;人们专注地聆听他在皇家地理学会的演讲,这一切使他成为那个时代的"天之骄子"。不仅如此,人们还以他命名两艘船只,给他颁发了巴斯爵级司令勋章。在中国的活动使他平步青云并成为伦敦这个大都会里的风云人物——一个孤儿和无名小卒,在海外奋斗 25 年之后,终于收获了丰硕的果实。

前往中国的外国人是可以受人尊敬的,这就证明,有梦想有野心的人到了中国依然可以大有作为,并且有可能收获巨大的财富。和从印度获得的财富一样,从中国获得的财富老早就已经转化为当地的社会和政治资本。男人们不仅购买房地产,把自己打扮成乡绅,还买来国会议员的职衔,或走后门进入国会,然后一夜之间进入政坛。在中国拥有财富本身是没有任何意义的,因为任何一家体面的公司的任何一名职员都过着奢华的生活。据说广隆洋行 8 名职员在上海一年的生活费就高达 12,000 英镑,而这个数目还不包括酒水和房租。[50] 而获得更多财富的秘诀则取决于,当事人回国后购买了哪些东西,又利用这笔财富开辟了哪些新的道路。林赛进入了国会,他投资了许多新项目,包括在婆罗洲开采煤矿。他的外甥从上海工部局一跃进入伦敦郡议会。此时汉璧礼已经在上海拥有许多房地产,1865 年他利用来自房地产的收益在法国和意大利边境时髦的"里维埃拉"（Riviera）购买了一座大庄园，修建了一座迎来许多参观者并广受好评的植物园"拉莫托拉"（La Mortola）。它日后获得了王室的正式认可，维多利亚女王曾御驾光临，此外它还获得了皇家园艺学会的承认和各项荣誉。[51] 通信的发达意味着有些外侨可以像汉璧礼一样，从纷乱的中国全身而退，把业务交给当地代理人。此外，拉莫托拉和该地区的许多投资项目一样，也是一个商业项目。在中国经商的高风险，促使人们将他们的收益转移到海外的其他地区。比如，福布斯家族就把利润投资在了美国铁路建设上。与此同时，第二次鸦片战争的爆发以及太平天国的强势反扑，引发了外国人前往中国的淘金热。新商机的出现以及对太平军的作战——追求金钱或荣誉——意味着一个人如果刚好身处对的地方，就能获得名誉或财富，甚至名利双收。查尔斯·戴斯（Charles Dyce）回忆自己1863年被派到一家中国公司之后，朋友们都说"巨大的财富已经是你的囊中之物"。[52] 1864年9月《泰晤士报》发表社论宣告："看来中国就是当今生意人的黄金国。"它奉劝读者前往上海，在那里，"一名商人可以轻松地在租界的最佳地段买房，并在房子隔壁开辟鹿场、修建仓库"。前往中国，"对年轻的商人群体来说，是当时最好的机遇"。《泰晤士报》编辑并未凭空杜撰关于上海的这些概念：1863年春，乘船前往上海的包腊（E. C. M. Bowra）也采用了同样的词句，他把上海形容为"充满财富和希望的黄金国"。[53] 停泊在香港和上海的船只，把许多踌躇满志的外国人送到纷乱的中国。

英法联军在大沽口炮台的失败使外国人从一开始就无法顺利地实践新订立的条约，但就在军队被打得毫无抵抗之力的时候，商人们已经开始小心翼翼地在中国进行活动。宓吉评论道："机不可失，时不再来。"但是，当时人们对华北地区所知甚少，那么，"又该如何捷足先登，从该地区的开放中获利呢？"宓吉的雇主广隆洋行，就像近30年前东印度公司即将失去垄断权时的那些资深合伙人一样，率先进入了这个充满未知的商业领域。1859年4月，宓吉就参加探险队，并"在极度隐秘的情况下"勘察了渤海。他们对山东北部海岸各港口进行评估，并判断哪个港口适合成为即将开放的登州的出海口。他们带着商品来到烟台（芝罘），向当地商人群体自我介绍，并"想好了未来租界的地点"。宓吉升起了广隆洋行的旗帜，欣赏了周围不断变化的风景，然后渡过渤海来到牛庄，并在辽河升起英国国旗。当他们得到英国远征军遭受重创、双方重新开战的消息时，便马上启程南下。[54] 在中英之间发生的所有冲突（至少是与清朝的冲突）中，这里是离广州和香港最为遥远的。在上海，小刀会起义的失败使得一切回归常态，这意味着一切再次进入一种迅速改变和发展的状态。在 1855 年，"随着人们源源不断地运入木材"，一座新城"在老城的废墟上拔地而起"。英国租界的每一寸土地都建起了新房子，苏州河往北的方向还建起了一座桥，这些都使得房地产价格水涨船高。租界的中国居民人数也再次增加。战争确实令人担心。在战争的初期，越来越多的广州人来到上海，这的确令外国人感到担心，但是现在大多数的问题都属于日常问题，例如：如何在警力不足、监狱设施极差、每年有数百船只入港的情况下——1855 年有 434 艘商船来到上海，1862 年入港商船更增加到 2812 艘——维持秩序。"某个港口发生战争，另一个港口却处于和平状态"的"非常状态"造成了许多问题，但是上海租界当局都致力于保持"中立"。英国驻上海领事阿礼国认为上海应该尽可能置身于对华战争之外，而且甚至不应该被视为英法联军补给的来源。[55]

战争再次来到了上海，却不是人们预想的那场战争。1860 年 5 月，太平军歼灭了围困天京的官军，然后决定拿下眼前最大的宝藏——那座有着各种资源、轮船和武器的城市——上海。他们并没有计划拿下外国租界，并且，他们甚至准备购买外国舰队，但是和他们一样信仰上帝的外国信徒此时已经不堪其扰。太平军向东轻松地拿下苏州，并继续向松江和吴淞挺进。面对这种情况，英国人派遣军队登陆上海并答应上海当局帮助他们协防上海。8 月 18 日，太平军拿下了城南徐家汇的法国耶稣会学院和教堂并向南门进军，但他们却发现南门守军，正使用英国恩菲尔德步枪和大炮向他们射击。于是，他们向北穿过城郊的黄浦江，一直打到天后宫——人们看到他们的旗帜飘扬在天后宫。法军立即对此做出了回应：为了清除火线上的所有障碍物，他们把天后宫和周边郊区（以及中国商人在郊区的所有货仓）夷为平地。那年 12 月，军医查理·戈登来到上海，发现天后宫遗址只剩下一尊大香炉。[56] 外国志愿军凭借租界四周竖立起来的障碍物进行防守——他们无须抵御太平军的进攻，只消在岗位上吃喝玩乐。连续4天的攻击行动使上海城郊饱受兵燹，同时，攻城的太平军也伤亡惨重。这让太平军开始感到困惑，他们进军上海，本想和外国列强正式建立关系，但却被外国军队击退，而且，他们还发现外国当局严禁外国人向太平军提供武器和补给。而此时一些外国传教士，特别是罗孝全，还在和太平军交涉，企图通过恫吓的手段迫使他们信仰正统新教。进攻上海的太平军首领李秀成惊愕之余，致函外国人请求他们保持中立，请求他们相信太平军谈判的诚意，并希望可以尽早展开谈判。但是，和外国人谈判的时机正在流逝。就在那年夏天，天王洪秀全对一名新来的美南浸信会传教士花雅各（Landrum Holmes）重申了自己的"神性"，此举使得传教士群体大失所望。花雅各认为那是"令人作呕的偶像崇拜"，并发现太平天国领导层根本不愿接受包括自己在内的"有能力阐发"《圣经》真理的人的"指示"。[57] 罗孝全被任命为太平天国的"外交大臣"，这使他受到了传教士们的嘲笑。一名同属浸信会的传教士讥笑道："他是我见过的最龌龊、最擅长阿谀奉承之道的白人男性。"罗孝全并没有受过良好的教育，并且他的中文也很差。[58] 传教士们将南京城的糟糕状态视为太平天国治理不当的证据，而非最近遭遇清军长期围困的结果。在他们看来，太平军的唯一目的就是烧杀抢掠，而长江下游的战斗所造成的破坏也证明了此点。根据传教士们判断，太平军造成的伤亡实在太大了，并且他们不断逼近上海，这也严重地威胁了各国的利益。如今外国人只能通过武力——亦即卜鲁斯所说的"通过惩罚性措施"——保持中立，使太平军不致威胁他们的利益。在接下来的两年里，各国尽管依然保持表面上的中立，但是它们已经不再对太平天国抱有任何幻想。

在叛军横扫南方的情况下，北方新近恢复的和平依然无法为外国人带来任何好处。早在1860年，各国领事已经批准了临时招募外国志愿军团的措施。此点可以证明，他们起初依然是希望在形式上和支持清王朝的新政策保持一定距离的。虽然太平天国始终拥有一些外国支持者——呤唎（Augustus Lindley）于1866年出版了美化太平天国起义的著作，并称其为"美好的革命"——但是他们的人数正在不断减少。[59]英军在长江的军事行动,也使不少外国人改变了他们对太平天国的想法。英国皇家舰艇"人马号"(HMS Centaur)的舰长评论道:"毫不夸张地说,大运河两岸白骨累累。"福利斯特(Forrest)领事报告道:"目光所及,尸横遍野,一片荒芜。"[60]尽管外国人和南京的太平天国当局达成了妥协,说服他们允许携带通行证的外国船只溯江而上、开往新开放的港口,但是他们已经不再把叛军视为解决中国问题的一股力量,反而把他们视为中国的问题。然而,太平天国依然盘踞在南京,并同意了英国人的更多要求,其中最重要的是,他们答应不进攻上海或进驻到上海30英里内的范围。[61]但是,这个安排只持续了一年时间;太平军在新的一年里对上海发动了新一轮进攻。如今太平天国正面对着巨大压力,因为他们在9月失去了南京西南方向的沿江城市安庆,这使得天国首都危如累卵。于是他们再次向富庶的东方进军,攻下了杭州和宁波,并在1862年1月进军上海。现在,外国人终于开始反击太平军,为了坚守上海这个条约口岸,他们派遣军队进入周围地区并在上海30英里内的范围划定封锁线。同时,他们还积极支持新成立的、由外国军官率领的中国军团(这些军团日后被称为"常胜军"和"常捷军")在江南城市和太平军作战。

对上海而言,这是疯狂的一年——太平军攻城、英法两国进行干涉、外国人组织雇佣军、霍乱瘟疫暴发。难民拥入租界并在上海滩搭起帐篷。即使投机家尽可能迅速地修建新房,房价依然不停狂涨。丰厚的薪饷,引得外国船员和上海的外国警察加入雇佣军。美国人弗雷德里克·华尔(Frederick Ward)以及白齐文(Henry Burgevine,华尔负伤身亡后,白成了他的继任者)率领一个兵团围剿太平军(在中立条例被修改之后,外国人的这种干涉行为变得合法了)。[62]他们手下的中国军队既英勇善战,也到处烧杀抢掠,但是白齐文的流氓气实在太重了,以致他被上级解职(后来转而投奔太平军)。在上海的英军总司令推荐戈登接替白齐文,他这一任人唯亲的举动,也是大英帝国的一贯做法。查理·乔治·"中国人"·戈登(Charles George "Chinese" Gordon)上尉接任了这支部队的统帅,直到取得最终胜利之后"常胜军"被解散。戈登刚从天津来到上海——在天津,他划定了英国租界的范围、竖立租界界碑并估算房地产价格——此刻,他在剿灭太平军的军事行动中节节胜利,因而声名鹊起。戈登在道德层面上也有着比自己的雇主更好的口碑(至少在他和其他一些英国人眼中确实如此)。他善待自己的军队,最重要的是,他还善待太平军战俘。而反观清军将领,则显然领导无方,其残忍行为亦受人指摘,与戈登形成鲜明对比。报刊社论声称,在江南地区剿灭太平军是"对人类的一项服务",而戈登的角色应当获得人们的"肯定和称羡"。[63] 但是,在常胜军被解散之后,这支部队中的外国人又兴冲冲地投奔了福州的叛军,并十分乐意为后者效命。这就是在华外国人赤裸裸的流氓行为,但是他们同时也的确在发挥自己的长处:使用自身资源和先进武器——他们的恩菲尔德步枪和阿姆斯特朗大炮——实现政治目的,或者为愿意支付最高薪饷的雇主效命。进攻台湾盐埕村的鸦片贩子和常胜军本来就是一丘之貉。

各方都从失败中吸取着教训。太平天国希望得到轮船,清政府也希望得到轮船。清政府向英国人购买了一支轮船舰队,另外,他们或自行建造或又从英国购买了七艘炮艇投入使用。[64] 新近得到加强的海关总税务司署被清政府责令拨款购买炮艇并负责承担他们开展军事行动所需的费用。英国政府尽管没有积极推动售卖炮艇之事,至少也是予以批准的。新任命为海关总税务司的李泰国组织了这次行动,并任命一名英国海军军官舍纳德·阿斯本(Sherard Osborn)指挥该舰队。一时之间,憧憬海上生活的志愿者纷纷提交申请,并希望能够在炮艇上服役。格莱斯顿在伦敦的皇家地理学会会议上祝福了他们。他坚信阿斯本必将"载誉而归","使大英帝国国威远扬"。阿斯本提议采用更加人性化的手段,而不是用大炮去解决问题。据了解,李泰国还提议用船只将太平军运到婆罗洲,以解决问题。[65] 在华英国侨民(以及其他一些人)把这项举措理解为"殖民印度的翻版"的第一步,英军希望借此把中国变成英国的保护国。鲍勃·立德乐得意扬扬地宣称:"中国居然这么快就成了我大英帝国的囊中之物!"[66] 宓吉满意地说:"等他们剿灭海盗之后,大概还要压一压那些官僚的气焰。"剿灭海盗的舰队(有些人将之称为"僵尸舰队")于1863年9月安全抵达中国,但是,经过在北京数周的争论,计划最终被搁置。争论围绕着舰队指挥权的问题。另外,李泰国犯下冒犯君主之罪,导致他被解职——他擅自夺取了舰队指挥权并提议,唯有自己有权将上级命令转达给阿斯本——这造成了更多的混乱。于是,那支舰队开始返航,炮舰也都被售卖了,最终在日本、桑给巴尔、埃及和印度的港口辗转。[67]

于是,海员、士兵和难民都蜂拥到上海。1862年7月中旬,有171艘船只停泊在上海港。2个月后,停泊在上海港的船只总数达到了268艘的高峰。[68]成群的海员玩忽职守:他们当中有人参加了雇佣军,有人则只是趁着上海警力不足、有钱的难民越来越多,企图浑水摸鱼,抢劫难民财物。上海工部局亦承认其运作存在一些不足之处。在苏州河以北虹口区的非正式美国租界,秘密社团肆无忌惮、横行霸道、烧杀抢掠,使该地区几乎陷入"恐怖状态"。1864年4月,租界第一次(公开)处决外国杀人犯,这大概是一种解决办法。约翰·巴克利(John Buckley)被带到美国领事馆一个临时搭建的绞刑架,一路上他都在尝试玩国籍游戏——他之前因为和别人讨论美国内战而发生争端,并将对方杀死。他当时声称自己是美国人,以美国人的身份接受审判和进行辩护,此时却对英国领事声称自己是根西岛或爱尔兰出生的英国人。法官最终都没有相信巴克利,仍然宣判他犯下杀人罪。他默默地走上绞刑架,24名警察负责把守现场,防范可能发生的劫囚行动,而在这之后也没有人为他的死感到惋惜。正如美国驻华公使蒲安臣(Anson Burlingame)那条冷冰冰的评论一样,"自从巴克利被处死之后,外国人便纷纷离开中国"。一个月前,大卫·威廉斯(David Williams)为了逃避类似的下场而割喉自杀。而詹姆斯·怀特(James White)则选择了越狱逃跑。[69]租界当局招募了大量新警员,但是领事馆的犯罪记录簿很快便写满了他们酗酒闹事以及玩忽职守的案件。从前,巴克利也是玩忽职守的人之一。[70]监狱里人满为患。坟场也很快装满了死人。当时霍乱在上海肆虐,港内商船的船员以及外国驻军纷纷染病身亡,以致1862年和1863年死在上海的外国人高达1600人。而1863年7月,每天染上霍乱而死的中国人几乎就达到了这个数目。[71]除了在1859年的大沽口炮台,疾病导致的外国军人伤亡人数比战斗伤亡人数还要多,在中国如此,在其他地区也是如此。[72]租界当局在城墙外开辟了一个新坟场。从

1862年到1864年，每隔2天就有至少1名英国士兵安葬于此，租界当局被迫开辟第二个坟场。同时，霍乱瘟疫并不只是影响下层外国侨民。一份在上海的事业可能经营长达数十年之久，但也有可能在17天之后就一命呜呼。世事难料，人生无常，这促使在华外国侨民急切地希望发大财。阿礼国写道，当一个人必须从阎王那里夺来一笔横财时，他便会对各种规矩、条例以及整个群体的利益不屑一顾。[73]上海工部局的工作上存在许多问题，他们并不能给人们提供什么帮助。争取经费修建码头和道路——甚至坟场——要比修建供水设施和排水系统更为容易，尽管后者并不是引人注意的大工程，却是租界更迫切的需要，而这些需要却一直被长期忽略。

面对清军的新一轮攻势，太平军节节败退。天王驾崩之后不久，南京终于在1864年7月陷落，太平天国也随即不复存在。在接下来的一年里，天王的一些支持者继续骚扰清军，但是叛乱基本上已经被镇压下去。有关戈登的神话经常会把太平天国的覆灭归功于那些由洋人率领的部队，但是太平天国的灭亡实际上必须归因于它自身的弱点和新一代清朝官员努力累积的资源——先是财政资源，然后是军事资源。这批新一代官员的代表是两江总督曾国藩以及他的学生李鸿章。曾国藩组织了一支后来被称为湘军的部队，他率领这支部队击退了占领自己家乡的太平军，并将它发展成为一支主要的新锐作战部队——这支部队处在既有的清朝军事体制之外，所需经费也来自新增的厘金税。李鸿章则组织了淮军，这两位新式官员携手合作，努力耕耘，直到取得最后的胜利。他们对西方列强的企图怀有戒心，但却积极修建兵工厂和造船厂、采用西方操典训练军队，以及使用轮船、新式步枪和新式大炮，并尽一切可能镇压叛乱，以保护清王朝免受内外威胁。到了1868年，捻军也被镇压下去。随着南京的陷落，清军已经稳操胜券，太平天国再也无法对长江沿岸地区构成威胁，而外国人也终于能够更充分地享受在1860年的条约中所获得的那些好处。

但是，初来乍到的和平首先带来的，却是使上海近于瘫痪的危机。难民纷纷回家了，使繁荣的上海经济顿时陷入萧条。上海商人不仅把资金投入新房产（因为投资的回报率奇高），还投资修建机械工厂、俱乐部、煤气厂和新码头。但是，当人们回到被官军收复的江南各城市时，新建的房子却空空如也——到了 1864 年底，超过四分之一的新房子依然空置——而这次危机也给许多外国公司造成了沉重打击。历史的遗产进一步削弱了那些老牌公司，而实际上，这些公司在中国的资产常常被那些已经退休或身处英国或美国的生意伙伴所拥有，而这些生意伙伴则往往会提前以"十分可观"的比例收取租金。[74] 美国内战的结束影响了当地棉花的出口，再加上伦敦生意的不景气，危机进一步加剧。上海黄金国的愿景顿时消失了。作为中国沿海最重要的两家英国公司之一，规模庞大、资金雄厚的宝顺洋行（在一名船员眼里，该公司的地位"有如英格兰银行一样不可动摇"）损失惨重，并被迫于 1865 年裁员。[75] 在接下来的两年里，宝顺洋行依然苟延残喘，但还是于 1867 年遭受倒闭的厄运。1865 年初就倒闭的广隆洋行就没有宝顺洋行这么幸运了。该公司的倒闭使其他商人大为震惊。鲍勃·立德乐写道："当广隆洋行和宝顺洋行这样的大公司分别倒闭和裁员的时候，没有人是安全的。"他自己公司的通告中充斥着"别人的建议令人沮丧""信中所写，令人不安"以及"市场萧条"等句子。[76] 在别人看来，广隆洋行没有丝毫即将倒闭的迹象，而且，它还时刻准备着把握新出现的商机。林赛的外甥罗伯特·安特罗伯斯（Robert Antrobus）是该公司在上海的总经理——1863 年和他一同来华的轮船乘客把他标榜为"伟大的在华商人"。[77] 广隆洋行在汉口、上海和福州都拥有土地，并正在展开日本的业务。他们还为了新开辟的汉口航线建造了巨大的新轮船"火焰女王号"（Fire Queen），该船于 1864 年 10 月抵达中国。宓吉曾为广隆洋行在烟台和牛庄进行勘测活动，并受广隆洋行派遣，跟随上海商会溯长江而上。安特罗伯斯曾经担任上海商会主席，一度还担任万国商团团长，并名列所有主要机构的理事会：教堂、娱乐场、中国医院。广隆洋行倒闭前夕，他还任职于上海工部局。[78] 上海的奢靡使虔诚的、一本正经的汉璧礼十分吃惊、无所适从，传闻中该公司在上海每年高达 12,000 英镑的家用开支更使他震惊不已。他以为，一个年轻人每年只需要花费 200 英镑。但广隆洋行也并不是例外，因为其他公司的职员也过着同样奢侈的生活，而其他条约口岸的情形也基本相同。广隆洋行的职员们过着奢靡的生活，直到公司倒闭——也就是林赛所说的"倾家荡产"(他被迫辞去仆人并卖掉赛马)。[79]至此,休·汉密尔顿·林赛在中国从商30年的辉煌日子戛然而止。东印度公司失去对华贸易垄断权时,广隆洋行曾经是进入中国的暴发户之一,它处心积虑地准备从更开放的对华贸易中获利,并不断强迫和威吓清政府取消贸易限制,甚至不惜诉诸战争。现在它也面对包括立德乐洋行(Bob and Archie Little's Co.)在内的新一代暴发户的竞争,而在这场战争中,广隆洋行最终轰然倒塌。

尽管有些公司倒闭了,即使其中包括一些大公司,但整体而言,在华外国企业的前景仍然十分乐观。额尔金、阿姆斯特朗大炮以及恩菲尔德步枪(或者,如果你和巴夏礼的想法一样,还包括上帝)满足了外侨的所有愿望(以及他们所祈祷的一切)。长江开放了,华北地区开放了,而大清帝国现在似乎也愿意接受外国人的建议和劝告,并实行各种改革。传教士麦都思之子沃尔特曾于1843年跟随巴富尔乘坐海军轮船打开了上海的大门,并且,他于1864年开始担任汉口英国领事——汉口设立英国领事馆,这在1832年似乎是不可能发生的事。如今,他开始反思最早的条约口岸之一——上海这一"模范"租界逐渐成熟的历程。他们当初乘船前往上海时,只有一名商人随行,如今上海却有了2000多个外国居民。就像任何一名领事会做的一样,沃尔特列举了许多统计数据:进出口数量、房地产价格以及人口的增长。和1843年之前对比的话,这些数据的增长就太鲜明了。"当时"上海还是一座中国城市;"当时"周围的郊区还(几乎)是"迷人的";"当时"那些"官僚既不屑和外国人打交道,也不稀罕外国的各种玩意儿",而且"人们满足于过祖辈的生活"。但是,他总结道,现在已经"发生了翻天覆地的变化",因为"外国人无处不在,而且引人注意,他们被视为一切财富、影响力和权力的来源与拥有者,而事实也确实如此。外国人拥有最富丽堂皇的房子,领导运作着资金最为雄厚的银行和公司;外国人拥有并掌舵最先进的帆船和轮船;外国人是权力最大、办事效率最高的官员;外国人拥有口径最大的火炮和最勇敢的士兵;外国人无论通过哪种办法,总能成功地收取最多的关税,而且自己分文不取;外国人既诚实又可靠,既富有又强壮;事实上,外国人代表了一切"。[80]

这就是领事的观点:"外国人代表了一切。"我们可以花许多时间研究中外商业合作的细节,也可以列举新一代中国官员如何巧妙地改变自己和自己的想法,从而得以从以下正在改变的现实情况中获利:科技、条约体制提供的机遇、海关收入、在华企业之间建立的紧密联系、国籍和资金的模糊性、许多界限和身份认同之间的灵活转换。这一切都需要研究,而且也都相互关联。我们可以怀疑甚至否定许多"外国公司"的"外国性质",因为它们都十分依赖中国的资金、专业知识、提供情报的线人以及经纪人。外交人员和领事们也需要他们的中国翻译。这是一份多方联手的综合型事业。[81] 上述一切是毋庸置疑的,但是我们同时也要理解19世纪60年代的外国人对于胜利的过分狂欢,就这一点而言,这一切又似乎是无关紧要的。麦都思与林赛和其他许多人一样,认为中国的国门已经被打得粉碎,它对新建立的条约世界和外国在华势力范围已经不再构成障碍。清政府已经受到了重创。叛军被彻底击溃。广州也已经受到了惩罚,旧制度在那里被击得粉碎,它的总督被掳走,总督的档案也被抢走,甚至,连他的衙门都被烧成了平地。在他那富丽堂皇的衙门曾经矗立的地方,外国人慢慢地建起了一间教堂。外国人并不是"一切"——对大多数中国人来说,他们是来自沿海地区的黑暗势力,他们是一次海盗袭击,一次对人们日常生活的恶意破坏——但许多来自外国的"中国通"相信他们现在已经高高在上并且确实代表了一切。外国人对于自身力量的这种信念,这种盲目的自信,在中国人与欧美人士的交流以及几乎所有关系上都打下了烙印。它的存在,好比在汉口的外国人握在手上的大棒——无论是主人和仆人间的对话,中外商人之间的讨价还价,领事与道台的对话,还是中外公使之间的交流,这根大棒始终存在。这种信念存在于他们的文字以及冥想之中。他们在字里行间做出暗示,也用浅显易懂的英文直接表达出来。同时,他们还时刻握着左轮手枪,尽管大多数时候,这把枪都藏在别人看不到的地方,但是,他们并没有一刻把枪放下。

休·汉密尔顿·林赛自从1821年来到中国以后,几十年来都一直握着大棒。这名年轻的东印度公司作家一向胸怀大志,他曾经把握机会向北航行，他打破中国的大门，然后闯进去威吓和训斥中国人。他的种种行为曾经让中国官员和英国政治家不胜其烦，同样，也让他的生意伙伴和东印度公司的上司十分烦恼。他曾训诫珠江三角洲的村长，曾于1832年在对外封闭的港口分发马礼逊用洋泾浜中文写成的小册子，并在伦敦发行自己的单页报纸。他于1829年宣布："如今我一门心思投入中国事务和政治，而且我有信心，我的参与将会让我有机会立下一点功劳。"他于1836年带着几箱中文书籍回到东方，但是，中国是无法满足他的全部野心的——他在中国留下了以自己命名的公司并委托他的外甥经营该公司。[82]《南京条约》签订的时候，他已经十分富有——显而易见，1836年以来在广州的三个贸易季使他获利不少。在此后的近四分之一个世纪里，该公司的业务取得了增长并变得更加多元，和林赛本人一样，它利用了法律和现实冲突时出现的种种机遇。广隆洋行从事茶叶、鸦片、大豆、胡椒、煤炭和大米的买卖。一旦情况允许，他们甚至会从事走私活动，而当更多商机涌现的时候，他们便把业务扩展到日本和长江沿岸，通过各种方式把自己和中国沿海的新世界牢牢地固定在了一起。斗争和贪欲使这位年轻的、雄心勃勃的苏格兰人受到了锤炼。他对东方群岛公司的投资使他几乎倾家荡产，但是他的公司及其名声还是保存了下来。通过广隆洋行，他逐渐重建了自己的财富，直到1865年公司倒闭为止。詹姆斯·道的公司也在同一年倒闭了。但是其他的公司保存了下来，而林赛时代的海盗精神也留传了下来，即使当时整个外国在华体制正在逐渐走向成熟。至于林赛本人呢？他一生蛮横霸道，就这点而言，我们不该给予他任何肯定，至少不能像他希望的那样给予肯定。但是，我们同时也要承认，作为"阿美士德号"使团团长的他，对于建立中国条约口岸这个纷乱复杂的新世界而言，还是有一些功劳的。在英国侨民"饱受凌辱"的时候，林赛曾经火冒三丈，恼怒不已。他曾致力于终结那个外国人"饱受凌辱"的时代（无论是在上海、宁波还是福州）；他总是在做试验，总是在扮演着自己想象中的英国国家和英国国民在一个开放的中国中所应当扮演的角色。

6
在帝国心脏的中心

现在北京成了西方列强在华势力的一个正式中心。在它的层层围墙之中，终于出现了长期设立的使馆——不是过去临时设立、又随时撤销的机构，而是用来长期维持外交关系的机构。通过这栋建筑物的大门和旗杆，它宣告着自己的存在；同时，它还宣告着外国在华势力的各种各样的人和事（包括传教士以及由外国控制的海关）。这是确凿无疑的胜利，对欧洲人来说，还是值得反复回味的美好事物。外国人即将改造广州——在一名长住广州的外侨吉登·奈（Gideon Nye）看来，"梦寐以求的事情终于成真了"。但是，我们一定要记住，广州的问题从来就没有成为北京的问题——广州的问题永远都无法引起首都决策者的关注。林赛曾在福建沿海分发小册子，希望至少一本小册子能够传到北京去。1859年以前，外国公使和军队每次到达白河，就只能被迫折返。但到了1860年，外国人直捣北京，而当他们再次回到北京时，甚至已经可以不再离开了。现在来看，吉登·奈的说法十分简练。北京是"目标——和平的唯一希望"。欧美外交人员得以长住在帝国中央并随时会见中国官员：这肯定能使清政府消除"对自身优越地位的幻想"。这是"建立和平关系的基石"。[1] 这正是外国人所渴求的，而现在终于成真。在北京一个新设的名为"总理各国事务衙门"的机构里，在海关总税务司署、公使馆、医院和教堂里，人们开始总结这场战争的收获，争夺在战争中获得的赃物；人们开始研究和平的细节，和平所带来的一系列影响也紧接着被表现出来。而如今，北京这座城市本身已然在"瓜分中国"的故事中占据了中心地位。

外国人所做的第一件事就是把吉登·奈熟知的广州夷为平地并重新建设。根据1865年的报告，在外国人万分憎恨的广州洋行遗址里，"只有几片花岗岩散落在地上，还有混凝土步道的残余"，除此之外，只见芳草萋萋，再也没有一点颓垣断壁。人们在旧的英法租界以西的地方另外开辟了一个新的英法租界——租界设在沙面岛上，该岛的一半是珠江的淤泥堆积出来的，另一半从前是一个"人口众多的郊区并拥有两座炮台"。沙面岛上的英法租界和广州城区之间隔着一个100英尺宽的水道，还有几座门桥。巴夏礼曾经主持修建广州的英法租界——作为外国在华租界当中"最漂亮""最气派"的一个，它的中央还有一片宽敞的领馆区和一个公共花园。[2] 英法租界比洋行还要大4倍，但是西方人的活动范围既不局限在岛上，也没有局限在广州或者他们之前和中国人妥协的范围内。现在看来，整个中国都是他们的。现在他们真正拥有了活动自由，以及在各地进行建设的自由。他们修建了新的传教站和教堂、新的领事馆和公使馆、新的堤坝和码头。他们还修建了新的洋行、货仓、坟场、跑马场和俱乐部。他们可以修建灯塔、停泊灯塔船和疏浚港口。海关网络也扩大了许多，这就要求租界当局聘请更多员工（包括经验丰富的技术人员），从而建立一个更精密的管理系统和更先进的会计系统。租界当局还需要修建更多酒店、共济会会所、教堂，吸引更多愿意深入内地的商业代理人、买办、翻译、仆人、中国教徒和生意伙伴，并招徕更多顾客。他们建立了新的网络——轮船航线、各种企业、传教网络——然后把这一切记录在新创办的报纸、学术期刊、报告、指南和手册里并进行讨论。他们绘制了新的地图和图表，建立了新系统以收集更多数据，在上海组织了一次正式的人口普查，并再次对公共租界进行了专业调查——此时公共租界已经有了超过12,000栋房子和93,000名居民（其中90,000人是中国居民）。[3] 他们用石头砌成各种建筑物，并建立了新的知识结构。而且现在灰色地带也有了更多的可乘之机——外国人可以让中国赌场、中国公司（即英国人所说的"假洋行"：表面上为英国人所拥有的中国公司）或者中国骗子利用他们的姓名、国籍或权力恣意妄为,并向他们收取费用。但是,整个外国租界在某种程度上都是一个灰色地带,就连所谓的合法社会以及合法生意的形式和结构,和黑道相比,也仅仅存在着程度上的差异,而在行为方式上,这两者之间其实并没有什么不同。一家买办控制的正规公司,其实就是一家"假洋行":公司员工们个个西装革履、举止得体,并且极具绅士风度。就在外侨建设租界,在租界安家的时候,租界不可避免地失去了外侨初来乍到时的原始风貌——巴夏礼在沙面修建了一座新领事馆之后,又建了一间教堂。当然,这并不完全意味着租界是临时建设起来应急的——尽管人员和各种利益的流转十分迅速,人们都想着如何在最短的时间内牟取暴利(很多人都希望能尽快赚足2万英镑然后就赶紧回国)。成功取决于人们对实体基础设施的投资,而太平天国起义导致的房地产价格大涨,造就了一个全新的利益集团:拥有房地产的寡头。一直都奉公守法的托马斯·汉璧礼及和他相似的那些人即使不在上海,也密切关注着他们在上海租界的利益,他们希望可以在黄浦江畔和江北新的开发区购买房地产,从而进行类似的投机活动。房地产价格大涨,为外侨提供了新的收入来源,尤其是从中国租户收取的租金(这些租金被汉璧礼用来修建他在意大利的花园)和税金(税金则被用来修建上海的码头和道路,维持上海的治安,以促进对外贸易)。究竟谁要负担条约口岸这个世界的一切开支?租界当局误打误撞地找到了一个很方便的解决方案:让中国人为此买单。正因如此,任职于上海工部局的汉璧礼要求该局"小心翼翼地保护租界里的中国人"。[4] 因为,该局必须保护他的投资。

同时,对于清朝官僚体制本身而言,这也是一个亟须进行建设的时候——现在,清政府不得不重建一切、发愤图强。道光的继任者咸丰皇帝于1861年8月在美丽的承德驾崩——那里有大清皇族的山庄,他们在这个距离北京东北200英里的地方修建了袖珍版的皇宫,并以此作为大清帝国的象征。就在英法联军逼近北京时,他仓皇逃往承德,并把自己5岁的儿子指定为接班人。经过一场政治斗争,咸丰皇帝的首席谋士肃顺被公开处斩——因为他主张继续对外实施强硬政策——实权落入了一个三人集团手中:咸丰皇帝的弟弟奕䜣(恭亲王)、孝钦显皇后(一般称为叶赫那拉或慈禧，或者直接称为皇太后）以及他的皇后孝贞显皇后。咸丰皇帝到死都未能回到饱受敌军蹂躏的首都，而是逃往一个象征着大清王朝无上权威的地方并长眠于此——在承德，咸丰皇帝身边尽是一些主张对外强硬的谋士（尽管这一政策已经彻底破产），因为他们大可以在远离恩菲尔德步枪的安全地带大放厥词，并主张继续作战。但是现在外国外交人员已经常驻在帝国的心脏地带。正是和胜利的西方列强之间这种脆弱的城下之盟，使整个国家都不得不面对娃娃皇帝载淳所强加的新秩序——载淳的年号"祺祥"也被换成了"同治"。[5] 现在，整个国家需要建立陆军和海军；需要生产先进武器的兵工厂，以及建造轮船和战舰的造船厂；需要修建培训学院、建立翻译团队——忠于清王朝的翻译，而不是充任翻译的卖国贼或买办，或者洋人在广州的走狗——他们更需要能了解新规则和国际法、西方科学以及外国科技的人。他们需要竭尽所能，使欧洲人不至于肆无忌惮、恣意妄为，他们要想尽办法使这些诡计多端、奸诈狡猾的外交人员遵守大清王朝的法律，他们还要创建出各种新体制，以便将这些陌生人安置在北京城门以内——在不扰乱王朝秩序的前提下，让他们安安稳稳，并遵守章程。他们需要利用新知识、新工具和新体制上的创新，来恢复旧有的秩序。他们需要学会像洋人那样在谈判中引用法律语言，或者至少需要一些有能力了解和使用这种语言的人才。那些"蛮夷"一直喋喋不休，对显赫的中国权威采取"以子之矛，攻子之盾"的策略，他们用中国人自己的大道理进行辩论，他们用中国人自己的知识使后者感到措手不及（请记住林赛和郭士立是如何反击那些中国学者兼政治家的言论的）。但是，这个观点并没有取得朝野一致的认同，在接下来的几十年里，人们将围绕这种方针进行持续的辩论。采取这种方针，并不意味着摒弃中国人的价值观和信仰——恰恰相反，无论是积极主张采用外国科技的一派，还是他们的反对派，都认为救国之道在于更严格地遵循现存的价值观和信条。诸如"救国"一类的说法及其所预示的即将到来的剧变逐渐开始成为中国人辩论的常规部分。这是一场复兴，而非一场革命：它代表着王朝的"中兴"，并且也的确被人贴上了"中兴"的标签。以道光皇帝之子恭亲王为首的改革派计划通过学习外国知识和事物，约束那些强行闯入首都的外国人。这场

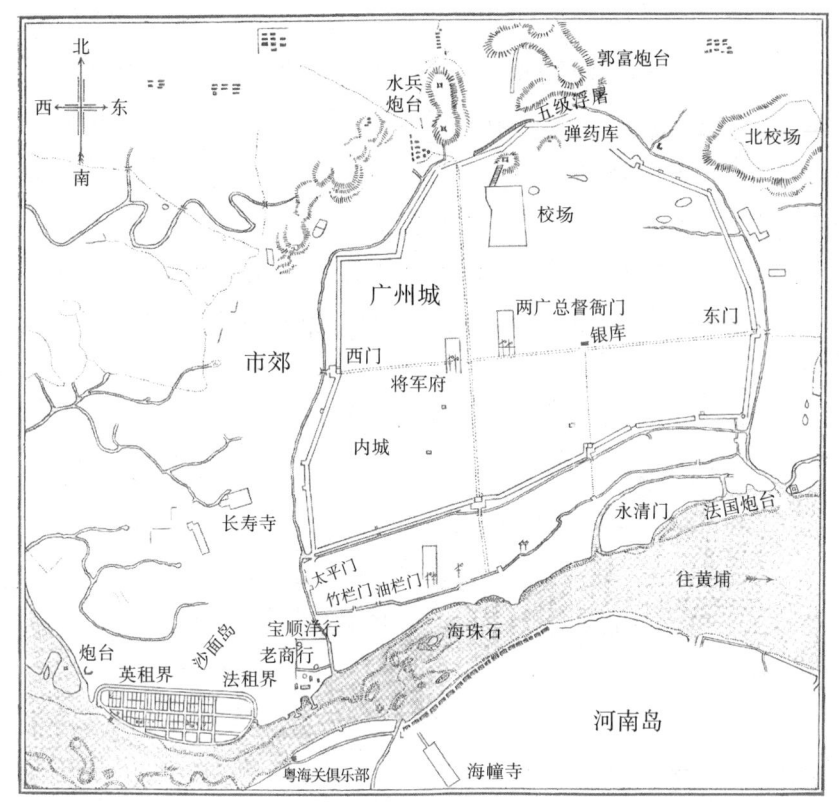

老广州

运动日后被称为"洋务运动",并在实质上成了"同治中兴"的核心内容。

北京正是"同治中兴"在空间上的中心。1863年6月6日,中国海关总税务司李泰国以及他的执行副手28岁的北爱尔兰人赫德来到了首都东边的"总理衙门"。这是1861年3月正式成立的新的中央政府机构,其职能是负责一切对外事务。[6] 它在现行体制中显得有些格格不入,但是它却从理藩院接过了处理对俄事务的权力,又从礼部接过了处理其他各国事务的权力。尽管洋人把它称为"外交部",但它不是欧洲意义上的外交部门。它不过是一个综合性的机构,负责处理对外关系——其交涉对象包括"凶猛残忍"的英国人、"居心叵测"的俄国人以及相对随和的法国人和美国人。(在清政府看来,法国人和美国人仅仅踏着前者的脚步前进,事实上英国人也是这么认为的。)[7] 它负责的是更广泛意义上的对外事务,因为受它管辖的机构还包括海关总税务司署以及一间新设立的翻译学院（京师同文馆），同时它还负责各项军事改革。如今设立翻译学院已经势在必行，因为和外国人签署的条约明确规定中外一切交流应以外文为准。现在外国人正在用外文给清政府下达各种指示，这迫使清政府必须迅速迎头赶上。对于地方商人和店主们来说，粤英对照的小册子就能够满足他们的需求，但是帝国的中心地带却亟须翻译员。中兴的大任落到了衙门身上——"衙门"一词既可以指作为一个机构的总理各国事务衙门，也可以指它的所在地本身（一个废弃的铸币厂）。总理衙门的设立，从来就没有被当成是一项永久性的措施。同时，它的实际作用也是值得玩味的。一方面，它具有实际意义，因为它协调了各种外交方针，并且以条约强加给清政府的方式和外国外交人员交涉。但是，它也具备某种含糊其词的作用，因为它从来就无意承认中外关系在实质意义上的平等性。清政府认为，中国不同于其他国家。当然，就这点而言，它和所有其他国家并无不同。

在1863年6月的这一天——在此之后还有许多这样的日子——人们在总理衙门讨论战后中国的问题。衙门大厅通风良好，布置却十分简单。赫德曾经来过总理衙门——1861年1月，李泰国被正式任命为海关总税务司，但由于他不得不回国养病，因此派赫德代替他前去总理衙门，那也是赫德第一次到那里去。如今李泰国又回来了，并且，他终于可以会见他的雇主了，一路上，他既乘坐了中国最先进的交通工具，又乘坐了中国最落后的交通工具：轮船和牛车。[8]这天中午，李泰国会见了文祥——文祥是一名满族人，他和奕䜣、桂良一同建议设立总理各国事务衙门，目前担任总理衙门大臣之一，同时他还兼任兵部和工部的职务。李泰国带来了一个清单，上面逐一列出了他作为个人以及作为海关总税务司所提出的要求。他的要求很简单，其影响却十分深远，而从中国人的角度来看，这些要求简直不可思议。他要求巡抚的权威不能限制他的自由。他还坚决要求将海关的所有收入交给总理衙门，而不是贪得无厌的地方官员。同时，他还要求"得到所有人的尊重"，因为他"不是一名中国官员"，而是"一名中间人，一名英国人，一名帮助者，他受清政府委托，代办某种事务"。而且他应当和总督平起平坐。他还坚决要求，总理衙门"必须在一切涉外事务上听从他的建议,无论这些事务涉及哪些人,而且凡事都必须先咨询他的意见,再采取行动"。不仅如此,他还要求拥有一座私人花园。实际上他是要求拥有一座府邸——几乎是一座宫殿——作为他的住所。赫德在日记本里记下了这些要求。一个月前,赫德在上海会见刚从英国回来的李泰国。当时赫德就十分担心自己的上司"发生了巨大的变化",具体来说,赫德担心李泰国"已经完全英国化了,以致他和中国人交涉,只能是事倍功半"。赫德做出了预言:"他不会接受中国人的观点,而且肯定会坚持己见。"李泰国果然这么做了,一年后,他还发表了许多同样的观点为自己辩护,并且,在他因为过分自以为是、夸夸其谈导致被革职之后,他仍为自己发表了更多的辩护。李泰国写道:"一名绅士居然要对一个亚洲野蛮人俯首帖耳、唯命是从——这简直荒唐极了!"1863年6月6日当天,他尽管没有直接说出这句话,但是仍然清楚地表达了这一想法。他坚决认为:"就目前来说,欧洲人和亚洲人之间不可能处于平等地位。他们当中的一个必须占据主导地位。"[9]在那个炎热的下午,李泰国在衙门里发表的长篇大论(相比于他日后的那些言论而言)其实并不算过分,而文祥则"机智又圆滑"地回答道:"好的,如果海关总税务司要行使权力,就必须正式上任,而那意味着,海关总税务司必须接受职衔和称呼所决定的某些上下级关系。"他不温不火地说道:"你必须接受自己作为一名中国官员的身份。而且我们并不打算赐给你一座府邸。"[10]

所以总理衙门在给了李泰国一笔钱之后就请他离开了——事实上,该衙门仍然有权决定李泰国的去留——没有人为李泰国的离去感到惋惜。他在任5个月就赚了14,000英镑。(据传,除此之外,在上海的房地产投资还为他带来了另一笔可观的收入。)他上次回英国期间在萨里(Surrey)租了一栋房子和占地50英亩的庄园,如今,他用这笔钱买下房子和庄园自然绰绰有余,所以李泰国最终还是拥有了自己的私人花园。[11]即使外国人要为中国的改革提出建议,中国也不可能接受这种提意见的方式。接替李泰国职务的赫德意识到了这一点,他秉持着和李泰国完全相反的做事原则和态度,最终花了50年,在中国开创了一番事业。而在他为中国服务了50年之后,中国人已经亲切地把他称为"我们的赫德"。[12]这位十分虔诚的绅士是一名来自阿马郡（Armagh）的富裕杂货商的儿子，他为他的亚洲雇主服务了50多年，并使得海关几乎成为总理衙门的行政部门。海关，这个阴差阳错在上海创立的机构变成了协调对外事务的主要机构。赫德所做的一切不仅有助于加强清政府的统治，还有助于把大清帝国更深地嵌入国际网络，包括贸易、通信、外交和知识等网络。在北京的赫德可以随时对清政府做出回应。（很快地，赫德被要求长期驻在北京，而不是中国的贸易中心上海。）这时的赫德发现自己扮演着两种角色：既负责领导海关这个为国家带来收入的机构，又负责协调这场自强运动（洋务运动）中心几项纵横交错的政策。随着清政府在遭到失败之后开始自我革新，它的领导者集结起了新的资源，允许那些和太平军作战的总督、巡抚增加了一种名为"厘金"的新税（亦即对转运到各地的货物征税），这笔新的收入来源使得清政府有能力建立新的军队，并最终镇压这场叛乱。而现在，清政府拥有了来自外国人控制的海关总税务司署的新的收入来源，而且这项收入还在不断增加。海关总税务司署很快在所有新开放的港口建立新的海关大楼，而这些海关大楼又聘请了新的外国顾问和代理人：华为士（William Wallace Ward）、戈登、日意格（Prosper Giquel）、李明良（A. Lay）、赫德。这是一种现实需要，也是一剂苦药，就连文祥都说道："不得不仰赖于外国人，真是莫大的耻辱。"李泰国就曾经对文祥说："如果一个人病了，就一定要求医。如今中国和外国人交往，却又不了解外国人的习惯、思维模式和习性，如果还不接受外国人的建议，那就极有可能发生灾祸。"文祥反驳道："你说得很对，但是如果医生不了解病人的体质却还给他开药方的话，也许固然可以使病人免于死亡，但也会使他浑身乏力、形容枯槁，那该如何是好？"[13]

确实，那该如何是好？赫德还在广州时，就已经近距离目睹了最严重的灾祸。赫德为英法联军委员会担任秘书长达一年之久，在1858—1860年期间，该委员会和地方政府联合治理被占领的广州。而这种治理一开始就面临着普通民众的殊死对抗——1858年阴沉沉的城市笼罩着恐怖至极的暴力。广州的大街小巷布满了炸弹陷阱，民兵则狙击落单的英军或法军士兵。占领军对广州居民实行了残忍的报复行动，动辄捕杀数十名旁观者。[14] 报复行动干净利索而冷酷无情。所以，赫德已经见识到了中国末日的悲惨景象，看见了清政府无法控制局面时紧随而至的权力真空和血腥暴力，同时，他更意识到外国势力尽管总是宣称自己所做的都是为中国好，但那毕竟是脆弱的，他们永远都不可能有效地取代清政府来收拾残局。所以赫德就一直努力避免"中国末日"的到来。作为一个爱尔兰人（而且"从心里到灵魂都是彻彻底底的爱尔兰人"），却要受雇于中国人，这无疑是一种十分尴尬的处境。英国人曾经为许多外国雇主服务，为这些雇主的事业献身，日后他们还将为更多其他的雇主服务，为更多的事业献身。他们在南美洲献身革命事业，在暹罗则为当地政府服务。他们可以是为自己谋利的雇佣兵，也可以是为大英帝国服务的官方或非官方代理人。[15] 但是他们当中极少有人像赫德一样掌握大权，处于如此不寻常的地位。他只是偶然登上中国历史舞台的演员，只是这份工作很适合他，而他也很好地诠释了自己所扮演的角色。赫德是被贝尔法斯特女王大学提名到英国驻华领事馆任职的，他于1854年夏天抵达中国。当时赫德年方十九，学业有成，善于反思，还是一个虔诚的卫理公会教徒。在被派往宁波的路上，他先是穿过饱受太平天国战火蹂躏的上海（"令人黯然神伤"），然后躲开了一次海盗袭击，才最终抵达宁波会见领事密妥士（John Meadows）以及罗伯特·福特尼。当时身在领事馆的福特尼正忙于收集更多植物并推销他那些数不胜数的著作。刚到宁波的第一个晚上，他就发现有"几个中国女人"在"不停地通过窗口偷窥"，他们似乎知道新来了一个外国人。毕竟就连密妥士在当地也有一名情妇——日后他将会正式把这名情妇升级为妻子——所以按理来说这位年轻的见习翻译员也需要一名情妇。要"绝对拥有"一名情妇，依当时的行情，相当于一个年轻见习翻译员一个月的工资。赫德在自己的日记中吐露心事："但是，我希望在中国期间能控制好自己。"就这样，他在宁波不仅学习了做买卖，还出色地完成了包令爵士要求他完成的几篇论文：《中国的街头文学》《中国店铺里常见的告示与格言》《独具一格的宁波工厂》。[16] 和大多数人一样，赫德只是在需要的时候学习中文，而并没有系统地学习。仍然缺乏人手的传教士群体还尝试吸引他加入他们的行列。而且，如我们日后将会看到的，赫德完全无法"很好地"控制自己，因为他实际上"沉溺于女色"。[17]但是赫德精湛的中文、和中国官员合作的能力以及刻苦耐劳的精神使他得到了上司的赏识以及观察员的欣赏。

李泰国欣赏赫德之余，更于1859年将他委任为新建立的广州海关副税务司——广州海关构成了当时正在推广的税务司制度的一部分。1859年7月1日，他不再受雇于英国当局，转而服务于清政府，很快他便成为李泰国有力的副手，并于1861年崭露头角。赫德于1863年11月展现了非凡的克制力——当时他还是上海海关税务司，却收到了一封把他署名为"海关总税务司赫德"的急件。接到信后，他先吃了早饭，然后读了几页《圣经》，最后再进行祈祷。直到办完这一切，他才拆开了把他任命为李泰国继任者的信件。这种克制力完全反映出赫德的特性。同时，随之而来的工作也迫使赫德把自己身上的特性发挥得淋漓尽致。他的工作总是无比繁重，让人喘不过气。赫德进行筹划、提出计划、四处游说，并发号施令，把自己的计划付诸实践。他目光远大，同时又明察秋毫。他经常一股劲投入某个工作项目，如果时机尚未成熟，他就接着把精力投入下一个项目，等到时机成熟之后再倒过来经营之前的项目。他总是把《圣经》放在身边，但是在中国海关的服务，却又是一个世俗的项目——其性质是完全世俗的，因为其中并没有巴夏礼所说的"神明的手"。赫德始终信仰"进步"这个世俗的神明，同时他亦发现作为人类文明之一的中国严重缺乏这种"进步"。五年后李泰国——他总是缺乏自知之明——令人难以理解地对赫德毛遂自荐，希望重新任职于总理衙门，而赫德写了一封信婉拒了他的要求，信中总结了这段时间里他和中国海关的一些成就。赫德写道："中国已经逐渐适应了国际惯例和世界潮流。"要想取得任何实际的、"建设性的"发展，取得"看得见的改变和实际的成果"，就必须先奠定一个基础。那就是，中国必须成为世界的一部分（这里的"世界"当然是指由西方塑造的世界），这便是赫德的目标，而他也的确取得了一些实际成果。他和中国的"进步派"携手合作。他们如饥似渴地通过赫德了解世界，并请求赫德为他们解读这个世界。赫德向他们奉上了国际法通用教材的中译本，他建议清政府创立名为同文馆的翻译学院，并帮助同文馆笼络教员。赫德还不辞劳苦地核对各条约的中译本，时而提议清政府在和葡萄牙签署的条约里添加一段条文，时而提议清政府在和比利时签署的条约中可以做出一点让步。他还告诉文祥，正因为他们把中国视为"不文明的国家"，所以才会对清政府颐指气使并提出严厉批评，他们"对中国存在着严重误解"，并且他们对中国也充满了"无知"。[18] 赫德于1865年提交了一份长长的、题为《局外旁观论》的备忘录（自然是用中文写成），简述了清政府即将面对的新问题。他指出，要想避免这些问题，唯有实行对官僚体制、军队以及国家财政政策的根本改革，并以开放的心态引进中外合作项目，积极进行国家建设。尽管清政府这个仍然处于分裂状态的官僚体制难以接受这份备忘录提出的建议，但赫德和他的赞助人还是已经在有效地推行备忘录中所列出的许多项目了。此外，其他人也在积极展开相关工作。就像他在写信婉拒李泰国的请求时写的："造船工作已经开始了。密妥士在天津的仓库连接了半英里铁路，（铁路总长虽短，但这可是北京铁路的开端！）而在外国援助下进行并且采用外国技术的煤矿开采工程也展开了。"他总结道："我们只能一边老老实实地工作，一边耐心地等待。"[19]

工作和等待，并"融入中国"：这是他得出的结论，也是他"真正的方针"——他要"成为中国人"。[20] 赫德的处境十分特殊：他既是旁观者，又是中间人，而且还是一名狂热分子。他有想法和雄心，而且还有资金，同时具备这几个条件的人并不多。他在衙门里有许多赞助人，他们都希望他能早日展开各项工程，而且也愿意接受他所提出的现实计划。新上任的外国公使都愿意听取他的建议——他总是被叫去公使馆，对各国公使进行宣讲，并对他们提出劝诫和引导，而且朝廷内的改革派也愿意听取他的建议。实际上，他本身就是改革派的一分子。他在口头上宣称自己是中立的观察员，但是现实政治使他不得不加入某个正在逐渐得势的官僚派系。他是第一个处于这种地位的欧洲人——既不仅仅受雇于清政府，又不像李泰国一样，把自己想象成殖民地总督，坐镇总督府，对中国人发号施令。[21] 赫德和总理衙门的官员一边促膝长谈，一边品茗吃水果，借此和他们建立起深厚的友谊。同时，海关的收入也使他掌握了不少资金。随着对外贸易的增长以及海关网络的发展，海关的收入也随之增加。而且随着收入总额增加,被总理衙门调去支持自身项目的百分比占收入总额的百分比也在逐年提高。在19世纪60年代,这个百分比大约是60%,而在接下来的10年,这个数字增加到超过80%。[22] 看到海关收入逐年增加,各金融机构也更愿意给总理衙门贷款。而且虽然此时外国商人依然很不情愿和海关打交道,但是他们也终于意识到这是不可避免的(尽管有些英国官员依然把赫德视为叛徒)。[23] 中国海关的规模不仅日趋扩大,其结构也变得更加复杂,海关工作人员也随之变得更有信心。海关大楼都被建在新筑起的外滩以及新设立的租界的中心。赫德总是不厌其烦地提醒海关工作人员自己作为中国公务员的身份和地位。赫德给海关工作人员写了一个便笺,提醒他们"应当具备高尚的职业操守"。文中写道:"你必须记住,你是中国政府的代理人,凭借你的工作拿着中国政府的俸禄。"[24] 所以大多数商人都乖乖地上缴关税。海关上缴关税,通常并不限于某个指标,这使得官员们可以利用超出指标的部分关税中饱私囊,但赫德却一反惯例,将所有的关税都上缴给中国政府。因此,一年的贸易额便会和本年的关税收入成正比。总理衙门把关税收入花在同文馆的运作上,通过赫德聘请教授英文、法文、俄文、数学和化学的外籍教师,并由美国传教士丁韪良(W. A. P. Martin)出任总教习。[25] 京师同文馆还在广州和上海设立了两所分校。中国海关收入还被用来维持苏州、安庆等地兵工厂的运作(清政府正在修建越来越多的兵工厂);作为镇压太平军的军队军饷;为曾国藩、李鸿章等地方上的改革派领袖提供支持;发起修建江南机器制造总局和江南造船厂;为当时在福州的左宗棠和沈葆桢提供经费——他们先后监察马尾造船厂的修建工作,而修建工程本身是由曾经组织常捷军的日意格负责的。江南机器制造总局和江南造船厂后来也从事教育和翻译事业,特别是在上海的英国传教士傅兰雅(John Fryer)从1868年起主持翻译科学著作,更是成绩斐然。[26] 到了19世纪60年代结束的时候,中国制造业已经取得了十分辉煌的成果。轮船纷纷下水,数万件世界顶级水平的武器纷纷出厂——清政府可以随时利用这些新式军事技术。而正是海关收入,才使这一切成为可能。

在赫德领导下,中国海关日臻成熟,并逐渐被赫德塑造成西方列强在华权力和利益平衡的真实反映。除了原先的英国人，中国海关接下来还聘请了俄国人、法国人、德国人和美国人。随着新的利益不断涌现，它还聘请了意大利人、丹麦人、奥地利人和比利时人。除此之外，海关工作人员当中还有荷兰人、西班牙人、瑞典人和挪威人。这种出于政治考量的世界主义方针，"严重影响了海关的正常运作"，它拖住了海关运作的脚步。但是，海关必须安抚各国公使和利益集团（这些利益集团也会对公使们施加压力），万一某个国家没有从中国海关这块大饼中得到自己应得的一份，以及各种附带的利益（或者至少确保其他国家也没能吃到这块大饼），该国外交人员就会激烈反对，并正式抗议，而中国海关便不得不出面摆平这种不愉快的局面。[27] 它表面上不能成为一个"英国的"机构——出于外交上的考量，赫德必须稀释它的英国核心——但是海关的工作和精神还是在很大程度上受到英国制度和习惯的影响。中国海关聘用了来自许多国家的工作人员，但是始终坚持将英语作为工作语言。赫德设计了各种制度以确保海关的正常运作，他甚至还亲自制定和完善了各种交流方式和交流内容上的细节，并让抄写员传抄。他从英国公共部门延请了经验丰富的公务员金登干（James Duncan Campbell）前来中国，为中国海关制定有效的财政系统。他还设计了工作人员制服、海关使用的三角旗，并拟定了工作人员的行为准则（包括中文水平）。这一切都结合了英国和清政府的做法和规则，因为设计出来的制度既要得到赫德的上级认可（至少在形式上，不能让他们觉得陌生），又要确保外籍工作人员能够相对容易地适应。随着赫德新招募的海关工作人员被派驻到各地的海关大楼，随着这些工作人员开始对刚形成不久的商人群体行使自己的权力，赫德本人对其手下的税务司们的权力也开始得到彰显，同时，他亦开始把自己的这种权力渗透到整个海关系统中。他全权负责海关的一切事务。他负责聘请工作人员，同时解雇不合格的工作人员。他负责海关内部人员的调动，也负责擢升表现出色的工作人员。赫德在海关内部管理上取得的权力，超出了清朝官僚体制或与之相当的英国官僚机构中负责海关事务的官员一般享有的权限。而且他的权力还远远不止于此。他还主持修建新的基础设施。中国海关虽然不能修建铁路，但是它已有能力开始建立灯塔网络——这是外国人继勘察中国海岸线之后,必然要进行的下一步措施。海关于 1868 年正式公布修建灯塔的计划并在接下来的 7 年内修建了 60 多座灯塔,其中包括 9 座大型沿海灯塔。此外,赫德还需要任命或招募医师为海关工作人员看病,在看病的同时,他还要求医生们提交年度报告,并发布这些报告,这样,他就可以为科学知识的累积做出贡献。当然,如果他想为科学知识做贡献,那么他自然还可以利用灯塔本身的功能,因为这些灯塔本来就是为了收集气象数据而修建的。[28] 中国海关可以为它的主人服务,为改革和洋务运动提供经费;它还能使轮船更安全地航行于中国的海岸和港口,从而使航运变得更可靠和有效率,进而满足外国和中国的贸易利益。海关可以为科学、知识和人类服务——这是赫德的信条,海关也确实这么做了,正如赫德日后所说,要"在每个方面为中国做好事"。[29]

中国海关评估了关税,成立了海事处以主持修建那些新的基础设施,并不断地出版刊物。海关于 1865 年在上海成立了印刷厂。从 1873 年开始,该厂成了统计部门的核心部分,它使人们通过文字从一个全新的、客观的角度去审视中国。赫德时常在北京的海关总部里,如饥似渴地搜集资料,然后站在一张特别设计的桌子后面读完这些材料,并立刻给下属发去回复和指示。赫德的通告清楚列出了他所需要的数据,以及他的下属需要呈交这些数据的频率。海关书记员把搜集到的数据汇总起来并根据指示将它们清楚地列出来——如果他们没能这么做,就会被要求重新呈交这些数据——然后把相关资料发送到北方。北京的海关总部会核对并出版这些数据。但是,海关的出版物,并不仅仅限于贸易年度报告和贸易数据,还有医学报告、字典、游记、贸易指南、中国音乐评论,甚至面向中文初学者的指南。中国被赤裸裸地暴露在外国人的眼光下,为了比以往更客观和全面地消除外国人对中国的无知,外国人不再从中国人那里打听小道消息,而是利用中国政府其中一个机构的部分资源搜集情报。中国海关长期负责整理数据,而要整理数据,就必须规范名词和翻译,进行商品分类,以确保工作人员清楚知道他们在计算和评估什么,并统一各种名词的翻译——这一向都是一个双向的过程——从而使中国的贸易世界更容易地为外国商人所了解,也使中国人更清楚地了解外国人带来的进口商品。在 1842 年之后的几十年里,在广州和其他开放港口的贸易已经使这方面工作取得了可观的进展。但是,随着贸易额增加,随着进出各港口的轮船越来越多,中外贸易的商品无论在种类上还是数量上都增加了许多。而且赫德希望了解的,并不仅仅限于贸易的细节:他希望了解一切。赫德要求手下的税务司每隔两周以"半官方"的形式直接给他写信,简述他们认为他应该知道的地方上的事情。因此,税务司们便把所有事情都通报给赫德——这些事情不可能被写入官方文件,它们包括:谣言、恐慌、表面之下慢慢发酵的一些问题,或者关于各种人物、地方丑闻以及纠纷的消息——这一切都流入北京,流入北京城东面朝阳门附近勾栏胡同的海关总税务司署大院,并最终出现在赫德的办公桌上。赫德看到了一切,特别是在他刚刚上任后的那几年里。他日后写道,自己把一小部分工作交给了资深工作人员——秘书们——而这些人后来成了海关总税务司署各部门的总管。无论是官方还是半官方的文件,海关总税务司署都予以发行并收录在与日俱增的文件夹里,这些材料构成了一个巨大的中国知识宝库。

在海关总税务司署,以及在总理衙门和各部尚书的办公室里经常举行的谈判中,赫德口若悬河,并在所有问题上争取到了清政府的同意。举例来说,1867年1月10日,赫德和中方人员进行了一次长达3小时的谈判,这场谈判讨论了包括以下问题在内的众多课题:对同文馆进行的改革、日意格在福州修建海军造船厂的工作、关于大米出口的问题、轮船在内陆江河的航运、关于电报的计划、军事改革、法国人售卖步枪事宜、修建灯塔事宜等——海关收入持续增加,为以上这些工程提供所需经费,也大大提高了赫德的威望。[30]文祥和他的同僚们总是提出要从长计议,并接连提出各种基本问题。他们总是说:"你必须给我们时间,何况我们资金不足。"(赫德应该会客客气气地回答道:"多亏了我,你们才没有像以前那么穷。")文祥接着说:"你最好不要威胁我们,你应该停下来好好想一想!你们现在这么急着推动我们学习,再过50年,你也会同样急切地要求我们停下学习的脚步!"这名满族官员说道:"想想,请你仔细想想,当这一切都成功了,将会发生什么:这是不是你真正想要得到的——一个繁荣富强、重新崛起的中国?"与此同时,他们计划从全国各地招募小男孩进入同文馆学习，当这些男孩毕业并获得任命之后，他们便成了精通西方知识和语言的清朝外交团队。赫德在日记中写道："假若这些男子在学习完同文馆的整个课程之后，便分赴各省担任地方官，那么此举就将会一劳永逸地改变中国，而且这可是天翻地覆的改变。"[31] 有时，他又心灰意懒，只看到障碍和危险，担心"自己长久以来对中国人太好了，天天喂他们吃棒棒糖"，因此，他现在必须采用强硬一点的语气，并对他们说"你必须这么做"。赫德一边沉浸在中国人给予的赞赏中，和中国人闲聊"'生、死、永生'的问题"（而当中国人发现他是一个基督教徒的时候还是会惊讶于一个饱学之士竟然会如此迷信），一边还要提醒自己，"中国人是最有理由憎恨我们，并对我们产生反感"的，因为正是英国人"将他们拖入两场战争，烧毁他们的皇宫，并处处惹是生非。我们总是率先对中国人施加各种暴力，但又总是大谈人类福祉！"[32] 但是，他仍然可以为中国尽一份自己的绵薄之力，同时，他也时刻提醒自己，尽管英国人"比别国人更诚实、更有效地为中国服务"，也因此得到了清政府的"信任和欣赏"（这一点一直被他"当作理所当然"），但他们不久之前对中国人所施加的暴力，以及这种暴力对他所工作的城市造成的创伤，却还远远没有被中国人淡忘。

中国海关不只通过发行刊物来（在全球范围内）宣传它所做的"好事"，它还负责在世界博览会上代表中国。此外，海关也抓住了其他机会：巴黎不是正在计划举行一场国际地理学会议吗？那么我们就必须派代表出席会议。于是，一份通告发出。它指示海关税务司们提交有关中国地理的论文。[33] 之前人们主办的展览会总是缺乏主题，一会儿展出内森·邓恩的收藏品，一会儿展出在圆明园抢掠的宝物，一会儿展出"耆英号"。如今取而代之的是一个系统化的项目——海关总部从各地海关大楼征集展览品，再将展览品船运到维也纳（1873年）、费城（1876年）、巴黎（1878年）、柏林（1880年）和伦敦（1883年），并把它们收入各种目录和指南，从而将中国展现在世界面前。展览品并不只有制成品——陶器、丝绸、景泰蓝、家具——还包括植物学和地质学材料，以及更多的其他展览品。事实上，为了推动贸易，为了丰富欧美的知识储备，整个中国都成了展览品。当然，海关本身的声誉和曝光率也获得了提高（对于此点，海关本来就有意为之），并因为取得令人瞩目的成就，得到了表扬、获得了奖项。海关总部还在维也纳组织了一场博览会，把来自各地海关大楼的商品样本寄到欧洲各地，并列举了一系列具有代表性的数据，展示了贸易发展的趋势以及存在着的种种机遇。这一切使外国人看到了中国——或者说是正常的中国。我们或许会觉得奇怪，因为人们起初把它视为一个革命性的举措，在他们对1873年维也纳博览会的评论中写道，从清帝国的"历史上来看，这绝对非同寻常"，当然，它确实非同寻常。[34] 19世纪后半叶见证了许多展览会的举行，人们开始打造巨大的"梦境中的城市"，数百万名访客因此乘兴而来——轮船和铁路的使用，帝国之间敌对竞争关系的推动，人们对逐渐融为一体的国家身份和帝国身份的自我认同，使得这一切都更容易实现。[35] 而且中国就在大家眼前，它正系统地、全面地（通过它的外国代理人）在一场旨在推广工业和艺术的展览会上展示着自己。这并不是如1851年"耆英号"上的何兴（音）擅自闯入海德公园世博会的皇家开幕仪式一样的不请自来。毫无疑问，中国政府聘请的外国人正在把中国介绍给世界，但是这意味着中国——中国的一切事物和机遇——开始被收入世界的百科全书里，并在欧美各国的首都展出。展览会上的中国或许还是会被进一步披上神秘的东方色彩，所以，尽管在这些场合里，它仍然可能在某些方面给外国人提供批评中国的资料，导致外国人对中国更加无知，而这与展览会主办者的初衷正好相反，因为主办者们往往都希望把中国的贸易机遇以及和中国相关的知识介绍给全世界。定期在这类展览会上把中国介绍给世界，成了赫德所领导的工作项目的核心主题。而且他当然希望自己做的好事得到承认，因为这有助于他和外交家、政治家以及国际媒体打交道，也满足了他的虚荣心，并且，还帮他本人以及海关赢得了展览会上的几枚奖牌。但是，更加重要的是，那个时不时被神秘化的中国，由邓恩的雕像所代表的古怪中国，如今又加上了一个有条理的并且更加系统化的形象，而这个中国（当然，这仍然只能是展览会所代表的中国）更接近中国本身，或者说更准确地呈现了中国各地的风情、事物和群众，甚至也呈现了来自中国的河流、湖泊和海岸线上的鱼类。（各种中国鱼类居然出现在伦敦的展览会上，的确让人感到有些不可思议，但是赫德的兴趣是十分广泛的，几乎无所不包。）策划展览的都是清政府的代理人，他们十分清楚自己有什么，也很清楚自己在做什么。

就这样，海关总税务司成了海关大楼网络的中心，同时，也是一个更为广泛的网络中的一个节点——地方上的瞬息万变所带来的机会，在国际舞台上展示和代表自己的机会——它把越来越多的有志之士吸引到中国。这些人进入了条约口岸世界里的不同行业，成为外交家、学者和教育家。海关总税务司还成了一个权力中心——一个夹在另两个权力中心之间、处于尴尬地位的权力中心。第二次鸦片战争之后，北京出现了总理衙门、海关总税务司署、英国公使馆三足鼎立的局面。作为英女王在华代表的英国公使馆同时还是英国官方权力的中心，矗立在紫禁城东南角的俄国教堂附近。清政府本来希望，外国人会满足于获得居留权，而不会真的长期在北京居留，说到底，他们来到中国主要还是为了贸易，而贸易都是在南方进行的，所以他们应当满足于留在南方，和当地商人谈生意。但是，他们之所以抱有这种想法，是因为他们并不了解吉登·奈，也没有意识到，自从律劳卑当年大闹广州、招致灾难性后果以来，外国外交人员就一直希望进入北京城。英国公使被分配到一座府邸，亦即梁公府。福特尼认为，将梁公府作为英国公使的住所是"十分相称"的。[36] 梁公府占地很大——根据其中一名曾居住在梁公府内的人描述，梁公府由东西平行的两厢构成，两厢又各由4个院子构成，东厢是曾经的宫殿，西厢则没有那么"气派"。他写道，梁公府"非常漂亮"，色彩鲜艳，美轮美奂，"宫殿天花板有着美观的金龙装饰，金龙在蓝底圆圈之内，圆圈又为小小的绿色四方形所包围，绿色四方形之间有着显眼的绿色和金色的交错的横条"。梁公府还是野生动物的乐园。另一个梁公府的早期住客写道："在梁公府的阴暗处，有狐狸、蝎子、臭鼬和黄鼠狼出没"，但梁公府依然富丽堂皇——两只巨大的石狮子守护着梁公府的主建筑。[37] 英国公使馆的规模持续扩大，到了1898年，公使馆的院子和园地占地7英亩，达到从前广州洋行面积的一半——公使馆里有不少工作人员，包括外交家、领事馆派来学习中文的学生以及维持秩序的警员（这些警员自己也经常喝酒闹事）。那些外交人员爱上了在梁公府的生活，所以，当中方当局日后安排他们迁移到别处时，他们还依依不舍，因为他们已经习惯了梁公府里舒适的生活方式，并以住在梁公府为傲，认为自己身为外交官，就应当有资格住在梁公府这般华丽的宫殿里。但是，在这一切成为事实之前，正如我们现在或许已经预料到的，他们已于1861年6月将女王肖像移到了梁公府里，在他们将这幅肖像拿出来的时候，梁公府还是一幅破败不堪，并且时而有狐狸出没的景象。英国人如此看重外国人居住空间的象征意义，或许显得有些奇怪。他们的这种反应一方面是基于他们对于中国人观念的理解——他们认为，清政府为了刻意羞辱他们，把他们安置在某些场所（有时清政府确实有这种意图），因此便竭力突破这些空间上的限制。而另一方面，他们本来也就有这方面的习俗，而其中两种习俗在战后的北京特别引人注意：英女王肖像的位置以及死者安葬的位置。

维多利亚女王肖像的相框非常精美，画中的女王十分年轻，手持权杖，头戴皇冠——该画是临摹乔治·海特（Sir George Hayter）所画的一幅真人大小的肖像画而成。负责装修梁公府的一些中国工匠询问，这是不是宗教偶像？如果英国人要据实回答，那他们肯定会说：我们有时几乎把她当作宗教偶像——例如当广州的官员"侮辱"她伯父的肖像时，他们曾勃然大怒。英女王肖像高高悬挂在公使馆墙上，注视着到访接待处的中国官员，肖像中的女王目光所及，尽是金龙（和臭鼬），她在这个中国式的环境里也显得有些格格不入。至于中国人如何理解这个做法——把整个公使馆最尊贵的位置留给他们眼中一个半裸的女人，即使这个女人是女王——那就是另一个问题了。与此同时，英国人通过安葬他们死去的同胞，更强有力也更直白地表达出另一个信息：英国人在北京占有的第一块土地并不是梁公府，而是俄国坟场里的5块墓地——其中4块墓地里埋葬的死者曾遭遇过中方的绑架（英国人在1860年找到了他们的遗体），最后一块墓地里埋葬的则是在英法联军撤退到天津之前，自然死亡的1名军医。他们即使已经长眠于地下，但是好像依然在通过某种方式向清政府示威。五块墓地上的混凝土被油上蓝色的漆，而墓地之上的白色花岗岩则刻上了墓志铭，记录着死者的命运。碑文写道："1860年9月18日，狡诈的中国政府不顾当时的休战状态绑架了他们，并在狱中对他们施加了非人折磨。"有人认为这并不符合外交原则，尤其考虑到如今双方已经恢复和平状态。现在，墓地成了英国人朝圣的地方。一名刚到领事馆任职的年轻人就写道，在1862年春末的一个早晨，自己前往墓地，将纪念"受害者"的碑文抄了下来。[38] 到了19世纪60年代后期，坟场里的死者被移到了北京西城外一座新设立的英国坟场。那名医生被单独埋葬，由于清政府背信弃义而被折磨致死的4名受害者则被埋在坟场中央，环绕着英国人为他们新修建的纪念碑——一个白色石头十字架下刻着他们的姓名，以及"基督的血洗清了我们身上所有的罪恶"的碑文。[39] 在英国还有一块用大理石铸成的鲍尔比纪念碑，但是在北京这座坟场的中央，在英国在华事业真正的中心，躺着为大英帝国殉国的死者。[40] 一本1897年出版的指南也写道，在巴夏礼和洛赫（Loch）被囚禁的寺庙墙上，两人的字迹依然清晰可见。北京记录着英国人所受的苦难。[41] 外国人一方面讥笑中国人对风水命理学的迷信心理；另一方面，他们自己也致力于打造具有象征意义的地标，具有神圣性的空间，以及各种朝圣、反思和具有纪念性的场所。

公使馆被尽可能修建得富丽堂皇，但它究竟有多少分量，终究还得视其幕后的支持力量而定。公使馆设立的最初20年里，迎来了3位英国公使：卜鲁斯、阿礼国和威妥玛（Thomas Wade）。卜鲁斯曾在刚开埠不久的香港担任过2年的秘书，然后前往南美洲和埃及任职，日后又在第二次鸦片战争期间担任其兄的随行工作人员。在北京的工作结束之后，他于1865年前往美国，担任驻该国公使。卜鲁斯讨厌北京，也讨厌工作中的"单调和焦虑"，但他成功地使英国对华政策不再片面侧重军事威慑，而是转向和清政府对话，以推动各方的"合作"（这是19世纪60年代最流行的表达），特别是对赫德提供支持。所谓"合作"，既指西方列强和中国之间的合作，又指具有在华利益的西方列强之间的合作，二者相互交融。中国如果实行了彻底改革，将不仅在理论上遵守条约，还将在地方上的实际运作中恪守条约——这无疑是符合英国在华利益的，因为这避免了劳民伤财的战争以及在争论中耗费的外交精力。卜鲁斯力图加强总理衙门管理地方官员的权力，从而使地方纠纷上升为国家问题。坐镇首都的卜鲁斯对各港口进行严密监督,这就杜绝了阳奉阴违的非法行为。[42]巴夏礼认为卜鲁斯太懒散了(这是巴夏礼的个性使然——在他看来,除了他自己,所有人都太懒散了),此外,他也憎恶卜鲁斯所谓的"合作"理念,特别是在英国人似乎已经在1860年取得了完全胜利,但地方冲突仍然不断的时候。阿礼国的目标是继续深化卜鲁斯的既定方针。他于1865年末从日本回到中国后,对赫德说"这套体系还处于试用期"。他认为自己在公使中地位超然——英国在华势力最大,对华贸易额最大,这满足了他的虚荣心,并"激怒"了其他国家的公使。其他各国的外交官已经开始形成统一阵线,在具有共同利益的问题上统一口径。尽管阿礼国很爱面子,但至少他还是比较顺从赫德的——在阿礼国任期内,围绕1858年的条约何时修约的问题发生了纠纷,而赫德出色地调解了这场纠纷。总理衙门规定,赫德将会负责八分之七的谈判内容,所以,总理衙门和阿礼国双方在面对面谈判之前,已经通过赫德这位中间人进行过初步交锋。威妥玛由于精通中文,所以迅速获得擢升,并从1861年开始在英国公使馆担任中文秘书。1864年,赫德这样称赞他:"从思想上来说,他是中国已经找到的最好的一位朋友。"1866年,他呈交了自己关于皇朝改革的计划书,这份计划书以及赫德题为《局外旁观论》的备忘录在清政府上层官员当中引起了激烈的辩论。之所以引起如此激烈的辩论,其中最重要的原因在于这两份文件(尤其是威妥玛的计划书)让人觉得咄咄逼人,因为它们都认为中国可能会放弃进一步改革——他们的这种推导被视为一种直接的威胁和恐吓。威妥玛是一名学者,但绝不是一名外交家。[43]

阿礼国和威妥玛,以及他们的继任者巴夏礼都有过长期和清政府打交道的经验,但是也有越来越多的职业外交家逐渐加入了英国在华外交机构——和一般外交官的职业生涯一样,他们来自其他岗位,等到在华任期结束之后,又奔赴其他驻外岗位。在这个过程中,英国人也正在建立起专业驻华公使团队。英国驻华公使馆招募的工作人员依然无法满足该机构的专业要求。现在,中国也许已经被整合进了英帝国殖民机构的惯常领域,英国人也许也终于有机会服务于驻华当局,借此建功立业了,贝尔法斯特女王大学亦受邀提名驻华外交官的人选,但是驻华公使馆的工作依然没有受到重视。留在英国国内工作、申请派驻印度或帝国其他港口的殖民机构才是人们的优先选项，并且这些选项总是吸引着顶尖的人才。因此，驻华机构的入选者并不是同辈人当中最有才华的那些人，而且在20世纪以前，有关当局在遴选驻华外交官的时候，也并没有考虑候选人的语言水平。而且当时仍然没有系统的安排，能让接受任命的外交官学习他们需要精通的语言。同文馆通过更系统化的项目为这些新上任的外交官提供了更多帮助。萨道义（Ernest Satow）1862年1月来到中国时，年仅19岁。他本来被任命为驻日本外交官，准备前往日本，却接到指示先到上海，再到北京学习中文。他的日记记录了他是如何尽量服从这道苛刻的命令的——因为外侨群体中学习中文的人非常少。他从上海传教士那里获取教科书，并和见习翻译员一样，向不同的教师学习中文，因为分配给他们的中文教员根本就不会英文。在北京那段阴沉的日子里，那名教员每念一个字，他们就鹦鹉学舌般地尽量模仿。[44]这种漫无目的的学习自然导致他们进步缓慢，尽管像赫德一样勤奋好学的人——还包括萨道义——最终还是较好地掌握了中文。然而，对于在北京的这些年轻人来说，在分赴各港口之前的这段日子并不总是如此枯燥乏味。他们既充满青春活力，又可以免受中国法律制裁，所以他们常常会尽情地在清帝国的首都里溜达闲逛。很少人像洪卑爵士（Sir Edmund Hornby）一样不停地抱怨——当时洪卑爵士刚从君士坦丁堡来到中国设立的英国在华最高法院，他认为，公使馆好比"某种监狱"，而北京也好不到哪去。但总的来说，年轻外交官在北京过着滋润的日子，他们骑着蒙古小马，对北京各城门的看门人又是欺负，又是贿赂，时而与人斗殴，时而擅闯禁地、破坏公物，把北京当成私人游乐场。这些不可理喻的行为导致，到了1865年，许多场所都禁止外国人进入。[45]

尽管材料匮乏，公使馆当局仍然建立了一个官方情报网络，其专业水平完全可以媲美赫德建立的情报网络。到了1867年，英国在中国设立了多达13个领事馆。随着各地领事和他们的助手们定期进行贸易调查、向上级请示并报告自己的活动，各地领事馆里的报告和书信也开始变得数量可观。这些材料在公使馆留下备份后源源不断地被送往伦敦，由伦敦的官方印刷厂整理并与年度贸易报告一同出版。当然，在面对排山倒海、不断流入的文件时，这一整套体系的有效性则取决于各地领事馆搜集、转发和解读数据的准确性，以及是否有足够的资金及时存档。其中一些港口的工作量十分惊人：英国驻上海领事馆于1865年进行普查时，费尽力气才勉强整理了当地4000名英国侨民（其中包括3名美发师、3名摄影师、9名音乐家）的个人资料。但是英国驻上海领事馆的人手至少比美国驻上海领事馆充足，后者则严重缺乏人手，以致根本无法应付相关文书工作。[46]但是，在那些不那么繁忙的港口（无疑，对于外国人而言，这些港口是1860年的战争所带来的比较令人失望的战利品）工作量则少得多。牛庄领事馆的生活就十分枯燥乏味——1865年的密迪乐在牛庄毫无用武之地，因为他只负责管理当地一个很小的英国侨民群体：2名商人、1名店主、1名医生、海关的几名户外工作人员，以及几名领航员。难怪他和之前的许多领事馆工作人员一样，性格变得有些乖僻，并且对他的仇敌穷追猛打。[47]有些人发疯了，还有人把逃离牛庄这类地方的希望寄托在学术和出版上，借此打发他们的闲暇时间——或许还要打发他们身在办公室却无事可做的时间——他们编纂各种指南、历史著作、启蒙读本，力图引起别人注意，他们试图运用知识寻求职业晋升，通过书籍进入更广阔的科学和文学世界。就这样，日益增加的领事馆工作人员无论在工作时间，还是闲暇时间，都不同程度地为外国人了解中国做出了贡献。海关工作人员在这方面的贡献同样不容磨灭，海关本身甚至还附有出版机构，以帮助这些人出版著作。我们有时忘记了，知识的生产有时会和自我提升的尝试交织在一起，有时则能消除沉闷和烦恼。

知识的生产并没有为外国人所垄断。总理衙门在欣赏外国人搜集数据、整理档案之余，也进行了类似的尝试。总理衙门十分注重档案。19世纪40年代签订的条约在广州被束之高阁，而尽管《中美天津条约》规定中方必须将条约文件收在首都，总理衙门还是认为文件应该存放在他们这里。[48]他们坚信知识就是力量，因此积极从其他机构的档案中搜集书信抄件，并且创立了精细的材料提交以及文件存档程序，他们还从上海订购外文报纸，并自行进行外国文本的翻译。总理衙门还出版了出洋考察大使的笔记，而制作刊物也是该机构的职责之一，丁韪良主编的一家期刊，加上其他一些报刊，负责编印关于外国事务的其他资料。这样一来，总理衙门就有了许多前人的档案记录：这些记录有助于工作人员决定如何对手头上的问题做出反应，也利于他们获得与外国外交官等量的信息——如今外国人可以更容易地深入中国，这使他们难免在和中国人的日常来往中产生更多的冲突、纠纷、事件以及外事交涉。总理衙门从未相信，表面上看起来很简单的问题将会一直都这么简单；他们也从未相信，外国人会善罢甘休。在他们看来，外国人会抓住这个机会"澄清"某个问题，或者"解决"某个毫不相干的问题，又或者趁机确定一些第二轮条约谈判的灰色地带，进而占中国的便宜。第二轮条约谈判确实未能解决某些问题——在一些外国人看来，最重要的问题就是清政府仍然未能正式遵守基于国与国之间平等交往的礼仪：在新的西方外交世界里，各国外交官应当被正式介绍给中国皇帝，但是清政府却没有这么做。"会见皇帝"的问题关乎荣誉——包括国家荣誉和外交官本人的自尊。在同治皇帝还是个孩子的时候，这个问题或许还能被搁置起来，但是双方在讨论其他问题时，这个问题还是始终挥之不去。所以，总理衙门十分注意参考先例，以免外国人小题大做，借此捞取更多利益，推动更多变化。

总理衙门于 1867 年 10 月获得了一件稀有的装饰品——当时的美国驻华公使蒲安臣在 5 年任期到期后即将退休，他将兰斯当（Lansdowne）所藏的华盛顿肖像复制品①赠送给任职于总理衙门的徐继畬，而徐氏曾在他 1849 年出版的一部著作里对华盛顿大加称颂。[49]总理衙门的工作人员一边让蒲安臣 15 岁的儿子"大快朵颐"，一边在衙门会客厅里和蒲安臣交谈甚欢，并在谈话中强调了中美合作的意愿。中美双方一共进行了几次交涉（包括上述的这场交涉），并最终成功推动了最不同寻常的一个合作项目——清政府决定派遣使团赴欧美考察，并正式任命蒲安臣为中国使团团长。这似乎是赫德的主意。赫德早就注意到蒲安臣的亲华立场（同样地，蒲安臣也一直对赫德赞不绝口）。这名海关总税务司发现蒲安臣"真心希望中国好""致力于帮助中国独立自强"，他认为英国人总是显得过于唐

---

① 名气最大的华盛顿肖像，被赠送给第一任兰斯当侯爵，故名。——译者注

突和咄咄逼人，阿礼国则总是自以为是，而唯独赫德的政策得到了他的支持。[50] 将赫德任命为海关总税务司的先例增强了总理衙门的信心，而距离1868年条约签订10周年纪念日越来越近，总理衙门被迫做出某种反应。当年所有条约都规定，一旦签订满10周年，就可以修约。和赫德一样，蒲安臣看来似乎是总理衙门可以信任的人选，而和赫德不一样的是，他不谙中文，也不熟悉中国人的文化习惯。尽管如此，这位新任命的使节依然踏上了环游世界的旅途。他的随行人员包括20多名中国人、几名总理衙门的官员、几名同文馆的学生、1名英国人以及1名法籍海关工作人员。出使列国的经费当然完全由海关负担。蒲安臣怀有政治野心，也为自己的前途做着打算。他似乎真心相信自己能巩固战后和平带来的各种好处，但是很明显，他不过是在使团所到之处得意忘形地发表一些亲华言论罢了。"有计划地夸夸其谈和高谈阔论"——这是赫德对蒲安臣演讲的评价，而蒲安臣使团似乎很快就遇到了问题。蒲安臣到了华盛顿之后，干脆越俎代庖，单方面地接过了谈判权。当众人都仍然蒙在鼓里的时候，"他已经和美国签订了条约！"——这是赫德记录在笔记本里的原话，而文祥也对他说："我们当时都大吃一惊。"[51] 蒲安臣并没有签订任何文件的权力。

这件事造成的影响不算大，因为蒲安臣签订的《华盛顿条约》算是一个相对来说无关痛痒的条约，也因此获得批准。它重申了美国对中国事务的不干涉原则，宣布了两国之间的"自由移民"原则（这个原则并不会持续太久），而且还规定中美双方都必须保护对方侨民的坟场——之所以加入这则条文，很可能是因为山东的美国传教士坟场遭到破坏，美国侨民群体为此提出抗议。[52] 蒲安臣使团还没抵达天津，就躲开了一次土匪袭击，然后，他们慢悠悠地横穿美国、英国和欧洲大陆。使团在巴黎度过了愉快的8个月（1868年8月赫德给使团寄去了一张12,000英镑的银行汇票，这给予了他们充分的经济支持），随后到达圣彼得堡，而蒲安臣在那里染上了肺炎，不治身亡。总而言之，这或许是最省事的结局。这件事十分古怪——它是同治中兴在外交上的延伸，也是为重新进行条约谈判铺平道路以及争取时间的一次尝试：通过一个较为可信的外交官，告诉全世界中国已经在尽可能迅速地进入整个"国际体系"了。如果清政府能让外国人了解这一点,那或许他们就不至于感到不耐烦,以致对中国采取敌对态度,甚至诉诸武力了。清政府派出使团,也是希望避免承诺遵循国际外交惯例——朝廷细致且明确地指示蒲安臣避开一些惯例,免得欧美各国把这些惯例强加给清廷,例如允许外交官会见国家元首。但是,蒲安臣将这些指示抛到了九霄云外,在或正式或私下的场合里会见了安德鲁·约翰逊(Andrew Johnson)总统、维多利亚女王、法国皇帝路易·拿破仑、俾斯麦和沙皇亚历山大二世。这倒也无伤大雅,只是蒲安臣个人遭到了条约口岸外侨群体的严厉抨击,以致他的声誉受到了一些影响。[53]蒲安臣的"夸夸其谈"激怒了他们。实际上这并不是中国首次派遣使团出洋。一年前赫德请假回国时,曾经安排同文馆的三名学生随行。这支使团由一位人脉很广、官阶却不高的满族官员斌椿率领,类似一支非正式的考察团。由此开创的先例,使赫德对总理衙门未来考虑派出海外代表的计划寄予厚望。赫德在从新加坡往西航行的旅途中写道:"我在华事业的第一阶段至此画上了终点,但同时,这也是第二阶段的起点。"[54]欧洲的马戏团以及其中的几家妓院引起了蒲安臣使团的注意。他们还参观了铸造厂和水晶宫,被引荐给维多利亚女王,并在伯明翰的正式晚宴结束后为该市市长及市府参事唱歌。尽管当时詹世钗的到访分散了英国民众的注意力——他身高2米有余,被称为"中国巨人",引得英国民众拥到他所在的皮卡迪利的埃及厅先睹为快[55]——但考察团的到访还是使英国民众兴奋不已。在华外商群体则对赫德以及蒲安臣使团口诛笔伐,他们不仅批评使团成员在正式场合穿着邋遢,还批评欧洲群众愚昧无知,竟然将一位如此卑微的使节奉为座上宾,成为中国人的笑柄。香港《德臣西报》这样抱怨道:"我们无法想象,还有什么能比西方各国如此隆重接待赫德先生的随从对我们造成的伤害更大了。"这又是关于在华外侨群体批评中国人表里不一的老生常谈,他们重申了正式采取行动的必要性,并且指责了这种所谓的"畸形秀外交"。[56]强硬派并不满足于取得胜利,而在华外侨群体大多属于强硬派。蒲安臣评论道:"中国媒体真的太过苛刻了。"[57]

无论如何,北京的几个权力中心都在把触角伸到中国以外的地方,他们慢慢地、有些犹豫地创造着一个个先例,而他们自己自然也很重要。

清政府还会派出更多使团去参观造船厂和工厂，去和市府参事一起吃饭。当然，这都是将来的事。根据《天津条约》规定，外国商人不得到北京做买卖，但是另一个群体却打着外交的幌子进了北京：牧师和传教士。一旦确认了安全，他们就赶紧拥入京城。雒魏林于1861年9月以外交之名抵达北京——他的官方身份是驻英国公使馆的医师，并住在梁公府里。在目睹了排外的辅政大臣肃顺被处斩的同时，他还创办了一所医院，并在年底之前就为3000多名病人提供了治疗。医院每治疗一名病人，就让一名男童把一粒豆子放入碗里，借此统计病人人数——因此，以上统计数据或许有些乐观。但是，很明显地，的确有人前往医院求医，所以医院并不缺病人。起初每天只有两三名病人前往求医，之后增加到十几名，然后更增加到二三十名。[58] 此时的雒魏林成为外侨中一名经验老到的先驱。从他在上海的早期岁月来看，这个策略肯定会奏效：创办医院，将会吸引群众前来，为自己树立名声，和中国人建立关系，并赢得他们的信任。久而久之，他们就有了听众，而在病人等待就医的时候，也会接受工作人员递给他们的《圣经》经文和宣扬基督教教义的小册子。这些人来自社会各阶层，包括刑部和户部的官员，以及无家可归的流浪汉。当雒魏林在14个月后发表第一份报告时，他已经治疗了2.2万名病人，附近街道的中国药商暗中通过他的病人取得天花疫苗，并进行广告宣传。（19世纪初，澳门和广州的中国居民就积极地打天花预防针——乔治·斯当东在这一点上厥功至伟，他将东印度公司医师亚历山大·皮尔逊［Alexander Pearson］对于接种过程的叙述翻译成了中文。）[59] 一年之后，中国人还开始兜售仿造外国眼药水的假药。雒魏林写道："我为自己能在北京生活感到雀跃不已。"他已经在中国传教长达20年之久，自然喜欢在北京的生活。而且像伦敦传道会医院（该医院免费提供治疗）那样对公众开放的机构进驻北京，确凿无疑地代表了正经历演变的外国在华事业的另一面。如果外交人员觉得自己过着和外界隔绝的生活，只和官员、仆人、中文教师以及兜售古董的小贩打交道，那么正在逐渐扩大的传教士群体和北京社会的接触面就要广阔得多了。到了1865年，英国公使馆扩大了许多，以致梁公府已经容不下雒魏林的医院，他们租用了位于繁忙主路上的一间佛寺的部分场地。他们在夜色掩护下移走了神像，这引发了当地居民的骚动，但侥幸的是，没有发生明显的伤亡事件。可以说，移走神明无论是字面上的意思（移走神像）还是作为隐喻（破除迷信），都没有这么简单。北京的新教势力日渐强大——到了1864年1月，北京有了来自5个不同教会的10名传教士，这些势力使得新签订的条约所带来的影响表露无遗，而传教活动在中外交流中的地位也日渐凸显，无论是在文化和思想方面，还是在处理十分棘手的外交纠纷之时，传教活动都扮演着越来越重要的角色。[60]

中国迎来了越来越多的传教士，这些传教士抵达中国后，就分赴各地传教。他们乘坐着轮船或帆船，要么横渡太平洋而来，要么从欧洲一路向东而来，随后，他们又乘坐小船、轿子、马车或骡车到各地创办医院（例如1864年的镇江医院和汉口医院），或者选取有利地点建立车站。他们下船的时候带上了家具，也把他们待人处世的方式、心态、愿望，以及《圣经》、赞美诗集和种种工具都带到了中国。除此之外，他们还带来了爱打官司的作风、关于教义的纠纷以及策略上的分歧。例如雒魏林的批评者就曾抨击他，说他将太多时间和精力投入医院的工作，以致本末倒置，忽略了传教活动。这些外国社会中的凡夫俗子——令人难以置信的，他们当中一些人不过是来自欧美城郊的普通百姓——深入中国内陆各地，除了屈指可数的几个边远县城之外，他们所划分的势力范围几乎囊括了整个中国。到目前为止，天主教会的传教士和工作人员人数最多，但是一共有445名男女出席了1890年在上海举行的第一届新教传教士大会——他们的足迹遍布中国，有人独立进行传教活动，其余的人则服务于36个不同的教会。[61]他们经常惹是生非，但是对许多人来说，他们显然是天赐的神医。他们自发地进行着这项重要的事业。新教神学的基本理念推动着教义的传播。他们并不是外国政府的先锋队，也没有获得外国政府的积极支持。但是外交官和传教士有时也需要互相帮助，而许多传教士最终也常常会请求获得外交上的支援。另外，我们要考虑到，大多数在华外侨都是虔诚的新教徒或天主教徒。卜鲁斯捐出了英国公使馆办公室作为伦敦传道会设立的第一间医院的场所，另外还为医院的设立慷慨解囊。而且（尤其是早期）在华外侨群体内部也经常会密切合作，尽管传教士们经常指摘世俗人士的轻浮，甚至宣称自己和英国公使馆"道不同，不相为谋"。但是，巴夏礼对其妹夫雒魏林在北京的事业评价极高："你的事业能带来许多政治优势，而且你的传教活动会比外交活动更有效地增加北京群众对我们的好感。"在北京创立医院之后，巴夏礼总结道："我们可以说，中国已经真正地对传教士开放了"——北京，那个"唯一的希望"。[62]

毋庸置疑，和外国人侨居的其他中国城市相比，北京大不相同——无论是规模、意义、历史、体验还是气候各方面。北京实际上是由三座城组成的城市。它的核心是"皇城"——一个由建筑物、花园和湖泊组成的大面积建筑群，也是一座重兵把守的堡垒，其中心则是皇宫，亦即紫禁城。环绕紫禁城的是四方形的满族"内城"，或者外国人所说的"鞑靼城"，这是早期专属于满族贵族的城区。"内城"以南则是长方形的"汉人城区"，也称"外城"。[63]北京城里整齐地分布着东西和南北走向的街道，同时还有无数的小巷——胡同——横穿这些街道并连接了封闭的府苑和规模庞大的庙宇，包括南面的天坛，以及东北面的地坛、雍和宫和文庙——这些都是大清帝国举行官方纪念仪式的重要场所。北京的西北面，在长达14英里、高达50英尺、宽达40英尺，有着16座耸立的城门（日落时关闭，日出时打开）的城墙之外，则是颐和园和残破不堪的圆明园。北京是一座充满沙尘和泥土的城市。这一直都是中外访客对北京的第一印象，而且这一印象由来已久：北京坐落于一个满是糟糕道路的国家的北方地区，而北京本身也是一座充满着糟糕道路的城市。尘土使人几乎窒息，而烂泥则塞满了北京马车的车轮——这些马车是唯一带轮子的交通工具，但旅行者非常讨厌乘坐这种马车，并将其称为"非一般残忍的折磨"。就连前往首都的旅程，也一点都不舒适。哪怕是提前用啤酒和香槟酒灌醉自己，使自己可以勉强忍受从天津乘坐马车到北京的为期两天的旅程，整个旅程也依然是十分艰苦的。[64]各国公使馆坐落在内城，就在南面城墙附近的前门之内。这里距离各政府机构的衙门不远，而总理衙门也在附近。前门外的娱乐区也离这里不远——娱乐区有着剧院、酒楼和妓院，所以使馆区还十分靠近北京的繁忙地带。北京并不是一个条约口岸，所以它和那些专属于外国侨民的租界口岸并不相同。除了人数不多的外交人员和传教士以及海关和重新开放的天主教堂的工作人员以外,这里的外国居民很少,尽管到了 1877 年,人们已经在使馆区里设立了 4 家酒店和店铺。这些外国人都在北京城里随意走动。汉人城区比内城更加商业化,但是和许多其他地方一样,紫禁城严禁闲人进入(一本 1867 年出版的指南指出:没人可以进入紫禁城,"除非把北京城洗劫一空"。当然,"洗劫北京城"在未来也还是有可能的。①)尽管仍然有人尝试偷偷潜入。[65]

虽然中国之行不尽如人意,马戛尔尼勋爵仍然认为北京是一座"值得欣赏"的城市,而北京的街道、城墙、城门和宫殿的规模与"富丽堂皇"都给他留下了深刻的印象。在丁韪良的绘画中,北京的城墙和楼塔高耸入天,比实际的高度高得多——相对来说,北京缺乏纪念性建筑,加上它主要由单层建筑构成,使许多人对北京的印象打了折扣。[66]尽管两支英国使团的文字叙述使许多过度美化中国的幻想破灭,但北京依然十分迷人——这主要是因为大多数人都没法亲临北京,而只能从各种出版物中见识北京的风采。实际上北京确实富丽堂皇,但它也有贫困肮脏的地方,而这一切令人十分困惑。当你登上城墙或塔楼,你就可以从那里俯瞰美丽的风景,呼吸新鲜的空气。由于各国公使馆的规模都很大,或者说足够大,而整座城市又是如此缺乏管理,所以北京的外侨群体普遍安于使馆区内的生活,有时他们索性把自己封闭在使馆围墙之中,以此将自己和墙外纷乱的世界隔离开来。北京的尘土和烂泥使他们更乐于这么做,也促使他们更愿意租用城外的庙宇。在那里,他们可以过上更滋润的生活,在一定程度上创造了除了公使馆围墙内的另一种形式,这助长了领事馆墙内的外国人觉得自己始终高人一等的傲慢心态。就这样,一个山间度假村、一栋山庄别墅,成为越来越多的殖民者生活中的固定地标。作为印度殖民政府新设立的夏季首都,西姆拉(Shimla)是名气最大的夏季避暑胜地。如今,外国人也习惯性地在中国建立自己的"小西姆拉"——这些避暑山庄设立在上海、九江和福州附近,以及北京附近的西山。外国人还采取了其他措施让自己更加舒适。赫德主持修建了一座煤气厂,于是从 1869 年 5 月 17 日

---

① 这里作者很可能是指 1900 年八国联军侵华时对北京城的洗劫。——编者注

开始，海关总税务司署便增设了煤气灯。短短数周之内，同文馆的算学总教习李善兰就计划写书介绍这项新科技。[67]中国人正密切留意外国人的一举一动，外国人所做的一切都激发着中国人创新的灵感。

北京成了另一种变化的中心——战争胜利所带来的一个奇怪的、意想不到的结果就是：随着旅居清帝国首都的外国官方人员的缓慢增加，他们开始重新发掘中国的某种浪漫。在外国人看来，中国南方似乎一点都不浪漫——在广州和上海，没有任何事物可以激发他们的反思、喜爱，或者美妙的共鸣。外国人痛恨这些他们费了九牛二虎之力才得以进入的城市，认为它们发出恶臭，而且阴暗潮湿，并且，外国人还经常宣称这些城市中没有一处值得一看的地方。因此，他们转而在肉体上和精神上安坐在他们的四轮折篷马车里，并从中西城市规划的差异中建立起一种道德优越感。他们的市镇有着宽敞的空间、充足的光线和整洁的环境，和他们宣称的黑暗的中国以及亚洲——恶臭的街道和愚昧的思想——形成强烈的对比。他们把中外差异理解为中国人的低劣。他们来到了中国，却对这个国家充满鄙夷，宣称中国一无是处。另一方面，由公使们和专员们建立起来的官方知识储备正逐渐被新书写的文字和新拍摄的照片所补充，这些新补充的资料让外国人得以看到更加完整的北京。其中有耶稣会或俄国居民窥见的北京，也有英国公使馆人员拍摄的照片，它们都使得外国人眼中的北京画面变得更加充实饱满。这些画面既来自例如约翰·汤姆森（John Thomson）和德贞（John Dudgeon）拍摄的北京，也来自福特尼笔下那公园般的北京城。1870年到1887年担任赫德常驻煤气厂技师的汤姆斯·蔡尔德（Thomas Child）刚好也是一个极具天赋的摄影师——蔡尔德镜头下的北京大概是我们今天能够看到的最早的北京照片。[68]外国人对北京的反应常常截然不同。在一些人看来，北京城的面貌千篇一律，没有一点纪念性的建筑或地标。但这本身又构成了北京的某种魅力：北京城的封闭性，再加上某些祈福辟邪的场所——雍和宫和天坛——由于缺乏修葺，引起了越来越多的注意，有人欣赏它们破落的美，也有人抨击这种破落的现象。但是，除此之外，北京的废墟还具有一种衰败之美。外国人烧毁了圆明园之后，如今又将它的废墟重新包装为一种令人叹为观止的"浪漫景象"。

而且，只要客气地对中国官员提出请求，再私下贿赂他们，外国人仍然可以进入圆明园的开放区域。[69] 一些摄影师通过贿赂进入圆明园，而他们的作品也在很大程度上重塑了圆明园。[70] 曾经的战争疮疤使得圆明园成为破败和凋敝的城市风貌里不可或缺的一部分——尽管烧焦的痕迹仍然历历在目，并且被拍摄了下来。

人们纷纷前往圆明园。萨道义和他那些青年朋友们骑马到圆明园野餐。约翰·汤姆森带着摄影师笨重的设备前往圆明园。汤姆森使用的火棉胶湿版摄影法要求摄影师在玻璃板上准备和操作，所以他除了携带玻璃板和各种化学品，还背了一个帐篷，并在圆明园附近搭起帐篷，以保证自己能随时开展工作。这并不是一个隐秘的过程。汤姆森是一名专业摄影师，他曾在东亚和东南亚生活长达十年之久，并在 1868 年从新加坡前往香港开了一家照相馆。[71] 他发行的第一部中国主题的作品是一组有关常胜军的配图（配图旁撰有描述性文字）；他的第二部作品则记录了 1869 年爱丁堡公爵到访香港的情形——他一共拍了七张照片记录这里欢迎皇室贵族的盛大场面。这是英国人所熟知的中国：雇佣军的战斗、到访香港海湾的公爵，以及在摄影棚里拍下的香港普通居民肖像。1870—1872 年间，汤姆森开始沿着已经对外开放的海岸线旅行：他溯长江而上，然后穿过北京直达长城，并以版画的方式复制了照片，然后发表在了《伦敦新闻画报》或《画报》(*The Graphic*) 上，然后他又将这些图片发表在题为《中国与中国人影像（1873—1874）》(*Illustrations of China and Its People*, 1837—1874) 的四本精美的册子上。尽管报纸和册子里的文字毫无意外地尖刻，处处显露出撰稿人的无知，但是其中的图片依然是极其美观的。汤姆森写道"它准确地反映了这个国家的风貌"；其后一名编辑写道"这是一本绘图百科全书"；另一名编辑更声称"它是一本殖民者手册"。某个主题横贯着这一切，而册子里的文字也无法和画面分离开来。一名坐着大篷车的摄影师自然还是外国人，而他们如果出现在条约口岸的安全地带以外的地方，将仍然可能引起中国人误解，引发某个事件，从而导致照片效果受到影响。汤姆森"赵州桥"的玻璃板还没被冲洗出来就被弄断了，因为他被愤怒的群众追打，他一边跑到船上，一边挥舞相机的三脚架自卫，无暇顾及被弄坏的玻璃板。[72]但是，当汤姆森抵达北京并把所拍照片发表在书上公之于世之后，这200张照片还是成功地激发了读者的想象力，一个全新的中国形象得以推广，并造成了长远的影响。其中具有某种干涉主义的审美观，因为汤姆森对任何人的手册，对任何机械地反映自然界比例的"了无生气的图表"都不感兴趣。他不求"微小细节的堆砌"，而是希望创造"诗歌"，创造"那种不仅为我们所感知，同时还能和我们的灵魂对话的诗歌"。[73]对渴求权力的人来说，诗歌是太奢侈了，但是，我们如果用殖民主义解读每幅画面或文字的话，也许就无法感知外国人思想中不断演变的中国的意义了。而且摄影如今并不仅仅是一种外国科学或艺术，它已经可以成功地反映中国人的生活面貌，专业的中国摄影师也已经活跃于香港和上海，他们为条约口岸的居民拍摄肖像，也为著名景点拍摄风景照，同时他们自己也在不断创新和试验，并力图把摄影塑造为一门中国科学。[74]受汤姆森邀请前来北京的传教士兼医生德贞就拍了好几张有关北京废墟和景点的照片，并且他还在同文馆的一家期刊上发表了一篇关于摄影技术的文章，之后，更是于1873年出版了一本用中文写成的摄影教材。此刻，科学、艺术和诗歌之间的界限变得越来越模糊了。

汤姆森的照片呈现了这一切：老旧陈腐的中国、遍体鳞伤的中国、同治中兴时的中国——李善兰、恭亲王、李鸿章、文祥——他的镜头捕捉了这一切。画册所到之处，人们都可以看到中国的这些画面。汤姆森的审美观将中国的景观融入了一个新的世界，一个有着欧式感官、浪漫遗迹和神圣空间的世界。其中，他的两张照片"中国青铜器"和"古代中国瓷器"通过另一种方式表现出19世纪60年代人们对中国态度的迅速改变，同时它也解答了一个问题，那就是：北京规模不大的外侨群体是如何成为推动这种改变的先锋的。战利品使得外国人对装饰性的中国艺术以及"古玩"产生了兴趣。汤姆森写道："就像所有到访北京的外国人一样，我不过在这个大都会里住了一个晚上，就遭到了6个古玩贩子的纠缠。"[75]首任驻华使馆医师芮尼（Rennie）于1861年7月写道，公使馆"每天挤满"古玩贩子，而外国人如今会习惯性地向他们购买古玩——这些业余爱好者尤其爱买鼻烟壶。古玩成了公使馆文化的一部分，其实从一开始，萨道义就对收藏古玩有所涉猎，而现在，人人都把这当成日常生活的一部分。[76]随着大量战利品在世界范围内的流通，公使馆有时会举行大型而随机的古玩交易活动。芮尼提到约翰·颠地来到英国公使馆时，口袋里装满珍珠，那是他从一名在北京抢到珍珠的法国水兵手中买来的，而且他还在仔细物色更多的古玩。[77] 还有人开始作为海外买家的代理人，与物色古玩的中国买家或售卖古玩的收藏家建立联系。经雒魏林推荐，卜士礼（Stephen Wootton Bushell）于1868年担任驻华公使馆医师，并为汤姆森拍的古玩照片附上介绍性的笔记。卜士礼在中国生活了31年之久，并最终成了享誉国际的中国艺术专家。他为欧美私人收藏家和机构物色艺术品——这些文物收藏最终将进入大英博物馆以及维多利亚和阿尔伯特博物馆。他为"镀金时代"的收藏家代购文物，其中包括波士顿的W. T. 沃尔特斯（W. T. Walters）和纽约的希伯·毕晓普（Heber Bishop）等富商。他还计划出版具有里程碑意义的瓷器目录以及关于瓷器的著作。[78] 就这样，中国的装饰艺术开始在业余爱好者、收藏家、学者、专业机构和普通欧美家庭中流行起来。他们既收藏真品，也收藏正在日渐增加的中国艺术仿制品。而船运公司老板艾尔弗雷德·林柏（Alfred Lapraik）孙辈的奥斯伯特·兰开斯特（Osbert Lancaster）却认为，维多利亚时代的审美观配上中国清代的艺术风格，使得欧洲的内涵被繁复的中式细节颠覆，使其只能创造出"不伦不类的物品"。[79] 但是，不论是哪种情况，欧美文化都比以往任何时候更深刻地和中国审美观结合了起来——这本身就既是胜利的果实，也是欧美人士不断进军中国市镇以及清帝国首都的结果。

这座崭新的北京城成了可以引发外国人浪漫遐想的物品，外国人意识到，他们与其通过讽刺漫画丑化中国，不如静下心来欣赏中国；与其派兵到中国烧杀抢掠，不如慢慢品味中国。这种观点的影响力将会逐渐增加，而若要使这种观点生根，他们恐怕就还需要另一场战争，还需要与中国人订立另一个可怕的条约。事实上，也许只有使外国势力牢牢地扎根于帝国的心脏，才能做到这一点。但是，即使在外国势力刚进入中国的时候，外国人也从来没有单纯地品味过老北京的浪漫——这从来都是被胜利的事实所驱动的。旅居北京的外国人还有些粗野，比如说，那些幼稚的外国男孩总是在北京那些对外封闭的、即将坍塌的古迹里大声喧闹。外国人突然喜欢上古老的中国，预示着他们即将在中国开辟又一个战线。随着中国实现"现代化"，中国开始实行外国人一向坚持的部分改革，而此时外国人却又修改了游戏规则。古老的中国被他们美化和浪漫化，而新生的中国则正在丧失它的灵魂。古老的中国曾经象征腐朽和停滞，如今却蜕变成了富有文化内蕴的国家。老旧的一切总是富有内涵和灵魂，而改革则被看作是去除中国特色的、非中国的、乏味的事情。这一切都并非中国独有的——这是作为胜利者的殖民者一贯的思路，言辞多变，总是把错误推到与之对话的一方，并认为对方低人一等。而当他们发现了中国艺术之后，他们在某些部分上产生了改变。

　　各开放港口的中国艺术品要相对少一些，那里的人们也较少讨论艺术，但是所有的开放港口都有着许多古玩收藏家。一方面，帝国"高层政治"的外交政策一直混杂着各国领事馆里不成熟的外交官们的胡作非为；另一方面，各条约口岸人们的宏图伟略和投机活动受到了1865年经济萧条的冲击。此外，吵闹的人群和令人尴尬的、粗鲁的海员与粗暴的绅士，也都制造了许多问题。上海的英美租界本身无论是居民人口还是房子数量，都比整个香港还多，但是，这里却没有与香港办公室一样的行政机构，以提供人力资源和各方面支持。工部局会议记录开始变得更长更详细，它的工作也需要更多的专业人员和更完善的制度。工部局一直面对着众多问题，其中一个政治问题亟须解决：上海知县或道台一直都在尝试对租界里的中国居民行使权力（至少在工部局看来，知县和道台的确正在尝试这么做），究竟该如何制定一个系统化的政策去反击这种尝试呢？知县和道台尝试对租界里的中国居民课税，向他们募集资金，然而工部局一旦知情，就会立刻阻止他们这么做——工部局也总是能得到消息，因为它已经变成了一个保护财产的机构（也就是"地方豪强"的工具）。租界里的妓院、赌场和剧院数不胜数。清政府课税的合法尝试，以及显而易见的非法勒索都被租界当局一视同仁地进行了打击。这些妓院、赌场和剧院都是外国地主的租户，而这些外国地主就包括汉璧礼这样的人——他之所以进入工部局，就是为了控制开支，从而限制房地产税，并保护中国人的利益。那些剧院为了清楚标明它们为外国人所有，都会在招牌上加上"英国"或"美国"的字眼。租界警方于1865年重新规划了警员巡逻的区域，以便在最大限度上保障生活在租界内"为数不少的中国人的安全"——唯有在自身安全得到保障的情况下，逃避战乱的富人才会考虑留下，而不是在战乱平息后回到扬州或苏州。[80] 因此，外侨在上海的事业实际上是不折不扣的房地产帝国主义——外国对华贸易一直都以各种中外合作为基础，而这一次的合作是发生在房地产事业上。其他一些租界，特别是天津和汉口，也经历了和上海类似的发展（只是这些地方的变化没有那么大）。而我们应当认识到，外国利益在这些区域的核心特权——即打击叛乱的特权——只为外国人所用。条约口岸曾经被称为"桥头堡"，亦即帝国主义打入中国的先锋队和列强侵略的基地。但是，到了1865年，它们都成了利润丰厚的房地产王国，受到各种条约以及公使馆和外交官的保护，并且以战舰和驻军为后盾——这使得托马斯·汉璧礼可以在上海称王。

因此，房地产买卖成了上海经济活动的主要项目：上海地价很高，可谓寸土寸金。各条约口岸的另一项事务是废物的处理。动物内脏、粪便、垃圾、灰土、尸体、豆腐渣工程造成的建筑废料源源不断地产生，因为它们都是人们生活必然产生的废物。此外，还有烂泥、尘土和积水，以及寄生在垃圾上的有害生物。中外代表在首都进行的谈判、通过媒体和小册子进行的辩论，以及推动中外关系发展所做的所有工作，都引起了持续不断的现实问题：城市垃圾及其危害，垃圾的副产品，卫生不达标的饮用水，发出恶臭、堆满淤泥的街道，卫生隐患。工部局委员必须拟定规则并兴建基础设施，以努力管理那些临时建立起来的城市，使之更有条理。因此，他们动用警察制止路人在上海的街道上便溺，并制止上海居民将动物内脏丢入小河或黄浦江里；同时，公共工程部安装了小便器并清除了"有碍市容的痕迹"。此外，工部局还必须处理租界内各种混乱的局面，为房子和舢板编号，并（于1864年）为270家妓院、200间鸦片馆和73间赌场颁发执照。[81] 太平军造成的威胁，迫使租界当局限制中国居民的夜间行动，并规定他们携带通行证和油灯才能上街。工部局定期将乞丐驱逐出租界，或用船将他们遣送到黄浦江对岸的浦东或清政府管理的城区。工部局试图对噪声进行管制——或许是因为他们不希望其他噪声打断教堂的钟声——禁止小贩沿街叫卖,下令禁止"水边苦力单调的歌声"。外国居民希望控制租界人员的流动,以及租界声音的最高音量。租界当局对中国居民强调了租界的各种限制,并警告游客和居民好自为之,因为警方会逮捕违法者,然后将他们押送到新设立的会审公廨——会审公廨专门审判涉及中国人的案件,并已经处理了数十宗鸡毛蒜皮的"扰乱秩序"案件。[82] 警方取缔行动和章程旨在引导到访租界的中国人正确地利用外国人的公共空间。而档案制度的建立和规范则走得更远,它们还涉及租界内房屋的一些问题。1865年末,工部局为中国仆人设立了登记处(自愿登记),为每个接受登记的仆人立案,档案中还需要附上一张仆人的照片和雇主提供的人格担保书。[83] 很快地,租界的雇主们将多达1000名仆人登记备案。这项制度旨在为雇用仆人提供某种保障,但同时也意在把怠惰懒散或有缺乏诚信之嫌的仆人筛选掉。尤其值得注意的是,有关当局将当时刚发明不久的摄影技术当作了这项制度的核心。这表明有关当局有意通过现代的科学手段进行监控,但同时它也基于一个存在已久的观点:在外国人眼里,中国人都长得差不多。因此,他们规划了上海的空间,并尽可能迅速地对这个日新月异的世界做出回应:把握机会、紧跟创新、发现各种漏洞。他们还对中国人使用的公共空间实行各种管制,设定新的行为准则,并将随地小便归入轻微罪行之列。同时,他们也尝试让各种私人空间更有秩序:赌场、妓院和私人住宅(尝试使中国仆人的世界更有秩序)。

就这样,中外之间存在着各种不同层次的交流。其中有赫德对中国洋务运动的放任,也有其他外国专家,包括翻译员、教师以及工程师为中国所提供的服务,还有商人之间出于现实考量的合作、上海租界的各种活动——为中国富人提供帮助、保护租户、约束租界居民和访客的公共行为。当然,中外之间一直都存在着私人交流。外侨群体内部存在着森严的阶级划分——水手和绅士之间就存在着不可逾越的鸿沟——然而各阶级人士几乎都与中国人进行着私人交流。身为一名绅士的赫德恳切地向他的上级请假,请求回国履行照料母亲的义务(当时,他的眸子里流露出十足的诚意和强烈的个人责任感),然后,他于1866年在伦敦成婚。赫德携带赫斯托·布雷登（Hestor Bredon）回到北京——而且她还兴致勃勃地学习中文，并生下了她和赫德的第一个，也是赫德的第四个孩子。而其余的孩子都是他和一个名叫阿瑶的广州女人所生。他后来写道："我发现自己结识的每一个人都有个中国情妇。"赫德被派往外地的工作岗位时，总会带着阿瑶，他最终把阿瑶安置在澳门，于1866年给了她3000元作为了断，并将孩子送往英国。[84] 现在看来，她并不是赫德唯一用钱买到的情妇。这完全是一种常态。它成了殖民小说里屡见不鲜的老套情节，丈夫从英国接来年轻的妻子，她却在新婚丈夫的房子或院子里找到他之前包养"临时妻子"的痕迹。濮兰德（J. O. P. Bland）在日后撰写的回忆录中反思："当一个人得不到他所爱的，他就得爱上他所能得到的。"当汉口"海关的工作人员聚集在一起"，你会发现他们"一般都会有一两个"带着孩子的中国情妇。[85] 上海外科医生爱德华·亨德森（Edward Henderson）于1871年提到当地"外国居民养着不少本地情妇"，她们大多住在自己的房子里（但并不都是如此），并被"租下"或"买下"她们的"主人"（这是亨德森的原话）养着。亨德森并不相信她们当中有许多人对自己的外国主人怀有"真正的感情"。我们当然不应该像亨德森一样，将中国女人和外国男人之间的所有关系简化为妓女和嫖客之间的关系，但毋庸置疑的是，他们之间建立的许多关系都只是临时起意并牵涉着金钱交易。他们之间确实存在爱情。但是嫖妓的现象肯定也是存在的——例如在上海，就有27家妓院的中国女人（大多数来自广东）专门接待外国男人，还有35家同时接待中国男人和外国男人，此外还有主要满足下层外国人需求的妓院。[86] 和赫德一样，托马斯·汉璧礼对他的私生子履行了父亲的义务——他在良心的驱使下，让私生子接受欧式教育、接受欧洲社会文化的熏陶，尽管他和情妇都没能陪伴他们远隔重洋的私生子长大成人。汉璧礼的儿子阿苏——他的英文名叫查理——被送到巴黎接受教育。亨特的两个儿子被送往美国肯塔基州上大学，他们在那里加入了邦联军——其中一人于1864年战死沙场。然而，在后来出版的一部关于条约口岸生活和习俗的小说中，作者借一位小说中的人物之口说道："如果男人们都要像正式成家那样，好好地抚养自己的孩子，我还真不知道我们究竟应该待在什么地方。"——这或许代表了一种更常见的态度。[87]

关于欧洲人和亚洲人的混血,以及中国人和外国人之间来往关系的界限,我们所知甚少。至于性爱和亲密关系的商业化——无论是男欢女爱还是断袖之癖——我们都见过许多,也知道前者假若到了公共场合会多么引人注意。上海工部局于1866年否决了在上海滩修建新码头的计划书,部分原因正是因为船员可能会招引"名声不好的跟随者"。[88] 总的来说,男女之间长期交往和互相陪伴的亲密关系并没有得到描述或记载,因为这种关系越来越得不到人们的认可。洪卑爵士宣称,租界当局曾于19世纪60年代中期集中力量杜绝年轻外国工作人员让中国女人待在公共休息区的做法。然而,这些取缔行动实际上导致了高级外国妓女和艺伎人数大增:根据亨德森于1871年的统计,一共有18人。还有人指出,到了19世纪70年代,人们的公共行为发生了天翻地覆的改变。[89] 长期以来,公开纳妾一直都为人们所接受,如今这种做法却越来越多地被一个体面社会所唾弃。而赤裸裸的种族主义也使人们对跨种族的男女关系采取否定的态度,即便是合法的夫妻关系。某些工作单位的条例禁止外国员工和中国女人正式成婚(例如日后的上海警察部门),其他地方尽管没有这方面的明文规定,但是实际上也同样严格地禁止这种异族婚姻。一个男子如果娶了中国女子,将可能就此失去工作,至少肯定会失去擢升的一切希望。[90] 加拿大传教士马偕是个例外——他娶了一个台湾女人,但是他性格坚定而独立,同事并不多,也不怎么承认惯例和老规矩。[91] 在某些地区,和本地女人通婚、借以巩固精英之间联盟的现象十分普遍,但在中国却并非如此。只要不爆发丑闻,一名男子可以私下做任何事情,但异族婚姻却是绝对不被接受的。这逐渐演变成了一种阶级自律。绅士们在华期间,一般会找到一个合适的当地伴侣,然后像赫德一样请假回家,迎娶妻子。对下层阶级的男人来说,这种机会则少得多,因此他们需要更加自律,以免丢人现眼、贻笑大方。但是,还是有人娶了中国女人,而且还举行了教堂婚礼,而不是低调地在公使馆举行婚礼。一位名叫亨利·迪布丁(Henry Dibdin)的警察于1866年在上海圣三一教堂和许竹榭(音)成婚;领航员约瑟夫·沃恩(Joseph Vaughan)于1867年迎娶巩幽(音)。受洗名录使我们得以更清楚地了解这个现象：有些欧亚裔孩童被他们的父母带来教堂接受洗礼，也有大批孩童同时受洗的记录——例如来自汉璧礼学校的聂素、阿玲、张泰孙的孩子：小安妮（Little Annie）和埃伦·哈德利（Ellen Hadley）、莉莲·铁基里斯（Lillian Tregillus）、凯瑟琳·布朗（Catherine Brown）。[92] 也有遗嘱拐弯抹角地为"女管家"（这完全是一种掩人耳目的称呼）以及他们的子女做出安排。这些都是亲密关系的证明。汉璧礼为了对得起自己的良心，进一步为这些没有父亲抚养的私生子兴建了一家收容所。这家收容所于1872年开始运作，到了1891年，就有了84个孩子。人们早在1869年就首次提议修建这类寄宿学校，并于1870年创立了第一所。1888年汉口也创立了一所类似的学校。[93] 实际上，对刚形成不久的社群来说，为欧亚混血儿童做出各种安排似乎至关重要。外国人来了，中国女人从窗缝里偷窥他们，对他们投怀送抱，而他们也往往抵制不了诱惑，于是，他们答应包养这些女人——这种关系经常导致许多混血儿童的诞生。汉璧礼写道，或许他们"将会成为一座很好的桥梁，促进欧洲人和中国人之间的感情更加融洽"。[94] 然而，这些混血儿童实际上经常遭到人们的丑化和憎恨，致使他们无法扮演"桥梁"的角色。

关于赫德的私人世界，我们知道的不少，尽管他日后毁掉了1858年底到1863年6月的笔记，使我们失去了不少珍贵的史料。现存的史料和他的书信只能让我们了解他在另一个领域里引路人的身份。赫德的工作方式使他可以处理送到总税务司署的堆积如山的文件，同时还能享受两小时的闲暇时间：花一小时拉大提琴，再花一小时拉小提琴。[95] 我们往往根据包括各种书籍和文件的文字材料书写历史，经常忘了我们还生活在别的感官里，我们常常也没有察觉到，音乐和歌曲在人们的生活中所扮演的重要角色。音乐占据了赫德的私生活。在未来的日子里，海关总税务司即将成为一个满足赫德私人猎奇需求的场所：他于1888年成立了一个由中国乐手组成的铜管乐队。乐队和乐团都曾陪伴半岛东方轮船公司的乘客出海，而军队出征时，往往也会带上一支乐队。音乐使外国人的战争机器不再显得那么咄咄逼人，但它又与战争密不可分。1853年"萨斯奎汉纳号"的铜管乐队为上海带来了不少生气，也把熟悉的和新奇的声音带给了身在异乡的外国人，使他们在中国的日子里——无论是在公共空间还是私人场合里——都充满音乐。詹姆斯·道对上海教堂做出了以下评论：在那里，"有时能听见一流的歌声，但歌手却都是业余爱好者"，而他那位当风琴手的朋友其实"也是业余爱好者"，但表演也都不算太差。香港于1854年登广告招聘一名专业风琴手。1851年12月某个周四的傍晚，道出席了一场"所谓的音乐会"——一台走音的钢琴无法阻止绅士们展示上海英国侨民美妙的歌喉，因为他们早已"跃跃欲试"。单是把自己的钢琴船运到中国来，这本身就已经非常不简单，又该怎么使它不走音？从办一场私人晚会，再到以业余爱好者的身份办一场公共演出，这其实不难，而报纸也一直乐于对这类新闻进行详细报道。[96] 但是这些业余爱好者总是渴望进一步展示自己的才华，于是，人们便经常可以在上海的低级酒吧里欣赏到各种音乐。流浪音乐家开始前往香港甚至上海，从19世纪70年代中期起，就开始有剧团到上海演出。[97] 赫德经常在书信中要求别人提供乐谱、乐器以及他的乐队需要的各种东西。他写道："这是除了工作以外，我唯一感兴趣的事情。"他们定期出现在北京外侨的世界里——受到训练的中国男童弹奏和吹奏他们的乐器，在葡萄牙乐队指挥（这位乐队指挥在人员登记簿上登记的身份是"邮务员"）的领导下身穿制服演出，而他们表演的曲目，正是外交官每周在税务司花园或公使馆晚宴上散步或跳舞的伴奏曲。[98]

慢慢地，其他人也开始在上海的公共场所演奏音乐。上海工部局于1863年向伦敦索要乐谱和乐器，并用6名外国警察组成乐队，日后还登广告招聘乐队指挥。[99] 他们在上海滩公开演出，也不出所料地在警察列队行进时演奏，因为那些排列整齐、身穿制服的队伍从来都是需要音乐伴奏的。所以，很自然地，在镇压太平军期间及其后的几十年间，由西方人训练的新式模范军就都需要小号和小号手以及乐队和乐队指挥。西方音乐开始通过外侨社交活动这个私人领域，以及军队操练和军乐队等公共空间，还有传教活动，逐渐渗入中国。乐队进入了中国人的公共生活，尤其是在中式的丧礼中。而且1886年天后女神像游街并穿过上海的大街小巷时，游行队伍也是由一支铜管乐队带领的。[100] 音乐还以一种新的方式成为空间的标记。在上海，位于英国领事馆对面、苏州河口的上海滩出现的沉船导致的淤泥堆积，逐渐形成了堤坝，到了 1862 年，堤坝扩大到了一定面积，于是租界当局将它开辟成了一个公园。[101] 公园于 1868 年建成，到了 1874 年夏，一支由业余爱好者组成的乐队开始在那里进行每周一次的演出。人们搭建了室外音乐演奏台，而这个小仪式——伴随着乐队的演奏，聚集于此的当地居民听着音乐闲话家常——成了象征上海这个新社群凝聚力的公共符号。音乐还一直是一种个人享受、纾解压力的手段，以及愉悦感的来源：每天都有 2 小时时间，赫德总要沉浸在音乐里，远离文件，远离他人。在遭受囚禁最黑暗的日子里，亨利·洛赫（Henry Loch）总会高歌《天佑女王》（"God Save the Queen"）或《统治吧！不列颠尼亚》（"Rule Britannia"），借此理解同样遭到囚禁的巴夏礼的感受。10 年之后，一名年轻的见习口译员马嘉理（Augustus Raymond Margary）厌倦了在北京的日子，也不得不通过唱歌为自己打气。马嘉理生于印度，从 9 岁开始在英法两国接受教育，3 次投考公使馆却均名落孙山。他在 1867 年才成功被公使馆录取，并在 21 岁那年抵达中国。纵观整个大英帝国，殖民者都不可避免地要面对思乡之苦，而每个人都有自己的方式缓解这种痛苦。这位年轻人就决定利用家乡的音乐。阿礼国在回忆录中写道："马嘉理总是躲在人迹罕至的地方，大声地唱完所有的老歌，并以《天佑女王》作为结尾曲。"[102] 我想，不管什么时候，整座偌大的北京城总有人听见他的歌声。总有人会听见这位年轻的外国人在中国首都干燥的空气中引吭高歌，并希望借由英格兰之音驱除挥之不去的乡愁。

7

内陆地区的梦想

他坚决要把事情查个水落石出——一周前,张之喜9岁的弟弟"五儿"失踪了,这使张心急如焚。张之喜的家乡在京城以东(以皮影戏闻名的滦州),他从那里出发,沿着尘土飞扬的土路步行了95英里。他耐心地、不屈不挠地往前走,因为他很清楚众所周知的一个事实:外国人正在出钱让他们的中国代理人拐骗儿童。因此,张之喜一路走到京城——人们告诉他,有人拐带了五儿,并前往了京城方向,人们还告诉他京城里住着许多外国人。1870年8月20日上午,张之喜终于通过了海关总税务司署附近的朝阳门,并开始到处打听外国人所在的地方。他根据路人的指示,前往西南方向,并最终走到了前门后面的街道。张之喜走到了梁公府,在英国领事馆的其中一个后门(他来到的第一扇门)请求进去向英国领事陈情,并"携带长矛一杆"。张之喜提出,他们如果愿意释放他的弟弟,他将会拐带另一个男童作为替代。这个请求完全符合情理。但是,你或许会问,外国人拐带五儿,究竟想干什么?张之喜肯定会告诉你,他们打算挖出五儿的眼珠。人人都知道,这是外国人干的勾当——他们挖出中国人的眼珠,用来制作药物,他们还挖出中国人的心脏充当同样的用途。由于外国人需要中国人的躯体才能制药,所以他们设立了孤儿院和儿童收养所,以此骗取人们的信任。一旦人们把孩子交到这些孤儿院和收养所,外国人就会把孩子杀掉。有时,外国人则会出钱让绑匪从街上抓像五儿一样的孩童,然后杀死他们。即使在远离外国人居住地的滦州,人们也听说了这些事情,并告诉了张之喜。张之喜的行动完全在情理之中——他手持长矛作为防身武器,前去北京营救弟弟。

张之喜被领事馆卫兵抓住并交到总理衙门,总理衙门又将他转交给司法当局。因为这次行动,张之喜被罚"杖八十"。英国公使写道,张之喜不过是个"滦州民人",是个受到"居心叵测之人"蛊惑的"尚无别情"之人,而张本人也很快被遣返滦州老家。[1] 而"冯瘸子"、王柳(音)、马宏亮、张励(音)和张国权(音)受到的处罚就远远不止于此了:10月19日,他们在天津被处斩。冯瘸子和王柳的长矛比张之喜的更加尖锐——1870年6月21日,在可怜的张之喜敲开领事馆后门企图救出弟弟的2个月之前,他们和其他男子使用了刀剑和其他更具有杀伤力的武器杀死了21名欧洲人。其中大多数是法国人,此外还包括3名俄国人、1名意大利人、1名比利时人以及1名爱尔兰女子——最后3位,以及那些法国死者当中的7位,都是修女。不久前举行祝圣仪式的法国教堂遭到洗劫和焚毁,隔壁的法国公使馆遭到彻底破坏,在北京东门外由圣云先会(St Vincent de Paul)的修女们——她们在中国从事宗座传教圣婴善会(Holy Childhood Association)的工作——新设立的孤儿院被彻底毁坏,10名修女被擒住和剥光衣服,并在饱受摧残之后被处死。[2] 数周以来,天津市民一直生活在恐惧之中,他们对法国天主教传教士甚至所有法国人都怀有敌意。在那个干旱的夏天,在那个充满旱灾和恐惧的季节,有人抓到了拐子,而拐子也在招供后旋即遭到处斩。(当然,毫无疑问地,和别的地方一样,拐卖事件时有发生——拐子或企图索取赎金,或怀有其他目的。)修女们一直遵循天主教团体的一贯做法,付钱给那些将孩子带到收养所的家长,但是人们都说,他们的坟场堆满新埋葬的尸体,而且这些尸体都没有眼珠和心脏。一个名叫武兰珍(音)的当地男子在迷拐失败后被逮捕,并在供词中称自己受到了教堂的中国工作人员的雇用。他们每天给他服用药物以致他变得神思恍惚,然后他们会给他一种"红色粉末"(迷药),好让他将受害人带回教堂。关于绑架事件的官方通告、人们散播的古怪谣言,加上旱灾所致的人心惶惶,这一切都和全国范围内对外国传教士的排斥反应结合起来。这是一场旨在驳斥传教士们所宣导的一切，嘲笑他们的信仰和习俗，并反击他们进入各城市和市镇的运动，这场运动发生在例如扬州这类远离条约口岸的地方（传教士们企图在那里建立新据点）和条约口岸附近的乡村里规模较小的宗教组织中。数年以来，全国范围内中国民众和外国传教士之间的对立情绪不断增长，数周以来，天津市民一直处于恐惧之中——6月21日，这一切爆发出来，数千人通过集体暴力，终于驱逐了笼罩心头的恐惧。

这一切本来不应该发生。如今总理衙门以及一些当地官员已经十分清楚外国传教活动可能会在当地社会造成的不安，也十分明白这种不安可能上升为暴乱，进而导致外交问题，因此他们已经能够冷静地采取合理行动，并且有效地应对人们的疑虑了。在天津，随着越来越多的报告谈到人们不断增长的恐惧，有人开始预言暴力事件即将发生。此外，随着外国人发现人们对他们怀有越来越深的敌意，北洋通商大臣崇厚不得不开始着手处理这些问题。崇厚和道台、知县合作，对孤儿院进行公开调查，以便明确驳斥群众对传教士的控诉。将调查过程和结果公之于世，的确是一个明智的举动，因为官员们受过教育，显然就不会相信这些谣言，即使这些谣言是从他们在别处的同侪中率先流传开来的——的确有"居心叵测之人"用文字攻击传教士。一方面，道台和知县被他们的上级责令维持公共秩序；另一方面，他们也必须对人民负责，因此他们必须对人们的恐惧和不安做出回应。他们还必须获得公众的信任，使公众不致相信自己不过是外国人的工具，因为现在已经有人开始这样控诉他们。因此，官员们一直如履薄冰，努力保持各方平衡。6月21日早晨，当地官员带着武兰珍，正式到访法国教堂。他们很快发现，武兰珍从未来过法国教堂，根本不认识教堂工作人员，之前的供词更是子虚乌有、凭空捏造。（此处内容有争议。有史料称，教民王三供认与武勾结迷拐人口，但无此事是教堂主使之证据。教堂内的教民供称自愿习教，但幼童中有称是被拐送来的。另有其他拐卖幼童者，也是教民。）现在他们终于可以解决这个问题了，于是他们和神父谢福音（Chevrier）讨论应该采取哪些行动来安抚恐惧的群众。长期以来，人们都盛传天主教孤儿院和育婴堂收养的儿童死亡率极高，一场瘟疫使坟场堆满小棺材，更使得这则传闻不胫而走。修女们给家长付款的时候，都会要求他们放弃对孩子的所有权利，以确保完全切断孩子与中国家庭、社会和文化的所有纽带，因为这一切和基督教徒的生活方式格格不入。

谢福音和崇厚进行了相关讨论，讨论了这些长期以来的误会以及误会产生的原因，并同意采取公共措施清楚阐明天主教传教士正在从事何种工作，从事这种工作的动机，以及他们究竟有没有做那些事情。同时，他们也讨论如何对瘟疫之类的事件采取更加开放的态度，即使这可能导致人们不敢把孩子交给传教士们。现在剩下的工作就是草拟并发布通告，并让官员们公开宣告。创伤和恐惧可能无法根除，但是如果可以证明这一切毫无根据，如果可以消除他们的疑心，如果可以制止群众的极端行为，那么至少就不会一再发生人们群起抗议的事件。那么，冲突和外交危机也将不会一再发生，清政府亦将不会一再受到任何指责，也不必再应付任何要求。十名修女也将可以身穿灰蓝色的修道袍，头戴显眼的、经过浆洗的白色修女帽，继续她们在天津的工作。

就在当天早晨，法国领事丰大业（Henri Fontanier）在"美观而显眼的"领事馆给法国公使写信——领事馆坐落在法军于1860年占领、曾经为清政府所有的楼房建筑群之中，它位于城墙西北方向河流的对岸——信中写道"我们这座名为'天津'的小城"充斥着狂躁不安的情绪。³ 作为外交官，他报告了自己是如何处理好一切的：当时道台携带武兰珍的供词前来兴师问罪，知县在公共舆论的压力下同样怒气冲冲、咄咄逼人，而他却成功地安抚了他们。丰大业还描述了自己是如何摆平所有的问题，并且抚平最后一丝波澜的：他坚守立场，并提醒知县履行自己维持公共秩序的职责。丰大业显得有些沾沾自喜，甚至有些自以为是，同时，他也还有一点不耐烦，不过，这些都只是领事们惯用的虚张声势的手段而已。在丰大业自己看来，他把事情处理得天衣无缝，这起事件差不多已经解决了。因此，事发当天，他正在刚结束调查的教堂里撰写调查报告。然而，刚过中午不久，他就听说——也可能是亲耳听到了——建筑在佛寺故址之上的领事馆隔壁的教堂发出了大声的争吵声，原因是一群旁观者和中国教徒起了争执。据说这使他火冒三丈。或许他以为这是清政府的出尔反尔,他自以为已经成功摆平了中国官员,但这不过是后者制造的假象——过去几天里中国群众不断在街上叫嚣着报仇,而如今这些缺乏控制群众意愿或能力的官员使情况更加糟糕。此前,他已经给北京的法国公使寄了信,在信中信誓旦旦地保证局面已经得到控制。而如今,骚乱再次发生,这令他十分难堪,难以交代。接着,丰大业采取了领事们惯用的做法:他迅速找到了他能找到的最高级别的负责人——他找到了还在衙门里的崇厚,并要求采取行动,如今他已经懒得和下级官员打交道,而这也就是后来所谓的"中国模式"。领事们通过各种手段——或恳求,或哄骗,或威逼——使中国外交官遵照条约行事。何谓"遵照条约行事"?其实就是完全由外国外交官来决定一切。领事们有时提出要求,怒气冲冲地前往衙门;有时衣着光鲜地要求进入衙门;有时则要求地方官员采取行动或还给他们一个公道(有一次,衙门大门紧闭,他们在门板上撒尿示威);还有的时候他们硬闯进门(到了现在,人们已经习惯了在华外国人的这种做法)。他们用以上种种方式对总理衙门施加压力。就这样,丰大业采取了他作为一名领事应当采取的行动,根据材料记载,他来到衙门,一脚踢开大门。

他还携带了武器——实际上是两把手枪——和他一同来到衙门的还有他的助手 M. 西蒙(M. Simon),而西蒙早已拔剑出鞘。崇厚听说丰大业来到衙门,赶紧出去迎接,结果正好撞见了丰大业和西蒙两人。根据一名目击者回忆,醉醺醺的丰大业见到崇厚,怒不可遏地骂出一连串脏话,还掏出一把手枪,向这位北洋通商大臣开了一枪。崇厚躲开了那一枪,逃到内室里,但丰大业追进屋,一边砸坏衙门里的摆设,还一边"咆哮不止"。然后据说知县也赶往了现场,尝试安抚尾随法国人而来的群众(而且人群还不断增加),因此丰大业便离开衙门,和知县交涉。根据崇厚回忆,他出来恳求丰大业留在衙门里,以便保障自身安全,但是丰大业依然执意出去。丰大业还向知县开了一枪,并击中了知县的一名下属,导致后者重伤身亡。而群众则一拥而上,将丰大业和西蒙殴打致死,然后又拥入教堂、领事馆和孤儿院。他们在大街小巷里列队前进,揪出外国人和中国教徒,借此驱除心中的恐惧与憎恨。只要他们提到法国人——无论男女——就用木棒猛击或刀子猛刺致死。他们捉到外国人就盘问他们是不是法国人,有3名俄国人因未能证明自己不是法国人也被打死。

这起事件中,有人做出了善举,为外国人提供庇护,使他们得以躲避这场风暴。但是,在为时3小时、为愤怒和憎恨所驱动的暴力事件中,超过60人死于非命,在恢复平静之前,新教教堂也遭受了池鱼之殃,并被洗劫一空。3天后,丰大业的遗体被人从河里捞出来,"遍体鳞伤、面目全非",除了脚上的鞋袜之外,完全赤裸。河流下游2英里处流经英租界,人们在那里找到了许多欧洲人和中国人的尸体,因为暴民同样憎恨中国教徒,所以他们还杀了大约40名中国教徒。修女们几乎尸骨无存,因为她们面目全非的尸体和她们的布道所一起,被付之一炬。接下来几天极其恐怖:龟缩在租界里的外国人枕戈待旦,忐忑不安地等待着从南方开来的炮舰。侨居北京的外国人还一度担心京城里可能发生暴力事件,法国领事馆的仆人们逃之夭夭,而大家也提心吊胆、惶惶不可终日。即使2个月之后,他们依然十分担心。现在,可怜的张之喜使得他们既愤怒又不安。但在6月21日入夜之后,天津盼来了久旱之后的甘霖,大雨倾盆而下,冲走了街道上死亡的恶臭。

传教士们早就预料到这种暴力事件的发生。当然,一方面,他们已经做好了成为殉道者的思想准备;另一方面,他们甚至期待这种结局,因为殉道者的鲜血能使布道所所在的地方更加神圣。更重要的是,他们预料到了事件的发生,因为在迄今好几年的时间里,他们一直面对着中国人的反对——一开始,他们仅仅觉得是因为基督教的种种行为和文明理念与中国人的并不一致,因此,他们并不相信,这种情绪后来会酝酿成为公开的、暴力的敌对行为。受过教育的中国人认为,基督教教义离奇古怪、难以接受并且离经叛道,而普通群众则发现,传教士要求中国教徒脱离群体,同他们的家庭尤其是祖先一刀两断。因此一名学者声称,到了1861年,"中国已经出现了一种狂热的反基督教传统,并且正在迅速蔓延开来"。在那一年,《辟邪纪实》一书问世,该书对基督教信仰以及宗教行为大肆挞伐,在接下来几十年里,它不断被重印、缩写以及通过其他途径广为流传。[4] 这一切还和人们对太平天国起义的反应纠缠在一起——这个公然和清政府作对的基督教王国使华中地区饱受战火蹂躏，而传教士们曾经对它满怀希望。太平天国起义一个更长远的影响是引发了一场充满恶意的通过反基督教的小册子来进行的宣传活动，旨在号召人们反抗太平军，而这种行为其实正源于人们对太平军蹂躏长江下游地区的惊惧。群众对传教士的反对实质上是一种更为复杂而又令人兴奋的情绪。除了思想上的抵制，群众也对基督教徒自我孤立的行为表示惊愕，而在传教士们看来，他们不过是脱离了"异教徒"或"世俗"的生活，但在他们的邻居、家人看来，他们却脱离了整个社群。中国教徒召开男女杂处的集会，在群众看来，这些集会将导致道德沦丧，以及一系列恶果：神父们勾引妇女、教会鼓励鸡奸、挖出中国人的眼珠，简直无恶不作——像张之喜一样的群众对此深信不疑。教会在日常运作中面对的一些现实问题（经费不足，而自身的野心又太大等），则导致他们的内部关系紧张。和19世纪欧洲类似的机构一样，孤儿院收养的孤儿死亡率居高不下；和欧洲孤儿院不同的是，有关当局迟迟未能实行旨在降低孤儿死亡率的改革。不仅如此，孤儿院收容的许多儿童并非孤儿，因为孤儿院的设立扩大了"滞销儿童的市场"（残疾儿童或贫苦人家身患重病的孩子常常被送入孤儿院），使得这些收养机构和它们所在的社群产生了千丝万缕的联系。[5] 传教士的势力范围扩大到了开放港口以外的地区，影响到中国群众的现实利益，使后者不得不反抗——双方围绕房地产发生纠纷、中国群众对初来乍到的外国人充满戒心，而传教士们遇到困难，往往动辄向领事馆求助，要求领事馆对清政府施加外交压力。从现实角度来看，基督教看起来就像一个邪教，并且和具有佛教背景的白莲教尤其相似。某些新教的基要主义习俗（例如使用方言进行祷告）在中国农村颇受欢迎，因为它们和现存宗教教派的某些习俗十分相似。[6] 总的来说，问题在于基督教对中国群众日常生活的影响太大太深，而这使许多人感到很不自在。当然，这正是传教士们所希望的。

　　传教士们都得到了外国列强的庇护，尽管各国采取的官方立场存在着某些重要的差异。法国政府为在华天主教会提供了一系列的庇护：法方要求清政府取消1724年禁止传教的条例，并允许传教士在内地居住，之后因神父马赖被杀，法国于1857年对华宣战，战后双方再次订立条约，法国在广州和天津获得兴建新教堂所需的土地,并可以在北京和上海重新开设老教堂——这一切使得法国同天主教会牢牢地联系在一起。法国人在中国行使的权力和商业利益无甚关系:它是一种帝国战略与姿态的表现——仅仅为了能够和英国人平起平坐——因此它把天主教作为其独特和典型的名目。确实,这种行为可能有助于扩大法国的影响力,使得重要信息不致外泄,因为法国天主教传教士一般会保留他们的国籍,或许是由于身在国外,又身在英国人占据领导地位的驻华外侨群体之中,他们对祖国法国的认同得到了加强。法国政府亦竭力使自己和教会的联结更加明显。1869 年 5 月 16 日天主教堂被祝圣时,丰大业自然在场,而修建教堂的地址自然也是法国人强占的。英国和其他列强的政府与传教士的关系比较模糊,并且,他们迟迟未能决定究竟该采取何种立场。卜鲁斯曾经帮助雒魏林经营伦敦传道会的医院,但是阿礼国却不那么愿意为传教士提供支持(无论是私下还是公开支持),因为涉及传教士的案件越来越多,而传教士们也不安于定居在他们享有居留权的那些地区。传教士们会跟随病人回家,通过病人家属扩大人际网络,只要看到病人产生哪怕一点兴趣,传教士们就会跟随他们返回家乡传教。新创立的教会报刊《教务杂志(月刊)》(*The Chinese Recorder*)于 1867 年开始发行之后,便记录着传教活动缓慢的进展:这里有 1 个中国人成了新教徒,那里有 5 个中国人接受洗礼——这就是《教务杂志》报道的主要内容。而这一切收效甚微——截至 1866 年,中国只有 3000 名左右新教徒——以致只要中国人对新教表露出一丁点兴趣,传教士们就穷追猛打,甚至跟随他们返乡,深入穷乡僻壤传教。天主教会传教的成就相对大一些,这使新教传教士们受到刺激——截至 1850 年,中国有了 30 多万名天主教徒,而到了 1881 年,中国天主教徒人数增加到了近 50 万(即便如此,天主教传教的进展依然十分缓慢)。截至 1869 年,新教教会在宁波建立了 11 个分部(其中一个分部距离宁波市区 300 英里),在福州则建立了 16 个分部。即使是北京的伦敦传道会,到了 1871 年也在北京南郊建立了"一系列小分部"——和中国各地的教会一样,它的活动范围扩大到了固定区域之外。这里遵循着一个十分常见的规律:传教士先是采用流动方式,不定期前来传教,然后，他们便会发展出一条固定路线，而一旦有了固定路线，他们就需要在当地建立基地——他们租了一间房子，就这样设立了一个小小的传教分部，并使之成为整个传教"系统"的一部分。有意受洗的中国人将会来到传教分部，接受传教士们的考查并通过问答形式学习教义。如果传教士们认为他们真诚地接受了教义，就会为他们进行正式的洗礼，并定期视察他们作为基督徒的新生活。[7] 一些地方的传教士则更加大胆。根据汉璧礼记载，戴德生（James Hudson Taylor）于1854年3月来到上海时，仅仅是一个"小男孩"，缺乏教育，缺乏准备。而当时，正值传教士们雀跃万分、为太平天国欢欣鼓舞之际，于是，他被郭士立的"中国传教会"（Chinese Evangelization Society）匆忙派遣赴华——他"被发现"徘徊在传教士村落的附近。[8] 戴德生起初被老麦都思收留，并最终在不隶属于任何教会的情况下在宁波独立展开工作，然后于1860年回到英国，并在那里停留6年之久。到了1866年，他率领新成立的、带有挑衅意味的所谓"中国内地传教团"回到中国——该团由21名传教士组成，以当时的标准来看，这支传教团十分庞大，他们的到来使得新教传教士在华人数增加了足足1/10，[9] 而且他们还打算深入内地。这个传教团将不属于任何教会，它是一个"专门从事传教工作的传教团"，不受伦敦传道会或其他机构官僚主义的制约，其团员立志身着中国服装，"在整个中国内地流动，深入当地传教，向中国人带去上帝之爱的救赎真理"。他们所信奉的是一种毫不妥协、充满传教热忱的新教教派，并且他们选择在"整个中国内地"传教——在他们眼里，中国内地一直笼罩在黑暗之中，随着4亿中国异教徒的生生死死，每个月都有多达100万个灵魂未能得到基督的救赎。

1868年6月1日，中国内地传教团来到扬州2个月后，多达数千名群众听信了长期流传的关于传教士杀死中国婴儿的谣言，聚集起来攻击传教团。在受到暴民攻击前几天，戴德生情急之下致函知府，信中写道："我遵循'通商条约'中皇帝的旨意前来传教"，"我请求您参阅条约条文，其中清楚注明英国臣民可以在中国内地购买土地并修建教堂"。[10] 戴德生总是在谈话中引述条约条文，并向镇江领事报备了意图和财产，但是在街上游行，以及在他门前抗议的暴民却坚称他们是"耶稣的毒害"，而且暴民们还号召人们赶走那些"吮吸婴儿脑髓"的传教士。小册子在群众当中流传，并被张贴在扬州的大街小巷。同时，据说群众还举行集会，在集会上，士绅们发誓将传教士驱逐出城。但戴德生坚守自己作为享有条约权利的英国臣民的立场，而英国领事也采取行动保障了他的人身安全。在这次攻击行动中，传教团并无伤亡，尽管整个过程险象环生，而且，地方当局也没能果断地采取行动提供保护或安抚暴民。风头平息下来后，传教团最关心的是尽早安排传教士安全地撤出城外，并正式要求赔偿。戴德生要求清政府伸张正义，他不忘提出要求："希望大人能尽快逮捕肇事者并严厉打击他们，然后让他们在我们分部前戴上枷锁，以儆效尤。"传教团在中国人保护下撤退到了镇江，英国驻镇江领事很快赶到现场和众人会面。3个星期后，上海领事麦都思率领"里纳尔多号"（*Rinaldo*）的90名水手在镇江城里耀武扬威，他们训斥知府，巡视遭到破坏的资产并要求中方赔偿、修葺遭到破坏的建筑物，将传教团的中国成员释放出狱，并发布宣言做出以下承诺：惩罚肇事者；英国臣民根据条约规定，获得在扬州居住的权利；那些企图阻止英国人行使居住权的中国人将会遭到惩罚。为了保险起见，麦都思要求中方将宣言刻在石碑上并将石碑竖立在传教分部，不久之后他甚至还亲自草拟了相应的文字。这起事件持续发酵，以致一支人数更多的英军部队来到南京，企图迫使清政府积极解决争端。11月15日当天，300名英军来到了扬州的徐凝门——前一天晚上，这支部队彻夜行军，同载着麦都思、戴德生和其他团员沿着浅浅的大运河北上的两艘炮舰会师。一切都获得了解决：地方官员被罢免了，资产被交还给传教士们，清政府也发布了宣言。对于之前的一些指控，尤其是对于领头士绅的指认，戴德生含糊其词，或许对他而言这是一种明哲保身的手段。根据麦都思的报告，扬州城"破败不堪""满目疮痍"——但他并未说明，这其实正是具有基督教背景的太平天国所导致的后果。

英国外交大臣提出，事态发展虽然逐渐平缓，但此事本身就是一种最危险的过激反应。总理衙门本应该推动赔偿的实现，并向地方当局施压。在过去的8年里，卜鲁斯、阿礼国、总理衙门以及其他外交人员都一直力图使这项制度顺利运转。然而，现实情况却不如他们所愿：尽管传教士们已经安全返回镇江，英国驻上海领事却仍要亲自沿着长江前往暴乱现场兴师问罪。他先是要求英国当局派来一艘炮舰，然后又率领一支舰队驶入长江。数千名中国人聚集在扬州，目睹英国舰队的到来，这些观看者们将会遭遇怎样的灾难？英国对华关系又将会遭遇怎样的灾难？或许我们会以为这不过是巴夏礼这一类人的一时冲动所导致的寻衅。但事实上，确实还有另一个大问题没有解决——在已签订的各种条约中并没有明确保障传教士内地居留权的相关条文。法国传教士享有的权利只是基于1860年中法《北京条约》的中文译本。虽然英国传教士们也享有最惠国待遇赋予的同等权利，但中法《北京条约》却没有相应的条文——而该条文之所以会出现在中文版本里，很可能是传教士动手脚的结果，因为传教士们一向担任法国人的翻译，他们当然会时刻保障着自身的利益。[11] 而鉴于双方最终以法语版的条约为准，所以这项条款根本站不住脚——因此通过炮舰外交强迫清政府执行相关条文，也并不合理。英国公共舆论还十分关心有关当局在处理这起事件时所采取的手段。《泰晤士报》社论中写道："这起争执不仅可能迫使我们付出重大的代价，还将会使我们颜面尽失。"英国人完全能够利用其强大的实力向中国索取任何条件，但这是十分可耻的行为。如果英国官员自作主张，训斥地方官员，那危险就会加倍——总理衙门将懒得约束地方官员，英国臣民将会动辄要求动用炮舰威慑中国人，而如果这一切成为事实，那又如何消除中国人及中国官员对外国人的敌意？前英国海军大臣、如今的萨默塞特公爵（Duke of Somerset）说道："事实上，我们在运用炮舰传播基督教。"他在上议院大发雷霆："我们有什么权利派遣传教士深入中国内地？这些传教士又是些什么人？"《泰晤士报》声称："这些人总是在世界的各个角落寻衅滋事……他们都是些没受过什么高等教育的普通人，也缺乏作为绅士应有的修养。"他们往往"不够谨慎……鲁莽行事"，他们的"肚子里没有多少墨水，对人类知识的掌握更是有限，却远涉重洋去传教"。但下议院却不乏萨默塞特公爵的反对者。难道传教士就不是英国人，就不能享受条约权利了吗？英国的枪炮是否只保护鸦片商人和贩卖掺水烈酒的贩子，而不保护那些怀着崇高理想，立志完成基督徒使命的人？[12] 伦敦传道会的理事们向外交大臣克拉伦登伯爵（Earl of Clarendon）问道：我们不希望让您难堪，但我们究竟可以在哪里居住呢？外交大臣答道，谨慎行事，不要居住在领事管辖范围之外的地区。"跟随商业活动是一个不错的选择"，否则你们的行动将可能导致所有的商业活动中断。[13]

传教士们火冒三丈，他们对萨默塞特公爵充满愤怒，因为他将伦敦传道会指斥为罪魁祸首，同时他们也对阿礼国和克拉伦登伯爵的言论感到生气。艾约瑟（Joseph Edkins）写道："他们在此兴建医院，把书籍和知识带到中国，这大大地改善了中国人对外国在华事业的看法。"现在，为了拯救英国对华贸易，他们却被迫撤离中国内地。[14] 他们认为自己和天主教徒不一样——在他们看来，和英国的某些外交官一样，天主教徒不仅不顾中国人的感受，还常常做出挑衅行为。况且，新教传教士的人数也在不断增加：1855年7月，一共有86名男女新教徒在中国传教，到了1866年6月，这个数字增加至204人。截至1866年6月，所有开放港口以及北京都设立了传教分部，其中最近（前一年）设立的是台湾高雄以及江西九江的传教分部。这些传教分部由不同的外国人所设立，包括英国人、美国人、德国人、瑞士人，并且这些传教分部亦包括了各种不同的宗派：卫理公会、浸礼会、圣公会、长老会以及公理会。[15] 许多传教士在中国死去——其中一些死于非命，而大多数则是患病而亡，还有一些则因为年事已高，自然死亡。他们的家属当中，也有许多人在中国死去——他们的妻儿同他们一起被安葬在他们小小的传教分部临时设立的坟场里。但是，那些活着的传教士并不准备放弃他们的事业，或者仅仅因为阿礼国认为他们妨碍了他的工作，就向他妥协。他们也没有准备屈服于伦敦传道会的理事们——这些理事一度命令传道会撤出内地的传教分部。于是，英国各新教传教分部开始公开与阿礼国争论。1869年7月，他们给阿礼国写了一封长信，为传教事业辩护，并逐一反驳了阿礼国的各项指控。根据条约规定，他们完全有权利居住在中国内地。他们并没有要求英国政府派来炮舰，动用武力解决争端，而只是寻求支持，而且他们也将会通过自身影响力促进中国和欧洲各国之间的友好关系。他们不是已经将100部经典著作翻译成中文并出版了吗？他们难道不"通晓中文"吗？他们难道不想"和中国人交往,引导中国人寻求和平,进而向上向善吗"?他们难道不是受人尊敬、受过良好教育的绅士?条约口岸的人们,难道不依赖他们出版的字典和教科书,以及他们发行的《中国丛报》来获取知识吗?在1853年,他们并没有比其他人更热衷于支持太平天国。毋庸置疑,基督教具有革命性,并很有可能会导致社会动荡。但是,实际上真正的革命者是"盎格鲁-撒克逊人",而非"盎格鲁-撒克逊传教士"。中国人对他们的反对,根源于他们的外国身份,而非传教士的身份。戴德生和他的同伴因为他们的外国人身份而遭到了中国人的反对。而另一方面,他们也确实妨碍了鸦片贸易;阿礼国身在北京的英国驻华公使馆,这个公使馆"就像一把刺刀的尖端",它代表了一个庞大的外国——这个"外国"实际上指的就是英国——鸦片集团。中国人"把传教士视为所有外国人的代表,而他们又相信外国人要么就是常常侵犯他人权利,觊觎他们的金钱和土地,要么就是鸦片贩子"。他们本想讽刺阿礼国,可阿礼国根本不予理会。阿礼国并非反教权主义者,事实上,他和"反教权主义者"沾不上一点关系。但他却相信,历史将会证明他是对的,除非发生什么有利于传教士的"突发奇迹"。传教士们的胜算极其微小,推动改变的步伐也极其缓慢。与此同时,英国对华贸易,以及"在这种贸易的过程中被带到中国的物质文明"却意义重大,所以,他不能让扬州的问题决定这一切的成败:贸易而非上帝,才是推动中国改变的发动机。他不会冒着和中国开战的风险,支持传教士的梦想和故作姿态,允许他们"以上帝的名义获得中国的任何地区"。[16]

尽管他们强调自己的所作所为是为了布道,但现在驱动着他们的却是条约立场以及作为外国人的条约权利。阿礼国成功地向清政府索取赔偿,并迫使他们发布宣言。对此,戴德生十分感激地对阿礼国说,感谢"阁下采取的一系列行动,成功地恢复了我们在扬州的地位"。他还向阿礼国承诺,"您果断地采取以上重要行动,必将大大地促进英国的长远利益"。[17]在他看来,这一定会"极大地推进整个中国内地的传教事业"。尽管阿礼国一直小心翼翼、如履薄冰,但他还是因为扬州事件,以及当事人麦都思的鲁莽行为,而陷入十分为难的境地。一方面,阿礼国希望采取不干涉方针;另一方面,当英国臣民遇到危险、遭到骚扰或攻击时,他又必须做出反应。他很难在两者之间取得微妙的平衡。这并不意外,因为自从传教士首次来到刚开放的中国,甚至在他们来到尚未开放的中国时,他们就已经经常陷入麻烦。但现在,英国圣公会差会(Church Missionary Society,简称 CMS)和伦敦传道会的驻华发言人却突然变得很好战,而更让人意外的是传教氛围也产生了很大的变化。他们此前一直相对低调,如今却加入了政治纷争。天津的屠杀成了一份政治厚礼。总的来说,在1869—1870 年之前,战争贩子和主张对华强硬的人都来自商界,他们以自由贸易和阿姆斯特朗大炮为武器,对领事和外交官百般纠缠,他们希望阿斯本的舰队能够满载而归,在部长面前摊开地图,指向派兵登陆的最佳地点。但是,到了 19 世纪 60 年代后半叶,传教士们越来越敢于提出自己的要求,也越来越不甘于满足。他们和商业利益集团联手反对阿礼国提出的修约要求(在他们看来,这些要求远远不够),并要求获得更广泛的居住权。他们在中国各地遭到攻击:他们在上海、广州、扬州和台湾招致当地人民的抗议;他们也遭受设立在中国和伦敦的英国外交机构的攻击;在他们看来,他们还在上议院遭到了诽谤。这些恶意中伤的文字通过《泰晤士报》以及其他报纸迅速地传遍世界。中国的其他报纸也加入了谴责传教士的队伍,在条约口岸的新闻媒体上大力抨击他们。但是,在天津屠杀事件之后,人们从未想到的事情发生了——传教士群体开始呼吁当局武力干涉中国事务,这样一来,外国商人群体的先锋队终于可以退下来看热闹了。天津的屠杀激怒了新教传教士群体。他们的愤怒并不是因为他们自己建立于天津的教堂在暴乱中遭到了破坏,而是因为两年来中国群众致力于反对一切教会的行为在这次事件中到达了顶点。1870 年 8 月艾约瑟在给伦敦的伦敦传道会秘书写信时写道:"我们都十分焦急地想知道谁将担任下一任英国公使,大家都希望巴夏礼接任公使。"[18] 艾约瑟并不希望和平来到中国,他希望挑起对华战争。

战争似乎随时可能爆发,在天津屠杀发生之后,局势显得更加紧张。1 年多以前,1 名法国神父和 40 名中国教徒在四川被杀,于是一名中国神父率领教徒进行了更加血腥的报复行动,在那时赫德就写道:"总理衙门最好别给法国人对中国开战的借口!"很快地,人们可以轻易地将天主教和新教传教团及其社群辨别开来，因为前者和后者相比，更愿意武装起来并保护自己。[19] 经过数周的讨论并建立了外交统一战线之后，法国代办突然要求处死道台和知县，并威胁对华开战，这使各方人员大吃一惊。领事馆工作人员和教徒先后被杀——赫德不禁思忖，日后可能还会有其他"可怕却成功的"对法国人的侮辱。[20] 针对外国人的大规模骚乱似乎随时都可能发生，中国沿海地区的外侨群体陷入风声鹤唳的状态。上海工部局重新组织了早已解散的万国商团，订购了 500 支步枪和 2 门榴弹炮，聘请了来自香港英国驻军的教官，并给属下 400 名武装商人分发了提洛尔帽。1870 年的伤亡名单又增加了 2 个人——由于操作失误，商团不慎打死了 2 名无辜的中国人。[21] 阿礼国于 1869 年底离开中国，威妥玛接任了公使一职。威妥玛的前任上司激怒了传教士们，如今他又激怒了剩下的人。他警告说，这并不仅仅是导致流血事件的排外情绪。他以一名学者的身份这样论述道：中国人对天津修女提出的各种指控，实际上深深地根植于中国社会以及中医理论之中。在中国人看来，这些指控一点都不荒唐。在中国人看来，外国人必须意识到，有关传教的一切的确都可能引起中国人的恐惧，所以外国人应该认真看待这些事务。中药的一些处方确实包括了人体的成分——例如人皮、骨头、人肉、头发、指甲、血液、眼泪、胆汁和其他更多的器官和部位——同时，一些民间习俗更提倡以人体成分入药。因此，中国人完全有理由相信，西药同样以人体成分入药。[22]（其他地区的群众也将以类似的手法描述传教士，例如把他们描绘成吸血鬼和吃人的人肉贩子。）[23] 而且，和任何其他地区一样，迷拐事件还是时有发生，而人们对药水和仙丹神奇的魔力也深信不疑。修女们付钱给那些把孩子带到孤儿院的家长——这固然是一种普遍做法，却也容易引起人们的误解，这种做法使中国人更加憎恨她们，最终使修女们自己深受其害。和威妥玛一样，担任美国驻天津领事的商人约翰·梅多斯（John Meadows）也采取了亲华的立场。是的，地方官员处理事情也有不当之处，但是传教活动以及它导致骚乱的可能，才是流血事件的大背景。在传教士们看来，这种谨小慎微的作风反映了地方官员的胆小懦弱。许多人都不愿相信有关丰大业在衙门里进行的疯狂暴力行为的报道。人们对关于中药的学术论述不屑一顾。条约口岸的新闻媒体以及小册子都对梅多斯和威妥玛口诛笔伐。它们甚至还批评了赫德，因为他曾经支持那支犹如马戏团一般疯狂巡回"表演"的蒲安臣使团——最终，天津暴乱的熊熊火焰暴露了他们作为骗子和卖国贼的真实身份。[24] 传教士和商人们众口一词地把中国群众的行为简单地归咎于排外主义——最好的情况是官员们对此不闻不问；而最糟糕的情况是官员们大力煽动这种排外情绪来把外国人驱逐出境。在传教士和商人们看来，这很可能是一项更广阔的全国政策的一部分。他们的证据可以证明这一点。山东的美国传教士在 8 月份匆忙地将《辟邪纪实》的其中一个版本部分地翻译成《对堕落腐朽教义的致命一击》(Death Blow to Corrupt Doctrines) 一文，并通过新闻媒体公之于世。传教士们声称中国群众"暗中利用该文本作为反对我们的利器"。因此，该文本"让我们认识到中国人的真实想法"，同时该文本"把矛头指向所有外国人"，因为它证明了"宗教是众矢之的"。[25] 但是，持有这些观点的传教士们难道没有看到几乎同时发生的对多间传教分部的攻击吗？他们难道没有看到他们与全国各地的传教分部之间所发生的争端吗？这难道不正是这场阴谋的证据？旅居天津、来自伦敦传道会的理一视 (Jonathan Lees) 和来自圣公会差会的威廉·霍尔 (William Hall) 声称，只有"上帝的垂爱，才能使天津免于成为第二个坎普尔 (Cawnpore)"。[26]

基督教的影响以及人们对它的反应，构成了一个复杂的问题。这不是一个关于"坎普尔"的简单问题，也不是关于背叛、屠杀和异教徒暴力反应的黑暗神话。基督教注定会引起社会动荡，它也确实导致了这种结果，但是，和在其他地方一样，基督教在中国拥有了自己的生命，这超出了传教士的设想，也超出了他们有效控制的范围，它的自身影响得到了放大，但这也增加了导致问题的可能。[27] 而且，更大的问题是，基督教往往根植于中国的农村而非城镇。尽管扬州和天津的问题最引人注目，但是它们却不是最难以解决或者影响最深远的冲突。姑且不论传教士的外国身份——根据条约规定，他们有权来到中国传教，因此，显而易见，他们也就成了强加在中国身上的种种新特权的一部分——为什么基督教的问题会如此具有煽动性？为什么传教分部会发现自己成了"众矢之的"，成了当时中外关系上的一个重大的政治问题？虽然我们很难准确地区分，但了解接受洗礼、成为基督教徒对私人关系以及中国社会里的社交关系所造成的影响，还是有助于我们认识传教活动所造成的巨大动荡的。从根本上来说，基督教并没有承认和尊重所有被普遍接受的习俗和观念，因此它对家庭和社群都提出了挑战。如我们之前看到的，传教士往往跟随最初的几个零星接受洗礼的教徒回到他们的家乡，然后通过家庭和更广阔的亲人网络传教，有时，他们甚至会跟随远至巴达维亚、新加坡或曼谷的海外华人返乡。这样做的结果就是，有时一个家庭之中只有几个成员会对基督教表现出兴趣并皈依基督教。皈依基督教，就要求当事人摒弃所谓"异教徒"的习俗，包括纳妾、敬祖（传教士认为这是"祖先崇拜"）——甚至包括作为整个中国社会文化奠基石的孝道。神父晏马太（Matthew T. Yates）于 1868 年在《教务杂志》中宣称，"祖先崇拜"是中国许多"社会和政治弊端"的根源，还提出中国人"被无形的铁链紧紧地拴在坟墓上"，他的这种言论颇具代表性。[28]"中国的土地上遍布坟墓"，长期以来，这种关于中国的形象在外国人的印象和报道中早已根深蒂固。那些铁链亟须被打破，中国基督徒必须和异教徒的习俗一刀两断——这些习俗包括社群里的戏剧表演以及支付寺庙的香火钱。除此之外，由于家庭同时还是一个经济单位，摒弃固有的文化习俗，往往可能导致家庭破裂、财产纠纷，而且人们还指责传教士鼓励人们和他们的父母、丈夫、妻子和孩子脱离关系，罔顾个人对家庭的责任和义务。几年之后，一个身在伦敦、强烈反对基督教的中国人批评道："西人不知有父母。"[29]

但是，人们为何皈依基督教？这种外来的宇宙观才刚刚被十分生硬地翻译成中文，其中的许多名词要么是新近发明的，要么则借用了固有的含义。至于那些宣讲基督教教义的男女，他们大多数时候中文都不太流利，他们的中国合作者又往往不十分清楚基督教教义。基督教的仪式和习俗似乎也和中国社会格格不入。举例来说，男女教徒往往一起在教堂里做礼拜，而中国社会却不允许妇女这样抛头露面。事实上，基督教中妇女地位的混乱经常被其反对者诟病。毋庸置疑，确实有人纯粹出于宗教原因皈依基督教。对许多人来说，基督教教义和中国思想文化的一些重要成分毫无冲突。因为对他们来说，围绕着寺庙以及民间宗教的生活离他们还比较遥远。而且，中国人可以完全不假外国人之手皈依基督教（例如洪秀全的皈依），因为基督教书籍和短文在中国社会里已经具有了自己的生命，尽管有些人仍会以为它们最终可能被商店当成包装纸——那些郭士立分发的短文不过是"撒到路边的种子"。[30] 除此之外，很多中国传教士也成功地让不少中国人皈依基督教。因此，总的来说，外国传教士绝非唯一推动变化的媒介。

我们也知道，对许多身处乱世的人来说，皈依基督教的确是一种合理的生存战略。某个家族或许会意识到，皈依基督教将会带来某些好处。皈依基督教，将可能提高该家族在当地的地位，还将使得他们在围绕资源分配的既有纠纷中得以借助外力，因为传教士们都会或直接或间接地为皈依者提供保护。这可能是一种下意识的策略——皈依基督教，或许看起来是成功化解正在进行的某一场冲突的唯一方法，或者人们可能知道其他人采用了这个方法并取得了成功。这种策略也可能是一种防患于未然的措施，借以避免未来发生的某些问题。皈依基督教可能获得就业机会和收入来源——出租房子作礼拜堂能收取租金；看门人有小笔收入，叫卖宗教书籍的小贩能得到工作——甚至还包括享有免费教育和免费医疗的机会。学术界详细地记录了皈依新教的中国人超乎寻常的社会流动。[31] 传教分部需要受过训练的工作人员，而英语或法语都是十分重要的工具。传教分部为教徒提供的英语培训，尤其有助于他们日后的升迁。举例来说，教会学校的毕业生进入了海关税务司署，参与了条约口岸的贸易，因为应聘这类工作岗位，双语能力必不可少。

但是，即使远离充满各种机会的、更加复杂的城市世界，基督教依然可能在乡村里引起动荡。一个受到边缘化的群体可能发现，皈依基督教能大大提高自己的地位。一个此前受到边缘化的男子可能突然成为所属社群的领袖，而这将会打乱既有的权力结构和社会关系，使地方官员、士绅和当权者不悦。因此，一个乡村可能不得不根据新的组织来运转。村里的基督徒拒绝缴纳寺庙香火钱或戏剧表演的费用，从而破坏地方的社会结构、危害共同利益，并亵渎神明。之前由整个社群共同参与的事业变成了村民自愿参加的事业，而基督徒往往会选择退出这些事业。[32] 中国传教士还进行了一项重要的宣传："和异教徒相比，成为基督徒的开销更小"，这种宣传反映出他们很好地掌握了所有中国农民最关心的一个问题——开销问题。[33] 基督徒可能会开设小教堂，从而引起地产纠纷，因为当事人所属的亲人网络当中，拥有产权的那些远亲必然会提出反对意见。这些中国基督徒或许还会要求使用公有地产。中国基督徒在围绕土地、水资源或日常习俗的纠纷中受挫时，他们都会宣称自己遭到了宗教迫害。而每当这种时候，虽然传教士明白自己应该仔细调查纠纷的真正根源再做出判断，但他们也并不能总是保证公平公正的立场。有时传教士们仅仅满足于通过这种方式展示自己的权力，因为这能够使中国基督徒心悦诚服地皈依基督教。根据中法《北京条约》，1860年之后历史上属于天主教会的财产必须得到"恢复"——该条文也引起了不少问题，因为"交还"给天主教会的许多财产在很长的时间里已经被用作其他用途，并且经常是宗教或官方用途。但是，问题还远远不止于此，因为地方团体和个人发现当地出现了一股新的力量。这股力量使中国社会动荡不安，其触角从开放港口深入内地，触及远离码头、领事馆和公使馆的家庭和村落。

传教士在这个过程中扮演着重要的角色：他们既引起变化，又推动这种变化，还经常主动干涉地方事务。因为皈依基督教可以让中国教徒行使新获得的权力，1860年之后的新特权政策促使大多数外国神父和传教士变得更加大胆。他们本身拥有条约赋予的权利，还至少能向领事们寻求帮助。和戴德生一样，他们都能毫不犹豫地直接和地方当局沟通，阐述自己的观点，表明自己的身份。而且，他们在代表中国基督徒和地方当局交涉时，也经常会直接或间接地利用自己的身份。他们步入知府衙门时，和农村实权派讨论时，总是有意无意地提到领事和炮舰；他们要求清政府采取行动或做出决策时，领事和炮舰的影子也时刻与他们同在。他们往往能够对清政府施加更大的压力，而一名地方行政长官在做出决定的时候，亦往往必须权衡这个决定将会导致的后果。无论什么时候，如果该事件从传教士上升到领事的层面，由领事上升到公使的层面，再由公使上升到总理衙门的层面，最后再由总理衙门对自己下达指示，那么这对当事官员而言就没有一点好处了。那会使他成为各方瞩目的焦点，并很可能导致不愉快的结局。但是他也有责任维持地方秩序，并且必须确保整个社群或者社群中的实权派站在自己一边。他的一个错误的决定将可能导致意见分歧以及人们的抗议，甚至导致暴力事件，进而使整个事件更加复杂。许多传教士在地方上玩起了所谓的"中国游戏"：他们会因为受伤、物品或房产遭到损坏而要求赔偿，他们会采取各种具有象征性的姿态——他们会将判决和宣言刻在石碑上，或者在某个对于社群十分重要的场地展现惩戒，以模仿巴夏礼的作风。传教士们这么做，是为了反映出教会和传教团的实力，表明自己有能力帮助中国基督徒。同时这一切也是为了使那些已经皈依基督教的中国教徒安心，而为他们提供的这些保障，其实也旨在诱使其他中国人皈依基督教。这种行动还能够提供一个舞台：传教士们总是反复强调自己必须维护国家荣誉，而传教士本人及其跟随者就是这种国家荣誉的体现。男女传教士也不过是凡人。他们是身在异乡的欧洲人和美国人，而他们对中国和中国人的抗拒与他们不信教的同胞基本相同。出生于爱尔兰蒂珀雷里（Tipperary），在天津被杀死的艾丽斯·奥沙利文（Alice O'Sullivan）对中国和中国人深恶痛绝，许多外国人都和她一样排斥关于中国的一切。[34] 我们经常习惯性地假定，传教士们比一般人更能理解中国人，更加富有同理心。但实际上，他们有时也和一般人一样拒绝同情中国人，而他们的这种心理也在很大程度上影响着其个人行为。

例外总会存在。随着越来越多的人皈依基督教，人们也开始对眼前充斥着地方冲突和纠纷的新世界感到惊惧。其实传教事业从一开始就已深深地陷入地方纠纷，同时它也通过同胞、归属感、语言、婚姻和范围更广的亲属网络与更广阔的中国世界交织在一起。戴德生和他的专家们或许会排斥这个世界的外国特性，因为换下西方人的服饰、穿上中国人的衣帽会违反西方习俗，但是他们毕竟是借助了领事和条约的力量才得以进入扬州的。就连《教务杂志》都宣称，"凡是希望在一个正确的基础上建立起中外关系的人"都应当向领事麦都思致以"最真挚的谢意"，因为"他以前所未有的速度，最圆满地处理了这起事件"。[35] 部分传教士和中国基督徒乐于接受领事们的支持，有人甚至鼓励或要求领事提供帮助。有些中国基督徒十分狡猾，而这些基督徒所在之处，总是不可避免地发生纠纷和冲突。这一切严重破坏了许多中国官员（也包括不少外国官员）对传教士和中国基督徒的印象。而且，改信基督教的人还似乎成为"汉奸"，他们与那些战时和敌人携手合作，战后又在敌人荫庇和默许下行事的广州人并无不同。这些人获得了一种粗暴的治外法权，并且实际上享有一种"半治外法权"的地位，因为如今他们和法律之间的关系不断地受到外国实力的影响。而对于教士而言，能依赖的则是总理衙门、主教、领事以及公使。渐渐地，中国基督徒被主流社会视为身份模糊或地位低下的外来者——往好了说是无赖汉，往坏了说是反叛者——即使许多证据表明，皈依基督教的中国教徒来自社会的各个阶层，因此当中的许多人不可能会敌视他们所属的社群，然而有关中国教徒的负面印象依然根深蒂固。渐渐地，这种负面印象成了一个固定的影像，而这种影像孕育着可怕的危险。当人们选择成为基督徒的时候，他们就不再是纯正的中国人，在官府的印象中，在他们所属社群眼中，他们被视为一个单独存在的群体。

中国群众对中国基督徒和传教士们发动了挑衅，这使得中法战争一触即发。但是，由于1870—1871年欧洲的一场战争——法国被普鲁士打得惨败（色当惨败和波拿巴政权的崩溃），使法国的威望大受打击——这场中法之战得以避免。法国不得不和中国达成妥协：中国必须赔款、在天津街道上公开处斩暴民首领（尽管没有处斩官员）并且派遣代表团赴欧洲道歉。可怜的崇厚接到命令，亲自到巴黎致歉，仿佛是他向丰大业开枪，而不是丰大业对他开枪。海关的两名法国职员跟随他前往巴黎。清政府内部出现了一支好战的主战派，主战派对法国公使提出的要求十分愤怒，以致在接下来几个月里，朝廷中不断出现对法宣战的言论。各方对事态发展的关心，促使官僚体制内部进行了利益再分配，也让朝廷对外国事务的关注度再次提升。[36] 由此导致的现实后果之一，是总理衙门受到了一定的掣肘，失去了迅速采取行动的能力。另一个后果就是，李鸿章取代崇厚担任北洋通商大臣，在接下来的二十五年里，李鸿章坐镇天津展开工作，他开始在中国对外关系中扮演举足轻重的角色，在世界范围内令人瞩目。与此同时，穿过苏伊士运河（该运河于一年前开通）西行的崇厚抵达巴黎后发现，法国政府正全力解决普法战争导致的一系列后果，根本无暇关注中国问题。他最终会见了这个在战火中诞生的新生共和国的总统。面对着重建一个满目疮痍、四分五裂的国家的艰巨任务，法国总统不想再纠结中国的问题，因此，他接受了崇厚的道歉，希望化干戈为玉帛。但是中国内地依然问题重重，并且日趋严重。由传教士建立的体系将其触角伸到远离大本营的地方，他们把分部办事处建成传教中心，扩建教堂，并深入江苏扬州、浙江杭州以及四川和贵州展开活动。传教士深入内地传教的梦想也使其他一些人开始有了"梦想"，正在扩大的天主教和新教教会网络开始拥有越来越多的资源，而这也有助于其他一些人达到目的。这些人为基督徒探险家们充当翻译员和导游，跟随他们深入内地，而传教分部也乐于招待这些不信教的旅者。外国人越来越多地走出条约口岸，并深入中国内地，这个趋势的出现，和传教分部的活动脱离不了关系。

条约口岸和国外的利益集团态度强硬，他们要求中国进一步开放，并放宽外国人的居留限制。长期以来，阿礼国一直提出修约建议，蒲安臣也发表了冗长的、亲华的陈腔滥调，希望能安抚这些利益集团。然而，天津的屠杀使这一点希望顿时破灭。阿礼国于1869年和中方签署协定（如今该协定以阿礼国命名），亦即围绕1858—1860年条约的修订所达成的协定，但该协定却遭到商界和传教士利益集团的反对，以致该协定被英国政府否决。[37] 这些条约将英国的在华贸易凌驾于其他国家之上，所以理论上这项协定应该能够取悦致力于推动对华贸易的强硬派，但问题是，它虽然把这些特权固定了下来，却放弃了进一步延伸这些特权的机会。而且，"阿礼国协定"的反对者更喜欢到未经定义或者定义模糊的世界来获得机会。此外，还有反对者憎恶谈判中的平等逻辑。他们不想把中方视为有资格和己方平起平坐的谈判对象。他们并不相信这一点，并且认为，给予中国"文明国家"的待遇是一种卖国行为。其实，拟定这项协定的方式，已经成了这名公使最大的胜利——因为该协定不是战争的产物。协定的拟定，似乎意味着外国人成功地在中国建立起"正常的"外交形式，而这种外交形式从来都是包括着不屈不挠的讨价还价以及艰苦卓绝的谈判的。"阿礼国协定"被否决，对总理衙门的进步派造成了巨大打击。在他们看来，双方在北京已经签署了协定，这就意味着协定生效，但协定在伦敦却被否决，这让他们陷入了迷惑。反对他们的人可能会质疑：我们和阿礼国、赫德进行冗长的谈判，说了这么多废话，究竟有什么意义？外国人总是强调树立外交行为标准的必要，但是当这些行为标准无法给他们所要的结果的时候，他们就会否定这些标准。他们无意和中国人多费唇舌，他们就是要取得胜利。

他们当然要取得胜利。他们也渴望占有。商人和传教士要求在受到保护的情况下深入中国的更多地方，并且使他们非正式的占领行为合法化。此外，外国人也通过其他方式侵略中国，并且和全球政治交织在一起——英俄争霸背景下的"大博弈"帝国主义、日本提高世界地位的尝试，以及法兰西帝国在东南亚的扩张。大清帝国四面受敌，同时还面对着不少内部威胁。1871—1881年的"伊犁危机"——沙俄借口新疆爆发叛乱，出兵占领战略要地伊犁河谷，威胁中国西北边疆，同时英俄两国竞相对侵占喀什的反清政权阿古柏汗国施加影响力。[38]法国在印度支那的影响力日渐加深，在长达四年的军事行动中，法国人以军事力量捍卫当地天主教传教士和教徒的利益。到了1874年，法国势力往北扩张，将安南变成其事实上的保护国，并且在北圻要求行使各种特权。与此同时，清政府对台湾的主权以及对琉球（冲绳）的宗主权也受到了日本的挑战。就连和清朝政府宗主权关系最为紧密的李氏朝鲜，也受到了日本的威胁——明治时代的日本刚崛起不久，急于跻身世界强国之林。[39]长期以来，清政府和这些遭受侵犯的领地（藩属）以及它们的君主之间维持着各种复杂的关系。但是正在发生变化的东亚秩序无时无刻不冲击着大清帝国的既有地位以及帝国的世界观。先是在帝国边疆，然后是帝国本身，外国人凭借强大的实力，试图改变清朝的地位及其影响范围。

从清朝统治者的观点来看，秩序反常最显著的证据就是日本角色的变化。当北京的欧美外交官终于在1873年获得刚刚亲政的同治皇帝接见时，他们感到得意扬扬，但是这种胜利感却转瞬即逝。因为他们很快就确信自己还是被操纵了，他们觉得自己被中国人当作了前来朝贡的使臣而非一般的外交宾客（他们有充分的理由这么认为）。中国人刻意在细节上动手脚,安排外交官在皇宫外的一栋建筑物(西苑紫光阁)会见皇帝——长期以来,皇帝都在该建筑内接见朝贡团。⁴⁰ 但是,最奇怪的是,1873 年 6 月 29 日在各国外交官之前被皇帝接见的外国使节居然是日本外交部长副岛种臣(Soejima Taneoni)——他为了出席这次典礼,特意以大使的身份前来中国,他的身份使他成为到场的最高级别的使节。尽管北京的其他外国公使一开始反对日本人这种高调的处理方式,并且认为与非西方人为伍十分可耻,但副岛巧妙地利用了从同文馆的中译本书籍中了解的国际惯例奠定了自己的地位。副岛是第一个获得接见的外国使节,他单独会见皇帝,身穿正式的西式外交礼服,这象征着新的日本正在走上东亚的国际舞台。副岛乘坐两艘由日本船员驾驶的海军舰船前往中国,尽管使团还包括一名随行的美国前外交官,但副岛显然仍是使团的主角,因为他一方面深谙中国文化和礼仪,另一方面也熟悉新的西方外交惯例。1868 年的明治维新标志着日本社会、经济、文化的许多重要领域经历了快速的、有意识的西方化过程,日本政府、军队和教育也经历了改组的过程。就在副岛起航前往中国的同时,日本政府半数的资深成员被派往世界各国考察,这支考察团便是"岩仓使节团"。该团前往欧洲和美国,了解这些社会的运作和管理机制,并且也昭示了日本求变的决心。⁴¹ 这股激烈的改革浪潮还导致日本采取了一种新的强硬外交政策,其中包括刻意重塑和清帝国的现有关系,以及逐渐成形的对朝鲜以及中国台湾的联合政策。副岛来到北京,并不只是一种外交手腕,他还希望针对清帝国和朝鲜、琉球之间的关系,台湾主权的性质和范围等问题与清政府展开讨论。1872 年琉球船只遭遇风浪漂到台湾,台湾东南海岸的排湾族杀死了 54 名登陆的琉球船员,使日本有机会行使对琉球的主权——和欧洲人对清朝统治者一样,日本人索取赔偿,并要求惩罚肇事者,以此试探清政府是否能够有效地控制台湾及其人民。在副岛看来,他已经迫使总理衙门公开承认,台湾少数民族没有完全受到清政府的控制。日本人正是抓住这一点,于 1874 年派遣军队"惩罚"事发地点附近的人们,并且在暗中建立了一座殖民统治的桥头堡。

6 月 23 日,副岛在清帝国的中心毫不隐晦地道出了新日本的志向:这个曾经向中国朝贡的藩属,要正式和中国平起平坐。和副岛谈判的总理衙门人员以及坐镇天津的李鸿章都尖锐地指出,副岛身穿西装,仿佛完全摒弃了本国文化一样。[42] 这名大使不紧不慢地指出,身穿西装也是有好处的,随行的海军人员也都是清一色的日本人。总之,他反过来教训了自己文化上的老师。但是,副岛和明治时代的许多日本人其实都并不仅仅满足于在全球外交里和中国平起平坐,他们希望日本可以和其他列强一起瓜分中国这块大饼。短短11年前,日本第一支现代的官方赴华使团从长崎出发前往上海,乘坐的是一艘之前为英国人所有、后来改名为"丁岁丸"的轮船(该船船员还都是英国人)。[43] 到了19世纪60年代末,上海的日本商人、画家和艺伎已然形成了一个群体,而且人数还在不断增加。品川忠道(Shinagawa Tadamichi)于1870年在上海公共租界设立了一个临时领事馆并向工部局办公室提出,属于武士阶层的日本居民应该被准许在公共场合佩戴武士刀。[44] 在日本推动之下,中国在1871年和日本签署商业条约,这是中国为了避免激怒近邻而做出的让步。可是,随着1874年5月3000名日军和劳工在琅峤湾登陆,历史再次上演。长期以来,外国船经常在台湾海岸沉没或搁浅,船员经常受到原住民攻击。1860年宝顺洋行对盐埕的进攻,英国或普鲁士舰队的报复,以及在那之后,1867年美国船只在"罗发号"(Rover)沉没后对台湾的进攻,类似的冲突屡见不鲜。而这一次3000多名配备加特林机枪的军人登陆台湾,显然不同于以往外国船只的惩罚性军事行动。就其规模而言,它更接近于第二次鸦片战争早期的军事行动,而和第二次鸦片战争不一样,这次行动发生在真正的边疆地区——台湾的东南海岸。在为期4周的战斗中,日军袭击了当地村庄,许多日军也因病死亡。同时,日本外交人员力图调解纠纷,中国军队则进行了战争动员,而中国平民也赶在战争爆发之前逃离了台湾和厦门。《泰晤士报》上海通讯员宣称:"让日本人进入台湾是一回事,让他们离开就是另一回事了。"许多直接参与对台作战行动的日本人认为,长期占领并没有什么不妥。日本远征军已经做好了长期占领台湾的准备。到了1875年初,日军大本营已经几乎发展成为一个包括商店在内的聚居区,看起来就像一个"美丽的村庄"。[45] 自愿投入日本人麾下、薪酬丰厚的外国顾问们(特别是前美国驻厦门领事李仙得[Charles William Le Gendre]),都支持日本攫取台湾。直到美国外交官提出要逮捕那些跟随日本远征军的美国公民，这些美国顾问们才不得不离开日本军队。在厦门海关税务司署的英国医生万巴德（Patrick Manson）本来受日军委托，随军行动——他在厦门购买所需小艇、肉牛和马匹——但是英国外交官也随后禁止了英国国民参与日军对台的军事行动。[46] 日本进攻台湾的尝试，迫使清政府反思对台湾的行政方针——台湾一向作为福建省的一部分受到中央政权的控制，而这也是为了更加高调地将台湾纳入清政府的主流体系。不仅如此，就在危机发生时，清朝当局情急之下，第一次允许铺设电报电缆，将台湾和福州连接起来。[47] 日军于1875年底撤退，却在营地留下了许多破碎的啤酒瓶，直到15年之后，这些破碎的啤酒瓶依然为出行的人们造成不便。[48] 日军撤离台湾后，清政府在台湾修筑新道路、修建军队营房，并进行各种勘测活动。清政府的确有必要严守帝国的边疆。

在北京的英国人固然调停了中日纠纷，但是他们自己也在积极争取着和日本人相同的利益。[49] 英国的威胁如今来自西方和西南方的印度及缅甸。1868年11月，英国舰队集中在长江口，准备沿着大运河将领事麦都思的第二支使团送到动荡中的扬州。舰队和一艘从汉口顺流而下的轮船擦肩而过，船上载着从中缅边境回来、自诩为"商界先驱"的库珀（T. T. Cooper），库珀在内陆跋山涉水数月之后，对眼前的一切感到困惑。[50] 他本想徒步穿越从中国到印度的陆上通道，以求开辟直达加尔各答的贸易通道，促进外国贸易——外国人正在从事越来越多的这类探险活动——却遭遇失败。库珀本来名不见经传，不过是上海一名事务所律师的秘书。他在1863年黄金热的巅峰来到了上海，然后在1867年下半年获得了商会的支持，前往西方开辟中印贸易通道。库珀携带着白拉克斯顿（Blakiston）对1861年长江使团的记述报告，以及两名汉口男子——一名是在澳门受训成为神父，却转而从商，通晓英语、法语、拉丁语的天主教翻译员，另一名是平时负责跟随初级牧师前往传教站的向导。他身穿中国服装，剃掉头发，并于1868年1月启程。[51] 在前往西藏的西行路上，他还带了"上好板烟"和一只小狗。但是，即便是库珀所经的偏远地区，也都已经被其他外国人走过了，外国的观念和物品也已经开始渗入那些地区。库珀和前来传教的神父同住在一个屋檐下（在罗马接受培训的中国神父给他敬了一两杯波特酒，这让他感到宾至如归），并会见了许多中国基督徒，此外，他们还参观了传教站和教堂。当库珀抵达重庆时，发现那里已经有了许多外国商品，商店的窗户里摆满了"廉价的外国钟表和美国时钟"；在前往成都的路上，他看到了印有（停泊在汉口的）一艘外国轮船的拓片；在西藏的一间小屋里，他看到了堂吉诃德的拓片。在巴塘，人们争相购买库珀手上的照片（这些照片拍摄的是他的上海朋友们），所以他索性卖掉了那些照片，其中最漂亮的女人照片售价为"3只鸡，外加一捆干草"。[52]

作为个人进行的一次探险活动，库珀的西行受到了上海许多外侨的挖苦，那些上海外侨都已经满足于他们来自贸易和收租的收入，但也有一些人具有更加宽阔的帝国视野。此时，印度的英国殖民当局也进行了一些探险活动，这主要是因为印度支那的法国殖民当局已经开始对其周边地区有所觊觎。尽管1866—1868年法国人安邺（Francis Garnier）溯湄公河北上的探险队最终发现无法开辟直达云南的航道，但这次行动依然引起了英国当局的不安。人们认为，缅甸是通往西方的关键，许多人仔细勘测了溯伊洛瓦底江北上进入八莫（Bhamo）再到云南省的路线。该地区此时已经有了多条历史悠久的贸易走廊，但问题在于欧洲人应该如何重塑这些走廊（至少是它们当中的一条），使其服务于欧洲人的利益呢？[53] 就在库珀本人偏离西行路线、往南前往缅甸的八莫时，由爱德华·斯莱登（Edward Sladen）上校率领的官方探险队抵达八莫，并续程前往中缅边界的腾越。这支英国探险队和那位"商界先驱"都遭遇了云南叛乱所导致的困难——云南的叛军把库珀当作间谍囚禁起来，库珀获得释放后回到了东北方向的汉口，并于1869年1月从上海乘船出发——这次，美国琼记洋行赞助了他的船票，让他再次尝试穿越阿萨姆——此时，上海外侨终于不再挖苦库珀，而开始真正关注他。库珀再次无功而返，但是他模仿罗伯特·福特尼那种广受欢迎的写作风格，撰写了记录自己探险活动的游记，该游记广泛流传，使得不少人对陆上通道和长江上游带来的机会更加感兴趣。库珀启程之前，曾经拜访过威妥玛。公使馆于1869年派遣领事郇和（Robert Swinhoe）前往西部地区进行官方调查，并派遣两名海军勘测人员评估贸易和轮船航行的潜在可能——如果"阿礼国协定"获得通过,这些调查和勘测结果将能派上用场。和以往一样,宓吉代表上海总商会跟随这支团队西行,而怡和洋行则贡献了一艘轮船供团队使用。[54] 他们一行人始终面对着当地官员对这些探险和勘测活动的怀疑。他们究竟是什么人,他们前往叛军控制地区用意何在(当时谣传外国技师正在帮助叛军铸造枪炮),而这些问题使这支团队备受困扰。即使英国当局和云南的叛军进行了谈判,但作用也是非常有限的。对那些心怀梦想,希望勘测从缅甸通往中国的所谓"大通道"的探险家来说,当地的情况复杂而危险,与在伦敦、加尔各答和北京纸上谈兵不同,他们将不再身处文明社会的会议室。[55]

尽管如此,人们探险的欲望已经被激发起来,随着清政府于1873年镇压了云南的叛乱,英国人又开始了他们的探险活动。在印度当局看来,在该地区展开探险活动能够实现以下几个目标:开辟通往中国的安全路线,避免对海上路线的依赖;进入新市场;制衡法国人在印度支那日益增强的实力(法国当局可能会将其势力范围延伸到中国西南地区)。外交官和其他观察者为"影响力"和"利益"烦恼不堪。这种钩心斗角实际上就是某种"地图病":即使地图并不完整,缺少细节——需要标出路线,并添加数据和地名——人们依然对地图有一种病态的痴迷。和之前相比,19世纪最后25年以及20世纪初的人们远远更加关心"己方"或"对方"的"影响"及"利益",他们也更加关心这些"影响"及"利益"的行使、捍卫或证明。这里的一支探险队,那里的一次勘测活动,一名法国人担任这个职位,一个俄国布道团安置在那里,日本勘测人员在那里登陆……凡此种种都构成了"中国游戏"的棋局。在北京、在餐桌上、在总理衙门喝茶吃水果的同时、在私下交谈以及公开发表宣言之时——无论何时何地,各国公使都在玩着这场"中国游戏"。同时,领事们也在港口进行着"中国游戏",而报纸通讯员和私人信件则会在报章报道和书信中提到同样类型的游戏。1874年英国当局又派出了一支由柏郎(Horace Browne)上校率领的探险队,该队伍计划通过陆路到达八莫,随行人员还包括一名博物学家、一名地图绘制者以及荷枪实弹的锡克卫兵。那个多愁善感、喜欢唱歌的见习翻译员马嘉理从上海被派到中缅边界,他受命同柏郎的探险队会面，然后把护照交给探险队，以确保这支队伍能够入境中国。马嘉理被命令严守秘密，不得透露自己的任务。各方人士对马嘉理此行也是充满困惑——威妥玛并未通知总理衙门马嘉理一行人获得政府赞助的真实性质或目的，因此马嘉理等人并未携带清政府签发的、真正适用的官方护照。他们一行被当作非官方的旅者，而不是官方的探险队。威妥玛更没有向清政府提起马嘉理和柏郎的队伍还包括了一些士兵。马嘉理似乎是一个不错的人选，因为他曾在台湾和烟台展开工作并且得到了上司的赏识。他努力地学习中文，在西行路上，身体状况允许的时候，他就在一名中国基督徒，同时也是教师兼官方作家的指导下阅读中文教材。这趟旅程糟糕透顶，因为他经常生病，不得不让人抬着走。在他沿着长江逆流而上时，他恰巧遇到开往东方的中国军队——因为台湾问题，中日战争一触即发，这些军队正是要前往沿海地区准备参加对日作战的。1875年1月，马嘉理及时从汉口抵达八莫——他是第一名通过陆路从中国抵达八莫的英国人。他和他的父母开玩笑，并建议他们看看地图，想象他"独自站在高地上……在缅甸边疆地区……翘首眺望远方，急切地等待着从西方列队而来的印度士兵，他盼着第一时间望见他们的头盔"。但是事实上，他的行动却让柏郎的探险队感到了些许意外。他继续写道，请想象着"中国和印度手牵着手"。但他却并未说明，这实际上是英国控制下的"中国和印度"——英国从中印两侧分别侵入了这个复杂的边疆地区。[56] 通过在中国的服务，马嘉理已经看到了整个世界。在此期间，他从英国出发进行了向东和向西的航行，此外，他还在1873年乘坐并不舒适的火车穿越了美国。他也曾到过日本游览。1874年马嘉理在上海目睹了暴民的激动（由于法国当局未能妥善处理租界里宁波行会的财产，因而引起暴乱），并乘坐了人力车——在当时，那是一种新奇的交通工具："一辆奇怪的小车子，不久前刚从日本引进"，乘客使用拐杖给人力车夫指方向。此外，他还饶有兴味地写到了使用煤气灯照明的上海滩公共花园：它的"草坪和花圃……被保养得极好"，铜管乐队每周在那里演奏一次，外国侨民在那里漫步。在某种意义上，他的旅程将会在上海滩画上句点，因为人们将会把他的纪念碑竖立在花园附近。纪念碑采用了仿哥特风格，正如马嘉理对他的父母说的,"让自己扬名立万的大好机会来了"。现在,他的名字留在了外交史上,并且还被刻在了石碑上。1875年2月21日,他赶在柏郎探险队之前回到中国,却遭遇埋伏(很可能是当地的部落设下的埋伏),被长枪刺死。柏郎探险队也在同一天遭到一支庞大的非正规部队攻击(攻击者很可能是克伦族人),并撤回缅甸境内。此时,马嘉理的首级已被砍下,挂在附近城镇的城墙上示众。

马嘉理死后,他的日志随即被出版。这本日志的编辑写道:

> 随着时间流逝,英格兰在世界上的特殊使命越来越多地为人们所认识。尽管十分不情愿,在地球上的那些穷乡僻壤,英格兰还是一次又一次地面对着野蛮或半文明的民族,并被迫肩负对其文明化的使命……如今,人类自古以来居住的那些地区——印度、中国、阿拉伯、马来半岛、奇妙的太平洋岛屿、尚未勘测的非洲中部或南部的广大区域——都在召唤着我们……无论它们是出于什么样的原因召唤我们,它们以什么样的方式召唤我们,我们都是不会退缩的。而且,无论这召唤多么迫切,多么苛刻,我们当中都总会有能够肩负起历史使命的人挺身而出,不管是传教士、士兵、商人,还是旅者,他们都准备为了祖国和祖国的事业鞠躬尽瘁。他们不假思索地、满怀喜悦地投入工作,丝毫不计较个人得失,而远在英国的我们,读到或听到这些事迹的时候,能不血脉偾张吗?能不热泪盈眶吗?

一种新的帝国主义在英国以及整个欧洲逐渐成形。它使用了许多旧式的语言、画面、观念和事实——这些"事实"凸显了建立帝国的必要,也让英国人更容易地计算建立帝国所需要承担的人力成本(如今我们都很熟悉这一切)。但是,它还把这一切重塑成为一种条理更加连贯、更加活跃的帝国主义。首相迪斯雷利(Benjamin Disraeli)在1876年让维多利亚女王成为"印度女皇"——"占领"被重塑为"帝国"的"天命"。不仅如此,在海外为英国国家服务的那些人,那些"能够肩负历史使命"的人,都成了帝国的代理人。他们一旦殉职,就成了帝国的烈士,成了某种意义上的殉道者,他们是戴德生那些视死如归的弟子们,也是身在天津的那些虔诚的宗教工作者们。这些烈士总能让英国人热泪盈眶、血脉偾张、拍案而起,而马嘉理不过是这些烈士中最近殉难的一位。马嘉理在乘坐美国轮船前往汉口的途中(他认为他所乘坐的那艘船好比一座"水上宫殿")回想起英国人在中国取得的发展。他感叹道,长江被"我们强大的舰队"打开了,这是何等"美好"的事情。他还"想象着戈登上校"站在南京周围的高山鸟瞰一切的景象。[57] 马嘉理找到地方官员,要求他们制止和教育那些出现在他所到之处的好奇群众。他平静地说道,如果自己得不到这方面的帮助,那么"我就会踢上他们一脚,然后骂几句'无知的乡巴佬',通常,这就足以使一般的中国佬对我顶礼膜拜"。[58] 他生前在中国各处不断重复着帝国主义的剧本,就连他的死也成为该剧本的一部分,而上海的人们则用纪念碑和典礼配合了他的演出。而一种被阿礼国放弃的老伎俩——外交上的恫吓、过分的要求和试探——也被重新启用,以从该事件中获利。在围绕马嘉理事件的纠纷中,威妥玛表现得比以往任何时候都要蛮横霸道。马嘉理被杀,预示着中国又要经历一番劫难,因为这起事件对英国强硬派来说简直是一次天赐良机。但是它也被视为一种挑战,因为英国人绝不"甘于失败",不会接受马嘉理之死和柏郎探险队的失利——即便对于已经退休、一向不看好陆路贸易的阿礼国而言也是如此。[59] 如今已经没有可能再走回头路了。

此前法国代办要求清政府处斩天津的官员,曾经使(身在北京的)阿礼国的同僚们十分恼火。但是,如今英国人却认为云南省政府必须承担英国人被杀、柏郎探险队遭受袭击的全部责任。其中最重要的是,在赔款之外,威妥玛还要求清政府审讯并处罚云南总督。赫德抱怨道:"他提出了一个令中国政府最为讨厌的要求,为什么会出现这样的局面?因为这是一个向全中国说明外国人需要被尊重的最佳契机。"赫德能够从两方面看待这个问题。他写道:"站在一个英国人的立场,我不认为他能够制定出一个更恰当的要求……但是作为海关总税务司,我知道中国万万不会同意这个要求,而且清政府宁愿采取拖延政策,坐等事态恶化,也不会在诉诸战争之前同意这个要求。"最终,赫德再次扮演了调停者的重要角色,因为他认为，如果自己不挺身而出，就会爆发战争。威妥玛一直咄咄逼人。他的参事梅辉立（William Frederrick Mayers）十分"好斗"，而且据说"比巴夏礼本人还'巴夏礼'"。[60] 究竟是谁杀死了马嘉理，又是哪些人袭击了柏郎探险队，这早已无关紧要。其实威妥玛根本无须等待马嘉理事件的调查真相，他听说这起事件之后的第一反应就是："根据我们以往和中国人打交道的经验"，这只能是中国官府默许的一次暴行。毫无疑问，一定是中央政府通过迂回婉转的方式，暗中指使当地官员和士绅击退了探险队。另外，即使中央政府没有这么做，朝廷还是"有包庇嫌犯之罪，所以亦难以摆脱干系"。[61] 无论如何，他认为清政府必须承担全责。他力争取得一个满意的结果：一个能让他自己以及英国满意的结果。

1876年9月在烟台签订的《烟台条约》（在此之前，威妥玛摆出一副好战的姿态，声称自己不惜一战，并以占领大连和镇江相威胁）在解决马嘉理事件的基础上，还包括进一步开放对英国和外国贸易的一系列附加条文。[62] 英国人索取了赔偿，清政府下令派遣使团赴英国道歉，然后发布了一则宣言（宣言事先由英国人过目并获得了他们的认可），宣布这起事件至此圆满解决，并指示地方官员保护携带护照的外国人。英国人还要求清政府允许他们在各地自由活动，以确保以上宣言已经昭告天下，而清政府同意了他们的这个要求。同往常一样，英国人利用马嘉理的无头尸借题发挥，迫使中国开放了4个新的条约口岸（长江上的宜昌、芜湖、温州和北海）、修改海关条例、制定一套能够反映外国外交官和领事以及中国官员之间新型关系的礼仪。因此，外国人一直要求的中方人员应遵守正式礼节，并给予他们应得的承认和尊重的条文也被纳入了解决方案。之所以会发生这一切，正是因为英国人明知故犯，做出挑衅行为，并蓄意制造了这类事件。在当地官员和士绅看来，英国人派遣的探险队就像一支侵略军的先锋队：一支荷枪实弹的队伍，从事勘测和记录活动，派出探子寻找可资利用的通道。对于这支队伍，英国当局一直遮遮掩掩，并刻意加以隐瞒。而且，这支队伍所进入的边疆地区刚刚经历了20年的叛乱，不久前才被官军平定。尽管英国商人对《烟台条约》不满意，但他们当中还是有人宣称"我们不要制定新条约，我们只是要中国人遵守旧条约"。[63] 尽管该条约遭到了其他外国列强的一致反对,但《烟台条约》的大多数条文依然得到了实施,条约口岸体制的规模也随之扩大,深入中国内地各省,并沿着海岸延伸开来。

如果人们认为艾丽斯·奥沙利文"烧焦的遗体"能"净化中国这片不懂得感恩的土地",那么中国也就能因此更加完整地被纳入英国"在全球范围内的特殊事业"。[64] 1880年6月13日的上海公共租界和外滩进一步被纳入反映这种"特殊事业"的象征符号网络中。当又举行了一座由当地设计、高37英尺的纪念碑的揭幕仪式,纪念碑出自伦敦两名知名的装饰性石匠法默(Farmer)与布林德利(Brindley)之手——两人的杰作还包括阿尔伯特纪念亭(后来雕刻马嘉理纪念碑时,两人明显模仿了该纪念亭的风格)、伦敦的自然历史博物馆、曼彻斯特市政厅以及格拉斯哥大学。当上海越来越多地借助大英帝国正统而又备受尊崇的资源之时,上海的城市外观也随之改变。它越来越多地褪去那种临时建成的原始风貌,一个英帝国的世界在迅速形成。马嘉理纪念碑矗立在上海滩北段,距离英国领事馆和苏州桥不远。揭幕仪式气氛十分肃穆,领事馆秘书出席了仪式,教堂主任牧师则负责宣布仪式的开始。铸造马嘉理纪念碑的费用由上海工部局承担,时任局长鲍勃·立德乐代表工部局接过了纪念碑。立德乐引用了丁尼生的诗句,一时间观众"掌声如雷"(在他们看来,马嘉理之死"再次印证了"丁尼生的诗句)——"英伦三岛,建国维艰。思我先辈,恪尽职守,遂得光宗耀祖,永垂不朽"。马嘉理死后不久,立德乐私下道出了许多人的反应:"在这样的情况下,宁可杀错50个无辜的人,也不能放过一个杀人犯!必须使中国人充满恐惧,才能保障白种人的安全。"[65] 就在那个夏天,戈登上校本人回到了上海——他本想针对伊犁问题以及中俄开战的危险,向清政府提出应对建议,但最后却无功而返。[66] 当看到纪念常胜军48名战死的外国军官的那座短而尖的方尖石塔(该石塔最初坐落在上海滩和北京路交叉口对面的地方)已经年久失修时,戈登颇有微词。于是,这座历史更为悠久的纪念碑被重新镀上一层黄金。[67] 那并不能算是一座真正的纪念碑——《北华捷报》认为它看起来更像是"档次较高的里程碑"。1866年的某个晚上,好事者给它涂上一层红漆。它的意义以及它带给人们的联想——在中国事务中所动用的暴力,在必要时刻外国对中国事务的干涉,戈登与英国名流不断加强的联系,以及最终通往的那条荣耀之路——都远比刻在纪念碑上的一大串姓名要丰富得多。法租界当局于1870年在法国领事馆竖起海军上将卜罗德(Auguste Protet)的铜像(卜罗德死于1862年对太平军的一次军事行动),该铜像其实也代表着1855—1862年间战死沙场的所有法国军人。英国领事馆内则竖起了一座纪念碑,它纪念着被囚禁在北京的两名英国人。[68]上海的公共面貌正在被这些记录着外国暴力和牺牲的纪念碑改写,而这些纪念碑都在隐晦却坚定地重复着一句话——"已经没有回头路可走了"。

8

沿着海岸

芎蕉湾风景如画：8英寻（1英寻≈1.83米）深的海水清澈见底，一小段沙滩的边缘环绕着充满各种野生动物的原始森林，此外，还有白色珊瑚石灰岩所形成的悬崖。从芎蕉湾的南角（鹅銮鼻）到西南角，距离一共8英里——这是台湾这座多山岛屿的最南端。从海岸线往陆地方向走去，可以看见一座高1000英尺的山峰巍峨耸立，从那里再往北，还有两座山峰高耸入天。遇到晴空万里的天气，从60英里开外就能看见3座山峰。但是，天气并不总是晴朗，波涛之下还藏着许多珊瑚礁。葡萄牙人把台湾称为"美丽岛"，这绝非徒有虚名，但是在迷人的自然景色之后，它也有着可怕的名声。许多船只驶入台湾近海，都难逃沉没或搁浅的厄运，即便得以幸存，迎接生还者的或许会是更糟糕的命运。在西部平原的汉人城镇和聚落之外，在翠绿的山林深处，居住着许多"野蛮人"和半裸的"野人"。他们杀死——广为流传的说法是，他们不但杀死，还吃掉——那些从船只残骸游到岸上的生还者。正是在那片被周围阴沉的森林衬托而显得更加闪亮夺目的沙滩上，1867年"罗发号"的生还者挣扎着爬到岸上，但是，他们却被无情地屠杀，他们的鲜血染红了洁白无瑕的珊瑚砂。19世纪60年代登陆台湾的许多勘测队都因遭到攻击而仓皇地逃回船上。[1] 外国人最初做出了两种反应。第一，派遣私人或国家组织的远征军，对肇事群体采取某种报复行为。但他们派遣的队伍往往只能漫无目的地行军，并常常被原住民牵着鼻子走而不得不朝着茂密的森林胡乱开几枪就草草了事，因为他们几乎不可能在这种不利于作战的崎岖山地里同原住民对峙，只能转而射击树木、炮轰森林。第二，在书籍、报告和文章里把土著形容为"原住民野人"，他们的这种反应造成的破坏或许更大一些。英国海军部的《中国海指南》（*China Sea Directory*）中写道："小心！如果船只不幸失事，生还机会微乎其微，甚至为零"——海岸线尽是漂流着的木头和船只残骸，"'福摩萨'的原住民一向对陌生人不友好"，"可以确认"他们还有收集头盖骨的癖好。同样地，对于岛上的南岛语族南岛人，清朝官员以及从福建移民到这里的汉人和客家人也持有同样的看法——他们和当地人之间的关系充满矛盾、冲突与恐惧。[2]

现在，清政府所面对的国际压力迫使它认识到荒凉的台湾海岸已经由从前的边缘地区走到了舞台的中心。1876年之后，中国在条约压迫下开放了更多的港口，商人和传教士在中国设立了更多的据点，外国人也享有了更多的自由，他们派遣探险队深入内地——举例来说，根据《烟台条约》规定，英国人获准了派遣探险队进入西藏的权利。此前包括琉球王国在内的许多国家将大清尊为宗主国，如今大清却发现自己不得不调整或重塑自己和这些国家之间的关系。而且它还必须尝试加强自己的边防，加速已经进行了很久的占领和巩固的过程，从而证明自己能够有效地控制这些边远地区及其人民——如今，这些地区和人民经常处在清帝国与日本、英国及俄国关系的中心位置。如果外国能够声称清帝国无法实际控制一片领土，"鉴定"其为真空地带并填满它，并且还能根据自身利益重新划定边界线，割去清帝国的固有领土，那么，划定明确的边界线，主张自己拥有这些领土主权又有何用？日本人为了证明自己1874年出兵台湾的正义性，给总理衙门呈上了国际法教科书的节选译文，该段译文强调任何一个主权国家都必须对领土实行实在的、有效的控制，此举不仅挑战了清帝国在台湾的行政措施，还间接地挑战了清帝国的整个边疆政策。[3]受到此事刺激，以及日本出兵台湾的推动，清政府命令钦差大臣沈葆桢主持一项工程，该工程旨在更加系统地将台湾南部和东部海岸及其人民纳入清政府的管辖范围之内。这个正在展开洋务运动的国家将所有资源投入这座岛屿，以显示出台湾毫无疑问是清帝国领土的一部分，而过去这并未被看作要事。

这项工程的其中一位参与者是一位生于孟莫斯郡，名叫哈尔定（John Reginald Harding）的年轻威尔士人，他在南角兴建了一座灯塔，作为该工程的一部分。人们在这个美丽的港湾里复制了欧洲的一角，灯塔为了忠实地履行自己的任务，挡住了后面的重重青山。这是一项伟大的土木工程，但同时这也是一座要塞，要塞四周不仅围起了栅栏，还用铁丝网作保护——在当时，铁丝网还是一个新发明，而哈尔定日后声称，这是铁丝网第一次被应用于军事领域。随着日军从他们的临时据点撤退（当然，他们也留下了不少垃圾），海关总税务司署奉命进驻该地。1875年1月，海关总税务司署总工程师韩得善徒步跋涉到鹅銮鼻，返程时他累得把"外套和衬衫胡乱地脱在背后"，但他还是带回了拟订建造灯塔地点的草图。那年6月，一支探险队被派到鹅銮鼻同当地排湾族原住民商讨购买土地事宜，队员包括韩得善的助理工程师迈克·比兹利（Michael Beazley）。[4] 他们穿过的地区正处于动荡之中。此时沈葆桢的部队正在此进行镇压排湾族的战斗，沈试图通过战斗把该族群纳入清朝控制之下。若不是因为这些动荡，探险队本来是可以更容易地通过海路抵达鹅銮鼻的。但是，即便是在动荡之中，比兹利还是有机会欣赏当地茂密的植被的——当他们接近丛林时，猴子便四散逃走，树林间长满了各种兰花。这里，有许多的美丽风景等着他们去欣赏，有许多的自然历史等着他们去报道，还有许多不知名的植物和新的森林资源，等着他们去勘测。清政府在日军曾经占领的地方兴建炮台，但是岛屿东边至今仍然没有任何动静。探险队穿过了悬崖顶上的森林，沿着海岸前往海岬，一路上排湾族人有时威胁他们，有时又保护他们。有些排湾族人问他们，究竟打算兴建什么样的建筑物呢？于是，比兹利粗略地画了一张草图，图中简单的轮廓预示着台湾不仅即将被牢牢地纳入全球的科学、技术和通信网络，还将成为清帝国不可分割的一部分。

描绘灯塔草图并不难，但是草图对聚集围观的排湾族人来说，肯定十分新奇。此前好几年，赫德就一直在阐述他在中国海岸打造灯塔网络的计划，而该计划之所以迟迟未能付诸行动，是因为他必须向总理衙门的官员以及边疆原住民解释清楚修建这些新建筑物的原因。事实上，灯塔并不算新鲜，因为在此之前，外国人就已经在中国兴建灯塔了。在坐落于澎湖列岛的渔翁岛灯塔建成之前，这里（指渔翁岛原址）就曾经存在着一座长期使用的灯塔。但是赫德的愿景——中国海岸灯塔林立，每座灯塔无论在白天（依靠灯塔颜色和外形）还是黑夜（依靠灯光的颜色和频率），无论能见度的高低（依靠浓雾预警的规律），都能被一眼分辨出来——比此前兴建的所有灯塔都要宏伟得多。他一直在尝试说服总理衙门批准兴建灯塔，并募集所需经费。之所以要推行这项新工程，背后的逻辑其实十分清晰。中国海关已经从政治上杜绝了各个港口可能会导致的纠纷——从前，外国商人仗着自己享有治外法权，和清朝官员会面时会趾高气扬，而现在海关通过招募外国人担任清政府的官员，轻而易举地化解了这种困境。一般情况下，海关都是按照欧洲人的习惯进行商品清关。但这并不意味着旧的海关系统没有作用。许多外国人甚至认为中国海关的运作比他国海关还要高效而顺利——至少英国商人这么认为——但是，外国商人仗着1842年之后新获得的各种权利，开始认为自己能够迫使清朝官僚集团在任何事情上让步、屈服，他们趾高气扬、粗鲁蛮横的办事作风反而使旧制度的运作面对各种阻难。李泰国和赫德（尤其是后者）的制度不仅迫使外国人有所收敛，而且还给中央政府送去了更多的资金。此外，他们也承诺为兴建港口和灯塔以及疏浚河流提供必要的资源，而这一切都是一个变化中的海洋世界所需要的。为了完成这个过程，为了使一切更加高效、更加可预测、更加安全，海关人员就必须跟随船只出港，再沿着来时的航道回去，并克服路途中面对的各种危险，这些危险包括：一直阻碍中国港口顺利进入国际贸易通道的崎岖海岸，以及隐藏在水底的巨石和珊瑚礁。长期以来，许多人一直在暗地里支持这项计划，特别是那些沉船事件的生还者。（我们可以想象其中一位生还者英国海军船长珀西·克拉克罗夫特［Percy Cracroft］多年来的愤怒——1851年，他前去救援另一艘沉船的生还者，结果自己的船却搁浅在了东沙群岛。）[5] 这不是一般海关通常要承担的任务——这和税收评估等工作截然不同——但它反映出赫德主持下中国海关的特殊性质：它为总理衙门承包外国科技项目。此外，它还反映出赫德以及他的许多下属的眼光和雄心是如何使上海成为一个庞大而繁茂的事业，并照耀着中国的海岸的。中国海关海事部也已经开始进行海道测量工作了，与此同时，英国皇家海军勘测人员也对中国的海岸线进行测绘，并在笔记本里记下沿海景观和地标，画好海岸线的轮廓，描绘出沿海居民的习性，以供海军领航员编写手册。当地居民是否允许你停靠在岸边，获取饮水和各种补给品？他们会不会提供帮助？他们会不会尝试杀掉你？勘测人员在笔记本里记下了他们的发现：黑山群岛的居民"毫无疑问，都是海盗"；在水牛鼻，"可以找到少量的水"；鼓浪屿为过往船只提供最好的水和最差的补船工。当赫德启动他的灯塔计划时，他指示当时在伦敦的金登干（James Campbell）拜访海军部的勘测人员，咨询他们关于哪些地点最需要灯塔的意见。无论如何，符合海军部利益的一切举措应该也符合中国的利益。在赫德要求下，海军勘测人员已经于1867年评估了在东沙群岛兴建灯塔的可能性。[6]

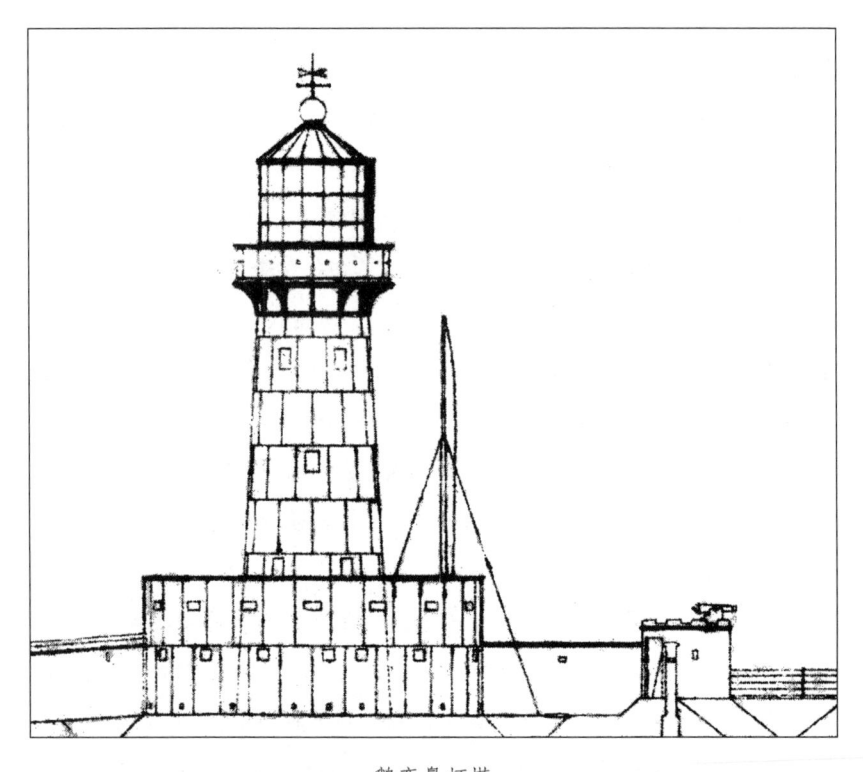

鹅銮鼻灯塔

1881年11月，载着韩得善、哈尔定、一名翻译员、七十三名中国工匠以及大量物资和材料的两艘船冒着巨浪，在距离修建灯塔地点一英里的海滩登陆。在接下来的四百四十天里，指挥建筑工程的哈尔定经历了十六次地震（哈尔定所谓的"地震"），其中一次地震引发了海啸，并毁掉了他们的驳船。此外，他们还需面对不断啃食木质建筑的白蚁以及无休止的大雨，而被清除的森林植被总是以"惊人"的速度生长起来。一队中国士兵保护着施工队，但是排湾族其实没有对施工队构成威胁。在工程的进展过程中，施工队定期给当地排湾族酋长送礼，以求建立并巩固和他们之间的私人关系，施工队甚至雇用排湾族原住民在工地四周筑起栅栏。反倒是那些士兵造成了不少麻烦——在士兵和工匠发生殴斗后，一名士兵被草率地处斩。灯塔看守人乔治·泰勒（George Taylor）于1882年4月抵达，负责维护一盏暂时使用的照明灯，一年后，灯塔和照明灯正式安装完毕并投入使用。[7]在赫德1868年制订的修建二十座灯塔的六年计划中，并未包括鹅銮鼻灯塔。但是，台湾被卷入国际政治之中，使鹅銮鼻灯塔被提上日程，1875年韩得善和比兹利开始深入这一带的灌木丛中，但是，当地清朝官员对该工程的怀疑还是影响了工程进度。[8]

哈尔定实际上修建了一座要塞，他后来把它称为一台"战斗-照明机器"。大院子内矗立着一座五十英尺高的铸铁灯塔，它发出醒目的白光——照明灯可以照亮十九英里外的地方，包括整个芎蕉湾以及更远处。在浓雾氤氲的夜晚，照明灯不断发出闪光，长亮八秒钟，然后熄灭两秒钟，循环往复。照明灯配备防弹百叶窗，百叶窗可以随时关上，以保护照明灯的玻璃外层。灯塔底部筑起了配有步枪枪眼的高台，而一挺加特林机关枪也被安装在了金属轨道上，从而构成全方位的防御系统。灯塔内设有外国工作人员的紧急住处和大型水池（当敌人长期围困时，这些水将足够工作人员使用），底部还有由熟铁铸成的、直径四十英尺的圆形的中国员工"避难所"。院子内每一间房子都通过一条有顶的通道连接到避难所。四方形的院子围墙上也有枪眼，围墙对角还有两门火炮。围墙之外，一条七米深的壕沟和铁丝网栅栏为灯塔提供额外的保护。避难所屋顶安放了一门臼炮，以及一挺加特林机关枪。[9]火力如此强大，那么它的射击目标又是什么呢？排湾族一般都配备火绳枪，他们也经常给火绳枪涂油并细心打磨，而近距离发射的火绳枪虽然致命，但那毕竟只是火绳枪。加特林机关枪每分钟可以发射几百发子弹。但事实上，在19世纪70年代，当地的排湾族男子不足二千四百人。[10]

灯塔爱好者经常怀着无限遐想，谈论灯塔的人性化用途，以及它们是如何无私地为航海者服务的。汹涌的波涛不停地拍打着岿然不动的石头，在这鲜明的对比之中，灯塔被赋予了一种荒凉的美，让人很难不爱上它们。且不论灯塔美观与否，它们是重要的工具，有助于将被统治地区和屈服于西方强大武力的那些国家纳入西方主导的全球通信网络。拿破仑三世统治下的法国劝诱奥斯曼帝国建了一个灯塔网络：法国为奥斯曼帝国提供贷款，并由法国制造商提供所需建筑材料。英国和荷兰也在它们各自的东南亚殖民地海岸线建起灯塔。英国通过1866年关税条约以及驻日公使巴夏礼对日本的施压，迫使日本也开始建立灯塔网络。阿礼国"十分乐意地"将赫德关于勘测东沙群岛的要求转达给海军。[11]当地官员对鹅銮鼻灯塔工程充满怀疑，将之视为外国人控制台湾东南地区、收买排湾族的计划。那座灯塔要塞也确实为各种各样的担忧所影响：有人担忧这会让灯塔看守人身处危险地带，使他们随时可能沦为人质；有人担忧灯塔可能会面对危险，导致找不到愿意担任灯塔看守的人，所以他们又在鹅銮鼻打造了一座堡垒。在某种程度上，清政府对海关以及赫德宏伟计划的怀疑并没有什么根据，因为在赫德看来，唯有等到中国强大起来，能够自由行使主权的时候，它才能真正服务于外国的利益。但是受命招安排湾族的当地中国官员——之前的日军侵台，以及1874年差点和日本开战之事，使他们对此充满戒心——担心这不是什么灯塔，而是针对清政府的幌子。在某种意义上，他们并没有错，因为灯塔确实是针对清政府的幌子，尽管它实际上是服务于清政府的利益的。毋庸置疑，鹅銮鼻灯塔构成了外国人打造的通往中国的海上通道的一部分，而这条海上通道又服务于外国船运和商业利益。但是，这方面贸易同时也为清政府带来了额外收入，同时还成为清帝国的据点，一个在清帝国未能一直完全控制的土地上新设的前哨站。在当时围绕东沙群岛和南沙群岛的领土纠纷中，灯塔是国家主权和意图的标志

（灯塔至今保有这方面的作用），而诸岛却处于英国海军部所谓的"危险地带"——既缺乏勘测，又缺少灯塔。

尽管鹅銮鼻风景绝美，但是又有哪个精神正常的人会自愿生活在那里？因为鹅銮鼻看起来就充满危险，周边地区又动荡不安，"对一个欧洲人来说，有哪一份工作比在一座荒凉的中国岛屿上担任灯塔看守人还要令人忧郁呢？"厦门海关专员的妻子茱莉娅·休斯（Julia Hughes）的话一语道出澎湖列岛中渔翁岛（西屿）灯塔看守人的苦闷心境——1876年底，她搭乘游轮到访渔翁岛，此次航行的最终目的是视察鹅銮鼻灯塔工地。[12] 渔翁岛灯塔矗立在一座"荒山"之上，必须徒步跋涉一小时才能走到最近的人家。在海关档案以及沮丧的灯塔看守人的书信中，也经常会表达出和茱莉娅·休斯相同的感慨。很多在灯塔或灯船上工作的人也有着类似的抱怨，可是，他们也因这份工作而受到尊重。他们出现在如此偏远的地方，本身就证明了外国人正在通过不同寻常的方式重塑着中国。在中国领土上一些最难到达的地方，在极少引起注意的海岸和岛屿（这些地方可谓"天高皇帝远"，经常居住着不受政府控制的边缘社群），海关建立起贸易站并聘请了各国员工，其中包括德国人（他们总是细心打理自己的花园）、英国人（他们被视为比较懒散的一群人）、葡萄牙人、欧亚裔等等。人们从世界各地来到这些偏远的中国舞台。灯塔看守人的社会地位不高，在生活和工作于中国的外国人当中，他们受的教育最少，地位最低。他们大多当过海员，习惯于看守灯塔的寂寞且遵守固定的时间表。而且他们也都是工人。一座灯塔是一台用于照明的机器，它必须时刻铆足干劲，时时刻刻发出闪光，满额达到预期可见度，就像海关出版的《灯塔清单》（List of Lighthouses）以及引航手册所宣称的一样：灯塔永不熄灭。虽然他们受雇于中国政府，但是，他们毕竟是殖民文化的服务者，所以事实上，他们常常扮演着监工的角色，而根据史料的记载，作为监工的他们经常还会使用身体暴力。尽管每一座灯塔都配有中国工作人员，但真正负责掌管它们的却是欧洲人，这些欧洲人还会把家眷或者所谓的"女管家"——他们的中国妻子和情妇（后来也包括日本女人）也带来。有的时候，他们也从条约口岸的妓院里雇用妓女数周，并把她们带到灯塔。有些欧洲人对这些女人动了真情，也有的人只是和她们进行纯粹的金钱交易，还有的人则是兼而有之。人们通过海运将所有的设备、补给品、建筑材料以及工人送到灯塔工地。鹅銮鼻的避难所、灯塔以及照明灯都生产于伯明翰的钱斯兄弟（Chance Brothers）制造厂，该厂先在厂里测试这些灯，然后再航运到东方。赫德还让法国负责一部分工程，和以往一样，赫德从不偏爱某国制造商，这避免了外交官们的不满。连接着各个灯塔的是海关的补给网络——那是一支由轻型供应船组成的小船队，这些供应船最少每年来两次灯塔，它们负责载送工作人员，运送食物以及点灯用的一桶桶菜油，并带走文句半通不通、通篇牢骚的书信，以及那些服役期满的、患病的，或者发疯了的工作人员，有时还包括死去的人。鹅銮鼻灯塔，以及海岸上、岛上的其他灯塔其实都是流浪在外的欧洲碎片。欧洲生产的生铁、玻璃、钢铁，欧洲人的肉体、食物、饮料，构成了嫁接在中国海岸上的条约体制的前哨。居住在灯塔里的人大多把目光投向大海和供应船，而不是内陆，因为看好灯塔、注意海上的动静，同时避免卷入地方事务才是灯塔看守人的主要任务。再说，一座灯塔本来就是一个闯入者——它从来都没有为其所在的土地提供任何服务。另外，灯塔还为当地人提供工作机会，他们给外国人当杂工（因为欧洲人从不打磨镜片、清洗灯芯）和仆人。如果附近住着邻居，灯塔看守人有时会和他们进行一点小买卖，单身的灯塔看守人则经常到这些社群寻花问柳。1880年的一个夜晚，乔治·泰勒离开了他在渔翁岛的岗位。他潜入周边地区的行动特别富有戏剧性：他神不知鬼不觉地偷到了当地中国行政长官的官服，在乔装打扮之后，他到了澎湖列岛的马公镇。他这么做"只是为了带回一个中国女孩"。这使当地居民"万分恼火"，以致他们相信女孩母亲已经和长官勾结了起来，进而群起攻击了女孩的家。[13] 海关工作人员档案经常记载这类事件：人们自作主张而又沉不住气，有时这便会导致事态一发不可收拾。

数年之后的1887年，泰勒奉命从渔翁岛转移到鹅銮鼻，于是，他再次离开灯塔沿着东海岸北上——这次他仍然是受到了好奇心的驱使，但与上次不同，这次他的行动得到了上级的准许。[14] 泰勒本来踌躇满志，却在途中看到一名倒霉的中国移民的无头死尸，这使他十分扫兴。令他的排湾族随从大为惊讶的是，他坚持要埋葬那个可怜的男子——他们用晶莹的珊瑚砂覆盖了那具死尸，然后继续沿着海岸前行。用泰勒自己的话说，他此行是一次人类学"漫游"，如果在类似于蒸汽浴的气候中进行为期几天的远足可以被视为"漫游"的话。这是他记载的几次"漫游"中的一次。据称，海岸北面的一个村落的村长邀请他前去打猎，而他此行便是应邀前往该村。他差点在路上娶得娇妻——在某地借宿时，当地酋长将自己守寡的女儿许配给他。泰勒有强大的火力作为后盾，因此那名父亲认为和他结盟是个明智的选择。当这类情况发生时，欧洲当事人通常都能顺利逃走，继续上路，这次也不例外。泰勒在《中国评论》(China Review)和《皇家地理学会期刊》(Journal of the Royal Geographical Society)上刊登了好几篇文章，文章通过他和同伴们的事迹，生动地描述了台湾地区的动荡不安——来自深山的原住民伺机斩杀外族人，借此体现自己的男子气概；清政府进行巩固国家政权的防御性建设，给当地的南岛人的世界带来变化。身为一名苏格兰人以及一名退休港务长的儿子，泰勒于1877年进入看守灯塔这一行，并于1882年来到鹅銮鼻。他很快学会了其中一种排湾族的语言，我们可以猜测，他的一名排湾族情妇很可能充当了他的语言教师。[15]在某种意义上，当地人还利用了灯塔，但他们并没有包围灯塔（至少不是怀着敌意）。他们有的人亲自来到灯塔，有的人"不断地"写信恳求灯塔的看守人给他们一点奎宁，也就是他们所说的"退烧药"。他们前来求医，而不是杀戮。而泰勒也逐渐开始认识他们，慢慢学习有关于排湾族习俗和信仰的知识，以及他所遇到的几个族群的性格和等级制度，然后用他那质朴的文字撰文加以介绍。他还组织了一次考古挖掘，但更为重要的是，这位灯塔看守人现在已经成了一位业余的民族志学者，他借此使得这座灯塔成为当地社群的一部分。令人欣慰的，这也意味着加特林机枪和臼炮没有了用武之地。但是，即使鹅銮鼻一直保持着和平，台湾其他地区却仍旧笼罩在硝烟之中。在1884年至1891年之间，清军一共进行了40场平定各族原住民的战役。[16]

赫德本来希望灯塔不仅可以服务于科学，还能服务于商业、水手们以及清帝国的利益。灯塔看守人至少是识字的、"有基本思维能力的欧洲人",他们"巴不得接到任务,以借此打发百无聊赖的时间"。他们首先着手进行气象学的项目。赫德在伦敦的代理人金登干于1873年受命咨询时任皇家天文学会会长的天文学家乔治·艾里（George Airy）需要哪些器材,然后,他们将这些器材运到中国。同时,金登干还受命咨询其他各领域的科学家,因为他们还想"了解一下灯塔是否还能被应用于什么特殊领域"。[17]泰勒等人撰写的报告则提供了另一个视角。赫德鼓励泰勒到附近地区实地考察,并继续撰写关于原住民的报告,而泰勒也获得了擢升,担任上海港港务长办公室办事员——作为一个"室内"岗位,其工作性质也自然较为沉闷枯燥。1888年英国科学促进协会（British Association for the Advancement of Science）在巴斯开会,泰勒在大会上发表了一篇论文,并于同一天在地理分会场发表报告,报告涉及了埃及灌溉情况、美国地理学和地质学调查、英国地形测量局对摄影技术的使用以及英国不久前才有效控制的马来王国——彭亨（Pahang）。充满古典宁静的巴斯与泰勒任职的"福摩萨"和他所"漫游"的湿热喧闹之地有着天壤之别,但是英国科学界正如饥似渴地追求着新知识,以致连一个地位卑微的灯塔看守人无师自通写成的报告也不肯放过。同时,我们或许还应该注意到,灯塔本身在英国工程学的繁荣中就享有着特殊地位。英国科学促进协会会长弗雷德里克·布拉姆韦尔（Frederick Bramwell）在那年的开幕致辞结尾部分为灯塔的修建大唱赞歌,因为它反映出"土木工程师的工作……和真正的诗人情怀是一致的,属于最高等的学问"。[18]

归根结蒂,赫德还是缺乏真正的诗人情怀。那是他的长处,就像林赛或巴夏礼热爱歌颂暴力的诗歌一样——对他们而言,这既是长处也是短处。但他善于发现机遇,如果他无法使某个系统具备5~6种用途的话,他就根本不会着手打造这个系统。从赫德日记以及他和总理衙门的屡次交涉中,从勘测报告和港口调查中,灯塔的轮廓逐渐成形。[19]1869年,长江口附近的居茨拉夫岛（即郭士立岛,其实很久之前,该岛就已经以"郭士立"命名）建立了灯塔,其照明灯燃烧的是进口植物油,可以照到24英里之内的地方,而且还配备了雾炮。那里还修建了电报站,以便将船只抵达的信息发到上海。从教堂高塔眺望来自吴淞的旗帜的日子早已一去不复返。在接下来的 2 年里，人们在长江沿岸又修建了 17 座灯塔，它们照亮了通往长江已开放港口的航道。同时，人们还修建了东南沿海灯塔网络的第一站——那是一座无人居住的、"荒凉而孤立的"小岛，该岛和外界唯一的联系方式是每月两次前往厦门的舢板。马祖岛上有一座东犬灯塔，最值得注意的是它宽敞的院子和"美丽的草坪"。它的周边有 4 个村庄，"桀骜不驯"的村民们时常会发生小规模冲突。就在鹅銮鼻灯塔即将竣工的时候，随着岛民和灯塔员工之间的纠纷愈演愈烈，200 名岛民占据了东犬灯塔，迫使知县从福州前来"重新确立起灯塔作为国家设施的地位"，并重申了灯塔看守人都是"朝廷命官，当地人务必尊重其权威，不得干预其工作"的规定。[20] 矗立在长江河口中央的沙尾山（今称"佘山"）灯塔也在 1872 年竣工——那是一座海拔 229 英尺的铸铁塔，发出的亮光每年都会导致许多候鸟死亡。如果把外国人在中国修建灯塔视为一种故事，那么这种故事的许多情节都在这些早期灯塔的修建中得到了体现：首先，将这些建筑和机器运到这些偏远海岸，本身就是工程学的一项伟大成就，这肯定会让弗雷德里克·布拉姆韦尔叹为观止。其次，这些故事情节中还将包括灯塔看守人寂寞的日子（他们的日子必然是寂寞的，或是焦虑紧张的），以及清政府对此前"独立"社群的介入。灯塔还带来了烟雾喷枪发射的巨响，后来更带来了不断响起、声音更加响亮的雾角——中国人第一次听见这些声音。此外，灯塔还影响了中国的生态：一方面外国猎人猎杀了许多中国鸟类（泰勒就喜欢猎鸟），另一方面鸟群因为被灯塔发出的强光所吸引，迷失方向，撞死在了灯塔上。人们为了给灯塔腾出空间，把山头都削平了。尽管灯塔大多建在十分偏远的地方，但它们的知名度却相当高，因为赫德并不仅仅满足于在中国进行这项工作，他还立志在英国和世界各地展示自己的工作成果，使它们广为人知，为人们所欣赏。在 1883 年伦敦的国际渔业展览会上，由海关设计的中国展览就包括了汕头以南石碑山灯塔的模型（灯塔建筑为一座 120 英尺高的铁塔），以及"一张标明中国沿海灯塔的图表"，而首相格莱斯顿对后者"十分感兴趣"。金登干和莅临参观的皇室成员与其他人进行了简短的交流，在谈到英国领导下中国海关的工作成果以及英国在华势力的问题时，他着重介绍了中国沿海的灯塔。赫德的丰功伟业距离南肯辛顿（South Kensington）如此遥远，却和英国的利益息息相关——展览使赫德的成就成为万众瞩目的焦点。展览会的评判委员会对"中国沿海灯塔网络"称许有加，为此，他们给海关颁发了一枚金牌和一张荣誉证书。[21]

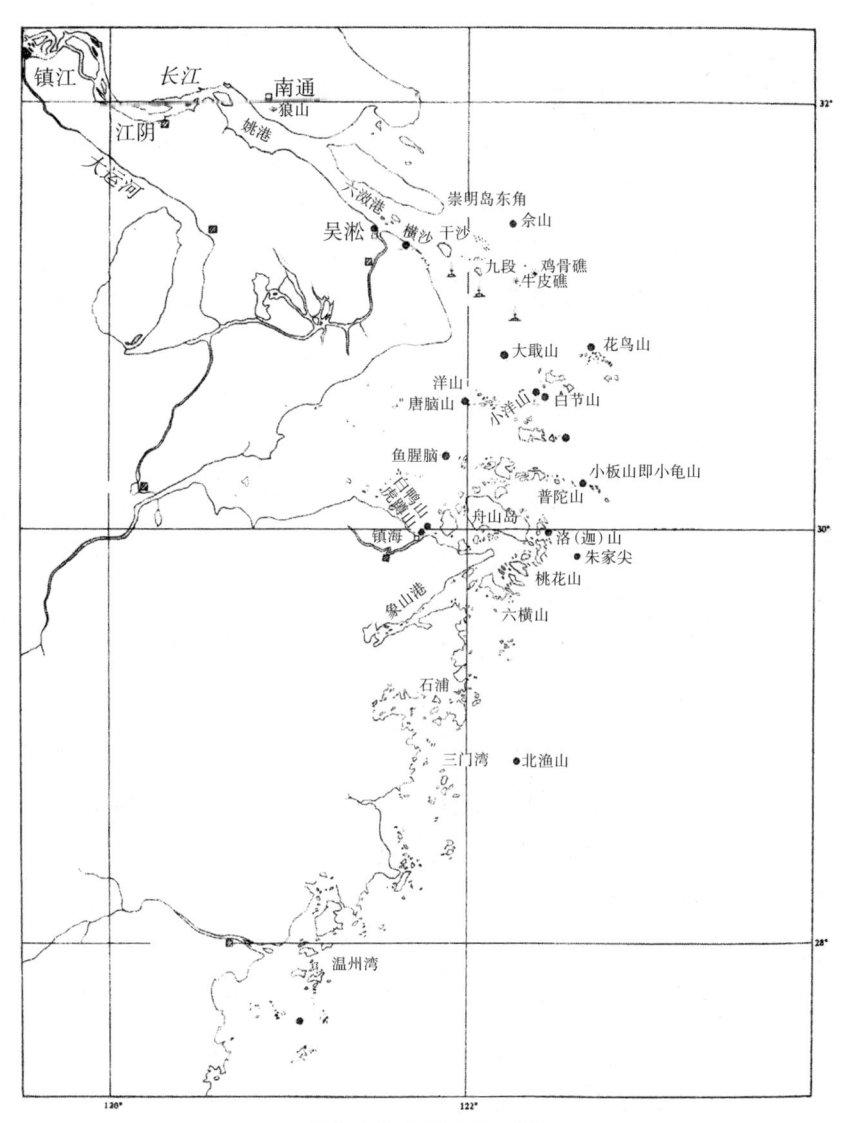

前往上海航线上的灯塔

随着赫德在中国沿海主持修建的灯塔越来越多，他开始计划大力发展气象业务，从而进一步保障海上航行安全。第一艘穿越（新开凿的）苏伊士运河开往中国的轮船于1870年3月19日抵达上海。就在那个贸易季，轮船停泊在汉口，等待从那里直航欧洲——那年一共有21艘轮船直航欧洲，它们绕过了长期作为货物转运枢纽的上海，运载着当年茶叶产量的1/4，并沿着缩短了1/3的航线航行。[22] 石碑山灯塔等诸多灯塔使从香港航行北上的船长们得以缩短大约1天的航程，因为他们可以在灯塔指引下，采用一条比较直的航线以绕过那个危险的海岬，而不用再因安全考量而大费周章地绕上一大圈——其实，就算采用这条较长的航线，也并非万无一失，因为有些船只会因此搁浅在台湾的海岸上。与此同时，外国人还将中国主要沿海城市连接到正在扩大的海底和陆上电报电缆网络之中。清政府犹豫许久之后，终于在英国外交干涉之下，同意丹麦大北公司（Danish Great Northern Company）铺设从香港到上海的电报电缆。1870年12月8日夜晚，电缆在吴淞上岸。4个月后，电缆开始投入使用。公司开通电报业务首日，中国商人蜂拥到公司在香港和上海的办公室，尝试和另一座城市的分行沟通。他们十分欢迎这种新科技——它不仅迅速地把中国沿海地区和更广阔的信息以及通信世界联系了起来，也使得中国内部的社群之间形成了更为紧密的联系。到了8月，在上海发出的电报只需3天就能到达伦敦。一直到30年之后，人们才铺设了泛太平洋电报电缆，但是当时一条通往海参崴的西伯利亚陆上电缆已经投入使用。到了1871年，人们加长该电缆，并铺设了连接日本的海底电缆。就在同一年，该电缆还连接到上海，并于1872年1月1日投入使用。如今人员、货物和宝贵的信息能够越来越快速地在各地之间流转。（尽管信息流转的成本颇高，因为发送一则电报的收费不算低。）此外，客轮船票亦变得越来越便宜，船运货物的收费也开始降低。（苏伊士运河的开凿造福了蒸汽船，帆船被淘汰了，到了19世纪70年代末，快速帆船已然归于历史。）但所有这些科学和技术——轮船使用的复合式发动机和更加精确的导航、照亮夜空的照明灯和经过仔细勘测绘制的航海图——一旦遭遇特大天灾，便都会失去用处。1879年7月31日夜晚，一场台风经过长江口然后北上，一路摧枯拉朽，其"破坏力之大,难以言喻";1881年8月26日,一场台风袭击福州,将台湾西海岸的村庄夷为平地,毁坏船只和建筑物,并造成人员伤亡。[23] 在以上这些事例中,这些科学和新技术之所以用处不大,是因为它们依然没有得到人们的综合应用。现在,赫德开始实践他酝酿已久的计划,他希望更有效地运用他手下那些"有基本思维能力的欧洲人"和电报技术,从而使通往中国的航道变得更加安全。

在诸如鹅銮鼻、东犬、居茨拉夫岛、石碑山的灯塔,以及许多其他海关的贸易站和灯塔,他实行了一套新的制度——现在,工作人员需要每天记录天气变化,其中好几座连上电报电缆的灯塔还被要求每天两次上报相关数据。[24] 虽然赫德本来计划在北京设立气象台,并由一名从欧洲招聘的科学家主持该项工作,但他最终还是没能找到一个愿意冒险到亚洲工作的人,于是海事部转而和耶稣会主持下的徐家汇天文台建立起密切的合作关系(天文台于1872年在上海成立)。历史上耶稣会在华活动一直都是以科学为中心——利玛窦、南怀仁(Ferdinand Verbiest)就在明朝和清朝朝廷内展开科学工作——更重要的是,徐家汇天文台亦是耶稣会成立的国际科研机构网络的一部分。在能恩斯神父(Marc Dechevrens)主持下(能恩斯曾担任巴黎的沃日拉尔耶稣会学院〔Jesuit Collège Vaugirard〕物理系主任),天文台不仅针对该地区气象学展开科学研究,还和海关合作提供天气预报。徐家汇天文台的科学家们在一年的时间里追踪台风走向,并逐渐掌握了台风的规律,从而更深入地了解了台风肆虐的频率及其一般的走向,这使得他们能够更好地提供建议,让有关当局更好地进行航行路线和船运服务的长期规划。他们要做到这一点,就需要数据,而海关能够为他们提供数据。赫德于1873年又发表了一项宏伟计划。这次,他给亚洲各个受到殖民统治的地方当局发出了通函。赫德在通函中介绍了自己的计划。他打算在中国建立一个由多个站点组成的网络,同时在濒临太平洋的亚洲各地区设立通过电报通信的天气预报系统。在中国沿海城市肆虐、使航运蒙受重大损失的台风破坏力如此巨大,促使英国当局于1879年提议在香港设立天文台——英国人之所以产生这个想法,是因为英国殖民统治下的印度不久前刚刚进行过类似建设并取得了成功。但是,赫德对这些提议置之不理,他不愿将自己的新计划和那个由英国人主持的事业结合起来,而这主要还是因为英国政府提议,天文台应该成为"中国气象服务"的中心。赫德更喜欢和上海耶稣会合作,因为和香港的英国殖民当局进行如此密切的合作,将会使他自己陷入外交上的困境。对自己的对手,赫德没什么好感。海关贸易站第一时间将相关数据送到徐家汇天文台,天文台主持下新的天气预报系统又将这些数据转发到太平洋沿岸地区。这个天气预报系统是在上海(外侨)总商会(Shanghai's [foreign] General Chamber of Commerce)推动下成立的,部分经费来自上海总商会,这是因为19世纪70年代末中国沿海地区接连遭受几场台风袭击,造成巨大破坏,使上海总商会十分惊愕。[25] 徐家汇天文台和法国在中国、东亚和东南亚的殖民事业一直都保持着密切联系,天文台的部分经费也来自法国海军和其他利益群体,但它并不属于一种国家事业。耶稣会的参与,使赫德能够通过非官方渠道解决自己的问题——他的确雄心勃勃,制订了许多宏伟的计划,但问题在于,要在气象学这个领域实现这些计划,确实不太实际,尽管台风依然在给船运业造成惨重的损失。航运业每年蒙受的惨重损失,加之暴风雨对香港、汕头和上海等城市造成的严重破坏,迫使人们将目前手头上可用的工具统筹起来,进行综合运用。

气象网络不断扩大。上海滩有了一个新地标:坐落在法租界东边的风暴信号塔和报时球。海关要求从英国进口器材,但能恩斯却从法国进口了更多的器材,并将它们安装在沿着规定航线进出上海港的船只上。就这样,各地灯塔,以及横滨、马尼拉、香港和南坵,这些和徐家汇天文台保持联系的天文站网络都开始每天两次地将气象电报发到徐家汇天文台。神父和他们的中国助手先是整理这些报告,然后把天气预报发给各大报纸以及上海滩风暴信号塔,该塔向上海港内船只发送天气情况和暴风雨预警。每天正午,报时球都会掉落,让上海港的领航长校准自己的航行时计,进而使导航更准确、迅速。在电报电缆尚未到达的那些地方,过往的船会记录它们的气象情况并寄送到徐家汇天文台,这虽然没那么引人注目,却也扩充了能恩斯及其继任者日夜研究的气象数据资料库。可见,整个关系网还在不断地扩大着。当赫德刚开始专注于气象学的时候,他便派遣了金登干从伦敦到维也纳参加国际气象组织的首次大会。此前，中国海关一直呼吁，并希望参与标准化的协同合作项目，而这次大会为此打开了局面。在定期召开的国际会议上，徐家汇天文台先是发表和中国气象相关的报告，然后直接在世界性大会上充当"中国"代表（至少在非官方场合上）——令人难以置信的是，一直到20世纪，天文台一直扮演着这种越俎代庖的角色。能恩斯本人，以及他后来的继任者劳积勋神父（R. P. L. Froc）（劳积勋在1896年到1926年之间主持天文台工作）的科研工作，使徐家汇天文台享誉国际。海关慢慢不再那么活跃，而赫德也没能实现自己把北京打造成气象学中心的宏愿。但是，法国和意大利耶稣会科学家同赫德手下的海事部主任们（他们多为英国籍）紧密合作，共同运用实用气象学为海上通信服务。很难想象，这些人会出于共同利益而携手合作，但正是这种合作关系，反映出了条约口岸的一个重要特征——条约口岸正在成为一个日渐复杂、各种利益相互交织的世界。

海关的气象数据首次刊于《海关医报》（Medical Reports）期刊中（该刊于1871年开始发行）。和海关之前的许多举措一样，《海关医报》的发行并不只是旨在服务赫德中国雇主的利益。赫德将《海关医报》的发行视为一个成就，并认为假以时日，它将成为一家"一流的医学期刊"。他坚称这方面工作将会"给西方提供关于东方的一系列事实，亦必将对科学界大有裨益"。不仅如此，为了使期刊的研究成果能够广为流传，他后来还赞助了英国陆军军医查理·戈登将军整理研究报告的工作。他声称《海关医报》"好比一座雄伟的纪念碑，记录了中国海关的部分成就"，而赫德本人又是十分喜欢纪念碑的。[26] 他下令创立《海关医报》，部分原因是他刚好发现自己还有一些可以动用的资源——在每个条约口岸受海关雇用的卫生官员——赫德可以号召他们提供资料，只要那些资料"对中国和英国医药行业，以及一般大众大有裨益"。在这方面，同样雄心勃勃的还有受到清政府雇用的其他一些人，他们包括曾任职于高雄和厦门、日后还将前往香港的万巴德以及提议创立《海关医报》并担任期刊编辑的亚历山大·贾米森（Alexander Jamieson）。[27] 要让海外人士认识到自己的医学研究成果，其中一个办法就是在《海关医报》出版相关报告，如果能像万巴德一样，每次都把这些报告转发给在英国名气更大的专家，那么这个目标就会更容易实现。[28] 这些报告往往收录了许多气象数据，因为当时人们普遍相信以气候为基础的疾病理论：了解每个港口的气候，将有助于了解当地的"医药情况"。这些报告让我们能够更清楚地了解人们在已开放港口的生活。报告显示汕头居民健康明显堪忧（在1871年的短短6个月里，在500个居民当中，有399人患病），对比来看，牛庄居民则相对健康得多——报告的作者声称，牛庄"经常刮风"，大风把"肮脏的气体、恶臭和病菌"吹走。但是另一方面，就连最健康的人们都难以忍受那里缓慢的工作节奏，以致他们"极其容易发怒"，他们只有埋头工作，然后痛痛快快放松自己，才能缓解这种易怒情绪。报告中还包括对中国医学的介绍和评价。德贞在从北京发回的笔记中，以讥嘲的口吻声称，中国人治疗严重消化不良的唯一药方是"沾满处斩囚犯鲜血的馒头"。在上海的贾米森总结道，相较于在本土生活的英国人，当地侨民除了头脑可能会有点不清醒以外，就不会有什么更大的健康风险了。许多男人的头脑的确并不清醒。医生们劝告人们适量饮酒，但外国侨民却依旧痛饮美酒（无论在工作场合还是娱乐场合），这或直接或间接地造成了巨大的破坏。使问题更加严重的是，这些酒类，尤其是海员买得起的酒，经常掺杂了许多杂质，上海工部局药剂师于1875年总结道，人们喝了这些酒，往往就不省人事，给劫匪以可乘之机。[29]

在中国展开医药工作，自然不愁没有病人，同时还能接触到许多新的或少见的疾病或病症，此外，无论是私下行医，还是给出国的中国人治病，都能收取不少的医药费。在传教士们从事的各项工作当中，要数行医的短期效果最大——尽管这个结论颇具争议性，因为接受治疗的病人虽然不少，但是皈依基督教的人并不多。有人估计，1861年到1872年在广州接受治疗的病人达到409,000人，但是其中只有12个人皈依基督教。[30] 即使基督教世界一无所获，但科学界还是大有收获的。对于像万巴德一样雄心勃勃的研究者来说，数量如此大的病人使他有机会获得大量数据，进而进行细致的研究。因为对导致象皮病（最明显的症状是巨大的阴囊肿瘤）的丝虫的研究，他享誉国际。远离欧洲图书馆和各种资源的万巴德开始仔细观察病人，并随机进行一系列的实验以找出象皮病及相关病症的病因，同时，他还观察丝虫的生命周期，验证其他研究者提出的假设：蚊子可能就是中间宿主。他最值得关注的一次实验是在一名携带丝虫的48岁中国厨师兴罗（音）身上进行的。在他的"说服"下，这位厨师被整整喂了一个晚上的蚊子。隔天早晨，那些吃得饱饱的、腹部肿胀的蚊子被从他的房间里捉出来。通过这种方法，万巴德观察到丝虫在其生命周期中进入了蚊子体内，然后又被蚊子排出了体外，但是丝虫并没有被蚊子消化掉。在接下来好几年里，人们都没能发现丝虫是如何回到人类体内的，但是昆虫可以成为丝虫带菌者的发现，还是大大地改变了人们对疾病和公共卫生的了解：铲除蚊虫滋生地将会成为疾病预防的重要战略。这一点领悟，更进一步促使万巴德做出了这样的假设：蚊子很可能就是疟疾的带菌者。这个假设后来被他的合作者罗纳德·罗斯（Ronald Ross）所验证。万巴德后来被称为"热带医学之父"，因为他日后成为英国殖民地部的医学顾问，并倡议设立了一所医学院，而这所医学院也就是后来伦敦热带病医学院（London School of Tropical Medicine）的前身。万巴德清楚阐明了自己在厦门期间是如何受到掣肘的：当时他"缺少一间好的图书馆，没有能干的助手，也听不到善意的劝告和批评"，此外还得忍受"使人沮丧的炎热气候"。万巴德声称自己在市面上"几乎看不到"《海关医报》，所以该期刊的发行量还需增加。即便如此，厦门依然成就了他的一番事业。当然，这也离不开兴罗的热心帮助。[31]

另一名发表相关工作成果的海关外科医生是黄宽，他是第一名毕业于欧洲大学的中国学生，1857年，他获得爱丁堡大学颁发的医学博士学位。黄宽回国后，先是在广州的伦敦传道会医院工作，然后在香港、广州两地辗转，一直到1878年去世——他的继任者（曾担任海关外科医生）详细记录了他的身体状况：收集数据的势在必行，拖垮了他的身体。作为在中国行医的西医，黄宽的英文书写十分流利——举例来说，他评估了中国人接受西药退烧药方的可能（他认为这种可能性十分渺茫），或者注意到当时只有奎宁有可能被中国人接受，就像它被台湾南部的人民所接受一样。他写道，"我们（请注意这个代词）"在这方面的成就"不可能超越"

中医医师。[32] 从 1840 年开始，黄宽先是在澳门教会学校学习，然后前往香港学习，继而于 1847 年前往美国学习英文，再于 1849 年前往苏格兰学医。他使用了"我们"这个代词，尽管当时大多数欧洲人仍然难以接受一名华人医师的治疗，尽管他是一名基督徒，在全球顶尖的医学院接受过训练。这种情况持续了几十年，就连他在中国伦敦传道会思想最开明的同事都很难完全平等地对待他。但是，黄宽依然将自己视为"我们"，亦即西方和海关在华医学事业的一部分。

所有有关这些"事实"以及和海关相关的出版物堆积在书架上，全球报纸和期刊也重印并摘录了相关的研究成果，这些东西使得他人得以在此基础上从事进一步研究。在 19 世纪 70 年代和 80 年代条约口岸的世界里，科学和技术的发展似乎全部都交织在了一起。赫德建立了他的中国贸易站和东亚及东南亚各地区之间的关系网，甚至把这个关系网扩展到了全球——这个网络为各条约口岸带去了受过训练的工程师和富有好奇心的医生；推动和鼓励了耶稣会气象学家和在苏格兰接受训练的医师从事各领域的科研工作，还促成了乔治·泰勒那本通俗易懂且值得一读的人类学笔记的诞生。这段时间里，他一直在积累海关的资源，给清政府送去资金，并为商人建造各种设施。好几支力量支撑着中国海关的工作：上海如火如荼的出版事业、伦敦的殖民部（Colonial Office）繁忙的宣传活动、对南肯辛顿皇室的游说、对维也纳科学家的纠缠，还有其他一切有助于宣传海关能力（比如传递"相对未知世界"的新数据的能力）的事物。而我们还需注意，赫德所谓的"未知"，指的是相对于西方科学领域而言。[33] 老麦都思起初提议，外国人可以通过中国丰富的文学遗产加深他们对中国人文历史、自然历史、科学和流行病学的了解。此时，取而代之的是一种自信的、沙文主义的信念，该信念坚信西方的科学手段和对科学的理解高于东方，并且对在华外国人的知识和研究深信不疑。《中国评论》《教务杂志》《皇家亚洲学会会刊》（Journal of the Royal Asiatic Society），以及海关的出版物，都清楚反映出崇拜并掌握西方知识的信念。同时，这也得益于另一个趋势：中国作为一个工作和学习之地，正逐渐受到人们的认可。对于那些不从事对华贸易、战争或外交的人而言，中国开始成为一个可以建功立业的地方，或者至少是成就一番事业的其中一个阶段。一名建筑师、一名外科医生或者一名土木工程师或许都会在中国待上一段时间——或许待上一辈子，通常，也至少是好几年，因为他们要给自己充裕的时间打响招牌。人们经常从中国启程回国，然后买个一官半职，或者混迹在波士顿、英格兰或苏格兰富裕的地主中。如今，他们发现在中国的工作还有助于自己在专业领域的提升，于是，前往中国也不再被视为一条非主流的小道，越来越多的人把它视为一条相对固定的也较为主流的"正途"。中国固然不是黄金国，但也不再是一个与世隔绝的偏僻地区。

赫德一直都在酝酿着其他的计划和梦想，譬如他在自家后院搭建的煤气厂和他组织的铜管乐队。铁路的修建使他和其他一些人感到兴奋。最迟从1867年开始，"铁路"不断出现在他的书信和日志里，当然，也出现在他呼吁总理衙门修建铁路的笔记里。他强调，铁路对中国的发展和国防至关重要。文祥于1867年回复道："我们并非不知道铁路的用处，也并非不了解修建铁路带来的好处。"但是，现实问题依然不少：修建铁路所需经费、铁路控制权，以及围绕后来所谓的"铁路帝国主义"的宏观战略设想而给人们造成的担忧。[34] 举例来说，修建滇缅铁路是在为英国势力服务，因为它为英国人抗衡法国人提供了条件，并有利于其进一步侵略清帝国。中英双方在修约谈判以及围绕马嘉理的谈判中都谈及铁路问题，但最后都不了了之。然而，尽管几经波折，铁路还是来到了中国，而且最初还是通过一个十分奇怪的方式来到的中国。从1876年7月起的15个月里，英国人卖了超过190,000张车票，这条铁路很短，起于吴淞，止于上海，而且铁路的铺设根本就未经清政府批准。一家由英国人经营的公司获准在此修建一条公路，但他们却一直计划铺设铁路，他们认为，一旦铁路铺设完毕，清政府最终就会接受这个既成事实。然而，最终清政府还是无法接受英国人的这种欺瞒行为。地方当局先是把整个公司（包括其中国股份）买过来，然后用船将工厂和设备运到台湾，随意弃置——1882年英国领事馆的报告注意到，它当时已经"几乎没有一点用处"。[35] 在外国人眼中，这起事件象征着在现代化浪潮面前，中国人出于愚昧无知，从而抗拒和排斥，由此看来中国人实在无可救药。然而，现实并非如此。在公司关闭之前，成千上万的人蜂拥前来，希望体验一下坐火车的感觉，成群的人专程前来一睹火车的样子。在威廉·桑德斯（Williams Saunders）拍摄的铁路公司开业仪式的照片中，成群的中国人使我们很难注意到他们中间的欧洲工作人员。他们阅读关于开业仪式的消息、购买开业仪式的版画，富有创业精神的当地人开始经营往返上海城和虹口火车站的公共汽车服务。他们精明地盗用了铁路员工的制服设计，并把自己的汽车漆成同样的颜色，让自己的员工穿上同样的制服。中国人就像当年欢迎轮船和电报一样，欢迎铁路的到来。问题仅仅在于英国人违反了正当的法律程序，这导致清政府无法维护国家主权，进而使得这个资本建设项目演变为地方和国际政治问题。[36] 有关当局除了关闭公司别无选择，尽管他们谨慎地、从容不迫地做到了这一点，但还是为此付出了不小的代价，此外，他们还把所有的硬件弃置在了此前饱受外国侵扰的台湾海岸。迟至 1888 年 10 月，赫德终于可以致函金登干，通知他"铁路已成事实"：清政府铺设了一条铁路，该铁路起于唐山开平煤矿，止于距离最近的运河，而且事实上，该铁路自 1881 年就已经开始运作。后来这条铁路往西延伸到大沽口，到了 1888 年，铁路从大沽口直达天津，总长达 7 英里。这项事业的基础十分牢固：铁路被留了下来。确定铁路在中国扎根之后，赫德终于功成身退，因为他"付出了许多努力才取得了突破，使铁路来到中国"。如今，他应该把舞台让给那些热衷于谈判的外交官和追逐佣金的代理人了。[37]

这件事非比寻常：中文里所谓的"火车"此刻正驰骋在中国的土地上，但同时它还反映出一个更广泛的变化。从 1865 年吴淞铁路公司开业以来，怡和洋行一直掌管公司财政、主持公司运作，并参与围绕开平煤矿的讨论，由此可见外国在华商业的地位正在发生蜕变。如我们所见，如今出现了一种新的、更加静态的利益群体，尤其是在上海，他们在那里大展拳脚——对于那些拥有房地产的小集团（包括托马斯·汉璧礼等人）而言，如果不是为了扩大租界范围，或为租界的中国居民（也就是他们的租户）争取更多利益，他们的目光便总是局限在租界范围以内。而海关进行的这些创新，其目标便是为了追求更多的贸易。此外，更多其他的利益群体也加入进来，包括那些投资建设条约口岸基础设施的人，或者那些面向所有在华外侨的服务业工作者：律师、买卖生活用品的商人、酒馆掌柜、码头主人和员工、外国治理下的市政府工作人员。而对华贸易中，那些需要灯塔、航海图和暴风雨预警的贸易，也正在发生变化。广州时代的很多大公司开始栽跟头：虔诚的同孚洋行（Olyphant & Co.）于1878年倒闭；一向恬不知耻的旗昌洋行开始失去长江的贸易，并在1891年彻底倒闭。最引人关注的是，包括怡和洋行在内的大公司不再从事鸦片贸易——到了1873年，这个最大的英国在华公司放弃直接参与鸦片贸易。具有讽刺意味的是，1860年的条约令鸦片贸易合法化，却使得怡和洋行丧失了它此前享有的竞争优势，也促使中国市场转向更廉价的本地鸦片。对于像怡和洋行这样的公司，在印度生产鸦片的成本成了影响鸦片贸易最重要的因素。尽管19世纪60年代鸦片贸易成了利润最高、贸易额最大的贸易领域之一（在和平年代里），但他们最终还是输给了来自印度的竞争者。英国统治下的印度公司成了鸦片贸易的主角——不是长期以来密切参与对华鸦片贸易的帕西公司，而是来自孟买的塞法迪犹太人的公司，例如沙逊家族公司（David Sassoon and Sons Company）。[38]

茶叶贸易也在发生蜕变。红茶茶商展开积极进取的营销策略。他们肆意抹黑中国绿茶，暗示或声称绿茶中添加了有毒的染料、掺杂了许多杂质，这使得英国消费者开始喜欢上产自印度和斯里兰卡的红茶，导致英国对中国茶叶的需求量不断减少。[39] 靠进口棉织品和纱线起家的怡和洋行，早在1877年就开始计划在中国设立纺织厂，给中国利益群体当代理人，或者直接经营工厂。随着19世纪80年代围绕这类项目进行的持续讨论，外交官和政治家开始为此努力争取更多的商业利益，因为清朝官员矢口否认此前任何一个条约给予了外国人兴建工厂的权利。事实证明，以往依赖进出口贸易的经营模式总体上是不可持续的，而且还不断赔钱。[40] 像怡和洋行一类的公司必须与时俱进。他们加速了多元化的进程，作为一个根深蒂固的条约世界，中国出现了越来越多的新机遇。怡和洋行对轮船业务的投资项目于1873年被改组为中国轮船公司（China Steam Navigation Company，后来改称为 Indo-China Steam Navigation Company），而该公司也转而开始给商人提供保险和航运服务，而不是自己从事对华贸易。洋行还通过宓吉（此时宓吉已成为渣甸在天津的代理人）向清政府收取在开平煤矿设厂、在大连构筑防御工事和购买火炮的佣金。[41] 在整个19世纪80年代和90年代，宓吉还代表怡和洋行直接给北京皇室提供贷款。怡和此举的确怀有政治目的，但其试图赢得皇室欢心的尝试最终还是徒劳的（当然也没给它造成任何损害），因为公司本来可以从别处的投资项目取得更高也更可靠的收益，而且，这笔生意其实从一开始就充满困难，因为宓吉一直都没学会说汉语。但是，在广隆洋行的前股东和怡和洋行看来，这个世界已经发生了天翻地覆的变化——1839年战云密布时，这两家洋行的创办人曾经被他人投以异样眼光，他们被视为目无王法的流氓，因为他们悍然将庞大的鸦片船队派往东方和北方进行走私贸易。而如今他们在给皇室提供经费，投资铁路建设，并经营着一支合法的船队，看上去，他们似乎在精心地伺候着皇帝。

但是，中国公司正逐渐在进口经销以及货物加工和出口方面占据主导地位。类似立德乐兄弟的小商人们被击败了：他们被赶出汉口，并在上海遭遇惨败。立德乐兄弟公司于1882年彻底倒闭。鲍勃·立德乐只能到公共租界新设立的电力公司谋职——他写道："我只能待在这里了，哪里都甭想去"，不过，在一个地方固定下来也算安全。[42] 他的哥哥阿奇博尔德溯长江而上，到四川寻找机会。同时，许多新的重要的利益集团也前来中国创业。1864年，一家新的银行公司提交了招股书并于1865年3月来到中国。尽管该公司在香港注册，总部也设在香港，但是从一开始，它就是一家多国企业（即便还算不上跨国企业）。决定公司经营方针的是由英国人、德国人、美国人和印度人（帕西人和塞法迪人）共同组成的利益集团。这是一家服务于条约口岸世界及其区域腹地的银行。它的业务十分多样化，但是台湾危机的发生，促使它首次公开借款给中国（即1874年福州借款），贷款保证金来自海关收入，而贷款认购人则来自香港和上海（在伦敦也有人认购贷款，不过多数人对此兴趣不大）。《经济学人》的一篇文章警告投资者：现在"很难确定这样一个国家能否享有政治稳定，而政治稳定是维持金融信用的先决条件"。但是，尽管人们保持警惕，我们还是应该注意到这个引人注目的新发展：人们在伦敦筹集资金，以满足清政府的需求。该银行诞生于太平天国危机即将结束的泡沫时代，初创时几经波折，之后，它作为一家服务于私人客户、企业和政府的银行，在主要的条约口岸以及日本和新加坡都开展了业务，而且还进入了伦敦市场。[43] 福州借款，预示着日后更多次的借款，而在各西方列强的利益和地位之争中，贷款引发的政治问题逐渐开始占据一个更加中心的位置。金融可以让比利时这样的小国成为"中国游戏"中的大角色。另一个加入"中国游戏"的新角色是太古洋行——1866—1867年，约翰·萨缪尔·斯怀尔（John Samuel Swire）在上海和横滨创立该洋行，当时他的公司基础已经相当牢固。在太古洋行的推动下，这些公司在中国的常规业务与日俱增。同时，太古洋行还借助它在利物浦和航运业的关系，充当阿尔弗雷德·霍尔特（Alfred Holt）的蓝烟囱轮船公司（Blue Funnel Line，其正式名称为 Ocean Steamship Company，即"远洋轮船公司"）的代理——该公司设立于1866年，它希望自己能够从往返欧洲和亚洲的轮船生意中分到一杯羹。太古洋行在1872年成立了自己的中国航运公司，这也是唯一一个完全为外国人所有的中国航运公司。通过这家公司，太古得以与沿海及长江的各大航运公司竞争。它迫使旗昌洋行退出长江，并于1894年建立了长江上最大的船队。但要是和它主要的竞争对手怡和洋行相比，蓝烟囱就要黯然失色了。它缺乏怡和公司的历史（尽管那段历史中有一些不光彩之处），还有直接和皇室打交道的辉煌经历。在香港和上海的贸易赛场，蓝烟囱并没有成立公司，而且蓝烟囱还刻意将总部设在上海的法租界，并借此长期拒绝插手条约口岸的地方政治。但它在条约口岸的金融世界里还是占据了一个中心位置。1882年的中国市场被一股"公司狂热"和投机活动扭曲。之后，对战争的恐惧导致1883—1884年发生了一场金融危机，几十家在中国的银行和公司因此破产，剩下的公司也受到波及。但是，它们依然生存了下来。[44]

外国人进行的所有这些新旧活动仍旧依赖于他们的中国伙伴，无论是宓吉的翻译员，或是提供资金、关系或信息的人，还是和外国公司合作以及受雇于外国公司的当地人。他们当中最引人注意的是那些买办，因为他们的崛起既改变了他们展开工作的中国城市的社会平衡，也改变了他们家乡的社会平衡。"买办"这个词适用于许多不同的人，其中包括船只的粮食供应商、条约口岸城市中国劳工的监工，以及中国生意人（他们当中有人既富有又有权势）——他们的世界和外国企业紧密地交织在一起，但是同时他们之间也存在着不可逾越的鸿沟，尤其是在社交场合里。每当提起买办，人们通常都会联想到那些和大型外国公司合作的人：香港、广州和上海的那些大商人——他们都是有权势的人，比宝顺洋行和怡和洋行的代办还风光。他们构成了中国社会的新阶层。一家外国公司的命运在很大程度上取决于买办，而聘请一个好的买办并留住他是至关重要的。这是一个十分划算的交易，因为公司和买办之间存在着共生的关系。一名买办要为公司经营业务，就要通过某个基本平级的机构和中国经销商以及中国市场互动，有时，他还需要和中国官员打交道。他竭尽全力地招揽生意，在中国商场和官场左右逢源——而那些只能使用单一语言的外国人，即使长期和中国人密切交往，其实也难以胜任。这种工作可以溯源至外国人在广州的早期历史，旗昌洋行的运气非常不错，因为他们的大多数买办都是广州人，该行和买办们之间保持着紧密的关系——怡和洋行在这方面的表现也很好。买办和怡和或旗昌洋行一类的企业拉上关系，就能带来地位和利润。同样地，外国公司都竞相和最有名气的商人建立正式关系。买办也将自己的资金投入到外国管理的生意，以及由中国人自己发起的项目。曾经担任宝顺洋行买办的徐润拥有从香港到天津、遍布中国沿海地区的资产，包括矿业、保险、航运业，一家炼糖厂、一家造纸厂等。他资产中的百分之五十都在上海的公共租界内。[45] 正在蜕变中的政府（李鸿章很好地反映出此时清政府的状态）争取到买办投资并参与了一种新型的"中式官僚"企业——半国有企业，其中最有名的是徐润积极参与、对外国在沿海航运业霸主地位提出挑战的中国轮船招商局。

到了 19 世纪后半叶，商人的地位产生了必然变化，而买办的崛起以及买办财富的与日俱增，构成了这个故事的核心部分。[46] 买办买到了官职、地位和功名，并把自己打扮成士绅（他们会使自己在公共生活和文化生活中表现得如同士绅一般），正如大众所期望的那样。他们的生活方式也给人们带来了一定影响。他们不仅在两个世界里展开业务，还生活在两个世界之间。他们的穿着、住宅的风格和陈设,以及位于外国租界的住址,都反映出他们多元化的喜好和兴趣——这些人腰缠万贯,拥有足够的财力,允许自己从事昂贵的中国艺术鉴赏,以及购买新上市的外国商品。但是,在别人看来,他们喜好的多元化,却正是他们品位低下、鄙陋如井底之蛙的表现。无论何处,成功的商人总是被描绘成高调消费的典型,在晚清时期的中国也不例外。有些商人皈依基督教,还有人在教会学校学习英语,使自己得以进入条约贸易的世界。好几个赫赫有名的人物曾任职于中国海关,包括曾经担任怡和洋行买办的唐廷枢和何东(Robert Hotung)。这些成功人士往往想自己的功业永远传下去,但这对有关的外国公司并不总是好事,因为做生意的本领是无法代代相传的。他们把未来家族的兴旺寄托在对中外贸易的持续参与上,他们会把自己的儿子送到外国人经营的学校或者外国风格的学校。人们经常声称,这导致他们的中文水平下降,并且不再熟悉自己的文化。其实,买办并不只是受到本国同胞嘲笑——他目不识丁,他巴结洋人,他粗野鄙陋——他们同时也成了外国人的笑柄,人们越来越倾向于把买办看作在某种程度上丧失了自己的根的人。他们不是真正的中国人。早在买办成为政治恶棍之前,他们就遭到了上述的丑化。[47]但是,在晚清那个不断变化的世界中,成功的买办一直都是不可或缺的角色——在他们参与的洋务运动中,在他们对1876—1879年北方灾难性的旱灾和饥荒以及1887年黄河洪水的回应里。而且他们在外国贸易的世界里,依然是十分关键的角色——因为虽然林赛那一代生意人当中有一部分人自诩为中国学家,但大体而言,真正愿意学习中文的大概只有领事、海关官员和传教士,而其他人,几乎都是不屑于学习中文的。所以,买办充当外国商人的翻译员就显得顺理成章了。此外,他们还充当守门人:他们理性对待自己的角色,并没有完全透露自己掌握的所有信息。有时,外国公司和买办都从市场机遇中获利;有时,买办则单独行动:由于外国商人不谙中文,这使得他们难以开展业务。因此,外国公司并不会当面讥笑买办。在日常工作中,他们也没有与这个长期行之有效的制度偏离太远。但到了20世纪初,这个制度终于失去了活力,在商业上不再那么具有可行性。

我们不能总是采用截然对立的思维模式,把中国人和外国人视为两个独立的群体，或者想象他们尴尬地拥抱对方（因为双方都觉得很不自然）——他们脸上也许带笑，但心里却觉得别扭。确实，生意伙伴之间的沟通方式经常不尽如人意。年轻的外国生意人我行我素、独断专行，他们和中国人达成的长期和解方案，往往反映出自己高高在上的地位。安坐在书桌前的洋人从没想过要让中国访客坐下，没有人会产生这种念头，在上海更是如此。但是外国人若是想在中国安身立业，就必须对中国人让步，并和中国人进行更为密切的交流。虽然是上海小刀会起义促使汉璧礼和中国人结盟，但是在起义被镇压下去之后的好多年里他依然维持着这种同盟关系。这名精明的贵格会教徒发现投资土地的利润比买卖丝绸高得多。同时，他还发现服务上海新近富起来的中国居民也是一门有利可图的生意——为他们提供住房，为他们提供一家中文报刊（《上海新报》），在报上刊登房产广告、为中国顾客提供航运新闻，利润都很可观。强烈的正义感和对于利益的盘算，促使汉璧礼和埃德温·史密斯（Edwin Smith）等上海地产主开始抗议上海工部局对中国居民的待遇。这种抗议并不限于精英阶层。在1871年7月工部局的一次会议上，史密斯公开批评该局对中国纳税人的待遇：中国人"从警察手中"接到缴税通知，"警察在中国佬面前挥舞警棍，勒令中国佬交钱"。他声称："这对中国人并无公平可言。"史密斯等人如果没有这样为中国人请命，就有失去租户和租金的可能（他还声称，中国人很怕"来到这里"，来到工部局），但是即使他们和中国人之间的关系最终还是功利性的、没有丝毫温情可言的，租界里还是逐渐产生了一个共同利益群体，或者，至少说是共同话语。[48] 由英国人安纳斯脱·美查（Ernest Major）和弗雷德里克·美查（Frederick Major）所缔造的庞大的商业出版事业——创办于1872年的《申报》及其相关的各种商业活动——代表了某种完全混杂的话语以及利益群体。《申报》是一份发行在公共租界、为英国人所拥有的中文报纸，它迅速在全国各地大量流传。该报在创刊号里呼吁读者踊跃投稿并得到了读者们的热烈响应——投稿的文章涉及吴淞铁路、贪污、地方新闻、外国新闻、轮船以及报纸的功能等主题。读者们的这些投稿塑造了报刊辩论和讨论的新型模式——这种模式旨在使中国舆论能够更好地为官员之间的辩论提供思路。据称《申报》成了一个"新的都察院",一个追究官员责任的新平台。在治外法权的庇护下(尽管领事馆也经常再三忍耐《申报》各种大胆的评论),这个中外合作事业塑造了讨论中国社会、文化和事务的新天地。在香港当局庇护下,从1874年开始,一家完全由中国人拥有的报纸《循环日报》可以更加尖锐地批评时政,并提出改革方案。[49]

但与此同时,中国也存在着由买办及其和各方之间的交流组成的另一片天地。1883年的一份台湾贸易报告就描绘出了这片天地:它试图解释,当清朝官员面对英国公司解决纠纷的正式请求时,为何总是会再三拖延。根据报告的解释,事情是这样的:一名计划迁入港口的英国商人和买办达成正式协议——这名买办负责售卖价值5万美元的有价证券,而其每月的工资却只有微薄的50美元。这名买办不仅要负责这家公司的所有业务,还须负责支付一切款项:"换句话说,他负责购买所有的货物,而(外国)商人只向他一个人索取款项。"英国商人根本看不懂买办的账簿,也并不认为自己有必要看懂账簿,因为如果自己收不到钱的话,他完全可以追究买办的责任。在英国商人看来,这是个万无一失的办法。报告里还解释,买办之所以愿意承担这个责任,仅仅是因为这样可以利用外国公司之名追讨自己生意的欠款并继续自己的生意。从而,他们使自己的生意也受益于治外法权。他们试图通过这种手段,更迅速、更容易地解决争端,因为他们开辟了通往法律的新途径,他们使领事馆忙于应付这些层出不穷的案件。很明显,这和某些中国基督徒群体的行为具有相似之处,而清政府也做出了基本相同的反应:由于清政府已经知道个中玄机,所以经常对这些解决纠纷的请求抱有怀疑态度,并认为没必要迅速地做出裁决。[50] 外国商人对他们的买办真正从事的活动及其所承担的义务缺乏了解,可能会导致严重的后果,因为买办有可能利用外国公司的名义从事一些更加不道德的活动,这使得外国公司在和买办签订合同时,规定买办不得使用公司名义进行私人活动(即使是像怡和洋行一样享有一定声誉的外国公司也不例外)。某天清晨,必麒麟(William Pickering)在高雄被"男佣"唤醒。当他获知买办和他所有的下属已经逃走,士兵们正在查封这家美国公司的货仓时,他认为他的上级完全是咎由自取——必麒麟和其他人一直都在私下反映，这名买办并不可靠，而他的上级们却不予理会。必麒麟一直追踪那名买办到澎湖列岛，直到再也没有关于他的任何线索才放弃。1867 年 5 月，该公司倒闭了，公司老板破产。[51]

除此之外，还有不折不扣的"伪公司"——在这些"伪公司"，欧洲人仅仅是被动的汇款人，让中国利益群体借用自己的姓名和国籍行事，并收取报酬。这是一种"旧瓶装新酒"的现象——从前，外国人经常充当三桅帆船的"船长"，其中就包括"亚罗号"。查尔斯·纳伊（Charles Nail）就是其中一名船长——他是一名酒鬼，曾在一家贸易公司、上海煤气厂以及福利公司任职，但都很快就被炒鱿鱼。1885 年，他还是上海公共租界一家鸦片店名义上的主人。纳伊对鸦片店名义上的所有权导致了他和清政府之间的一场法律和政治纠纷。人们最终发现，纳伊让中国人借用自己的姓名和国籍，然后每月收取 50 美元报酬，以让自己能够畅饮美酒。此举使得从事鸦片贸易的中国生意人得以豁免内地运输税（厘金），因而降低产品价格，并且免受课税人员骚扰。中外人员合作进行的走私贸易可谓层出不穷，这引发了中外之间围绕司法权问题的许多复杂的纠纷。相比于 20 年后的厦门弗兰克爱德华兹公司（Frank Edwards & Co.），作为一名生活在上海外侨社群边缘的酒鬼，纳伊的确是更容易下手的目标。在近 15 年时间里，弗兰克爱德华兹公司一直都在合法经营生意。在长达数年的时间里，弗兰克·爱德华兹（Frank Edwards）都在厦门担任一家外国公司的书记，然后在 1896 年，他开启了自己的事业：成为水仙花花茎拍卖商、代理人及出口商。和他相关的英国领事馆通信记录里充斥着他提出的各种诉求，包括以下几个方面——清政府非法扣押公司员工或货物、将他在内地的房地产占为己有、积欠债款、向公司非法征税——而所有的这些麻烦事其实都是在治外法权保护之下的。他提出的一些诉求是合理的，但在另一些时候，他明显是把自己公司的名字借用给了中国不同的利益群体并收取了报酬。人们在信中质疑中国鸦片店使用他的公司注册商号的做法，并请他准确列出和解释自己所有的房地产项目，甚至质问他为什么要同时使用两个商号，同时，也有人提及英国臣民是不准在内地拥有货仓的，并拒绝保护他的相关利益。其他更加守法的英国公司则直接批评了爱德华兹，并质问他打算（针对他"保护"这些伪公司的指控）做出什么样的回应。另外，爱德华兹身无分文的父亲不断地从新加坡致函领事馆，亦令领事馆人员不胜其烦。爱德华兹并不是唯一一个从事这种勾当的人。和其他小规模英国公司相比，他很可能更加深入地进入了中国当地的贸易网络——他娶了一名中国女子。同时，作为一名出生于新加坡的欧亚裔，他和东南亚各港口城市从事贸易的各家公司都保持着紧密联系。领事们很可能因此懒得理会他，而且他们还经常提到，他"不是纯正的白种人"。但他还是使自己融入了厦门那个规模不大的英国群体，并且一度担任科林斯共济会（Masonic Corinthian Lodge）的秘书，后来又担任（英国）厦门俱乐部秘书。[52] 他左右逢源，并竭尽全力捞取好处。条约体制使国籍成了可供出租的商品。纳伊和爱德华兹明目张胆地出租了自己的国籍，但是实际上人人都在或明或暗地从事着这种勾当，他们之间不过存在着程度和细节上的差异。外国公司和外国人最大的单项资产就是他们的国籍和条约特权。而他们的第二大资产则是被孤立起来的租界。在这里，资产的价值既存在于可看见的土地，又存在于外国人对租界的管辖权。清政府只能部分地对租界内的中国人和企业行使主权，租界主要还是受到领事们、租界警察、法院和行政官员，以及汉璧礼或史密斯的合力管辖。

　　1883年9月6日，55岁的巴夏礼爵士乘一艘日本轮船回到了这个处于蜕变中的世界（他当年参与了对这个世界的塑造）。此刻，他在担任驻日本公使18年之后重返中国。威妥玛已经被召回英国，因为他拒绝重开针对《烟台条约》部分条款的讨论——这些条款涉及英国商人及印英殖民当局强烈反对的鸦片关税问题——并且，他自作主张，将所有外交和领事交流中清帝国应和外国地位保持平等的原则写入了该条约。而后来他索性承认自己"没能力"使条约获得正式批准。人们普遍相信，当时身在条约口岸的威妥玛及其下属将大部分时间花在了编纂字典和翻译书籍上。威妥玛一直都是一名学者。后来，他到剑桥大学担任汉语教授，这无疑是一个更适合他的岗位。[53] 同治皇帝于1875年1月驾崩，时年4岁的太后外甥随后登基成为光绪皇帝，并由太后掌握实权。巴夏礼返回中国，使之前陷入停顿的外交谈判取得可能的"进展"。巴夏礼抵达上海当天，大批兴奋的外侨前往迎接，期待他所代表的独树一帜的办事作风能够打开新的局面。赫德报告道："所有的领事馆工作人员都欢呼雀跃"，他们相信，巴夏礼将会"使中国官员们有所收敛，使海关重新受到有效监督"。一名领事馆官员翟理思（Herbert Allen Giles）报告道，这代表着"一个新时代的到来"。一名上海通讯员写道，我们需要"能办实事、具备常识的人"。英国公使依然保有"贸易专员"的旧头衔，这提醒着巴夏礼，他随时都可以利用这个头衔采取行动。在阿礼国和威妥玛主持下的北京外交部门已经成了贪图安逸的乐土。[54] 英国外交官并不了解外国（包括英国）对华贸易需要什么。他们认为，巴夏礼肯定了解这一切。而且，奇怪的是，他才抵达中国几天，广州的一场暴乱就导致沙面的财产被毁——而这些都是20年前他苦心经营所得。中国观察家注意到了这个巧合，并把它视为某种预兆。得知往日的这位恶霸返回中国，他们已经不知所措。可以确定的是，清政府将来必须处理更多的有关赔偿索取的要求。然而这位新上任的公使此时亦必须面对更大的问题，因为日本人和法国人分别在朝鲜和北圻对清政府施加了更多压力。赫德希望巴夏礼已经变得平和了一些，更希望他担任驻日公使的经历使他多了一些智慧，不至于再像在早期条约口岸时期那样为所欲为。此刻的巴夏礼已经成了鳏夫，他携带子女重游往日历险之地——甚至在他获释的周年纪念，回到那个曾经囚禁他和洛赫的监狱。他声称自己由于长期没有说中文，对中文已经十分"生疏"。翟理思留意到，他说中文的时候，至少表现得很自信（尽管人们有时看不出他的自信），因为他"说得口沫横飞、滔滔不绝，就像那些老一代说中文的老外一样，词汇量很有限，发音又完全不准……"，[55] 然而英国商人们却很欣赏他有限的词汇量。往日的巴夏礼曾经兴奋地叫嚣战争，现在却轮到别人高呼发动对华战争。如今法国人的呼声最大。而当他因为沙面暴乱对总理衙门官员拍桌子的时候，对方不甘示弱，当即拍案而起，指责他是战争贩子。

总的来说，赫德更加注意说话的语气，而他的词汇量也更加丰富，思维也十分广阔。他还是一名机会主义者。他的座右铭之一或许就是1885年1月他通过电报发给金登干的那条命令："把握机会"——当时赫德把金登干派到巴黎去解决海关和法国海军之间的争执，而金登干抓住了机会，帮助调解了法国和清帝国之间更严重的，也更具灾难性的战争。1868 年海关批准 3 艘轮船投入使用（其中包括"飞虎号"[Fei Hoo]），意在将当时还在迅速发展中的灯塔网络连接起来，它们往返于南方各处灯塔，为灯塔补充照明所用的煤油。1884 年 11 月 2 日，由布思（Booth）船长掌舵的"飞虎号"照例在台湾沿岸海域航行，为台湾的灯塔提供补给。但是，该船却在该岛西海岸的安平外海遭到法国海军扣押。从 10 月 23 日开始，法军对台湾实行了封锁，法国人把使印度支那脱离清帝国的一场战争带到了这座美丽的岛屿。法军占领了台湾北部的基隆，但却未能取得进一步突破，和在云南－安南边界一样，法军在当地进行的战争也不太顺利。其他的外国观察家对法国并没有太多的同情。刚实行的封锁预示着战争进入新的阶段，而布思船长从鹅銮鼻向北航行，可谓自投罗网。这可能是语言不通导致的误会，因为布思以为自己获准照常前进，但是法军发射的炮弹飞过了"飞虎号"的船头，则准确无误地表达了他们的意思。"飞虎号"被扣押在法军占领下的基隆，随着各处灯塔的补给品面临枯竭，它们渐次熄灭。当鹅銮鼻灯塔于 12 月 1 日熄灭之时，南方的整个灯塔网络即将陷入瘫痪。[56] 赫德还以为，8 月份的时候，他就已经确保了灯塔网络及其补给系统的运作，所以此事让法国人有效地对他施加了一点压力——赫德主持下的中国海关毕竟是一个中国政府部门。当赫德私下探询英国决策者对这场愈演愈烈的纠纷的立场时，电报已经在滴滴答答响个不停。如今他有足够的理由派遣金登干会晤法国总统茹费理（Jules Ferry），以"争取人类的共同利益"，同时亦使他的那些灯塔再次亮起来。[57] 当年阿礼国为马嘉理事件大发雷霆的时候，他不得不启程前往上海，和他在伦敦的外交部上司进行迅速、及时的交流，而这也更为他大发脾气提供了舞台。到了 1883 年，电报电缆铺设到了北京郊外的通州。隔年，首都又开设了电报局。安坐在北京电报局里的海关总税务司赫德已经可以直接把自己细致拟定的指示发给远在巴黎的金登干。

长期以来，这种沟通上的便利一直都构筑着中国梦的一部分，而这个梦想却在一场梦魇之中得到实现。从北京发出的第一封电报写道，法国公使馆人员将在中法战争前夕离开该城市。[58] 此时清帝国在北方和西南方受到攻击。随着法国人尝试巩固他们对印度支那的控制，已经和法国进行长期周旋的嗣德帝向他的宗主清朝皇帝求援。清政府别无选择，只能尝试捍卫清帝国的宗主国地位。不仅如此，法军大军压境，企图巩固法国对北圻的控制，进而把自己的势力扩张到边境以北的中国。因此，和台湾一样，边陲的战火如今烧到了中原地区。从1883年底开始，中法双方就进行了打打停停、未经正式宣战的战争——这一阶段的战争充分地暴露了法军和清朝新式军队的短处，因为在北圻交战时双方都未能有效地征服对方。但是，法国人把战争带到了中国沿海地区，使各城市居民陷入风声鹤唳的状态（人们蜂拥逃离上海和广州），并使市场受到影响。法国海军实行了封锁，在基隆登陆，并占领了澎湖列岛——当金登干还在巴黎谈判的时候，法国远征军总司令孤拔（Courbet）海军上将已于1885年4月1日在澎湖列岛升起三色旗。关于帝国主义者这次烧杀抢掠的举动，有许多值得注意之处。当清帝国忙于应付法国的威胁时，其他列强亦乘机叫嚣战争，使清政府坐立不安，其中就包括在朝鲜咄咄逼人的日本。而赫德主持下的中国海关则假惺惺地表现出自己的超国家关怀，借着为"全人类"服务的幌子，继续雇用敌国国民。此外，还有战争导致的新问题：法国人宣布其将开始拦截运送大米的商船，但是当时大部分进口大米都是由外国公司运送的，法国此举使外国公司纷纷喊冤——它们都属于中立国，如今却遭池鱼之殃。香港的中国码头工人以及许多其他人出于爱国义愤，拒绝为停泊在那里的法国船只服务，当孤拔驶入港口时，他们群起罢工并发动暴乱。清政府的内部精英围绕战争的好处进行了激烈的辩论——他们当中许多人认为这场战争有可能取得胜利——另外，还有人力主对法国采取绥靖政策，包括北洋大臣李鸿章在内的主和派认为战争的风险太大，尤其是考虑到当时日本人正活跃于朝鲜这一棘手的情况。[59] 清军在北圻打赢了中法战争的最后一场仗，而这场战役的失败促使了法国政府的倒台（当巴黎接到战败消息的时候，茹费理内阁当即倒台），清军总算在保全部分军人荣誉的情况下，撤离战场，退出印度支那。1884年8月23日，在短短几分钟之内，法国人在仔细勘测过的福州港上演了中法战争最触目惊心的一幕——根据一名目击者回忆，"整个过程不过7分钟"。在那7分钟之内，孤拔的军舰以舰炮和鱼雷攻击南洋水师的 11 艘军舰并摧毁了法国人日意格所筹建的弹药库。海关专员报告道："这简直不能被称为一场仗；这是一次赤裸裸的屠杀行动。"孤拔向巴黎发回报告："初战告捷。"随着南洋水师的军舰渐渐沉入水中，舰上水兵惨遭屠杀——法军毫不留情地用机关枪扫射甲板，根本不给他们投降的机会——随着他们和南洋水师沉入海底，20 年来人们对洋务运动寄予的厚望霎时间灰飞烟灭。[60]

洋务运动的基本理念是，清帝国借外国军事技术和相关知识来实现"中兴"，但不进行其他方面的改革。因此，弹药库、码头、轮船、步枪、阿姆斯特朗大炮和电报都可以得到运用，外国顾问亦可以参与财政事务、帮助训练专门人才，清帝国希望可以借此走上自强的康庄大道。在某种意义上，这项策略的确获得了成功，因为清帝国在 1884—1885 年的战争中坚守了阵地，也的确把战争拖到了僵持阶段——这本身就代表着某种惨胜。但是清帝国失去了印度支那，并在朝鲜陷入纷争，而福州的南洋水师全军覆没，更是奇耻大辱。中法战争后的清王朝马不停蹄地大量订购新式枪炮并构筑现代防御工事，新招聘了许多外国人担任陆军和海军顾问，订购了许多鱼雷艇。战争让中国人反思自己。之所以如此，在很大程度上是因为这场战争为许多人所知晓——新出现的中国印刷媒体对它进行了广泛的报道和讨论。《申报》派了一名俄国通讯员前往北圻，每个人都渴望得知战争的细节，这促使报界人士创办新的报纸。安纳斯脱·美查于 1884 年创办了《点石斋画报》，创刊号中就描绘了发生于北圻的这场冲突。这份画报迅速地重现并重塑了这场战争——此前，从来没有一场战争在中国本土获得过类似的报道。而且正因如此，正因为《申报》和香港媒体对战争进行了辩论、讨论和反思，年青一代思想家开始得出以下结论：中国的问题或许不在于清王朝缺乏阿姆斯特朗大炮、英勇善战的士兵或组织能力，中国的问题其实在另一些方面，而中国要想解决问题，就需要在另一些方面重塑自己。孙中山日后声称，在经历了这场战争并目睹了它的结果之后，他的思想更加激进——他先后领导了一系列革命组织，并于 1912 年短暂地担任"中华民国"的首任"总统"。长期以来，清帝国一直面对着许多敌人——宗教团体发动的起义、少数民族起义、秘密反清会党活动。清政府将洋务运动作为面对内外压力的策略，但是现在，这项策略却遭遇了破产。这促使一些人停下来反思，而这些人并没有考虑发动起义或叛乱等常见的造反行动。与官方奏折和辩论并存的，还有新媒体所催生出的新式讨论，而这些讨论或辩论最终也发展出了自己的动力和风格。很快地，大清帝国即将面临更大的震撼。但是，对一些人来说，耻辱已经够大了。中国亟须找到另一条前进的道路，才能生存下去。更糟的是，清朝皇室挪用了本计划用来重建海军并增强其作战能力的部分经费，来进行他们最重视的一项工程——重修颐和园。[61]使问题雪上加霜的是，海军并没有能够聘用更多的军官、购买更多的新式战舰，但却不得不出钱修建一艘精美绝伦的大理石石舫，兀自在北京西北颐和园的昆明湖上绽放光芒。尽管它毫无实用性，但在那里，它至少不需要担心遭到鱼雷的攻击。

9

周年纪念

"世间尽知上海城"。作为公共租界成立50周年张挂彩旗、灯饰的一部分，1893年11月上海的北京路路口张灯结彩，其中一条横幅赫然印上了这句标语。你将注意到，它不是一个问句，而是一句宣言，因为至少从表面来看，那些用中英文将10多句格言（包括以上那句）刻印在上海的街道和建筑物的人坚信自己已经取得了辉煌的胜利。他们声称：我们闻名天下，我们强悍无比，我们有所建树，我们高瞻远瞩。1843年11月17日巴富尔打开上海大门，让其正式实现对英贸易开放，他们将这一天当作纪念日，并进行周年纪念。因此，纪念上海作为万国都会的庆祝活动遵循的是固定的英国框架。如我们之前所见，这是十分合适的，因为所有的西方列强都是继英国人之后，怀着世俗目的进入中国的。他们本来可以挑选其他日期作为上海开埠周年纪念日。他们本来可以选择签订《南京条约》的日子进行周年纪念，或者1843年11月8日（那是巴富尔抵沪的日子），又或者是初步设立工部局的日子。但是，条约口岸是第一次鸦片战争的产物，而以上这些日子不是和这场战争有着明显的关系，就是湮没在档案馆里不为人知。于是，他们选择了上海对英国贸易"开放"的日子。横幅还声称，上海并不仅仅是一颗孤立的明珠，还是他们在中国世界内的一颗明珠，他们还吹嘘上海在他们更广阔的亚洲腹地内的地位：一条横幅赫然宣称"上海——东方殖民地的女王""所有的东方港口都一起来庆祝她们母亲的五十大寿吧！"另一条横幅上则宣称"合众为一"——这也是工部局的座右铭，现在，这则座右铭既绣在他们新的旗帜上，也镌刻在他们于英国订制的白银和青铜纪念奖章上。奖章上还刻有（一艘向东方航行的）轮船、茶叶以及棉树图案。当然，此时，半岛东方轮船公司的轮船依旧满载鸦片，但是"鸦片"这个字眼并没有出现在50周年的庆祝仪式上。50周年庆祝仪式那几天，清风徐徐，人们能够清楚地读到横幅和旗帜上的文字。但是，建筑物和街道本身都没能清楚地说出自己的故事，甚至现在矗立在外滩两旁的雕像和纪念碑也都没法做到这一点。某种不安悄悄地渗透了公共租界——11月17日和18日，上海外侨在街上游行或观礼，在那些高悬于他们头上的横幅上，那些标语在描述上海城市的景观之余，也透出了些许的不安。

那天早晨，他们在跑马场集结了志愿军团，和以往一样，来自港内军舰的海军仪仗队也加入了庆典活动，因为无论在什么地方，19世纪末的公共庆典仪式从来都少不了军人的风采。当队伍列队经过新的上海工部局旗帜时，他们对工部局人员、领事以及来自各界的军人贵宾敬礼。[1]这些军人贵宾包括皇家海军中国舰队司令埃德蒙·弗里曼特尔（Edmund Fremantle）海军上将，他于1853年首次任职于上海。工部局局长竟然对着他身着戎装、荷枪实弹的听众，一本正经地宣称："50年来，我们一直和当地人和睦共处，我们今天就是要纪念这种关系所带来的种种成就。"他进一步声称，既然上海的外侨群体被允许"为所欲为"，就应该做好捍卫自身安全的准备。11月17日当天，在跑马场集结的志愿军多达250人，这意味着公共租界每8名男性外国居民当中，就有1名做好了战斗的准备。志愿军团集结在1854年"泥城战役"故址，并在自鸣得意地发表演讲之后，沿着同一年来时的道路列队归去——领头的部队是上海外侨精英所属意的上海轻骑兵，他们沿着南京路一直走到黄浦江畔、公共花园以南的草坪上。慕维廉（William Muirhead）神父在那里发表"上海开埠50周年致辞"——那代表着来自另一个时代的声音，因为他早在1847年就作为伦敦传道会传教士来到了上海。慕维廉简略勾勒了上海的历史，并蜻蜓点水地介绍了1843年之前数世纪的上海，而从头到尾他都一直把上海城和租界混为一谈。他一次又一次地把听众的注意力集中到他们周围的一切：公园、树木、建筑物、有着码头和货仓的繁忙港口，以及最高法院。就在他们的正北方，矗立着一座新的纪念碑——巴夏礼爵士的雕像，它与马嘉理纪念碑、常胜军纪念碑并列，向西眺望着中国的腹地。巴夏礼于1885年3月死于任上，现在，上海外侨只能缅怀他的生平事迹和精神。上海的城市景观展示着这些令人瞩目的成就，并讲述着上海50年来的历史，尽管早期建筑当中，只有旗昌洋行得到了保存[2]——慕维廉还声称，上海外侨留下的遗产还包括英式房屋和家庭生活，这代表着"我们更高等的文明"，即基督教文明。但同时，慕维廉也认为，"基督和基督教"仍然"尚未扎根于这个国家"，并批评公共租界当局姑息各种"罪恶和恶习"——他所指的很可能就是那些遍布在整个租界的妓院和鸦片馆，以及那些依然停泊在外滩运载鸦片的大船。（那年人们拍摄的租界正面全景照片里，出现了至少3艘运载鸦片的大船。）人们恭候德高望重的慕维廉完成演讲，并报以热烈的掌声，接着在这个普天同庆的日子里继续载歌载舞。中午时分，港内战舰和志愿军团炮兵发射礼炮，然后步兵和海军陆战队对空鸣枪。他们向来喜欢演奏这种军乐，包括发射大炮和步枪，那天他们对着上海的天空万炮齐鸣，以示庆贺。

长期以来，关于如何合适地纪念上海开埠50周年、如何举行庆祝活动才算不过分铺张的讨论从未停止。缴纳地方税的纳税人组织了一个委员会讨论各种议案，时任《北华捷报》编辑的鲍勃·立德乐通过他主笔的社论激烈地批评该委员会做出的"软弱"的最后决定。[3]他们提议设立一座新公园、一家隔离病院、一座新的市政厅、一间招收中国儿童的公立学校，以及一间为贫苦中国人提供栖身之地的收容所。这场辩论的一方要求留下一些永久的印记，一些或许能够引起中国知识界同情和兴趣的事业——立德乐评论道："中国知识界倾向于把我们看作一个仅仅由守财奴组成的劣等民族。"他大力呼吁委员会开创教育事业，对此很多人表示同意。在这场辩论中，慕维廉声称，租界的中国居民是"自己人"，他们是我们的臣民，和外国居民一样缴税，因此我们有义务像对待英国殖民地臣民或"本国"儿童一样，为他们提供各种福利——所谓"本国"，指的当然就是英国。不久之前，英国教育立法规定，本国儿童可免费享有小学教育。辩论的另一方是那些在财政上更加谨慎的人——他们不乐意长期消耗工部局财政，让地方税纳税人长期负担更高的赋税，更何况前一年股市大跌，他们还没完全恢复过来。他们提议，租界应当举行一场派对，让租界里的所有外侨都吃喝一番，然后继续埋头工作——在他们看来，上海就是一座能够激励人们埋头工作的城市。传教士和教育工作者发表了充满激情的演讲，并致函媒体要求后者亦要大力呼吁发展教育事业，但纳税人却依旧不为所动，坚持举行上海开埠50周年的庆祝大会。委员会最后只象征性地在公共花园里新建了一座喷水池，算是留下了某种实体的印记。（只有在庆祝大会当天，公共花园才完全对外开放，允许中国人参观，大会结束后，它再次对中国人紧闭大门。）委员会之所以选在公共花园修建喷水池，是为了"避免中国人对它动手动脚"。[4] 但是，尽管租界当局实行这种种族歧视政策，还是有数万中国人拥进租界观礼——根据工部局的最终估计，观礼的中国人至少达到50万。尽管上海这片华洋混居区域里的中国居民观礼十分积极，但他们参与庆典的热情却不太高。10月初，工部局局长报告道，尽管屡次邀请各行会组织一支游行队伍，"（旅居上海的）大部分广东人似乎还是不想参与任何形式的公共游行"。[5] 一些中文标语高唱所谓的"条约保障下50年的中外友好关系"（而志愿军团出现在庆典上，本身就是一种对此标语的挑战），以及贸易给中外双方带来的利益；另一些标语则评论了庆典当天的第二项大型公共活动（一场夜间游行），并提前歌颂了照亮全城的璀璨灯火——尽管这些标语毫无新意，但至少它们没有引起争议。可是，到了傍晚，越来越多的人拥到了街上，场面变得混乱不堪：街道被挤得水泄不通，而消防员不得不粗鲁地推搡人群，才能穿过人海。尽管游行才刚刚开始，但已是人山人海，有时，有多达20人紧贴在一起。然后，他们沿着南京路前进，领头的是市铜管乐队和一条在救火车上"腾飞"的巨龙，后面的游行队伍高举标语或图片，这些标语和图片被灯火照亮，在黑夜中熠熠生辉。整个队伍沿着华灯初上的外滩来回游行，并穿过了专为这项活动打造的巨型拱门。各行会最终还是参与游行了，但是他们都自顾自地参与活动，和大队伍的步伐并不一致。如果说租界的外国居民的分歧在于庆祝活动应该留下怎样的遗产的话,那么,对于许多中国居民而言,尽管他们乐意观礼,但是他们对于外国人如此耀武扬威、隆重庆祝上海开埠50周年却始终心存疑虑,对于自己在上海公共场合受到各种限制更是十分反感。

庆祝活动的灯饰以及当天的混乱局面究竟反映出1893年上海的哪些方面,又反映出城内华洋混居的租界的何种性质,一直都是人们热衷讨论的课题,但是其中有两方面因素尤其值得我们注意:第一,庆典的外籍主办者和参与者始终认为,自己是在纪念一项互惠互利的事业;第二,它反映出洋人围绕自己在上海的地位而新近产生的某种不安,而这种不安甚至也广泛存在于中国各个条约口岸。这种不安最为明显的表现便是整个19世纪80年代存在于中国的所谓"新帝国主义"暴力。[6]法国人强行占领北圻,代表着时代已经改变:和之前列强对华战争不同的是,中法战争被完全整合进了系统的领土扩张这个更广泛的全球趋势之中。19世纪80年代是一个见证了欧洲列强侵略非洲并进入一个崭新的、如火如荼的阶段的新时代,其导火线是1882年英国占领埃及(苏伊士运河的通航以及当地民族主义者的起义,迫使他们卷入埃及事务),而其中最具有代表性的则是俾斯麦时代的德国突然加入了争夺殖民地的大国游戏。1884—1885年,德国宣称非洲和太平洋的一系列领地成为自己的保护国。列强紧接着召开了一系列绘制地图的峰会,第一场峰会就在柏林举行,各国代表在大会上调解领土纠纷并划定边界线。瓜分非洲,进入了一个崭新的、令人头晕目眩的阶段。到了19世纪80年代,英国商人和野心家几乎已经放弃了他们将中国作为其保护国的企图。现在"为时已晚",1863—1864年冬天,舍纳德·阿斯本和李泰国注定失败的所谓"中英联合舰队"启程西归,真正的机会也随之消逝。[7]他们要求并期望决策者采取的政策,是给中国人短暂而强烈的刺激:强烈到足以在必要时促使中国人改变想法,但同时,这种刺激又必须是短暂的,才不致造成不便。立德乐曾私下宣称:"我们不想发动对华战争",但"我们要捍卫我们的威望",这是"必须坚守的底线"。[8]但是新崛起的列强到处攻城略地,使整个气氛完全改变。在上海外侨隆重庆祝开埠50周年的各种仪式中,他们的孩子以及50年后这些孩子的未来被反复提及("家庭生活美满"似乎构成了该活动的主题)。而与此同时,同样关注着中国局势的其他人实际上正摩拳擦掌,准备掠夺更多的土地和资源。

上海外侨依旧缺乏安全感。如1888年《北华捷报》一篇社论所指出的,即使是在中法战争结束后,武力干涉也越来越不足以维持"我们对这个国家的控制"。因此,他们必须把自己的利益和中方利益紧密地"结合起来",一名评论者做出了以上回应,并主张他们必须在国内大力呼吁政府支持他们的在华事业,同时建议他们应该把自己同上海紧密结合起来——这样一来,任凭中国怎么改变,他们的地位都稳如泰山。针对这些"(把自身利益)和中方利益紧密结合起来"的请求,鲍勃·立德乐发表了一首诗进行反驳——诗中描绘了中国人凌驾于洋人之上的一幅未来场景。在这种例常的、乱七八糟的幻想中,只有中国人被允许进入公共花园,一艘轮船经过花园,"一名原住民发号施令","囚徒们都是白种人,而那些体格健硕的狱吏则从头到脚都是黄色皮肤"。在动物园里,一个"史前人类"被保存起来,那就是"最后的代办"。[9]在立德乐看来,这就是所谓的"融合"将会造成的后果。这不仅将会导致战败,还将会招致屈辱。"我们对这个国家的控制"将不复存在。洋人的这些担忧不足为奇,因为殖民者本来就不可避免地缺乏安全感,这是殖民者所必须承受的思想包袱。驻印英军吸取了1857年印度大起义的血腥教训,他们时刻保持警惕、枕戈待旦,甚至携带武器出席教堂礼拜,这种状况最鲜明地体现出了殖民者的这种思想包袱。因此,1893年11月16日工部局局长提到志愿军团必须具有应付"可能不时出现的地方起义"的能力,"哪怕这种起义是发生在管理得最好的地方"。[10]真正令人感到意外的是,1893年9月底《北华捷报》刊登了一则反映洋人草木皆兵的心理状态的传奇故事,即由"S. B. R."所作的《上海大逃亡以及中国舰队的被俘》(*The Shanghai Exodus and the Capture of the Chinese Fleet*)。这则故事以侵略战争为主线。德国崛起,导致欧洲列强之间关系紧张,使欧洲人感到不安——正是这种不安,塑造了这则故事,而这则故事又反过来成为当地骚乱新的导火索。1891年,一系列蓄谋已久的起义爆发了,其领头者自称"哥老会"

（一个以华中地区为大本营的民间帮派）。哥老会最早主张排外，最终转向反清。哥老会成员大多为镇压太平军之后被遣散的士兵，他们经营赌场并从事敲诈勒索的营生，还积极参与针对长江沿岸城市传教士的一系列暴乱。[11] 扬州一家孤儿院遭到了攻击，芜湖的教堂被毁。一名传教士和一名海关检查员在武穴被杀。人们开始担心上海发生暴乱，使租界受到冲击。英国和德国的炮艇在黄浦江中游弋。工部局给外侨发出通告：一旦听到有四门大炮快速发射，那么就表示暴乱已经发生（在黄浦江中开炮，具有多种作用）。赫德声称，这更多的是一种"萌芽阶段的叛乱，而非针对外国人或基督教的敌意"，尽管那时各种反基督教的宣传早已流传甚广。那年9月，一名年轻的海关助理，英国人查尔斯·曼森（Charles Mason），因为给哥老会走私武器被捕，才真正使此事闹得沸沸扬扬。[12] 赫德接着写道："只要暴民稍加组织，就能在一两个小时之内将整个租界夷为平地"——他和其他人一再重复这一点。曼森参与哥老会的暴动，并将35箱左轮手枪和步枪走私到镇江，这似乎意味着哥老会的组织在变得更加严谨，其对长江沿岸租界的威胁也在变得更加严重。

这些局势的发展促使在华外侨以新的形势表达自己长期以来的恐惧。S. B. R. 以侵略战争为主线的传奇故事其实并非他所原创，它在形式上仍属于维多利亚时代一种受人欢迎的新体裁。这种体裁最值得注意的作品是乔治·切斯尼（George Chesney）脍炙人口的小说《多尔金之战》（*The Battle of Dorking*）。该作描写了德国人如何成功地突袭英国并占领英国全境的故事，之后涌现的作品还包括《19世纪90年代的大战》（*The Great War of 189-*，该作于1892年开始连载），以及威廉·勒丘（William Le Quex）所作的《1897年的大战》（*The Great War of 1897*，该作于1893年开始连载）。S. B. R. 的作品甚至不是第一则以上海为背景的故事：早在1871年，当外侨对天津暴乱记忆犹新的时候，人们就已经出版了一部类似的剧本，但是这部作品显然深受当时局势的变化和人们的恐惧心理所影响。[13] 故事是这样的：随着欧洲战争的爆发，一支接受西式训练的中国军队（有十万人之众）向上海租界进军。总理衙门声称，他们都来自一个秘密排外会党，所以不受当局指挥。仍然留在中国沿海水域的外国海军力量已经十分薄弱，他们决定弭兵休战，然后再一起前往上海救援当地的外侨群体。登陆上海的部队同警察和志愿军团会合，（在"享受一顿丰盛的早餐之后"）并尝试防守上海。但是，即使在加特林机枪扫倒一片敌军之后，中国军队依然如潮水般涌来，这使外国部队倍感压力。慕维廉曾经赞赏有加的上海城市景观实则过于开阔，而且又缺乏防御工事，所以根本无险可守。外国军队成功地守住桥梁，但是中国军队还是通过坟场和法租界之间的空隙突入公共租界。外国部队撤退到江中军舰上，并随着整个租界被熊熊烈焰所照亮，狼狈地撤离上海——在军舰炮击上海之后，中国士兵和抢劫者纵火焚烧那些幸免于炮火的建筑物，景象颇为壮观。外国人唯一的慰藉就是，敌方伤亡远超过己方伤亡。而且，他们集结在赫德所主持建造的一艘灯塔补给船附近并准备向南航行到香港避难之前，成功地俘获了中国舰队。作者的幻想至此戛然而止，因为欧洲战争依然没有停止的迹象，列强也不可能和清政府达成最终的解决方案。但是，S. B. R. 提到，毋庸置疑，清政府将会受到惩罚，他们将会给列强赔款——赔偿金将会"来自海关收入"。这则虚构的、充满暴力的传奇故事还加入了许多平淡无奇的细节（比如那顿早餐，比如向中国索取的赔偿），而它的出版时间尤其值得注意，因为从时间上来看它正好构成了上海开埠50周年庆典的前奏。但不管怎么说，至少在表面上，庆典的目的还是为了纪念中外友好关系以及贸易往来，并希望借此使租界少一点烧杀抢掠的色彩。而这则故事同时也反映出，在19世纪90年代初，新产生的恐惧是如何影响租界里外侨生活的常规军事化的——这些恐惧的来源包括秘密排外会党、接受西式训练的中国军队所存在的隐患，以及围绕战争的更广泛的世纪末恐惧。庆典上的另一个标语宣称"自己（上海外侨）的租界自己保卫"，但是S. B. R.和其他一些人问道，敌军人多势众，如果再加上良好的组织，外侨还能不能胜任保卫租界的重大任务呢？另外，既然欧洲强权政治风云变幻，列强在华租界又将会在多大程度上受到欧洲局势的影响呢？

这样来看，纵使已然过了50年，外侨对局势却依然很害怕。尽管他们已经可以昂首阔步地在租界内走动——慕维廉骄傲地宣称，他们可以"毫无恐惧地"走在租界的大街小巷。和上海开埠早期以及他和弗里曼特尔经历过的战争岁月相比，这不啻天壤之别。[14]但是，中国国力的强大以及欧洲列强之间的竞争可能会导致的冲突仍然令他们感到担忧，这些冲突很可能使他们50年来所获得的一切付诸东流。他们本来无须担心这些，因为事实很快证明，中国军事力量看似强大，实则外强中干，而欧洲列强和日本之间的竞争关系也即将为他们开辟新天地，让他们大展拳脚：新的条约口岸、索取赔款或其他好处的新机会、让他们在模范租界及其他租界展开更多不同业务的新权利。但同样，他们也即将面对来自其他方面的挑战。事实上，在租界举行上海开埠50周年庆典前的几个月，中国沿海城市的一群名人走进了伦敦上议院的一间会议室，并接受了皇家鸦片委员会（Royal Commission on Opium）的讯问。之前，我们已经熟悉了他们当中的好几位：理雅各、戴德生、李泰国、威妥玛、雒魏林、宓吉都在会上各抒己见。这些早期会谈除了讨论鸦片问题，还讨论了过去55年中英关系中的经验与教训。唐纳德·马地臣（Donald Matheson）回顾了他在1830年广州停止对外贸易时的经历。李泰国告诉委员会自己从亲身经历中总结出来的结论："你一旦屈服于中国人，他们就会马上亮出刀子。"他主张，对于禁吸鸦片协会（Anti-Opium Society）做出的"我们以武力将鸦片强加给中国"的诽谤，不应该做出让步，而是应当据理力争。李泰国指出，历史已经证明这些指责并不属实。但是，反鸦片人士解释道，这是中国人的观点，而不是他们的观点，因为历史"不止一面"，但是中国人的理解将会损害我们的利益，使中外贸易受挫。威妥玛更加冷静地叙述了自己所理解的那段历史：鸦片的影响十分有限，冲突的根源实则在于英国人企图"保障稳定持久的中外关系"。会上的其他人都是取缔鸦片贸易协会的领军人物，20年来，该协会一直呼吁有关当局认真讨论英国在鸦片贸易中扮演的角色。《烟台条约》针对鸦片贸易提出了许多改进建议，这导致该条约无法获得正式批准，也促使取缔鸦片贸易协会真正行动起来。该协会争取到大量支持，最终实现了自己的政治目标：1892年，威廉·格莱斯顿第四次当选英国首相，并任命皇家鸦片委员会调查印度鸦片的生产和贸易情形，研究禁烟的可能以及必须为此承担的代价。在反鸦片人士看来，该委员会是失败的，因为它于1895年得出的结论是：反鸦片人士之所以主张禁烟，主要还是出于道德考量，而非现实考量；印度殖民政府的财政十分依赖鸦片贸易；鸦片是一种基本无害的药品；印度当局普遍反对禁烟。该委员会还发表了篇幅很长的附录，回顾了截至《南京条约》的英国在华活动的历史，尽管对英国在华劣迹做出了些许批评——"必须承认，将鸦片引入中国，对英国来说并不光彩"——但它最终的结论仍是："对华宣战，并不是为了将鸦片强加于中国。"[15]

尽管英国国会刚刚围绕着英国在华活动的历史展开了辩论，但是，在两个月之后的上海，人们基本没怎么关心这个主题，至少在庆典当天的公共演讲中，鲜有关于这个主题的讨论。然而，媒体和小册子却发表了许多回顾50年"进步"的文章。同时，由中国人、日本人和西方人经营的照相馆也推出了许多纪念性的照片供人收藏。鲍勃·立德乐和其他人则撰文回顾了租界的"早期历史"：他们当中许多人对比了19世纪40年代以来英国租界的外在变化。比如，如今已被重复了无数遍的外国殖民者战胜了"沼泽的蛮荒"的故事（弗里曼特尔语）。尘封已久的工部局档案（这些档案"记载了许多细节"）第一次有人阅览，通过对工部局会议记录的摘录，世人渐渐知道"我们的先辈是如何不遗余力地打造一个模范租界的"。[16]但是，记载了许多细节的档案本身也令人不安。当时有人反对为中国人兴建学校以纪念上海开埠50周年的计划。他们要求工部局出具正式的法律条文，他们想知道《土地法》是否允许该局创建或经营学校。但很快，他们便被说服并且撤回了这个要求。如立德乐所说，"工部局的领导向来都没有要求严格界定自己的权限"，他们似乎是在有意回避这个问题，因为"天下最不方便的事情（或许还会造成伤害）就是：受到那些条例限制，然后严格规定自己能做哪些事情，又不能做哪些事情"。租界当局向来都援引先例作为其行事的准则，并且，他们也懂得随机应变，他们还认为，"我们应当满足于自己所拥有的"。[17]辩论很快就被压制下去，这恰恰暴露出了另一个引起不安的根本原因，那就是：上海公共租界缺乏牢固的法律基础。这并非上海独有的问题。举例来说，厦门英租界这个弹丸之地之所以会存在，其实凭借的所谓"法律基础"，也不过是英国人的傲慢的声明和具有挑衅意味的关税保护政策罢了。[18]欧洲人和他们的盟友所划定的租界范围往往远远超过前来缔结条约的清政府谈判代表们的想象，甚至也超出了地方官员的想象（这些地方官员负责在欧洲人选定的地区执行相关条文）。这并不稀奇，因为帝国的缔造者，从来都是那些挑战边界线，并对他国提出领土要求的人。然而，这却导致了某种不安，迫使在华外侨时刻武装自己，而同时，这也给条约口岸的生活和政治增添了一份焦虑。这还可能使致力于维持现状或在上海"争取更多"利益的在华外侨遇到困难。

当然，其他地方也举办了开埠50周年的庆祝活动。早在两年前的1891年1月，香港就举行了开埠50周年的庆祝活动。在50年前，义律发表声明，宣布香港岛被割让给英国。[19] 香港的庆典更加肃穆，因为这座城市从来都具备着某种古板的气质，也受到更加浓厚的英国文化熏陶。当地圣公会和罗马天主教堂都举行了感恩祈祷仪式，甚至当地帕西人群体也举行了纪念仪式。香港当局没有必要像上海租界当局一样展示英国的军事力量，因为香港和上海不同，它处于英国的牢固控制之下，和驻上海炮兵屡屡齐射不同，驻香港炮兵不过在港内发射过一次礼炮。最重要的社交活动——在市政厅、怡和洋行和康科迪亚德国俱乐部（German Club Concordia）举行的舞会——反映出它们才是这里的权力和影响力的中心。怡和洋行在香港的势力很大，而当地德国侨民社群无论在社会领域还是商业领域都十分显赫。在接下来的20年里，各条约口岸的英国和德国侨民之间一直保持着紧密的商贸合作关系。香港和上海虽然一样打着"维持中外友好关系"的旗号，但是其意义却不尽相同（香港开埠50周年庆典也不像上海那样强调中国人的参与）。这是因为香港总督在致维多利亚女王的信中强调，居住在这里的"不同种族"都能"享受到同等权利以及同等正义"。一些显赫的中国人加入了庆典的筹备委员会，而在上海开埠50周年筹备委员会中则没有任何中国会员，因为其会员都选自缴纳了外国地方税的纳税人名单。香港外侨在谈到他们和中国人之间的关系时，往往采用不同的论述方式，尽管他们所说的和现实存在一定出入。慕维廉所描绘的上海并不符合实际情况，而若将他对上海的描述放到香港，那么情况就基本属实了。尽管香港警方执法很严（庆典当天早晨，香港警方制止了一场大规模的"帮派群殴"),而且中国居民无论在法律条文中还是实际执法过程中都经常遭受歧视,但香港的中国居民毕竟都算"英国臣民"。至少在某种意义上,殖民政府对他们和英国人一视同仁,因为即使是侨居香港的英国人,也没有投票权。[20] 上海的外国商人可以左右当地政治。到了 1893 年,外国妇女首次出席地方税纳税人会议并参与投票。渐渐地,受英国殖民统治的香港正式成了更广大的英国殖民世界的一部分,听命于英国政府的一个部门——殖民部——并由该部门的官员进行管理。香港总督享有一定的自主权,但是必须遵守条约口岸并未明文规定的官方政策指令以及法律规范。而且,和移民到英国其他非殖民地领地的臣民一样,当地英国臣民也没有任何政治权利。整个法律架构经常对他们有利,"白种人"之间的团结,意味着殖民政府官员将会偏袒他们。另一方面,英语虽是当地的强势语言,但是他们无权针对殖民政府发表看法。

和 25 年前的上海迥然不同的是,1893 年庆典中的在华外侨社群大多沉浸在家庭生活之中。尽管上海开埠 50 周年庆典结束后,租界当局没有兴建学校,租界的外国小孩还是在庆典的派对上齐聚一堂,他们甚至还组织了一支 200 人的合唱团,一起高歌了一首"纪念上海开埠 50 周年的赞歌",他们这样唱道:"城墙千丈平地起 / 上海开埠的老前辈啊,你们既勇敢又真诚!"[21] 这些小孩的未来以及他们在上海的未来值得我们注意。上海开埠最初几十年期间,依然几乎是清一色的成年男性的世界,随着时间的推移,这一情况慢慢地发生了改变。但这种情况并没有完全消失,因为贸易公司、布道所和工部局或其他机构一般都规定,至少在首次任期结束、请假回国前,男性职员禁止结婚。[22] 年轻男子必须自己想办法解决感情和生理需求,只要他们注意隐秘,并且避免爆发丑闻即可(他们当中并不是所有人都成功地做到了这些)。一些公司也不再接受外籍职员高调地包养亚洲情妇。尽管中国向来是外国男子的游乐园,但是也有越来越多的外国女子开始携孩子来到中国。1870 年上海租界共有 1666 名外国居民,男性人数为女性的 6 倍;此外,还有 167 名儿童。到了 1895 年,上海租界共有 1389 名儿童和 3295 名外国成年居民,外国成年居民男女比例也比之前更加平衡(1.7∶1)。而到了 19 世纪末,部分外国女性(开始为了工作前来中国，而1895年之后工部局开始为维多利亚疗养院聘请护士，该疗养院计划在1901年投入使用）则更扩大了这种局面。与此同时，从欧洲和北美前来中国卖淫的女性也日渐增加。[23]尽管如此，大多数外国女性之所以前来中国，依然是为了追随她们的未婚夫或丈夫。

在华传教士人数剧增，塑造了中国越来越多的外侨家庭。当戴德生答复皇家鸦片委员会讯问的时候，中国内地会共有580名职员，这些职员在中国18个省当中的14个展开工作。1889年的一次调查显示，中国共有近1300名外国传教士（包括近400对夫妇）。[24]要安置这么多家庭，意味着必须重塑条约口岸的建筑格局，要将住宅区和工作区分开来。同时，随着传统的商行大院日渐没落，租界当局有必要开始修建更多的家庭住房。商行大院的没落，部分原因还在于不断攀升的地价，这意味着旧有的、追求奢华生活的用地模式变得不经济了。投机性建房的结果是，在远离上海租界中心地带的地区，新建的西方风格别墅沿街而立——这主要还是因为租界的外国居民依然希望和中国居民居住区保持一段距离。在那些新的外侨居住区里，出现了不同的、有时涉及复杂感情的中外交流模式：在这种模式里，欧洲女主人负责每天监督仆人做家务，而他们的孩子则交由中国"阿妈"、保姆以及奶妈照看。之所以必须聘请中国奶妈，是因为人们通常认为，欧洲女性无法适应亚洲气候，无法为自己的孩子哺乳。来到亚洲，欧洲女性的身体便会不堪负荷。1873年厦门的一名医生声称，"必须从这方面改造欧洲人的体质，欧洲人才能在这里过上好日子"。[25]在欧洲人的家庭生活中，"阿妈"们从来都扮演着举足轻重的角色。轮船公司为前往欧洲的"阿妈"推出特价船票，而媒体通讯员则抱怨她们一边看小孩，一边占着公园里的座椅。那个时代留下来的照片当中，有不少是外国孩童与中国"阿妈"的合影，人们很少提起的是：这些仆人和外国幼童之间其实已经培养出了深厚的感情。甚至有许多人坚称，这些外国幼童说他们"阿妈"的语言，比说自己的母语还要流利一些。更多人注意到了一个更残酷的事实：由于气候的原因，居住在条约口岸和传教站的外国孩童死亡率依然居高不下，而分娩本身也会带来危险。[26]在上海，鲍勃·立德乐的弟弟路易斯的4个孩子当中有2个夭折了；在北京，卜士礼夫妇则失去了他们6个孩子当中的5个。以前，外国墓园里埋葬的都是士兵，如今，却有许多的婴儿埋葬于此。

人们总是在回忆录中花费许多笔墨描写主人与忠心耿耿、情真意切的仆人之间的关系，或者在日常生活中，厨师和"男佣"的厚脸皮无赖行为，以及偷鸡摸狗的勾当。而其中的大部分情节其实都并非中国所独有。和在其他的欧洲殖民地以及本土一样，欧洲妇女向来认为自己有必要操持家务，因此，无论在哪里，她们也都和仆人维持着这种对立的关系。[27] 从回忆录来看，欧洲妇女在家里确立自己相对于仆人们的优越地位，常常会让双方关系变得更加紧张。许多外国妇女都是初次来到中国（她们要么在中国举行婚礼，要么在男人们放长假期间回自己的国家结婚），而且，"上海的外国人又没有对仆人说汉语的习惯"，这就使情况变得更加复杂。[28] 此外，她们所熟悉的主仆关系还深深地渗透了"和中国人打交道时，务必保持欧洲人的尊严"的观念——秉持这种观念的欧洲人，往往把对中国人的让步视作"卑躬屈膝"。领事和法院往往必须处理由此导致的部分后果：仆人们指控雇主对他们施加暴力，或者扣压工资，而雇主们则辩称自己只是为了确保仆人们履行合约（所谓"合约"，经常只是模糊的口头承诺）。此外，他们还经常性地指控仆人偷窃。赫德的运气似乎有点差，因为这些年来，他的3名"男佣"都发疯了："依我看，他们的生活太沉闷了，我又不经常对他们发威！"[29] 即使主仆关系问题重重（一些回忆录经常记录着高得离谱的伙食费，因为仆人们经常从伙食费中赚取佣金），即使在某些特殊情况下主人必须制止仆人，甚至解除他们的武装（赫德的第三任男仆小李偷了他主人的手枪），但是，在更多的时候，主仆之间会达成妥协，因为哪怕仅仅是由于孤独寂寞，也都会有助于增强主仆之间的感情。这是一种十分特殊的情况，因为从某个角度来看，他们共享欧洲家庭的实体空间和情感空间；但从另一个角度来看，他们又无法从真正意义上和欧洲家庭共享这些空间。此外还有围绕健康和卫生的顾虑。检查仆人的双手，检查他们的住所，看着他们清洗食材，看着他们准备食物，外国人坚信，这些都是性命攸关的事情：这一切都直接关系到自己和孩子们的生命。保持卫生的前线就在厨房，而每个家庭的欧洲女主人都必须坚守在这条前线。撇开健康问题不谈,这种环境对于外国小孩,尤其是男孩成长的影响,也是一个值得探讨的问题。评论者担心,"阿妈"们会"宠坏"孩子,年幼的"男主人"和"女主人"一旦心血来潮提出某个要求,她们都会讨好地尽量予以满足。如此溺爱男孩,将会使他失去男子气概。人们主张尽早让孩子离开这种环境,但是这并不可行。随着条约口岸外侨群体以及传教士的家庭生活变得日渐复杂,租界社会也从根本上变得复杂化了,它迎来了越来越多的长期住在租界里的外侨中低阶层和中产阶级人士。租界的这些居民,往往难以负担孩子留学的费用。同时,即使在上海这种规模较大的租界,学校也并不多。除了担心中国保姆教坏孩子,外侨还担心仆人将疾病传染给孩子们,甚至担心护士或"阿妈"给啼哭的小孩服用鸦片制剂,使他们镇静下来。因此,医生们开始劝阻外侨聘用中国奶妈,并建议他们用奶瓶给孩子喂食作为替代。[30] 包括赫德在内的部分富裕的外侨有能力带着外国保姆或女佣来到中国,但绝大多数外侨都没有能力这么做。

尽管香港和上海都举办了开埠 50 周年的庆典活动并分别庆祝了两地外侨群体的诞生(两地外侨群体还派出运动队互相对垒),但是,外侨群体还是必须经常面对家人远隔重洋、分隔两地的现实。有时年轻母亲为了自己和婴儿的健康,会把孩子送回国内,而自己则前往西方或东方。远渡重洋本身就会带来极大的危险:1892 年 10 月 14 日,半岛东方轮船公司的轮船"布哈拉号"(Bokhara)离开上海,2 天后它被台风吹到澎湖列岛,船上 146 名乘客和船员当中,仅有 23 名生还者。一支香港板球队除了 2 名队员之外全都葬身鱼腹。海关监察员坎尼夫(Cunnify)的妻子和孩子乘坐该船回国,不幸罹难。人们找到了坎尼夫妻子的遗体,她的孩子和她还紧紧地绑在一起。坎尼夫因此自杀了。[31] 这起悲剧引起了这么大的反响,是因为当时航海技术已经如此成熟,许多家庭也十分依赖这些技术。但是,航海图和天气预报仅仅降低了风险,却并没有使风险完全消失。回国的航程十分漫长,但却充满欢乐气氛。一方面,封闭环境内的近距离彼此接触,使得许多夫妻劳燕分飞,另一方面这种环境也容易让人们遇到未来的伴侣。毋庸置疑,远隔重洋的分离使婚姻和订婚都充满了困难——

例如詹姆斯·道的婚姻和鲍勃·立德乐的婚姻——但是分离本身就是殖民者必须面对的现实，也是移民者生活中不可缺少的一部分。尽管人们已经习惯面对离别，各地之间的交流也在变得更加便捷，但是，人们依然需要为此付出巨大的情感代价。离家的子女一去不复返，或者长时间不回家，她们或前往中国去寻找工作机会，或和她们的丈夫悄悄会面。领事馆和雇主的文档中经常夹带着忧心如焚的家长们寄来的信件，询问子女们的信息——他们的子女不是长时间没有写信回家，就是没有汇款回家——或者询问子女的近况或改变后的地址。这些信件和其他的文档显示出，尽管在华外侨的收入不算高，但他们依然会使用有限的收入为远在欧洲的双亲和兄弟姐妹提供生活费，或在欧洲投资房地产或企业，又或者资助其他家庭成员移民海外。总之，中国沿海地区并没有同欧洲殖民主义和移民故事截然分离开来——书信和汇款、轮船和电报、甜蜜爱情、丧亲之痛和思念之苦都把它们紧紧地结合起来。

尽管香港和上海开埠50周年庆典意在庆祝外侨在华事业的成功，但档案文件里同时也诉说着外侨的失败——失败的例子也很常见，至少在数量上不亚于成功的例子。如我们所看到的，洋人早期在华设立的大公司最终大多数都破产了，因为它们当中的多数都没能随着贸易世界的变化做出必要的适应，使业务多样化。规模更小的公司和合作企业更加没法挺过发生在1865年或1883年的经济风暴。詹姆斯·道于1865年破产之后便一蹶不振——在华奋斗25年之后，他于1875年在上海逝世，只留下了价值不足300英镑的地产。但是，无遗嘱死亡者的故事则更加悲惨：马修·洛根（Mathew Logan）死于1885年，留下了一名"寡妇（一名中国妇女）"，而她"既没钱又没吃的"，只有"一点家具"，穷困潦倒；妓女艾达·普拉姆（Ida Plumb）死后只留下了自己的衣物和几件首饰；江南硝酸制造厂（Kiangnan Acid Works）保安人员亚历克斯·斯图亚特（Alex Stuart）死后"没留下怀表、金钱、首饰……没留下书信或文件"；曾经担任灯塔看守人的斯坦福（Stanford）被发现倒毙在一间"棚屋"里，身边是他的日本伴侣，他留下了"一点房地产，以及沉重的债务"；安德鲁·米利根（Andrew Milligan）去世时的情况是"无业、放纵自己、家庭分崩离析"。这些人包括警察、前海关工作人员、酒吧老板、妓女、店员、海员，他们经常处于无业状态，因为当地根本没有工作。他们死在上海公济医院，而且经常死在为贫苦病人提供的免费病床上。他们死于霍乱、痢疾、伤寒和肺痨。他们或溺死，或割喉自杀，或吸食大量鸦片而死，然后，他们被草草埋葬。官方文件经常记载他们没有任何亲人，没有任何文件，也没有留下任何遗物。在多数情况下，这些男人唯一的所有物是一块怀表，在主人死去之后，它兀自发出清脆的滴答声。除此之外，他们是完全隐形的，仿佛从人间蒸发一般——至于他们的祖先究竟是谁，根本无从考证。他们在人世间留下的唯一痕迹是领事在笔记簿里简略的文字记录。人们变卖了他们的所有物，而变卖所得不是被拿去还债，就是被交给死者亲戚派来的联系人。和他们一起生活的中国或日本女人也无人问津，甚至没人把男人们的死讯通知她们。她们的姓名从不出现在文字记录里，有时，我们甚至无从知晓她们的国籍，因为她们的看法并不算数，而人们一般也都会无视她们的存在，除非她们有能力援引英国法律，证明自己和死者的法定夫妻关系（极少有人能做到这一点）。我们可以透过这些档案文件一窥贫困外侨的世界，以及底层洋人是如何在中国挣扎求存的。威廉·惠勒（William Wheeler）一直和他的日本妻子合力经营一家名为"有家小馆"的酒馆。一名目不识丁、曾经从事卖淫交易的美国黑人妇女玛丽·贝里（Mary Berry）拿自己的积蓄（她还当掉了自己的首饰），和前警员罗伯特·赖特（Robert Wright）的积蓄凑到了一起，然后，他们于1879年开始尝试经营一家名为"野猪头"的酒馆。贝里声称，赖特曾对她说："老女人，看看我们能一起挣多少钱。从此以后，我们就是生意伙伴了。"他在隔年去世，并被草草埋葬。贝里则继续留在上海，并再次出现在1887年的档案文件中——和她同居两年的海员在那年去世，而他的个人资料也被记录在那些文件里。[32] 关于这些外国人在华生活的记录并不多，但我们可以肯定，他们确实在中国生活过，并死在了中国。

他们当中许多人的"家庭分崩离析"，但更多人还是能够勉强度日的，因为由监工、警佐、工头和检察官组成的上层工人阶级还是能住在条件不错的宿舍里的。中国固定地为他们提供这些机会，而他们也决定扎根在中国，因为对这个阶级来说，他们可以比较轻松地过日子，甚至还可以请到廉价的仆人。他们当中的确有一些人是寂寂无闻的，但也有一些人则在中国足足待了数十年之久——他们的子女（有时还包括孙儿）也在中国找到工作或配偶。曾经担任海员的乔治·斯金纳（George Skinner）于1866年加入上海巡捕房，后来又离开警队担任工部局管理人员，而他的3个女儿都嫁给了更好的人家——因为在中国的外国女孩并不多——而如果她们留在英格兰萨默塞特郡的老家，是肯定找不到那样好的人家的。乔治·克兰克（George Crank）在1893年重走了斯金纳走过的路，他先是在警队服务，然后任职于海关；他的4个女儿嫁给了上海的警员，2个儿子则加入了警队。弗兰克·爱德华兹则把他的2个儿子分别安置在海关灯塔单位和厦门的码头货运公司。他的女儿嫁给了一名海关工作人员。灯塔单位经常为工作人员的子女安排工作岗位——乔治·泰勒的女儿在父亲死后就得到了打字员的职位。这种情况或许是出于善意，但也可能是出于政治原因：赫德试图利用海关任职的提名取悦欧洲的外国外交官或政治家。上海工部局在伦敦招聘工作人员，但同样把一些工作岗位保留给家庭成员，或者某个小圈子。当局势看似动荡不安时，鲍勃·立德乐写道："我必须留在上海，毕竟我熟悉这里，人们也都知道我。"[33] 他申请了新加坡的工作岗位，但很快又回到上海，并在1882年首次使用电灯照亮了上海，到了那年10月，外滩上增添了10盏路灯。[34] 在他抵达中国44年之后的1906年，立德乐在上海去世。和鲍勃·立德乐相比，阿奇博尔德·立德乐更加活跃——他早就顺着巴夏礼冰冷的目光，溯长江西去。对于某些人，尤其是来自军队的人而言，香港充当了他们前往中国任职的跳板；而对于另一些人来说，上海则是他们北上天津或溯长江西去的中转站。在这些下层和中层人士之上，还有一个由更加成功的上海人组成的精英世界。而且，随着业务的增长，包括太古集团、怡和洋行和汇丰银行在内的公司一般都倾向于让其职员在各港口之间来回流动，有时还将他们派往日本以及东南亚的分支机构。于是，人们开始对安居于上海和天津的外侨与流动的外侨做出明确的区分。在流动外侨的眼中和口中，前二者不过是"穷困的白人"。在1893年开埠50周年庆典上，那些流动外侨大多身在行政人员或志愿军团之列，并获得了青铜纪念章，而那些社会地位较高者则获得了白银纪念章。尽管他们和当地精英拥有不少共同利益，但在接下来的50年里，双方将在政治上渐行渐远，因为流动外侨的利益更加多变，在政治上也更加灵活，而扎根于上海的外侨，无论其属于精英阶层还是身份卑微，都在政治上缺乏灵活性。

即使在旧模式里，也依然存在可以进行开拓性尝试的空间，从而让人们在一个又一个港口追逐着"黄金国"。宓吉已不再漂泊流浪，但是阿奇博尔德·立德乐却继承了宓吉的作风。立德乐于1883年2月前往中国西部，其间寄回不少书信。他打算日后将这些书信出版，以使自己此行的目的昭告天下。他不断号召外国人深入这片处于边疆地区的丰饶的处女地，也就是尚未被外国商人和创业者占领的四川省。轮船何不继续向西航行？何不航行到江河的源头？《烟台条约》允许外国人在内地进行贸易活动，但只能利用中国船只运载货物。他问道：为何浪费6周的时间，用中国帆船运载货物走完通往重庆的最后500英里航程？（这比从伦敦乘坐轮船到上海的时间还长。）大多数人认为，那是因为航线上的峡谷和险滩，但是阿奇博尔德·立德乐并不认为那是不可逾越的障碍——用轮船运载货物到重庆，既是可行的，也是必需的。他觉得自己就可以完成这项英雄壮举。因此，立德乐大力呼吁人们支持他的这项壮举。他在伦敦筹集款项，订购了一艘轮船，在格拉斯哥预制轮船零件，并在上海进行组装，然后于1889年2月起航前往宜昌，并准备续程往西。但是，英国外交官不愿在这件事上坚持到底，而总理衙门和地方官员也一直闪烁其词。立德乐及其伙伴想，"啊，现在，老故事又上演了：闪烁其词的中国官员和懦弱无能的英国官员"。支持立德乐的一名观察者沉思片刻，说道："尽管我们不可能期待中国人再给我们什么新的权利，但是他们将已经承诺的权利收回，还是有些奇怪。"濮兰德后来评论道："中国人是训练有素的消极抵抗者"，他们相当成功地抵制了这项方案。[35]

先驱者并不总是能取得成功。下一次关于"进军"长江下游的成功倡议来自于李德立（Edward Selby Little）。他为自己和其他人攫取了清帝国的一小块土地。李德立是一名出生于英国多塞特郡的卫理公会传教士，从 1886 年起，他就在镇江展开工作。他于 1895 年末获得了九江以南一座山峰（庐山牯牛岭长冲一带）的地契——夏季的九江热气蒸腾，山上却凉风习习。李德立将山峰重新命名为"牯岭"——他不过想附庸风雅，因为"牯岭"和英文 Cooling① 谐音。"牯岭"之名流传至今。获得地契之后，他开始将小片土地卖给传教士和其他外国居民。他建设了基础设施，并很快卖出了 130 块地产，而这个房地产开发区看起来也越来越像一块独立于中国领土的土地：那里有牯岭委员会、一家医院和一间公共图书馆。[36] 如我们所看到的，每个条约口岸都有自己的"避暑胜地"——平原地区和贸易口岸酷热难耐，使人无精打采，而这些"避暑胜地"则恰似一个个避难所。这些"避暑胜地"起初都是外国人未经正规手续租赁的庙宇，它们当中的一部分成了微型的条约口岸。牯岭成了一间重要的疗养院兼夏季别墅。到了 1921 年，外国居民在此建立了 500 多间房子，这既吸引了上海和天津的百货商场在这里开设夏季分店，还吸引了轮船公司在广告上不断宣传从上海往返牯岭的航线。不仅如此，越来越多的洋人开始全年常住在牯岭。居住在牯岭的外侨人数，甚至超过了大多数长江口岸。于是，牯岭的外侨群体开始在当地实行隔离政策——除了中国人和欧洲人之间的种族隔离，当地人数众多的传教士群体也把自己和世俗人士隔离开来。传教士和世俗人士双方都不允许己方和对方来往。同时，新设立的女子传教士协会中一些年轻未嫁的成员（到了 1889 年，她们的人数已多达 300 人）成了被允许定居中国的一些外国女性的一部分（这部分女性还包括护士和外侨的女儿）。[37] 外侨关于牯岭这座冷清小镇的记述总是弥漫着浓厚的怀旧情绪。尽管其法律基础更加薄弱，但是，在往后的日子里，外侨还将坚持捍卫自己对这些小片土地的拥有权，就像他们对那些更大的殖民地和租界所要求的一样。李德立为了买下牯岭②，与当地人产生了暴力冲突。为了处理善后问题，他一度不得不亮出自己传教士的身份，威胁使用暴力以强迫清政府释放自己被捕的中国员工，还请了北京的英国公使和领事们确认他所享有的权利、支持他的这项发展计划。[38] 从李德立的脾性和天赋来看，

---

① Cooling，中文翻译为"凉爽"。——译者注
② 实际上是租，租期 999 年。——编者注

他或许更适合世俗生活——他在 1900 年选择回到世俗世界，并成了帝国化学工业有限公司（ICI）的前身卜内门洋行（Brunner Mond's & Co.）的驻华总经理。同时代的许多传教士也像他一样，强硬地推行着自己修建别墅和道路的计划，他们之间不过存在着程度上的差异，但在性质、作风上则毫无二致。

就这样，传教士们修建公路、规划新的外侨聚居区，而茶商们则不断设计新式轮船，并继续纠缠中国官员。他们当中的许多人一旦碰上有利时机就乘机捞取好处，一旦取得有利地位（甚至只是单方面宣布自己占有某个制高点）就坚决不肯妥协，这使得他们伴随着中国事态的发展，在更大程度上卷入中国事务，并远远超出了他们自己的想象。举例来说，在上海，那些负责工部局工作的地主和商人发现自己必须关注中国戏剧的内容和演员，以及中国剧院的设计。这看来不可思议。但是，从殖民者的角度来看，外国人在很多方面都闯入了中国人的世界，所以干涉中国机构的运作其实是有道理的。例如管理卖淫活动——外国人在 1877 年设立了一项制度，要求对中国娼妓进行各种粗暴的身体检查——这就是出于外国军队的需要。[39] 但是，为什么还要关注中国剧院？事实上，正是外国人本身的那种要求加强了控制中国社会的笨拙逻辑，而这才使得他们自己处于这种地位，让他们不得不坐在工部局会议桌前讨论中国戏剧所反映出的社会风俗以及剧院的位置问题——一个他们所知甚少并缺乏兴趣的世界。太平天国起义后上海的剧院如雨后春笋般涌现，并成为上海娱乐界固定的、负有盛名的一部分。剧院最早引起工部局注意，是因为它们在外国庇护下营业——业者往往堂而皇之地在招牌上注明这一点，以期逃避清政府的课税。地方当局将它们视为"盗贼的渊薮"，并要求限制其营业时间，但是工部局坚称，无论是道台或知县都无权插手租界内的事务。[40] 之后剧院又被视为火灾隐患，因此在获取执照时往往需要满足新的安全条例，他们甚至常常不得不为此修改剧院的内部设计。清政府地方官员往往针对作为音乐娱乐场所的书场（即外国人所谓的"书寓"，英文称为 Sing-Song House）大做文章，指斥书场歌女伤风败俗，并屡屡禁止女性表演者登台演出。但这一切都未能阻止歌女献艺，也没能阻止 1887 年一名有生意头脑的中国经理完全不顾当局禁令，聘请一名外国妓女登台演出，当然，这也的确为日常演出平添了几分异域风采。[41]对于清朝官员不时企图在租界维护公共道德的尝试，工部局的外籍委员以及外国官员往往强调，只有自己有权管理租界，清朝当局不得插手租界事务。但是，工部局本身最终还是对娱乐界进行了管制，他们给业者颁发执照，列出条件，并监督戏剧的内容。工部局和娱乐界的互动，同样暴露出他们在行使权力时所面对的限制。工部局多次调查剧院实行的防火措施，结果他们发现剧院在长达数十年的时间里一直都在抵制结构性的变化。1897年警察部队的一次丑闻，更是明显暴露出了剧院业者是如何借助其他因素来躲避外国当局的干涉的。那年12月，公共租界的一名中国侦探向警备委员会（Watch Committee）透露，就在他的单位里，许多同事都存在着腐败的问题。除了其他许多习惯性的做法，据说每个侦探还从"一家或多家剧院"捞取油水，"他们往往从提供下流戏剧表演的书场里得到不少钱"。涉案侦探都被解雇了，但是工部局的年度报告却省略了这次丑闻最黑暗的细节。[42]由此可见，在上海开埠50周年的胜利背后，还存在着黑暗的内幕——根据租界当局的逻辑，他们必须颁行各种细致入微的条例和规定，才能够管制租界内中国居民生活和文化的方方面面，而租界内的中国居民则对此进行着消极抵抗（或用其他方式进行着抵抗）。一方面，上海租界本身就具有强大的生命力和活力；另一方面，缺乏控制租界手段的外国当局又把行使主权看成重中之重。这两个因素综合在一起便滋生出了大规模的贪腐——这一切也构成了黑暗内幕的一部分。工部局的所有外国侦探都不谙中文。就这样，面对现实世界，面对上海开埠50周年背后的黑暗内幕，外国殖民者不得不稍微收敛起自己的野心。

一些人开始拉近自己和中国社会文化之间的距离，并与之互动。而在此之前，对于这段历史的叙述，往往侧重于男性视角。条约口岸和传教站日渐增加的女性居民改变了这一情况，事实上，她们当中的一部分人甚至还是先驱者。20年来，阿奇博尔德·立德乐的妻子一直充当丈夫的贤内助，在事业上帮助他，拍摄他所取得的成果并进行宣传，而同时，作为一名中国评论员和活动家，她也开创了自己的一番事业。立德乐夫人艾丽西娅·比伊克（Alicia Bewicke）嫁给立德乐的时候，已经是一名知名的、关注政治议题的小说家，她于1887年随丈夫移居中国。立德乐呼吁清政府允许他乘坐轮船直达重庆的时候，她就一直追随着丈夫，并创作小说、游记，同时给《北华捷报》投去许多文章。在规模不大的上海外侨群体中，立德乐夫人的政治见地和激进的看法令人侧目。立德乐的弟弟鲍勃·立德乐写道："她对于男女之间讨论的某些敏感话题，有着十分奇怪的想法"——而他最开心的日子，正是立德乐夫人居住在长江上游的时候。[43]立德乐夫人创作的小说《在中国的婚事》（*A Marriage in China*）以长江排外暴乱为背景，细致地描写了条约口岸生活的方方面面，小说中许多人物明显是以现实中的人物为原型的，这触动了条约口岸社会的神经。小说的中心人物是一名英国领事（这位领事包养了一个女人，他将这个女人"称为'中国老婆'"）和他的欧亚混血子女。这段婚外情对他和他所深爱的英国籍妻子之间的感情所造成的影响便是小说所描述的主要剧情。描写殖民者生活的这类故事十分常见，并在许多不同环境下被重写，但它依然使读者能够从一个新鲜的角度重新审视条约口岸社会的内在运作方式。[44]在建立起足够的信心之后，立德乐夫人开始评论一个更加敏感的话题：外国女人和中国男人之间的关系。外国人关于中国人实施报复或取得胜利的幻想往往集中在两种画面：不是幻想中国男人发动"性叛乱"，娶"白种女人"为妻，就是幻想世界陷入危机，中国男子到处强奸和掠夺白种女人。和外国人在其他方面的恐惧一样，对于中国男人和白种女人发生关系的恐惧被完全纳入了殖民体系的讨论范畴。租界当局既想要控制有关欧洲女人的色情画面的流传，也想要控制欧洲女人本身，因为如果不加以控制，这些女人将会进一步"堕落"下去。鲍勃·立德乐赋诗一首，讲述了上海"中外男女杂处"的后果："两个身材臃肿的中国男子和他们的英国妻子乘坐马车绝尘而去，马车上一名白人男子手拉缰绳。"当挪威传教士安娜·索菲耶·雅各布森（Anna Sofie Jakobsen）于1898年在山西省嫁给她的中国同事成秀琪（音）之后，她便被驱逐出中国内地传教团，并遭到了条约口岸媒体的口诛笔伐。一名撰稿人声称，雅各布森此举"会使中国内地许多单身女子陷入险境"。另一名撰稿人尖刻地写道："当地部分（中国）基督教徒容光焕发，因为此事让他们意识到，自己也有可能像成秀琪一样，获得类似的'战利品'。"外侨经常在表面上声称，他们反对外国女人嫁给中国男子，是因为中国法律规定妻子必须服从于丈夫。事实上，他们只不过是以此为借口，掩盖自己险恶的种族主义以及控制女性行动和选择的天性。尽管雅各布森将她和成秀琪的婚礼推迟了5年，但是人们依然众口一词地谴责她。包括立德乐夫人在内的其他人都十分同情那些在海外嫁给中国留学生或外交官，并跟随丈夫回到中国的女子的处境。尽管如此，他们依然把这些女子视为"陷入险境的英国女子"，并认为这是一种"犯罪行为"。与此同时，中国主流社会也不认可这种跨国婚姻。尽管人们的行为在发生着改变，但公众舆论却并没有发生变化。[45]

立德乐夫人不仅仅把精力花在撰写文章、发表看法上。举例来说，她还积极反对工部局对于公共租界内娼妓的管理条例。尽管促使工部局制定这些条例的《传染病法》（Contagious Diseases Acts）早在1886年就被英国政府废除，但是和许多官方殖民机构一样，工部局依然坚决通过干涉性手段来管制卖淫活动。地方税纳税人年度大会是唯一能够左右政策的公共平台（举例来说，大会有权拒绝或修改预算案），立德乐夫人无法在会上发言，却明显地和那些在1888年大会上反对工部局政策的人有所接触（尽管最终这些反对都没什么效果）。[46]此外，她还在另一个外国人看起来问题小得多的议题上取得了更大的成功。立德乐夫人于1895年创立天足会，呼吁废除缠足，并使之成为一场颇具影响力的社会改革运动（中国国内也一直有人反对缠足）。围绕女性缠足的一系列根深蒂固的中国传统习俗不断出现在外国人关于中国的评论文章中，外国人也屡屡将缠足作为中国及其文化的代表。美魏茶（William Charles Milne）曾经提到，初次来到中国的外国人（他说，这些人常常把中国视为一间"巨大的古玩店"）往往东张西望，希望一睹中国女人的小脚。[47]摄影师往往把女人的小脚作为中国摄影的素材，旅者则收集这些照片，作为中国普遍存在各种弊病和陋习的证明。曾在1888年大会上相持不下的双方却在1895年联合起来反对缠足，因为在所有外国人看来，反对缠足并不是一个敏感的话题，更没有损害他们当中任何人的利益。立德乐夫人不谙中文，但她满怀对缠足的愤怒。她运用自己所有的专业技能、人脉，全力投入反对缠足的社会运动。反对缠足的社会运动者通过新科技（特别是女性小脚的 X 光幻灯片）试图改变中国精英对缠足的观感。而且她并不相信文化相对论。她认为，缠足是一个"恶劣的陋习"，并且引用医学权威的看法，清楚而严肃地揭露了缠足的危险性和破坏性。天足会动员了传教士网络并建立了自己的话语权。但天足会并不是一场传教运动——到了 1906 年，天足会的领导权转到了积极反对缠足的中国活动家的手中。[48] 立德乐夫人虽然将中国作为她的大本营，但却始终放眼世界——她有时从事新闻工作，有时，作为一名活动家的她，还会努力提高天足会的知名度，并在海外筹集资金，这些都鲜明地体现了她的国际眼光。这代表了外国人干涉中国社会一种新的方式。这种干涉的方式是世俗的、追求改革的，并且还致力于推动女权主义的。尽管如此，她依然深信，在华英国人必须树立自身威信，必要时甚至可以动用武力做到这一点。[49] 她花了许多篇幅叙述 1893 年夏天，自己是如何在酷热难耐的四川寻找一片清凉地的，在这种叙述中，中外关系依然是十分脆弱的，尽管这次经历使她意识到这些"中国佬"都是"寻常男女"，"和我们一样，有着朴实的需求和愿望"。一名小偷趁夜偷走了他们的许多财物。尽管地方当局费尽心思捕捉嫌疑犯，但这种情况依然令人感到十分不安。当时谣传，地方当局的这番努力可能会刺激当地居民，促使他们用暴力手段对付她和她的丈夫。就在那个夏天，两名瑞典传教士在长江中下游汉口附近被杀。因此，夫妇二人便开始练习用左轮手枪射击。身在中国的立德乐夫人不仅怀着满腔怒火，还必须携带着手枪防身。[50] 而这一切同样也发生在上海开埠 50 周年的时候。

　　截至 1893 年，西方人在中国所获得的利益依然极其有限——尽管西方人大肆吹嘘自己在中国享有的各种好处——但即便是这些有限的利益，也仍然给成千上万直接受其影响的中国人增添了不少麻烦，也使得清政府官员为此伤透脑筋。而许多外国人依然渴望获取更多的利益。这则故事讲述着外国人如何贪得无厌，他们看似已经满足了自己的胃口，却又得陇望蜀，仿佛自己饥饿难耐，并对寻求"猎物"严重上瘾。在他们看来，自己只要实现下一个目标，向前迈进一步，就能获得所需的宽慰：如果不是汉口，就是宜昌；如果不是宜昌，那就是重庆。这是他们的信念。很明显，他们之所以这么痛苦，原因在于这场游戏里的中国玩家适应能力太强。中国玩家或预见到改变，或自己努力进取，他们拿下市场，将外国商人的利润赚回来，甚至还成功地把外国商人挤出这局或那局游戏。对于外国商人而言，之前的机会已渐渐黯淡，新的机会则需要他们不断争取。随着越来越多外国人来到中国，外国商人开始尝试争取自己的专享权利——他们为此努力奋斗，就像当年力求打开中国紧闭的大门、结束这里的贸易垄断一样。到了1893年，外国人在华事业陷入停滞，这无疑是令他们感到沮丧的。但是，在上海开埠50周年庆典的闹剧结束后的6年时间里，外国人开始拓展他们在中国的事业，渗入中国社会各领域，加强他们对中国的控制，而这一切都是前所未有的。外国冒险家的积极进取，以及西方国家强有力的国家干预，重新划定了清帝国的版图。一切都加速进行：各处所面对的压力，长期以来被施加的强迫，这一切犹如一场飓风，波及范围广，破坏力量大。上海开埠50周年时那个井然有序的世界霎时间灰飞烟灭。到了1898年，清帝国被迫割让领土，开放港口，陆军战败，海军舰队全军覆没，清政府被迫赔款，皇帝被幽禁，清帝国的未来陷入一片黑暗。

在慕维廉发表过他那冗长的演讲之后，停泊在上海的一艘日本军舰曾对空燃放烟花以示庆贺。不到一年之后，日本军舰和大炮却向中国炮台倾泻一发又一发炮弹。日军炮轰了威海卫、旅顺、大连、台湾和澎湖列岛的防御工事，以及李鸿章的北洋舰队。日军鱼雷艇乘胜追击，使中国海军溃不成军。不仅如此，中国陆军在朝鲜、辽东半岛和东三省也败下阵来。到了1895年3月，日军已经向北京进军，北京东面和南面门户洞开、无险可守——中国军队根本无力进行防守作战。[51] 无奈之下，清政府只能接受城下之盟，将李鸿章派到马关和日方谈判——李鸿章在马关遇刺，一只眼睛被击伤，但却为战败的中国极其悲惨的处境博取了一点同情。尽管日方态度因此有所软化，但清帝国毕竟输掉了这场战争——清帝国失去了台湾，失去了对朝鲜的宗主国地位，还失去了大连和辽东半岛。不仅如此，对日赔款的数额也十分惊人，清帝国被迫将其财政收入交给日本，这也就使得其失去了支配财政收入的权力。清帝国还失去了整整一代臣民的信心和忠诚——面对这次战败及其象征意义，帝国的臣民无不怒发冲冠、痛心疾首。1842年、1858年以及1860年的欧洲列强都享有先进科技所带来的优势，而1884—1885年的法国人也同样享有科技上的优势（尽管他们还是为自己的胜利付出了非常沉重的代价），所以尽管中国在那几场战争中的失败令人遗憾，但是被拥有坚船利炮的欧洲人打败，毕竟还能说得过去。可日本却是中国在亚洲的邻国，曾经向中国皇帝进贡，严格来说，日本和中国一样，都是不平等条约体制下的受害国。仅仅在不久之前，日本还和清帝国一样，因无力抵抗外国侵略而走上了中兴自强之路。但是，如今那些"倭寇"——清朝官员们习惯将日本人称为"倭寇"，即使在中国被日本打败之后，他们仍被清朝官员称为"倭寇"——击溃了中国的武装力量，并把中国人的自尊击得粉碎。

事实上，许多人原本都以为中国必将取得这场战争的胜利。两国在朝鲜的争霸正是这场中日冲突的起因——在此之前，清帝国为了阻止欧洲人和日本人染指朝鲜王国，不仅动用了宗藩关系下的所有工具，甚至还使用了西方列强对中国用过的那些手段。但是，日本不承认中国在它们共同的邻国（朝鲜）享有特殊地位。[52] 当朝鲜朝廷于1894年请求援助去镇压一场排外的宗教起义的时候，清帝国和日本都将军队派往了朝鲜。中日两国的派遣军在那里发生了冲突，至此战争已经不可避免。赫德心想，中国"一开始必然要打好几场败仗，之后才能凭借持久的抵抗和优势的兵力扭转颓势"。[53] 英国的有识之士都同意赫德的观点。中国持久作战的能力、强大的新式海军，还有，尤其重要的，"中国的觉醒"（由强烈的民族主义情绪支撑的战斗意志），以上这一切必将使中国取得最后胜利。[54] 中国炮台看似坚不可摧，并且已经做好战斗的准备。但是，一切都开始出毛病。赫德惊呼："克虏伯大炮没炮弹，阿姆斯特朗大炮没火药！"他急忙下令金登干快速运来步枪。[55] 而此时，中国炮台已被摧毁，并且被日军攻占。尽管中国陆军英勇作战，但他们的指挥官领导无方，加上缺乏弹药，因此中国军队在日军凌厉的攻势下一溃千里，部分清军发生了哗变甚至倒戈。1894年11月旅顺陷落之后，日军展开了为期3天的大屠杀——许多中国人徒劳地向日军磕头求饶，他们僵硬的无头死尸甚至还保持着磕头的姿势——战争的残酷，使欧洲和美国观察家惊愕不已，就连当今历史学家回头看那段历史，都依然觉得难以置信。如果日军只不过在第一天大开杀戒，观察家们或许还能理解他们的行为，但他们却展开了长达3天的疯狂杀戮，这着实令人费解。[56] 装备现代克虏伯大炮的旅顺港在短短数小时之内就陷落了。围绕中国战败所产生的担忧，使在华外侨十分不安。不久前，长江沿岸中国人潜伏的"排外情绪"曾经爆发出来，而如今的反日情绪更是如同火上浇油，外侨不禁想到：中国人会不会群起攻击他们？他们显然认为中国人会发动排外暴动，并且相信自己会遭到北京暴民的攻击。驻沪外侨已安排好撤离上海的路线（尽管上海被宣布为中立地区），他们重新勘查了上海的主要建筑物，并计划依托它们抵御暴民攻击。中国印刷品都把对日战争描绘成对洋人的战争，画中的日本士兵看起来更像欧洲人。（不仅如此，印刷品根本就没有呈现出中国战败的事实，而是着重描绘清军奋勇杀敌的英雄主义。）签订《马关条约》之后，有人认为中国人正在通过攻击洋人发泄他们的怒火，而当1895年8月1日福建一个传教士社群的11名成员（其中妇孺居多）惨遭杀害时，这种观点甚嚣尘上。和以往一样，在华外侨总是把自己看作"中国"这个舞台上的主角。然而事实上，战败的清帝国及其遭受创伤的臣民则有着更严重的担忧。[57]

中日战争的失败也是清帝国对积极加强台湾防御力量的政策性失败，是几十年来清帝国在朝鲜半岛施展各种政治手段的失败。和清帝国在其他战争中的失败相比，这次战败更加令人难以接受。这次战败造成的创伤之深，着实难以言喻。和1842年不同，清政府不能选择无视这次战败。和1860年不同，清政府既不可能逃避这次战败（1860年，面对英法联军，咸丰皇帝声称自己要出京"西狩"），也不可能直视这次战败。（19世纪60年代致力于洋务运动的大臣与主张和西方合作的外交官携手合作，努力使清帝国苟延残喘，但这场战争使洋务运动破产。）有些人把中法战争描绘成一场胜利，这次他们却无法这么做。对日战败，使清帝国元气大伤，而且，这更是一次奇耻大辱——当时清帝国举国震惊、惊愕不已。战争的结局使清帝国濒临崩溃。人们通过照相机和画笔记录了这场战争，并对它进行详细报道。照相机捕捉到了许多画面：中日舰队在海上交锋、互射鱼雷，以及排山倒海而来的日军部队。照片里的中国炮台千疮百孔，使中国那些歌颂清军英雄主义的印刷品所编织的神话不攻自破。就在那一刻，西方列强似乎已经可以任意掠夺中国的一切。也正是在这一刻，各国在华的均势被打乱了。此前，日本在华的种种行为包括：1873年副岛外长抢先会见年轻的同治皇帝，曾使老牌欧洲列强大为恼火；1874年日本出兵台湾，列强对此勉强迁就；容许日本人携带武士刀走在上海街道上；条约口岸许多欧洲外侨和日本女人寻欢作乐。除此之外，欧洲列强从未认真看待日本。如今它们发现自己已被日本人从侧翼包围，它们舒适的国际性大都市上海正在遭受威胁——在此之前上海工部局将日本国旗排除在自己的标徽之外，其象征意义不言自明。[58]如今"列强"俱乐部迅速采取行动，他们要教训日本人，并剥夺日本部分的战利品。于是，"三国干涉还辽"的局面出现了。巴黎、莫斯科和柏林联合起来，在事先进行协调之后，他们向日本提出"友好建议"，该建议要求日本退还辽东半岛，因为日本占领下的辽东半岛将会威胁俄国的战略地位。除了正式提出建议，三国还私下暗示，日本若在亚洲大陆建立根据地，俄国将不惜对日开战。因此，日本人退出了辽东半岛，并且为此愤愤不平。但是他们还不能因此去冒对俄作战的风险，至少当时还不能这么做。他们占据了台湾——尽管清军撤退后，当地居民还进行了顽强的抵抗，但最终台湾仍被纳入了日本新建立的殖民帝国版图。[59]那些没有在签订《马关条约》两年内变卖财产、离开台湾的中国人自动成了日本公民。几千名台湾居民离开了台湾，而数千名台湾人则前往日本驻厦门或福州的领事馆，将自己登记为旅居大陆的日本居民，从而精明地获得了治外法权。这正合日本人的意，因为日本和所有列强一样，喜欢在和清帝国或外国对手的谈判中玩数字游戏。毫无疑问，日本帝国的新臣民也欢迎这种安排。[60]就像以往的战争所带来的利益一样，《马关条约》使其他列强获得了他们梦寐以求的、新的开放港口和权利（尤其是条约口岸的开放），此外，外侨还终于获准在条约口岸设立制造厂。尤其引人注意的是，重庆成了一个新的条约口岸，外国人也终于获准开通直达重庆的轮船航线。而且，日本人向中国索取了巨额赔款，向清帝国提供借款以偿还赔款的利益为欧洲银行瓜分。当尘埃落定、人们镇定下来之后，发现这居然是一件有利可图的事情。只要你不是中国人。

日本战胜中国的主要影响体现在两个方面。首先，它促使列强在接下来的很长一段时间里疯狂地攫取更多权利，而由此引发的列强之间抢夺有利地位的争霸战也拉开了序幕。1895 年开始时，它们先是有所收敛，并制止日本争霸，短短两年后，列强开始无所顾忌，并迅速采取行动。纵观整个 19 世纪 90 年代，欧洲局势正迅速发生变化，并由此导致世界局势产生剧变。德国正致力于提高其世界地位。俄国也正变得越来越强大，其野心也越来越大，并且与法国越来越亲密。俄国和法国之间日益密切的关系使俄法两国共同的对手英国感到不安，英国的地位以及其自认为的国家利益受到了威胁。因此，当中国出现新机会的时候，各国都争相捞取好处。德国找到了借口——1897 年 11 月，怀有政治野心的德国布道所圣言会（Society of the Divine Word）的 2 名成员被杀——并立刻采取了行动。德国本来已经选定胶州湾作为租借地并向总理衙门提出租借计划，但未果。如今德国直接霸占了觊觎已久的目标——山东省南部海岸的胶州湾——并宣告由德国永久占领，并由德国海军经营。[61] 在接下来的 200 天里，列强重划了中国势力范围，当时的大清帝国看上去已是风雨飘摇、朝不保夕。俄国紧随其后，霸占了辽东半岛上的港口大连，以及饱受战争蹂躏的旅顺港。英国为了回击俄国和德国的行动，将山东的威海卫占为己有。在南方，英国人从九龙向北扩张，迫使清政府将乡村地区"新界"租让给英国，租期为 99 年。法国人于 1898 年 3 月提出了他们的要求，并要求中方在 8 天内做出答复（法方认为，不给中方太多考虑的时间，"正是和中国打交道的一般做法"[62]），他们还将广州以西的广州湾①划为租借地。清政府成功地拒绝了列强的部分要求，比如，意大利计划霸占宁波附近的三门湾，就未能得逞。但是，面对列强接二连三霸占中国领土的强盗行为，大多数时候，清政府根本无力反击，只能予以默认。列强用粗线划定了各国的势力范围：英国得到了"长江流域"，德国得到了山东，俄国得到了东三省，法国得到了西南地区。各国外交部纷纷召见中国公使，并

---

① 今广东省湛江市。——编者注

要求他们措辞严厉地向总理衙门转达信息，不得有丝毫含糊。而驻北京的各国外交官则开始直接向总理衙门转达信息。欧洲各国政府领导经常召开秘密会议，讨论对华政策——至此，中国已经成了欧洲列强的游乐园。外交官或他们的私人特使经常互相打探消息。如果我们采取某个行动，贵国将采取何种立场？如果贵国采取这种行动，那么，我们是否可能采取支持态度？我们如果支持 Y 做出某种行动，X 将会对此抱有何种态度？各国决策者焦虑之余，根本无法冷静思考、做出理性判断，各国都在反射性地采取行动。他们要求占领长江流域——但是，决策者如此轻率地提到的"长江流域"，究竟暗含着什么？它什么都不是，只不过是痴迷于研究地图的决策者所做的美梦，它不是指某个地点，而只是一些轮廓和某个地理概念。占领三门湾、占领广州湾——占领什么？究竟要占领什么地方？广州湾是所有租借地当中最偏远的一个，它似乎一点价值也没有，"无论在战略上还是贸易上，(此地的)意义都完全可以忽略不计"。[63]

各国决策者被贪欲冲昏了头脑，不停地对地图指指点点。他们发出措辞严厉的电报，要求驻华公使前往总理衙门，并将舰队派往中国。他们要求将某地划为租借地；要求在别处修建铁路；要求清政府确保其他列强不得染指这个省份，确保他们不能进入这条线以西的地区，或者那条线以南的地区。列强们得到了清政府的保证：邮政局将由法国人领导，海关则由英国人领导。这一切的很大一部分缺乏真实感，媒体中相关的报道更是显得十分滑稽：看到"威海卫"（Weihaiwei）一词，读者们纷纷提问：我们在哪儿？（Where are we?）[①] 为什么是我们？（Why are we?）这一切究竟是为什么？（Why oh why?）而对生活在那些地区的居民来说，这一切十分真实。因为那些转入外国之手的土地，正是他们的家园。而且，在内阁会议室里，在外交部大楼里，这一切也都是真实的，围绕着中国问题所产生的纠纷使欧洲各国外交关系趋于白热化。[64] 就目前而论，欧洲列强都有所收敛，没有选择日本殖民统治台湾的道路——易言之，它们并没有正式地占领更大片的中国土地作为其殖民地——但是它们差点这么做了。如

[①] 此句表明，英国读者甚至不知道 Weihaiwei 是中国地名，因为其谐音 where are we，所以他们甚至以为报章编辑另有所指。——译者注

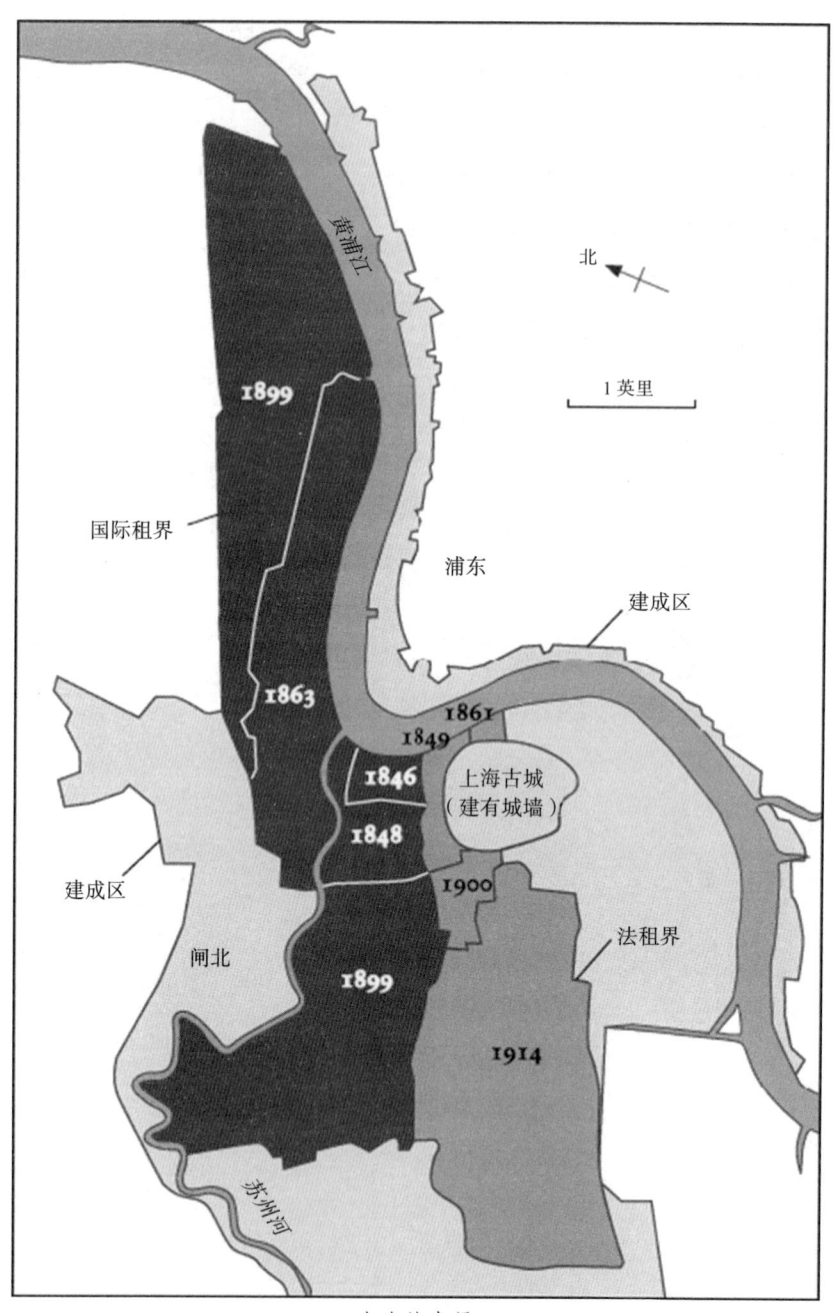

上海的发展

果列强进一步瓜分中国，那将可能引发争先恐后瓜分世界的浪潮，进而使全球局势更加不稳定。以往一般的"中国问题"，如今经常和其他"问题"（比如瓜分非洲及其他地区的浪潮）交织在一起。最后一轮瓜分行动将会激化各国之间的矛盾：由于在非洲争夺殖民地，英法两国对彼此怀有很深的敌意，这就造成了英法矛盾；而英俄矛盾，本来已经十分激烈；最终，法德之间的深仇大恨使这一切爆发出来，并引发欧洲列强之间的大战。欧洲列强认为，它们犯不着为中国大打出手，至少目前是如此。总的来说，美国一直袖手旁观，但它发表了"门户开放"宣言，企图限制欧洲列强瓜分中国的步伐，进而避免列强将殖民地完全占为己有。与此同时，美国继续在菲律宾打造自己的亚洲帝国。说到底，在列强们看来，每个国家都应该享有战利品。

在胶州和广州湾的村民以及台湾的 250 万人看来，为期 200 天的瓜分行动是足够真实的。在中国学生和官员以及天津或上海居民看来，瓜分行动也是足够真实的：列强之间无所顾忌的竞争使外国市民的未来得到了更稳定的保障，这促使他们扩大租界面积，从而为日益增加的人口和新建的工厂提供空间。1899 年的上海公共租界面积增至原来的 3 倍，矗立在租界四周的 60 块混凝土界碑，标志着租界新的分界线，上面清楚地写明租界是独立于中国辖区的外国领地，并且是由清政府官员划分出来的。就这样，公共租界又多了 1 万间房子；如今又有 5 万多名中国人生活在"国际都市"的旗帜下，遵循着租界的条例和规则。由外国人主持的租界当局开始任意主宰租界居民的生活并改造他们的城市，而租界居民却一直都没能平静地接受这一点。法国当局于 1898 年 7 月派遣海军陆战队监督宁波商会墓地的拆毁过程——这么做的原因一部分是为了保持城市卫生，一部分则是为了表明自己有权处理租界事务。这次行动激起了当地居民的反抗，他们群起暴动，法国海军陆战队打死了多达 25 名中国人，才最终镇压了这次暴动。[65] 天津租界当局则致力于扩大租界范围——英国公司开始购买租界周围的土地，到了 1897 年，这些土地都被纳入了天津英租界。德国和日本分别于 1895 年和 1898 年在天津设立租界，前者的建设被外包给了德华银行（Deutsch Asiatische Bank）。列强势力范围的延伸超过了自己的能力范围。而且，由于甲午战争，立德乐终于能够不顾下游官员的反对意见，乘坐轮船溯长江而上，直达重庆。他乘坐上海一家造船厂新造的轮船"利川号"（Lee chuen），于1898年3月8日抵达重庆并在那里受到道台的迎接，中国炮艇鸣放礼炮，人们燃放鞭炮，以示欢迎。长江下游的官员依然不允许他驾驶轮船溯江而上，但是此时的立德乐已经不用再理睬他们的反对意见了。当"利川号"停泊在重庆的时候，立德乐感到，自己终于可以扬眉吐气了。[66]

濮兰德则选择了另一条道路。在海关待了漫长的14年之后，他决定从长计议，一番考量之后，他决定于1896年成为上海工部局副秘书长——因为他当时已经知道，自己将在不久后接任秘书长一职。他一边等待，一边开始担任《泰晤士报》驻上海特派员。在华外侨并不仅仅满足于到达重庆，或是建立新的租借地。他们还必须争取给本国公众留下深刻印象。长期以来，中国从未处在帝国主义舞台的中央，就连香港也不过是巨大的殖民帝国宝库里的一个小物件。因此，在华英国侨民以及其他在华外侨都必须大声呐喊，才能够引起人们的注意。西方列强每次发动对华战争，"特派"通讯员都会到访中国，并在完成报道（这种报道一般都有关中国人给在华外侨所造成的伤害）之后离开中国。而且，他们还重点报道所谓的"重要人物"，比如戈登、巴夏礼，以及天津教案的死难者。此外，他们还需要更加系统地、持续地给大都会里的人们留下深刻印象，因为唯有如此，他们才有安全感。濮兰德曾经尝试过从事条约口岸的新闻工作，而且他从1896年底就开始为《泰晤士报》进行采访报道了。这份工作他认认真真地干了一段时间。此时，中国沿海地区的外国侨民正渴望发出自己的声音，正是在这个时候，人们也开始更加认真地看待"中国问题"的战略价值。北京外侨大力呼吁各国政府建立新的租借地，《泰晤士报》将澳大利亚人莫理循（George Ernest Morrison）任命为驻京特派员，以求更全面地报道这个现象。此时的莫理循已经是一个知名人士了：此前，他因为徒步穿越澳大利亚而名声大噪。他的确十分善于赚取名气。在前不久的1894年，他从汉口跋涉到缅甸，其中一段行程走的就是马嘉理当年走过的路。他在马嘉理当年借宿的庙宇稍作停留，并对其中的一棵树长久凝

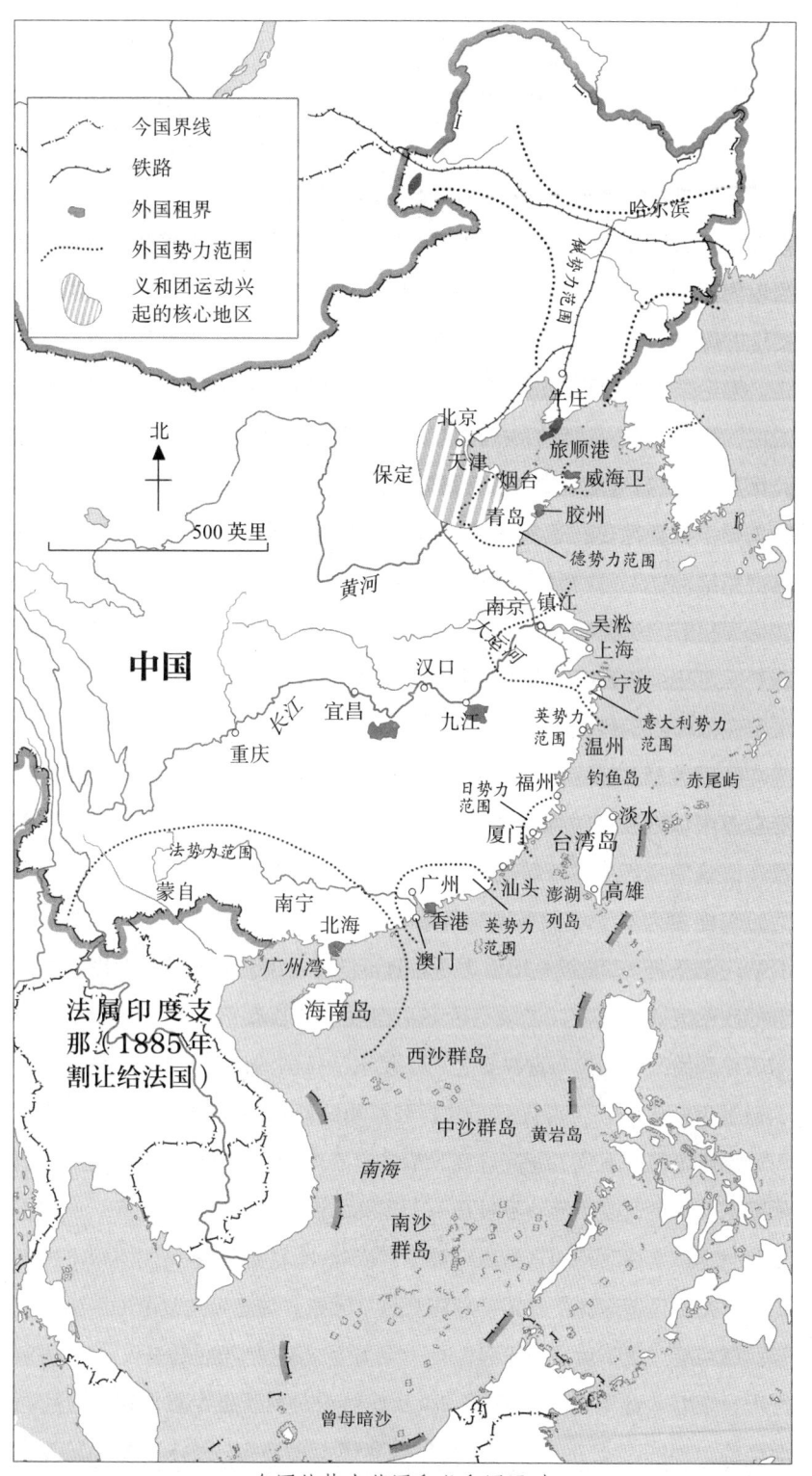

各国的势力范围和义和团运动

望——据说马嘉理当年正是在那棵树下被杀。不过,他也在游记中指出,外国人在中国,比中国人在美国安全得多。濮兰德遵循的是一条更加被人认可的路线,他早期反思英国对外政策时,就提出了日后被决策者采纳的方针:如果真有所谓"英国对外政策"的话,那就是"在面对纠纷时,对当地人让步",并维持"中国的政治现状"。英国和这个"半野蛮"国家打交道的历史,也正是"胁迫和道歉,恐吓和施压交织在一起"的历史。但是,无论采取哪种手段,最终的目标还是帝国主义的利益——日本战胜中国后,列强在中国玩起了大国游戏,并肆无忌惮地追求本国利益。濮兰德回忆道:"我们当年年少气盛、踌躇满志,想要砸掉各国国王的王冠。和我一样,莫理循也在运筹帷幄,他也在为给英属印度争得荣誉而奋斗。"莫理循给他在上海的同伴写道:"英国顶多只能占领中国的长江流域——你认为我们应该满足于此吗?我不认为。"他总结道:"我们在亚洲真正的遗产是包括长江流域在内的整个东南亚地区"——不是战利品,而是英国人与生俱来的权利,这是英国人的传统。[67]

战败及其后果给清帝国带来的第二种结果有着两面性。此时的清政府总算可以勉强应付列强提出的各种要求和最后通牒了,同时,因为失败,清政府也产生了改革的动力。清政府无力打一场现代战争,因为它的组织能力太弱了。中央政府是无法统一指挥军队去作战的。改革运动的最终结果是1898年6月至9月之间不同寻常的"百日维新"以及表面上的政治复兴:其间,光绪皇帝终于摆脱了"老佛爷"(慈禧太后)的控制,并开始亲政,发布旨在自上而下复兴清帝国的诏书。[68]光绪皇帝发布了超过100份圣旨,对行政、教育和军事进行改革。他还倡议设立新机构,促进贸易、强化工业。这些改革措施的支持者被升职了;反对者则遭到罢免。但是,改革运动不过是一个凄美的浪漫故事,一场政变,便使它戛然而止。支持改革的官员纷纷被罢黜或处死,还有一些人则不得不逃离北京。光绪皇帝遭到了软禁,慈禧则重掌大权。那些事关改革的奏折都未能获得实施。改革运动的缘起,是一群书生的激烈辩论——辩论的课题包括国家现状、战败后何去何从,以及如何应对列强抢夺租借地的混乱局面等等。1895年赴京赶考的考生们曾集体上书皇帝,要求拒签《马关条约》。那场运动的领导者，也是之后改革的领导人物——康有为，作为一名书生，他走上了当时读书人所谓的"正途"，并通过了一级级科举考试。然而，他的思想看起来却离经叛道。尤其引人注目的是，康有为认为自己必须肩负救中国的重任。从此之后，在人们提出的种种问题和解决方案之中，必定都会有"拯救中国"之言。随着清帝国对列强开放越来越多的港口，提供越来越多的租借地，人们开始担心，帝国即将面临一场更大的灾难。尽管我们现在很清楚，欧洲列强之间紧张的关系使得它们不太可能有进一步的动作，我们也知道，列强对华态度也正在变得越来越强硬，而且列强的租借地争夺战，不可避免地刺激了它们的野心，并使得它们提出越来越大胆的要求。当时关于瓜分中国、抢先发表领土宣言、赢得各国关键利益的言论正甚嚣尘上。康有为运用他所深谙的正统学术知识，为自己提出的"托古改制"提供论证——他认为，改革构成了儒家思想的核心。他主张中国采取君主立宪制，让皇帝和他的臣民同心协力，实现富国强兵的目标。他的学生梁启超进一步阐发了康有为的观点（虽然在以后的日子里，梁启超将逐渐走向君主制的对立面）。康梁二人通过强学会和报纸说服人们支持他们的主张并和反对派辩论，他们与审查机构和当局的压制相周旋，他们利用条约口岸和香港出版界自由的空间，栖身于同情其主张的官员所提供的庇护所。康有为日后成了光绪皇帝改革运动中的重要人物，并在令人振奋的"百日维新"期间升任高位。光绪皇帝需要更多的与康有为一样的官员，但是，大多数的官员却反对他的计划。

改革运动的失败，为那些本来就没有看好该运动的人提供了更强大的动力。他们当中的一位是在香港学医的医生孙中山。他此前的"反满"行为，已经使他处于危险中。孙中山曾周游世界，在此过程中，他号召海外华侨支持他的救国事业，并希望他们能够支持自己通过推翻清政府拯救中国的计划。他在檀香山成立了革命组织兴中会，在香港成立了该组织的分会，并策划于1895年10月在广州发动起义，起义的主力为革命同志及雇用的秘密会社成员。广州起义，是孙中山一共发动和策划的10次失败的起义当中的第一次。或许由于孙氏百折不挠的精神，他的名气也变得越来越大。1896年孙中山在毫无戒备的情况下，来到了伦敦的中国公使馆——他似乎以为，没有人会认出他——而由此引发的事件，使他声名鹊起。① 孙中山立刻遭到了逮捕和囚禁，公使馆当局计划将他秘密带出伦敦，再遣返回中国接受制裁。此时孙中山通过一名英国仆人，偷偷将一张求救纸条送到他的英国朋友兼从前在香港的老师康德黎（James Cantlie）手中，并因此重获自由。孙中山在信中总结道："大祸临头！"[69] 康德黎及其同事——包括万巴德——动员社会舆论，呼吁公使馆放人，而英国外交部也迅速采取行动，要求公使馆释放孙中山。这名获释的革命者发表了一部引人入胜的纪实性著作，讲述了自己被逮捕的经过，通过这部作品，孙中山在世界范围内宣传了自己的革命事业。孙中山的著作扣人心弦，犹如一部精彩绝伦的电影。一位兴奋的报章编辑宣称，它属于一部"几乎只能在虚构文学里看到的浪漫传奇"。该书的问世，对那些撰写悬疑小说的英文作家来说，无疑是一个福音——他们从那里获得灵感，讲述中国人和"东方人"如何表里不一，介绍志在推翻清政府统治的秘密会社，叙述在全球各地（包括夏威夷、加拿大或伦敦）上演的"中国革命"这出戏。[70] 那些革命活动，并不仅仅是浪漫的插曲。孙中山又在伦敦停留了8个月之久，在大英图书馆潜心读书，和反沙俄统治的俄国流亡者以及到访的日本人建立联系，凭借自己新获得的知名度，他发文呼吁英国当局对反抗清政府统治的中国人保持"仁慈的中立立场"。他在文中进行了精辟的分析，并清楚阐明了自己的观点：清帝国的满族统治者是"外族"，他们才是"排外的"，而不是中国人。"唯有彻底推翻目前腐朽的、贪污的政权"，代之以"本土中国人"的政权（政权成立初期，计划聘请欧洲顾问），才能符合中国以及外国列强的利益。他恳求列强不要像之前保护清帝国免遭太平军推翻一样，继续扶植清帝国。[71] 孙中山接着前往日本，尽管日本曾经侵略中国，但现在，和孙中山一样，越来越多的日本思想家也希望通过增强亚洲的实力，来抵御西方列强的侵略。"泛亚洲主义"思想在宣传和行动上也各不相同。一方面，"泛亚洲主义"思想成了掩饰日本帝国主义侵略的幌子；另一方面，它也成了支撑反帝国主义思想和行动的哲学。孙

---

① 此处内容有误，孙中山并非前往中国公使馆，而是出门访友途中被强行绑架到公使馆囚禁。——编者注

中山和康有为是政治上的对手，因为他们一位是反清的革命者，另一位则是提倡改革的保皇派，但是他们两人除了都采取行动实践自己所提出的计划和分析之外，还都引经据典加以论证。康有为仔细研究了中国的经典，并对它们提出了质疑和挑战，此外，他还阅读经典的外文译本。孙中山直接利用了完全不同的一套知识体系，其中包括政治经济学、外交学、法律学和军事学等学科，并开始追求另一种变化，从而与以康有为为首的保皇派竞争。太平天国的领袖洪秀全曾经从《圣经》中获得灵感，试图打造另一番天地，并实现他开创太平盛世的愿景。而康有为和孙中山则提出了一套新的、实用的政治和哲学体系，其中包括了改革、革命和发展。

安坐在伦敦大英图书馆宽敞的圆形阅读室的孙中山是幸运的，逃离中国的康有为也是幸运的——在上海，同情他的外国人给他提供帮助，使他逃过了被逮捕的厄运。[72] 而青岛德国租借地外围的韩家村和白莲村村民就没有那么幸运了——1898年4月，德国人展开了一次"维持治安的行动"，这次行动旨在"惩罚"一个月前和德国勘察队发生冲突的村民，一队德国士兵闯入村庄并烧毁了村民的房子。这是德国人维持他们新领地外围安全的长期计划的一部分。同时，德国人还希望地方官员和居民谨记，德国当局不容挑战。[73] 这次行动也给德国潜在的欧洲对手传达了一则信息。但是，这起事件的发生，本质上还是因为当地居民敌视德国传教士以及教堂里的会众，促使德国传教士要求当局进行干涉并实施报复。1898年4月广州湾升起三色旗的时候，中国官员不过进行了消极抵抗，而当地居民（多达19万之众）则"不守规矩"，"严重侮辱"了法国当局，并促使法国人使用武力。同样地，1899年英军部队通过血腥的军事行动强行占领新界的时候，也屠杀了不少中国民众。[74]

日渐壮大的反清运动扩展到了全球各地，并在全世界建立起网络——革命组织在加拿大唐人街募集资金，用于购置武器、雇用反清战士；流亡海外的改革者在日本创立报刊，而这些报刊或流回了中国，或在政治避难和旅居国外的华侨社群中传播。与此同时，外国强大的实力和外国列强给清帝国带来的威胁也受到了全球关注，并且被放大了许多倍。清帝国成了全球各地人们讨论的话题，无论在媒体和国会，还是在外交部大楼和公使馆，都可以听到人们对于这个问题的讨论。它也成了改革者和即将走上革命道路的人们（其中既有移民国外的中国人，也有流亡者）的讨论话题。不仅如此，清帝国所面对的威胁还是一种国际化的威胁。德军、俄军和日军都加入了英军和法军的队伍。1893年一些偏执多疑的外国人幻想，未来将有成千上万的中国军队会向租界进军。于是，租界当局只好安排志愿军和军队组成方阵，上街游行庆祝，并宣称各国之间关系和睦，借此编织一幅和谐景象。但是，到了1899年，乘坐运兵舰和炮艇的外国军队登陆中国，他们进入数十座中国城市、城镇和村庄，并将其中一些付之一炬，同时，列强们还向当地居民宣布他们已经成为本国殖民地臣民，必须臣服于外国当局。他们还与那些反抗的中国人作战，并升起本国国旗。当英国于1898年5月占领威海卫的时候，随着海军铜管乐队在举行交接仪式的地点（被彻底摧毁的中国炮台之一）演奏《天佑女王》，人们在清帝国的龙旗（龙旗由海关所设计）旁升起了英国米字旗。海军铜管乐队紧接着演奏了"中国国歌"（其实当时还没有正式的中国国歌），而无论是听众还是演奏者，都认为"中国国歌"的曲子"不太容易掌握"。[75] 出席仪式的英国人在完成例行公事，并在出于礼貌地演奏完这首和当时气氛格格不入的"国歌"之后，又为英国女王欢呼三声，为中国皇帝欢呼了一声。现在，他们要在中国这片土地上着手建设帝国了。

10

灭 绝

挂在门前的牌子写着"Mission Station"（传教站）。号称是中文字的那些方块字大概也是"传教站"的意思。一名身穿中式服装的持剑男子走向传教站，更多的中国男子尾随而来，辫子垂在他们的脑后（我们只能看到他们的背影），他们强行闯入传教站，然后屈膝开枪，向前奔去。镜头转换：看似传教士的一对夫妇正漫步在房子前面的花园。他们看到了攻击者，传教士把妻儿和孩子的保姆推到屋里，然后手持左轮手枪冲出来，并向这些不速之客开枪。其中一名攻击者应声倒地，但是攻击者蜂拥而上，他们制伏了传教士并冲入房子。镜头再次转换。在传教站大门，一队英国海军陆战队士兵冲在前面，一名骑马的军官则在队伍的最后。士兵们组成4人一列的队形对攻击者开枪（即正对着摄像机镜头射击），然后向前冲锋。镜头马上又转到了花园——此时士兵们正在近距离射击。这一切很快就结束了，片中的妇女和儿童获救，中国人被杀或被擒，但是传教士却被打死了。1900年11月17日，这部时长4分钟、名为《中国教会被袭记》（Attack on a China Mission）的影片在英国南部海岸霍夫（Hove）的一个音乐节目上进行了首映，当时还"配上了适合的音乐"（姑且不论所谓"适合"究竟指的是什么）。这部影片拍摄于霍夫，[1]片中的攻击者都是身穿奇装异服的英国人，片中的女性则是导演的女儿。就在导演将一间破旧的房子当作传教站的时候，华北地区依然在上演影片里重现的一些情节。

中国群众已经停止攻击传教站，但是一列列外国士兵依然在郊区横行，他们一边闯入中国的村庄和市镇，一边以杀伤力极大的步枪对着人群齐射。作为一项新的科技发明，"会动的照片"（或者说电影拍摄），被用来补充和说明来自中国的新闻。曾经，导演不得不大费周章地安排演员在阿斯特利露天剧场为观众重现历史，而如今，士兵们只需对着屏幕一轮又一轮地射击，便可以让人们通过新的方式，随时随地感受到从前的那种刺激了。《中国教会被袭记》是电影史上的一个里程碑，因为那些交叉剪接在当时还属首创。1899—1900年对华北各地传教站的攻击行动构成了中国近代史上一个具有里程碑意义的事件。这些事件通过电影、电报和照片折射出来，使得它们看上去似乎根源于另一个时代的恐惧和欲求。但是，与那些被报道了的，并且在某种程度上代表了这些事件的技术一样，它们其实都是当代的产物。

这一切始于2年前发生的一系列天灾。接二连三的天灾，使得当时的人以为世界末日即将来临。黄河之水——这条河被称为"中国流淌着的悲伤"——涨得越来越高。1898年8月8日，黄河决堤，河堤被富含淤泥的河水冲出了长达7英里的缺口，导致河水淹没了河堤下的农田。在连日暴雨导致的河水泛滥之后——根据烟台海关报道，那是"有记录以来最高的降雨量"——这次的大溃堤并未能稍缓滔滔河水所形成的压力。在黄河下游的地方，河堤再次溃决，然后于11月又一次溃决。洪水泛滥，使万顷良田顿时化为水乡泽国，34个县、数千个村庄或被摧毁或遭受其他方面的影响，人们和他们的牲畜葬身鱼腹，水井里塞满了废弃物，秋季的庄稼、人们储备的粮食、种子和御寒衣物都被冲走，生还者无家可归、流落他乡。[2] 洪水导致100万人流离失所，"数千人"淹死，之后还有更多的人死于痢疾和其他疾病。据报道，人们连续几天站在洪水中，将孩子高高举起，或在树上栖身，直到筋疲力尽掉入水中。[3] 那年春天，该地区已经经历了歉收，并开始遭遇饥荒。现在大水灾又摧毁了人们仅有的一点生活物资。清政府正忙于应付百日维新及其余波，而外国外交官和观察员则忙于瓜分中国的政治游戏——他们将自己所看到的一切当成游戏的一部分，许多人对中国的水灾和其他自然灾害也的确早已司空见惯。这一切都再自然不过地构成了中国事物的一部分。但是，一些人主张这并非天灾，而是人祸，这充分反映出统治者在政治上的无能。一年前，身在伦敦的孙中山早已主张，如今这个腐败衰朽的政权已经无法保障民生、保护人民，因此不配继续统治中国。他明确指出，有关当局本来是可以采取措施应对天灾的，当局的努力就算无法避免天灾发生，至少也能降低天灾的影响。孙中山认为，症结在于这个"外来的"政权已经严重缺乏活力，并且腐朽不堪。撇开政治问题不谈，清政府确实处于危机之中——镇压叛乱和推行洋务运动已经严重损耗清帝国的国力，而甲午战争、战败赔款、战后200天列强对中国的瓜分行动，以及流产的改革和保守派的反扑更是让事态雪上加霜。自19世纪90年代初开始，清政府就已经决定将中央原先拨给河政的资源另作他用。治理河务只能仰赖于地方资源，而维护河堤，也属于该省巡抚的工作范畴。但是当时的巡抚却无暇顾及此事，德国人对他治下的省份构成威胁，从青岛派兵骚扰，以示惩戒，而圣言会传教士不时的武力挑衅，更让他觉得疲于应付。德国利益集团将山东作为其"势力范围"，对远离胶州湾的地区也虎视眈眈，企图获得铁路和采矿方面的特权。据报道，德国勘探者和企图攫取利益的野心家经常深入山东内地。当大雨倾盆而下的时候，河堤发生溃决，部分残存的河堤上搭起了简陋的营地，成百上千的难民便栖身于此。

祸不单行，1898年夏天下过连日暴雨之后，紧接着又发生了旱灾。和正常年份相比，1899年的降雨量显著减少，使百姓更加痛苦，他们甚至无法回到之前的"正常状态"（即便是所谓的"正常状态"，其实也是非常脆弱的）。李鸿章被派到山东调查此事，很快，当地巡抚遭到斥责并被撤换。民间发起的救灾行动给数万灾民提供了援助，此外，一些民间组织还发动难民重新构筑了河堤。[4]但是，大多数人只能自力更生。长期以来，清帝国一直无法对部分受影响地区实行有效统治。此前捻军从这些地区揭竿而起，战火燃遍了整个华北大地。太平军大举北伐期间，所经之处也都受到战火之蹂躏。因而，许多村庄都发起了自卫组织"团练"，并习惯在一个脆弱的体系内和邻村争夺资源。暴力是必要的，而且在当地司空见惯，更何况现在许多人又游手好闲、无所事事，这些人东拉西扯，道听途说，既传播新闻，也播散谣言。许多自称"神拳"的组织在鲁西北地区练习新的武术套路，奉行新的宗教习俗，这吸引了越来越多的年轻男子加入，也给活动在这个支离破碎的农村社会里的自卫群体赋予了一种新的形式。[5] 人们经常无法辨别自卫行为和盗贼行为，而这两种行为都对国家政权提出了挑战。省政府当局和地方当局竭尽所能对付这些组织，他们逮捕并处斩这些组织的领袖，驱散其成员。在某些范围内，这些传统的镇压手段确实取得了一定效果，但是如今，出现了两个新的情况：第一，当地群众和中国教徒群体以及作为其保护人的传教士在特定地点发生冲突，这导致排外情绪滋长；第二，新组织的习俗包括了号称让人刀枪不入、鬼神附身的仪式，这使得之前的弱势群体突然有了无穷的威力。他们不只有了发泄不满情绪的具体对象，还能借助一种新的工具。他们自称可以召唤神明附在自己肉体上，从而使自己刀枪不入，并毫不留情地对他们的敌人发动战争。而到了1899年，他们已经一无所有，对世道看不到一点希望。

1900年义和团的起源和该运动的经过充斥着各种神话和虚构的成分，但是我们依然可以从中发掘出某些历史事实。如果进行严谨的学术研究，我们或许会发现水利设施年久失修是义和团运动发生的潜在原因，当时的报告中的确有关于进行彻底调查和改革，将官员革职，实行新的、更有效的监管制度的呼吁。传教士们往往在会议上对中国士绅个人的赈灾行动赞誉有加，并坚持聘请外国顾问、引进外援以解决问题。1876—1878年大饥荒期间，浸礼会教友李提摩太（Timothy Richard）进行赈灾工作，就开创了这方面的先河。[6] 当时事态的观察者认为，清政府本来是可以更仔细地审视鲁西北乡村支离破碎的行政体制，使之合理化，并重新派遣领到饷银的军队驻防该地，从而剿灭盗匪，使当地民众无须成立自卫组织的。但是，居住在这片满目疮痍的地区及其腹地的饥饿而害怕的人们有着自己的一套想法。他们很清楚世道已经陷入混乱，而且，他们还逐渐酝酿出一套解决办法。长期以来，每当研究这些事情的传教士，看到水灾和旱灾一发生，就会有"成千上万无家可归、饥肠辘辘、陷入绝望的难民"如此被动地接受自己悲惨的命运时，总是会感到不可思议。在山东的郊区生活和工作的美国传教士明恩溥（Arthur Henderson Smith），同时还对这种所谓

"中国人的性情"进行了总结,这种总结颇具影响力。在他看来,"中国人是无比坚韧的,是可以无休止地承受接踵而来的挫折的"。但是,事实上无论是百姓还是官员,都一直在积极采取可行措施祈求天降甘霖或避免洪水泛滥。他们求神拜佛以获保佑。[7] 1898年6月发生干旱时,据说北京的官员曾经询问过有关美国陆军在得克萨斯州利用填充炸药的气球进行人工降雨试验的信息。试验是否取得了成功?让士兵对空鸣枪是否可行?[8] 他们非常迫切地希望出现降雨。但是,针对1898—1899年问题的起因,人们还是形成了一套理性的、具有实践性的观点,这种论调开始迫使他们着手解决问题。世界究竟发生了哪些变化?究竟是什么使整个世界失去了平衡?人们是不是犯了错误,遭到天谴,才导致连日干旱?华北的农民很清楚,新兴的力量正带着陌生的观念和习俗,以列强的外交实力为后盾,闯入了他们脆弱的世界,并颠覆了当地的政府和司法体制。一首反对基督教的歌谣指出,教堂的高塔已经遮蔽了天空。①

如我们所看到的,基督教并不是抽象的信仰,而是一整套现实的地方政治,它同时也意味着地方上的变化。基督教赋予了教徒某种免受伤害的特权,使他们似乎能够摆脱正统力量的控制,甚至获得了颠覆法律的权利。在围绕房地产和资源的纠纷中,他们赢得了外国教会的支持,并通过外国教会派遣外交代表到总理衙门,以解决各种地方纠纷。而每当这些中国教徒在地方纠纷中获胜,他们的胆子就会越来越大——和当地其他群体一样,即使在好年头,他们都得万分努力才能争夺到那有限的资源,更何况现在他们正身处乱世呢?当大批中国人前来请求受洗的时候,传教士们通常都会探寻他们受洗背后的真实动机。通常,村民们会在打官司的时候受洗,以求占到上风,或者在对方已经占到上风的情况下,争取优势,回击对方。有些村民请求接受新教洗礼,仅仅是为了和当地天主教徒分庭抗礼。[9] 当地的规则正遭到推翻。而且,推翻这些规则的力量都来自外国人。因此,要使已经遭到颠覆的华北地方社会恢复平衡,就必须驱逐外国人。人们并没有对不同的外国人加以区分,就像那些没有区分日本士兵和欧洲

---

① "……不下雨,地发干,全是教堂遮住天。……"——义和团歌谣

士兵的版画一样。他们也没有对外来宗教的信仰者和外国人加以区分，因为在他们看来，中国受洗教徒把自己排除在当地社群和中国文化之外，已经不是中国人了。人们依然效忠于清王朝，却并没有对清王朝希望引进的那些实用的舶来品（比如电报、铁路）和其他的外来事物加以区分。他们要把一切的"污染物"逐出中国。通过一些方法，新组织起来的义和拳拳民相信自己可以免受外来事物的伤害。尤其重要的是，他们不怕外国人的火器。他们相信自己刀枪不入，进而可以不受外国人的枪弹伤害。他们在庙会上展示自己的新绝技，他们的气势完全压倒了同样在现场布道传教的中国或外国牧师，他们舞刀弄枪，把牧师赶回自己的住所。义和拳的仪式和表演经常源自地方戏，因此拳民的言语行为都让人觉得他们已经被鬼神附身。但是，他们对外国人造成了威胁，而这种威胁是确确实实存在的，不带丝毫戏剧性的。到了1899年6月，部分传教站已经被拳民包围起来，只有为数不多的基督教徒负责把守传教站，他们手持左轮手枪，口念祈祷文，枕戈待旦。[10]

1899年漫步在山东花园中的每一个传教士都听到了园子外的喧哗。和往常一样，他们当中有人遭到绑架并且遭到了轻微的侮辱，这引起了一定的恐慌（尤其是对那些经历过1897年的事件的洋人而言）。但是，地方当局一边应付着一系列暴力事件——针对教徒聚居的村庄所进行的攻击行动、对教徒攻击行为的报复行动、先发制人的突袭行动——一边还遭受着德国和法国外交官的指责，他们不满清政府迟迟不肯采取行动，他们要求伸张正义，但这些要求却使得整个局势愈演愈烈。在外国人坚持下，新上任的山东巡抚毓贤遭到了罢免，尽管他曾经血腥地、有效地镇压了各种暴力事件，至少，他斩杀了所谓的义和拳首领，并借此证明了自己的政绩。1899年12月，英国传教士卜克斯（Sidney Brooks）被一群暴民杀死，这些暴民中就包括一些义和拳拳民。和以往一样，英国外交官提出了抗议，并要求彻查此案。但是，部分清朝官员在针对日渐严重的动乱局面给朝廷上奏的时候，还是采取了新的立场，他们呼吁朝廷不要对暴民采取强硬手段——这一方面是担心激起反基督教情绪，一方面是担心中国基督教徒变得越来越嚣张。朝廷于1月份下令让官员们镇压那些煽动暴乱的暴民，但却刻意避免提及某个教派或会党——一些外国观察者认为，清政府此举实际上相当于公开支持义和拳作乱。面对这些指控，清政府的回应是：在当前的乱世之中，忠于帝国的臣民成立自卫组织又有何妨？出于现实政治的考量，尽管拳民和清军发生了冲突，但清政府并不能因此和这场迅速扩大、得到广大民众拥护的运动拉开距离，相反，他们不得不拉拢拳民，因为如果处理不当的话，义和拳将很可能演变成一个反对清王朝的组织。除此之外，清政府的决策者还有其他的考量：现在，英国人在南非的战争中泥足深陷，这似乎可以反映出他们的无能，而这种无能使他们在世界各地的敌人们都欢欣鼓舞。年迈的赫德这样转述当时中国人的话："如果这些英国人连布尔人都打不赢的话，我们为什么还要怕他们？"官员们、他们的批评者，以及评论员都在朝廷奏折和报纸社论中分析英国人在德兰士瓦的困境，以及美国人在菲律宾遭遇的困难。对一些人来说，这代表着中国民族主义的萌芽；对于另一些人而言，这则是稍纵即逝的战略机遇。[11] 关于帝国主义在世界各地受挫的信息通过小报和人们的口耳相传流入当地农村。但是，真正促使数以千计的年轻男子练习这种新拳术的，还是地方政治——当地人和基督教徒时常发生冲突——以及对于恢复世界平衡的渴望。除此之外，这些年轻男子还感到十分无聊。一名年轻男子被问及为何加入活捉并杀死卜克斯的暴民时，做出了十分简单的回答：他不过是想"看看热闹"。[12]

义和拳和他们的主张传到了山东以外的地区，并吸引了许多信徒和追随者。义和拳人多势众，使其他人不是对义和拳保持沉默，就是默许义和拳在当地横行。他们向北进入直隶省——该省已有整整10年遭受洪灾和经济动荡之害——打出"扶清灭洋"的旗号，一遇到洋人，就立刻格杀勿论。[13] 长期处于分裂状态、一直和当地皈依天主教或新教的国人发生纠纷的社群迅速将对义和拳的信仰作为一种新式武器，当时整个环境氛围也终于让他们能够名正言顺地攻击自己那些信教的邻居——即使这种攻击行动对他们而言并不十分迫切。1900年5月，义和拳在北京西南的保定和前来镇压的清军发生冲突并打败了清军。此后，义和拳往北进入了京师以及华北平原的其他城市，同时还将自己的主张传播到这些地方。于是，事态进一步升级。各国公使馆在征求总理衙门同意后，于 5 月份命令驻防海岸线的小股部队进军京师。随着义和团在京津两地操练军队、攻击中国教徒、纵火焚毁教堂、攻击在华外国势力的其他代表，各国公使馆纷纷要求增派援兵。传教士们逃离了他们的传教站，有时他们会受到同样陷入恐慌之中的清朝官员和士兵的帮助，有时则被置之不理。第二批开往北京的外国军队被清政府视为侵略军，因为公使馆在没有事先征求清政府同意的情况下擅自下令增派援军，而清政府自然也没有同意这支由英国海军少将西摩尔（Seymour）率领的军队进驻北京。这支军队很快发现自己陷入了泥潭：前往北京的铁路被切断，而义和团和清军又对他们进行了抵抗。外国军队企图使整个局势稳定下来，于是攻陷了大沽口炮台。1900 年 6 月 21 日，北京朝廷受到号召"扶清灭洋"大规模民间运动的鼓舞，对这个赤裸裸的侵略行为做出了回应——他们祭太庙，对列强宣战。

这篇极具说服力且激动人心的诏书宣称，此战是对外国侵略战争的一次反抗，此前，外国人用所谓"文明外交"一直在粉饰着其侵略的本质。过去 30 年，清政府饱受侮辱、遭受侵略。因此，进行这场战争，正是为了"恢复我们国家的尊严"。这是一场决定生死存亡的斗争。[14] 还有人认为，这是一场关乎国家民族生存的战争，因为"物竞天择，适者生存"正是那个时代的流行语言。对于一些人来说，这是一门新科学，对另一些人而言这则是一种修辞化的简约表达。在列强瓜分中国达到巅峰的 1898 年 5 月，英国首相索尔兹伯里侯爵（Marquess of Salisbury）曾经在报春花联盟（Primrose League，一个支持帝国主义活动的、草根的保守党组织）的年度大会上发表演讲，该演讲得到了广泛报道。演讲在宽敞的阿尔伯特礼堂举行，台上摆满了花环。索尔兹伯里侯爵先是回顾了过去数月外交界的动荡局面，然后思考着世界各国的命运，并宣称："我们可以将世界各国大致分为活着的国家和即将死去的国家。"他在充斥着社会达尔文主义的一段分析中对这两种国家进行了对比。第一种是"拥有强大实力的大国，国力逐年增强，财富逐年增加，领土逐年扩大，管理日臻完善"。与之相对的第二种是"我只能形容为行将就木的某些社群"，它们大多数是非基督教国家（之所以说"大多数"，是因为西班牙也在这些国家之列），"就像活着的国家财力、权力越来越集中，国力蒸蒸日上一样，这些国家也以几乎相同的速度变得混乱而腐朽"，而且"每过10年，就变得更弱更穷"，政府腐败，也没有像样的改革力量。索尔兹伯里侯爵提出，随着时间的流逝，不可避免地，"活着的国家将会逐渐蚕食即将死去的国家的领土"。危险是存在的——蚕食行动实际上暗埋着各个（活着的）国家之间"冲突的种子"。但是他自信地向听众担保，即使英国不能"独享治疗或瓜分这些倒霉的病人的权利，垄断那十分可观的利益"，也一定能够从中分到一杯羹。[15] 听到这里，报春花联盟的成员不禁开怀大笑。在他们看来，中国的灭亡既是自然规律，也是英国主导下的世界中不可避免的现象——中国是一个即将死去的国家。《北华捷报》在报道索尔兹伯里侯爵的演讲时，称其为"胡言乱语"。但是，那仅仅是因为，在该报看来，他所做的分析太过被动了。中国并不是一个国家，而只是一个"地理名词"，"一名水手长加上十几名水兵就能够兵不血刃地拿下任何一座中国港口"。[16] 该报希望英国采取更加主动的政策，他们希望英国手持利刃瓜分中国，拿下自己看中的任何一块中国土地，而不是取得那些在俄国人或德国人瓜分中国后剩下的土地：在俄国夺取旅顺之后，不得不拿下威海卫？威海卫？"我们在哪儿？"

和索尔兹伯里侯爵一样，焦虑的中国观察家也相信世界上存在活着的国家和即将死去的国家。在他们看来，国家的灭亡十分真实——邻国朝鲜就已经濒临亡国；远在欧洲的波兰早在18世纪末、19世纪初就遭到瓜分，不再作为一个独立国家存在于欧洲地图，更足以作为前车之鉴。梁启超曾经撰文介绍波兰亡国的历史；百日维新期间，康有为曾经将《波兰分灭记》呈交给光绪皇帝。"波兰化"成了流行用语，这个词意在告诫人们：曾经强大的国家一旦停滞不前、故步自封，就会面临被瓜分以致灭亡的厄运。有些人担心义和团运动将会加速这一天的到来，认为朝廷先是鼓励义和团作乱，然后招安他们，将会导致最后一轮的瓜分行动，届时外国军队将会纷纷踏上中国的土地并瓜分中国。[17] 许多人认为义和团的迷信十分可怕，所以他们非常排斥那些违反中国自身文化习俗、有损中国尊严、令人不屑一顾的旁门左道。但是清政府在经过估算后认为，现在自己完全有能力完成救国大业——现在民气可用,忠于清政府的人民可以成为国家强有力的后盾。在清政府看来,如今天时地利人和,所以他们完全可以在由西摩尔海军少将发动的、以外国军队攻占大沽口炮台为导火线的侵华战争中获胜。清政府于6月17日讨论了列强发出的最后通牒,更坚定了其打败侵略军的决心。最后通牒实际上要求清政府将财权和军权交给外国人,并且让皇帝重新登基——这根本就是赤裸裸地对清政府权威的颠覆。但是,这份最后通牒其实是一份旨在火上浇油的假冒文件,尽管当时很可能已经完全没必要假冒这份文件。抵御侵略不需要任何虚构的理由:西摩尔已经给了清政府宣战的理由。[18]

就在那年,整个华北地区见证了一系列战争,这些战争一直持续到来年,并且在未来很长的一段时间仍旧具有影响力。[19]战争只在北方打响,因为南方的官员反对这场战争,所以迟迟没有作战。他们与各国外交官以及来自日本、亚洲殖民地以及欧洲腹地的外国军队达成了停火协定,并小心地观望着局势。此时的南方也正值多事之秋,和北方一样,南方也深受1895年之后列强瓜分行动所带来的冲击,但是并不如北方那么剧烈。为了以防万一,上海公共租界的警察登上抵沪轮船进行搜查,并逮捕了几名和尚(租界警察将和尚视为义和团思想的传播者)。[20]万国商团的军官收到了密封的绝密命令,获准对暴民和劫匪开枪,并且三令五申,要求他们一旦开枪就要瞄准目标,而不要对空鸣枪。他们必须时刻准备坚守阵地,并把所谓"条约保障下50年的中外友好关系"抛到九霄云外。而此时,工部局主席也建议下达"格杀勿论"的命令。尽管在他同事们的坚持下,后面那段话最终被删掉了,但是当时所有外国人都自然而然地奉行着"格杀勿论"的信条。[21]整个中国东北地区狼烟四起——俄军部队纵火焚烧黑龙江沿江城市,他们一路从边境线南下进入东北地区,另一路则沿着旅顺港北上。战争在天津打响,这里所有的外国租界都遭到了义和团和清军包围。战争也在通往北京的路上打响,来自各国的外国军队缓缓地向京师进军,给陷入重围的公使馆和基督教教堂解围,一路上天气炎热,道路上尘土飞扬。在向太原进军的路上,德军和英军血腥地镇压了一切形式的反抗力量,所以,战争也在山西省打响——每个中国村庄都被当作义和团的

"巢穴",外国军队就这样杀死了数以千计的中国人。

战争不仅在义和团和基督教徒之间进行,也在清军(及其义和团盟友)和八国联军之间进行。英国军队、日本步兵、锡克人、孟加拉人、美国黑人、安南人、阿尔及利亚人、英国人在威海卫招募的中国军团——以上这些人,都参与了这场战争。[22]列强的殖民地臣民进行了这场殖民战争。这场战争被当作一次"警察行动",因为德军占领并"敉平"了华北农村地区。这是一场残酷的战争:一场国家之间的战争,一场内战,一场争取个人生存的战争。战争还在国际媒体上打响。反帝国主义人士对导致这些恶果的帝国主义行为口诛笔伐,并严厉批评了各国军队残暴野蛮的行径——他们在前往北京的路上奸淫掳掠、杀人放火、无恶不作。而列强严厉地批评了清王朝,并将中国人指斥为卑鄙、残忍和迷信的人。有些人声称,"义和团主义"并不是陷入危机中的人做出的自然反应,它反映出的是中外之间"冲击-回应"模式的整个历史。这一切都反映了外国人对中国人由来已久的轻蔑。在外国人看来,他们必须取得完整的、不容置疑的胜利,才能维护自己的尊严。和在三元里不同,列强们不能够再允许一支"山上的乌合之众"在联军撤退后占领战场;和1860年不同,联军也不想在占领京师之后就迅速撤军。德皇威廉开门见山地道出了这次军事行动的要旨。他于7月27日对即将开赴中国的德军发表演讲,提醒他们对中国人要毫不留情:要像匈奴人一样,不留任何活口。"你们务必要打出国威,让中国人即使在1000年以后,也不敢对德国人有丝毫之不敬。"他最后总结道:"去吧,一劳永逸地去为文明铺路吧!"德国总理本来不希望将德皇如此坚决地、毫不含糊地要求德军屠杀中国人的演讲公之于世,但是,他还是未能如愿——尽管他将一篇火药味没这么浓厚的演讲稿发给了记者们,但演讲原文还是被刊登在了国际媒体上。在德国,人们迅速地将演讲原文印在明信片上,寄给远在中国的德军。于是,身在天津、保定、北京之间三角地区的农村里的德国占领军收到了这份充满血腥味的指示,他们毫不含糊地践行了指示的精神,并准确无误地将指示中的一字一句都付诸实践。[23]

世界末日仿佛即将来临。6月17日下午大约2:30,战争骤然降临到寂静的天津租界。有些租界内的居民已经通过电话得知大沽口炮台被攻陷的消息，大家也都知道中国人迟早要做出反应，但是人们都以为，联军不费吹灰之力就可以"刺破""义和团的泡沫"。然而，午饭时间刚过，租界居民就"发现从城区发射的炮弹在街道和房屋上方爆炸，（他们）顿时大吃一惊"。海关专员报告道："中国本土军队当中的部分精锐部队正在从不远的地方炮击租界"，在炮击开始后的 30 分钟之内，就有多达 100 颗炮弹落在这个中国第二大租界平日里十分冷清的街道上。[24] 义和团围困天津租界长达一周。在此期间，狙击和炮击不断造成伤亡。人们在自己的房子里死去，一些人则在坟场周围遭到杀害。外国人在上海滩处死了携带所谓"亲义和团"文件的中国人。一支准备开往北京、规模不小的俄军部队此时正好在天津附近，于是他们进行了保卫租界的奋战。海河填满了中国人的尸首。在成功解围之后，联军士兵一边搜寻美酒、掠夺财物，一边枪击和刺杀留守在屋里的中国仆人。在一场恶战之后，联军于 7 月 14 日击溃了中国部队，占领了天津城以及附近的炮台。摄影师詹姆斯·利卡尔顿（James Ricalton）在天津沦陷不久后拍了一组照片，这些照片成功捕捉到了大屠杀的惨象——利卡尔顿的照片和 40 年前费利斯·比托拍下的照片有着惊人的相似：颓垣断壁上战死的士兵，污浊不堪的河流里的尸体。[25] 战争于 7 月 2 日来到了中俄边境、黑龙江畔的海兰泡。那天中俄两国军队隔江射击——黑龙江是开往太平洋西伯利亚地区和华北地区的俄国援军的主要交通线。隔天，警察和民兵将这座俄国城市中数以千计的中国居民——仆人、商人、劳工，不分男女老少——拘禁起来，并在 7 月 4 日有计划地将他们赶到江里，同时开枪射死或乱刀砍死那些没有被淹死的人。在那天以及之后的好几天里，还有数以千计的中国人惨遭杀害。此外，俄国人还沿着边境线进行了类似的针对中国人的屠杀行动。[26] 在大屠杀结束后的数周里，据称黑龙江里充塞着"纠缠交错的数千具尸体"。[27] 对外国侵略以及民众起义所产生的担忧、种族主义、憎恨和绝望，种种情绪使得邻居们反目成仇。进行战争的军队也无不充满愤怒。被占领地的反抗或许总是会激起被出卖的侵略者最激烈的反应和最恶劣的报复行为。由于外国人将中国视为囊中之物，许多参与战争的外国人自然而然地将这次起义和战争视为一场叛乱，而他们一向对叛乱分子毫不留情。再联想到充满种族偏见的外国人对他们所蔑视的敌人发动的那些残酷战争，就不难理解义和团之乱中为何有如此多的残忍暴行了。在华外国人一直都认为，任凭中国人如何对他们做出威胁、实施暴力行为，自己都是不会受到任何伤害的。他们的保护神虽然不是神明，但是领事、法院和治外法权这些事实存在的东西在保护着他们（其中当然也包括治外法权所带来的种种光环。他们采取行动，以保护自己不受中国人伤害。而事实上，他们最终还是必须诉诸可怕的暴力，才能实现这一点）。

外国人凭借强大的实力取得了胜利——他们将先进科技同"完美化"的残忍暴力组织结合起来，从而压倒了反抗势力。列强无视自己所制定的战争新准则（前一年各国在海牙同意遵守这些战争准则）似乎也是有原因的。首先，这些新准则应该到1900年9月4日才会生效，此外，在他们看来，这些新准则又怎能适用于那些违反现代文明的中国人呢？朝廷要员逃离了饱受战火蹂躏的首都。年迈的李鸿章再次和外国人谈判，制定了又一个和平条约——《辛丑条约》，该条约内容包括惩罚肇事者、索取赔款和赔偿金，并且规定北京使馆区此后将受到治外法权的保护。列强要求在中国城市开辟更多的租界。人们此前以为必然会发生瓜分行动，但事实上，瓜分中国的可能性进一步降低了，因为对于彼此戒备的列强而言，更广阔的欧洲战争过于宏大、过于危险，也超过了他们的能力范围。然而，俄国却不顾一切地向中国东北地区驻扎了20万大军。[28] 于是，英国人和日本人于1902年正式缔结盟约，这开辟了世界政治的崭新一页，也结束了英国几十年来不与他国结盟的传统做法。1904—1905年，日军击溃了中国东北地区和西伯利亚的俄军，此举震惊了整个欧洲，也为世界各殖民地臣民和饱受列强威胁的人们提供了新希望。

但是，放眼1900年8月的北京，尽是一幅凄凉景象。外国军官闲坐在紫禁城的宝座上；开往沿海地区、运送补给品的列车上满载各种奇珍异宝；首都的大街小巷还有数以千计尚未掩埋的死尸。战争的胜利促使部分外国参与者和观察者停下来思考。然而，中国南方和内地则几乎没有发生任何改变，这使有些人陷入了恐慌。立德乐夫人说道："上海的中国人开始用另一种异样的眼光看人,这令我浑身不舒服。"有些外国人认定中国人即将群起屠杀外国人,于是他们打包行李,立即逃离了北京。中国居民和地方当局也感到十分害怕。6月份万国商团操练的时候,中国地方部队就做了最坏的打算——他们时刻准备着抵御外国人的攻击。海兰泡的屠杀事件证明,他们的担忧不无道理。[29] 还有一些外国人准备从中国的再平衡中获利。当时也的确涌现了许多新的机遇。各国要进一步派遣数以千计的军队驻防华北地区吗?有人想到,应该在青岛为士兵们修建酿酒厂——因为士兵们会想要喝酒的,而且,青岛周围也有着可靠的水源。就这样,盎格鲁-日耳曼啤酒公司于1903年投入生产。数千名士兵为卖淫业提供了市场——妓女纷纷拥向外国军队驻地以满足这个新的需求。许多妓女来自东欧,其他妓女则来自美国(而大多数的妓女也声称自己是美国人,因为上海外侨更偏爱"美国"女孩)。[30] 战争对华北地区的中国基督教徒和教会工作者造成了巨大影响。外国教会失去了数十名外籍工作人员——至少40名天主教徒和隶属于各教派的135名成年新教徒惨遭杀害。然而,他们的殉教,给中国土地增添了比以往浓厚得多的神圣色彩,各种小册子、书籍以及演讲稿,生动地记述了他们和幸存者的经历。教会必须招募更多工作人员,以替代死难者以及那些仓皇逃离中国、不敢回来的工作人员。教会呼吁传教士前往中国,许多人也响应了教会的号召,其中一些人甚至早在1900年底就到了中国。在接下来的20年里,传教士人数大幅度增加,到了1920年,传教士人数已经翻了一番,而正式接受任命的中国教会工作人员则增加到了原先的5倍之多。[31] 传教士、士兵、妓女、啤酒和《圣经》——这一切都纷纷来到"逐渐和平下来"的中国。

　　被围困的外国人以及参与解围行动的许多外国人都记下了大量的笔记。随着这场冲突进入到了不同的阶段,报章里总是充塞着他们的日记和笔记。在被围困的公使馆得到成功解围的最初几分钟,人们拍下照片,这些照片显示了外国人在熬过6周的折磨、紧绷的神经得以放松的那一刻,是如何高兴得手舞足蹈的。外国人的手舞足蹈演变成了更加疯狂的行为,成了狂欢,成了"大肆抢掠的狂欢节",成了"暴乱、喧闹和堕落"。[32] 他们在天津大肆劫掠;他们在北京大肆劫掠;他们在京津之间的地区,以及华北各省大肆劫掠，在数天、数周乃至数月之内大肆劫掠，将军火库、粮仓、铸币厂以及宫殿抢掠一空，将耶稣会督造的古观象台内的器材抢掠一空，还掠夺了天津的海盐仓库，以及当铺里的奇珍异宝。无论是有钱人家的房子，还是简陋不堪的小屋，都被他们洗劫一空。他们盗取了坟墓里的宝物，拿走了皮毛、丝绸、画作、玉器和瓷器，甚至还刮走了庙宇屋顶的镀金，带走了书籍和雕像。对于看不上或拿不走的东西，他们不是践踏，就是撕毁；不是烧掉，就是毁坏。侵略军安排军用运输车搬运囤积在国库里的白银，在各地单独行动的士兵则杀死房主并偷走他们的财物。在天津，那些消息灵通的人——留下来的中国居民，被围困着的外国人——赶在那些找不着路的外国军队前面，蜂拥到城墙以内（城区里）的当铺和玉器店。每当有报道描绘侵略军的疯狂抢掠，都会有人写信矢口否认这些指控，并严厉谴责别国军队的贪婪和残酷。法军秩序井然，但是看看俄军！英军军纪森严，但是看看法军！各国远征军将整个过程制度化，将掠夺的财物集中起来进行拍卖，然后在各国军队之间平分拍卖所得。但是，这种制度化的安排，只是在粉饰街上的无政府状态。天津解围后，其中一名遭到侵略军抢劫的受害者哀叹，自己宁愿遭受炮击，也不要经历这种混乱状态，而造成这种状态的，确切地说，是闯入天津、将所有一切洗劫一空的"破坏力极大的、排山倒海而来的"外国军队。[33]一方面，政治上激进的报纸攻击了日军有计划的抢掠行为并谴责了英军、法军和美军；另一方面，一些美国传教士却发表文章论证"抢掠的伦理性"，并为幸存下来的中国教徒出面，向他们所指认的迫害者追讨"赔偿金"。[34]针对被围困者在解围后见风使舵的行为，立德乐夫人为他们辩护。她写道，我们很容易对这种行为"嗤之以鼻"，但是"换作是你，又会怎么做呢？"——你的同事或教徒被杀害，你的财物被掠夺一空，房屋被付之一炬。擅长一针见血直击要害的公共评论家马克·吐温评论道：好了，如今基督教世界从"海盗袭击"中归来，她的"灵魂里充满卑污，口袋里塞满贿金，嘴里满是虔诚的伪善话语。给她一块肥皂和一条毛巾吧，但是，可千万记得要把镜子藏起来"。[35]

他们的确把镜子藏起来了——这主要还是因为外国外交官们私下承

认，外国军队攻陷了大沽口炮台，此举使列强走上了对华宣战的道路，而且再也没有一点回旋的余地。列强们和以往一样，始终对在华传教缺乏热忱，如今传教事业在天津引起了前所未有的大灾难，而且，包括扬州在内的其他一些地方传教事业也引起了人们的严重抗议，更使他们对传教事业打起了退堂鼓。布道所福音传道会索尔兹伯里侯爵在1900年6月中旬在伦敦举行的海外福音传播会（Society for the Propagation of the Gospel）成立200周年的大会上问卜克斯布道团："你们难道认为在中国的基督教徒遭到屠杀，仅仅是因为中国人讨厌他们的宗教？"不是的，那是因为布道所被视为世俗力量的工具。他警告道，请你们谨慎行事，不要在出现麻烦时，马上跑到公使馆要求派遣炮舰来华。当然，外交官也会补充说："谁引发飓风，谁就必须为沉船事故负责"，这些可怕的飓风当然是清政府引发的。[36]

当北方遭受战火蹂躏时，南方基本没有发生多少改变——战争引发的焦虑除外。上海的外文报纸充斥着精彩刺激的战争新闻，但是那些报纸也同时报道了条约口岸生活的日常琐事。正当炮弹落在天津租界的时候，上海板球俱乐部无精打采地和上海公立学校板球队进行了一场球赛，后者最终在球赛中败北。[37] 上海帆船俱乐部也同以往一样在黄浦江举行赛船——选手们先是顺流而下，然后溯江而上。在上海会审公廨，工部局收到了如下几则控告：一名马车匠人制造没有执照的马车；一名马车夫在南京路撞倒一名妇人；几件入室盗窃案；几家鸦片馆违反营业条例。一名茶室老板因为允许在店里上演"不正当的戏剧"而遭到控告（报纸还刊登了工部局关于此事和道台之间很多的来往书信。这些报道再次否定了道台在租界内的权力）。报纸上亦刊登了上海外侨常规死亡的简报：有人不慎溺毙、一宗自杀案、和酗酒相关的疾病导致的2个人死亡——而这一切在上海都是家常便饭。公共租界工部局于1900年5月26日发表了最近一次人口普查的结果——这次人口普查记录了租界6774名外国居民的个人信息（其中包括500多名欧亚混血儿，他们当中又包括360名孩童）以及3181名成年男性的工作，其中包括书记员、会计师、商人、商业助理、店员、警察、记者、音乐教授、美发师和摄影师。那些拥入租界、在妓院外街道上排队喧闹、互相斗殴甚至殴打警察的士兵没有被纳入这次人口普查。当《京津泰晤士报》(Peking & Tientsin Times)于8月底在天津复刊时,刊登了遭到破坏的房地产清单,描述了城里生命和财产缺乏保障的情况,并且列出了被毁掉的传教站清单。而到了9月底,该报报道天津市铜管乐队恢复演练。从地理上来看,灾难是区域性的,它们主要集中在作战以及复仇之地带。中国依然可以通过其他地区的条约口岸有秩序地和世界交流互动,这就奠定了稳定的基础,也使得中国可以迅速地回归某种正常状态。

要回归正常状态,就必须付出代价。华北地区(包括城市和农村)已经为混乱状态和列强强加的和平付出了沉重的代价。如今中国被迫支付巨额赔款,而且直到21世纪初,我们依然可以看到庚子赔款的某些历史遗产。巨额的赔款,远远超出了人们真正提出的赔偿要求。美国人发现,他们收到的70%的赔款始终没人认领。如一名学者所写,赔款额是"在愤怒中定下的,又是在谈笑间减免的"。[38]随着世界政治局势的变化,到了20世纪20年代,中国对一些国家中止了赔款,比如在第一次世界大战中战败的德国,以及发生了革命的俄国。其他各国则通过提供教育项目减免剩余的赔款——资助中国的学校和学院,资助中国学生留学海外——但是人们却未能轻易地解决赔款所导致的各种瓜葛和枝节。当然,胜利的列强之所以安排给清政府贷款,是希望自己可以在接下来的40年里向清政府讨债,而海关收入为贷款提供了担保,因而海关也就成了不折不扣的还债机构。清政府及其继承者的财政一向遭到严重扭曲。赫德主持下的中国海关曾经为国家主导下的复兴提供资金,如今它不断增加的收入却被专门用来偿还庚子赔款。

列强还把其他许多要求强加于中国——如今这一切都成了理清中外关系里的矛盾,使之保持和谐状态的例行程序(而这种"和谐状态"是对于外国人而言,尽管和这次赔款一样,在许多情况下,外国人都会把矛盾扩大化并赋予许多额外的意义)。就在事态朝着公开冲突的方向发展的时候,德国公使冯·克林德(Klemens Freiherr von Ketteler)男爵于6月份在北京遭到枪杀。德国人要求清政府在枪杀地点竖立纪念牌坊,牌坊横跨总理衙门旁的哈达门街①，于1903年1月揭幕。光绪皇帝的弟弟宣布，牌坊是和平的象征，也是中德友好关系的象征，更是"对人民提出的警告"。德军部队穿过牌坊接受检阅，似乎也更强调了其中的警告意味。[39] 在整个华北地区以及海外的许多地区，都竖立起了许多新的纪念战死军人以及死难传教士的纪念碑。在北京的英国公使馆，有一堵布满弹痕的墙壁，它被设计成了一座永久性的纪念碑，人们在它上面刻上了吉卜林的那句被广为引用的名言——"永志不忘"。"永志不忘"四字，也促使人们修葺和重新竖立起旧的纪念碑。萨道义乘坐一艘停靠在天津港的（被联军俘获了的）中国驱逐舰，于1900年9月回到了北京并在那里出任英国公使。他在日记中写道，京师"一片死气沉沉"，"我不禁悲从中来，我之前从未经历过这样的情绪"。这位新上任的公使面临着艰巨的任务：北京城里还在发生着零星的战斗，外国军队随时待命、准备行动，《辛丑条约》的一些条款仍然有待讨论。而且，那座纪念1860年被处死的英国囚徒的纪念碑已遭到严重破坏，他还得尽快修葺它。萨道义曾于1862年前往纪念碑凭吊死者，如今他再次前往纪念碑并着手将纪念碑修葺一新。[40] 通过诸如萨道义和赫德这样的人物，分处于1862年和1900年的两个世界被紧密地连接起来，石头砌成的纪念碑以及赋予这些纪念碑的永恒意义也使这两个世界完美地融为一体。

有关义和团的那场战争是十分血腥的，而且战争也造成了长远的影响。人们通过电话第一时间转告战争的爆发。一方面，人们通过不断作响的国际电报关注着战争的进展并进行相关讨论；另一方面，村民们也通过口耳相传，获得关于战争的最新消息。摄影师要么随军行动；要么就和军队一样遭到了义和团的包围，坐困北京。霍夫的詹姆斯·威廉逊（James Williamson）以及布莱克本（Blackburn）的米切尔（Mitchell）和凯尼恩（Kenyon）制作了相关录像并在新开张的电影院里放映。[41] 美国爱迪生公司模拟了炮击大沽口炮台的过程：在一幕为时3分钟的戏中，模型船正对着大沽口炮台的模型（模型看起来一点都不像中国城市，反倒更像伦

---

① 哈达门（一般称哈德门）即今天的崇文门。——译者注

敦的塔桥），爆炸声此起彼伏，炮台模型上方很快便升起了滚滚硝烟。这是以时事作为主题的娱乐，而不是虚构的情节——这种演绎就像是音乐晚会之后的一道别出心裁的饭后甜点。而摄影师记录下的真实画面就远没有那么刺激了，但是，作为列强在华事业或者中国人对此的反应的记录，那段影像同样十分珍贵而稀罕。就在爱迪生公司拍摄的录像获得版权前两周——也就是1900年7月31日——德国电影制作的先驱人物吉多·泽贝尔（Guido Seeber）录下了德军从不来梅港出发的影像，当时德皇的谕旨言犹在耳。人们也记录下了6月底登上开往中国的军舰的英国军队影像。[42]摄影师罗森塔尔（Joseph Rosenthal）在1900年末从南非前往中国，他抵达中国时，战争已经结束，但他还是拍了一些照片并在此后展出它们。布尔战争令新创立的制片公司非常兴奋——这些公司的影片目录当中包括许多有关布尔战争的录影，而有关中国的远征军录影，很快也在那些关于欧洲战争的新录制作品中占有了自己一席之地。与此同时，描绘中国军队和外国军队作战的"花花绿绿的尺幅较大的报纸"已经在上海（被城墙围绕起来）的主城区街道上公开发售——然而，它们描绘的情况却和真实情况相去甚远。[43]印刷品上的中国人总是取得胜利。尽管大量材料通过新旧的影像和印刷媒体得到传播——这些材料大多是耸人听闻的、不准确的，其制作者往往也是别有用心的——但是由于义和团所产生的恐慌其实已经平息下来了。人们选择忘掉过去发生的许多事情，新的机遇和新的噩梦（特别是日俄战争）开始吸引全世界的注意力。

值得注意的是，这些浩如烟海的材料依然有所缺失。除了在天津拍摄的一张照片，我们很难找到确认无误的有关义和团成员的照片。有一些照片或许与此相关，但它记录的其实只是一些被当作义和团成员而逮捕的男子而已。这些照片中的很多人就因为这个罪名被处死，或即将被处死。但是，在1900年的夏天以及之后的好几月里，每个中国男子都被当作了义和团成员。义和团本身既将自己的想法诉诸行动，又通过发行小册子宣传他们的主张（其中一些小册子还流传至今）。但是，镇压行动如此残酷，中国国内对他们的反应又是如此激烈，以至于他们的面孔和声音都被埋没了，直到20世纪60年代初才有人尝试通过口述史项目来捕捉义和团思想的一鳞半爪。[44]当然，的确有些照片中的人物据称是义和团的成员，这些照片当中也确实有一些是当时在华北地区拍摄的，但是，这并不意味着这些照片就是真实可信的，因为在很多情况下，急于报道时局的机构或出版商往往会随手拿来一张老照片，然后给它贴上"义和团"的标签。这场战争充斥着伪造的事物——它最引人注意的特征、推动战局发展变化的因素，其实都是伪造和谣言的结果，以致根本毫无真实性可言。清政府相信了被捏造出来的外国人的要求。7月中旬，人们普遍对北京各国公使馆发生大屠杀的"新闻"深信不疑，他们甚至开始发布讣告并邀请人们出席追思仪式。而且，所有细节的杜撰都天衣无缝，几乎就像从中国版的《多尔金之战》中摘录出的一样。《每日邮报》通讯员这样报道联军攻陷北京，公使馆解围前夕的景象："旭日东升，还活着的几个人——几个欧洲人——站在一起，个个视死如归。"大众新闻媒介的演变，意味着社会大众开始渴望了解新闻，看到真实的新闻报告和照片，而且这种强烈的需求正在变得越来越难以满足。《泰晤士报》的主编声称，"多达一半的电报都是在弗利特街（Fleet Street）'伪造'的。"[45]人们似乎了解这场战争的一切，尽管其中许多印象并不符合事实，但是这没有一点关系。

人们进行了一场笔战。和其他危机一样，中国的危机引发了专家出书的浪潮，而出版商也抓住这个机会重印与此相关的旧书。道德的紧迫性促使一些人采取行动，例如在北京遭到义和团围困的赫德借着自己的名气提前发布了自己的讣告，并出版了一系列文章，呼吁人们在对这场危机做出反应时应该保持冷静，避免做出过激行为。他宣称，义和团运动是一次合理的、爱国的运动，是针对外国人强加给中国的种种要求进行的全国大起义。英国哲学家迪金逊（G. Lowes Dickinson）在其匿名著作《约翰中国佬信札》（Letters from John Chinaman）中对中国表示了同情，大多数人认定该书为中国人所作（有些人也基于这个假设做出了回应）。而《中国内部之危机》（The Chinese Crisis from Within）则确确实实出自旅居新加坡的中国评论家之手，该作对中国当时的局势进行了分析。很大一部分出版物都严厉批评了传教士和中国教徒的行为，其中甚至包括虔诚的赫德的作品，赫德的私人来往书信包括许多他和传教士之间的通信。[46]明恩溥基于他在山东农村的观察进行了一些分析。曾受聘于赫德主持下的中国海关的辛博森（Bertram Lenox Simpson）选择了揭露义和团运动的内幕，并由此引起了轰动。他在其作品《庚子使馆被围记》（*Indiscreet Letters from Peking*）中揭露了外国人的无能和胆怯，据称此书是基于他在北京被围困期间的日记写成的。曾经受聘于中国海关的另一名外国人濮兰德当时待在安全的上海——他当时正忙着在租界市政厅里审讯被逮捕的佛教僧人——他日后在旁人鼓动下出版了"揭露"1900年清政府决策内幕的作品——《慈禧外纪》（*China Under the Empress Dowager*）。该书于1910年出版后，被誉为一部揭露义和团危机期间清帝国真实历史的杰作。该书引用的主要材料是满族低级官员景善的日记（日记的真伪有待考证）。《慈禧外纪》确凿无疑地反映了统治者是如何出尔反尔的，揭露了身处高位的官员的排外思想是如何导致了义和团运动，又是如何为另一些官员开脱罪名的。该书出版的时候就受到了一部分人的质疑。尽管人们长期以来都知道《景善日记》是一部伪作，但是《慈禧外纪》依然成了一部长盛不衰的经典之作。[47]伪造和谣言满足了热衷于煽情的新式媒体的需求，并且北京发生大屠杀的新闻也与当时受到威胁的帝国主义者处于风声鹤唳的状态不谋而合。部分人将义和团运动视为清政府酝酿数年的阴谋，而新发现的"内部证据"亦正好证实了他们的这些揣测。外国人从来没有像现在一样热衷于阅读关于中国的作品，之前也从来没有出现这么多关于中国的作品。尽管部分作品对中国持有同情立场，但更多作品使得外国人更加鄙视与厌恶中国及其文化和人民。

但是，如果我们翻阅1908年出版的那份宏大的调查报告——赖特（Wright）和卡特赖特（Cartwright）合编的《20世纪香港、上海以及其他中国条约口岸之印象》（*Twentieth Century Impressions of Hongkong, Shanghai, and Other Treaty Ports of China*）——就会发现中国沿海地区依旧夜夜笙歌、花天酒地，丝毫没有被刚刚过去的灾难所冲击，也丝毫没有受到山东和直隶那些游行青年的影响。这部著作不过是一系列旨在向英国的读者宣传大英帝国本土之外的胜利和机遇的丛书中的一本。一个新生的中国，构成了这部著作的时代背景。书中描述的，是一个再次实现中兴的清政府，此时的清政府正处于最后的大改革时代，也就是所谓的"新政"时期——其实，"新政"标志着清政府回到了动人心魄的1898年百日维新，两者之间只是名称上有所差别。清政府于1901年1月颁布谕旨，呼吁人们呈交改革议案。清政府为了挽回尊严、复兴中国，如今决意走上一条全新的道路。新设立的"督办政务处"收到了无数的意见书。同年年底，在尚未确定赔款协定的情况下，清政府实施了大刀阔斧的改革，废除了要求考生熟读中国经典的传统科举考试内容，并把新的外国学科纳入考试范围。清政府紧接着设立了西式学堂并派遣学生留学海外。军队和政府本身也实行了改革，并且成立了"新军"。旧有的政府机构为新机构所取代。总理衙门被改组成为更加受到国际社会认可的外务部，和总理衙门不同的是，外务部的权限仅限于外交事务。这也是1901年《辛丑条约》提出的其中一个要求。清政府成立了商部，实行了司法改革，并废除了部分刑罚，比如戴枷锁、肉刑和凌迟（即"千刀万剐而死"）。清政府亦开始着手准备实行宪政，根据新政的时间表，第一届国会将在1917年召开。赖特在题为"告别旧时代"的导论中总结道："中国终于真正地告别了旧时代。"

造船厂和学校、缫丝厂和纺织厂、邮政局和赛马俱乐部、中国商人的房子以及他们崭新的汽车、外国商人的房子——以上这一切谱写了中国沿海地区的凯歌。而且，在1903年之后，人们已经可以通过西伯利亚铁路，在2周内通过陆路从伦敦来到这里——只要不受战争、火车脱轨或其他意外事件的影响。[48] 除此之外，人们还能利用这条路线运送邮件，从而更紧密地将旅居中国沿海地区的外侨和欧洲联系起来。书中描绘的世界是如此地充满活力，这种活力甚至让列强于1900年之后获得的一些租界（和大部分庚子赔款一样）显得可有可无。当然，租界的开发总是需要时间。然而，整个中国沿海地区人口已经如此稠密，这就使得在许多情况下，外国居民的居住问题变得相当麻烦。举例来说，如何让德国侨民搬离天津英租界呢？又该如何处理新设立的汉口俄国租界内的英国利益问题呢？而另一方面，在天津奥匈帝国租界内，除了该国领事之外，并没有任何奥匈帝国的居民。各国在华事业于各个方面都遭遇了失败。长期以来，英国人一直呼吁清政府开放广西境内西江流域各港口。中国人同意了英国人的要求——这主要还是因为盘踞在中南半岛的法国人长期对国境线另一边的广西虎视眈眈，因此，允许英国势力进入广西，正好可以制衡法国人。但是，尽管有对外贸易带来的许多好处，某些地方（例如1907年初对外开放的南宁）长期享有的商业利益还是只能扎根于当地。海关员工以及当地为数不多的公司代表发现自己无事可做，只能天天喝酒、蹉跎岁月——等待着、期盼着、祈求着调往他处。每一个条约口岸都必须具备以下这一切：堤岸、外侨聚居区、海关大楼、俱乐部、几家洋行的办公楼。南宁的海关大楼已经年久失修，堤岸在建成之后的2年内倒塌了至少有4次；人们在尚无人烟的租界一角——实际上那里只有"许多大池塘"——修建了剧院。濮兰德在1906年感叹，所谓的条约口岸，不过是"一块烂泥地，距离主城区几英里，它们被划定为外国人聚居区，但从贸易的角度来看，其位置毫无价值可言"。[49]

义和团运动结束后的10年里，中国在很多领域迎来了巨大的变化。鸦片问题就鲜明地体现了这种变化。1900年的上海人口普查显示，一共有26名外国男子生活在运载鸦片的大船上，其中一半是英国人。人们于1906年将这些有碍观瞻的大船迁离上海滩，让它们停泊在浦东，但是人们还是通过这些大船进行鸦片贸易，就如过去100年里这些大船在各个不同的港口进行鸦片贸易一样。许多来自印度、得到英国人保护的公司依然在积极参与着鸦片贸易，而英国人在中国沿海地区设立的金融和物流公司也依然从事着鸦片贸易。然而，就在那一年，各方人士开始大力呼吁，要求彻底改变鸦片贸易政策。英国新上台的自由党政府重申了他们的承诺（他们很早以前就做出了这个承诺，现在他们又带着嘲讽的口吻重申承诺）：如果中国能够采取控烟行动，他们将会开始减少从印度出口到中国的鸦片。清政府于1906年颁布禁烟谕旨，展开了彻底的控烟行动。这次行动的力度也让外国观察者以及许多不乐意戒烟的烟民和烟鬼感到惊讶：屡劝不听、坚决拒绝戒烟的烟鬼可能会被处死。[50]1907年中英两国代表在一次大会上正式承诺取缔鸦片贸易；隔年英国人开始将印度出口到中国的鸦片逐年减少10%。租界市政厅也面临着取缔鸦片贸易的巨大压力。单单是上海的公共租界，就有1000多家公共鸦片馆，每家烟馆都有租界当局颁发的执照，鸦片烟馆带来的收入尽管不算多，但也是市政府的一大收入来源。尽管遭受了一些负隅顽抗的行动，工部局最终还是对外国地方税纳税人提出了禁烟议案，同时他们还投票赞成取缔了鸦片馆。到了1910年，租界内所有的鸦片馆都关门了。不过，租界内还存在着鸦片店——直到1917年，在各方人士强烈呼吁下，鸦片店才被迫停止营业。在那之前，中外商人合作成立所谓"联合体"的组织，力图维持鸦片价格，该组织还和藏身于上海市工部局的华捕股（该分队总是制造许多麻烦）中的中国黑帮联手打压竞争者。[51] 直到20世纪20年代，鸦片依然是英印政府重要的收入来源，而该政府也开始公开参与间接走私鸦片到中国的行动，但是至少上海鸦片贸易已经被迫转入地下。那些运载鸦片的大船已经从上海滩、浦东以及吴淞的下游销声匿迹（即使在全景照片中，人们也再看不到它们的踪影）。上海街上的鸦片馆以及公开售卖鸦片的商店也都消失了。曾几何时，在外国人眼中，鸦片和中国人、鸦片和对外贸易都是密不可分的，而如今，上海似乎已经告别了鸦片。对于一些人来说，禁烟成功标志着道德上的胜利；对于另一些人来说，这却是一则坏消息，因为这个举措扰乱了上海公共租界的财政收入。人们还认为，在公共租界禁烟并不公平，因为中国香港和新加坡都没有禁止合法的鸦片贸易。禁烟政策的批评者还抱怨（他们的抱怨不无道理），禁烟必将催生非法的地下鸦片贸易，而当局根本无法有效取缔这种贸易，这便将导致盗匪横行、贪腐猖獗。而事实也确实变成了这样。

中国人的国际地位也经历了变化，这种变化对中国政治和其他国家的政治都造成了影响。布尔战争结束后，英国人着力重建南非金矿，却面临劳工短缺的问题。英国人采取了务实的解决方案——在中国招聘了64,000名契约劳工，其中大多数来自山东。这个举措在英国政界引起了强烈抗议——某政党发行的小册子在封面上赫然写道："引入中国苦力，难道是为了对英国工人关闭南非的大门？"在1906年选举的露天演出中，"中国人"戴上脚镣，在英国街道上游行。[52] 反华的漫画和海报开始大量出现，它们迅速传到中国并招致中国人的恶感。加拿大、澳大利亚以及美国排斥非白种人的种族主义移民政策使中国劳工也无法自由前往那些国家。作为对美国排华法案的回应，中国人于1905年组织了声势浩大的抗议运动。抗议运动采取了抵制美国货物的中心策略，许多中国城市及海外华侨群体都响应了这股抵制浪潮，而中国社会各阶层也普遍支持这次抵制行动。活动家疾呼，如果有人不顾抵制行动，依旧购买美国货物，那就必将受到外国人的嘲笑。这是一次有尊严的抗议行动，一名领袖人物甚至将之称为"开明的排外主义"。尽管美国驻上海领事馆采取了"消极蔑视"的政策，美国对华贸易依然受到了抵制浪潮的严重打击；此后中国人还组织了更多抵制行动。[53] 事实证明，"开明的排外主义"比之前采取的任何其他手段都有效得多。它具有某种合法性和尊严，这是在绝望中诉诸暴力的义和团所不具备的。不仅如此，外国人很难通过暴力行为反击参与抵制行动的民众。外国军队可以屠杀义和团，但却无法强迫任何人抽美国香烟。

由于对华贸易吸引了许多人前来投资和淘金，赖特编纂的纲要里尽是雄伟壮观的洋行以及富丽堂皇的私人住宅照片。但是，书中也反映出人们为这种和平付出的代价——在华外侨个个随时待命、枕戈待旦。各条约口岸的志愿军团装备更加精良，也受到了更好的训练。各国在华北地区驻扎了不少军队，同时，他们还加强驻华舰队，并大力发展在中国的各种设施。中外之间的紧张关系并没有逐渐缓解，而是发生了转变。1905年12月英国驻上海领事馆和中国地方官府围绕司法权问题发生冲突，激起民众的抗议[①]。当时发生了大罢工和暴乱，愤怒的群众纵火焚烧老闸捕房，并对公共租界市政厅发动攻击。外国士兵和志愿军对群众开枪，以示威慑。许多照片都记录了当时上海街上的紧张气氛，今天这些照片依然给我们带来强烈的视觉冲击：围着锡克警察的群众，一脸严肃的志愿军踏过中国人的尸体，荷枪实弹的警察走在被大火烧毁后的警察局的废墟之中。参与事后调查的批评者质问，为什么老闸捕房的警察没有对暴民开枪？为什么警察收到了解除武装的命令（他们当时也确实解除了武装）？其中部分原因在于警方低估了骚乱的规模，而警方在自我辩护时亦提出，尽管暴民

---

① 即"大闹会审公廨事件"。——译者注

造成了严重破坏,"但是警方面对暴民百般挑衅,仍然能够克制自己,因此中国公共舆论还是比较倾向警方,考虑到这一点,这起事件总的来说还是对我们有利"。当然,尽管警方这些话都说得很好听,但是骚乱平息后工部局还是计划大量增派锡克警察,并引入数百名新警察加强租界防卫能力——在警察局长看来,锡克警察部队好比一台"战斗机器"。然而他们未能实现这个计划,这主要是因为英国官员强烈反对把上海置于军事管理之下。[54] 尽管如此,上海外侨还是时刻准备战斗,他们在租界街道上耀武扬威地行军,借以展示自己作为志愿军的战斗力。他们可以行军,他们可以开枪射杀暴民以及旁观者——当然,后者所遭受的池鱼之殃,纯属"不可避免的不幸"。他们虽然有能力镇压暴乱,但是却无法消除1905年罢工背后那些相互关联的不满和想法。导致1905年12月18日那次事件的原因,既有整个中国社会日益高涨的民族主义情绪,也有当地人针对外国人某些具体行动的不满(包括抵制美货行动),以及为中国人争取尊严的潜在理想——这一切犹如一股洪流,并非外国人动用暴力就可以阻挡的。

清政府狂风骤雨般的改革大大地提高了人们的期望,但是它却无法满足这些期望。同时,清政府也开始面对各种越来越激烈的或消极或积极的反抗。这些反抗来自改革家(他们对改革的缓慢步伐十分不满)、革命家,以及民族主义者。反抗者在报纸上批评清王朝,发动失败的起义,并且在各个反清组织和联盟辗转。新军成了招募和训练革命家的组织。某种激进的反清思想开始扩散:这是一种民族主义的思想,它提醒人们17世纪中叶清军入关之后曾经进行大屠杀,它通过这种提醒号召人们武装起来、报仇雪恨。与此同时,宪政改革的细节开始具备某种民族色彩——国会中给满族议员预留的席位,也远远超出他们在这个国家的政府中所占的比例,这种保护满族利益的偏袒性措施似乎与政府推行有效改革的宗旨背道而驰,这令人感到不安。国外的经历,使得留学海外的学生思想更加激进,其中以留学日本者为甚。孙中山依然是革命世界中一位举足轻重的人物,但是除他之外,现在还出现了其他几位革命家。而且,在活跃的革命者的世界之外还有一个更加广阔的世界——一个迅速改革和改变中的世界。在那个世界里,女性地位得到提高,公共和私人生活的边界发生改变，社会和家庭关系被重塑。人们尝试新式婚姻（年轻人自由选择自己的伴侣），作家尝试创作新体裁的作品，他们在生活中、思想上破旧立新，创造新的中国。他们通过不同的手段实现这个理想——有些人选择与旧时代决裂，另一些人则重新评估旧时代的一切事物，改造它们，使之符合变化中的新时代的需求。城市与农村改变的步伐并不相同，即使同是城市，沿海城市和内陆城市改变的步伐也是并不相同的。但是，随着人员的流动、书籍和期刊通过邮寄在各地之间的流通、铁路的铺设、轮船新航线的开通，各地之间还是被更加紧密地连接起来。看似永远不会改变的一切，被1900年的炮火以及之后国家主导的"新政"击得粉碎。有些人尝试把这些碎片粘回去，还有许多人则尝试其他道路，饥不择食地争取每一个机会、尝试每一种可能。任何一条路都看似可行，任何一条路也都可能受到质疑。

1911年10月9日不慎掉在地上的一根火柴，点燃了堆积已久的干柴。汉口新军部队中的革命者在计划发动起义之前，利用当地俄国租界的一间房子作为制作炸弹的作坊。革命者不慎引爆了炸弹——这不是由于他们处理爆炸物时动作太大，而是因为旁边有人吸烟（看来吸烟的确有害健康）——引来了俄国警察，进而引起了清政府的注意，清政府立即采用残酷的手段来对付爆炸案的幸存者。但是，整个中国也和他们一起"燃"起来了，他们的革命同志为了避免被抓，于隔天发动起义，并在几天之内就占领了汉口。在短短一个月之内，许多主要城市都落入了革命者之手。全国各省纷纷宣布独立。在这个烽火连天、兵燹遍地的秋天里，有三组人在小心翼翼地维持着局势的平衡：那些手握兵权的人，例如清军将领；那些如今占据道德制高点的人，包括孙中山及其革命同志；以及那些仍然具有名义上的权力的人，亦即清政府。最终，手握兵权者取得了胜利。皇帝宣布逊位，清王朝也被推翻了，清朝皇帝的个人安全得到了保证，获得了巨额的生活费，此外还能继续居住在紫禁城里。孙中山宣布成为新成立的"中华民国"的临时大总统，但很快便又让位于清军将领当中最具实力的袁世凯。孙中山此举，并不仅仅是因为屈服于实力派，而是想尽快恢复统一和秩序，因为革命者的身后总是响起列强战车的声音，他们随时准备乘虚而入。濮兰德对他在上海秘书长职务的接任者写道："您应该能从时局中捞取好处"——譬如扩大租界范围。[55] 外国人的确取得了一些好处：上海租界警察接管了当地的法院。对全国政治意义尤其大的是，随着条约口岸的清朝官员纷纷逃命，海关真正接管了收取海关税的工作（而不再仅仅是负责计算税额）。但是，权力的迅速转移，还是达到了它主要的目的。考虑到当时诸多的不利条件，清王朝成了"中华民国"，确实是个了不起的成就。爆发革命的那几个月里，外国租界成功地置身事外。当地爆发起义时，清朝官员便逃到租界避难。革命者也寻求租界的庇护。汉口爆发起义时，孙中山正在国外。他于12月25日抵达上海，下榻于曾经买卖鸦片的房地产大亨哈同在租界富丽堂皇的住所。汉口英租界和公共租界市政厅都成了革命者和清政府双方谈判的场所。这些侵略中国的租界既是威胁，也是可以利用的外侨居留地。

在更加敌视中国的外国观察者和居民看来，这些从中国的动荡局势中渔利的机会都被白白浪费掉了。20年的战争和革命所提供的机会最终都没有让他们获利，而只是给日本、俄国、德国等新兴的列强带来好处。有些人提出，保持稳定和平衡能更好地服务于外国的利益，他们认为，只要有任何一个列强在中国单方面获益，就会使得一切前功尽弃，甚至使各国失去在中国的所有利益，或者引发欧洲大战。毋庸置疑，《辛丑条约》给列强带来了许多好处：于1900年至1901年之间受到惩戒、正在推行改革的清王朝，以及俯首帖耳的中国民众。外国人还能奢望什么呢？回想那些充满火药味的小册子和纪念碑，以及列强对中国人提出的诸多要求。如今中国已经实行了具有商业性质的法例、成立了商部、创立了共和政府，鸦片贸易亦正在受到强有力的取缔，而残酷的刑罚也已被废除。除此之外，列强还保留治外法权并保有在数十个开放口岸进行贸易的权利。毫无疑问，他们从前对中国的印象已经过时了。他们现在已经再想不到新的要求。但是，其中其实也夹杂着外国人对中国新近产生的某种轻蔑，现在，外国人已经被胜利冲昏了头脑。而且，他们对中国和中国人的印象已经如此根深蒂固，而义和团运动又给这些印象赋予了新的内容。同时，日本的崛起令人不安，并使得这些印象被进一步扭曲。因此，20世纪的前20年反华情绪大行其道。在整个英语世界的选举海报上，面目狰狞的中国面孔斜眼看着选民，幼童的书架上，尽是关于"傅满洲"等中国反派的书籍。现实生活中的唐人街经过作家们的丑化，成了遍布鸦片窟、中国男子蹂躏白人女孩的地方。（好奇的游客们为了图刺激，常常会专门参观当地的唐人街。）[56]《中国教会被袭记》为电影导演提供了一个经久不衰的模板，尽管它片长只有4分钟，画面还十分模糊，但它反映出了中国男人是如何威胁欧洲女人的，同时它也描绘了排外主义者的暴力以及白人是如何进行血腥报复的。在接下来的几十年里，这成了所有关于中国或中国人的影片的主题。叠加在这一切之上的，还有西方人围绕鸦片（后来也包括可卡因）所产生的焦虑心理。在西方人看来，中国和中国人使欧洲人和美国人染上毒瘾。毫无疑问，正在演变中的对中国的政治上、文化上的蔑视心理，对外交关系也造成了影响。和尚未推行改革的中国一样，"年轻的"、现代的、锐意改革的、反清的、西化的中国同样受到外国人的蔑视。如今人们将头戴平顶帽的"中国佬"视为创立共和所带来的现代性的象征，而外国人却依旧认为这种形象的"中国佬"和之前没有区别，仿佛一切都没有改变。

  外国人究竟还希望在上海、汉口甚至冷清沉寂的南宁取得哪些好处呢？答案很简单。在某一层意义上，他们希望维护和加强帝国的威望，这个目标看似无形，但在他们看来，却和上海滩那里的堤岸一样真实（当然，这里指的是不会倒塌的堤岸）。提倡自由贸易的英国人还注意到那些在英国新势力范围之内新崛起的列强表现出的垄断倾向，他们对此感到忧心忡忡。他们担心遭到排挤，失去在山东或东北地区的机会，或者被排挤出俄国或德国租界（这些租界里也有他们的工作地点）。他们仍然希望进行自由贸易，但是如果无法实现这个目标，他们则要求享受特权、占有优势，许多人甚至希望享有垄断权。在另一层意义上，他们希望得到更多牟取暴利的机会：他们希望拥有更多铁路、更多开采矿石的特权，更自由地使用更多港口，进入更多的市场，并且扩大那些赚钱的租界的范围。他们积极游说有关当局，希望实现以上这些目标。在上海，他们不停地呼吁向北扩大租界范围，并把闸北地区纳入公共租界。他们绘制的地图上显示，上海郊区主要是外国人拥有的土地，而且采取所有地图通用的做法，用朱红色标出相关区域。在屡次遭到地方当局的断然拒绝之后，工部局于1903年开始修建通往这个区域的马路，然后单方面行使维护交通安全、向马路两旁户主征税的权利。他们还声称，这是出于维护公共卫生的考量。闸北是对租界公共卫生的威胁，是将瘟疫传播到租界的走廊，也是各种棘手问题的根源。这是整个殖民世界经常会给出的借口：殖民者习惯用"卫生"来掩饰赤裸裸的掠夺。不久前由抵制美货运动和大闹会审公廨事件激起的反抗，阻碍了"外国人在租界及其周围地区扩大行政影响的正常步伐"。[57] 事实上，这种所谓的"正常步伐"正在逐渐步入历史。如今中国人已经懂得群起反抗外国人，而且中国人已经成立了现代意义上的市政府，成立了一支警察部队以抗议外国人侵犯中国主权的行为，尽管现场官员时常会与民众发生轻微的摩擦和冲突。鼓吹扩大租界范围的那些人声称：他们（中国人）故意修建马路以刁难我们，他们创立水电公司，是为了阻止我们的水电公司进入中国。他们成立的机构不过是一个大骗局，不过是剥夺我们权利、阻碍我们"正常发展"的政治阴谋。[58] 过去几十年，外国人总是要求中国人按照公共租界的模式进行城市管理，如今中国人按照外国人的要求，改革城市管理模式，却遭到了谴责。无论中国人是否推行那些改革，都要遭到外国人的谴责。和改革前的中国一样，外国人同样无法接受改革后的中国。

1913年爆发的新一轮政治动荡"二次革命"似乎提供了旧式的解决方案——这就是英国驻华公使所说的"突然出现的向中国政府施压的机会之一"。过去几十年来，这种机会（例如马嘉理之死）曾经给外国人带来许多好处。[59] 这一年，袁世凯暴露出了自己作为军事独裁者的本质——他派人在上海火车站暗杀了宋教仁，此前国民党在1912—1913年的国会选举中胜出。"刺宋案"后各地发起讨袁之役。7月，上海讨袁军发起进攻。宋教仁所属的政党是孙中山不久前创立的国民党。国民党领导了这场战役。战役十分混乱而血腥，并且波及了租界周边区域。根据《北华捷报》报道，流弹落到了租界里，破坏了财产和墓碑，把旁观者吓得魂飞魄散。租界居民蜂拥到上海滩新建的汇中饭店的屋顶花园以及江中的舢板一睹战况，他们一直都有这样的传统，那就是站在租界里遥望，看中国人的热闹。[60]记者们穿梭于硝烟弥漫的战场，他们近距离目睹了战争的血腥，然后跑回办公室将这些新闻稿归类存档。[61]也有很多人完全不顾租界外面的战争，他们在公共花园欣赏交响乐团的演奏，直到一颗炮弹落到花园里。随着闸北陷入混乱，革命者进入闸北准备袭击政府军军火库，业主们纷纷祈求保护，他们的请愿书被翻译成外文，而后整齐地存入工部局和领事馆档案。工部局的秘书写道：这就是我们期待已久的一刻。他小心翼翼地说道："我们一旦进来了，就永远不会出去。"这将会是租界当局协助恢复秩序的酬劳。更何况，一旦拿下闸北，中国政府就不好把他们赶走了。"大家决定派警察一个接一个地偷偷潜入闸北"，但是英国籍警察指挥官C. D. 卜鲁斯（C. D. Bruce）犯了一个可笑的错误（有些人认为，他肯定是被收买了）——他派遣万国商团（万国商团派出了两个连：一个连由中国人组成，另一个连由海关员工组成）和美国精锐的轻骑兵部队"耀武扬威"地进入闸北，随行的还有长期居住在上海的工部局主席庇亚士（Edward Charles Pearce）。[62]他们抵达了闸北警察总部，以为中方会派出一支代表团在那里迎接他们，然后正式授权庇亚士来维持闸北治安，然而那里一个人也没有。如果一开始就没人正式承认你曾经来过，那你也就不好赖着不走。要跳好"殖民"这支舞，首先需要有个舞伴。

参与闸北胜利大游行的租界众人构成了中国沿海地区外侨群体的缩影。[63]工部局主席庇亚士既是一名运动健将，也是一名颇具名声的猎獾人。他已经在上海居住30年之久，他为老公茂洋行（Ilbert & Co.，一家棉纺织企业）工作，并先后担任总进口商、保险经纪人和经理。按照常例，工部局委员会由6名英国人、1名德国人和1名美国人组成。同样任职于工部局的还有出生于上海的合法鸦片商人、地主兼出版商爱德华·艾萨克·埃兹拉（Edward Isaac Ezra）——此人一直忙着整理各种有关中国人取缔鸦片的失败案例，他将这些整理好的报告呈送英国领事馆，企图通过这个策略，挫败中国政府取缔鸦片贸易的努力。而当他的这个策略失败后，他转而从事走私贸易。埃兹拉还在工部局会议上代表鸦片"联合体"和鸦片商人的利益，1921年逝世时，他的讣告上将鸦片称为"印度进口品"。英国人亨利·格兰（Henry Gulland）经营美国国际银行公司（American International Banking Corporation）；海因茨·菲格（Heinz Figge）则经营德华银行。担任律师的艾尔弗雷德·怀特-库珀（Alfred White-Cooper）曾经帮助未来的美国总统赫伯特·胡佛（Herbert Clark Hoover）维持外国对开平煤矿的非法控制权，为了避免煤矿遭到暴民劫掠和占领，外国人于1900年取得了煤矿名义上的所有权，却再也没有归还——这是外国人例常进行的、卑鄙的强盗行为。[64]这些人和其他担任工部局委员的同僚之间，存在着错综复杂的商业利益关系。他们往往是几家相同公司的董事，同时，他们还通过共济会和社交俱乐部建立关系，有时甚至还会联姻。工部局成了银行家委员会（Bankers' Council）、鸦片商人委员会（Opium Traders' Council）、橡胶市场投机者委员会（Rubber-boom Speculators' Council），或者仅仅是另一家公司董事会——据英国公使说，"工部局委员会九分之七是英国人，（他们）采取不折不扣的亲上海政策"。而且，工部局可谓龙蛇混杂，其委员代表了中国沿海地区相互连接着的合法贸易世界和非法贸易世界。[65]外国人在中国沿海地区进行的非法贸易规模并不算小。1910年最近一次使上海股市大崩盘的经济危机，就是利益集团"大规模"操纵市场导致橡胶股票大涨造成的。这些利益集团影响力之大，足以左右任何一个陪审团或贸易委员会对于整个事件的看法。[66]就其严重程度而言，这场危机非比寻常，但是导致危机的那些可疑的做法在上海早已是家常便饭，而在各国势力并存的上海，各大利益集团的联盟也是屡见不鲜。尽管英国利益集团在上海和工部局都占据着主导地位，但是他们的租界生活还是陷入了租界社会各国人士所编织的关系网络。英德关系尤其牢固：怡和洋行曾经允许德国人在上海滩前滩修建纪念碑以纪念在海难中丧生的水兵。上海英国俱乐部装修期间，康科迪亚德国俱乐部为英国侨民提供活动场所。德国公司根据英国的公司法进行注册。8月，介绍上海社会面貌的《上海社会》（Social Shanghai）期刊报道了这个紧密联系的国际化世界在1913年里的那些喜庆的日子：德皇登基25周年纪念仪式、巴士底日、7月4日①。主办各方安排了炫目的夜间灯光和火炬游行，他们都试图超越对方，但是每逢庆祝这些节日时，所有人都会欢聚一堂，因为大家都拥有着"在华外侨"这个共同的身份。[67]

参与闸北这出戏的其他主要角色还包括警察局长卜鲁斯。来自陆军的卜鲁斯，看起来"总是那么英姿飒爽"——他来自威海卫华勇营——大闹会审公廨暴乱平息后，为了加强租界防卫能力，租界当局于1906年调来卜鲁斯指挥警察部队。威廉·莱韦森（William Leveson）则接替濮兰德成为工部局秘书长。万国商团指挥官是同样来自威海卫的英国职业军官A. A. S. 巴恩斯（A. A. S. Barnes）。危机发生的那几个星期，他们一直享有坚实的后盾——租界所有的资源和"守护天使"②。负责租界防务的，还有新成立的志愿军团，这些军团由中国人、日本人、美国人以及葡萄牙人联合组成，他们大多是为了应付大闹会审公廨的危机而成立的。男童子军为租界防务也贡献了一分力——他们在租界内骑自行车传递信息。美国志愿军时刻"准备好应付突发状况"，而且和组成万国商团的其他各国部队一样，他们也直接向本国政府要求物资援助。来自各国战舰的海军陆战队都登陆了上海，他们准备采取行动。但是，向上海北部进军才能给予租界居民"真正的满足"——提出这些要求的租界居民当然基本上是外国居民，但是，《北华捷报》为了安抚自己而宣称，其中也包括中国居民。[68]尽管工部局委员会大部分由英国人组成（而且所谓"英国人"的定义，也相当复杂，因为其中包括一名出生于上海、祖上来自巴格达的塞法迪犹太人），受命进军闸北的部队由各国人士组成，反映了中国沿海地区作为国际化社会的性质（就如"在华外侨群体"这个名字本身一样）。和工部局一样，上海外侨群体也是"完完全全的亲上海派"：毕竟上海租界，就是他们的上海。

在那个周末，闸北一名官员宣称，现在你们以力服人，但这是一种"强盗行为，一次抢劫"，而且"要想在中国这样的国家进行詹姆森式袭击，是不可能的事情"。如我们之前看到的，中国观察者十分清楚英国在

---

① 巴士底日即法国国庆日，7月4日为美国国庆日。——译者注
② 即治安维护志愿者。——译者注

南非的历史，并且深知"恢复秩序"可能会包括尝试攫取土地的行动——1895年底，来自开普殖民地的英国突袭者试图在布尔人的德兰士瓦共和国煽动起义时，就曾经尝试过这类行动，并以失败告终。[69] 但是，在19世纪90年代后期的中国，外国人即使不能经常进行海盗行为，至少有时也能靠这种行为有所收获——当时的胶州就是如此。然而，1913年民族主义情绪高涨的中国却截然不同，即使庇亚士、卜鲁斯和莱韦森尚未意识到这一点。闸北街上中国人的敌意"与日俱增"。公共租界警察部队的锡克警员驻扎闸北，也激怒了当地中国居民：在他们看来，租界当局利用这些"黑人奴隶"占据闸北，并执行中国警员的职能，更是奇耻大辱。[70] 由于部分外国领事生气地指责工部局超越了防守租界的职责界限，外国部队在耀武扬威进入闸北短短两天之后就撤离了闸北。志愿军在黎明时分悄悄溜出闸北，留下小队警员，他们不得不在当天较晚的时候回到闸北以协助撤出滞留人员。外国部队在街上耀武扬威，再加上7月28日会议期间工部局对闸北市民公会委员居高临下的态度——工部局清楚地告诉委员们，他们可以"自由表达"自己的观点，但是工部局只听命于公共租界当局——当地居民确信，这正是大多数外国人的目标。他们希望再一次收获好处，希望在中国政府注意力被分散之时，再次发动兵变。尽管在外国部队暂时占领闸北期间，工部局曾经呼吁长期控制闸北，但是租界当局一直都没有这么做——即使那个夏天，总统袁世凯已经向庇亚士保证，自己不会反对此举——这主要是因为工部局曾积极配合过中国政府镇压反袁的起义。此时担任袁世凯顾问的莫理循评论道，政府对此"十分满意"。[71] 但是，尽管政府"十分满意"，社会大众的民族主义情绪、中国政府在行政上的创新以及中国民众暴力反抗的可能性——这一切迫使进军上海闸北的帝国缔造者们又灰溜溜地回到了租界里。在往后的日子里，其他帝国主义者还将指挥军队列队进入遭受炮击的、瓦砾遍地的闸北。但是，渐渐地，人们再也无法充满信心地宣称"强权即公理"，或者相信强者必将轻易地取得胜利。"一名水手长加上十几名水兵"不可能拿下一座中国海港，尽管长期以来，许多人都对此深信不疑。1913年一支更大的军队（上海讨袁军）也没能拿下并长期占领上海市郊的闸北。1913年7月28日这个星期天的清晨，当卜鲁斯率领部队大声嚷嚷着闯入冷清的闸北之时，没有人迎接他们，并配合他们表演扩大租界范围这部在当地上演的好戏。濮兰德及其同党好不容易才琢磨出来的计划书现在已然泡汤，这意味着这种由私人推动的帝国主义已经走到了末路。

尽管如此，这场"二次革命"还是让外国人对中国政府掌握了前所未有的权力。革命失败的主要原因在于英国人决定支持袁世凯。他们摒弃了表面上的中立立场，事实上，他们一直如此，那就是支持那一股最能够维持和平稳定的力量。英国人的这个立场，造成了实质性的影响——袁世凯有了支付军饷的能力，这也就加强了他打败国民党的能力。袁世凯的军饷来自他向外国借的一笔"善后大借款"，这笔借款得名于它名义上的用途——筹借资金以整顿新成立的政府。一方面，这笔借款激起了国民党的反袁斗争，因为国民党认为，袁世凯在未经国会通过的情况下借款，违反了宪法；另一方面，它又为袁世凯提供了镇压起义所需的资源。无论如何，借款使袁世凯拥有了更多资金，他把这些资金用于贿赂、支付军饷、购买军火；叛乱期间，袁世凯已经获得了大借款超过三分之一的款额。但是，在上海，海关的外国员工、英国领事、海军官员以及银行家携手合作，为中国海军提供了大笔资金，确保海军始终忠于中央政府。[72]这笔巨额多国借款的条件包括：允许外国监督中国政府行使食盐买卖垄断权，以及聘用一支外国顾问团。如今中国海关负责征收海关税并将税收转交给中央政府——确切地说，那是在偿还外债之后的余额——所以事实上，中国政府的部分财政已经落入外国人手中。袁世凯政府于10月份正式得到列强承认。但是，就在英国和其他列强在表面上维护了它们在华利益的同时，还出现了一个新的问题。国民党失败后不久，英国驻华代理公使艾斯敦（Beilby Alston）——他认为贿赂是袁世凯的主要手段——回想二次革命的整个过程，提出了一个新的令人担忧的现象。许多评论者注意到不少日本人以个人身份参与了上海周边地区的战斗，他们中的大多数是支援共和派（反袁派）军队作战的。艾斯敦呈交了一份报告，指出了他关于日本人如何"积极"参与起义的观察。他提出，日本人在华利益不小，考虑到日本投入之大，日本对俄作战后在东北地区的收获其实并不算大。如今日本人比以往任何时候更倾向于直接干涉中国事务。因此，英国当局必须注意到这一点，并提前做好准备，以便在日本人采取行动的时候，依然确保中国门户开放。伦敦对此不以为意，并尝试说服艾斯敦，由于1902年的英日同盟依然有效，因此他们既不认为日本会对英国的利益构成威胁，也不认为日本单方面的行动将会导致什么问题。[73]

　　充满信心的在华外侨开始更加积极地修建纪念碑。"二次革命"之后的那一年里，他们在上海修建了两座纪念碑，这既反映出中国沿海地区外侨群体的雄心壮志和自我形象，似乎也是某种分裂的开始。第一座纪念碑看似代表了各国的共同利益。赫德爵士死于1911年武昌起义爆发前不久，1914年5月，人们在上海滩举行了赫德雕像的揭幕仪式。雕像上的其中一段碑文写道，赫德是"深受中国政府信任的顾问"，同时还是"中国人民真正的朋友"。赫德为中国海关和邮政局立下了汗马功劳，他主持修建灯塔，并"完成了使中国和世界都获益匪浅的工程"。享有最大自主权、在外国人主持下的中国海关，被重塑为一项无私的、人道主义工程。这样看来，赫德主持下的中国海关并不是一项由英国人主导的工程——尽管负责完成赫德雕像的雕刻家亨利·贝格拉姆（Henry Pegram）一向擅长展现大英帝国的辉煌，他的成名之作是罗德（Cecil Rhodes）半身雕像，以及在伦敦帝国理工学院里的作品。当然，赫德其实和上海没多大关系，但是上海滩的这尊赫德雕像却成了一个强大的符号，凌驾于将巴富尔及其继任者以及来自其他列强国家的同僚带到黄浦江的战争和条约等历史事实之上。曾几何时，赫德被视为一名叛徒。在一些外国人眼里，他在中国海关的服务影响了贸易的正常进行，他无论在情感上还是行动上都太亲华了。如今，人们声称，赫德实际上缔造了上海——他们的上海。赫德雕像的揭幕仪式充分反映出了上海作为国际大都会的地位——列队整齐的海军陆战队和各国领事出席了揭幕典礼。虽然当天"中华民国"的新"国旗"飘舞在赫德雕像身后，也有一些中国官员出席了典礼，但这依然是展示各列强实力的一场庆祝大会，同时，从另一方面说，这也证明了上海在列强博弈中的中心地位。"中国和世界"看似处于平等地位，但是中国必须为这种"平等"牺牲其利益。[74]正当公共租界举行赫德雕像揭幕仪式的时候，租界当局已经在着手将另一座纪念碑带到上海——那是纪念首任赴华英国使节查尔斯·卡思卡特（Charles Cathcart）的无底石碑。很不幸地，卡思卡特上校于1788年死于安雅角（Anjer）外海，始终没能抵达中国，正因如此，他注定只能出现在中外关系史著作的脚注里。他的同伴们竖立了一块木制墓碑，1811—1816年英国控制爪哇期间，莱佛士爵士（Stamford Raffles）下令将木制墓碑改为石碑，并在安雅修建纪念碑。就这样，在19世纪的大部分时间里，从印度洋前往中国的水手们都能看见卡思卡特纪念碑，直到1883年喀拉喀托火山爆发所引发的潮汐波将纪念碑毁掉。[75]之后石碑被人放在一个棚子里，一直受到冷落，直到1912年赴华使节团其中一名团员的后代（也是上海工部局的总工程师）找到它。他认为，这块石碑确实构成了英国在华事业的一部分，当公使馆和上海领事馆都拒绝安置石碑之后（公使馆和领事馆负责人都不希望把他们的场地变成"坟场"），他通过太古集团将石碑运到上海，并于1914年末将它安装在圣三一堂墙上。[76]上海外侨齐聚一堂，介绍外国在华事业漫长历史中的种种符号，甚至一直上溯到外国人尚未来到上海的"史前时代"。卡思卡特墓碑被安装在圣三一堂墙上的时候，租界当局并没有安排任何纪念仪式。正当人们用混凝土将墓碑嵌入这座城市的时候，成百上千的外国男子正穿过教堂附近的街道前往码头，他们将乘船回到欧洲，然后做好在欧洲战场上兵戎相见的准备。就这样，赫德雕像揭幕仪式成了各国人士一同出席的最后一场纪念仪式。此时，在华外侨更关注的是自己祖国的命运。

准确地观察到潮流的变化，从来就不是一件简单的事情。在濮兰德看来，其他人永远都不够坚决，被北京国民政府花言巧语蒙骗的各国外交官总是醉生梦死，白白失去之前获得的各种好处，他们明明遭到中国人的鄙视，却还浑然不觉、扬扬自得。濮兰德抱怨道，在中国，他们这种持"漠不关心"的态度的人才是"白人真正的包袱"。[77]但是，不断抱怨的中国沿海地区不可能真正地无视19世纪90年代那些激烈的暴力——正是这些暴力，使众多的外国利益集团深入中国各地，它们粉碎了许多中国人原以为将会永久不变的事物，同时也使清帝国陷入混乱。义和团战争使清政府一下子就回到了原点，它赤裸裸地展示了外国人动用暴力的威力和现实，这是前所未有的——在新帝国主义达到巅峰之际，外国人可以毫无顾忌地动用这种军事化的、种族主义的暴力。《海牙公约》从来都不适用于现代文明范围之外的那些人。它催生了清政府改革和外国扩大在华利益的新时代——后者总是引起一些人的不满，但是仍然在大多数的地方给人们带来利润。而且，外国在华事业通常也是一种安逸的跨国事业，尽管有时也会产生一些关于帝国主义者所引发的沙文主义的警告。辛亥革命从本质上改变了在中国的大国游戏。这是因为，尽管这场革命引发了延续数年的动乱并导致了中央权力的崩溃，但它最大的成就还在于，当中国面临前所未有的帝国崩溃大危机时，新成立的共和国还是几乎完整地继承了1911年10月清帝国的版图。从此之后，中国进入了一个全新的时代。中国还将面对严重的危机：财政紧张、国库空虚的窘境，中央和地方政府将会面临的巨大压力，甚至以后中国还将面对全面的侵略战争。但至少现在，19世纪那些看似已经成为家常便饭的列强蚕食中国之举，以及所谓的欧洲人对"亚洲遗产"的复兴，都已经步入了历史。上海的帝国缔造者（如庇亚士之流），再也无法大摇大摆地越过租界的界碑，占领中国城市的市郊了。他们没有停止策划和酝酿这类扩大租界范围的行动，也没有停止修建纪念碑，以纪念自己的丰功伟绩，但是此后，在大多数情况下，他们还是被迫采取守势。列强之间也存在着裂痕。1914年夏天第一次世界大战爆发之后，欧洲列强在中国的均势被打破了，外国在华事业的跨国特性也被严重削弱了。他们取消了来自其他国家的俱乐部会员资格，甚至将其他国家的董事驱逐出董事会，尽管这个过程十分艰难，并且违背了中国沿海地区外侨群体一贯的做法。同时，他们开始担心，这种帝国之间、种族之间的冲突将会给中国人传达何种信息。这种担忧不无道理。但是，在这场于中国进行的大国游戏里，德国和奥匈帝国已被淘汰出局，而英法则忙于欧洲事务，此时日本人借机玩了一场属于他们自己的游戏——他们试图巩固自己在中国事务中占据的主导地位，并在此过程中削弱其他列强。尽管发生这些变化、面对这些威胁，中国沿海地区外侨群体依然呼吁本国政府争取更多利益，同时努力维护自己的既得利益。对于他们的海外批评者，他们时而恶言相向，时而做出让步。而在中国，他们则时而采取合法手段，在法院提出上诉；时而诉诸暴力，强迫中国人就范。但是，现在中国的大国游戏已经发生了天翻地覆的改变，欧洲列强之间瓜分中国的游戏已逐渐退居次要地位，取而代之的是日本军国主义在中国的蔓延，同时，更为重要的是，中国内部发生了逐渐激化的争夺之战——参与逐鹿中原的有共和制的拥护者、军阀以及帝制的拥护者（1917年甚至还有过复辟清朝皇室的尝试），往后还将有更多的人参与这场混战——他们都在摸索一条通向中国未来的康庄大道，并为之奋斗和战斗。

11

历 史

这究竟是谁的历史？如果让1935年伦敦外交部图书馆管理员来解答这个问题，他们肯定要说，这不是蒋廷黻的历史。面对蒋廷黻借阅历史档案的请求，他们简要地回答道："让一名中国人挖掘我们1886—1895年的档案，实在很危险。"[1]作为当时最杰出的青年历史学家，哥伦比亚大学博士毕业的蒋廷黻将在不久之后任职于中国政府。此时的他担任北京的清华大学历史系主任，正在学术休假中。他当时正在翻阅档案局文件，搜索关于19世纪后半叶中国政治史的材料。他发现，对研究者开放的材料"比想象中的要丰富得多"，于是要求阅览1885年之后的外交部档案，而当时，对于一般读者，档案局只开放1885年或更早的外交部档案。可以肯定的是，档案局确实允许部分人阅览1885年之后的外交部档案，但这是一个非比寻常的要求，当然，蒋廷黻亦并非寻常人等。档案局工作人员预想到，他将会"携带所获得的材料回到中国，届时我们将无从过问他对那些材料的用途"。而且，由于"我们当然不可能抽出通信中那些没那么敏感的成分"，我们更无法预料"一名中国人"将会用他所可能找到的东西制造什么麻烦。记载外交部工作细节的那些文件，一旦落入居心叵测者之手，将可能惹来麻烦。当时人们围绕是否应该开放一战前欧洲政治档案（尤其是关于英俄矛盾的外交档案）进行了激烈辩论，反映出他们对模糊化的外交档案十分敏感。在这些讨论中，印度事务部提出了英国政府普遍接受的一点:"在东方,这些问题永远存在。东方人不会忘记很久以前发生的事情,而东方政治家在回想历史上的一些政策时,往往还会联想到现在和未来。"[2]他们指的是阿富汗和波斯,但中国也属于"东方"——这种恐惧普遍存在于东方。而且,到了1932年,中国民族主义者已经连续数年冲击了英国的在华工作。事实上,正因如此,英国当局正在从中国节节败退。不仅如此,受到胜利鼓舞的民族主义者还不断发表言论,对英国在中国的历史进行公审。在伦敦的英国人认为相关档案很可能将进一步激起中国民族主义者对英国那段历史以及英国在华事业的厌恶感,因此,他们很快就做出了决定——他们将不会破例允许蒋廷黻博士浏览1885年之后的外交部档案。

在中国国内,那些堆积如山的文件乏人问津。它们尘封在海关大楼、洋行仓库、市政府大楼和领事馆档案室里,逐渐发霉腐烂。它们被白蚁咬得千疮百孔,并堆积了厚厚的、黏黏的几层灰尘。部分文件还未来得及存档就消失了,更有一些文件遭遇了祝融之灾——最广为人知的一次火灾发生在1870年12月的上海总领事馆。这次大灾难使总领事馆大部分的财物付之一炬。[3]但是,总的来看,中国的档案大部分都在拥挤不堪、十分陈旧的英国领事馆建筑里被束之高阁。理论上外交部处理档案的方针相当清晰明了。传教站、大使馆及公使馆的所有文件记录都必须完整地、永久地保存起来,而领事馆的日常档案(主要是来往书信)则应当在20年之后被销毁。有关当局可以轻易地在通告中列出这些规定,但是中国各地领事馆的主要员工由于终日忙于日常工作(特别是调解内部纠纷,这占用了他们非常多的时间),所以根本无暇销毁这些东西。[4]他们不仅要忙着将向公使馆按规定提交的周期性报告整理存档,还要应付来自中国的民族主义者的压力,后者常常针对外国特权问题向他们施加压力,并且,这种压力还时常会导致骚乱和冲突。而他们打交道的对象,则视他们所在的地方而定——有些领事馆位于南京国民政府的控制范围内,有些则位于直接受军阀统治的区域内。以上种种原因,使得档案的处理,从来都不是人们优先考虑的问题。公使馆的记录文件通过船运被送回英国——到1927年时,1890年以前的文件都被送回了英国——但是,正当蒋廷黻在伦敦的档案局（该局位于伦敦市内一个叫赞善里的冷清地方）里埋头阅览档案的时候，差不多所有的各地领事馆档案都被安全地存放在中国各地。

在新一代历史学家看来，掌握这些记录文件是当务之急。当时中国兴起了一场重新审视中国记录文件的运动，而蒋廷黻正是这场运动的领军人物。至少英国还设立了档案局，而且理论上档案最终都会对公众开放，但是这一切在中国都是不存在的。在许多情况下，历史学家不得不依赖于外文材料，利用19世纪外国官员的翻译文件，以及《中国丛报》或《北华捷报》刊登的文件。袁世凯政府成立了负责编纂清朝历史的清史馆，但是在一些情况下，清政府的档案文件在落入清史馆手中之前，已经几易其手——一家造纸厂甚至论斤买下部分档案文件来进行废物再循环。许多档案文件已经丢失了。而直到1935年，情况才终于发生了改变。一部重要的清朝文件汇编（这些文件曾于1856年被呈交给咸丰皇帝）在落入民间之后，于1930年以《筹办夷务始末》之名得到出版。之后还有人陆续出版了他们所收藏的清朝文件。蒋廷黻用英文发表了几篇文章，这些文章以历史学家的视角解读了这些文件，这种解读推翻了人们此前对19世纪30年代和40年代的中外交流的理解——这些理解，都是基于当时或不久后公布的外国外交记录，而外国当局公布这些记录，经常是为了说明改变政策和诉诸武力的必要性。[5]这些记录保存在英国人的"蓝皮书"或法国人的"黄皮书"里，它们很有用，但是从来没有将事件的来龙去脉解释清楚——尤其缺少的是讨论记录，也就是外国人在辩论和发生分歧时未经审查的一些发言记录。一方面，袁世凯的清史馆计划以传统方式，编纂一部卷帙浩繁的清史（因为每个新建立的王朝都以编纂前朝历史为己任）；另一方面，蒋廷黻和其他一些完全接受外国训练的历史学家们则计划使用自己在外国大学里接触过的那些文件撰写那段历史，而与此同时，他们也在中国的大学里这么教导他们的学生。所以，尽管新出版的清朝文件汇编依然很重要（比起濮兰德所采信的伪造材料，它们要好很多），但它们其实和蓝皮书一样，也带有选择性和偏向性。历史学家需要更多的材料，而材料就在那里——包括伦敦的档案、尚未发表的书信和备忘录、会议记录和地图、诉苦和谴责的文字。其中有许多直白的语言，详细地记录了事情的来龙去脉，这才是更完整的有关瓜分中国的故事。

另一名历史学家曾于 1932 年要求外交部开放对华外交记录。作为一名毕业自哈佛大学的罗德奖学金得主，费正清（John King Fairbank）此时正就读于牛津大学，在此期间，他阅览了伦敦的公使馆和外交部记录文件。为了实现自己的计划，费正清现在正要前往中国学习中文并搜集能够找到的一切材料。费正清于 1932 年 1 月 8 日来到外交部并留下了一张简报，该简报简单介绍了自己的研究计划，亦即探讨 19 世纪 50 年代中国海关制度的成立过程。他问图书馆管理员，是否还有旧的领事馆文件记录，因为"单单知道这些文件是否存在，对我的帮助就已经很大了"。[6]哈佛大学和牛津大学坚决不让蒋廷黻阅览 1885 年之后的材料，却欢迎这位年轻美国人参考那些材料，但是费正清此时却致力于搜索 1885 年之前的材料。在 1934—1935 年期间，当蒋廷黻在伦敦埋头阅览档案文件的时候，费正清遍访那些历史最悠久的英国驻华领事馆——上海、宁波、福州、厦门、广州，再加上香港——并且阅览它们的记录文件。条约口岸世界的舒适生活和社交娱乐——在俱乐部打网球、傍晚在阳台举行的筵席——使他可以稍微放松一下自己，而不至于天天面对那些枯燥乏味的工作。之后他屡次要求外交部和公使馆将那些文件移出档案室，再安全地运往伦敦。这不仅仅因为，从领事馆的角度来看，这些文件早就没有了实际用途，还因为它们反映出早期条约口岸日常生活中的许多新的细节——这些材料当中，只有一小部分到了北京公使馆手中，而且新发现的清朝文件中，也几乎没有提及这些细节。蒋廷黻曾指出，关于条约口岸的一切都"太琐碎了"，因此不值得向皇帝汇报。在这里，费正清找到了"与中外关系的日常表现有关的种种问题"，也找到了"双方（在应对这些关系时）使用的种种策略"。年轻的英国马克思主义史学家维克多·基尔南（Victor Kiernan）思忖，"中英关系的真实故事，或许正藏在这些地方编年史当中"。[7]外交官和政治家围绕是否应该公开这个或那个官方会议记录激烈辩论，但费正清却受到基尔南的启发，认识到了解中国故事的关键还是要从目前仍然有些模糊的中外交流当中挖掘那些"日常"课题。费正清的恳求，终于有了结果——领事馆终于将那些档案文件送回英国。怡和洋行的 700 箱档案也于

1936年被送回英国——它们之前被闲置在怡和洋行香港仓库装茶叶的老旧木箱里。因为费正清对它们产生兴趣，并且不断呼吁有关当局将它们运回英国，才使得这批档案得到抢救，而不至于遭到白蚁的破坏。和它们同时被发现的还有年代久远、早已没有任何实际用途的琼记洋行档案，那些档案被船运到了美国。8 伦敦的官员们总结道，1860年之后设立的领事馆档案也应该被运回英国，因为历史学家们已经在现场翻阅过那些档案，并在其中挖掘出了一些关于密迪乐或上海这个条约口岸的早期历史材料。9 费正清还将撰写一部关于早期条约口岸历史以及1854年海关协定①的来龙去脉的著作（时至今日，这部著作依然十分重要）。费正清日后还将成为推动美国中国研究的制度性发展、促进美国及其他地区社会大众对中国了解的最著名的人物之一。（至于蒋廷黻，则成了驻苏联大使，1945年又被委任为中国常驻联合国代表。）

在展开这些工作时，费正清的导师恰恰是一个来自那个旧世界的人物。马士在中国海关服务35年后，于1909年退休。当年马士就读于哈佛大学时，就被招募到中国海关任职，并在海关内平步青云。和其他办事能力强、被外派到中国其他企业的海关员工一样，马士被派到轮船招商局，后升任海关总税务司。甲午战争期间，他被调到台湾淡水。几十年后，偕叡廉回忆起自己曾在那里目睹马士乘坐轿子。此外，马士还曾经在上海担任统计秘书。在中国生活工作几十年间，他经历了各种变化和冲突，并承受了由此带来的压力——他的妻子同样承受了这方面压力，她一直没能从1905年上海会审公廨暴乱的惊吓中恢复过来。她信誓旦旦地对费正清说，他将会遭到中国人的毒害。10 早在离开中国之前，马士已经着手准备撰写关于中国对外贸易和历史的著作——他发挥自己近水楼台的优势，利用海关档案以及他和赫德及其他高级官员之间的关系搜集材料，最终撰写了一部名为《中华帝国对外关系史》(The International Relations of the Chinese Empire)的3卷本著作。这部著作在1910年到1920年之间出版，在很大程度上塑造了人们对1911年之前中国历史的了解。赫德在1911年去世前，

---

① 指1854年清政府委任英、法、美人员掌管中国海关。——译者注

曾将他的个人手札赠予马士（1900年海关总税务司署大楼失火，一名下级员工从火海中抢救出赫德的手札，赫德声称，自己为此感到懊丧）。作为一名前辈，赫德的事业几乎横跨了马士著作中所描写的年代，因为赫德一直到1908年才回国。由于赫德在手札中记下了自己的许多反思，也写到自己和中国女人生小孩的事情，赫德家族没允许马士利用他的手札。尽管如此，马士还是从中挖掘出许多新材料，从而对他自己找到的档案材料进行了很大补充。之后马士对印度事务部档案进行拉网式搜索，并且抄录了关于1834年之前东印度公司在广州进行对华贸易的档案记录。与此同时，柯蒂埃（Henri Cordier）也对法文档案记录进行了类似的工作，并编纂了长长的关于中国或在中国印刷的西文文献的目录。如今，西方人终于能够凭借坚实的基础，加深他们对中国的了解了（尽管他们所参考的都是西文材料）。如费正清所写到的，它取代了宓吉和其他一些非专业历史学家的作品。正是这些基于史料写成的史学著作（同时，这些著作既没有尝试证明外国人立场的正确性，也没有批评中国人，当然，它们也更不是神话或爱情小说），塑造了人们对19世纪30年代以来所发生的那些事件的认知。[11]

这一切十分重要，因为在很大程度上这并不仅仅是历史。首先，这些旧文件中所描述的世界依然在蓬勃发展，尽管20世纪20年代的政治动荡曾经重塑它，使它饱受冲击。1913年之后的中国走在崎岖坎坷的道路上，举步维艰、饱受磨难。孙中山领导的政党在那一年严重受挫之后，在广州重组了，并随即成立了和北京国民政府对抗的新政府。有时，实力薄弱的新政府甚至得不到任何承认。然而，它还是逐渐建立起足够强大的党组织和军事力量，这使得它能够在1926年，也就是孙中山去世一年后发动"北伐"，并进而统一全中国。1916年袁世凯死后，一系列军人先后掌握了受到国际承认的北京国民政府，但是外国列强以及它们通过"善后大借款"对海关收入的控制权，使这些军人政权备受牵制。各省军阀纷纷拥兵自重、割据一方。北伐推翻了他们当中的一些人，而剩下的一些军阀则在1928年宣布效忠于国民党在南京成立的新政府。[12]这场"国民大革命"还改变了整个条约口岸的格局。这时部分租界已经消失了：第一次世界大战之后和20世纪20年代早期，俄国、德国和奥匈帝国归还了它们的租界。1927年初，中国收回了汉口和九江英租界，把它们变成特别区——幽默之徒喜欢将它们称为"SADs"①。新政府的外交官尽是操一口流利英语、拥有博士学位、受过法学训练的饱学之士，那些没有受过高等教育的外国外交官根本不是他们的对手。[13]国民政府的外交官把他们耍得团团转，这些聪明的外交官不仅赶走了包括比利时在内的较小的列强（1902年比利时曾在天津设立租界），而且收回了较大的列强的那些次要租界，并做好了实现那个万众期待的目标的准备——那个目标便是重新对上海和天津行使完整管理权，以及废除治外法权。英国人放弃了暮气沉沉的镇江以及气候宜人却没有多少实际价值的九江，并签署条约将小小的威海卫和牯岭归还给了中国，但他们还是死死抓住主要港口不放——那些港口，不仅是英国在华尊严的核心表现，同时也是大英帝国在东亚地区的几颗明珠。然而，即使外国人在中国沿海地区建立的世界正在逐渐成为过去，但它依然有着强大的生命力，并且有着100年的历史，这段历史的时间比许多欧洲国家本身和大多数殖民地的历史还要长。费正清注意到，他在文件中读到的好几个人的坟墓，都出现在了位于条约口岸的坟场里。在香港怡和洋行豪华的总部里，他吃饭的盘子"是从19世纪80年代东印度公司的广州洋行里继承下来的"。各港口都住着一些长期旅居中国的外国居民，还有一些港口则住着早期来华的外国人的后代——提起他们的姓氏，总能勾起人们的许多回忆。无论从死去的人、活着的人还是物质材料来看，从19世纪30年代初开始到如今的1934年的这段"漫长世纪"都是外国人在中国安家落户的100年，它存在着多重的延续性。更何况，在费正清看来，他所体验的条约口岸生活的各种特征与他在早期档案中看到的那个世界如出一辙，这令他产生似曾相识之感：租界生活总是让人宾至如归、舒适自在，而这又是因为租界仆人薪金的低廉；各国外侨群体之间的互相关照；租界作为单个的"边境地带"的性质；租界所有事业——商业、教育、传教——完全依赖于其中国的合作者。就这样，费正清虽然身处1934—

---

① SAD是特别区（Special in Administrative）的英文缩写，同时也有"悲伤"的意思。——译者注

1935年的这个世界里,但他所研究的课题却是关于这个互相关联、纵横交错的世界究竟从何而来。

那是一个人们比以往任何时候都更关心自己历史的时代。历史赋予那个世界存在的必要:它一直都是英国和其他列强在中国的某种工具。这不仅仅是因为历史记录证明了外国人立场的合理性——特别是证明治外法权和继续保持在华租界和租借地的合理性。在外国宣传者和许多外国居民看来,这正是历史的作用——因为历史给在华外侨群体赋予了某种深度,而伴随这种深度而来的是更为坚实的合理性。如果他们的历史比南罗德西亚还悠久,而南罗德西亚却又已于1922年被赋予自治权,那么人们难道不应该在围绕归还租界、实行改革的辩论中考虑到这一点吗?更何况租界的历史并不是浅显的故事,而是带有丰富文化内蕴和多样性的故事。如果包括罗德西亚白人在内的后期移民都能享有权利的话,为什么历史更加悠久的在华外侨群体却被剥夺了这些权利?人们坚信这一点,并且他们当中的一些人又坚决争取这些"权利",所以挖掘那段历史便成了一项至关重要的任务。1906年上海工部局开始着手撰写其自身发展的历史。乔治·兰宁(George Lanning)在其去世前的15年一直致力于完成这项任务,但最后却只写到1854年及以前的历史。因为在他看来,这部书就应该叫作《上海史》。单单是公共租界,就已经构成了上海城。一方面,它取代了吸引英国人沿海岸线北上的那些繁荣港口,另一方面,租界的历史也和这座历史悠久的城市息息相关——不仅如此,兰宁在该书开头就提出:"中国人从何而来?"这个项目从一开始就运气不佳,因为该书第二卷尚未付梓,编辑就去世了,然后该书被打成纸浆——1927年的工部局委员对"中国人从何而来"的问题没有丝毫兴趣,因此他们认为这项工程太老土、太费力,而且他们对此还带有太多的偏见。这部书大量使用了兰宁在进行工部局档案和北京公使馆档案研究时所做的笔记。半路出家成为历史学家的外国居民常常埋头在当地档案中,他们告诉官员们(这些官员不过是暂时客居当地,任期一结束,他们就会离开)那些散落在官府周围并即将坍塌的纪念碑背后的意义。[14] 大多数纪念碑都广为人知,并且由工务部门或到访的军舰进行维护。它们的黄铜碑文都被擦得亮亮的——无论是在天津和上海的街道上，还是北京的坟场里，以及更遥远的地方，它们都不断诉说着中国人的"背信弃义"和暴力行为。租界警察被命令阻止穷困潦倒者躺在纪念碑上过夜，或做出更坏的事情。上海的外文书店里尽是用英文写成的"上海"历史作品。兰宁的著作被一本篇幅较短的《上海简史》(*Short History of Shanghai*)所取代，而在此之前，徐萨斯（Montalto de Jesus）的《上海历史》(*Historic Shanghai*)已经领先一步问世。工部局的档案保管员郭泰纳夫（Anatol Kotenev，一名就职于中国的俄国白人）根据档案材料，也写了几部上海历史作品。和上海租界一样，人们撰写的天津租界历史篇幅也很长，小小的沙面租界历史篇幅则相应地短一些。[15]

兰宁的作品销路不好，但这其实也并没有多大关系，因为任何一个外国人都能够从自己对过去的解读了解那段历史，或者至少是那段历史中的关键内容——广州洋行的软禁、"休斯女士号"炮手的下场、多年来东印度公司的委曲求全、中国官员令人难以忍受的优越感、这些官员煽动老百姓对外国人的敌意——哪怕这种观察和体悟是非正式的、有损于个人直觉的。外国居民都清楚这一切，因为对他们来说，这一切既解释了他们所身处的20世纪20年代和30年代的世界的样貌，也解释了他们为何必须竭力维护这个世界。

我们应该从这些故事中看到某种帝国的浪漫主义——这是很重要的，因为我们必须强调，这并不仅仅是一个关于掠夺性贸易的故事（就像外交官和其他一些人有时也强调的一样）。乔治·兰宁不无惋惜地感叹道，自己无法讲述上海豪门望族的故事——上海的故事，一点都不"浪漫、写意，既没有一点戏剧性，也没有一点英雄色彩"。上海是一个冒险家的乐园，而不是一个真正吸引移民的地方；它不过是个"短暂的栖身之地"。"往后那些编织神话的人将不得不……'装模作样'"，因为这是"贸易"的故事，而"贸易"又怎么能称得上是一件光荣的事情？[16] 兰宁总结道，好了，这是我们的特性，我也将会秉笔直书，但是其他人都在装模作样。他的这种哀叹惹恼了他在工部局的赞助人。他的那些赞助人已经遇到过太多抱有崇高理想的帝国主义者，而他们无一例外，都十分傲慢——趾高气扬的海军军官，总是嘲笑他们是土气的商贩；自命不凡的访客，认为他们铸就的世界和那些所谓的成就都粗鄙不堪,他们将上海滩视为浮华奢靡的象征。他们和他们的前任一直都想走上帝国的"荣誉"之路:他们声称自己在广州洋行遭到的恶劣对待是帝国的耻辱;戈登对太平军作战,使他们和大英帝国辉煌的战争史沾上关系;他们在黄浦江上的成就远超过新加坡和中国香港殖民当局的成就。他们之所以这么做,一部分是希望维护自己的地位,以证明自己对帝国做出了贡献,值得受到伦敦当局的关注和支持。至于另一部分原因,则是他们确实有能力取得那些成就,或者说,站在他们的处境上,他们有意识地误解或夸大了自己在帝国中的作用。然而,他们毕竟是处于大英帝国的正式范围之外的商人。而且,他们从事着跨国事业,并且经常缺乏周详的计划。他们并没有有意识地服务于大英帝国。即使整个局势已经随着19世纪90年代帝国主义狂潮发生彻底改变,这些奇怪的现象依然决定着中国局势的发展。所以,兰宁所注意到的那些细节依然十分重要,尽管他不该无视他人感受,并显得如此傲慢。维克多·基尔南认为,"突发事件使中国免于被征服的厄运",他认为中国之所以没有完全被帝国主义者控制,仅仅是因为此时(英)帝国的其他地区恰巧爆发了前所未有的危机:印度大起义和布尔战争。但是"地方编年材料"显示,中国沿海地区的内在动力和细节在很大程度上决定了中外关系的演变和走势。[17]中国的命运并不是由外国决策者决定的,而是由中国国内的情况决定的。

  创造历史的行动,并不都是赤裸裸的政治行为,也并不都具有外交方面的动机。有些行动纯粹是人们怀旧的结果,或者只是为了转移一下注意力的活动。为了挖掘当地的那一点历史,人们徘徊在古老的坟场里,埋头在厚厚的登记簿中。这些活动本就无伤大雅,而且可以使人们在感到度日如年的时候,不至于太过无聊。上海、北京和天津的指南都详细介绍了外国在华事业的历史以及主要的历史遗迹。沪杭之间的铁路、沿海客轮以及新公路的开通使得交通更加便利,这便使得旅游成为可能。一名访客或许会在广州的东印度公司坟场闲逛,或者到这间或那间教堂寻幽探秘。费正清和老居民攀谈,与李度见面,还见到了广东海关的负责人——虽然忙得不可开交,但他也非常热衷于谈论过去的这一切。人们的好奇心,也推动着他们创造历史：把名字镌刻在这里的人们，究竟是些什么人？为什么圣三一堂要在墙上嵌入一块纪念碑（纪念碑上的拉丁文语病百出），纪念1788年死在爪哇和苏门答腊之间的巽他海峡（Sunda Straits）的一名男子？这位查尔斯·卡思卡特究竟是什么人？有时，人们会淡忘看似不那么久远的历史。[18]在某些情况下，人们不可避免地要接触历史：俱乐部酒吧的一角，总有那么一个令人讨厌的人，喋喋不休地重复着旧日中国的美好——当时，外国人的特权尚未受到威胁，中国人也都安分守己，男人们比现在更加吃苦耐劳，人们的日常生活和政治也更加简单。渐渐地，越来越多的家族与中国有了深远的渊源——足足有两代或三代人在中国生活和工作——并且拥有非常丰富的回忆（租界的各机构雇用了他们当中的不少人，因而这些机构已经变得复杂而庞大，所以这些官僚捍卫自身生计的行为，也就构成了一个强有力的政治因素）。所以，并不是所有围绕历史的自觉意识都带有政治性。人们的好奇心也扮演了重要角色。那个年代的故事太多了，而且也不缺乏性格乖僻的人。人们为瓜分中国付出了巨大的代价。因此，对于他们将自己定位为"先驱者"——犹如往肯尼亚或罗德西亚迁移的移民一样，我们或许会有所保留：我们在这个故事中看到了太多这个全球化世界的日常运作景象，看到了它为普通男女提供的许多新机遇，也看到了它带给他们的种种影响。他们全力拼搏，以求过上更好的日子。中国的故事并不只是巴夏礼和赫德的故事，它包括了未留遗嘱的死者、那些勉强过日子的人、詹姆斯·道以及那些争取把日子过得更好的人。中国的故事还包括了那些喜欢吹嘘、仗势欺人的恶棍，但最主要的，它还是一个讲述了成千上万人移民和创业的故事，故事的时代背景是日新月异的19世纪，有乘风破浪的轮船，有叽喳作响的电报机，是的，还有炮艇、恩菲尔德步枪、"美妙的"阿姆斯特朗大炮以及杀伤力更强的马克沁机枪。

以上只是故事的一面，接下来，我们还要讲述故事的另一面。中国学者同样急于从当地背景出发，以纠正故事中的一些谬误，而不只是埋首在赞善里的材料中（尽管英国其他地方也还有许多有待发现的宝藏）。一名学者不辞劳苦，抄录了许多中文文件，并于1931年在上海出版了这些文件，这些文件一部分有关"阿美士德号"的航行（是由休·汉密尔顿·林赛从中国沿海地区带回来的），另一部分则是东印度公司在广州搜集的文件（人们此前并不知道这些文件的存在）。[19] 另一些学生出于博士研究的需要——他们不仅研究不同时间段的中英关系史，也研究马嘉理或其他一些相关人物——从开放的外交部档案整理了一些新资料。[20] 上海或天津的中国学者固然不像兰宁一样享有查阅档案的特权，但是，和海外留学生一样，他们投身于这场没有硝烟的笔战，孜孜不倦地搜集材料、撰写历史作品，和偏向租界的、站在外国人立场上撰写的历史作品争夺话语权。租界当局企图证明其权力的合法性时，总是声称自己不过是在遵循先例，但其实，他们的权力早已大大超出原先的土地条例，更超出了当年人们划定在上海英租界范围以及其他港口和租界范围时的那些预想。如今，他们需要掌握事实，才能反驳租界当局的这些主张。他们通过新旧两种方式进行抗争：那些编纂一部新版上海地名索引的人，同时还在上海一家报纸上发表了数十篇介绍上海历史的文章。[21] 在他们学术研究的对立面，是英国人在中国或条约口岸撰写的通俗历史、传奇故事或爱情小说，这一切构成了条理分明、旨在为英国人辩护的叙事模式。它描述了中国政府是如何对英国人紧闭国门，并采用各种残忍的手段对付他们的；中国人是如何蛮不讲理地拒绝了自由贸易的合理诉求的；英国人是如何在百般无奈之下发动了正义的战争的；中国人是如何背信弃义的。此外，它还介绍了诸如巴夏礼和戈登这样伟大的英国人。这些作者讴歌建立在黄浦江畔或白河河畔泥滩上的繁华都市，颂扬"荒无人烟"的香港蜕变成"东方之珠"的奇迹，列举西方人辛苦修建起来的亚洲港口。包括兰宁在内的一些人认为贸易在这一过程中占据的中心地位不太光彩，因此他们便着重介绍帝国的扩张，讲述代表正义、维护公理的国际社会和中国政府进行斗争的那段历史。更多的学者发现，自己无法无视他们在蓝皮书和档案文件里看到的西方人的恣意妄为和暴力行为。尽管如此，在牛津大学 W. C. 科斯廷（W. C. Costin）描写的截至 1860 年的史学著作《大不列颠与中国》（*Great Britain and China*）中，还是断然宣称，世界已经缩小了，"没有城墙能够庇护"中国人逃离"躁动不安"的欧洲人——他们不是鼠目寸光的守财奴，而是充满活力的浪潮的一部分，这股浪潮"既不是严格意义上的'帝国主义'"，也不"代表西方社会的最高水平"。不管怎么说，中国人的锁国排外才是问题所在。[22] 是否允许蒋廷黻查阅档案，难道真有多大的影响吗？可以肯定的是，他们无意识地承认了蒋廷黻作为一名学者将整理档案汇编，把自己搜集到的材料公之于世的权利。但是，他们为何选择相信年轻的哈佛大学，而不是清华大学？这一切根本没有多大影响，因为英国外交部档案中的中外关系史，与中国政治里的中外关系史，正在渐行渐远、分道扬镳。如今，越来越多的人对包括英国在内的西方列强在中国的历史形成了新的了解，而这些英国辉煌历史的看护人无论做什么，都根本无法阻止这股潮流的发展。

包括蒋廷黻在内的学者重新诠释中国历史，其实也和中国民族主义更广泛的政治关怀有关。17世纪清军入主中原的血腥历史被中国作家"重新发现"并出版相关作品愤怒谴责，由此重新诠释清代历史，成了晚期帝国出现的民族主义及革命思想的特点之一。孙中山等人曾经通过英国人自己的语言，以及英国人比较能够接受的表述方式（至少他是这么认为的）对英国人解释，中国民族主义的兴起其实是完全符合外国利益的。和"衰落"的清王朝不同，革新派正顺应着历史潮流。孙中山在分析中国问题并寻找其解决方法时，十分看重外国的实质性支持：外国的支持，使清王朝免于被太平天国推翻的命运，如今外国人应该从军阀混战的动荡局面中拯救中国。但是，1912—1913年列强默许袁世凯摧毁民主共和国所反映出来的消极态度，使这些民族主义者对列强们有了一种疏离之感。中国于1917年加入协约国，1919年凡尔赛条约却将德国在华租界地转让给了日本，这严重出卖了中国的利益，使中国社会和政治受到强烈冲击。[23] 民族主义性质的"五四"运动因此爆发，许多新的社会和政治潮流也因而被催生出来，其中最重要的就包括，一部分人开始转向马克思主义。而巴黎和会粗暴地践踏了中国提出的诉求，所导致的最深远、最主要的后果是中国人对西方世界及其宣扬的理念彻底幻灭。鲁钝的外交官的所作所为，进一步激怒了中国民族主义者，因为这些帝国主义外交官认为，孙中山以及他领导的国民党所从事的"冒险行为"，威胁到了他们所构建的那个有条不紊的条约口岸世界，因此他们宣布，自己将会致力于保持军阀混战的现状并维护其所谓的"秩序"。这一部分当然是出于实用主义的考量，但是革命后的许多年里，许多人已经更加强烈地感觉到，要让中国人顺从自己的意思，就必须得使用武力，并且在他们看来，只有"军阀"和实力强劲者才能满足他们的要求，给予他们应得的一切。1923年孙中山在广州的革命组织试图获取它所控制的港口的关税收入——事实上，列强一直将这笔关税收入转交给与它敌对的北京国民政府——却遭到了粗暴的拒绝，并且他还被告知，列强将不惜动用武力阻止任何干涉行动。此后不久，孙中山在分析中国问题时，一直主张中国问题在很大程度上归咎于"帝国主义"。他的政党采取了反帝国主义的立场，还将该立场发展成为其纲领的重要组成部分，并且争取到了苏联顾问的支持。1923年之后，"不平等条约"成了常用政治术语，被用来指称《南京条约》之后的一系列中外条约。在此之前，人们从未使用过"不平等条约"这个名词，而此后这个名词却成了无处不在的常用词。[24] 外国列强此后的反射动作，对各种"事件"和"纠纷"所产生的一般反应，当外国公民受到中国动荡局势或非法活动影响时外国对中国的习惯性惩罚——这一切都被重新诠释，成了"帝国主义"侵略的证据，成了中国问题的中心部分，成为致力于建立民族国家的人立志打倒的对象。1925—1926年的血腥事件，使许多中外人士看到了条约口岸的末日：1925年5月30日，上海的租界警察在南京路的骚乱中开枪射杀中国人；两周后汉口的"义勇队"使用机枪扫射上街示威的中国群众；几天后，英军和法军在广州射杀数十名示威者；一年后，英国军舰炮击万县。这一切都并非出于预谋，但是它们都显得不合时宜。而现在，外国人已经不能再逃避处罚了。1905年会审公廨骚乱后，租界街道上布满了中国人的尸体，却没有人为他们复仇。万国商团和租界警察可以任意射杀他们，而无须对任何人做出交代。到了1925年，外国人无法再蓄意杀害中国人，外国警察的一颗子弹，就激起了全国人民的义愤，外国在华事业更是遭到了全世界人民的抗议。当英国和其他列强的外交官看到他们在中国沿海地区的下属因任性和心胸狭隘的行为而导致的后果时，他们大为震惊，于是力图取消这些下属的自治权，迫使他们适应潮流、做出改变，并且接受一个民族主义中国已经到来的新现实。[25]

"帝国主义"远远不只是一个挣扎求存的革命组织分析中国问题时得出的结论。它很快演变成20世纪20年代中国政治的一个中心课题。所有的政治派系都争先恐后地谴责帝国主义和帝国主义者。中国的每一个政治人物，都不可能不这么做。教会学校里的中国学童批判了他们的老师并举行罢课。海员、仆人和工厂工人都参与抗议，租界当局雇用的中国警察也离开了他们的岗位。消费者嘴里叼着"爱国的"中国造香烟，身上穿着中国造的布料，他们购买"国货"的行为，既鲜明地表达了自己的政治立场，又让中国制造商和零售商赚取了不少利润。[26] 对于1925—1926年的种种事件，社会大众一直怀有愤怒，最终，这种怒火激起了全国性的群众运动。人们清楚地看到，反帝国主义运动具有动员来自中国社会各阶层广大群众的强大威力。与20世纪20年代的抵制和抗议运动相比，1905年的抵制美货运动不过是小巫见大巫。英国人在长江沿江地区和香港承受了最大的冲击，日本人也面对中国人的挑战，所有保留在华权益的列强都多少受到了波及。早在1913年，英国外交部那些睿智的决策者就已经放弃了加强英国在华地位的想法，如今日本决策者却明确表示自己有意追求这个目标——20世纪20年代后期，他们加强了对东三省政治的控制，此举扭转了列强撤出中国的趋势，也使中国的政治合法性问题变得更加深刻。1931年9月日本关东军蓄意挑起和中国军队的冲突，并以此为借口，大举侵略东三省，随后竟直接在该地区长期驻军。这个阴谋最终导致了伪满洲国傀儡政权的建立，其名义上的领导人是清朝末代皇帝溥仪。整个20世纪30年代，中日矛盾进一步加剧，其他列强未能制止日本侵略中国，为此饱受中国人谴责，同时，这也被中国人视为帝国主义互相勾结的证据。这种局面一直持续到1937年7月日本开始全面侵略中国。反帝国主义的号召力如此之大，以至于与日本侵略者合作的汉奸都致力于利用反帝国主义的口号来为自己宣传。他们声称，日本不仅能够从共产主义的威胁中拯救中国，还能粉碎英美帝国主义以及不平等条约强加于中国的桎梏。日本人为了加强汉奸言论的说服力，于1943年将占领区的条约口岸退还给他们的中国合作者。当然，在大多数人看来，日本侵华显然是自1839

年以来英国、俄国和日本侵略中国历史的延续,因此,日本绝无可能帮助中国解决问题。打倒帝国主义成了中国最迫切的政治任务,并且最终成了国家民族生死存亡的斗争。亡国灭种的噩梦似乎即将成为现实:日本强占了东三省;摧毁并占领了主要的沿海城市;洗劫了中国首都;首都市民惨遭日军屠杀、强奸和残害。从更长远的角度来看,这和1842年、1857—1860年、1884—1885年、1894—1895年以及1900年相比,究竟有多少区别?过去100年,外国士兵难道不是一直如此残忍地对待中国人民吗?如果不是在南京,那么,就是在1900年的北京或华北平原的农村地区。日军对中国实行空中轰炸,与英国军舰"复仇女神号"肆无忌惮地炮击中国军舰并无实质性区别,只不过是科技上更加先进了而已。

但是,对那些希望公开谴责外国侵华历史的人,以及希望对英日两国侵华历史加以区分的人来说,历史开始变得更加重要了。无论日本军国主义在短期内取得了哪些战果,民族主义的胜利都已经不可避免了,而且民族主义其实也已经在改写历史了。费正清于1934年来到上海时,曾经申请阅览中国海关档案。除了赫德的个人手札,所有的档案原件都已经在1900年围困北京之役中损毁殆尽,但是海关总税务司还是从各地海关调回了19世纪的所有记录,并把它们安放在了位于上海的新的海关档案室里。同行间的嫉妒,使费正清未能如愿,因为档案馆管理员魏尔特(Stanley Wright)也正在准备撰写赫德与中国海关的历史,因此他反对这名年轻的美国人翻查相关材料。那这究竟是谁的历史?魏尔特认为,那不是属于一名美国学者的历史,那是海关自己的历史。[27] 中国海关十分清楚,自己的历史如果被埋没或曲解,那将会是一个多么严重的问题。赫德的外甥梅乐和爵士于1929年担任海关总税务司,并耗费不少精力赞助各种历史项目(这些项目的参与者日后整理了项目成果并由海关出版),他的研究课题包括中外贸易的历史、外国人修建并维持灯塔运作的历史,以及赫德和海关本身的历史。如梅乐和后来提出的,其目的是"让海关在各方面的建树……为后世的历史学家所关注","否则海关为中国和世界做出伟大贡献的历史可能会被这项工程主要的受益者所遗忘"。中国正是那个"主要的受益者",而梅乐和担心外国主持下的中国海关的一切成就,将会随着民族主义的胜利而遭到全盘抹杀,从所有历史记录中消失,因为在他看来,胜利者自然会围绕民族主义的发展和斗争叙述中国海关的历史。[28] 而且,如果有什么事情比遣责历史更糟糕的话,那必定是沉默——中国人对包括他和他舅舅在内的外国人"为中国"所做的一切只字不提,并且毫无感激之心。而且,为了确保相关历史记载在外国得到妥善的保管,这些出版物的副本都被送到外国的图书馆和大学。梅乐和或许无法一直调阅海关档案,但是他希望后世能够读到那些档案中他认为的关键故事。

在其历史被纳入中国政治生活中心的同时,包括梅乐和在内的条约口岸居民认为,他们和他们的历史不仅遭到了诋毁,甚至还几乎被全盘抹杀了(除了提及中国受害者的那部分)。这场围绕历史书写的斗争还以另一种形式重新上演——双方围绕具体历史符号的象征意义进行激烈交锋。外国人在中国土地上竖立了许多石碑(纪念碑、历史遗迹、坟场以及雕像),并且非常重视镌刻其上的碑文。1945年之后,那些被拆除的纪念碑并没有被重建,而日本人不久前才竖立的一些纪念碑则被炸毁。在整个近代中国的历史叙述中,反帝国主义一直占据着中心地位。治外法权、各种租界和租借地、英国主持中国海关工作的特权——这一切都已经通过战时的"友好"条约予以废除。截至1945年,随着日本战败,外国在华的大部分特权都被废除了。[29] 欧洲各国的东南亚殖民地守军在日军攻势面前的不堪一击,使国民党既惊愕又愤怒。面对日本人提出的种种要求,欧洲列强(尤其是英国)则实行绥靖政策,并一再退让,这让蒋介石的政权感到十分失望。1940年,英国人曾经切断沿滇缅公路进入国统区的物资运输长达3个月。此外,无论是日军在天津对英租界发动攻势时,还是日军通过暴力手段对上海施加强大压力时,英国当局都未能予以反击。英国人甚至曾经尝试绕过中国政府,直接和日本人进行关于海关收入的谈判。[30] 在中国人(以及许多其他人)眼中,1941—1942年冬天中国香港和新加坡的陷落,标志着英国丧失了其超级强国的地位。国民革命结束之后的最初几年里,日本侵略东三省,在那之后,蒋介石寻求盟友帮助中国抵御来自东北的新威胁,这事实上赋予了剩余的条约口岸新的生命力。维护外国在华利益的需要，促使外国列强更加积极地参与中国事务。当日本对中国造成威胁时，中英关系或中法关系的恶化对中国没有多少好处。日军突袭珍珠港之后，中国政府完全可以废除英国人或法国人早已显得不合时宜的特权，而不必承受任何损失。而且，1941—1945年太平洋战争期间，中国成了美国所划分的一个战区，所以其他外国人——特别是长年居住在上海和中国沿海地区的外国人——根本就没有任何发言权。与此同时，日本人于1943年初将数以千计的传教士和条约口岸的外国居民关在俘虏收容所里——这些俘虏收容所都是阴沉沉的，但比东南亚的大多数收容所都舒适一些。[31] 日本当局接管了他们的公司，并征用了他们的房子。在收容所围墙外，没有了他们的国际化世界依旧过着风花雪月的日子。举例来说，中立国或轴心国国民依旧过着国际化的上海生活。工部局的外籍委员依旧维持着公共租界的运作。俄国警察依旧在上海巡逻，来自菲律宾的铜管乐队则依旧在上海的夜总会里演奏。随着人们开始躲避美军对日本的空中轰炸，再加上日本左派由于向往上海相对宽松的政治环境而涌向那里，上海的日本居民显著地增加了。[32] 就这样，条约口岸和城市维持着往日的功能，和其他大多数城市相比，它们依然是更加安全的庇护所，尽管它们的末日即将到来。

抗日战争的胜利铸就了国民政府民族主义的坚实后盾——此时国民政府没有必要再谨慎对待英法两国的在华利益了，因为如今美国已经成了超级强国，而且至少在最初的时候，美国也并不支持欧洲列强为了装点门面而恢复那早已名存实亡的帝国。外国人在1945年之后的中国依然活得很滋润，但是无论是战时被拘留者还是难民，都回到了一个不一样的世界里。随着维持治外法权的那些机构被撤销，大多数的租界外籍员工都失去了工作，导致租界的外侨群体显著缩小。无论是对外国还是中国生意人来说，收回被日本人抢去的财产都成了一个问题，但是在华外侨受到了比以往更严格的限制和控制，而他们也不得不放弃维持自己的影响力和自主权。两次世界大战之间的其中一名英国驻华大使于1946年短暂地回到了中国并这样说道："中国人喜欢炫耀他们不久前刚刚获得的凌驾于外国国民之上的权利。"对于那些习惯在整个20世纪20年代威吓和欺负中国人的外国人来说，适应中外关系的这种巨大的变化并非易事。[33]与此同时，国民政府和解放区政府之间的矛盾和冲突也在不断扩大，国民经济满目疮痍，而国民政府也在逐渐失去民心。中国共产党领导的人民革命在1949年取得胜利之后，驱逐了残余的外国在华势力，并关闭了大多数的外国公司和机构。《北华捷报》于1951年停刊，外国人的俱乐部也被收回。

但是许多事情都真实地发生过。休·汉密尔顿·林赛如愿以偿地发动了战争；巴夏礼亦是，此外他还受封为爵士；额尔金卜令火烧圆明园；汉璧礼通过收租发财致富；詹姆斯·道则倾家荡产、血本无归。李泰国和赫德主持海关工作；外国船只航行在中国的江河并炮击这个或那个港口；锡克警察负责在汉口、厦门、上海、天津的部分地区维持秩序；德军蹂躏了义和团最为活跃的三角区域。外国人修建了灯塔并开设了传教站。这一切都发生过。我们不能无视它，然而，现在最重要的是，我们并不完全了解它。

瓜分中国的狂潮确实发生过。作为一场多国参与的活动，这股狂潮在1913年达到顶峰——当时袁世凯的独裁政权为了争取"善后大借款"，脱下了它民主共和的假面具，然后，在闸北的混乱局势之中，公共租界"影响力"的"正常发展"也停了下来。这并不是仅有的一股瓜分浪潮，也不是唯一一股带有侵略性或掠夺性的瓜分浪潮。和外国的许多其他类似的袭击活动相比，这股浪潮已经缓和得多了。缓和的原因有很多：因为清朝体制和中国文化的顽强抵制；因为中国商人和官员十分灵活善变；因为外国人的弱点和局限；因为列强之间的竞争，使得它们在单独行动时不得不有所收敛。然而，孙中山却认为，中国之所以受到了如此严重的迫害，正是因为中国并没有成为殖民地或者独属于某个列强的一个领地。它受到了来自多个压迫者的多重镇压。事实上，无论瓜分中国在政治上令人多么难以接受并且多么违背道义，20世纪30年代以前列强对中国的侵略之所以有所收敛，正是因为许多列强参与了这股瓜分浪潮。瓜分中国的浪潮并没有真正进入白热化阶段，部分原因还在于大部分时候中国对那些列强而言，终究不如那些列强对中国那么重要。英国更关心它正式的殖民帝国以及欧洲大陆和北美洲。有些人的生活完全被外国军队和轮船撕裂，尽管了解这一点，其实也并不能给他们多少安慰。但是，哪怕考虑到鸦片给英印当局带来的巨大收入，英国对中国造成的影响以及中国对英国的重要性之间依然存在着惊人的不对称性。

对中国沿海地区的英国侨民以及他们的盟友来说，中国是重要的，而他们也尝试凸显中国的重要性——有时，他们情急之下在媒体上大力呼吁有关当局关注中国。他们最终实现了自己的目标，并成功地让决策者重视到他们所提出的中国的需要和问题。濮兰德或其继任者奋笔疾书写成的作品确实有一定影响力：人们普遍"了解"了所谓"中国人的性情"，《中国怎么了》(What's Wrong with China)引发了激烈辩论，濮兰德的最后一部作品《中国之遗憾》(China: the Pity of It)也引起了广泛关注。但是，纵然这些人说起中国时口若悬河、激动万分，但在大多数时候，从许多方面来看，中国一直无足轻重。中国对法国同样没多大重要性，中国对德国、意大利或比利时也没多大意义。相比较来看，中国对它邻国的意义更大一些——它对俄国的意义不小，对日本的重要性则尤其重大。然而，中国人总是以为有关各方都十分关注中国问题，但实际上大多数时候中国问题却没能引起多大关注。中国人本身的实际影响可能更大，并且更加惹人注意。中国人作为契约劳工抵达加勒比地区、秘鲁或南非，并给当地造成了一定影响。作为来到美国加利福尼亚和澳大利亚的投机移民，以及激烈政治辩论的对象、屠杀事件以及排华法案的受害者，中国人也具有一定影响。他们的存在以及带给当地人心理上的威胁，促使他们的反对者提出排斥非白人族群的国家认同构想。中国人并不属于澳大利亚人、加拿大人或美国人，并且永远都不可能成为他们的一分子。加拿大是"白种人的国家"，澳大利亚是"白种人的国家"，而美国移民的故事则一直将中国人排斥在外。

我们当然必须在正确的语境中重新理解瓜分中国的历史，但同时，我们还是要认识到这段历史不断重复出现的具体特点：暴力、荣誉、局限、迷惑。当然，这些特点也存在于其他环境，但正是这个组合决定了中外交流的发展方向。从头到尾，外国人一直都倾向于使用暴力。只要让那些中国官员见识到外国人坚船利炮的厉害——一次不行，那就两次，然后他们就会幡然醒悟。施加一点暴力（或者至少是一点压力）永远都不会是白费力气，这必将让中国人俯首帖耳。局势会发生变化，外国人将会进入中国，中国人将会遵从外国人的旨意。林赛和里斯通过他们的"试验"定下了中外交流的基调，巴夏礼为此得意扬扬，许多传教士也都渴望建立这种关系。只有少数人在某些时候例外。外国人经常使用暴力，暴力一直是他们可使用手段中的一个正常组成部分。使用暴力，从来就不属于例外情况。而且外国人必须记得在与中国人的日常交流中所动用的一般性暴力手段：推搡、用手杖号令人力车夫、语言暴力、缺乏礼貌的暴力。它还和荣誉的概念有着紧密关系，而个人尊严和国家尊严也往往被混为一谈，使中外交流经常充满着火药味。我们现在一般不太重视荣誉，但是我们如果想要了解瓜分中国的来龙去脉，就必须认真看待荣誉问题。林赛和上海的官员交锋时，就已经定下了中外交流的基调，但是早在1832年，英国人和他们的盟友就已经决定在荣誉问题上寸步不让。降低身份是他们绝对不能容忍的事情。这种心态还受到大英帝国崛起的影响，而英国崛起也改变了英国的国民性和国民形象，此外，诸如英国人个人举止、英国国家在国际舞台上的行为，这些也都同样影响了英国人的心态。换句话说，英国国家的代理人认为他们必须做出某些行为，才能在中国人眼中、在全世界人们眼中，以及在自己眼中维护住大英帝国的尊严。前面提到的两个主题（"暴力"和"荣誉"）遭遇到许多局限。外国人感到自己被囚禁在广州的洋行里，继而感到自己被局限在五个条约口岸里。无论多少城市和江河对外开放，他们都觉得束手缚脚。外国商人只看到新的限制，他们从未看到自己已经开辟的新天地，而只看到了眼前那些刚刚出现的障碍。之所以如此，部分原因是中国商人经常很快地占尽商机，这使外国商人得不到什么好处，也迫使他们不断争取重塑商业贸易的游戏场，他们企图借此重新夺回优势和先机。然而"道高一尺，魔高一丈"——无论整个体制规定如何详尽，人们总有规避的空间，总能钻漏洞并且投机取巧、从中渔利。这主要是因为中国从来就没有存在过某种单一的制度。在这种情况下，外国人永远都不可能完全入主中国的边境地区。而且瓜分中国的大国游戏永远都不缺玩家。列强之间也经常改变阵营，在不同的时候和不一样的国家缔结联盟、建立合作关系。列强可以动用的力量，总是比他们所掌握的知识多得多。外国人对中国总是充满无知和困惑。他们对中国的了解，总是跟不上变化的节奏以及他们所获得的新能力。汉学家人数永远都不够，能够了解中国、和中国人打交道的人更是凤毛麟角——甚至粗通中国各种语言的人都太少了。英国人做事尤其有条理，他们动用了可利用的所有资源，但是成绩依然不甚理想。当然，另一方面，中国人也对外国严重缺乏了解——中外双方都存在这个问题——可以肯定的是，这种情况至少持续到了19世纪60年代。之后推行的小规模项目使中国更加渴望了解西方，了解欧洲和美国的思想、文化和科技，以致中国人对西方的了解，最终远远超过外籍"中国通"对中国的了解。赫德的出版计划十分了不起，但是其规模和介绍西方的中文书籍出版量相比，依然是小巫见大巫。而且1919年起草《凡尔赛条约》的列强未能根据伍德罗·威尔逊（Woodrow Wilson）为第一次世界大战战胜国制定的标准对待中国，这更进一步损害了中国的荣誉、侮辱了中国的尊严。中国沿海地区经常上演这类事件，反映出中外之间存在着的深刻矛盾。而清帝国则常常自诩为"天朝上国"，拒绝平等对待外国人。研究中国近现代史的历史学家总是反复批评对外国无知、无力应付外国挑战的清帝国。如果马戛尔尼勋爵来华时，清帝国就打开了国门，如果林则徐和其他一些人更准确地评估了1839年时英国人的能力，那19世纪的中国会不会过得更好呢？[34]但是，事实上没有人能够预料或了解欧洲人的力量和思想演变的轨迹。变化太迅速了，而且这种变化对现存的各种秩序也提出了太大的挑战——包括政治秩序、科技现状以及经济秩序。欧洲人本身也在变化中摸索，而中国和世界其他地区成了欧洲人在全球任意展示其力量的受害者，以及欧洲人进行暴力试验的试验品。

中国的"条约世纪"固然充满着屈辱，但它并非中国所独有的。在中国发生的所有事件总是和国际趋势有着密切关系——其中最主要的事件就是英国在世界范围内的崛起，以及19世纪90年代和之后英国霸权地位的确立所带来的挑战。单单了解这个故事，也不是了解现代中国的关键所在，尽管中国也的确被这个故事所改变——中国的疆界被重新划定，中国人移民海外，中国的文化和经济被重塑。19世纪和20世纪中国的发展史还有着其他同样重要的故事，人们至少应当同样关注和了解这些故事。但是，要了解当代年轻的中国如何看待世界和本国历史，我们就必须了解西方人和中国人交往的历史，包括在衙门里和街上、在商行和市议会会议厅里，以及在战场上和教堂里的各种场合的交往。我们必须了解外国人的要求，以及他们的这些要求是如何得到满足的；他们被别人——他们的母国政府和代表官员、清朝官员，以及他们所遇到的普通中国人（包括市民和乡民）——看待和对待时的感受。我们必须了解这些历史是如何紧密相关、交织错杂的。此外，中国和中国人同样构成了19世纪人员和思想流动的一部分。历史上曾经出现过国际化的中国，但是一个强大的、和世界接轨的中国登上国际舞台，则是前所未有的现象。

缩　写

APAC, IOR　Asia, Pacific and African Collections, India Office Records　亚太与非洲材料，印度事务部档案

BL　British Library　大英图书馆

C.　Parliamentary Papers　英国议会文书

CIM　China Inland Mission　中国内地会

CWM/LMS　Council for World Mission, London Missionary Society archives　世界宣教理事会，伦敦传道会档案

EIC　East India Company　东印度公司

FO　Foreign Office　英国外交部

IG　Inspector-General (of Chinese Maritime Customs)　（中国海关）总税务司

LMS　London Missionary Society　伦敦传道会

NCH　*North China Herald*　《北华捷报》

PP　Parliamentary Papers　英国议会文书

QUB, LSC　Queen's University Belfast, Library Special Collections　贝尔法斯特女王大学图书馆特藏

SHAC　Second Historical Archives of China (Nanjing), Chinese Maritime Customs

Service Archives　中国第二历史档案馆（南京），中国海关档案

SMA　Shanghai Municipal Archives　上海市档案

SMC　Shanghai Municipal Council; their annual reports, referred to here by year SMC, Annual Report 1874-5 or 1880-were published as Report for the Year Ended 31st March 1875 (Shanghai: 1875) or Report for the Year Ended 31st December 1880 (Shanghai:1881)　上海工部局；本书根据年份指称其年度报告，如 SMC 1874—1875 年或 1880 年出版的年度报告题名为《截至 1875 年 3 月 31 日的年度报告》（上海，1875 年）或《截至 1880 年 12 月 31 日的年度报告》（上海，1881 年）

SMP　Shanghai Municipal Police　上海市政警察署

SOAS　School of Oriental and African Studies, London University　伦敦大学亚非学院

SRO　Staffordshire Records Office　斯塔福德郡档案馆

SVC　Shanghai Volunteer Corps　上海万国商团

TNA　The National Archives, Kew　英国国家档案馆

UKHOA　UK Hydrographic Office Archives　英国水文局档案

注 释

导 言

1. Confidential Despatch to Minister of Finance, no. 98, 5 December 1949, in Houghton Library, Harvard University, L. K. Little papers, Ms Am 1999.18; I.G. Circular no. 21 (Canton–Taipei series), 27 December 1949; L. K. Littlediary, 5 December 1949–14 January 1950.
2. 介绍上海滩过去和现在的一本翔实的指南是 Peter Hibbard 的 *The Bund Shanghai: China faces west* (Hong Kong:Odyssey, 2007)。
3. 介绍这个过程的一部经典之作是 Beverley Hooper, *China Stands Up: Ending the western presence, 1948-1950* (London: Allen & Unwin, 1986)。纪念中华人民共和国成立十周年的刊物生动地描述了当时新旧社会之间的冲突, 这类刊物包括《上海今昔》, 上海人民美术出版社, 1958 年。
4. 本书和之前的《百年国耻》都是真实存在的。《百年国耻》1992 年由农村读物出版社出版;《国耻辞典》(当时的书名叫《简明国耻辞典》) 1993 年由长春出版社出版。
5. 诸如此类的叙事在大众历史著作和回忆录里十分常见。这本书后面会提及他们当中的一部分, 因为它们的作者通常也参与了历史事件。读者也可参见 Carl Crow, *Foreign Devils in the Flowery Kingdom* (New York: Harper & Brothers, 1940); O.M. Green, *The Foreigner in China* (London: Hutchinson & Co., 1942) 以及 J.V. Davidson-Huston, *Yellow Creek: The story of Shanghai* (London: Putnam, 1962)。
6. 旨在详细考察并调和这两个不同立场的一部早期著作是 Hosea Ballou Morse 的 *The International Relations of the Chinese Empire*, 3 vols (London: Longmans, Green, 1910-1918)。考察时间范围更小, 却同样十分详尽的一部著作是 Henri Cordier, *Histoire des relations de la Chine avec les puissances occidentales, 1860–1900* [History of China's Relations with the Western Powers], 3 vols (Paris: Felix Alcan, 1901–1902)。考察条约口岸洋人社群社会文化生活的几部当代著作之一是 Frances Wood 的 *No Dogs and Not Many Chinese: Treaty port life in China 1843-1943* (London: John Murray, 1998)。James L. Hevia's survey, *English lessons: The pedagogy of imperialism in nineteenth-century China* (Durham, NC: Duke University Press, 2003) 则探讨欧美外交辞令的特征以及在更广的殖民背景下, 欧美外交家如何在中国使用这种外交辞令。
7. Robert Bickers and Jeffrey N. Wasserstrom, 'Shanghai's "Dogs and Chinese Not Admitted" Sign: Legend, history and contemporary symbol', *China Quarterly* 142 (1995), pp. 444–66; '"Gentlemen" and "Chinese",' *People's Tribune* (NS) 5, 16 August 1933, pp. 68-9.
8. 参见 Marek Kohn, *Dope Girls: The birth of the British drug underground* (2nd edn, Lon-

don: Granta, 2001)。

9. 参见阴山、纪卫华主编：《百年青啤》，北京：中华书局，2003年；陈燮阳主编：《上海交响乐团建团120周年（1879—1999）纪念画册》，1999年。
10. Harold R.Isaacs, *Scratches on Our Minds: American views of China and India*(1958)(Armonk: M.E. Sharpe, 1980) 至今读来仍然十分精彩，该书着重描写了传教士在中国的影响力。
11. 关于当今中国爱国主义教育以及"国耻"目前在中国的生命力，请参见 William A. Callahan, *China: The pessoptimist nation* (Oxford: Oxford University Press, 2009)。
12. 'Conversazione' transcript, 16-17 December 1971, G.E. Bunker, K.F. Bruner, L.K. Little: Harvard University Archives, John King Fairbank papers, HUG (FP) 12.28, Box 4.
13. Danson family information: various Shanghai Municipal Police and related records; L.K. Little, 'To whom it may concern', 6 January 1950 in L.K. Little Papers, Ms Am 1999.14; and courtesy of Joanna Helme.
14. Hanchao Lu, 'Nostalgia for the Future in China: The resurgence of an alienated culture in China', *Pacific Affairs*, 75:2 (2002), pp. 169-86.
15. 拙作《英国在中国》探讨了这个现象，参见 Robert Bickers, *Britain in China: Community, culture and colonialism, 1900-49* (Manchester: Manchester University Press, 1999), chapter 2.
16. L.K. Little diary, 30 April 1949.
17. L.K. Little diary, 12, 13 September 1949.
18. L.K. Little papers, Ms Am 1999.18; Little to Evelyn W. Hippisley, 4 June 1949.
19. L.K.Little diary, 1 January 1950.

1 不速之客

1. 《中国北方港口航行始末之报告》，载于 *The Ship Lord Amherst* (London: B Fellowes, 1833), p.173，这是林赛给东印度公司提交的正式报告的再版（第1—267页），文末附上郭士立的笔记（第269—296页）。该报告作为国会报告《阿美士德号》的一部分 (House of Commons 410; London, 1833)，并附上清政府的回应，一并出版。此外，广州特别委员会关于东印度公司的记载还包括林赛报告的手稿，除了报告前半部分提及中国姓名、官衔和地名附上相应中文名字之外，该手稿和出版的手稿完全相同。参见'Journal by Hugh Hamilton Lindsay of Voyage of the *Lord Amherst*', British Library, Asia, Pacific and Africa Collections, India Office Records [BL, APAC], IOR/R/10/70。如未另行注明，所有引言都摘自林赛的报告。郭士立报告更完整的版本于1833年在纽约出版（书名为 *The Journal of Two Voyages Along the Coast of China in 1831 & 1832*）以及于1834年在伦敦出版（书名为 *The Journal of Three Voyages Along the Coast of China in 1831, 1832 & 1833*）。
2. H. B. Morse, *The Chronicles of the East India Company Trading to China*, iv (Oxford: Clarendon Press, 1926), p. 332. 关于林赛，参见 Harriet Low: Nan P. Hodges and Arthur W. Hummel (eds.), *Lights and Shadows of a Macao Life: The Journal of Harriet Low, Travelling Spinster* (Woodinville, WA: History Bank, 2002), i, pp. 204, 589。
3. H. H. Lindsay to mother, draft, 'Amoy', April 1832,Staffordshire Record Office [SRO], D(W) 1920/4/1.
4. Arthur Waley, *The Opium War through Chinese Eyes* (London: George Allen & Unwin, 1958), p. 228.
5. 关于郭士立，参见 Jessie G. Lutz, *Opening China: Karl F.A. Gützlaff and Sino-Western*

Relations, 1827-1852 (Grand Rapids: Wm B. Erdmans, 2008)。

6. *Report of Proceedings on a Voyage to the Northern Ports of China*, p. 26.
7. Gützlaff, *Journal of Two Voyages Along the Coast*, p. 72.
8. Ibid., pp. 101,113.
9. *Report of Proceedings on a Voyage to the Northern Ports of China*, p. 171.
10. 关于马戛尔尼使团，参见 James L. Hevia, *Cherishing Men from Afar: Qing guest ritual and the Macartney embassy of 1793* (Durham, NC: Duke University Press, 1995)，该书也讨论了阿美士德。
11. *Report of Proceedings on a Voyage to the Northern Ports of China*, pp. 174, 26-7.
12. Hugh Lindsay, 'An adventure in China'，载于 Lord Lindsay, *Lives of the Lindsays: Or, a memoir of the houses of Crawford and Balcarres* (London: John Murray, 1849), iii, pp. 479-86。老林赛声称，这起事件打破了1810—1811年的僵局，而克兰默·宾对此存疑。但是，即使老林赛近40年前的回忆有失真之处，我们似乎没有理由怀疑这起事件确实发生过：参见老林赛的'Incident between the Hong Merchants and the Super-cargoes of the British East India Company in Canton, 1811'，*Journal of the Hong Kong Branch of the Royal Asiatic Society* 15 (1975), pp. 49—60。
13. Select Committee at Canton to Court of Directors, 10 January 1812, 转引自 *Appendix to Report on the Affairs of the East India Company, II, China Papers* (London, 1831), p. 54. 关于这起事件中英方对清朝律法的解读正确与否，仍然存在着争议，但这无关宏旨，外国商人正是基于自己的理解和怀疑做出决策。
14. *Lives of the Lindsays*, iii, pp. 482-3, 481.
15. Clarke Abel, *Narrative of a Journey in the Interior of China: And of a voyage to and from that country, in the years 1816 and 1817* (London: Hurst, Rees, Orne and Brown, 1818), pp. 107, 109.
16. 关于这些事件的叙述，参见 Morse, *Chronicles of the East India Company Trading to China*, iv, pp. 278-292。
17. *Canton Register*, 6 June 1831, p. 52.
18. Morse, *East India Company Trading to China*, iv, pp. 199-222, 242-3.
19. H. H. Lindsay to mother, 15 November 1829, 10 December 1829, SRO, D(W)1920/4/2.
20. 这起纠纷被记录在几封信件的誊抄稿，参见 BL, APAC, IOR/G/12/249,'Factory consultations'。
21. H.H.Lindsay to J.H.Davis, President, Select Committee, Canton, 5 February 1832, BL, APAC, IOR/R/10/30, 'Secret Consultations of Select Committee of Supercargoes'.
22. William Jardine in Canton to James Matheson in Macao, 28 January 1832, Alain Le Pichon (ed.), *China Trade and Empire: Jardine, Matheson & Co. and the origins of British rule in Hong Kong, 1827-1843*. Records of Social and Economic History, New Series, 38 (Oxford: Published for the British Academy by Oxford University Press, 2006), p. 144.
23. BL, APAC, IOR/G/12/287, Secret Department, Select Committee to Court, 15 January 1832.
24. *Canton Register*, 16 February 1832, p. 21, 8 March 1832, p. 32.
25. BL, APAC, IOR/G/12/287, Secret Department, Select Committee to Court, 7 November 1831; TNA, FO 1048/32/8, 'Copy of a printed paper landed by the *Lord Amherst* at Ningpo. Received at Macao, for translation, July 1832'.
26. *Canton Register*, 18 July 1832, pp. 68-9. 除了几处内容，该文与英文原件完全相同。参见 BL, APAC, IOR/10/30, 'Secret Consultations of Select Committee of Supercargoes'。

也可以参见一份更接近当代的誊抄稿: Ting Man Tsao, 'Representing "Great England" to Qing China in the Age of Free Trade Imperialism: The circulation of a tract by Charles Marjoribanks on the China coast', *Victorians Institute Journal* 33 (2005), pp. 179-196。

27. *Report of Proceedings on a Voyage to the Northern Ports of China*, pp. 157-8.
28. BL, APAC, IOR/G/12/249, *passim*.
29. Jardine on the pamphlet, writing to Thomas Williamson, Canton, 13 July 1832; quoted in Gerald S. Graham, *The China Station: War and diplomacy, 1830-1860* (Oxford: Clarendon Press, 1978), p. 70, n. 13.
30. Michael Greenberg, *British Trade and the Opening of China 1800-1842* (Cambridge: Cambridge University Press, 1951), p. 3.
31. Lin Man-houng, *China Upside Down: Currency, society, and ideologies, 1808-1856* (Cambridge, MA: Harvard University Asia Center, 2006), p. 288.
32. Yangwen Zheng, *The Social Life of Opium in China* (Cambridge: Cambridge University Press, 2005).
33. David Anthony Bello, *Opium and the Limits of Empire: Drug prohibition in the Chinese interior, 1729-1850* (Cambridge, MA: Harvard University Asia Center, 2005), pp. 115-22.
34. Wm Jardine to H.P. Haddow, 10 March 1831, in Le Pichon, *China Trade and Empire*, p. 117. 关于该公司的帕西合伙人，参见 Le Pichon, *China Trade and Empire* 以及 Asiya Siddiqi, 'The business world of Jamsetjee Jeejeebhoy', *Indian Economic and Social History Review*, 19:3/4 (1982), pp. 301-324。
35. 转引自 Greenberg, *British Trade and the Opening of China*, p. 140; James Innes to James Matheson, 7 December 1832, in Le Pichon, *China Trade and Empire*, p. 167; Gützlaff, on the *John Biggar*, to Lindsay, 6 September 1833, SRO, D(W)1920/4/1.
36. Edward LeFervour, *Western Enterprise in Late Ching China: A selective survey of Jardine, Matheson & Company's operations, 1842-1895* (Cambridge, MA: East Asian Research Center, 1968), p. 13.
37. Hsin-pao Chang, *Commissioner Lin and the Opium War* (Cambridge, MA: Harvard University Press, 1964), pp. 23-7; Joyce A. Madancy, *The Troublesome Legacy of Commissioner Lin: The opium trade and opium suppression in Fujian province, 1820s to 1920s* (Cambridge, MA: Harvard University Asia Center, 2003), pp. 50-52.
38. Chang, *Commissioner Lin and the Opium War*, pp. 28, 30; William Jardine to Captain John Rees, 19 August 1837, in Le Pichon, *China Trade and Empire*, p. 304.
39. Harriet Low, on 12 October 1833: Hodges and Hummel (eds.), *Lights and Shadows of a Macao Life*, ii, p. 639.
40. EIC, Canton, Public Consultations, 10 March 1832, BL, APAC, IOR/G/12/248. 关于广州贸易的实际运作，可参见 Paul A. Van Dyke, *The Canton Trade: Life and enterprise on the China coast, 1700-1845* (Hong Kong: Hong Kong University Press, 2005); Jacques Downs, *The Golden Ghetto: The American commercial community at Canton and the shaping of American China policy, 1784-1844* (Bethlehem, PA: Lehigh University Press, 1997); and Morse, *East India Company Trading in China*。
41. *Chinese Repository* 4:1 (May, 1835), p. 42.
42. 洋人们只在不会与广州官员碰面的情况下才被允许到花地花园散步——在那 6 天，官员们都会在衙门里接受上书: Morse, *East India Company Trading to China*, iv, pp. 153-154; 也可参见 Fa-ti Fan, *British Naturalists in Qing China: Science, empire and cultural encounter* (Cambridge, MA: Harvard University Press, 2004), pp. 29-31。

43. Peter Quennell (ed.), *Memoirs of William Hickey* (London: Routledge & Kegan Paul, 1975), p. 134.
44. Henry Ellis, *Journal of the Proceedings of the Late Embassy to China* (London: John Murray, 1817), p. 409.
45. *Chinese Repository* 4:1 (May, 1835), p. 45.
46. C. Toogood Downing, *The Fan-Qui in China in 1836-37* (London: Henry Colburn, 1836), ii, p. 229.
47. 转引自 Jonathan A. Farris, 'Thirteen Factories of Canton: An architecture of Sino-Western collaboration and confrontation', *Buildings and Landscapes* 14 (2007), p. 74.
48. 1842年从澳门移至香港市政大厦: E.J. Eitel, *Europe in China: The history of Hongkong from the beginning to the year 1882* (London: Luzac & Co., 1895), p. 17。
49. *Chinese Repository* 4:2 (June, 1835), p. 96.
50. Van Dyke, *Canton Trade*, chapter 4; Quennell (ed.), *Memoirs of William Hickey*, pp. 131-2.
51. Downing, *Fan-qui in China*, i, pp. 83-4.
52. Osmond Tiffany, *The Canton Chinese: Or, the American's sojourn in the celestial empire* (Boston: James Munroe and Company, 1849), p. 135.
53. Nan and Hummel (eds.), *Lights and Shadows of a Macao Life*, ii, 28 October to 21 November, pp. 453-65.
54. BL, APAC, IOR/G/12/247, 'Diary of Transactions 1831/32'; and IOR/G/12/248, Statement of Consumption Value of Indian Opium in China from 1st April 1831 to 31st March 1832'。美国人参与非法贸易，带来了更多"土耳其"鸦片（尽管有时鸦片只是标榜产自土耳其，实际上产自印度）。
55. 参见 Fred W. Drake, 'Protestant Geography in China: E.C. Bridgman's portrayal of the West', in Suzanne Wilson Barnett and John King Fairbank (eds.), *Christianity in China: Early Protestant missionary writing* (Cambridge, MA: Harvard University Press, 1985), pp. 89-106; Michael C. Lazich, *E.C. Bridgman (1801-1861): America's first missionary to China* (Lampeter: Edwin Mellen Press, 2000)。关于观念的塑造，参见 Song-Chuan Chen, 'The British Maritime Public Sphere in Canton, 1827-1839' (unpublished PhD dissertation, University of Cambridge, 2009), and Ulrike Hillemann, *Asian Empire and British Knowledge: China and networks of British imperial expansion* (Basingstoke: Palgrave Macmillan, 2009)。
56. Matthew Liam Brockley, *Journey to the East: The Jesuit mission to China, 1579-1724* (Cambridge, MA: Belknap Press of Harvard University Press, 2007).
57. Colin Mackerras, *Western Images of China* (Hong Kong: Oxford University Press, 1989), pp. 28-42.
58. 关于这类案例，参见 Fan, *British Naturalists in Qing China*。
59. J.L. Cranmer-Byng (ed.), *An Embassy to China: Being the journal kept by Lord Macartney during his embassy to the Emperor Ch'ien-lung, 1793-1794* (London: Longmans, 1962), p. 212. 关于两支使团的影响，参见 Shunhong Zhang, 'British Views on China During the Time of the Embassies of Lord Macartney and Lord Amherst (1790-1820)' (unpublished PhD thesis, University of London, 1989)。
60. *The Times*, 1 September 1835, p. 6. 关于钦纳里和关乔昌，参见 Patrick Conner, *George Chinnery, 1774-1852: Artist of India and the China coast* (Woodbridge: Antique Collectors' Club, 1993)。
61. Stephen Rachman, '*Memento mobi*: Lam Qua's paintings, Peter Parker's patients', *Liter-

ature and Medicine 23:1 (2004), pp 134-59; Edward V. Gulick, *Peter Parker and the Opening of China* (Cambridge, MA: Harvard University Press, 1973).
62. Robert Fortune, *Three Years' Wandering in the Northern Provinces of China* (London: John Murray, 1847), p. 144.
63. Fan, *British Naturalists in Qing China, pp. 19-26;* Richard Drayton, *Nature's Government: Science, imperial Britain, and the 'improvement' of the world* (New Haven: Yale University Press, 2000), pp. 92-3; Georges Métailié, 'Sir Joseph Banks- an Asian Policy?', in R.E.R. Banks et al. (eds.), *Sir Joseph Banks: A global perspective* (Kew: Royal Botanic Gardens, 1994), pp. 157-69.
64. 此段文字根据以下材料写成：Jardine to Weeding, 7 December 1830, in Le Pichon, *China Trade and Empire*, pp. 104-106。
65. *Report of Proceedings on a Voyage to the Northern Ports of China*, p. 32.
66. Brian Harrison, *Waiting for China: The Anglo-Chinese College at Malacca, 1818-1843, and early nineteenth-century missions* (Hong Kong: Hong Kong University Press, 1979).
67. *Report of Proceedings on a Voyage to the Northern Ports of China*, pp. 173-187，引言摘自 p. 187。
68. Lydia H. Liu, *The Clash of Empires: The invention of China in modern world making* (Cambridge, MA: Harvard University Press, 2004).
69. *Report of Proceedings on a Voyage to the Northern Ports of China*, p. 202.
70. 时人在写到此处提到的"总督"时，一般用"Viceroy"一词。
71. *Report of Proceedings on a Voyage to the Northern Ports of China*, p. 207.
72. *Canton Register*, 17 September 1832, p. 99.
73. [Illegible], at Macao, to Lindsay, 16 December 1832, SRO, D(W)1920/4/1.
74. *Report of Proceedings on a Voyage to the Northern Ports of China*, p. 44.
75. Ibid, pp. 60-62.
76. Charles Majoribanks to Lindsay, undated, but evidently winter 1831-2; Charles Majoribanks, at St Helena, to Lindsay, 19 April 1832; Charles Marjoribanks, at London, to Lindsay, 11 June 1832, SRO, D(W)1920/4/1.
77. John Francis Davis, *The Chinese: A general description of the empire of China and its inhabitants* (London: Charles Knight & Co., 1836), i, pp. 117-18.
78. *Report of Proceedings on a Voyage to the Northern Ports of China*, pp. 148, 74.
79. Ibid, pp. 52, 61.
80. Ibid, p. 52.
81. H.H.Lindsay to mother, draft, 'Amoy', April 1832, SRO, D(W)1920/4/1.
82. Napier diary, 26 November 1833, 转引自 Glen Melancon, *Britain's China Policy and the Opium Crisis: Balancing drugs, violence and national honour, 1833-1840* (Aldershot: Ashgate, 2003), p. 35。
83. Extract from the Royal Commission Appointing Lord Napier···Enclosure in Viscount Palmerston to Napier, 25 January 1834, in *Correspondence Relating to China* (London: T.R.Harrison, 1840), p. 3.
84. Napier to Viscount Palmerston, 14 August 1834; Napier to Earl Grey, 21 August 1834, *Correspondence Relating to China* (1840), pp. 13,27.
85. Letter from Ling Ting Bay, 26 September 1834, *The Times*, 2 March 1835, p. 3.
86. *Canton Register*, 21 October 1834, 转引自 *Chinese Repository*, 3:6 (October, 1834), p. 282。
87. 摘自 the private notes of T.R.Colledge, Surgeon to HM Superintendent, *Chinese Repository*

3:6 (October, 1834), p. 284。
88. James Matheson in Canton to John Purvis in Singapore, 25 September 1834, Le Pichon, *China Trade and Empire*, p. 224.
89. Alexander Mitchie, *The Englishman in China During the Victorian Era* (Edinburgh: William Blackwood & Sons, 1900), i, p. 40.
90. Gideon Nye, *The Morning of My Life in China* (Canton:[privately published], 1873), p. 48.
91. Duke of Wellington to Napier, 2 February 1835; Napier to Viscount Palmerston, 14 August 1834; *Correspondence Relating to China* (1840), pp. 26, 14.
92. Lindsay and May Ride (edited by Bernard Mellor), *An East India Company Cemetery: Protestant burials in Macao* (Hong Kong: Hong Kong University Press, 1996), p. 261.
93. James Matheson to Lady Napier, 25 June 1839, Le Pichon, *China Trade and Empire*, p. 369.
94. 'Passage to Europe Via the Red Sea, by a Late Resident of Canton', *Chinese Repository* 3:6 (October, 1834), pp. 252-5.
95. Daniel R. Headrick, *The Tools of Empire: Technology and European imperialism in the nineteenth century* (New York: Oxford University Press, 1981), pp. 23, 135-7.
96. Gerald S. Graham, *China Station: War and diplomacy 1830-1860* (Oxford: Clarendon Press, 1978), pp. 69-71.
97. *Canton Register,* 20 December 1832, pp. 140-41.
98. H.Hamilton Lindsay, *Letter to the Right Honourable Viscount Palmerston on British Relations with China* (London: Saunders and Otley, 1836), pp. 3, 4, 12-13, 16-17. 也有人留意到沿岸贸易规模之大：*Canton Register*, 3 September 1832, pp. 91-92。
99. P.P.T.[homs], review of Lindsay, *The Monthly Magazine, or British Register*, 21:125 (May 1836), p. 410.
100. *Memoirs of the Chief Incidents of the Public Life of Sir George Thomas Staunton* (London: L. Booth, 1856), pp. 84-5.
101. *Chinese Repository* 6:1 (May, 1837), pp. 44-47; 通信记录参见 SRO, D(W)1920/4/2.
102. 此段根据以下材料写成：Matheson to White, 11 March 1832, in Le Pichon, *China Trade and Empire*, pp. 155-156。

2 在中国的舞台上

1. W.H. Medhurst, *China: Its state and prospects* (London: John Snow, 1838), pp. 460-62.
2. Ibid, p. 456. 这一节参考了史蒂文斯和麦都思分别写成出版的关于1835年航程的记载。参见 Stevens, 'The Voyage of the *Huron*', *Chinese Repository* 4:7 (November, 1835), pp. 308-335（他在第329页写道自己抵达天后宫）以及 W.H. Medhurst, in 'Extract from the manuscript journal of the Reverend W.H.Medhurst', *Chinese Repository* 4:9 (January, 1836), pp. 406-11. 如欲了解更多详情，可参见 China, pp. 451-463。如欲参考史蒂文斯简略生平，可参见 Wylie, *Memorials of Protestant Missionaries*, pp. 84-85。
3. *Report of Proceedings on a Voyage to the Northern Ports of China, in the Ship Lord Amherst* (London: B. Fellowes, 1833), p. 172.
4. 关于天后宫的历史，参见顾炳权主编：《上海风俗古迹考》，上海：华东师范大学出版社，1993年，第167—170页；薛理勇：《上海掌故辞典》，上海：上海辞书出版社，1999年；《上海春秋》，香港：香港南天书业，1968，第32—33页；上海通社主编：《上海研究资料》，上海书店，1984年，第517—523页。目前来看，它的画面似乎没有留传下来，但它的外观应该和宁波天后宫十分相似，参见图3。

5. James L. Watson, 'Standardizing the Gods: The promotion of T'ien-hou ('Empress of Heaven') along the South China coast, 960-1960', in David Johnson, Andrew Nathan and Evelyn Rawski (eds.), Popular *Culture in Late Imperial China* (Berkeley: University of California Press, 1985), pp. 292-324; W.H. Medhurst, *General Description of Shanghai and its Environs Extracted from Native Authorities* (Shanghai: Printed at the Mission Press, 1850), pp. 163-4.
6. 每个皇帝都会采用某个年号，如"道光"或"乾隆"；此书就以年号称呼皇帝，经常只写明年号，例如"道光"，或者称为"道光皇帝"。
7. 这场辩论主要利用了以下论著：Watson, 'Standardizing the Gods'，以及收录于 Donald Sutton (ed.), 'Ritual, Cultural Standardization, and Orthopraxy in China: Reconsidering James L. Watson's ideas', *Modern China* 33:3 (2007)。
8. Bryna Goodman, *Native Place, City, and Nation: Regional networks and identities in Shanghai, 1853-1937* (Berkeley: University of California Press, 1995), pp. 103-6.
9. Wang Tao, 摘自 Ye Xiaoqing, *The Dianshizhai Pictorial: Shanghai urban life, 1884-1898* (Ann Arbor: Center for Chinese Studies, University of Michigan, 2003), p. 199.
10. Jane Kate Leonard, 'W.H.Medhurst and the Missionary Message', in Suzanne Barnett Wilson and John King Fairbank, *Christianity in China: Early Protestant writings* (Cambridge, MA: Committee on American-East Asian Relations of the Dept of History in collaboration with the Council on East Asian Studies, 1985), p. 55, 引用了一封 1824 年的信件。
11. Revd Charles Gützlaff, *China Opened: Or a display of the topography, history, customs, manners, arts, manufactures, commerce, literature, religion, jurisprudence, etc, of the Chinese empire* (London: Smith, Elder & Co., 1838),I, p. 509.
12. Mark C. Elliot, *The Manchu Way: The Eight Banners and ethnic identity in late imperial China* (Stanford: Stanford University Press, 2001), pp. 287-8.
13. Goodman, *Native Place, City, and Nation*, pp. 103-6.
14. Susan Naquin and Evelyn S. Rawski, *Chinese Society in the Eighteenth Century* (New Haven: Yale University Press, 1989), pp. 83-88 简略而全面地介绍了这些中国节日。描写上海这一年的内容参考了顾炳权主编：《上海风俗古迹考》，第 336—401 页。
15. Revd Justus Doolittle, *Social Life of the Chinese* (London: Sampson, Low, Son & Marston, 1866), ii, pp. 55-60.
16. Ye, *Dianshizhai Pictorial*, pp. 200-202; Goodman, *Native Place, City, and Nation*, pp. 92-103.
17. 对于本问题较好的调查，可参见 Linda Cooke Johnson, 'Shanghai: An emerging Jiangnan port, 1683-1840' in Linda Cooke Johnson (ed.), *Cities of Jiangnan in Late Imperial China* (Albany: State University of New York Press, 1993), pp. 151-181。
18. 关于 19 世纪 40 年代上海人口的大致推测，可参见 Linda Cooke Johnson, *Shanghai: From market town to treaty port, 1074-1858* (Stanford: Stanford University Press, 1995), pp. 120-121；关于 1842 年天津人口的大致推测，可参见 Gilbert Rozman, *Population and Marketing Settlements in Ch'ing China* (Cambridge: Cambridge University Press, 1982), p. 58；关于 1847 年厦门人口的大致推测，可参见 *Chinese Repository* 16:2 (February, 1847), p. 76；西方人的记载里提到福州人口数量时，往往使用"60万左右"这个数字。其中一个例子是 Doolittle, *Social Life of the Chinese*, i, p. 17。
19. Timothy Brook, *The Confusions of Pleasure: Commerce and culture in Ming China* (Berkeley: University of California Press, 1999).
20. William T. Rowe, *Hankow: Commerce and society in a Chinese city, 1796-1895* (Stanford:

Stanford University Press, 1984), pp. 180-81.
21. 关于广州文人和商人世界的交织，可参见 Steven B. Miles, *The Sea of Learning: Mobility and identity in nineteenth-century Guangzhou* (Cambridge, MA: Harvard University Asia Center, 2006), chapter 2。
22. Rowe, *Hankow*, pp. 23-4; Antonia Finnane, *Speaking of Yangzhou: A Chinese city, 1550-1850* (Cambridge, MA: Harvard University Asia Centre, 2004); Jane Kate Leonard, *Controlling from Afar: The Daoguang emperor's management of the Grand Canal crisis, 1824-1826* (Ann Arbor: Center for Chinese Studies, University of Michigan, 1996), pp. 98-105.
23. 来到新加坡的帆船数目：*Asiatic Journal* 7:4 (April 1832), pp. 185-186. 根据郭士立本人估计，每个贸易季大约有 80 艘帆船来到曼谷：*Journal of Three Voyages*, pp. 53-54。关于其他估计，可参见 Sarasin Viraphol, *Tribute and Profit: Sino-Siamese trade, 1652-1853* (Cambridge, MA: Council on East Asian Studies, Harvard University, 1977), pp. 195-200。
24. Lin Man-houng, *China Upside Down: Currency, society, and ideologies, 1808-1856* (Cambridge, MA: Harvard University Asia Center, 2006), pp. 44-7, 63-8; Naquin and Rawski, *Chinese Society*, pp. 102-6.
25. Weng Eang Cheong, *The Hong Merchants of Canton: Chinese merchants in Sino-Western trade* (London: Routledge, 1997), chapter 4.
26. Rowe, *Hankow*, pp. 45, 123-124. 关于在北京的俄国人，参见 Eric Widmer, *The Russian Ecclesiastical Mission in Peking During the Eighteenth Century* (Cambridge, MA: Harvard University Asia Center, 1976)。
27. Jennifer Cushman, *Fields from the Sea: Chinese junk trade with Siam during the late eighteenth and early nineteenth centuries* (Ithaca: Southeast Asian Program, Cornell University, 1999); Benito J. Lehgarda, Jr, *After the Galleons: Foreign trade, economic change and entrepreneurship in the nineteenth century Philippines* (Manila: Ateneo de Manila University Press, 1999); Ng Chin-keong, *Trade and Society: The Amoy network on the China coast, 1683-1735* (Singapore: National University of Singapore Press, 1983).
28. *Report of Proceedings on a Voyage to the Northern Ports of China*, pp. 13-14, 56, 101.
29. 关于 19 世纪初的经济，可参见收录于以下论文集的论文：Jane Kate Leonard (ed.) and John R. Watt, *To Achieve Security and Wealth*: *The Qing imperial state and the economy, 1644-1911* (Ithaca: Cornell East Asia Series, 1992) , and Madeleine Zelin, 'The Structure of the Chinese Economy During the Qing Period: Some thoughts on the 150th anniversary of the opium war', in Kenneth Lieberthal et al. (eds.), *Perspectives on Modern China: Four anniversaries* (Armonk: M.E.Sharpe, 1991), pp. 31-67。
30. Madeleine Zelin, *The Merchants of Zigong: Industrial entrepreneurship in early modern China* (New York: Columbia University Press, 2005).
31. Susan Naquin, *Millenarian Rebellion in China: The Eight Trigrams uprising of 1813* (New Haven: Yale University Press, 1976), pp. 179-83.
32. Revd Charles Gützlaff, *The Life of Taou-Kwang, Late Emperor of China* (London:Smith, Elder & Co., 1852);Jessie G. Lutz, *Opening China: Karl F.A.Gutzlaff and Sino-Western Relations, 1827-1852* (Grand Rapids: Wm B.Erdmans, 2008), pp. 146-148. 叙述风格不同的是 Leonard, *Controlling from Afar*。
33. Evelyn S. Rawski, *The Last Emperors: A social history of Qing imperial institutions* (Berkeley: University of California Press, 2001), pp. 48-9, 118, 141-2, 134.
34. Pierre-Étienne Will, 'Views of the Realm in Crisis: Testimonies on imperial audiences in the nineteenth century', *Late Imperial China* 29:1 (Supplement) (2008), pp. 125-59.

35. 关于满族身份认同的复杂性，可参见 Pamela Kyle Crossley, *Orphan Warriors: Three Manchu generations and the end of the Qing world* (Princeton: Princeton University Press, 1991)。
36. R.Kent Guy, *The Emperor's Four Treasuries: Scholars and the state in the late Ch'ien-lung era* (Cambridge, MA: Council on East Asian Studies, 1987). 也可参见史景迁关于乾隆之父的著作：*Treason by the Book* (London: Allen Lane, The Penguin Press, 2001).
37. 孔飞力探讨过皇帝的权力如何可能受到制约：*Soulstealers: The Chinese sorcery scare of 1768* (Cambridge, MA: Harvard University Press, 1990).
38. 清朝统治者利用不同制度统治中国东北以及其他的满族聚居地。
39. Leung Yuen-Sang, *The Shanghai Taotai: Linkage man in a changing society, 1843-90* (Singapore: National University of Singapore Press, 1990), pp. 14-15.
40. 关于宗教：Tung-tsu Ch'u, *Local Government in China Under the Ch'ing* (Cambridge, MA: Harvard University Press, 1962), pp. 164-6.
41. Benjamin A.Elman, *A Cultural History of Civil Examinations in Late Imperial China* (Berkeley: University of California Press, 2000)（第143页对考生总数做出了估计）; Iona D. Man-cheong, *The Class of 1761: Examinations, state, and elites in eighteenth-century China* (Stanford: Stanford University Press, 2004).
42. Immanuel C.Y.Hsü, 'The Secret Mission of the *Lord Amherst* on the China Coast, 1832', *Harvard Journal of Asiatic Studies*, 17:1/2 (1954), pp. 231-252。相关记载的原件收录于许地山：《达衷集》，上海：商务印书馆，1931年。关于奏折制度，可参见 Silas H.L.Wu, *Communication and Imperial Control in China: Evolution of the palace memorial system, 1693-1735*（Cambridge, MA: Harvard University Press, 1970）以及他所写的 'The Memorial Systems of the Ch'ing Dynasty (1644-1911)', *Harvard Journal of Asiatic Studies* 27:1 (1967); 关于驿站，可参见 J.K.Fairbank and S.Y.Teng, 'On the Transmission of Ch'ing Documents', *Harvard Journal of Asiatic Studies* 4:1（1939），pp. 12-46 以及 Ying-wan Cheng, *Postal Communication in China and its Modernization 1860-1896*（Cambridge, MA: East Asian Research Center, 1970），pp. 8-36.
43. *Report of Proceedings on a Voyage to the Northern Ports of China*, pp. 202-5. 林赛和郭士立都写明，包姓副官特地过来与他们会面。虽然这可能是因为两人都十分自负，但是这也可能是因为官员们认为，只有官衔更高的官员，才有能力打破这个僵局。
44. Hsü, 'The Secret Mission of the *Lord Amherst*'.
45. Wei Yuan, 转引自 Richard D. Cushman, 'Rebel Haunts and Lotus Huts: Problems in the ethnohistory of the Yao'（unpublished PhD dissertation, Cornell University, 1970），p. 235。
46. Cushman, 'Rebel Haunts and Lotus Huts', pp. 223-233 叙述了这场叛乱的经过；appendix XII (pp. 235-249) 翻译了魏源1842年写成的报告。
47. A correspondent in China, 'Intercourse with China', *Asiatic Journal and Monthly Register* NS 13:50 (1834), p. 101.
48. 'John Crawfurd, 'Voyage of the Ship *Amherst*', *Westminster Review* (January, 1834), p. 47.

3 林赛的战争与和平

1. Lindsay, writing as 'A Resident in China', *Remarks on Occurrences in China Since the Opium Seizure in March 1839 to the Latest Date* (London: Sherwood, Gilbert and Piper, 1840), p. 101.
2. Lin Man-houng, *China Upside Down: Currency, society, and ideologies, 1808-1856* (Cambridge, MA: Harvard University Asia Center, 2006).

3. 尽管 Peter Ward Fay, *The Opium War, 1840-1842: Barbarians in the Celestial Empire in the early part of the nineteenth century and the war by which they forced her gates ajar* (New York: Norton, 1975) 受到了一些批评，作者费伊也不谙中文，但是它仍然很好地从英国的角度记述了战争的经过。Hsin-Pao Chang, *Commissioner Lin and the Opium War* (Cambridge, MA: Harvard University Press, 1964) 提供了一个更加全面的叙述和分析。
4. *The Times,* 2 August 1842, p. 5.
5. James M. Polachek, *The Inner Opium War* (Cambridge, MA: Council on East Asian Studies, 1992), pp. 125-31.
6. 其中一封信被送到了伦敦，但是英国外交部拒绝会见送信的英国人。Chang, *Commissioner Lin and the Opium War*, p. 138。
7. Alain Le Pichon (ed.), *China Trade and Empire: Jardine, Matheson & Co. and the Origins of British Rule in Hong Kong, 1827-1843*. Records of Social and Economic History, New Series, 38 (Oxford: Published for the British Academy by Oxford University Press, 2006), p. 362, n. 26.
8. James Matheson to Wm Jardine, London, 1 May 1839 in Le Pichon, *China Trade and Empire*, p. 359.
9. Ibid.
10. W.C.Hunter, 'Journal of Occurrances [sic] at Canton During the Cessation of Trade, 1839', *Journal of the Hong Kong Branch of the Royal Asiatic Society*, iv (1964), p. 22; Gideon Nye, *Peking the Goal;- the Sole Hope of Peace* (Canton: 1873), pp. 18-22.
11. Glenn Melancon, *Britain's China Policy and the Opium Crisis: Balancing drugs, violence and national honour, 1833-1840* (Aldershot: Ashgate, 2003) 很好地说明了这一点。
12. 信件全文参见 H.B. Morse, *The International Relations of the Chinese Empire* (London: Longmans, Green & Co., 1910), i, appendix A, pp. 621-626.
13. W.D. Bernard and Commander W.H. Hall, *Narrative of the Voyages and Services of the Nemesis from 1840 to 1843*, 2 vols (London: H. Colburn, 1844).
14. Palmerston to Victoria, 10 April 1841, Victoria to King Leopold of Belgium, 13 April 1841, in A.C.Benson and Viscount Esher (eds.), *Letters of Queen Victoria: A selection from Her Majesty's correspondence between the years 1837 and 1861* (London: John Murray, 1908), i, pp. 260-62.
15. Lieutenant John Ouchterlony, *The Chinese War: An account of all the operations of the British forces from the commencement to the Treaty of Nanking* (London: Saunders and Otley, 1844), pp. 312-16, *The Times*, 22 November 1842, p. 4.
16. Granville G. Loch, *The Closing Events of the Campaign in China: The operations in the Yang-tze-kiang and Treaty of Nanking* (London: John Murray, 1843), p. 108; Sir John Francis Davis, *China, During the War and Since the Peace* (London: Longman, Brown, Green and Longmans, 1852),i, p. 282; Duncan MacPherson, *The War in China: Narrative of the Chinese expedition from its formation in April, 1840, to the treaty of peace in August, 1842* (London: Saunders and Otley, 1843), p. 270.
17. Letter from 'H.W.', *The Times*, 26 November 1842, p. 5.
18. *The Times*, 22 November 1842, p. 4.
19. Minutes of evidence taken before the select committee, Captain George Balfour, 1 June 1847: *Report from the Select Committee on Commercial Relations with China; together with the minutes of evidence, appendix, and index* (PP 654) (1847), p. 333.
20. Robert Montgomery Martin, 'Report on the Island of Hong Kong', 24 July 1844, in *Re-*

port from the Select Committee on Commercial Relations with China (1847), appendix 3, p. 450.
21. *The Times*, 12 May 1841, p. 5.
22. 关于邓恩的更多生平事迹，参见 Helen Saxbee, 'An Orient Exhibited: The exhibition of the Chinese collection in England in the 1840s' (unpublished PhD thesis, Royal College of Arts, 1990); John Rogers Haddad, *The Romance of China: Excursions to China in US Culture, 1776-1876* (New York: Columbia University Press, 2005), chapter 4.
23. Saxbee, 'An Orient Exhibited', pp. 54-5; Charles Dickens and R.H.Horne, 'The Great Exhibition and the Little One', in Harry Stone (ed.), *Uncollected Writings of Charles Dickens: Household Words 1850-1859* (London: Allen Lane, 1969), i, p. 324. 虽然这篇文章是狄更斯和霍恩两人合作写成的，但是这个表述出自狄更斯之笔。也可参见狄更斯的文章，'The Chinese Junk'，该文最初刊登在 *The Examiner*, 24 June 1848: Charles Dickens, *The Amusements of the People, and Other Papers: Reports, essays and reviews, 1834-51*, Michael Slater (ed.) (London: Dent, 1996), pp. 98-102; Jeffrey Auerbach, *The Great Exhibition of 1851: A nation on display* (New Haven: Yale University Press, 1999), p. 178; Haddad, *Romance of China*, chapter 5。休·汉密尔顿·林赛在博览会上展出"美丽的瓷器收藏"。此外，他还展出了丝绸和海参并因此得到了称赞：*Reports by the Juries* (London: W.Clowes, 1852), pp. 66, 163, 393。许多人还十分欣赏中国帆船，参见 *Illustrated London News* (1 April 1848, p. 220)。
24. Lt. F.E.Forbes, *Five Years in China: From 1842 to 1847* (London: Richard Bentley, 1848), p. 1.
25. 欲知美国人面对的这方面困难，可参见 Eldon Griffon, *Clippers and Consuls: American consular and commercial relations with Eastern Asia, 1845-1860* (Ann Arbor: Edward Brothers, 1939)。
26. W.H.Medhurst and William Lockart to Revd A. Tidman, 15 October 1844, SOAS, Council for World Mission, London Missionary Society archives [hereafter CWM/LMS], Central China Incoming, Box 1.
27. *The Maitland Mercury & Hunter River General Advertiser*, 9 June 1847, p. 1. Report from pre-March 2nd Hong Kong papers；有人曾提议把新的上海租界设在"维多利亚镇"：'Description of Shanghai', *Chinese Repository* 16:11 (November, 1847), p. 542。
28. William Maxwell Wood, *Fankwei: Or, the San Jacinto in the seas of India, China, and Japan* (New York: Harper & Brothers, 1859), p. 267.
29. Minutes of evidence taken before the Select Committee from Robert Montgomery Martin, 18 May 1847 in *Report from the Select Committee on Commercial Relations with China* (1847), p. 289.
30. Ibid., p. 449.
31. Robert Fortune, *A Journey to the Tea Countries of China* (London: John Murray, 1852), p. 3.
32. Virginia Berridge, *Opium and the People: Opiate use and drug control policy in nineteenth and early twentieth century England* (revised edn, London: Free Association, 1999).
33. Alexander Matheson to John Abel Smith, 3 July 1843, in Le Pichon, *China Trade and Empire*, p. 528.
34. Christopher Munn, *Anglo-China: Chinese people and British rule in Hong Kong, 1841-1880* (London: Routledge, 2001), pp. 75-8.
35. Edward LeFervour, *Western Enterprise in Late Ching China: A selective survey of Jardine, Matheson & Company's operations, 1842-1845* (Cambridge, MA: East Asia Research Center, 1968), pp. 15-17.

36. Alexander Matheson to John Abel Smith, 31 July 1843, in Le Pichon, *China Trade and Empire*, p. 531.
37. John King Fairbank, *Trade and Diplomacy on the China Coast: The opening of the treaty ports, 1842-1854* (Stanford: Stanford University Press, 1969 [1953]), chapter 9.
38. Balfour to Pottinger, 12 November 1843, 2 December 1843, TNA, FO 228/31.
39. *Chinese Repository* 16:11 (November, 1847), pp. 242-5.
40. Ningbo no. 30, 19 June 1844, TNA, FO 228/31.
41. G. Tradescant Lay, *Trade with China: A letter addressed to the British public* (London: Bopyston & Brown, 1837), p. 6; G. Tradescant Lay, *The Chinese as They Are: Their moral, social, and literary character* (London: William Ball, 1841), p. vii.
42. Despatches from Fuzhou, 1844-1845, TNA, FO 228/52, 引文来自 Fuzhou no. 3, 15 February 1845. P.D. Coates, *The China Consuls: British consular officers in China* (Hong Kong: Oxford University Press, 1988), pp. 14-18。
43. Letter to William Lockhart, 1 March 1845, 转引自 Stanley Lane-Poole, *The Life of Sir Harry Parkes* (London: Macmillan and Co., 1894), i, p. 82。
44. Balfour to Davis, Shanghai no. 38, 28 April 1846, TNA, FO 228/64; Minutes of evidence taken before the Select Committee, Captain George Balfour, 1 June 1847, in *Report from the Select Committee on Commercial Relations with China* (1847), p. 320.
45. Robertson to McCullock, 12 January 1847, TNA, FO 671/1; Balfour to Davis, Shanghai no. 19 July 1846, TNA, FO 228/64.
46. Balfour to Davis, Shanghai no. 19 July 1846, TNA, FO 228/64.
47. Robert Fortune, *Three Years' Wandering in the Northern Provinces of China* (London: John Murray, 1847), pp. 116-18.
48. Fortune, *Journey to the Tea Countries*, pp. 14-18.
49. James Dow journal, 29 September, 28 October, 1851.
50. 'R.W.L[ittle]', introduction to *The Jubilee of Shanghai 1843-1893* (Shanghai: North China Daily News, 1893), p. 3.
51. Reproduced in Edward Denison and Guang Yu Ren, *Building Shanghai: The story of China's gateway* (Chichester: Wiley-Academy, 2006), pp. 36-7.
52. Fortune, *Three Years' Wandering*, p. 405.
53. Fortune, *Journey to the Tea Countries*, p. 18.
54. Ibid., p. 14; James Dow journal, 29 September 1851.
55. W.H.Medhurst and William Lockhart to Revd A.Tidman, 15 October 1844, SOAS, CWM/LMS/Central China Incoming, Box 1; William Lockhart, *The Medical Missionary in China: A narrative of twenty years' experience* (London: Hurst and Blackett, 1861), p. 243.
56. James Dow journal, September-October 1851.
57. Stephen C. Lockwood, *Augustine Heard and Company, 1858-1862* (Cambridge, MA: East Asian Research Center, Harvard University, 1971), pp. 54-5.
58. Hoh-cheung Mui and Lorna H. Mui (eds.), *William Melrose in China 1845-1855: The letters of a Scottish tea merchant*, Scottish History Society, Fourth Series, 10 (1973), p. 271; James Dod to R.C.Antrobus, 23 December 1865, SRO D(W)1920/5/3.
59. Alcock to Shanghai no. 90, 6 September 1847, TNA, FO 228/77.
60. W.H. Medhurst, *A Glance at the Interior of China Obtained During a Journey Through the Silk and Green Tea Districts* (Shanghai: Mission Press, 1849), p. 14; Fortune, *Journey to the Tea Countries*, p. 42.

61. Van Dyke, *The Canton Trade*.
62. *Canton Repository*, XI (1842), pp. 687-9.
63. 关于广州的卖淫活动，参见 Christian Henriot, *Prostitution and Sexuality in China: A social history, 1849—1949* (Cambridge: Cambridge University Press, 2001), pp. 84-85.
64. Fuzhou no. 3, Lay to Davis, 15 February 1845, TNA, FO 228/52.
65. Fuzhou no. 30, Jackson to Davis, 10 May 1847, TNA, FO 228/74.
66. Alcock at Fuzhou in 1845: no. 65, 26 November 1845, FO 228/52.
67. Ningbo no. 37, 3 July 1844, TNA, FO 228/42.
68. Fairbank, *Trade and Diplomacy on the China Coast*, pp. 216-17.
69. Bowring to Malmesbury, 3 August 1852, in *China: Correspondence with the superintendent of British trade in China, upon the subject of emigration from that country* (PP 1686)(1853), p. 4. 新梅所搭建棚子的平面图见于 Harvey to Bowring, 22 December 1852, Enclosure G, between pp. 74-75。棚子的设计显然不方便人们进出，其用途在于禁闭华工。
70. Bowring to Malmesbury, 17 May 1852, ibid., p. 2.
71. Enclosures 5 and 6 in item 17, ibid., pp. 92-3.
72. Shanghai no. 75, 9 August 1848, TNA, FO 228/104; *North China Herald* [NCH], 8 January 1853, p. 90.
73. 领事馆和正在休假的香港政府官员于1853年和英属圭亚那政府的代理人讨论：Correspondence upon the Subject of Emigration from China [in continuation of papers presented August 20 1853 (1854), no. 1 and enclosures]。
74. 沙逊家族及其交原本来自巴格达，并时刻铭记自己的根：Chiara Betta, 'From Orientals to Imagined Britons: Baghdadi Jews in Shanghai', *Modern Asian Studies* 37:4 (2003), pp. 1001。关于帕西人部分的历史，参见 John R. Hinnells, *The Zoroastrian Diaspora: Religion and migration* (Oxford: Oxford University Press, 1995), pp. 145-88。
75. Shanghai no. 83, 4 August 1848, TNA, FO 228/89.
76. Shanghai no. 51, 11 July 1844, Balfour to Davis, TNA, FO 228/43; Shanghai no. 41, 10 June 1844, TNA, FO 228/31.
77. Shanghai no. 62, 14 June 1847, TNA, FO 228/77; Shanghai no. 10, 22 January 1848, TNA, FO 228/89. 关于船上舒适的生活，参见 James Dow journal, 28 September 1851；关于船上生活的单调，参见 the letters of receiving ship's mate Thomas Gerard in Sir Clement Wakefield Jones, *Chief Officer in China: 1840-1853* (Liverpool: Charles Birchall and Sons, 1955), passim。
78. Shanghai no. 48, 10 January 1848, TNA, FO 228/89.
79. Sir Perceval Griffiths, *The History of the Indian Tea Industry* (London: Wiedenfeld and Nicolson, 1967), pp. 38-43; Fortune, *Journey to the Tea Countries*, pp. 363, 374, 393; Superintendent Botanical Gardens to Secretary to Government, North-Western Provinces (no. 285), Seharanpure, 12 May 1862, in *East India (Tea Plantations): Copy of reports made to the government on the extension of tea plantations in India*(PP 95)(1863), p. 17.
80. Fairbank, *Trade and Diplomacy*, pp. 335-46.
81. Fuzhou no. 3, 10 January 1848; no. 21, 17 April 1848; no. 22, 29 April 1848, TNA, FO 228/87.
82. Shanghai no. 21, 10 March 1848, TNA, FO 228/89; Wood, *Fankwei*, p. 323.
83. Shanghai no. 93, 11 September 1848, TNA, FO 228/91.
84. *NCH*, 3 August 1850, pp. 1-3.
85. 关于自由贸易思想的主导地位，参见 Frank Trentmann, *Free Trade Nation: Commerce,*

consumption, and civil society in modern Britain (Oxford: Oxford University Press, 2008)。

86. Edwin Lai, 'The Beginnings of Hong Kong Photography', in *Picturing Hong Kong: Photography 1855-1910* (New York: Asia Society Galleries, 1997)pp. 49-50; *NCH,* 7 August 1852, p. 1.
87. *NCH,* 8 January 1853, p. 90.
88. Revd. J. Stronach to Revd A. Tidman, 25 July 1845, SOAS/CWM/LMS Fukien Incoming, Box 1.
89. 他们的口供被刊登在 the *Chinese Repository* 17:3(March, 1848), pp. 151-157。
90. Harvey to Bowring, 22 December 1852, in *China: Correspondence with the superintendent of British trade* (1853), p. 44.
91. *Report of Proceedings on a Voyage to the Northern Ports of China*, p. 107. 宁波事件的当事人并未预料到，大豆将由此传入美国：T. Hymowitz and J.R.Harlan, 'Introduction of Soybean to North America by Samuel Bowen in 1765', *Economic Botany* 37:4（1983）, pp. 371-379。
92. Fortune, *Three Years' Wandering*, pp. 42-3; NCH, 25 June 1853, p. 188. 亦可参见 Laurence Oliphant, *Narrative of the Earl of Elgin's Mission to China and Japan in the Years 1857, '58, '59* (London: William Blackwood and Sons, 1859),i, p. 239。

4 模范租界

1. Lewin R. Bowring (ed.), *Autobiographical Recollections of Sir John Bowring, with a Brief Memoir* (London: Henry S. King & Co., 1877), p. 218.
2. John King Fairbank, *Trade and Diplomacy on the China Coast: The opening of the treaty ports, 1842-1854* (Stanford: Stanford University Press, 1969[1953]), p. 276; John J. Nolde, 'The "False Edict" of 1849', *Journal of Asian Studies* 20:3 (1961), pp. 302-3; Frederic Wakeman Jr, *Strangers at the Gate: Social disorder in South China, 1839-1861* (Berkeley: University of California Press, 1966), pp. 86-8.
3. Vice-Consul Robertson to Capt Wade, 6 July 1848; and to W.P.Watson, 8 December 1848, TNA, FO 671/1.
4. James Dow journal, 22 August 1851.
5. 关于朗费罗，参见 the *China Magazine*, March 1868, p. 16; Charles G. Leland, *Pidgin-English Sing-song or Songs and Stories in the China-English Dialect*（London：Trübner & Co., 1876）, pp. 114-16; 关于洋泾浜英语，参见 S. Wells Williams, *A Chinese Commercial Guide*（Canton：*Chinese Repository*, 1856）, p. 225。本书将洋泾浜英语称为"粤式英语"。关于上海式英语，参见 Hong Kong Museum of History, *Modern Metropolis: Material culture of Shanghai and Hong Kong*（Hong Kong：Hong Kong Museum of History, 2009）, p. 43; 关于前者，参见 Anne and Stephen Selby, 'China Coast Pidgin English', *Journal of the Hong Kong Branch of the Royal Asiatic Society 8*（1995）, pp. 113-141.
6. *NCH,* 7 December 1850, p. 73.
7. 'Introduction', *Chinese Repository*, 1:1 (May, 1832), p. 3.
8. *General Description of Shanghai and Its Environs Extracted from Native Authorities* (Shanghai: Printed at the Mission Press, 1850), pp. 2-3.
9. 'Introduction', *Chinese Repository* 1:1 (May, 1832), p. 1.
10. British Museum: Accounts, estimate, number of persons admitted, and progress of arrangement（PP 139）(1848), p. 9. 关于欧洲图书馆的发展，参见 T.H.Barrett, *Singular Listlessness: A short history of Chinese books and British scholars* (London：Wellsweep,

1989）。
11. Helen Saxbee, 'An Orient Exhibited: The exhibition of the Chinese collection in England in the 1840s' (unpublished PhD thesis, Royal College of Arts, 1990), pp. 51-5.
12. *NCH*, 15 January 1853, p. 95; 29 April 1854, p. 156.
13. James Dow journal, 13 February 1852.
14. Saxbee, 'An Orient Exhibited', pp. 49-50.
15. *NCH*, 3 August 1850, p. 1; 14 August 1852, p. 5; *The China Directory for 1861* (Hong Kong: Printed by A. Shortrede & Co., 1861). 这些名单总是存在一些讹误、打字错误，以及姓名拼写错误，但是其中的整体规律仍然十分明显。*NCH*, 24 August 1850, p. 2; *An Address by the Rev. Dr Nelson read on the 20th June 1879, at a farewell gathering of his friends, on the occasion of his leaving the old mission house in Hongkew* (Shanghai: Shanghai Mercury Office, 1879), pp. 3-4。
16. P. Richard Bohr, 'Liang Fa's Quest for Moral Power', in Suzanne Wilson Barnett and John King Fairbank (eds.), *Christianity in China: Early Protestant missionary writing* (Cambridge, MA: Committee on American-East Asian Relations of the Dept of History in collaboration with the Council on East Asian Studies, 1985), pp. 40-46. 史景迁在其著作《上帝的中国儿子》中提出，洪秀全是从史蒂文斯手中接到《劝世良言》，参见 *God's Chinese Son: The Taiping heavenly kingdom of Hong Xiuquan* (New York: W.W.Norton, 1996), p. 31。
17. I.J.Roberts, 'Tae Ping Wang: The Chinese revolutionist', *Putnam's Monthly* (October, 1856), pp. 380-83. 也可参见史景迁的《上帝的中国儿子》等著作。
18. Yuan Chung Teng, 'Reverend Issachar Jacox Roberts and the Taiping Rebellion', *Journal of Asian Studies* 23:1 (1963), p. 57.
19. 关于太平天国，参见 Spence, *God's Chinese Son*, Wakeman, *Strangers at the Gate*, chapter 12; Jen Yu-wen, *The Taiping Revolutionary Movement* (New Haven: Yale University Press, 1973).
20. Gerald S. Graham, *The China Station: War and diplomacy 1830-1860* (Oxford: Oxford University Press, 1978), pp. 272-5.
21. Thomas Taylor Meadows, *The Chinese and their Rebellions...* (London: Smith, Elder & Co., 1856), pp. vii-viii.
22. Ibid., chapter 16.
23. Confidential, Alcock, 3 March 1853, TNA, FO 228/161.
24. Jen, *Taiping Revolutionary Movement,* pp. 274-5.
25. *NCH*, 7 May 1853, 转引自 Prescott Clarke and J.S. Gregory (eds.), *Western Reports on the Taiping: A selection of documents* (Canberra: Australian National University Press, 1982), p. 54。
26. *The Times*, 30 August 1853, p. 6.
27. 但是，有一定比例的代理人名义上在对外封闭的省份传教，实际上却待在广州或香港过清闲日子，凭空捏造各种报告吹嘘自己传教的成功，并把本来应该分发出去的小册子倒卖给郭士立: Jessie G. Lutz and R.Ray Lutz, 'Karl Gützlaff's Approach to Indigenization: The Chinese Union', in Daniel H. Bays, *Christianity in China: From the eighteenth century to the present* (Stanford: Stanford University Press, 1999), pp. 269-291.
28. 给这位基督教神明取一个固定的中文名字并不容易，整个过程充满争议: Irene Eber, 'The Interminable Term Question', in Irene Eber, Wan Sze-kar and Knut Walf (eds.),

Bible in Modern China: The Literary and Intellectual Impact（Sankt Augustin：Institute Monumenta Serica, 1999）, pp. 135-61；关于整个过程如何影响太平天国领导层的思想，可参见 Thomas H. Reilly, *The Taiping Heavenly Kingdom: Rebellion and the Blasphemy of Empire*（Seattle：University of Washington Press, 2004）, pp. 80-104。

29. Letter to *NCH*, 26 November 1853，转载于 Clarke and Gregory, *Western Reports on the Taiping*, pp. 86-90。亦可参见他的摘要，'General Views of the Chinese Insurgents', May 1853, enclosure 10 in item 6, Bonham to the Earl of Clarendon, 11 May 1853, *Papers Respecting the Civil War in China*（PP 1667）(1853), pp. 41-4。
30. Meadows, *Chinese and their Rebellions*, pp. 265, 272.
31. Bonham to the Earl of Clarendon, 11 May 1853, no. 6 in *Papers Respecting the Civil War in China*, pp. 23-6.
32. 参见 Capt. [E.G.] Fishbourne, *Impressions of China: And the present revolution; its progress and prospects*（London: Seeley, Jackson, and Halliday, 1855）, see chapter 4；引文摘自 pp. 182, 184。
33. Meadows, *Chinese and their Rebellions*, p. 275.
34. Fairbank, *Trade and Diplomacy on the China Coast*, pp. 410-13; Commander, HMS *Rattler*, to Consul Blackburn, Amoy, 30 August 1853, TNA, FO 663/12.
35. 这是他在供词中的描述，该文翻译参见 Franz Michael, *The Taiping Rebellion: History and documents*（Seattle and London: University of Washington Press, 1971）, iii, p. 1511。
36. 转引自 Jessie G. Lutz and Rolland Ray Lutz, *Hakka Chinese Confront Protestant Christianity, 1850-1900: With the autobiographies of eight Hakka Christians, and commentary*（Armonk: M.E.Sharpe, 1998）, p. 62; Theodore Hamberg, *The Visions of Hung-Siu-Tshuen, and Origin of the Kwang-si Insurrection*（Hongkong: The China Mail Office, 1854）。
37. 关于洪仁玕居住在香港期间所发生的事情，参见 Carl T. Smith, *Chinese Christians: Élites, middlemen, and the church in Hong Kong*（Hong Kong: Oxford University Press, 1985）, pp. 77-84; and Lutz and Lutz, *Hakka Chinese*, pp. 62, 124-126。
38. Shanghai no 61, 17 June 1852, TNA, FO 228/147. 他的动机不容置疑：Leung Yuen-Sang, *The Shanghai Taotai: Linkage man in a changing society, 1843-90* (Singapore: National University of Singapore Press, 1990), pp. 53-56.
39. Bryna Goodman, *Native Place, City, and Nation: Regional networks and identities in Shanghai, 1853-1937* (Berkeley: University of California Press, 1995), pp. 72-83; Fairbank, *Trade and Diplomacy*, pp. 406-9.
40. Shanghai no. 71, 21 September 1853; no. 82, 1 November 1853, TNA, FO 228/161.
41. Thomas Hanbury to his father, 4 April 1854, *Letters of Sir Thomas Hanbury* (London: West, Newman & Co., 1913), p. 43; *NCH*, 1 April 1854, p. 138.
42. 这段描述摘自 *NCH* commentary, 15 April 1854, p. 146；对于吴建彰的怀疑，参见 Shanghai no. 84, 1 November 1853, TNA, FO 228/162。
43. *Chinese Repository* 16:12 (December 1847), p. 612.
44. Thomas Hanbury to his father, 4 April 1854, *Letters of Sir Thomas Hanbury*, p. 43; Shanghai no. 30, 5 April 1854, TNA, FO 228/176; *NCH*, 6 May 1854, p. 158; I.I. Kounin (comp.), *Eighty-five Years of the SVC* (Shanghai: Cosmopolitan Press, 1939), p. 1.
45. W.S. Wetmore, 'The Battle of Muddy Flat', *NCH*, 13 January 1890, pp. 13-15, 引文摘自 p. 15。
46. 关于上海公共租界工部局的具体工作，参见上海市档案馆主编：《工部局董事会会议录》，上海：上海古籍出版社，2001 年；Wood, *Fankwei*, p. 324。
47. *NCH*, 22 July 1854, pp. 202-3; 24 March 1855, pp. 136-7; 3 June 1854, p. 174; *Minutes of the SMC*, i, 15 December 1856.
48. Wood, *Fankwei*, p. 325.
49. *NCH*, 24 March 1855, pp. 136-7; 30 June 1855, p. 192.
50. Memorandum by Mr Lay, Chinese Inspector of Customs, on the Complaints of the Hong Kong and Shanghai Chambers of Commerce, 11 January 1862, in *Further Papers Relating to the Rebellion in China* (PP 3104)(1863), pp. 177-9; and Alex Perceval, chairman of the Hong Kong General Chamber of Commerce, to Lord John Russell, 26 August 1861, in ibid, pp. 161-3.
51. Fairbank, *Trade and Diplomacy*, p. 432.
52. Shanghai no. 3, 11 February 1855; no. 10, 20 January 1855, TNA, FO 228/195.
53. Shanghai no. 26, 20 February 1855; no. 31, 7 July 1855, TNA, FO 228/195.
54. Katherine F. Bruner, John K. Fairbank, Richard J. Smith (eds.), *Entering China's Service: Robert Hart's journals, 1854-1863* (Cambridge, MA: Harvard University Asia Center, 1986), entries of 7 May and 1 July 1855. Shanghai no. 32, 26 June 1855; no. 120, 6 August 1855, TNA, FO 670/44. *NCH*, 21 July 1855, p. 205; 18 August 1855, p. 9.
55. Stanley Lane-Poole, *The Life of Sir Harry Parkes* (London: Macmillan and Co., 1894),i, pp. 150-53.
56. Shanghai, unnumbered, 3 May 1854, TNA, FO 228/176.
57. Circular, 30 May 1854, *Hong Kong Gazette*, 3 June 1854, p. 145.
58. *NCH*, 29 December 1855, p. 86.
59. *NCH*, 30 December 1854, p. 86; 24 February 1855, p. 120; 5 January 1856, p. 90.
60. Ibid., 29 December 1855, p. 86.
61. Lilian M. Li, *Fighting Famine in North China: State, market, and environmental decline, 1690s-1990s* (Stanford: Stanford University Press, 2007), p. 284. 关于人们防止黄河溃堤的努力，参见 Randall A. Dodgen, *Controlling the Dragon: Confucian engineers and the Yellow River in late imperial China* (Honolulu: University of Hawai'i Press, 2001)。
62. Bowring, *Autobiographical Recollections*, p. 218.
63. H. Labouchere to Governor Sir J. Bowring, 12 December 1855, and Acting Attorney-General to the Colonial Secretary, 29 August 1855, in *China: Correspondence respecting the registration of colonial vessels at Hong Kong* (PP 2166) (1857), pp. 6, 8.
64. Lane-Poole, *Life of Sir Harry Parkes*,i, p. 51，该书提供了此段关于巴夏礼生平的信息。
65. Letter to J.C. Patteson, 27 October 1852，转引自 Lane-Poole, *Life of Sir Harry Parkes*, i, p. 169。
66. *NCH*, 11 April 1890, p. 440.
67. Letter dated 14 November 1856, Lane-Poole, *Life of Sir Harry Parkes*,i, p. 229.
68. 关于叶名琛，参见 Fairbank, *Trade and Diplomacy on the China Coast*, p. 277。关于 1849 年的事件及其后续影响，参见 Wakeman, *Strangers at the Gate*, pp. 90-105, and Polachek, *The Inner Opium War* (Cambridge, MA: Council on East Asian Studies, 1992), pp. 242-57。Wakeman, *Strangers at the Gate*, p. 102 引用了叶名琛的这句话。
69. 除非另外注明，此段及下个段落的所有详情都来自 *Papers Relating to the Proceedings of Her Majesty's Naval Forces at Canton* (PP 2163) (1857), and *Further Papers Relative to the Proceedings of Her Majesty's Naval Forces at Canton* (PP 2192)(1857)。
70. Bowring to Parkes, 16, 21 October, 转引自 Lane-Poole, *Life of Sir Harry Parkes*,i, p. 245;

关于此事的分析可参加 J.Y. Wong, Deadly Dreams: Opium, imperialism, and the Arrow War（1856-1860）in China（Cambridge: Cambridge University Press, 2002）, pp. 87-91。

71. Parkes to Revd T.M' Clatchie, 9 May 1857, 转引自 Lane-Poole, Life of Sir Harry Parkes,i, p. 262。
72. Mrs Parkes to Mrs M'Clatchie, 11 December 1856, ibid., i, p. 254.
73. Parkes to Revd T.M'Clatchie, 9 May 1857, ibid., i, p. 262.
74. Parkes to Mrs Lockhart, 15 December 1856, ibid., i, p. 254.
75. Ibid., i, p. 254; and letter to Revd T. M'Clatchie, 9 May 1857, p. 262.
76. Christopher Munn, *Anglo-China: Chinese people and British rule in Hong Kong, 1841-1880*（London: Routeledge, 2001）, pp. 276-283, p. 421；1857 年 3 月 3 日《泰晤士报》第 5 版引述香港通讯员的话。当一切恢复平静时，剩下的面包成为纪念品，被早期环球旅游者收藏起来：Albert Smith, *To China and Back: Being a diary kept, out and home* (London: privately published, 1859), p. 53。
77. Laurence Oliphant, *Narrative of the Earl of Elgin's Mission to China and Japan in the years 1857, '58, '59* (London: William Blackwood and Sons, 1859),i, p. 209.
78. *NCH*, 15 November 1856, p. 62; dissent is found in 'Old Cathay', 'The Canton War', 2 February, 1857, p. 110.
79. *Hansard's Parliamentary Debates*, cxliv, 1802（3 March 1857）; 参见格莱斯顿在后述图书上的批注：*Papers Relating to the Proceedings of Her Majesty's Naval Forces at Canton* (1857), University of Bristol Library Special Collections, DM2237, p. 111。
80. *Hansard's Parliamentary Debates*, cxliv, 1812 (3 March 1857).
81. Miles Taylor, *The Decline of British Radicalism, 1847-1860* (Oxford: Clarendon Press, 1995), pp. 269-80.
82. Oliphant, *Narrative of the Earl of Elgin's Mission*, i, p. 212; Theodore Walrond (ed.), *Letters and Journals of James, Eighth Earl of Elgin* (London: John Murray, 1872), pp. 212, 214.
83. 赫德笔记里生动地记录了 1858 年广州的混乱和血腥。
84. *The Times*, 6 April 1858, p. 10; *Illustrated London News*, 10 April 1858, p. 362.
85. Oliphant, *Narrative of the Earl of Elgin's Mission*, i, pp. 158-9.
86. Parkes to Gideon Nye, 21January 1858, 转引自 Lane-Poole, *Life of Sir Harry Parkes*,i, p. 272; *The Times*, 26 February 1858, pp. 9-10,George Wingrove Cooke, *China and Lower Bengal* (London: Routledge, Warne, & Routledge, 1861), pp. 340-43 重新翻印了这封书信。
87. Shanghai no. 149, 23 November 1857, TNA, FO 228/243.
88. R.K.I.Quested, *The Expansion of Russia in East Asia, 1857-1860*（Kuala Lumpur: University of Malaya Press, 1968）, pp. 115, 133. 俄国人最终送去了武器：1862 年 11 月，他们送去了 1 万支步枪和 50 门大炮。参见 S.Y. Teng, *The Taiping Rebellion and the Western Powers: A comprehensive survey*（Oxford: Clarendon Press, 1971）, pp. 280-281。
89. Ines Eben v. Racknitz, 'Die Zerstörung des Yuanming yuan als "imperialistische Lektion"？Plunderung, Preis und Beute im britisch-französischen Chinafeldzug von 1860'（unpublished PhD thesis, Universität Konstanz, 2009）描述了战争的这一阶段。
90. *The Times*, 27 April 1857, p. 8 做出了这一评估。新创立的海斯步枪学校大力增强了新式武器的火力。
91. Robert Swinhoe, *Narrative of the North China Campaign of 1860*（London: Smith, Elder and Co., 1861）, p. 92; David Harris, *Of Battle and Beauty: Felice Beato's Photographs of China*（Santa Barbara, CA: Santa Barbara Museum of Art, 1999）.

92. 关于巴夏礼在大沽伴装和中方谈判，实则进行侦察的行为，可参见 letter to Mrs Parkes，21 August 1860, in Lane-Poole, *Life of Sir Harry Parkes*, i, pp. 362。
93. J.L. Cranmer-Byng (ed.), *An Embassy to China: Being the journal kept by Lord Macartney during his embassy to the Emperor Ch'ien-lung, 1793-1794* (London: Longmans, 1962), p. 95; Henry Brougham Loch, *Personal Narrative of Occurences During Lord Elgin's Second Embassy to China in 1860* (London: John Murray, 1869), p. 274.
94. Revd R.J. M'Ghee, *How We Got into Pekin: A narrative of the campaign in China of 1860* (London: Richard Bentley, 1862), pp. 287-8.
95. A. Egmont Hake, *The Story of Chinese Gordon* (New York: R. Worthington, 1884), p. 24.
96. Walrond (ed.), *Letters and Journals of James, Eighth Earl of Elgin*, p. 369.

5 中国——黄金国

1. F.C.Jarrett (ed.), *Jottings from the Log of a New South Welshman: Or, six years in the opium trade* (Sydney: Gibbs, Shallard & Co., 1867), pp. 6-7; W.A.Pickering, *Pioneering in Formosa: Recollections of adventures among Mandarins, wreckers and head hunting savages* (London: Hurst & Blackett, 1898), pp. 176-177。该船（"马克托号"[*Macto*]）被1859年8月的一场台风刮出了高雄港，然后在岸上搁浅了: Peter-Michael Pawlik, *Von der Weser in die Welt: Die Geschichte der Segelschiffe von Weser und Lesum und ihrer Bauwerften 1770 bis 1893*, 2nd edition (Kabel Verlag: Hamburg, 1994), p. 44。我十分感激科德·埃贝施帕赫尔为我提供这一条线索。
2. Rutherford Alcock, 'Memorandum on suggested Heads of a New Treaty', 31 December 1857, no. 49 in *Correspondence Relative to the Earl of Elgin's Special Missions to China and Japan 1857-1859* (PP 2571) (1859), pp. 54-61.
3. E.G. Ravenstein, *The Russians on the Amur: Its discovery, conquest and colonisation* (London: Trübner & Co., 1861), p. 154.
4. Stanley Lane-Poole, *The Life of Sir Harry Parkes* (London: Macmillan and Co., 1894), i, p. 433; 'The Yang-Tse-Kiang', *The Times*, 2 August 1861, p. 11.
5. James Dow journal, 12-15 March 1862.
6. R.W.Little to parents, 12 September, 30 September 1862, Little papers.
7. James Dow journal, 14 March 1862.
8. Alexander Michie, *The Siberian Overland Route from Peking to Petersburg* (London: John Murray, 1864), p. 2; Lt. Col. Sarel, 'Notes on the Yang-tsze-Kiang, from Han-kow to Ping-shan', *Journal of the Royal Geographical Society*, xxxii (1862), pp. 1–25; C.M.Grant, 'Journey from Pekin to St. Petersburg, Across the Desert of Gobi', ibid, xxxiii (1863), pp. 167-77; Alexander Michie, 'Narrative of a Journey from Tientsin to Moukden in Manchuria in July, 1861', ibid, xxxiii (1863), pp. 153-66; Clement Williams, *Through Burmah to Western China: Being notes of a journey in 1863 to establish the practicality of a trade-route between the Irawaddi and the Yang-Tse-Kiang* (London: William Blackwood and Sons, 1863).
9. Elgin's journal, 12 June 1858, 转引自 Jack J. Gerson, *Horatio Nelson Lay and Sino-British Relations, 1854-1864* (Cambridge, MA: Harvard East Asian Monographs, 1972), p. 214.
10. George Wingrove Cooke, *China and Lower Bengal* (London: Routledge, Warne, & Routledge, 1861), p. 399.
11. Cooke, *China and Lower Bengal*, p. 411.
12. Christopher Munn, *Anglo-China: Chinese people and British rule in Hong Kong, 1841-*

1880 (London: Routledge, 2001), pp. 221-6; Chan Yue-shan, 'A Study of the Adoption and Enforcement of Transportation in Hong Kong 1844-1858' (unpublished PhD dissertation, University of Hong Kong, 2006).

13. Roger Daniels, *Asian America: Chinese and Japanese in the United States since 1850* (Seattle: University of Washington Press, 1988), p. 9.
14. John Fitzgerald, *Big White Lie: Chinese Australians in white Australia* (Sydney: University of New South Wales Press, 2007), p. 13.
15. 关于招募中国人引起的恐慌以及抵制这一做法的现象，参见 Munn, *Anglo-China*, pp. 275-281。
16. 关于叶名琛的情报网络：J.Y. Wong, *Yeh Ming-ch'en: Viceroy of Liang Kuang 1852-8* (Cambridge: Cambridge University Press, 1976), pp. 175-177。
17. Robert Swinhoe, *Narrative of the North China Campaign of 1860* (London: Smith, Elder and Co., 1861), p. 139.
18. Lt. Col. G.J. Wolseley, *Narrative of the War with China in 1860: To which is added the account of a short residence with the Tai-Ping rebels at Nankin and a voyage from thence to Hankow* (London: Longman, 1862), p. 97; Elgin to Clarendon, 9 February 1859, from *Furious*, off Canton, in *Correspondence relative to the Earl of Elgin's special missions* (1859), p. 144.
19. Sir Perceval Griffiths, *The History of the Indian Tea Industry* (London: Weidenfeld and Nicolson, 1967), pp. 41-2, 55-8; Simon Naylor, 'Fieldwork and the Geographical Career: T. Griffith Taylor and the exploration of Australia', in Simon Naylor and J. Ryan (eds.), *New Spaces of Discovery: Geographies of exploration in the twentieth century* (London: I.B. Tauris, 2009).
20. *NCH*, 25 October 1856, p. 49.
21. *Illustrated London News*, 5 June 1858, pp. 569-70; 27 June 1858, p. 637.
22. Henry Grant, *Incidents in the War in China* (Edinburgh: William Blackwood and Sons, 1875), pp. 29-30, 15.
23. Wolseley, *Narrative of the War with China*, pp. 112-13; Revd R.J.M' Ghee, *How We Got into Pekin: A narrative of the campaign in China of 1860* (London: Richard Bentley, 1862), pp. 103-104。针对芮尼《北京与北京人》的一篇题为《浪漫故事的破灭》的书评反驳了这一叙述：*Manchester Times*, 2 December 1865, p. 380。
24. Elgin to Malmesbury, 26 October 1860, *The Times*, 29 December 1860, p. 5.
25. 'Discussion on the China Papers', 8 December 1862, Proceedings of the Royal Geographical Society of London 7:1 (1862-3), p. 30.
26. Daniel R. Headrick, *The Invisible Weapon: Telecommunications and international politics, 1851-1945* (New York: Oxford University Press, 1991), pp. 20-24, 40.
27. *Canton Register*, 5 August 1834, p. 121.
28. Freda Harcourt, *Flagships of Imperialism: The P&O Company and the politics of empire from its origins to 1867* (Manchester: Manchester University Press, 2006), pp. 86-113.
29. James Dow journal, 23 July 1851.
30. Thomas W. Blakiston, *Five Months on the Upper Yang-Tze* (London: John Murray, 1862), appendices.
31. Fa-ti Fan, *British Naturalists in Qing China: Science, empire and cultural encounter* (Cambridge, MA: Harvard University Press, 2004) 对此进行了详细叙述。
32. *NCH*, 5 April 1862, p. 54; Linden Gillbank, 'The Origins of the Acclimatisation Society of

Victoria: Practical science in the wake of the gold rush', *Historical Records of Australian Science* 6:3 (1986) pp. 359-73.
33. Blakiston, *Five Months on the Yang-Tze*, p. 355; D.F.Rennie, *The British Arms in North China and Japan: Peking 1860; Kagosima 1862* (London: John Murray, 1864), p. 32.
34. *Illustrated London News*, 20 March 1858, p. 293; see also 26 June 1858, p. 637.
35. 他曾于 1844 年陪同拉萼尼：Gilbert Gimon, 'Jules Itier, Daguerreotypist', *History of Photography* 5: 3 (1981), p. 232。
36. 参见 *NCH*, 10 October 1863, p. 631, 这篇报道对 Rodolphe Lindau, *Un Voyage autour du Japon*(Paris: Librairie de L.Hachette et Cie, 1864), p. 33 进行放大并做出评论。作为一种媒介的摄影技术是新的，但照片的内容并不是新的，参见 Patrick Conner, *George Chinnery, 1774-1852: Artist of India and the China coast* (Woodbridge: Antique Collector's Club, 1993), p. 265, plate 106, 该书刊出了关乔昌在广州的画廊里临摹的安格尔的《大官女》。
37. Robert Fortune, *A Journey to the Tea Countries of China* (London: John Murray, 1852), pp. 1-2.
38. Anon., *The Englishman in China* (London: Saunders, Otley, and Co.), pp. 135-6.
39. R.W.Little to parents, 19 April 1865, Little Papers.
40. D.R.MacGregor, *The Tea Clippers* (London: Conway Maritime Press, 1972), pp. 50-51, 61-2. Gerald S. Graham, 'The Ascendancy of the Sailing Ship 1850-85', *Economic History Review* NS 9:1 (1956), pp. 74-88 叙述了 19 世纪帆船的中心地位。
41. Alexander Michie, *The Englishman in China During the Victorian Era* (Edinburgh: William Blackwood & Sons, 1900),i, p. 238.
42. H.Hamilton Lindsay, *Is the War with China a Just One?* (London: James Ridgway, 1840), p. 3.
43. Andrew S. Cook, 'Establishing the Sea Routes to India and China: Stages in the development of hydrographical knowledge', in Huw V. Bowen, Margarette Lincoln and Nigel Rigby (eds.), *The Worlds of the East India Company* (Woodbridge: Boydell & Brewer, 2002), pp. 119-36; Charles Rathbone Low, *History of the Indian Navy1613-1863* (London: Richard Bentley & Son, 1877), i, pp. 394-6; L.S. Dawson (comp.), *Memoirs of Hydrography* (Eastbourne: Henry W. Kay, 1885), pp. 30-33, 36-7; *China Surveys* (PP 149) (1857); Sir Archibald Day, *The Admiralty Hydrographic Service 1795-1919* (London: HMSO, 1967), pp. 62-3, 68; Jim Burton, Nineteenth Century Meteorological Observatories of the British Army', in Joan M. Kenworthy and J. Malcolm Walker (eds.), *Colonial Observatories and Observations: Meteorology and geophysics* (Durham: Department of Geography, University of Durham Occasional papers 31, 1997), pp. 59-65. James Horsburgh, *The India Directory: Or directions for sailing to and from the East Indies, China, Australia...* 6th edition (London: Wm H. Allen, 1852), ii, p. 488 提到了里斯。
44. Lt. M.F.Maury, *Explanations and Sailing Directions to Accompany the Wind and Current Charts* (Washington, DC: C. Alexander, 1851)。关于莫里的作品，参见 Steven J. Dick, *Sky and Ocean Joined: The US Naval Observatory, 1830-2000* (Cambridge: Cambridge University Press, 2002), pp. 60-117。
45. Horsburgh, *India Directory*, pp. 281-2.
46. Michie, *Englishman in China*, i, p. 258; Wm Fred. Mayers, N.B. Dennys and Chas. King, *The Treaty Ports of China and Japan* (London: Trübner& Co., 1867), appendix, p.v.; James Dow journal, 20 June 1851, 1 December 1851.
47. *NCH*, 3 May 1851, p. 159; 21 January 1860, p. 11; 1 April 1865, pp. 50-51.

48. Rennie, *British Arms in North China*, p. 4; W.A.P. Martin, *The Awakening of China* (New York: Doubleday, Page & Company, 1907), p. 167; 'The Disaster in China', *The Times*, 16 September 1859, p. 10.
49. Eldon Griffin, *Clippers and Consuls: American consular and commercial relations with Eastern Asia, 1845-1860* (Ann Arbor: Edwards Brothers, 1939), pp. 180-82.
50. Thomas Hanbury to Daniel Hanbury, 3 August 1865, *Letters of Sir Thomas Hanbury* (London: West, Newman & Co., 1913), p. 124.
51. Alasdair Moore, *La Mortola: In the footsteps of Thomas Hanbury* (London: Cadogan Guides, 2004).
52. Charles M. Dyce, *Personal Reminiscences of Thirty Years' Residence in the Model Settlement Shanghai, 1870-1900* (London: Chapman & Hall, 1906), p. 3.
53. *The Times*, 12 September 1864, p. 6; E.C.M. Bowra diary, c. 7 May 1863, SOAS, PPMS 69, box 2.
54. Michie, *Englishman in China*, i, pp. 220-23.
55. TNA: Shanghai no. 118, 31 December 1855, FO 228/196; Shanghai no. 149, 23 November 1857, FO 228/243; Shanghai no. 103, 28 June 1856, FO 228/2200; Shanghai no. 78, 29 May 1857, FO 228/242; *Commercial Reports from Her Majesty's Consuls in China 1862-64* (PP 3489)(1865), p. 153.
56. *NCH*, 25 August 1860, p. 134; Charles Alexander Gordon, *China from a Medical Point of View in 1860 and 1861* (London: John Churchill, 1863), p. 83.
57. 引自 *NCH*, 1 September, enclosure no. 5 in no. 72, *Correspondence Respecting Affairs in China 1859-60* (PP 2754), pp. 137-44.
58. T.P.Crawford, letter of 3 October 1861 摘自 John A. Rapp, 'Clashing Dilemmas: Hong Rengan, Issachar Roberts, and a Taiping "Murder" Mystery', *Journal of Historical Biography* 4（2008）, p. 40. 拉普也使用了不少篇幅讨论罗孝全极差的中文。
59. Lin-le (Augustus F. Lindley), *Ti-ping Tien-kwoh: The history of the Ti-ping revolution* (London: Day & Son, 1866), p. viii.
60. *Correspondence Respecting the Opening of the Yang-Tse-Kiang River to Foreign Trade* (PP 2840) (1861), pp. 22,28.
61. Ibid., pp. 32-3.
62. 关于这些部队，参见 Richard J. Smith, *Mercenaries and Mandarins: The Ever-Victorious Army in nineteenth century China*（Millwood: KTO Press, 1978）。
63. *The Times*, 5 August 1864, p. 6; see also 16 March 1865, p. 8.
64. 这起事件的官方叙述载于 Gerson, *Horatio Nelson Lay*。
65. 将太平军运送到婆罗洲，事实上似乎是阿斯本提出的建议：'Discussion on the China Papers', 8 December 1862, *Proceedings of the Royal Geographical Society of London* 7:1（1862-1863）, pp. 32-35。
66. R.W.Little to parents, 24 November 1864; Frederick Bruce to Harry Parkes, 2 January 1864, 转引自 Gerson, *Horatio Nelson Lay*, p. 207。
67. A. Michie to R.C.Antrobus, 2 September 1862, D(W) 1920/5, SRO; Stanley F. Wright, *Hart and the Chinese Customs* (Belfast: William Mullen and Son for Queen's University, Belfast, 1950), p. 249.
68. *NCH*, 19 July 1862，p. 108；13 September 1862，页码不详。
69. *NCH*, 11 April 1863, p. 58; Burlingame to Secretary of State, 3 June 1864 and enclosures: *Papers Relating to Foreign Affairs Accompanying the Annual Message of the Pres-*

ident to the Second Session Thirty-eighth Congress (Washington, DC: US Government Printing Office, 1864), iii, pp. 400-419. 当事人的姓氏也被写作伯克利; Williams and White: Burlingame to Secretary of State, 1 and 2 June 1864 and enclosures, ibid., pp. 392-9.
70. Shanghai no. 148, 19 December 1863, no. 30, FO 228; 2 April 1864, FO 367, TNA; 'Shanghai police sheets, 1863', TNA, FO 97/111.
71. Kerrie L. MacPherson, *A Wilderness of Marshes: The origins of public health in Shanghai, 1843-1893* (Hong Kong: Oxford University Press, 1987), p. 30.
72. Ibid., p. 19.
73. E.S. Elliston, *Shantung Road Cemetery Shanghai 1846-1868* (Shanghai: Millington, 1946), pp. 44-5; Sir Rutherford Alcock, *The Capital of the Tycoon: A narrative of three years' residence in Japan* (London: Longman, Green, Longman, Roberts, & Green, 1863),i, p. 60.
74. John Ashton (Shanghai) to R.C.Antrobus, 21 June 1866, SRO, D(W)1920/5/6.
75. Thomas Gerard, letter of 15 November 1852, 转引自 Sir Clement Wakefield Jones, *Chief Officer in China* (Liverpool: Charles Birchall and Sons, 1955), p. 110。
76. R.W.Little letters, 17 May 1865, 8 April 1865.
77. Customs recruit E.C.M. Bowra: diary, 23 March 1863, SOAS, PPMS 69, box 2.
78. 关于广隆洋行的航运生意,参见 Edward Kenneth Haviland, 'American Steam Navigation in China, 1845-1878, Part VI', *American Neptune* 17:4 (1957), pp. 302-4。关于安特罗伯斯,参见 J.H.Haan, 'The Shanghai Municipal Council, 1854-1865: Some biographical notes', *Journal of the Hong Kong Branch of the Royal Asiatic Society*, 24 (1988), pp. 210-211。
79. Thomas Hanbury to Daniel Hanbury, 3 August 1865, *Letters of Sir Thomas Hanbury*, p. 124; 参见包腊对天津宝顺洋行的叙述: diary, 12 June 1863, SOAS, PPMS 69, box 2; H.H.Lindsay to Sir Edmund Antrobus, 24 September 1865, SRO, D(W)1920/5/4; Lindsay to R.C.Antrobus, 26 May 1865, D(W)1920/5/3。
80. W.H.M., 'Reminiscences of the Opening of Shanghai to Foreign Trade', *Chinese and Japanese Repository*, 2(1864), pp. 85-7.
81. 关于这一点,参见 Thomas G. Rawski, 'Chinese Dominance of Treaty Port Commerce and Its Implications, 1860-1875', *Explorations in Economic History* 7:1-2 (1969), pp. 451-473 以及 Yen-p'ing Hao, *The Commercial Revolution in China: The rise of Sino-Western mercantile capitalism* (Berkeley: University of California Press, 1986), pp. 212-76。
82. H.H.Lindsay to mother, draft, 'Amoy', April 1832, SRO, D(W) 1920/4/1; 'Contents of the Packages addressed to H.H.Lindsay, Esq.', SRO, D(W)1920/4/3.

6 在帝国心脏的中心

1. Gideon Nye, *Morning of My Life in China* (Canton: [privately published] 1873), p. 71; and '*Peking the Goal; -the sole hope of peace*' (Canton: 1873) pp. 3–4, 83–4.
2. *London and China Telegraph*, 13 February 1866, pp. 83-4; Wm Fred. Mayers, N.B. Dennys and Chas. King, *The Treaty Ports of China and Japan* (London: Trubner & Co., 1867) pp. 131-4; H.S.S. (comp.), *Diary of Events and the Progress on Shameen, 1859-1938* (Hong Kong: Ye Old Printerie, 1938); Jonathan A. Farris, 'Thirteen Factories of Canton: An architecture of Sino-Western collaboration and confrontation', *Buildings and Landscapes* 14 (2007); Parkes to William Lockhart, 11 October 1859, to Mrs Parkes, 8 September 1861, in Stanley Lane-Poole, *The Life of Sir Harry Parkes* (London: Macmillan and Co., 1894), i, pp. 317-18, 445-6.

3. Mayers, *Treaty Ports of China and Japan*, pp. 390-91.
4. 上海市档案馆主编:《工部局董事会会议录》,上海:上海古籍出版社,2001年,第 2 册,1865 年 10 月 10 日。
5. Richard S. Horowitz, 'Central Power and State Making: The Zongli yamen and self-strengthening in China, 1860-1880' (unpublished PhD thesis, Harvard University, 1998), p. 57.
6. 关于总理衙门的设立及其活动的完整记述,参见 Horowitz, 'Central Power and State Making', and Jennifer Rudolph, *Negotiated Power in late Imperial China: The Zongli yamen and the politics of reform* (Ithaca: Cornell University East Asia Program, 2008)。
7. Masataka Banno, *China and the West, 1858-1861: The origins of the Tsungli yamen* (Cambridge, MA: Harvard University Press, 1964), p. 220.
8. Bowra diary, 11 June 1863, SOAS, PPMS 69, box 2.
9. Katherine F. Bruner, John K. Fairbank, Richard J. Smith (eds.), *Entering China's Service: Robert Hart's journals, 1854-1863* (Cambridge, MA: Harvard University Asia Center, 1986), entries of 9 May, 6 June, 1863, pp. 263-6; H.N.Lay, *Our Interests in China* (London: Robert Hardwicke, [1864]), pp. 19-20.
10. Hart's description, letter to C. Hannen, 9 August 1861,转引自 H.B. Morse, *The International Relations of the Chinese Empire: ii, The period of submission, 1861-1893* (London: Longmans, Green & Co., 1918), p. 58。
11. 租赁合同收录于 SOAS, Lay papers, vol. 2, dated 10 May 1864, for Deacons, Ewhurst, Surrey。他后期的事业最令人印象深刻的是他欺骗日本政府的一次尝试; Bowra diary, 25 November 1863, SOAS, PPMS 69, box 2。
12. D.F.Rennie, *Peking and the Pekingese During the First Year of the British Embassy at Peking* (London: John Murray, 1865), i, p. 264.
13. Bruner, Fairbank, Smith (eds.), *Entering China's Service*, entry of 6 June 1863, p. 264.
14. Ibid., entries of 18 July 1858, 3 July 1858.
15. 讨论这个现象的著作包括 Matthew Brown, *Adventuring through Spanish Colonies: Simon Bolivar, foreign mercenaries and the birth of new nations* (Liverpool: Liverpool University Press, 2006)。
16. Bruner, Fairbank, Smith (eds.), *Entering China's Service*, entry of 9 October 1854.
17. Ibid., entries of 7, 19, 29 October 1854; Richard J. Smith, John K. Fairbank, Katherine F. Bruner (eds.), *Robert Hart and China's Early Modernization: His journals, 1863-1866* (Cambridge, MA: Harvard University Asia Center, 1991), entry of 14 August 1864. 目前并没有一部十分完备的赫德传记。这两部著作以及 Stanley F. Wright, *Hart and the Chinese Customs* (Belfast: William Mullen and Son for Queen's University, Belfast, 1950) 都有许多有用的信息。关于赫德的爱尔兰背景以及关系网,参见 Richard O'Leary, 'Sir Robert Hart in China: The significance of his Irish roots', *Modern Asian Studies*, 40:3 (2006), pp. 583-604。
18. Hart to Lay, 20 August 1868, SOAS, Add MS 72819, Lay papers, vol. 1; Wenxiang: Smith, Fairbank, Bruner (eds.), *Robert Hart and China's Early Modernization*, entry of 4 August 1866.
19. 关于赫德的"旁观者观点",参见 Smith, Fairbank, Bruner (eds.), *Robert Hart and China's Early Modernization*, pp. 282-293。
20. Queen's University Belfast, Library Special Collections [QUB], Sir Robert Hart collection, MS 15/1/9, journal, 27 March 1867.

21. Richard S. Horowitz, Mandarins and Customs Inspectors: Western imperialism in nineteenth-century China reconsidered', *Papers on Chinese History* 7 (1998), pp. 41-57.
22. Horowitz, 'Central Power and State Making', p. 220.
23. 其中包括上海英国高等法院法官洪卑爵士，参见 Edmund Hornby, *An Autobiography* (London: Constable & Co., 1929), pp. 238-9。
24. IG Circular no.8/64, 21 June 1864, 转引自 *Inspector-General's Circulars. First series: 1861-1875* (Shanghai: Statistical Department of the Inspectorate General, 1879), pp. 54-60。
25. 丁韪良自己对京师同文馆进行的简略描述，参见 Martin, *A Cycle of Cathay* 3rd edition (New York: Fleming H. Revell, 1900), pp. 293-327。
26. Knight Biggerstaff, *The Earliest Modern Government Schools in China* (Ithaca: Cornell University Press, 1961); Thomas L. Kennedy, 'The Establishment of Modern Military Industry in China 1860-1868', *Jindaishi yanjiusuo qikan* 4 (1974), pp. 779-823; Steven A. Leibo, *Transferring Technology to China: Prosper Giquel and the Self-strengthening movement* (Berkeley: Institute of East Asian Studies, Center for Chinese Studies, 1985); David Wright, 'Making Space for Science in China: John Fryer and the Shanghai Polytechnic', *British Journal for the History of Science* 29:1 (1996), pp. 1-16, and chapter 4 of his *Translating Science: The transmission of Western chemistry into late imperial China, 1840-1900* (Leiden: Brill, 2000).
27. Hart to Lay, 20 August 1868, SOAS, Add MS 72819, Lay papers, vol. 1.
28. Hart to Campbell, 14 March 1873, no. 49，转引自 John King Fairbank, Katherine Frost Bruner, Elizabeth Macleod Matheson (eds.), *The IG in Peking: Letters of Robert Hart, Chinese Maritime Customs 1868-1907* (Cambridge, MA: The Belknap Press of Harvard University Press, 1975)。
29. Hart to Marquess of Salisbury, 26 August 1885, 转引自 *Documents Illustrative of the Origin, Development, and Activities of the Chinese Customs Service* (Shanghai: Statistical Department of the Inspectorate General of Customs, 1938), vi, p. 544.
30. QUB, MS, 15/1/9, Hart journal, 10 January 1867.
31. Ibid., 17 January 1867.
32. Ibid., 12 July; 14 March, 3 March, 22 February 1867.
33. I.G. Circular, 2/75, 12 January 1875, *Inspector-General's Circulars*, p. 598.
34. *The Times*, 1 November 1873, p 4.
35. Paul Greenhalgh, *Ephemeral Vistas: The expositions universelles, great exhibitions, and world's fairs, 1851-1939* (Manchester: Manchester University Press, 1988), p. 226 and passim; Peter H. Hoffenberg, *An Empire on Display: English, Indian, and Australian exhibitions from the Crystal Palace to the Great War* (Berkeley: University of California Press, 2001).
36. Robert Fortune, *Yedo and Peking: A narrative of a journey to the capitals of Japan and China* (London: John Murray, 1868), p. 353.
37. Rennie, *Peking and the Pekingese*, pp. 55-6; A.B. Freeman-Mitford, *The Attache in Peking* (London: Macmillan & Co., 1900), pp. 66-7.
38. Rennie, *Peking and the Pekingese*, i, pp. 94-95; Satow diary, 2 May 1862, TNA, PRO 30/33/15/1；亦可参见 Mrs Hugh [Mary] Fraser, *A Diplomatist's Wife in Many Lands* (New York: Dodd Mead & Company, 1910), ii, p. 182。
39. 'A British Resident in Peking', *British Memorials in Peking* (Tianjin: Tientsin Press Ltd, 1927).

40. *The Times*, 14 October 1863, p. 9.
41. *Guide for Tourists to Peking and its Environs* (Tianjin: The Tientsin Press, 1897), p. 33.
42. Bruce on Peking, letter to Lord Elgin, 24 September 1862, 转引自 Jack J. Gerson, *Horatio Nelson Lay and Sino-British Relations, 1854-1864*(Cambridge, MA: Harvard East Asian Monographs, 1972), p. 148; J.S.Gregory, *Great Britain and the Taipings* (New York: Praeger, 1969), pp. 111-16; Banno, *China and the West*, p. 243; Samuel S. Kim, 'Burlingame and the Inauguration of the Co-operative Policy', *Modern Asian Studies* 5:4 (1971), pp. 337-54。
43. Smith, Fairbank, Bruner (eds.), *Robert Hart and China's Early Modernization*, entry for 16 July 1864, and commentary, pp. 288-9.
44. 关于学员的观点, 参见 'A Student Interpreter' [W.H. Wilkinson], '*Where Chineses Drive'*: *English student life at Peking*（London: W.H. Allen & Co., 1885）, chapter 3; P.D. Coates, *The China Consuls: British consular officers in China*（Hong Kong: Oxford University Press, 1988）, pp. 336-337。
45. Hornby, *Autobiography*, p. 227; 'A Student Interpreter', '*Where Chineses Drive*', pp. 154-69; N.B.Dennys, *Notes for Tourists in the North of China* (Hong Kong: A. Shortrede & Co., 1866), p. 36; Freeman-Mitford, *Attache in Peking*, p. 119.
46. Burlingame to Secretary of State, 2 June 1864: *Papers Relating to Foreign Affairs Accompanying the Annual Message of the President to the Second Session Thirty-eighth Congress* (Washington, DC: Government Printing Office, 1864), iii, pp. 395-6.
47. Coates, *China Consuls*, pp. 292-7; QUB, MS 15/1/9 Hart journal 1867, *passim*, re Meadows and MacPherson.
48. Horowitz, 'Central Power and State Making', pp. 261-77.
49. Burlingame to Secretary of State, 14 November 1867 and enclosures: *Papers Relating to Foreign Affairs Accompanying the Annual Message of the President to the Second Session Fortieth Congress* (Washington, DC: Government Printing Office, 1868),i, pp. 512-15; Warren B. Walsh, 'A Visit to the Tsungli Yamen', *Pacific Historical Review* 14:4 (1945), pp. 452-4.
50. QUB, MS 15/1/9, Hart Journal, 10 April 1867. Knight Biggerstaff, 'The Official Chinese Attitude Toward the Burlingame Mission', *American Historical Review* 41:4（1936）, pp. 682-702; Immanuel C.Y. Hsu, *China's Entrance into the Family of Nations: The diplomatic phase, 1858-1880*（Cambridge: Harvard East Asian Studies, 1960）, pp. 167-171; Mary C. Wright, The Last Stand of Chinese Conservatism: The T'ung-Chih restoration, 1862-1874（New York: Atheneum, 1966 [1957]）, pp. 277-9 都讨论了蒲安臣使团; Frederick Wells Williams, *Anson Burlingame and the First Chinese Mission to Foreign Powers*（New York: Charles Scribner's Sons, 1912）也收录了当时的一些材料, 有助于我们了解该使团。
51. QUB, MS 15/1/11, Hart journal, 14 November 1868, 17 September 1868, 26 October 1868.
52. 《华盛顿条约》收录于 Godfey E.P.Hertslet, *Treaties etc, Between Great Britain and China and Between China and Foreign Powers*, 3rd edition（London: HMSO, 1908）, i, pp. 554-7; Williams to Seward, 12 April 1866 and enclosures, *Papers Relating to Foreign Affairs Accompanying the Annual Message of the President to the Second Session Thirty-ninth Congress*（Washington, DC: Government Printing Office, 1867）, i, pp. 507-510。
53. 关于外侨群体和赫德之间的长期纠纷, 参见 Johannes von Gumpach, *The Burlingame Mission*（Shanghai: [no publisher]。1872）。方根拔因自己被革除同文馆职务一事, 卷入了和赫德的官司, 而这本长达 900 页的书也是方根拔对赫德口诛笔伐的一部分。

英国枢密院最终审理了这起官司，根据枢密院裁决，受到外国雇用的英国臣民原则上无须为自己的官方行为对领事法院负责，参见 Wright, *Hart and the Chinese Customs*, pp. 334-352。

54. Katherine F.Bruner, John K.Fairbank, Richard J.Smith (eds.), *Entering China's Service: Robert Hart's journals 1854-1863* (Cambridge, MA: Harvard University Asia Center, 1986), 5 April 1866; 关于这项任务，参见 Knight Biggerstaff, 'The First Chinese Mission of Investigation Sent to Europe', *Pacific Historical Review*, 6:4 (1937), pp. 307-20; Smith, Fairbank, Bruner (eds.), *Robert Hart and China's Early Modernization*, pp. 348-61.
55. *The Times*, 28 September 1865, p. 6. 此后詹世钗前往澳大利亚演出，并在美国为费尼尔司·泰勒·巴纳姆（P.T.Barnum）进行表演。他娶了一个生于利物浦的女人，最终在伯恩茅斯开了一家茶铺和古玩店，并于1893年在那里去世。
56. *China Mail*, undated cutting in Bowra scrapbook, SOAS, PPMS 69, box 2.
57. 摘自 QUB，MS 15/1/11, Hart journal, 8 January 1869。
58. Rennie, *Peking and the Pekingese*, ii, pp. 226-8.
59. Angela Ki Che Leung, 'The Business of Vaccination in Nineteenth-Century Canton', *Late Imperial China* 29:1 (2008), pp. 7-39.
60. SOAS, MS 380645: Lockhart correspondence, letters of 24 September 1861, 3 January 1864; William Lockhart, *First Report of the London Missionary Society's Chinese Hospital, at Peking* [Peking:1862]; *Second Report of the London Missionary Society's Chinese Hospital, at Peking Under the Care of W.Lockhart, F.R.C.S.* (Shanghai: London Mission Press, 1864); *The Fourth Report of the Peking Hospital, in Connexion with the London Missionary Society, Under the Care of John Dudgeon, M.D.C.M., for the year 1865* (Shanghai: Presbyterian Mission Press, 1865), pp. 1–2.
61. *Records of the General Conference of the Protestant Missionaries of China Held at Shanghai, May 7-20, 1890* (Shanghai: American Presbyterian Mission Press, 1890), p. xxiii.
62. Letters to Lockhart of 22 November 1861, 10 May 1862, 转引自 Lane-Poole, *Life of Sir Harry Parkes* i, pp. 462-463, 471-472.
63. 关于北京的外观，参见韩书瑞内容翔实的作品：Susan Naquin, *Peking: Temples and City Life: 1400—1900*（Berkeley: University of California Press，2000）。
64. 从水路前往通州更加轻松舒适：Alexander Michie, *The Siberian Overland Route from Peking to Petersburg*（London, John Murray, 1864），p. 23；Dennys, *Notes for Tourists*, pp. 10—11。
65. Ibid., p. 38.
66. J.L. Cranmer-Byng (ed.), *An Embassy to China: Being the journal kept by Lord Macartney during his embassy to the Emperor Ch'ien-lung 1793-1794* (London: Longmans, 1962), p. 156; Susan Legouix, *Image of China: William Alexander* (London: Jupiter Books, 1980), plate 30, 'Ping-tze Muen', pp. 52-3; John Barrow, *Travels in China* (London: T. Cadell and W. Davies, 1804), i, pp. 92-3.
67. QUB, MS 15/1/9, Hart journal, 15 May 1867, 23 July 1867.
68. Regine Thiriez, *Barbarian Lens: Western photographers of the Qianlong emperor's European palaces* (Amsterdam: Gordon and Breach, 1998), pp. 75–83.
69. Dennys, *Notes for Tourists*, p. 13.
70. Thiriez, *Barbarian Lens*.
71. 关于汤姆森，参见 Richard Ovenden, *John Thomson（1837-1921）Photographer*（Edinburgh: National Library of Scotland/The Stationary Office, 1997）; Nick Pearce, *Photo-*

graphs of Peking, China 1861-1908: An inventory and description of the Yetts Collection at the University of Durham. Through Peking with a camera (Lewiston: The Edwin Mellen Press, 2005), pp. 36-42。

72. Caption to John Thomson, *Illustrations of China and Its People* (London: Sampson Low, Marston, Low, and Searle, 1873),ii, plate VIII; John Thomson, *Through China with a Camera* (Westminster: A. Constable & Co., 1898), p. 93.
73. [John Thomson], 'Three pictures in Wong-Nei-Chung', *The China Magazine* (September 1862), pp. 52-6, quotations pp. 53, 56.
74. Oliver Moore, 'Zu Boqi on Vision and Photography in Nineteenth-Century China', in Kenneth J. Hammond and Kristin Stapleton (eds.), *The Human Tradition in Modern China*(Lanham: Rowman & Littlefield, 2007), pp. 33-53. 中国人的照片，参见 National Library of China and British Library (eds.), *Western Eyes: Historical photographs of China in British collections, 1860-1930*, i, (Peking: Guojia tushuguan chubanshe, 2008), pp. 200-298 赖阿凤的照片。
75. Captions to *Illustrations of China and Its People*, iv, plate XII.
76. Satow diary, 14 April 1862, TNA, PRO 30/33/15/1; Fraser, *Diplomatist's Wife*, pp. 111-12.
77. Rennie, *Peking and the Pekingese*,i, p. 292.
78. Pearce, *Photographs of Peking, China 1861-1908*, pp. 43-62.
79. Osbert Lancaster, *All Done from Memory* [1953] (London: John Murray, 1963), p. 105.
80. *Minutes of the SMC*, ii, 10 February 1866; 7 June 1865.
81. Ibid., 27 July 1864.
82. 葛元煦:《沪游杂记》(1876)，上海：上海古籍出版社，1989，第 3 页; *Shanghai Evening Courier*, 20 July 1869, p. 979; 30 September 1869, p. 1227。
83. *Minutes of the SMC*, ii, 11 November 1865; 10 January 1866; iii, 11 March 1867; Shanghai Municipal Archives [SMA], U1-1-683, 'General 1864', Consul Winchester to Secretary, 13 October 1865. 致居民通告的复制件收录于 J.O.P. Bland papers, Thomas Fisher Rare Books Library, University of Toronto (简称 'J.O.P. Bland papers') 第 67 卷。
84. Lan Li and Deidre Wildy, 'A New Discovery and Its Significance: The statutory declarations made by Sir Robert Hart concerning his secret domestic life in 19thcentury China', *Journal of the Hong Kong Branch of the Royal Asiatic Society* 43 (2003), pp. 63-87.
85. J.O.P.Bland papers, 'Memoirs', chapter 2, p. 6.
86. Edward Henderson, *A Report on Prostitution in Shanghai* (Shanghai: printed at the North China Herald Office, 1871), pp. 16-17, 11. 根据 5 年后警方统计，有 312 名专门接待外国人的中国妓女：*NCH*, 2 March 1888, p. 245。
87. Alasdair Moore, *La Mortola: In the footsteps of Thomas Hanbury* (London：Cadogan Guides, 2004), pp. 194-9; 关于亨特的讯息来自 Thomas N. Layton, 'China Mail: Commerce and conscience in an American family', ms. In preparation, 2010; Mrs Archibald Little [A.E.N. Bewicke], *A Marriage in China* (London: F.V.White & Co., 1896) , p. 305。
88. *Minutes of the SMC*,ii, 18 January 1866.
89. Hornby, *Autobiography*, pp. 288-90; H. Lang, *Shanghai Considered Socially* (Shanghai: American Presbyterian Mission Press, 1875), p. 56.
90. 丁题良间接提到"一名国会议员的儿子"因为娶了一名低阶层中国女人为妻而遭到排斥，*Cycle of Cathay*, p. 99。
91. 他还非常注意口腔卫生，夸口说自己能够在一小时内拔 100 颗牙齿，到 1895 年已经拔了 21,000 颗牙齿: George Leslie Mackay, *From Far Formosa: The island, its people*

and missions (Edinburgh and London: Oliphant Anderson and Ferrier, 1900), p. 315-16; Alvyn J. Austin, *Saving China: Canadian missionaries in the Middle Kingdom, 1888-1959* (Toronto: University of Toronto Press, 1986), pp. 30-35。

92. Lambeth Palace archives: Holy Trinity Shanghai, marriage registers, vol. 2, Mss. 1565, 24 April 1866, 21 June 1867; baptism, registers, vol. 3, ms. 1576, 6 October 1889.

93. Moore, *La Mortola*, p. 189; F.L. Hawks-Pott, *A Short History of Shanghai and Around Shanghai* (Shanghai: Kelly & Walsh, Ltd., 1928), p. 119; [J.D. Clark], *Sketches In and Around Shanghai* (Shanghai: Shanghai Mercury, 1894), pp. 120-21; William T. Rowe, *Hankow: Commerce and society in a Chinese city, 1796-1895* (Stanford: Stanford University Press, 1984), p. 50.

94. Hanbury, letter to his father, 16 June 1871, *Letters of Sir Thomas Hanbury* (London: West, Newman & Co., 1913), p. 223.

95. Hart to Campbell, 29 October 1883, no. 442, *IG in Peking*, i; Bruner, Smith, Fairbank (eds.), *Entering China's Service*, pp. 230-31.

96. James Dow journal, 18 December 1851; *Hong Kong Government Gazette*, 27 May 1854, p. 143. J.H.Haan, *The Sino-Western Miscellany: Being historical notes about foreign life in China. Vol.1, Thalia and Terpsichore on the Yangtze [sic]: Foreign Theatre and Music in Shanghai, 1850-1865; a survey and calendar of performances*, 2nd edition (Amsterdam: unnamed publisher, 1993).

97. Chen-zen Hung, 'Travelling Opera Troupes in Shanghai, 1842-1949' (unpublished PhD thesis, The Catholic University of America, 1997).

98. 韩国横,《中国的第一个西洋管弦乐队——北京赫德乐队》,《音乐研究》1990 年第 2 期,第 43-53 页; Hart to Campbell, 1 September 1889, no. 715, *IG in Peking*, i; Juliet Bredon, *Robert Hart: The romance of a great career*(London: Hutchinson, 1909), pp. 184-8。海关总税务司署于 1879 年被迁移到使馆区某处,位于法国领事馆附近: 5 October 1879, no. 260, *IG in Peking*, i, pp. 305-306。

99. *Minutes of the SMC*, ii, 31 August 1863, 10 February 1866, 8 May 1866.

100. Ye Xiaoqing, *The Dianshizhai Pictorial: Shanghai urban life, 1844-1898* (Ann Arbor: Center for Chinese Studies, University of Michigan, 2003) p. 132.

101. *History of the Shanghai Recreation Fund, from 1860-1882...* (Shanghai: Celestial Empire, 1882), pp. 192-5.

102. Henry Brougham Loch, *Personal Narrative of Occurrences During Lord Elgin's Second Embassy to China in 1860* (London: John Murray, 1869), p. 189; Hornby, *Autobiography*, pp. 227-8; *The Journey of Augustus Raymond Margary, from Shanghai, to Bhamo, and back to Manwyne* (London: Macmillan & Co., 1876), p. xvi.

7 内陆地区的梦想

1. 威妥玛在和总理衙门以及外交部长的通信中复述了这起事件和张之喜的供词,参见 TNA, FO 682/2049, 以 及 *China No. 1: Papers relating to the massacre of Europeans at Tien-Tsin on the 21st June, 1870* (PP248) (1871), pp. 154-156。

2. 关于天津的屠杀,参见 John Fairbank, 'Patterns Behind the Tientsin Massacre', *Harvard Journal of Asiatic Studies* 20:3/4, pp. 480-511; Paul A. Cohen, *China and Christianity: The missionary movement and the growth of Chinese antiforeignism, 1860-1870*(Cambridge, MA: Harvard University Press, 1963), pp. 229-61。笔者还参考了以下史料所记载的不少细节: Tianjin despatch no.52, 16 July 1870, in Second Historical Archives of

China（Nanjing）, ChineseMaritime Customs Service Archives [hereafter SHAC] 692（2）, 1928; *China No. 1*（1871）; Henri Cordier, *Histoire des relations de la Chine avec les puissances occidentales, 1860-1900*（Paris: Felix Alcan, 1901）, i, pp. 347-90; Baron de Hubner, *A Ramble Round the World*, vol. Ii, translated by Lady Herbert（London: Macmillan & Co., 1872）, and *Notices et documents sur les Pretres de la Mission et les Filles de la Charite de S. Vincente de Paul*（Paris: 1893）. 也请参见 Henrietta Harrison, "A Penny for the Little Chinese": The French Holy Childhood Association in China, 1843-1951', *American Historical Review* 113:1（2008）, pp. 72—92。

3. 这段描述引自 No. 3 Dennys, *Notes for Tourists in the North of China*（Hong Kong: A. Shortrede & Co., 1866）, p. 8。
4. Cohen, *China and Christianity*, p. 58.
5. Harrison, 'A Penny for the Little Chinese', p. 86.
6. Daniel H. Bays, 'Christianity and the Chinese Sectarian Tradition', *Late Imperial China* 4:7 (1982), pp. 35-55.
7. Bishop of Victoria to Earl of Clarendon, 6 December 1869, in *China No. 9: Correspondence respecting inland residence of English missionaries in China* (C.89) (1869), p. 43; J. Edkins letter, 22 August 1871, SOAS, CWM/LMS, North China letters, box 2.
8. Letter to Daniel Hanbury, 27 April 1854, *Letters of Sir Thomas Hanbury* (London: West, Newman & Co., 1913), p. 47.
9. 不受宗教信仰影响的"中国内地传教团"研究成果并不多；一部可资参考的著作是 Alvyn Austin, *China's Millions: The China Inland Mission and late Qing society, 1832-1905*（Grand Rapids: William B. Eerdmans Publishing, 2007）。A.J.Broomhall 所写的7卷本传记, *Hudson Taylor and China's Open Century*（1981-1989）更近似于圣徒传, 但是依然提供了许多信息。Broomhall 是戴德生的曾侄孙。
10. 我对扬州事件的叙述引自 *China No.2: Correspondence respecting the attack on British Protestant missionaries at Yang-Chow-Foo, August 1868*（PP 4097-1）(1869), pp. 77—78, 以及 Cohen, *China and Christianity*, pp. 180-199。
11. 关于这个具有争议的观点, 参见 Cohen, *China and Christianity*, pp. 298-299, n. 13。
12. *The Times*: editorials, 3 December 1868, p. 9, 11 January 1869, p. 6; parliamentary intelligence, 10 March 1869, p. 6; editorial, 10 March 1869, p. 8.
13. Secretary, LMS to Clarendon, 5 February 1869; E. Hammond to secretary, LMS, 10 February 1869, *China No. 2* (1869), pp. 77-8.
14. J. Edkins letter, 2 July 1869, SOAS, CWM/LMS, North China letters, box 2.
15. S. Wells Williams, *List of Protestant Missionaries Sent to the Chinese* (Canton: 1 July 1855); *Directory of Protestant Missionaries in China, June 1st 1866* (Fuzhou: American Methodist Episcopal Press, 1866).
16. *China No. 9*（1869）复述了传教士们和阿礼国之间的对话。最后一个短句出自汉口的伦敦传道会传教士杨格非, 引自 1868: R. Wardlaw Thomson, *Griffith John: The story of 50 years in China*（London: Religious Tract Society, 1906）, p. 244。
17. Taylor to Alcock, 28 December 1869, in *China No. 10: Further correspondence respecting the attack on British Protestant missionaries at Yang-Chow-Foo, August 1868*（PP 4097）(1869), p. 17. 一封摘自 *Occasional Papers of the China Inland Mission*, nos. 3-4, p. 240, 写于1868年11月18日的书信也表达了类似的观点。
18. J. Edkins letter, 12 August 1870, SOAS, CWM/LMS, North China letters, box 2.
19. QUB, MS 15/1/11, Hart journal, 2 March 1869; Cohen, *China and Christianity*, pp. 177–8.

20. Letter no. 16, 21 July 1870, in John King Fairbank, Katherine Frost Bruner, Elizabeth Macleod Matheson（eds.）, *The IG in Peking: Letters of Robert Hart, Chinese Maritime Customs 1868-1907*（Cambridge, MA: The Belknap Press of Harvard University Press, 1975）p. 57. 关于这场外交纠纷的余波，参见 James C. Cooley, *T.F. Wade in China: Pioneer in global diplomacy 1842-1882*（Leiden: E.J. Brill, 1981）, pp. 69-80。
21. Shanghai Municipal Archives (eds.), *Minutes of the Shanghai Municipal Council* (Shanghai: Shanghai guji chubanshe, 2001), iv, for 2, 11, 18, 25 July, 22 August, 26 September, 10 October 1870.
22. 当时谈到这一点的史料包括 Daniel Hanbury, *Notes on Chinese Materia Medica*（London: John E. Taylor, 1862）, p. 3; J. Dudgeon, 'On the Disgusting Nature of Chinese Medicines', *Chinese Recorder*, March 1870, pp. 285-7; Frederick Porter Smith, *Contributions Towards the Material Medica and Natural History of China*（Shanghai: American Presbyterian Mission Press, 1871）, p. vi。
23. 例如在赞比亚和刚果：Luis White, *Speaking with Vampires: Rumour and history in colonial Africa*（Berkeley: University of California Press, 2000）, pp. 181-207。
24. George Thin, *The Tientsin Massacre: The causes of the late disturbances in China and how to secure peace*（Edinburgh: William Blackwood and Sons, 1870）, pp. 10-12。Thin 是一名医生，他曾在上海行医。
25. *Death Blow to Corrupt Doctrines: A plain statement of facts published by the gentry and people* (Shanghai, 1870), preface, pp. Iii, v, viii。
26. Letter to Acting Consul Lay, 6 July 1870, China No. 1（1871）, p. 110. 关于这种阴谋论，参见 General Charles W. Le Gendre, *How to Deal with China*（Amoy, 1871）。李仙得曾经担任美国驻厦门领事。
27. 这个段落及之后的两个段落主要参考了以下几部研究著作：Daniel H. Bays（ed.）, *Christianity in China: From the eighteenth century to the present*（Stanford: Stanford University Press, 1997）; Cohen, *China and Christianity*; Ryan Dunch, *Fuzhou Protestants and the Making of a Modern China*（New Haven: Yale University Press, 2001）; Joseph Tse-Hei Lee, *The Bible and the Gunboat: Christianity in south China, 1860-1900*（London: Routledge, 2003）。
28. Revd M.T.Yates, 'Ancestral Worship and Fung-shuy', *Chinese Recorder*, July 1868, p. 39.
29. 这名中国人叫刘锡鸿，当时担任外交使节。J.D. Frodsham 在 *The First Chinese Embassy to the West: The journals of Kuo-Sung-T'ao, Liu Hsi-Hung and Chang Te-yi*（Oxford: Clarendon Press, 1974）中翻译并引用《英轺私记》，以上短句引自第 147 页。
30. S. Wells Williams, *The Middle Kingdom...* (New York & London: Wiley & Putnam, 1848), ii, pp. 343-4.
31. Dunch, *Fuzhou Protestants*, pp. 32-47.
32. Charles A. Litzinger, 'Rural Religion and Village Organisation in North China: The Catholic Challenge in late nineteenth century China', in Bays (eds.), *Christianity in China*, pp. 41-52.
33. 'A Missionary', 'On Native Contributions', *Chinese Recorder*, January 1870, p. 213.
34. 奥沙利文强迫自己面对她所憎恶的中国的一切，这就是为什么她尽管已经获准离开中国，1870 年 6 月 21 日的时候，她还在天津：Revd. Matthew Russell S.J., 'Alice O'Sullivan: The late Irish martyr', *Irish Monthly* 4（1876）, pp. 545-551。
35. 'Missionary Intelligence', *Chinese Recorder*, December 1868, p. 168.
36. H.B. Morse, *The International Relations of the Chinese Empire: ii, The period of submis-*

sion, 1861-1893 (London: Longmans, Green & Co., 1918), pp. 253-60; Lloyd Eastman, *Throne and Mandarins: China's search for a policy during the Sino-French controversy, 1880-1885* (Cambridge, MA: Harvard University Press, 1967), pp. 23-5; Richard S. Horowitz, 'Central Power and State Making: The Zongli yamen and self-strengthening in China, 1860-1880' (unpublished PhD thesis, Harvard University, 1998), pp. 111-13, 181-2; Mary C. Wright, *The Last Stand of Chinese Conservatism; The T'ung-Chih restoration, 1862-1874* (New York: Athenuem, 1966 [1957]), pp. 295-9.

37. 关于阿礼国协定，参见 ibid. PP. 279-295; Cooley, *T.F. Wade in China*, pp. 67-73。
38. Immanuel C.Y. Hsu, *The Ili Crisis: A study of sino-Russian diplomacy, 1871-1881* (Oxford: Clarendon Press, 1965); Hodong Kim, *Holy War in China: The Muslim rebellion and state in Chinese central Asia, 1864-1877* (Stanford: Stanford University Press, 2004).
39. Kirk W. Larsen, *Tradition, Treaties, and Trade: Qing imperialism and Choson Korea, 1850-1910* (Cambridge, MA: Harvard University Asia Center, 2008).
40. Morse, *International Relations of the Chinese Empire*, ii, pp. 267-70; Tseng-tsai Wang, 'The Audience Question: Foreign representatives and the emperor of China, 1858-1873', *Historical Journal* 14:3 (1971), pp. 617-26.
41. Ian Nish (ed.), *The Iwakura Mission in America and Europe: A new assessment* (Richmond: Japan Library, 1998).
42. Wayne C. McWilliams, 'East Meets East: The Soejima Mission to China, 1873', *Monumenta Nipponica* 30:3 (1975), pp. 237-75.
43. 关于这次航行以及上海早期日本侨民群体，参见 Joshua A. Fogel, *Articulating the Sinosphere: Sino-Japanese relations in space and time*（Cambridge, MA: Harvard University Press, 2009）chapters 2 and 3。
44. *Minutes of the SMC*, iv, 22 August 1870.
45. *The Times*, 11 August 1874, p. 10; 驻日本的美国记者 Edward H. House 的 *The Japanese Expedition to Formosa*（Tokyo: 1875）采取亲日立场；该书是关于日本征台的唯一英文记载。House 跟随日本征台，目睹了整个军事行动；此外，James W. Davidson 的 *The Island of Formosa Past and Present*（London: Macmillan, 1903），pp. 123-169 还收录了一些相关材料。Robert Eskildsen, "Of Civilization and Savages: The mimetic imperialism of Japan's 1874 expedition to Taiwan', *American Historical Review* 107:2（2002），pp. 388-418 以及 '"Leading the Natives to Civilization": The colonial dimension of the Taiwan Expedition', *Edwin O. Reischauer Institute for Japanese Studies, Occasional Papers* 2003-01（2003）对日军征台进行了分析。关于征台对当地社会的影响可参见 Douglas L. Fix, 'The Changing Contours of Lived Communities on the Hengchun Peninsula, 1850-1874', 收录于《国家与原住民：亚太地区族群历史研究》，南港：台湾史研究所，2009 年，第 233-282 页。
46. House, *Japanese Expedition*, pp. 25-6.
47. Hart to Campbell, 25 July 1874, no. 110, Fairbank, Bruner, Matheson (eds.), *The IG in Peking*; Robert Gardella, 'From Treaty Ports to Provincial Status, 1860-1894', in Murray A. Rubinstein (ed.), *Taiwan: A new history* (Armonk: M.E. Sharpe, 1999), pp. 183-6.
48. George Taylor, 'Tortoise Hill, Formosa', *China Review* 15:5 (1887), pp. 305-6.
49. Horowitz, 'Central Power and State-making', pp. 307–11; Cooley, *T.F. Wade in China*, pp. 101-15.
50. T.T. Cooper, *Travels of a Pioneer of Commerce in Pigtail and Petticoats* (London: John Murray, 1871), pp. 450-51.

51. Ibid., pp. 15-16. 这个段落参考了以上库珀的自述，以及 David G. Atwill, *The Chinese Sultanate: Islam, ethnicity, and the Panthay rebellion in southwest China, 1856—1873* (Stanford: Stanford University Press, 2005); Brian L. Evans, 'The Panthay Mission of 1872 and its legacies', *Journal of Southeast Asian Studies* 16（1985）, pp. 117-28; *East India (British Burmah:. Further return. Official narrative of the expedition to explore the trade routes to China via Bhamo, under the guidance of Major E.B. Sladen* (PP 165)(1871); John Anderson, *A Report on the Expedition to Western Yunan via Bhamo* (Calcutta: Office of the Superintendent of Government Printing, 1871)。
52. Cooper, *Travels of a Pioneer of Commerce*, pp. 28, 90, 106, 142, 198, 249-50, 328, 349.
53. Milton Osborne, *River Road to China: The Mekong river expedition 1866-1873* (New York: Liveright, 1975); Lt. Col. A.P.McMahon, 'On Our Prospects of Opening a Route to South-Western China, and Explorations of the French in Tonquin and Cambodia', *Proceedings of the Royal Geographical Society* 18:4 (1873-4), pp. 463-7.
54. R.Swinhoe, 'Special Mission up the Yang-tsze-Kiang', *Proceedings of the Royal Geographical Society* 14:3 (1870), pp. 235-243, and *Journal of the Royal Geographical Society* 40 (1870), pp. 268-85. 还可参见 *China No. 2: Reports by Consul Swinhoe of his Special Mission up the River Yang-tsze-Kiang*, c. (1870)。
55. Anderson, *Report*, p. 3.
56. Letter to parents, 15 August 1874, *The Journey of Augustus Raymond Margary, from Shanghai to Bhamo, and back to Manwyne*（London: Macmillan & Co., 1876）, p. 101. 关于该地区的复杂性，可参见 C. Patterson Giersch, *Asian Borderlands: The transformation of Qing China's Yunnan frontier* (Cambridge, MA: Harvard University Press, 2006)。
57. *Journey of Augustus Raymond Margary*, pp. 104, 109.
58. Letter to his parents, 14 September 1874, *Journey of Augustus Raymond Margary*, p. 131.
59. Rutherford Alcock, 'Concluding Chapter', ibid., pp. 371-2.
60. Letters to Campbell, 27 June 1876, 24 August 1876, *IG in Peking*,i, pp. 221-4.
61. Wade to Lord Derby, 5 August 1876, in *China No. 3: Further correspondence respecting the attack on the Indian expedition to Western China and the murder of Mr. Margary* (C.1832) (1877), pp. 51-2.
62. 这段参考了 S.T. Wang, *The Margary Affair and the Chefoo Agreement* (London: Oxford University Press, 1940); Cooley, *T.F. Wade in China*, pp. 116-131。
63. R.W. Little to parents, 5 October 1876, Little papers.
64. Russell, 'Alice O'Sullivan', p. 551. 关于新教后期这种表述相关的讨论，参见 James L. Hevia, 'Leaving a Brand on China: Missionary discourse in the wake of the Boxer movement', *Modern China* 18:3 (1992), pp. 304-332。
65. *NCH*, 15 June 1880, pp. 513, 522-3; Susan Beattie, *The New Sculpture* (New Haven: Yale University Press, 1983), pp. 24-5; R.W. Little to parents, 22 June 1875, Little Papers.
66. Immanuel C.Y. Hsu, 'Gordon in China, 1880', *Pacific Historical Review* 33:2 (1964), pp. 147–66; Smith, *Mercenaries and Mandarins*, pp. 172-6.
67. 关于上海滩上纪念碑的历史，参见 Commissioner of Public Works to Secretary, SMC, 30 November 1942, SMA, U1-14, 6290; SMC, *Annual Report 1880*, pp. 115–116。
68. George Lanning and Samuel Couling, *The History of Shanghai* (Shanghai: Kelly & Walsh, 1923), ii, pp. 410-3.

8 沿着海岸

1. James W. Davidson, *The Island of Formosa past and present* (London: Macmillan, 1903), pp. 180-182, 216-218，256 记载了台湾沿海一系列悲惨的沉船事故。可以确定的是，台湾原住民实行"猎首"的风俗，但是关于他们吃人的谣言纯属子虚乌有：参见 Josiane Cauquelin, The Aborigines of Taiwan: *The Puyuma; from head hunting to the modern world* (London: RouteledgeCurzon, 2004), pp. 149-52 以及 Janet B. Montgomery McGovern, *Among the Headhunters of Formosa*(London: T. Fisher Unwin，1922), p. 10, 115-16；关于测绘活动，参见 Commander E.W. Brooker, 'Formosa', 1 November 1867, in UK Hydrographic Office Archives [UKHOA], OD 157。乔治·撒玛纳札于 1704 年出版其编造的书籍，写道台湾原住民将许多孩童作为祭祀的牺牲品并且吃人；该书在多大程度上影响了关于台湾的神话传说，目前仍有争论，因为当时已经有许多人写到台湾原住民带来的危险。芎蕉湾如今被称为南湾，但欧洲人为何将该地称为芎蕉湾依然是个谜（私人交流，道格·菲克斯）。
2. *China Sea Directory*, 2nd edition (London: Hydrographic Office, Admiralty, 1884), iii, p. 265; Emma Jinhua Teng, *Taiwan's Imagined Geography: Chinese colonial travelwriting and pictures, 1683-1895* (Cambridge, MA: Harvard University Asia Center, 2004).
3. Sophia S.F. Yen, *Taiwan in China's Foreign Relations, 1836–1874* (Hamden: Shoe String Press, 1965), pp. 260-63.
4. D. M. Henderson to Commissioner, Amoy, 26 August 1884, 韩得善 SHAC, 679(2), 65; M.Beazeley, 'Notes of an Overland Journey Through the Southern Part of Formosa from Takow to the South Cape, in 1875', *Proceedings of the Royal Geographical Society* New Monthly Series, 7:1 (1885), pp. 1-23。
5. 'The Loss of the *Reynard*', The Times, 2 September 1851, p. 8, 以及他接下来给该报投去的信函：30 December 1856, p. 10; 27 January 1857, p. 9。
6. 'Surveying and Chinese Names of the Islets Forming the Chusan Archipelago', in UKHOA, OD 153, 'Surveying Journal of Captain Richard Collinson, China 1840-42'; composite remark books, 1852 I-W: HMS *Salamander,* UKHOA; QUB, Hart journal, 21 July 1867; Commander E.W. Brooker, 'Report on the Pratas Reef and Proposed Light House', 8 November 1867, in UKHOA, OD 157.
7. 关于修建鹅銮鼻灯塔的记述参考了 J.Reginald Harding, 'Report on the Construction of a First Order Light-house Station at S. Cape of Formosa', 17 July 1883，引自 SHAC 679(2), 62 以及收录于 SHAC 679(2), 60 and 61; J.R. Harding, 'Talk to Monmouth Working Men's Club', *Monmouth News* 剪报（日期不详，内部证据显示，剪报日期应当在 1902 年之后）。
8. IG Circular no. 20, 22 June 1868, 收录于 *Inspector-General's Circulars. First Series: 1861-1875*（Shanghai: Statistical Department of the Inspectorate General, 1879）; Glen Dudbridge, 'George Taylor and the Peoples of the South Cape', 收录于他所编辑的泰勒论文集 *Aborigines of South Taiwan in the 1880s*（Taipei: Shung Ye Museum of Formosan Aborigines & Institute of Taiwan History, Academia sinica，1999）, pp. 6-12。
9. J. Reginald Harding, 'The Chinese Lighthouse Service' [1901], 收录于 *Origins, Development and Activities of the Chinese Customs Service*, vi, pp. 647-8; J.R. Harding, 'Talk to Monmouth Working Men's Club'; The Times, 1 September 1906, p. 10.
10. 1874 年人口估计引自 Edward H. House, *The Japanese Expedition to Formosa* (Tokyo: 1875), p. 105。笔者十分感激道格·菲克斯提供的这项参考资料以及他针对排湾族人口数据的讨论。

11. Jacques Thobie, *L'Administration generale des phares de l'empire Ottoman et la Societe Collas et Michel 1860–1960* (Paris: L'Harmattan, 2004); Eric Tagliacozzo, 'The Lit Archipelago: Coast Lighting and the Imperial Optic in Insular Southeast Asia, 1860-1910', *Technology and Culture* 46:2 (2005), pp. 306-28; Olive Checkland, 'Richard Henry Brunton and the Japan lights, 1868-1876: A brilliant and abrasive engineer'. *Transactions of the Newcomen Society*, 63 (1992), 217-28; *Building Japan 1868-1876* by Richard Henry Brunton with an introduction by Hugh Cortazzi (Folkestone: Japan Library, 1995); 关于阿礼国，参见 QUB, MS 15/1/9, Hart journal, 21 July 1867。
12. Mrs Thomas Francis Hughes, *Among the Sons of Han: Notes of a six years' residence in various parts of China and Formosa* (London: Tinsley Brothers, 1881), p. 164; 也可参见，pp. 173-177。
13. R.A.Y. Santa Ana, Chief Lightkeeper, Fisher Island, 23 February 1881 所作陈述：'Amoy Customs, Reports, Petitions etc. from staff', SHAC, 679(2), 80。
14. 泰勒的论文收录于 Dudbridge, *Aborigines of South Taiwan in the 1880s*。也请参见 George Taylor, 'Tortoise Hill, Formosa', *China Review* 15:5 (1887), pp. 305-306。
15. 1883年5月，哈尔定报告道："如今泰勒先生可以用野蛮人的方言进行一定的交流，而他身边的蛮族小男孩也能充当他的翻译员。"哈尔定致专员，厦门，1883年5月17日，SHAC 679(2), 61。
16. Robert Gardella, 'From Treaty Ports to Provincial Status, 1860-1894', 收录于 Murray A. Rubinstein (ed.), *Taiwan: A new history* (Armonk: M.E.Sharpe, 1999), pp. 190-91。
17. Hart to Campbell, 14 March 1873, no. 49, 收录于 John King Fairbank, Katherine Frost Bruner, Elizabeth Macleod Matheson (eds.), *The IG in Peking: Letters of Robert Hart, Chinese Maritime Customs 1868-1907* (Cambridge, MA: The Belknap Press of Harvard University Press, 1975)。
18. *The Times*, 6 September 1888, p. 4; 13 September, p. 4.1905年泰勒从海关辞职——经常发烧，导致他身体大不如前，而他的这个疾病很可能从他在鹅銮鼻工作时就埋下了病根。他于隔年去世：Shanghai no. 8305, 30 January 1905, SHAC, 679(3)1737; George Taylor, will and probate: TNA, FO 917/1228。
19. 关于灯塔的两条基本史料是 Harding, 'Chinese Lighthouse Service', 以及 T.Roger Banister, *The Coastwise Lights of China: An illustrated account of the Chinese maritime customs lights service* (Shanghai: Statistical Department of the Inspectorate General of Customs, 1932)。
20. Banister, *Coastwise Lights of China*, p. 115.
21. 'Record of Proceedings. Chinese Commission: International Fisheries Exhibition, London, 1883', 收录于 *Documents Illustrative of the Origin, Development, and Activities of the Chinese Customs Service* (Shanghai: Statistical Department of the Inspectorate General of Customs, 1940), vii, p. 111; *Special Catalogue of the Chinese Collection of Exhibits for the International Fisheries Exhibition, London, 1883* (Shanghai: Statistical Department of the Inspectorate General, 1883); *The Times*, 15 May 1883, p. 6; Campbell to Hart, 18 May 1883, 收录于 Chen Xiafei and Han Rongfang (eds.), *Archives of China's Imperial Maritime Customs* (Beijing: Foreign Language Press, 1990)i, letter 1067, 以及1883年4—6月的几封信件。
22. 这个段落参考了以下材料：Erik Baark, *Lightning Wires: The telegraph and Chinese technological modernization, 1860-1890* (Westport, CT: Greenwood Press, 1997), pp. 72-5, 77-82; *TheTimes*, 22 August 1871, p. 5; *China No. 2: Commercial reports from Her Majesty's*

consuls in China, 1870 (C.567)(1872), pp. 10, 11, 15; Max Fletcher, 'The Suez Canal and World Shipping, 1869-1914', *Journal of Economic History* 18:4 (1958), pp. 556–573; Headrick, *Tentacles of Progress*, pp. 25-27; C. Knick Harley, 'Ocean Freight Rates and Productivity, 1740-1913: The primacy of mechanical invention reaffirmed', *The Journal of Economic History*, 48:4 (1988), pp. 851-876.
23. *NCH*, 5 August 1879, pp. 124-5; 16 September 1881, pp. 290-91.
24. Lewis Pyenson, *Civilizing Mission: Exact sciences and French overseas expansion, 1830-1940* (Baltimore: John Hopkins University Press, 1993), p. 158; Augustin Udias, *Searching the Heavens and the Earth: This history of Jesuit observatories* (Dordrecht: Kluwer Academic Publishers, 2003); *Documents Relating to 1. the Establishment of Meteorological Stations in China; and 2. proposals for co-operation in the publication of meteorological observations and exchange of weather news by telegraph along the Pacific coast of Asia* (1874); Le Pere Marc Dechevrens, SJ, Le Typhon du 31 juillet 1879 (Zikawei: Imprimerie de la Mission Catholique a l' Orphelinat de Tou-se-we, 1879).
25. Katherine Anderson, *Predicting the Weather: Victorians and the science of meteorology* (Chicago: University of Chicago Press, 2005), pp. 235-84; P. Kevin MacKeown, 'William Doberck: A stormy career', *Journal of Royal Asiatic Society, Hong Kong Branch 44* (2004), pp. 5-39; 'Meteorological Service for the China Coast: Annual report of the director, 1882-1883', *Celestial Empire*, 10 October 1883, p. 274（关于香港的计划，见第2页），关于在香港设立天文台，参见 W. Doberck, *Observations and Researches Made at the Hongkong Observatory in the Year 1884*(Hong Kong: Noronha, 1885)。
26. Hart to Campbell, 29 May 1873, no. 56, 14 September 1884, no. 494, *IG in Peking*; C.A. Gordon (comp.), *An Epitome of the Reports of the Medical Officers to the Chinese Imperial Maritime Customs Service, from 1871-1882* (London: Bailliere, Tindall, and Cox, 1884).
27. Circular no. 19 of 1870, 31 December 1870, 收录于 *Inspector-General's Circulars*; Hart to Campbell, 8 March 1884, no. 467, *IG in Peking*。
28. Douglas M. Haynes, *Imperial Medicine: Patrick Manson and the conquest of tropical disease* (Philadelphia: University of Pennsylvania Press, 2001), p. 49.
29. *Medical Reports*, April-June 1871, p. 18; July-Sept 1871, pp. 9, 79; Oct-March 1874-5, pp. 11-12; SMC, *Annual Report 1874–5*, pp. 12–13.
30. William Gauld, 'Medical Missions', *Chinese Recorder* 6:1 (1875), 转引自 Theoron Kue-Hing Young, 'A Conflict of Professions: The medical missionary in China, 1835-1890', *Bulletin of the History of Medicine* 47:3(1973), pp. 250-272, at p. 254。
31. Haynes, *Imperial Medicine*, pp. 30-55, 85-124; Patrick Manson, *The Filiaria Sanguinis Hominis and Certain New Forms of Parasitic Disease in India, China, and Warm Countries* (London: H.K.Lewis, 1883), p. vi; Patrick Manson, 'Further Observations on Filiaria Sanguinis Hominis', *Customs Medical Reports,* 14 (April-September 1877), pp. 10-11.
32. 'Dr. F. Wong's Report on the Health of Canton...', *Customs Medical Reports* 4(April-September 1872), p. 71. 关于黄宽，参见 Bridie Andrews Minehan, 'Training Doctors *Versus* Building a Medical Profession: Illustrations of the difference from modern China, ' paper prepared for conference on 'Intellectuals, Professions, and Knowledge Production in Twentieth Century China', Center for Chinese Studies, University of California, Berkeley, 16-17 October 2009。
33. Hart to Campbell, 14 March 1873, no. 49, *IG in Peking*.
34. QUB, MS 15/1/9, Hart journal, 17 January 1867.

35. 'Taiwan Trade Report for 1881', 28 February 1882, TNA, FO 228/712.
36. 关于吴淞铁路，参见 Richard C. Rapier, *Remunerative Railways for New Countries: With some account of the first railway in China* (London: E. & F. N. Spon, 1878), pp. 93-115; James Flath, 'The Chinese Railroad View: Transportation themes in popular print, 1873-1915', *Cultural Critique* 58 (2004)pp. 168-190。
37. Letters to Campbell, 7 October 1888, no. 669; 8 September 1889, no. 716: *IG in Peking*.
38. LeFervour, *Western Enterprise in Late Ch'ing China*, pp. 25-30（我在本段落及下一个段落里广泛地参考了这本书）; Chiara Betta, 'Marginal Westerners in Shanghai: The Baghdadi Jewish community, 1845-1931', 收录于 Robert Bickers and Christian Henriot (eds.), *New Frontiers: Imperialism's new communities in east Asia, 1842-1953*(Manchester: Manchester University Press, 2000), pp. 38-54。
39. Erika Rappaport, 'Packaging China: Foreign articles and dangerous tastes in the mid-Victorian tea party', 收录于 Frank Trentmann (ed.), *The Making of the Consumer: Knowledge, power and identity in the modern world* (London: Berg, 2006), pp. 125-146。
40. Jerry S.L. Wang, 'The Profitability of Anglo-Chinese Trade, 1861-1913', Business History 35:3 (1993), pp. 39-65.
41. 旅顺港的英文名称"Port Arthur"因威廉·阿瑟上尉（Lt.Willian Arthur）而得名，这名英国海军军官于1858年首次将该港口的价值介绍给外国人: Sir Edward H. Seymour, *My Naval Career and Travels* (London: Smith, Elder, 1911), p. 87。
42. Little papers,letters 1882 *passim*,R.W.L. Little to father,22 November 1882.
43. *The Economist*, 2 January 1875, p. 7; W.A.Thomas, *Western Capitalism in China: A history of the Shanghai stock exchange* (Aldershot: Ashgate, 2001), pp. 64-66; Frank H.H.King, *The History of the Hongkong and Shanghai Banking Corporation I: The Hongkong bank in late imperial China, 1864-1902; on an even keel*(Cambridge: Cambridge University Press, 1987)。关于1874年借款，参见 ibid., pp. 204-205；关于清政府财政收入，参见第14章。
44. Thomas, *Western Capitalism in China*, pp. 124-5; Yen-P'ing Hao, *The Commercial Revolution in China: The rise of Sino-Western mercantile capitalism* (Berkeley: University of California Press, 1988), pp. 323-34.
45. Ibid., p. 332; Han-sheng Chuan, 'The Economic Crisis in 1883 as Seen in the Failure of Hsu Jun's Real Estate Business in Shanghai', 收录于 Chi-ming Hou and Tzong-shian Yu (eds.), *Modern Chinese Economic History* (Taipei: Academia Sinica, 1979), pp. 493-498。
46. 这段讨论引自 Yen-p'ing Hao, *The Comprador in Nineteenth Century China: Bridge between East and West* (Cambridge, MA: Harvard University Press, 1970)。
47. Ye Xiaoqing, *The Dianshizhai Pictorial: Shanghai urban life, 1884-1898* (Ann Arbor: Center for Chinese Studies, University of Michigan, 2003), p. 128.
48. Shanghai Municipal Archives (ed.), *Minutes of the Shanghai Municipal Council* (Shanghai: Shanghai guji chubanshe, 2001), iv, 17 June 1871. 关于史密斯，参见 George Lanning and Samuel Couling, *The History of Shanghai* (Shanghai: Kelly & Walsh, 1923), ii, pp. 397-8 的简要介绍。
49. Christopher A. Reed, *Gutenberg in Shanghai: Chinese print capitalism, 1876-1937* (New York: Columbia University Press, 2004), pp. 79-83, 104-15; Barbara Mittler, *A Newspaper for China? Power, identity, and change in Shanghai's news media, 1872-1912* (Cambridge, MA: Harvard University Press, 2004), pp. 334-6; Andrea Janku, 'Translating Genre: How the leading article became the "*shelun*"',Michael Lackner and Natascha Vittinghoff (eds.),

444　帝国的切口

  Mapping Meanings: The field of new learning in late Qing China (Leiden: Brill, 2004), pp. 329-53; Rudolf G. Wagner, 'The *Shenbao* in Crisis: The international environment and the conflict between Guo Songtao and the Shenbao', *Late Imperial China* 20:1 (1999), pp. 107-38; Paul A. Cohen, *Between Tradition and Modernity: Wang T'ao and reform in late Ch'ing China* (Cambridge, MA: Council on East Asian Studies, 1974), pp. 76-81.
50. 'Taiwan Intelligence Report for the Three Months Ended 31st July 1883', TNA, FO 228/13.
51. W.A.Pickering, *Pioneering in Formosa: Recollections of adventures among Mandarins, wreckers and head hunting savages* (London: Hurst & Blackett, 1898), pp. 167-74.
52. 关于纳伊，参见 Eiichi Motono, *Conflict and Cooperation in Sino-British Business, 1860-1911: The impact of the pro-British commercial network in Shanghai* (Basingstoke: Macmillan St Antony's, 2000), pp. 102-5；关于爱德华兹，参见 Amoy correspondence registers, TNA, FO 663/75-77。信函原件已经不存在了。
53. James C. Cooley, *T.F. Wade in China: Pioneer in global diplomacy, 1842-1882* (Leiden: E.J. Brill, 1981), 132-6; Wade, evidence 15 September 1892, para. 1337, *The Royal Commission on Opium, 1893-1895* (London: Ganesha Publishing, 2003) i, p. 97; *NCH*, 11 May 1883, p. 513.
54. *NCH*, 8 September 1883, pp. 287-8; Hart to Campbell, 8 June 1883, no. 420, *IG in Peking*; *The Times*, 11 October 1883, p. 3.
55. Hart to Campbell, 8 June 1883, no. 420, *IG in Peking*; Stanley Lane-Poole, *The Life of Sir Harry Parkes* (London: Macmillan and Co., 1894), ii, pp. 373, 369.
56. Amoy despatch no. 175, 13 December 1884, SHAC 679(2), 92; NCH, 3 December 1884, p. 636, 10 December 1884, pp. 657-8, 17 December 1884, p. 689.
57. 这是金登干的原话，参见 letter to Hart, 9 January 1885, *Archives of China's Imperial Maritime Customs*, ii。
58. *The Times*, 23 August 1884, p. 5。这封电报在战争爆发前一天发出。
59. *NCH*, 29 August 1884, p. 237; Jung-fang Tsai, *Hong Kong in Chinese History: Community and social unrest in the British colony, 1842-1913* (New York: Columbia University Press, 1993), pp. 124-46; Lloyd E. Eastman, *Throne and Mandarins: China's search for a policy during the Sino-French controversy, 1880-1885* (Cambridge, MA: Harvard University Press, 1967).
60. John L. Rawlinson, *China's Struggle for Naval Development 1839-1895* (Cambridge, MA: Harvard University Press, 1967), pp. 109-28; *NCH*, 29 August 1884, pp. 239-42; *The Times*, 25 August 1884, p. 5 (full despatch 23 October 1884, p. 8); 28 August 1884, p. 5; Fuzhou despatch no. 115, 30 September 1884, SHAC, 679(2) 732.
61. 对这一问题的辩论，参见 Rawlinson, *China's Struggle for Naval Development*，pp. 140-145。

9　周年纪念

1. 此处对上海开埠50周年庆祝仪式的叙述，参考了 *The Jubilee of Shanghai 1843-1893: Shanghai past and present and a full account of the proceedings on the 17th and 18th November, 1893* (Shanghai: North China Daily News, 1893), 以及《北华捷报》和《华洋通闻》的更多相关报道。
2. 今天我们依然能够从上海城市的景观一窥上海辉煌的历史，特别是在福州路南端以及福州路和外滩交会的地方。
3. 当然，立德乐并没有在社论上署名。但是，他在前一年给他父亲写信时附上了一份

《北华捷报》，信中写道："这份报纸应该完全能够代表我的观点，因为我每星期都把全副精神投入这份报纸"，参见 letter 11 March 1892, Little papers; *NCH*, 19 May 1893, p. 709。

4. Little: *NCH*, 12 May 1893, p. 672; Muirhead: *NCH*, 2 June 1893, pp. 806-7; 上海市档案馆：《工部局董事会会议录》，上海：上海古籍出版社，2001年，第11册，1893年9月26日。
5. 同上，1893年10月3日；1893年8月29日。
6. Jeffrey N. Wasserstrom, 'Imagining Community in the International Settlement: The Shanghai jubilee as an invented tradition' (unpublished paper, 1994); Bryna Goodman, 'Improvisations on a Semicolonial Theme: Or, how to read a celebration of transnational urban community', *Journal of Asian Studies* 59:4 (2000), pp. 889-926.
7. R.W. Little to father, 16 March 1881, Little Papers.
8. R.W. Little to father, 14 November 1891, Little Papers.
9. *NCH*, 26 October 1888, pp. 461, 474-476; reprinted in *Poems of Robert William Little* (Shanghai: North China Daily News & Herald, 1907), pp. 14-16。据说这首诗"引起了轰动"：参见 May Little to W.J. Little, 29 February 1891, and R.W. Little to W.J. Little, 26 October 1888, Little Papers。
10. *NCH*, 24 November 1893, p. 827.
11. Edmund S. Wehrle, *Britain, China, and the Antimissionary Riots, 1891-1900* (Minneapolis: University of Minnesota Press, 1966); Cai Shaoqing, 'On the Origins of the Gelaohui', *Modern China*, 10:4 (1984), pp. 481-508.
12. S.B.R., 'The Shanghai Exodus and the Capture of the Chinese Fleet', *NCH*, 29 September 1893, pp. 505-8. Hart to Campbell, 4 June 1891, no. 400, 转引自 John King Fairbank, Katherine Frost Bruner, Elizabeth Macleod Matheson(eds.), *The IG in Peking: Letters of Robert Hart, Chinese Maritime Customs 1868-1907*（Cambridge, MA: The Belknap Press of Harvard University Press, 1975）。关于曼森，参见 Alan R. Sweeten, 'The Mason Gunrunning Case and the 1891 Yangtze Valley Antimissionary Disturbances: A diplomatic link', *Bulletin of the Institute of Modern History Academia Sinica* 4 (1974), pp. 843-80; 以及 Jean Chesneaux and Lucien Bianco(eds.), *Popular Movements and Secret Societies in China, 1840-1950*(Stanford: Stanford University Press, 1972) 其中两个章节：Charlton M. Lewis, 'Some Notes on the Gelaohui in Late Qing China', pp. 97-112;Guy Puyraimond, 'The Ko-lao Hui and the Anti-foreign Incidents of 1891', pp. 113-124。
13. I.F. Clarke, *Voices Prophesying War, 1763-1984* (London: Panther, 1970); Charles E. Gannon, *Rumors of War and Infernal Machines: Technomilitary agenda-setting in American and British speculative fiction* (Lanham: Rowman & Littlefield, 2005); 'The Battle at Sikawei', *NCH*, 15 September 1871, pp. 695-7。剧本原件刊登在《上海差报》，后作为小册子出版。
14. *NCH*, 24 November 1893, p. 828.
15. *The Royal Commission on Opium, 1893-1895*（London: Ganesha Publishing, 2003）i：关于李泰国，参见段落1232, 1256-1282；关于皮斯，参见段落20；关于威妥玛，参见段落1292。Joyce A. Madancy, 'Money, Morality, and the Opium Trade: Re-examining the Royal Commission of 1895', *Modern Asian Studies* 36:2（2002），pp. 375-420; R.M. Dane, 'A Narrative of the Circumstances That Preceded and the Causes That Produced the First Chinese War', appendix C, *Royal Commission on Opium*, vii, pp. 64-214, quote from p. 214。丁恩（Dane）日后担任中国盐税总监。

16. *NCH*, 24 November 1893, pp. 815-16.
17. *NCH*, 12 May 1893, pp. 672-3.
18. 1922年，当地英国领事馆官员翻阅相关文件，自己得出了这个结论，参见 Amoy no. 30, 16 June 1922, and enclosure, TNA, FO 228/3182。
19. *Fifty Years of Progress: The jubilee of Hongkong as a British crown colony... reprinted from Hongkong Daily Press* (Hong Kong: Daily Press office, 1891).
20. *Hong Kong Telegraph*, 21 January 1891, p. 1.
21. *The Jubilee of Shanghai 1843-1893*, pp. 41-2.
22. 请假回国本身被逐渐制度化，成为某种概念：1875年的上海工部局首次推行面向行政官员的相关计划。工部局驻亚洲工作人员平均11年回国一次，其中3名工作人员17年没有离开过。他们当中并非每个人都期待离开亚洲，但是工部局后来规定其工作人员可以每隔7年请假9个月回国。
23. 关于人口普查，参见 SMC, *Annual Report 1876*, p. 14, *Annual Report 1895*, p. 30; 关于护士，参见 Rosemary Wall and Anne Marie Rafferty, 'Emblems of Empire in the East: British nursing in China and Malaya, 1896-1966', in Ryan Johnson and Anna Khalid (eds.), *Intermediaries, Subordinates and the Practice of Public Health in the British Empire* (London: Rputledge, forthcoming 2011); 亦可参见另一个例子：德伯格·戴利女士于1888年来到中国，在宁波管理一家小医院：*An Irishwoman in China* (London: T. Werner Laurie, 1916)。关于卖淫，参见 Eileen P. Scully, 'Prostitution as Privilege: The "American girl" of treaty port Shanghai, 1860-1937', *International History Review* 20:4 (1998), pp. 855-883。
24. *Royal Commission on Opium*, i, paragraph 383; *Records of the General Conference of the Protestant Missionaries of China, Held at Shanghai, May 7-20, 1890* (Shanghai: American Presbyterian Mission Press, 1890), p. 735.
25. C.A. Gordon(comp.), *An Epitome of the Reports of the Medical Officers to the Chinese Imperial Maritime Customs Service, from 1871-1882* (London: Bailliere, Tindall, and Cox, 1884), pp. 220-221。亦可参见 E.M. Collingham, *Imperial Bodies: The physical experience of the Raj, c. 1800-1947* (Cambridge: Polity Press, 2001), pp. 94-7; Shang-jen Li, 'The Nurse of Parasites: Gender concepts in Patrick Manson's parasitological research', *Journal of the History of Biology* 37:1 (2004), pp. 103-130。
26. 总的来说，《海关医报》并没有得出明确的结论：一方面，相关报告经常记载许多人因病而死，并认为中国的气候不利于欧洲孩童的健康；另一方面，其他报告则认为，在中国生活的欧洲孩童死亡率并没有高于欧洲孩童的死亡率。可参见 Gordon, *Epitome of the Reports of the Medical Officers*, pp. 222-223。
27. Christopher Munn, 'Hong Kong, 1841-1870: All the servants in prison and no one to take care of the house, in Douglas Hay and Paul Craven (eds.), *Masters, Servants, and Magistrates in Britain and the Empire, 1562-1955* (Chapel Hill: University of North Carolina Press, 2004), pp. 365-401.
28. May Little to Dr Little, 29 February 1891, Little Papers.
29. Hart to Campbell, 27 May 1894, no. 930, *IG in Peking*.
30. Edward Henderson, *The Nurse in Hot Climates* (London: The Scientific Press, 1903), pp. 38-9.
31. *The Times*, 18 October 1892, p. 3, 19 October, p. 7, 18 November 1892, p. 11; Intestate estates, memo book, TNA, FO 1092/261; 亦可参见 J.W. Bains (comp.), *Interport Cricket 1866-1908: A record of matches between Hong Kong, Singapore and Shanghai* (Shanghai: Shanghai Times, c. 1908), p. 2。

32. Intestate estates, memo books, TNA, FO 1092/260-61, 1885-1905; Scully, 'Prostitution as privilege', pp. 855-883, 关于贝里，参见第 861 页。
33. R.W. Little to father, 31 January 1883, Little Papers.
34. R.W. Little to father, 18 October 1882, Little Papers.
35. Archibald John Little, *Through the Yang-tse Gorges: Or, trade and travel in western China* (London: Sampson Low, Marston, Searle, & Rivington, 1888); 'The Navigation of the Upper Yangtsze: Its present position', *The Times*, 21 October 1889, p. 6, 亦可参见 9 December 1889, p. 10; J.O.P. Bland papers, 'Memoirs', chapter 7, p. 7。
36. Albert H. Stone and J. Hammond Reed (eds.), *Historic Lushan: The Kuling Mountains* (Hankow: Arthington Press, 1921).
37. *Records of the General Conference of the Protestant Missionaries of China*, p. 735; Kenneth Scott Latourette, *A History of Christian Missions in China* (London: Society for Promoting Christian Knowledge, 1929), p. 295; Rhonda Anne Semple, *Missionary Women: Gender, professionalism and the Victorian idea of Christian mission* (London: Boydell & Brewer Ltd., 2003).
38. Maureen L. Rustichelli, 'Edward Selby Little: the Forgotten Victorian' (unpublished ms., 2003).
39. Kerrie L. MacPherson, *A Wilderness of Marshes: The origins of public health in Shanghai, 1843-1893* (Hong Kong: Oxford University Press, 1987), pp. 213-258; Christian Henriot, *Prostitution and Sexuality in China: A social history, 1849-1949* (Cambridge University Press, 2001), pp. 276-83。关于这个课题的大背景，参见 Philippa Levine, *Prostitution, Race and Politics: Policing venereal disease in the British empire* (New York: Routledge, 2003)。
40. *Minutes of the SMC*, ii, 1 and 8 February 1866.
41. Ye Xiaoqing, *The Dianshizhai Pictorial: Shanghai Urban Life, 1884-1898* (Ann Arbor: Center for Chinese Studies, 2003), p. 60.
42. George Lanning and Samuel Couling, *The History of Shanghai* (Shanghai: Kelly & Walsh, 1923), ii, pp. 444-9; SMC, *Annual Report 1877*, pp. 16-19; 'Watch Committee minutes 1897-1906', 9 December 1897, 19 January 1899, SMA U1-1-82.
43. R.W. Little to W.J. Little, 11 January 1888, Little papers, and *passim*. 立德乐也以为，立德乐夫人自己能够更快地获得所需证件，乘坐轮船抵达重庆。
44. Mrs Archibald Little [A.E.N. Bewicke], *A Marriage in China* (London: F.V. White & Co., 1896), p. 100-107.
45. *Poems of Robert William Little*, p. 16; 关于雅各布森，参见 *NCH*, 15 August 1898, p. 304, 5 September 1898, p. 443, 12 September 1898, pp. 494—495; Alvin Austin, *China's Millions: The China Inland Mission and Late Qing Society, 1832-1905* (Grand Rapids: William B. Eerdmans Publishing, 2007) pp. 289-291。成秀琪夫妇成立了一个独立的传教站。关于"陷入险境的英国女子"，参见 *NCH*, 14 January 1898, pp. 37-38, 21 January 1898, p. 89; Mrs Archibald Little, *Intimate China: The Chinese as I have seen them* (London: Hutchinson & Co., 1899), p. 210; Frank Dikotter, *The Idea of Race in Modern China* (London: C. Hurst & Co., 1992), pp. 57-59。亦可参见 Levine, *Prostitution, Race and Politics*, pp. 231-256。
46. R.W. Little to W.J. Little, 18 January 1888, and to E.S. Little, 3 March 1888, Little Papers; NCH, 2 March 1888, pp. 232-233, 245-247。关于租界当局反对撤销管制，参见 Levine, Prostitution, Race and Politics, pp. 91-119。在接下来 12 年里，上海的租界当局仍然持

续管制卖淫活动。

47. 詹姆斯·道就这么做了：8 August 1850, James Dow journal; William C. Milne, *Life in China* (London: G. Routledge & Co., 1857), p. 8。
48. Little, *Intimate China*, pp. 134-63, and *In the Land of the Blue Gown* (London: T. Fisher Unwin, 1908), pp. 253-304; Letter to *The Times* on women's suffrage, 24 February 1908, p. 12; Elizabeth J. Croll, 'Like the Chinese Goddess of Mercy: Mrs Little and the Natural Foot Society', in David S.G. Goodman (ed.), *China and the West: Ideas and activists* (Manchester: Manchester University Press, 1990), pp. 41-56; Susan Schoenbauer Thurin, 'Travel Writing and the Humanitarian Impulse: Alicia Little in China', in Douglas Kerr and Julia Kuehn (eds.), *A Century of Travels in China: Critical essays on travel writing from the 1840s to the 1940s* (Hong Kong: Hong Kong University Press, 2007), pp. 91-103, and Susan Schoenbauer Thurin, *Victorian Travelers and the Opening of China, 1842-1907* (Athens, OH: Ohio University Press, 1999)。关于缠足，参见 Dorothy Ko, *Cinderalla's Sister's: A revisionist history of footbinding* (Berkeley: University of California Press, 2005); 关于反缠足运动和相关的论述，可重点参阅第 9—49 页。
49. 参见她对 E.S. 立德乐在牯岭面对的问题的看法：*In the Land of the Blue Gown*, pp. 108-110。
50. Mrs Archibald Little, *My Diary in a Chinese Farm* (Shanghai: Kelly & Walsh, Ltd, 1894), p. 94。
51. S.C.M. Paine, *The Sino-Japanese war of 1894-1895: Perceptions, power, and primacy* (Cambridge: Cambridge University Press, 2003) 介绍了甲午战争的经过。
52. Kirk W. Larsen, *Tradition, Treaties and Trade: Qing imperialism and Chosun Korea, 1850-1910* (Cambridge, MA: Harvard University Asia Center, 2008)。
53. Hart to Campbell, 8 July 1894, no. 933, *IG in Peking*.
54. Editorial, *The Times,* 24 July 1894, p. 9.
55. Hart to Campbell, 2 September 1894, no. 942, *IG in Peking*。关于中国海军的缺陷，参见 John L. Rawlinson, *China's Struggle for Naval Development 1839-1895* (Cambridge, MA: Harvard University Press, 1967), pp. 167-197。
56. 'The Atrocities After the Fall of Port Arthur' and 'The Port Arthur Atrocities', *The Times*, 8 January 1895, p. 6, and 1 February 1895, p. 4; Frederic Villiers, 'The Truth about Port Arthur', *North American Review 160* (March 1895), pp. 325-331。采取相对中立立场叙述这些事件的一部著作是：Stewart Lone, *Japan's First Modern War: Army and society in the conflict with China, 1894-1895* (London: St. Martin's Press in association with King's College, London, 1994), pp. 155-161。
57. James Flath, *The Cult of Happiness: Nianhua, art, and history in rural north China* (Vancouver: University of British Columbia Press, 2004); pp. 104-7; Mary Backus Rankin, 'The Ku-t'ien Incident (1895): Christians versus the Ts'ai-Hui', in *Papers on China* XV (1961), pp. 30-61.
58. 其实，挪威国旗也被上海工部局排除在自己的标徽之外，引起该国领事的不悦，参见 correspondence in SMA, U1-2-172；1890 年的上海住着 28 名挪威人和 300 多名日本人。
59. Andrew Morris, 'The Taiwan Republic of 1895 and the Failure of the Qing Modernizing Project', in Stephane Corcuff (ed.), *Memories of the Future: National identity issues and the search for a new Taiwan* (Armonk: M.E. Sharpe, 2002), pp. 3-24。
60. Barbara J. Brooks, 'Japanese Colonial Citizenship in Treaty Port China: The location of

Koreans and Taiwan residents in the imperial order', in Robert Bickers and Christian Henriot (eds.), *New Frontiers: Imperialism's new communities in east Asia, 1842–1953* (Manchester: Manchester University Press, 2000), pp. 110-14.

61. John E. Schrecker, *Imperialism and Chinese Nationalism: Germany in Shantung* (Cambridge, MA: Harvard University Press, 1971), pp. 19-42. 关于德国的租借地本身，参见 Klaus Mühlhahn, *Herrschaft und Widerstand in der 'Musterkolonie' Kiautschou: Interaktionen zwischen China und Deutschland 1897-1914*（München: Oldenbourg Wissenschaftsverlag, 2000）。

62. 这句评论为莫理循语，参见 *The Times*, 19 March 1898, p. 7。

63. Robert Lee, *France and the Exploitation of China: A study in economic imperialism* (Hong Kong: Oxford University Press, 1989), p. 303. 作者认为，广州湾的价值几乎不值一提。

64. T.G. Otte, *The China Question: Great power rivalry and British isolation 1894-1905* (Oxford: Oxford University Press, 2007).

65. SMC, *Annual Report 1899*, p. 212; *Annual Report 1900*, pp. 357, 361; Bryna Goodman, *Native Place, City and Nation: Regional networks and identities in Shanghai, 1853-1937* (Berkeley: University of California Press, 1995), pp. 164-9.

66. Little, *Through the Yang-tse Gorges*, pp. 283-300.

67. George Ernest Morrison, *An Australian in China* (London: Horace Cox, 1895), p. 268; 'British Policy in China: A retrospect and some conclusions, I', *The Times*, 18 October 1897, p. 4; J.O.P. Bland papers, 'Memoirs', chapter 9, p. 12; G.E. Morrison to J.O.P. Bland, 17 January 1898 in Lo Hui-min (ed.), *The Correspondence of G.E. Morrison, i, 1895-1912* (Cambridge: Cambridge University Press, 1976), pp. 60-62.

68. Luke S.K. Kwong, *A Mosaic of the Hundred Days: Personalities, politics and ideas of 1898* (Cambridge, MA: Council on East Asian Studies, Harvard University, 1984); Rebecca E. Karl and Peter Zarrow (eds.), *Rethinking the 1898 Reform Period: Political and cultural change in late Qing China* (Cambridge, MA: Harvard University Asia Center, 2002).

69. 此段参考资料如下：Marie-Claire Bergere, *Sun Yat-sen* (Stanford: Stanford University Press, 1998), 特别是第 49-59，61-65 页; Sun Yat Sen, *Kidnapped in London: Being the story of my capture by, detention at, and release from the Chinese legation, London*（Bristol: J. Arrowsmith, 1897）。

70. *Lloyd's Weekly,* 25 October 1896, pp. 10-11.

71. Sun Yat Sen, 'China's Present and Future: The Reform Party's plea for British benevolent neutrality', *Fortnightly Review*, 1 March 1897, pp. 424-440，引文摘自 pp. 424, 439。

72. Shanghai no. 59, 26 September 1898, TNA, FO 671/240; J.O.P. Bland papers, 'Memoirs', chapter 10, pp. 9-10.

73. Schrecker, *Imperialism and Nationalism*, pp. 96-7.

74. NCH, 16 May 1898, p. 856; 20 June 1898, p. 1084. Patrick H. Hase, *The Six-Day War of 1899: Hong Kong in the age of imperialism* (Hong Kong: Hong Kong University Press, 2008).

75. *Illustrated London News*, 16 July 1898, pp. 94-6; Ye Xiaoqing and Lance Eccles, 'Anthem for a Dying Dynasty: The Qing national anthem through the eyes of a court musician', *T'oung-pao* 93:5-6 (2007), pp. 433-458.

10 灭 绝

1. John Barnes, *The Beginnings of the Cinema in England, 1894-1901: Volume 5: 1900* (Ex-

eter: University of Exeter Press, 1997), pp. 47-55; screening, p. 54. 读者可在英国电影协会网站 Screen Online 浏览其余的片段，网址 www.screenonline.org.uk/film/id/520615/index.html。

2. 'Report on the Health of Chefoo for the Year Ended 31st March 1899', *Medical Reports for the Half-year Ended 31st March 1899*, 57th Issue (Shanghai: Statistical Department of the Inspectorate General of Customs, 1899), p. 3; 本段参考了以下材料：Joseph W. Esherick, *The Origins of the Boxer Uprising* (Berkeley: University of California Press, 1987), pp. 173-181, and Kenneth Pomeranz, *The Making of a Hinterland: State, society, and economy in inland north China, 1853-1937* (Berkeley: University of California Press, 1993), pp. 153-212, and Iwo Amelung, *Der Gelbe Fluß in Shandong (1851-1911)*: Überschwemmungskatastrophen und ihre Bewältigung im China der späten Qing-Zeit (Wiesbaden: Harrassowitz, 2000), pp. 134-145, 401-403。

3. *NCH*, 27 October 1898, p. 768, 19 December 1898, pp. 1156–1157.

4. 'The Yellow River Floods: Relief committee's report', *NCH*, 12 September 1900, pp. 556–557.

5. 关于义和团运动的来龙去脉，参见 Esherick, *Origins of the Boxer Uprising*，以及 Paul Cohen, *History in Three Keys: The Boxers as event, experience, and myth* (New York: Columbia University Press, 1997)。

6. 参见 Paul Richard Bohr, *Famine in China and the Missionary: Timothy Richard as relief administrator and advocate of national reform, 1876-1879* (Cambridge, MA: Harvard University Press, 1972), 以及 Kathryn Edgerton-Tarpley, *Tears from Iron: Cultural responses to famine in nineteenth-century China* (Berkeley: University of California Press, 2008)。

7. Arthur H. Smith, *Chinese Characteristics*, 5th edition (Edinburgh and London: Oliphant Anderson and Ferrier, 1900), pp. 158-161; *Village Life in China: A study in sociology* (New York: Fleming H. Revell. 1899), pp. 169-173. 关于人工降雨，参见 Jeffrey Snyder-Reinke, *Dry Spells: State rainmaking and local governance in late imperial China* (Cambridge, MA: Harvard University Asia Center, 2009)。

8. *NCH*, 6 June 1898, p. 976. 得克萨斯州进行的实验证明，利用炸药驱动的气球进行人工降雨并不可行：James Rodger Fleming, 'The Pathological History of Weather and Climate Modification: Three cycles of promise and hype', *Historical Studies in the Physical and Biological Sciences* 37:1 (2006) pp. 3-25。

9. Thomas Bryson, Report for 1899, 27 February 1900, CWM/LMS, North China Reports, box 2, SOAS.

10. Bruce Doar, 'The Boxers and Chinese Drama: Questions of interaction', *Papers on Far Eastern History* 29 (1984), pp. 91-118; 关于这类事件，参见 W. Hopkyns Rees letter, 8 June 1899, CWM/LMS, North China Correspondence, box 11, SOAS。

11. Hart to Campbell, 10 December 1898, no. 1153, 转引自 John King Fairbank, Katherine Frost Bruner, Elizabeth Macleod Matheson (eds.), *The IG in Peking: Letters of Robert Hart, Chinese Maritime Customs 1868-1907* (Cambridge, MA: The Belknap Press of Harvard University Press, 1975); Rebecca E. Karl, *Staging the World: Chinese nationalism at the turn of the twentieth century* (Durham, NC: Duke University Press, 2002), pp. 117-148。

12. *NCH*, 21 March 1900, p. 583.

13. Lilian M. Li, *Fighting Famine in North China: State, market, and environmental decline, 1690s-1990s* (Stanford: Stanford University Press, 2007), pp. 277-282.

14. 译自《京报》，转引自 W. Meyrick Hewlett, *The Siege of the Peking Legations* (supplement to *The Harrovian*, November 1900), pp. 84-85。

15. *The Times*, 5 May 1898, p. 7. 关于索尔兹伯里侯爵和帝国的建立，参见 Michael Bentley, *Lord Salisbury's World: Conservative environments in late-Victorian Britain* (Cambridge: Cambridge University Press, 2001), pp. 220-250。
16. *NCH*, 23 May 1898, p. 878.
17. Mittler, *Newspaper for China*, pp. 363-7.
18. 最近有学者分析该文件，参见 Lanxin Xiang, *Origins of the Boxer War: A multinational study* (London: Routledge, 2003), pp. 293-296。
19. Bruce A. Elleman, *Modern Chinese Warfare, 1795-1989* (London: Routledge, 2001), pp. 116-137; George Alexander Lensen, *The Russo-Chinese War* (Tokyo: Sophia University Press, 1967); Roger R. Thompson, 'Military Dimensions of the Boxer Uprising in Shanxi, 1898-1901', 转引自 Hans van de Ven (ed.), *Warfare in Chinese History* (Leiden: Brill, 2000), pp. 288-320.
20. 警方半官方的来往书信，1900: SMA: U1-1-741。
21. SVC Sealed orders, draft verbal instructions and correspondence, 11 July 1900, SMA, U1-1-721 General.
22. 关于后者，参见 Captain A. A. S. Barnes, *On Active Service with the Chinese Regiment* (London: Grant Richards, 1902)。
23. 相关报道参见 *The Times*, 28 July 1900, p. 7; 11 August 1900, p. 4; 关于该演讲稿的官方和非官方版本，参见 Bernd Sösemann, 'Die sog. Hunnenrede Wilhelms II. Textkritische und interpretatorische Bemerkungen zur Ansprache des Kaisers vom 27. Juli 1900 in Bremerhaven', *Historische Zeitschrift*, 222:2 (1976), pp. 342-358; Sabine Dabringhaus, 'An Army on Vacation? The German war in China, 1900-1901', in Manfred F. Boemeke, Roger Chickering and Stig Förster (eds.), *Anticipating Total War: The German and American experiences, 1871-1914* (Cambridge: Cambridge University Press, 1999), pp. 459-476。
24. Tianjin despatch no. 2380, 20 August 1900, SHAC, 679(2), 1938; *Tientsin Besieged and After the Siege: A daily record*, 2nd edition (Shanghai: North China Herald, 1901), p. 3.
25. Christopher J. Lucas, *James Ricalton's Photographs of China During the Boxer Rebellion* (Lampeter: Edwin Mellen Press, 1990).
26. S. C. M. Paine, *Imperial Rivals: China, Russia, and their Disputed Frontier* (Armonk: NY: M.E.Sharpe, 1996), pp. 213-14; Lensen, *Russo-Chinese War*, pp. 68-103.
27. *New York Times*, 14 November 1900, 引述 9 月 6 日的一则材料。
28. Paine, *Imperial Rivals*, pp. 209-233.
29. Alicia Little to Ernest Little, 23 August 1900, Little papers; *NCH*, 27 June 1900, p. 1177.
30. Eileen P. Scully, *Bargaining with the State From Afar: American citizenship in treaty port China, 1844-1942* (New York: Columbia University Press, 2001), p. 94; Eileen P. Scully, 'Prostitution as Privilege: The "American girl" of treaty port Shanghai, 1860-1937', *International History Review* 20:4 (1998); Edward J. Bristow, *Prostitution and Prejudice: The Jewish fight against white slavery, 1870-1939* (Oxford: Oxford University Press, 1982), pp. 196–204.
31. Kenneth Scott Latourette, *A History of Christian Missions in China* (London: Society for Promoting Christian Knowledge, 1929), pp. 512-518; China Continuation Committee, *The Christian Occupation of China: A general survey of the numerical strength and geographical distribution of the Christian forces in China* (Shanghai: China Continuation Committee, 1922), p. civ.
32. 以上文字引自拉芬的代理所写报告，参见 *Daily News*, 25 July 1900; *NCH*, 31 October

1900, pp. 946-947; *Tientsin Besieged and After the Siege*, p. 44。
33. Tianjin despatch no. 2541, 22 July 1901, SHAC, 679 (2), 1938.
34. Gilbert Reid, 'The Ethics of Loot', *The Forum* 31 (1901), pp. 581-586, and 'The Ethics of the Last China War', *The Forum*, 32(1902), pp. 446-455。何伟亚（James L. Hevia）对此进行了更广泛的探讨：*English Lessons: The pedagogy of imperialism in nineteenth-century China* (Durham, NC: Duke University Press, 2003), pp. 231-240；关于日本人，参见 Ben Middleton, 'Scandals of Empire: The looting of north China and the Japanese public sphere,' 转引自 Robert A. Bickers and R. G. Tiedemann (eds.), *The Boxers, China, and the World* (Lanham, MD: Rowman & Littlefield, 2007), pp. 115-132。
35. Mrs Archibald Little, 'Peking Revisited：Introductory. An anniversary study of August 1900', in *Round About My Peking Garden* (London: T. Fisher Unwin, 1905), pp. 27-28; 'A Salutation Speech from the Nineteenth Century to the Twentieth Taken Down in Shorthand by Mark Twain', 31 December 1900, 转引自 Jim Zwick (ed.), *Mark Twain's Weapons of Satire*(Syracuse, NY: Syracuse University Press, 1992), pp. 12-13。
36. 'Lord Salisbury and foreign missions', *The Times*, 20 June 1900, p. 10; entries for 29 October 1900, 11 February 1901 in Ruxton (ed.), *The Diaries of Sir Ernest Satow, British envoy in Peking (1900-1906)* (Morrisville: Lulu Press, 2006), vol. I.
37. 细节引自 *NCH*, 27 June 1900。
38. Frank H. H. King, 'The Boxer Indemnity "Nothing but Bad"', *Modern Asian Studies*, 40:3 (2006), 663-689, quotation p. 665.
39. *New York Times*, 19 January 1903.
40. *Diaries of Sir Ernest Satow,* 13 and 20 October, 4 November 1900; file on 'Monument in Russian Cemetery', TNA, FO 676/17.
41. 关于米切尔和凯尼恩制作的录像，参见 Barnes, *Beginnings of the Cinema in England*, 5, pp. 256-257。
42. Ibid., p. 255.
43. *NCH*, 29 August 1900, p. 429. 关于其中一名画家及其作品，参见 Flath, *The Cult of Happiness*, pp. 108-114。
44. Luke S. K. Kwong, 'Oral History in China: A preliminary review', *Oral History Review* 20:1/2 (1992), pp. 34-37.
45. 'The Massacre in Peking', *The Times*, 16 July 1900, p. 11, 根据《每日邮报》所提供的报道；C. F. Moberly Bell to G. E. Morrison, 10 August 1900 in Lo Hui-min (ed.), *The Correspondence of G. E. Morrison, i, 1895-1912* (Cambridge: Cambridge University Press, 1976), pp. 141-144.
46. 赫德的文章收录于 *These from the Land of Sinim* (London：Chapman and Hall, 1901)：关于传教站和教徒，参见第4—5页。
47. Lo Hui-min, 'The Ching-Shan Diary: A clue to its forgery', *East Asian History 1* (1991), pp. 98-124 介绍了人们对这部著作以及《景善日记》的反应；也可参见 Hugh Trevor-Roper, *A Hidden Life*：*The enigma of Sir Edmund Backhouse* (London: Macmillan, 1976)。
48. 必不可少的"食物搜寻行动"也使得西伯利亚铁路上漫长的旅途不至于太沉闷：'A Journey Around the World', *The Times*, 19 July 1910, p. 68; Steven G. Marks, *Road to Power*：*The Trans-Siberian railroad and the colonization of Asian Russia, 1850-1917* (London: I. B. Tauris, 1991); Harmon Tupper, *To the Great Ocean*：*Siberia and the Trans-Siberian railway* (London：Secker & Warburg, 1965)。

49. 关于南宁，参见 Customs files 'Nanning Semi-official Correspondence', SHAC 679(1), 32516; 'General Building Programme at Nanning', SHAC 679 (9), 23700; J. O. P. Bland to E. T. C.Werner, 24 February 1906, J. O. P. Bland papers, box 4。
50. 关于中国政府处死烟鬼的案例，参见 Madancy, *Troublesome Legacy of Commissioner Lin*; and Judith Wyman, 'Opium and the State in late-Qing Sichuan, ' in Timothy Brook and Bob Tadashi Wakabayashi (eds.), *Opium Regimes: China, Britain, and Japan, 1839-1952* (Berkeley: University of California Press, 2000), pp. 228-247。
51. Brian G. Martin, *The Shanghai Green Gang: Politics and organized crime, 1919-1937* (Berkeley: University of California Press, 1996), pp. 45-50.
52. Peter Richardson, *Chinese Mine Labour in the Transvaal* (Basingstoke: Macmillan, 1982).
53. 参见警方半官方来往书信，1905 年 7—8 月，SMA, U1-1-749; Karl Gerth, *China Made: Consumer culture and the creation of the nation* (Cambridge, MA: Harvard University Asia Center, 2004), pp. 127-131; Guanhua Wang, *In Search of Justice: The 1905-1906 Chinese anti-American boycott* (Cambridge: Harvard University Press, 2001)。
54. Watch committee minutes, 21 December 1905, SMA, U1-1-82. 关于大闹会审公廨事件，参见 Bryna Goodman, *Native Place, City, and Nation: Regional networks and identities in Shanghai, 1853-1937* (Berkeley: University of California Press, 1995), pp. 187-195; SMC, *Annual Report 1905*, pp. 29-33。关于锡克警察，参见 SMC, *Annual Report 1905*, p. 25, *Annual Report 1906*, pp. 129-134。
55. J. O. P. Bland to W.E.Leveson, 29 December 1911; J. O. P. Bland papers, box 6.
56. 关于游客参观唐人街，参见 Anne Veronica Witchard, *Thomas Burke's Dark Chinoiserie: Limehouse nights and the queer spell of Chinatown* (Aldershot: Ashgate, 2009), pp. 232-233。
57. 关于外侨扩大租界范围的努力，参见 'Memorandum on Settlement Extension', in SMC, *Annual Report 1912*, pp. 101b-113b, 引文请见 105b。
58. 引自领事馆备忘录 'Chapei extension', August 1913, TNA, FO 228/2535。也可参见 'The Anti-Foreign Movement in China', *The Times*, 7 June 1906, p. 5。关于中国市政改革，参见 Mark Elvin, 'The Administration of Shanghai, 1905-1914', in Mark Elvin and G. William Skinner (eds.), *The Chinese City Between Two Worlds* (Stanford: Stanford University Press, 1975), pp. 239-262; Christian Henriot, *Shanghai, 1927-1937: Municipal power, locality, and modernization* (Berkeley: University of California Press, 1993) pp. 8-15。
59. Peking no. 439, 21 November 1913, TNA, FO 228/2535.
60. *NCH*, 26 July 1913, pp. 290-291.
61. St Piero Rudinger, *The Second Revolution in China, 1913: My adventures of the fighting around Shanghai, the Arsenal, Woosung forts* (Shanghai: Shanghai Mercury, 1914).
62. W. E. Leveson 致其前任 J. O. P. Bland 信函，4 November 1907, J. O. P. Bland papers, box 13; 卜鲁斯在率领部队进入闸北时，已经知道中国政府正在商议将他任命为警察顾问；他不希望破坏这次机会，至少注意避免引起中国政府不悦，参见 Lo (ed.), *Correspondence of G. E. Morrison*, ii, pp. 180-183, 186-191。
63. 笔者对于以上事件的叙述，参考了以下材料：SVC and SMP reports in SMA, U1-2-673; Shanghai no. 98; 3 August 1913; Peking no. 439, 21 November 1913, TNA FO 228/2535; Shanghai Municipal Archives (ed.), *Minutes of the Shanghai Municipal Council* (Shanghai: Shanghai guji chubanshe, 2001), xviii, 28 July 1913; W. E. Leveson to J. O. P.Bland, 30 August 1913, J. O. P. Bland papers, box 13; *Minutes of the SMC*, xviii, July-August 1913; *The Times*, 21 August 1913, p. 3。
64. Ian Phimister, 'Foreign Devils, Finance and Informal Empire: Britain and China c. 1900-

1912', *Modern Asian Studies* 40:3 (2006), pp. 737-759。胡佛后来积极掩饰自己和这个案件之间的关系：Jeremy Mouat and Ian Phimister, 'The Engineering of Herbert Hoover', *Pacific Historical Review*, 77:4 (2008), p. 559, n. 17。

65. Peking no. 439, 21 November 1913, TNA, FO 228/2535.
66. 关于橡胶股票大涨，参见 W. A. Thomas, *Western Capitalism in China: A history of the Shanghai Stock Exchange* (Aldershot: Ashgate, 2001) chapter 8；关于这场骗局，参见内容翔实的报告 'Shanghai Financial Crisis, 1910', Shanghai to FO, 15 November 1912, TNA, FO 228/2508。
67. *NCH*, 15 September 1926, p. 452; *NCH*, 17 December, p. 767; Arnold Wright and H. A.Cartwright (eds.), *Twentieth Century Impressions of Hongkong, Shanghai, and Other Treaty Ports of China* (London: Lloyd's Greater Britain Publishing Co., Ltd, 1908), p. 608; *The Times*, 10 September 1928, p. 17; Chiara Betta, 'From Orientals to Imagined Britons: Baghdadi Jews in Shanghai', *Modern Asian Studies* 37:4 (2003); 关于工部局委员之间的关系，参见 H. E. Morriss and C. R. Maguire (comp.), *China Stock and Share Handbook, 1914* (Shanghai: North China Daily News and Herald, 1914); F.S.Gratton, *The History of Freemasonry in Shanghai and Northern China* (revised by R. S. Ivy)(Tianjin: North China Printing and Publishing Co., 1913); *Social Shanghai, and Other Parts of China*, August 1913, *passim*。
68. W. E. Leveson to J.O.P.Bland, 4 November 1907, J. O. P. Bland papers, box 13; *New York Times*, 12 November 1911; *NCH*, 2 August 1913, p. 313.
69. *NCH*, 2 August 1913, p. 356.
70. 参见 reports in US Consul-General to Pearce, 29 July 1913, SMA, U1-2-673。
71. Morrison to Bruce, 1 August 1913, in Lo (ed.), *Correspondence of G. E. Morrison*, ii, p. 207.
72. Chan Lau Kit-ching, *Anglo-Chinese Diplomacy in the Careers of Sir John Jordan and Yüan Shih-k'ai, 1906-1920* (Hong Kong: Hong Kong University Press, 1978), pp. 71-74.
73. Chan, *Anglo-Chinese Diplomacy*, p. 74; Alston no. 320, 15 August 1913, TNA, FO 371/1625, F400798/19283/10.
74. A. G. H.Carruthers to F. A. Aglen, semi-official no. 3, 10 March 1914, SHAC, 679(1), 31840; *NCH*, 4 April 1914, p. 71, 30 May 1914, pp. 671-673; *Social Shanghai*, June 1914, pp. 149-152.
75. 以下材料提及了那块石碑：John Francis Davis, *The Chinese: A general description of the empire of China and its inhabitants* (London: Charles Knight & Co., 1836), i, p. 69 and Osmond Tiffany, *The Canton Chinese: Or, the American's sojourn in the celestial empire* (Boston: James Munroe and Company, 1849), p. 12. 关于喀拉喀托火山爆发，参见 *The Times*, 24 November 1883, p. 10。
76. *NCH*, 28 September 1912, pp. 885-887, 21 November 1914, pp. 570-571, 12 December 1914, p. 790; 'A Forgotten British Embassy: Colonel Charles Cathcart', *Oriental Affairs*, June 1938, pp. 303-307, and September 1938, pp. 161-163.
77. J. O. P. Bland to S.F.Mayers, 29 January 1905, J. O. P. Bland papers, box 4.

11 历 史

1. S. Gaselee minute,13 May 1935, L2960/1240/402, TNA, FO 370/503. 蒋廷黻在进入中国政府之后依然沿用他的姓名的这个拼写方式，所以我也采用这个拼写方式。
2. Lord Birkenhead, Secretary of State for India, letter to Sir Austen Chamberlain, Secretary

of State for Foreign Affairs, 18 July 1928, quoted in 'The Publication of "British Documents on the Origins of the War"', 4 August 1928, paragraph 31, prepared by S. Gaselee, J. Headlam-Morley and F.Hankey, reproduced in Keith Wilson, 'Imbalance in "British Documents on the Origins of the War"', in Wilson (ed.), *Forging the Collective Memory: Government and international historians through two world wars* (Providence: Berghahn Books, 1996), pp. 250-62.
3. Medhurst to Wade, 27 December 1870, TNA, FO 228/492.
4. 'Report by Inspector-General H. Philips upon his Inspection of His Majesty's Consulate-General at Shanghai', enclosed in Philips to FO, 25 March 1928, TNA, FO 369/2018.
5. Cyrus H. Peake, 'Documents Available for Research on the Modern History of China', *American Historical Review* 38:1 (1932), pp. 61-70; T.F.Tsiang, 'China After the Victory of Taku, June 25, 1859', *American Historical Review* 35:1 (1929), pp. 79-84, and 'New Light on Chinese Diplomacy, 1836-49', *Journal of Modern History*, 3:4 (1931), pp. 578-591.
6. J. K. Fairbank, 'Memo re Study in China', 8 January 1932, L118/118/402, TNA, FO 370/404.
7. Tsiang, 'New Light on Chinese Diplomacy', p. 588; J. K. Fairbank to S.Gaselee, 7 February 1935, and memo, L1280/1280/402, TNA, FO 370/583; V. G. Kiernan, *British Diplomacy in China, 1880 to 1885* (Cambridge: Cambridge University Press, 1939), p. x.
8. Jane Roth, 'The Jardine Matheson Archive', *Journal of Pacific History*, 2 (1967), pp. 172-174; John King Fairbank, *Chinabound: A fifty-year memoir* (New York: Harper & Row, 1982), pp. 114-124.
9. 有些档案材料迟至几十年后才被运抵英国：公使馆的中文档案到了1959年才被运回去，而人们发现这批档案包括1857年被英国人取得的叶名琛档案；人们到了1981年才重新发现藏在旧领事馆顶楼的英国最高法院档案：David Pong, *A Critical Guide to the Kwangtung Provincial Archives, Deposited at the Public Record Office of London* (Cambridge, MA: Harvard University Asia Center, 1975)。我在修改本书书稿期间，藏在英国外交部和英联邦事务部深处的大批1890年前后的上海领事馆土地注册记录突然重见天日。
10. Fairbank, *Chinabound*, p. 21.
11. H. B. Morse, 'Prefatory Note', *The International Relations of the Chinese Empire*, i (London: Longmans, Green & Co., 1910) pp. vii-viii; John King Fairbank, Martha Henderson Coolidge, Richard J. Smith, *H. B. Morse: Customs commissioner and historian of China* (Lexington: University Press of Kentucky, 1995), pp. 220-222.
12. C. Martin Wilbur, *The Nationalist Revolution in China, 1923-1928* (Cambridge: Cambridge University Press, 1984).
13. Dong Wang, *China's Unequal Treaties: Narrating national history* (Lanham, MD: Lexington Books, 2005), pp. 37-41; William C. Kirby, 'The Internationalization of China: Foreign relations at home and abroad in the republican era', *China Quarterly*, no. 150 (1997), pp. 433-458.
14. 例如：Lanning's memorandum enclosed in Shanghai no. 77, 5 June 1913, TNA, FO 228/1875。该文件介绍了上海领事馆内德诺尔曼纪念碑的历史。关于那些书籍，参见 Robert Bickers, *Britain in China: Community, culture and colonialism, 1900-1949* (Manchester: Manchester University Press, 1999), p. 39; file 'History of Shanghai', SMA, U1-3-164。
15. O. D. Rasmussen, *Tientsin: An illustrated outline history* (Tianjin: Tientsin Press, Ltd., 1925); H. S. S., *Diary of Events and the Progress on Shameen, 1859-1938* (Hong Kong: Ye

Old Printerie, 1938).
16. George Lanning and Samuel Couling, *The History of Shanghai* (Shanghai: Kelly & Walsh, 1923), ii, pp. 1-2.
17. Kiernan, *British Diplomacy in China*, p. 314.
18. 'A Forgotten British Embassy: Colonel Charles Cathcart', *Oriental Affairs*, June 1938, pp. 303–307, and September 1938, pp. 161–163. 那块纪念碑流传至今。
19. 许地山：《达衷集》，上海：商务印书馆，1931年。
20. S.T. Wang, *The Margary Affair and the Chefoo Agreement* (London: Oxford University Press, 1940).
21. 这些文章被汇编为以下资料集与书籍。上海通社主编：《上海研究资料》，1936年，以及《上海研究资料续编》，1937年，上海书店于1984年通过传真形式重印了这两本书。徐公肃、丘瑾璋合著的《上海公共租界制度》（1933年出版）后来以《上海公共租界史稿》之名重新刊印，该书作者清楚表明自己写成此书的用意在于澄清租界当局提出的一些要求。
22. W. C. Costin, *Great Britain and China, 1833-1860* (Oxford: Oxford University Press, 1937), p. 344.
23. Rana Mitter, *A Bitter Revolution: China's struggle with the modern world* (Oxford: Oxford University Press, 2004).
24. Marie-Claire Bergère, *Sun Yat-sen* (Stanford: Stanford University Press, 1998), pp. 360-365; John Fitzgerald, *Awakening China: Politics, culture, and class in the nationalist revolution* (Stanford: Stanford University Press, 1998), pp. 169-170; Wang, *China's Unequal Treaties*, pp. 64-66.
25. 拙作《英国在中国》着重描述了这个过程。
26. 参见 Karl Gerth, *China Made: Consumer culture and the creation of the nation* (Cambridge, MA: Harvard University Asia Center, 2004).
27. 魏尔特夫人无缘无故指责费正清从她丈夫手中偷取材料（魏尔特死于1934年），对费正清穷追猛打，迫使他做出反驳，使他们的关系更为恶化：Fairbank to Farrer & Co., 12 November 1934, enclosed in Fairbank to Maze, 13 November 1935, Maze papers, SOAS, PPMS2 Confidential Letters and Reports Volume 10。
28. 'IGS and Confidential Letters to N. R. S.', IGS no. 4, 24 September 1939 enclosing copy of Maze to Wright, 24 September 1939, SHAC, 679 (1), 31476.
29. Chan Lau Kit-ching, 'The Abrogation of British Extraterritoriality in China 1942-43: A study in Anglo-American-Chinese relations', *Modern Asian Studies* 11:2 (1977), pp. 257-291.
30. 关于这一点，参见 Antony Best, *Britain, Japan and Pearl Harbor: Avoiding war in East Asia, 1936-1941* (London: Routledge, 1995), and Nicholas R. Clifford, *Retreat from China: British policy in the Far East 1937-1941* (Seattle: University of Washington Press, 1967)。
31. Greg Leck, *Captives of Empire: The Japanese internment of allied civilians in China, 1941-1945* (Philadelphia: Shandy Press, 2006) 对日军的收容所进行了百科全书式的介绍。大约300人于1942年11月被作为政治犯遭到逮捕和囚禁。珍珠港事件发生后，几名比较突出的外侨几乎立刻作为抗日分子遭到逮捕。尽管他们在日本宪兵手下遭到了不公正的对待，相对而言，上海外侨群体并没有在战争期间吃太多苦。读者可参见2名外侨的回忆：H. G. W. Woodhead, 'The Japanese Occupation of Shanghai: Some personal experiences', Chatham House lecture, 21 November 1942, TNA, WO 208/378a; J. B. Powell, *My Twenty-five Years in China* (New York: The Macmillan Company, 1945)。

32. 关于战时上海，参见 Frederic Wakeman Jr, *The Shanghai Badlands: Wartime terrorism and urban crime* (Cambridge: Cambridge University Press, 1996); Bernard Wasserstein, *Secret War in Shanghai: Treachery, subversion and collaboration in the Second World War* (London: Profile Books, 1998)。
33. Letter from Lord Killearn to Sir O. Sargent, 11 June 1946, F9715/25/10, reproduced in S. R. Ashton, G. Bennett and K. A. Hamilton(eds.), *Documents on British Policy Overseas, Series 1: viii, Britain and China, 1945-1950* (London: Whitehall History Publishing, 2002), p. 47. 和迈尔斯·兰普森爵士一样，基勒恩曾于1926—1933年期间担任英国驻华公使。
34. 参见朱雍:《不愿打开的中国大门：18世纪的外交与中国命运》，南昌：江西人民出版社，1989年；茅海建:《天朝的崩溃：鸦片战争再研究》，北京：三联书店，1995年。

未出版材料与档案材料

海军部水文局档案，陶顿（Admiralty Hydrographic Office Archives, Taunton）

大英图书馆（British Library）
亚太与非洲材料，印度事务部档案（Asia, Pacific and Africa Collections, India Office Records）
 IOR/G/12 Factory Records: China and Japan
 IOR/R/10 Records of East India Company Factory at Canton

哈佛大学档案（Harvard University Archives）
 费正清文书（John King Fairbank papers）

香港历史档案馆（Hong Kong Public Records Office）
 HKRS356 Royal Hong Kong Observatory records

哈佛大学霍顿图书馆（Houghton Library, Harvard University）
 李度文书（Lester Knox Little papers）

朗伯斯宫档案（Lambeth Palace archives）
 上海圣三一堂，婚姻及洗礼登记簿（Holy Trinity Shanghai, Marriage and Baptism registers）

英国国家档案馆（National Archives of the United Kingdom, Kew）
 FO 228 Embassy and Consular Archives China, Correspondence Series 1
 FO 232 Foreign Office: Consulates and Legation, China: Indexes to Correspondence
 FO 369 Foreign Office: General Correspondence, Consular
 FO 370 Foreign Office: Library and the Research Department: General Correspondence from 1906

FO 371 Foreign Office: General Correspondence, Political

FO 663 Foreign Office: Consulate, Amoy, China: General Correspondence

FO 670 Foreign Office: Consulate, Ningpo, China: General Correspondence and Various Registers

FO 671 Embassy and Consular Archives China, Shanghai Correspondence

FO 676 Embassy and Consular Archives China, Correspondence Series 2

FO 917 Embassy and Consular Archives China, Shanghai Supreme Court, Probate records

FO 1048 East India Company: Select Committee of Supercargoes, Chinese Secretary's Office: Chinese-language Correspondence and Papers

FO 1092 Shanghai Courts, China: Judges' and Magistrates' Notebooks

PRO 30/33 Sir Ernest Mason Satow: Papers Queen's University Belfast, Library Special Collections

MS15 Sir Robert Hart collection

伦敦亚非学院图书馆和档案馆（School of Oriental and African Studies Library and Archives, London）

E. C. M. and C. A. V. Bowra papers PPMS 69

Overseas Missionary Fellowship, China Inland Mission archives

Council for World Mission, London Missionary Society archives

Horatio Nelson Lay papers, Add MS 72819, 72820

William Lockhart papers, MS 380645

中国第二历史档案馆（南京）（Second Historical Archives of China, Nanjing）

679（1—9）中国海关档案

这批档案包括海事处档案、19世纪海关工具书阅览室档案（679［2］）和总税务司署及其秘书处（包括中央登记处）的相关材料，统称为"中国海关档案"。

上海市档案馆

U1 上海工部局档案

斯塔福德郡档案馆（Staffordshire Records Office）

D(W)1920 Antrobus papers（包括休·汉密尔顿·林赛的书信）

多伦多大学汤姆斯·费希尔稀有图书图书馆（University of Toronto, Thomas

Fisher Rare Books Library ）

  濮兰德文书材料（J. O. P. Bland papers）
  私人收藏的文书材料
  詹姆斯·道的日志
  立德乐的家庭通信
  李度日记

致　谢

首先，企鹅出版社编辑西蒙·温德尔（Simon Winder）鼓励我写成此书，我的代理人大卫·米勒（David Miller）为我提供许多支持，他们二人对我充满耐心和包容，对此我深表感激。写成此书，比预计花的时间还长得多。希瑟·贝尔（Heather Bell）、拉纳·米德（Rana Mitter）和安克强（Christian Henriot）在百忙之中拨冗阅读书稿，协助我进行各方面的修改，我在此对他们致以最诚挚的感谢。方德万（Hans van de Ven）介绍我查阅中国海关档案，对此我铭感五内。中国第二历史档案馆的马振犊不久前为我查阅档案提供许多便利，令我十分感激。

以下几位同仁为我提供参考资料、解答疑问并提供史料、纠正错误或提出问题：罗布·艾伦（Rob Allan）、张志云（Chih-yun Chang）、陈松全（Songchuan Chen）、艾伊娜（Ines Eben von Racknitz）、培高德（Cord Eberspächer）、费德廉（Doug Fix）、丹·霍珀（Dan Hopper）、乔恩·豪利特（Jon Howlett）、伊莎贝拉·杰克逊（Isabella Jackson）、平田康治（Koji Hirata）、凯西·拉兹（Cathy Ladds）、汤姆·莱顿（Tom Layton）、雷伊娜（Regina Llamas）、马德云（Tehyun Ma）、布赖迪·安德鲁斯·迈尼汉（Bridie Andrews Minehan）、韩书瑞（Susan Naquin）、埃玛·赖斯（Emma Reisz）、安妮·莱因哈特（Annie Reinhardt）、迈克·理查森（Michael Richardson）、狄德满（Gary Tiedemann）、萨拉·沃恩（Sarah Vaughan）、瓦格纳（Rudolf Wagner）、戴德丽·怀尔迪（Deidre Wildy）。杰米·卡斯泰尔斯（Jamie Carstairs）、罗桑·杰克斯（Rosanne Jacks）、卡罗琳·金贝尔（Caroline Kimbell）、苏珊娜·雷纳（Susannah Rayner）以及企鹅出版

社编辑简·伯塞尔（Jane Birdsell）和卡罗琳·艾利克（Caroline Elliker）、理查德·杜吉德（Richard Duguid）都为我提供了支持与帮助，在此一并致谢。鲍勃·毕可斯（Bob Bickers）、琼·毕可斯（Joan Bickers）以及卡罗尔·墨菲（Carol Murphy）为我提供了技术以及其他方面的支持与鼓励，笔者对此铭感五内。

特里·本内特（Terry Bennett）、皮埃尔-亨利·比奇（Pierre-Henri Biger）、帕特里克·康纳（Patrick Conner）、马丁·格里高里画廊（Martyn Gregory Gallery）、佩内洛普·福勒（Penelope Fowler）、简·海沃德（Jane Hayward）、彼得·洛克哈特-史密斯（Peter Lockhart-Smith）、大卫·奥克利（David Oakley）、威廉·辛顿博士（Dr. William Sinton）、玛丽·蒂芬（Mary Tiffen）、迈克·托尔斯（Michael Towers）、索菲·库奇曼（Sophie Couchman）、墨尔本澳华历史博物馆（Chinese Museum of Melbourne）、马修·埃德蒙森（Matthew Edmond）、香港上海汇丰银行、梅茜顺华（音）、太古有限公司、伦敦的维尔康姆图书馆、皮博迪埃塞克斯博物馆、波士顿美术博物馆以及世界宣教理事会在本书插图方面给予方便，提供了图片复制件并允许笔者复制他们私藏的照片，谨此表达衷心的感激。

以下几位人士允许我浏览并引用他们私藏并拥有版权的手稿，谨此致谢：雪莉·布兰德（Shirley Brand）和吉姆·布兰德（Jim Brand），他们为我提供了詹姆斯·道的记事本；利兹·博伊兰（Liz Boylan）及其家人，特别是伊丽莎白·希比（Elizabeth Shippee）、莉莎·利特尔（Liza Little）和安·柯里（Ann Currie），其中莉莎·利特尔为我提供了李度日记，安·柯里为我提供了李度与家人的通信。本书引用的赫德笔记版权属于贝尔法斯特女王大学（Queen's University Belfast）。安东尼·查默斯·伯恩（Anthony Chalmers Bourne）、蒂塔·海沃德（Tita Hayward）、格里·海沃德（Gerry Hayward）、乔安娜·赫尔姆（Joanna Helme）、彼得·希巴德（Peter Hibbard）和大卫·马奥尼（David Mahoney）也为我提供了宝贵的材料和相关研究资讯。实际上，过去好几年许多其他人还为我提供关于中国通商口岸外侨群体当中个别人士的信息，我无法在此一一列举出来，但我希望对他们表达真挚的感激之情。

本书的研究与写作得益于布里斯托大学研究奖学金（University of Bristol Research Fellowship）以及英国艺术与人文研究理事会学术休假奖（Arts and Humanities and Research Council Research Leave award, AH/F015526/1）所提供的赞助。也正因如此，我在布里斯托大学的同事给我提供了大量的直接帮助。我对中国海关档案的研究得益于英国艺术与人文研究理事会之前颁发的另一份奖金。同时，这个项目的其中一些部分得到了英国跨校中国研究中心语言区域研究计划、英国艺术与人文研究理事会知识启动计划以及英国科学院的支持。和所有其他学术成果一样，本书得以顺利写成，也必须归功于史学界许多同行的出版成果以及档案馆和图书馆工作人员的辛劳付出——尤其是那些将本书中利用的许多文献从中国各地领事馆和货仓抢救出来的工作人员（特别是在20世纪30年代），他们使这些故纸堆得以传世，而不至于湮没在历史长河中。

出版后记

本书作者毕可思教授是蜚声中外的汉学家。他目前是英国布里斯托大学历史系的教授，也是现在英国学界中国近现代史研究领域的领军人物。作者早在大一时，就撰写了一篇有关义和团起义的文章，从此便围绕着中国近代史，尤其是上海史展开研究。作者治学态度严谨而又充满趣味。1995 年，他的《通商口岸与马戛尔尼使团》在我国的《近代史研究》杂志发表，或许是这篇文章最终促成了本书的写就。

有关近代中西方关系的论述颇多，本书新意在于，并没有做太多的理论化论述，而是运用大量的一手档案材料完成一个历史学家"讲好故事"的任务。这些故事有血有肉，能够使读者对这段历史产生更为清晰的认识。

另外，本书作者的论述不是西方本位主义的，而是从展现当时整个世界的视角论述，并从中解释和重塑当时的中西关系，进而寻找答案。从这个角度讲，本书既不是费正清"冲击－回应"的延伸，也不是柯文"中国中心观"的后续，它更像是对这两种范式的补遗。

最后，本书对中西关系这个话题的处理是颇具趣味性的。作者的行文十分流畅且编排得体。从中国的戏台到西方影院里的电影，从中国的衙门到西方人散发的传教小册子，作者非常善于将这些看似风马牛不相及的元素串联起来，从而形成一个完整的故事，给人耳目一新之感。

当然，本书在编纂过程中也遇到了一些问题。比如有一些地名人名实在无法核实，而只能通过英文转述，这也是本书的一大遗憾。限于编者水平，难免会有讹误，敬请广大读者和专家批评指正，在此谨表谢忱。

服务热线：133-6631-2326　188-1142-1266

服务信箱：reader@hinabook.com

后浪出版公司

2024 年 5 月

Copyright © 2012 Robert Bickers

This edition arranged with A.M.Heath & Co.Ltd.

through Andrew Nurnberg Associates International Limited

本书简体中文版权归属于银杏树下（上海）图书有限责任公司。

著作权合同登记号　图字：22-2023-119

审图号：GS（2021）7743号

图书在版编目（CIP）数据

帝国的切口：近代中国口岸的冲突与交流：1832—1914 /（英）毕可思 (Robert Bickers) 著；(新加坡) 钟逸明译. -- 贵阳：贵州人民出版社，2024.5（2024.11重印）

书名原文：The Scramble for China：Foreign Devils in the Qing Empire, 1832–1914

ISBN 978-7-221-17833-6

Ⅰ.①帝… Ⅱ.①毕…②钟… Ⅲ.①对外贸易—贸易史—中国—1832-1914 Ⅳ.①F752.95

中国国家版本馆CIP数据核字(2023)第160997号

DIGUO DE QIEKOU: JINDAI ZHONGGUOKOUAN DE CHONGTU YU JIAOLIU, 1832–1914

帝国的切口：近代中国口岸的冲突与交流，1832—1914

［英］毕可思　著
［新加坡］钟逸明　译

出版人：朱文迅	选题策划：后浪出版公司
出版统筹：吴兴元	编辑统筹：张　鹏　周　茜
策划编辑：王潇潇	特约编辑：沈诗贝　冯少伟　景蘱涠
责任编辑：徐楚韵　代　勇	装帧制造：墨白空间·陈威伸
责任印制：常会杰	

出版发行：贵州出版集团　贵州人民出版社
地　　址：贵阳市观山湖区会展东路SOHO办公区A座
印　　刷：河北中科印刷科技发展有限公司
经　　销：全国新华书店
版　　次：2024年5月第1版
印　　次：2024年11月第2次印刷
开　　本：655毫米×1000毫米 1/16
印　　张：29.5　16页彩插
字　　数：438千字
书　　号：ISBN 978-7-221-17833-6
定　　价：108.00元

后浪出版咨询(北京)有限责任公司　版权所有，侵权必究
投诉信箱：editor@hinabook.com　fawu@hinabook.com
未经许可，不得以任何方式复制或抄袭本书部分或全部内容
本书若有印、装质量问题，请与本公司联系调换，电话010-64072833

后浪微信 | hinabook

筹划出版 | 银杏树下

出版统筹 | 吴兴元 | 编辑统筹 | 张　鹏　周　茜
责任编辑 | 徐楚韵　代　勇 | 特约编辑 | 沈诗贝　冯少伟　景蕻湄
装帧制造 | 墨白空间·陈威伸 | mobai@hinabook.com
后浪微博 | @后浪图书
读者服务 | reader@hinabook.com 188-1142-1266
投稿服务 | onebook@hinabook.com 133-6631-2326
直销服务 | buy@hinabook.com 133-6657-3072

后浪出版咨询(北京)有限责任公司
POST WAVE PUBLISHING CONSULTING (BEIJING) CO.,LTD